몽골 제국 기행

몽골 제국 기행

마르코 폴로의 선구자들

플라노 카르피니, 윌리엄 루브룩

김호동 역주

까치

Ystoria Mongalorum / Itinerarium

by Giovanni de Plano Carpini / William of Rubruck

역자 김호동(金浩東)

1954년 청주에서 태어났다. 1979년 서울대학교 동양사학과를 졸업하고, 1986년 하버드 대학교에서 박사학위를 받았고, 그해부터 현재까지 서울대학교 동양사학과 교수로 재직 중이다. 저서로는『근대 중앙아시아의 혁명과 좌절』,『황하에서 천산까지』,『동방 기독교와 동서문명』,『몽골제국과 고려』,『몽골제국과 세계사의 탄생』 등이 있고, 역서로는『역사서설』,『유목사회의 구조』,『칭기스한』,『유라시아 유목제국사』,『마르코 폴로의 동방견문록』,『이슬람 1400년』,『라시드 앗 딘의 집사』(전3권) 등이 있다.

편집, 교정 _ 권은희(權誾喜)

몽골 제국 기행 : 마르코 폴로의 선구자들

저자 / 플라노 카르피니, 윌리엄 루브룩

역자 / 김호동

발행처 / 까치글방

발행인 / 박후영

주소 / 서울시 용산구 서빙고로 67, 파크타워 103동 1003호

전화 / 02 · 735 · 8998, 736 · 7768

팩시밀리 / 02 · 723 · 4591

홈페이지 / www.kachibooks.co.kr

전자우편 / kachibooks@gmail.com

등록번호 / 1-528

등록일 / 1977. 8. 5

초판 1쇄 발행일 / 2015. 8. 20

　　　3쇄 발행일 / 2019. 11. 11

값 / 뒤표지에 쓰여 있음

ISBN 978-89-7291-598-0　93900

이 도서의 국립중앙도서관 출판시도서목록(CIP)은 서지정보유통지원시스템 홈페이지(http://seoji.nl.go.kr)와 국가자료공동목록시스템(http://www.nl.go.kr/kolisnet)에서 이용하실 수 있습니다. (CIP 제어번호 : CIP2015020898)

차례

루브룩의 『몽골 기행』

해설

1. 몽골의 유럽 침공

칭기스 칸(Chingis Khan)의 뒤를 이어 1229년 몽골 제국의 대칸으로 즉위한 우구데이(Ögödei)는 1234년 초 북중국 금나라의 저항을 최종적으로 무너뜨림으로써 부친의 숙원을 성취했다. 그다음 해에 그는 쿠릴타이(quriltai)를 개최하여 새로운 원정계획을 논의했는데, 그 결과 각기 다른 네 지역에 대한 새로운 원정이 결정되었다. 그 목적지는 고려와 남송, 서아시아와 킵차크 초원 등 동방과 서방을 모두 포괄했고, 그야말로 유라시아 전역을 포괄하는 광역적인 세계 전략이었다. 여러 지역에 대한 대규모 작전을 동시에 전개하는 것은 군사적 상식을 뛰어넘는 일이지만, 13세기 몽골인들은 병력의 징발과 배분이라는 측면에서 놀라운 조직력을 발휘함으로써 이처럼 다면적인 정복전을 동시에 수행할 수 있었으니, 이러한 군사작전은 동서고금을 막론하고 찾아보기 어려운 희귀한 사례라고 할 수 있다.

몽골군이 과연 그러한 군사작전을 어떻게 수행할 수 있었느냐 하는 문제는 차치하더라도, 그들이 이처럼 유라시아 각지를 향하여 원정군을 파견할 수밖에 없었던 이유는 과연 무엇이었을까? 우선 우리가 기억해야 할 사실은 칭기스 칸이 수행했던 대외 원정의 기본적인 목표가 적국의 파멸과 영토의 병합에 있지 않았다는 점이다. 예를 들면 금나라에 대한 원정은 과거 정치적 구원(舊怨)에 대한 응징을 명분으로 했지만, 군사적인 공격과 압박을 통해서 초원에서는 구하기 어려운 물자를 다량으로 받아내기 위해서 추진된 것이었다. 호레즘에 대한 원정 역시 자신이 보낸 사신단을 학살한 것에 대한 응징으로 시작되었다. 그런 의미에서 칭기스 칸 시대의 전쟁은 '정복전'이라고 말하기는 어렵다. 그러나 이들 나라와의 전쟁이 장기화되면서 그의 원래 의도와는 달리 일부 지역을 점거, 지배하게 되었고, 이를 위해서 관리를 파견하여 통치하는 상황으로 변하게 되었다.

이러한 경향은 우구데이가 즉위한 뒤에 더욱 분명하게 드러나기 시작했다. 이제 몽골인들의 전쟁은 단순히 응징이나 약탈이 아니라 점령과 지배를 지향하는 본격적인 세계 정복전으로 탈바꿈했다. 더구나 고려는 몽골의 복속 요구를 거부하며 집요하게 저항했고, 1232년에는 사르탁[撒禮塔]이 피살되는 사건이 터졌다. 또한 남송은 1233-1234년 몽골과 공동으로 작전을 펼쳐 금나라를 무너뜨렸지만, 곧이어 남송의 군대가 개봉과 낙양 등의 주요 거점을 점령함으로써 양측의 군사적 충돌이 불가피해졌다. 한편 서아시아에서는 호레즘 국왕의 아들 잘랄 앗 딘(Jalal al-Din)이 인도에서 귀환하여 이스파한, 타브리즈 등지를 근거로 왕국의 재건을 시도했고, 킵차크 초원 방면에서도 불가르 및 킵차크 계통의 유목집단들이 몽골의 지배를 거부하며 반발하기 시작했다.

네 지역 가운데 킵차크 방면에 대한 원정은 일차적으로 칭기스 칸의 큰아들인 주치 가문의 책임하에 이루어졌다. 페르시아의 역사가 주베이니에 의하면, 칭기스 칸은 자신의 자제들에게 분봉(分封)을 행할 때 주치에게 "카얄릭과 호레즘에서부터 삭신과 불가르에 이르기까지, 나아가 몽골 말들의 발굽이 닿는 곳까지"(Juvayni/Boyle, 1997, 42) 주었다고 한다. 따라서 킵차크 원정에서 정복되는 새로운 영토는 주치 가문의 소유가 될 것이기 때문에 그 원정의 지휘와 책임이 주치 일족에게 맡겨진 것은 당연한 일이었다. 주치(Jöchi)의 큰 아들은 오르다(Orda)였지만 집안의 대표 역할을 하던 둘째 아들 바투(Batu)가 원정군의 총사령관을 맡았다. 물론 오르다, 시반(Siban), 탕구트(Tangut) 등 주치의 다른 아들들도 모두 참가했다. 칭기스 칸의 다른 아들들 가문에서도 모두 장자들이 충원되었다. 차가다이 가문에서는 장자 부리(Böri)가, 우구데이 가문에서도 장자 구육(Güyük)과 카단 (Qadan)이, 톨루이 가문에서는 장자 뭉케(Möngke)와 부첵(Böchek) 등이 각 각 군대를 이끌고 대열에 동참했다. 여기에 역전의 노장인 수베에데이 (Sübe'edei)가 참전하여 원정군의 실질적인 지휘를 맡았는데, 그는 1223-1224년 칭기스 칸의 서정(西征) 때에 제베(Jebe)와 함께 러시아 방면으로 진출하여 칼카 강가에서 러시아 군을 패배시킨 경험도 있었다.

킵차크의 유목민들을 일차적인 공격 목표로 정한 '장자 원정군'은 1236년 봄에 출정하여 여름 내내 이동했고, 가을에는 마침내 볼가 강 유역의 불가 르 지방에 도착하여, 이미 그곳에 와 있던 주치 일족의 군대와 합류했다. 이 원정군의 규모는 몽골군으로 구성된 핵심전력이 약 5만 명이고, 여기에 튀르크 유목민들로 이루어진 보조병력 10여만 명까지 포함하여, 모두 15만 명을 상회했던 것으로 보인다(Saunders, 1971, 81; Vernadsky, 1953, 49). 그해 겨울부터 몽골군은 작전을 개시하여 먼저 볼가 강 유역에 있던 불가르 와 킵차크 세력을 제압한 뒤에 러시아로 진입할 모든 준비를 마쳤다. 러시 아는 이미 10여년 전 칼카 강가에서 패배를 맛본 적이 있었지만 이번에도 군사적인 대비를 하지 않고 있었다.

1237년 몽골군은 볼가 강을 건넌 뒤, 러시아의 대공이 주재하던 근거지 인 블라디미르를 곧바로 공략하지 않고, 먼저 서남쪽으로 우회하여 랴잔 을 공략하여 12월 말에 함락시켰다. 이어 1238년에는 거기서 북상하면서 콜롬나, 모스크바를 차례로 함락시키고 마침내 블라디미르로 쇄도했다. 그 곳에 있던 대공 유리 브세볼로드(Yuri Vsevolod)는 몽골군에 대항할 수 없 게 되자, 볼가 강 상류로 퇴각하면서 전열을 재정비하려고 했다. 그러나 뒤이어 추격한 몽골군과 시트 강가에서 전투가 벌어졌고 그곳에서 그는 전사했다. 몽골군은 그곳에서 다시 서쪽으로 군대를 돌려 트베리를 거쳐 3월에는 토르조크를 함락시켰다. 그러나 강이 해빙되면서 작전이 어려워 지자 몽골군은 남쪽으로 내려가 초원으로 향했다.

한편 몽골의 좌익군을 지휘하던 구육과 뭉케는 캅카스 지방에 있던 아스(As)인들의 근거지 메게스를 공략하여 1240년 초에 함락시킨 뒤, 거기서 북상하여 겨울에는 러시아 최대의 도시인 키예프를 장악하는 데에 성공했다. 1241년 몽골 연합군은 카르파티아 산맥을 넘어 다섯 개의 방향으로 군대를 나누어 진격을 시작했고, 그 가운데 하나가 폴란드로 진입하여 4월 9일 발슈타트라는 곳 근처에 있는 레그니차 평원에서 슐레지엔의 헨리크 2세(Henryk II Pobożny)가 이끄는 2만 명 규모의 폴란드-게르만 기사단과 전투를 벌였다. 유럽의 연합군은 괴멸적인 패배를 맛보았고, 도주하던 헨리크는 전사했다. 몽골의 또다른 부대는 셔요 강을 건너 모히 평원에서 국왕 벨라(Bela)가 이끄는 헝가리 군대와 전투를 벌였다. 몽골의 노장 수베에데이는 적군이 배치되어 있지 않은 강의 상류를 도하하여 적군의 허를 찔렀고 벨라는 황급하게 도주하여 목숨만 겨우 건질 수 있었다. 그러나 그의 동생을 비롯하여 휘하의 장군 대부분과 2명의 대주교는 사망했고 페스트도 함락되었다.

이처럼 헝가리와 폴란드를 성공적으로 공략한 몽골군은 서부 유럽을 향해 진격할 모든 준비를 끝낸 상태였고, 만약 그들이 서진을 감행했다면 유럽은 사실상 이들의 공격을 막아내기 어려운 상황이었으므로, 몽골의 선봉대는 어렵지 않게 도버 해협까지 진출했을 것이다. 그러나 몽골군은 그해 여름 다시 초원으로 내려가 도나우 강가에 머물며 쿠릴타이를 개최했고, 그다음 해 봄이 되자 철군을 시작했다. 철군의 이유에 대해서는 여러 가지 가설들이 제기되었다. 우선 1241년 겨울 우구데이의 갑작스러운 사망으로 인해서 차기 대칸의 선출을 둘러싼 정치적 불확실성이 높아졌기 때문에 더 이상 군사작전을 계속하기 어려워졌다는 점이 지적되었다. 더구나 원정군의 우익과 좌익을 지휘하던 바투와 구육의 첨예한 대립으로 인해서 차기 대권을 둘러싼 상황은 매우 위태로운 형편이었다. 그런가 하면 많은 수의 말과 가축을 데리고 다녔던 몽골군으로서는 헝가리 초원에서 충분한 목초지를 찾을 수 없었기 때문에 더 이상 서쪽으로 진격하기 어려운 상황이었다는 주장도 있고(Sinor, 1972), 바투가 애초부터 헝가리 넘어 지방에 대해서는 관심이 없었다는 지적도 있다(Spuler, 1994, 13). 그 이유가 무엇이건 유럽에 광풍처럼 불어닥치던 몽골의 내습은 갑작스럽게 중단되었고, 이로써 유럽도 일단은 절체절명의 위기에서 벗어날 수 있었다.

2. 유럽의 반응과 대책

갑작스러운 상황의 반전으로 말미암아 유럽은 미증유의 위기에서 벗어난 셈이었지만, 많은 유럽인들은 자신들이 처한 상황과 장차 닥쳐올 위험에 대해서 극도의 불안을 느꼈다. 우선 몽골의 공격을 피해 킵차크 ─ 당시 유럽에서는 '쿠만(Cuman)'이라고 불렀다 ─ 사람들 4만 명이 헝가리 영내로 밀려들어왔고, 헝가리인들은 이들이 혹시 위해를 가하지나 않을까 하는 의심을 품고 오히려 그들을 공격하자, 이들은 다시 도나우 강을 건너 서쪽으로 이동하면서 여러 곳을 약탈하기 시작했다. 또한 궁지에 몰린 헝가리의 국왕 벨라가 유럽의 여러 지도자들에게 긴박하게 호소했던 지원 요청은 비록 아무런 응답을 받지는 못했지만, 당시 유럽인들의 위기의식을 증폭시키는 데에는 한몫을 했다.

뿐만 아니라 점점 접근해오는 몽골군에 대한 공포, 도망쳐 밀려들어온 킵차크인들이 야기한 혼란에 더하여, 몽골의 침공이 가져온 도시의 파괴와 주민의 학살, 포로들의 비참한 처지에 관한 갖가지 흉흉한 소문들이 떠돌기 시작했다. 헝가리에서 포로가 되었다가 탈출한 아풀리아 출신의 로게리우스(Rogerius of Apulia)가 전한 『타타르인이 헝가리 왕국을 파멸한 슬픈 노래(*Carmen Miserabile super Destraction Regni Hungariae per Tartaros*)』는 여러 사람들의 입을 통해서 퍼져나갔고, 저 멀리 영국에 있던 매슈 패리스(Matthew Paris)도 『대연대기(*Chronica Majora*)』에서 몽골군에 대해서 "그들은 인간이라기보다는 차라리 괴물이었다. 목마르고 굶주린 괴물처럼 사람과 개의 살을 찢어 먹었다"라고 쓸 정도였다.

1237-1242년 몽골인의 침공이 야기한 일련의 정황들은 동방에서 밀려오는 이 새로운 민족이 오래 전부터 유럽인들이 그토록 고대해온 프레스터 존(Prester John)의 군대가 아니라는 사실을 분명히 보여주었다. 이러한 일들이 있기 얼마 전까지만 해도 유럽인들은 동방에 기독교를 믿는 프레스터 존, 즉 '사제왕 요한'이라는 강력한 군주가 살고 있고, 그가 휘하의 막강한 군대를 이끌고 서쪽으로 진군하여 기독교의 원수인 사라센인들을 물리치고 성지를 탈환해줄 것이라는 이야기가 널리 유포되어 있었다(김호동, 2002). 그런데 과연 유럽인들이 고대하던 강력한 군대가 동방에서 온 것이다. 그러나 이 기마군단이 유럽에서 자행한 일들은 그들이 결코 기독교도의 친구가 아니라는 사실을 분명히 보여주었을 뿐만 아니라, 오히려 그들이 라틴어에서 지옥을 뜻하는 '타르타르(Tartar)'라는 이름을 가지고 있으며 기독교권을 마침내 파멸로 몰아넣을 무서운 적대세력임을 명백하게 보여주는 듯했다.

낯선 세력, 몽골에 대해서 이처럼 막연한 기대와 과장된 공포로 포장된 소문이 퍼지는 와중에서도 보다 사실적인 내용과 보고가 전해지기 시작했다. 특히 몽골의 위협을 가장 일찍 경험한 헝가리에서 도미니크 수도회에 속하는 수도사 줄리안(Julian)이라는 인물이 1237년 볼가-우랄 지방에 있던 '대헝가리(Greater Hungary)'까지 갔다가 몽골이 침공했다는 소식을 듣고 그대로 돌아왔는데, 귀환 도중에 그는 러시아의 도시 수즈달에서 두 명의 몽골 사신들을 만나게 되었다. 이들은 헝가리 국왕에게 항복을 요구하는 서한을 휴대하고 가다가 수즈달에서 연금된 것인데, 이 서한은 바투가 대칸의 이름으로 헝가리 국왕의 신속한 항복을 명령하는 내용을 담고 있었다(편지의 내용은 Jackson, 2005, 60-61). 줄리안은 헝가리에 주재하던 교황청의 대리인에게 이 같은 사실을 알렸고, 그의 보고는 교황 그레고리우스 9세(Gregorius IX)에게 전달되었던 것으로 보인다.

이처럼 1230년대 후반이 되면 유럽을 정복하기 위한 몽골의 군사작전이 임박했음은 부인할 수 없는 사실로 인식되었다. 당시 유럽에서 이를 저지할 만한 세력은 신성 로마 제국과 로마 교황청 두 곳밖에 없었다. 그러나 황제 프리드리히 2세(Friedrich II)와 교황 그레고리우스 9세는 서로 극단적으로 대립하고 있었다. 황제는 본국의 통치를 아예 아들 콘라트(Conrad)에게 맡긴 채 자신은 시칠리아에 머물면서 교황의 세력을 타개할 궁리에 몰두했다. 몽골의 위협에 대한 경각의 목소리가 높아지자, 그는 유럽의 국왕들에게 편지를 보내서 타타르에 대항할 공동전선을 제안하는 동시에 교황이 몽골과 싸워야 할 십자군을 오히려 자신에 대한 공격으로 돌리고 있다고 불평했다. 한편 교황 그레고리우스 9세는 1241년 6월 몽골군에게 쫓겨 아드리아 해까지 도망친 헝가리 국왕 벨라의 지원 요청을 받고, 유럽의 지도자들에게 헝가리를 수호하기 위해서 십자군이 성지에서 하는 것과 동일하게 힘을 쏟으라고 권유했다. 그러나 프리드리히 황제와의 불화가 계속되는 상황에서 그의 호소는 아무런 효력을 발휘하지 못했고, 교황 자신도 황제의 군대가 로마 침공을 준비하고 있던 1241년 8월 세상을 뜨고 말았다.

이처럼 내분에 휩싸인 유럽이 외부세력과 연합하여 몽골의 위협에 대항할 생각을 하지 못한 것은 당연한 일이었다. 유럽과 마찬가지로 몽골의 침공에 직면하여 위기에 처한 서아시아에서 1238년 시리아의 이스마일파 수령이 프랑스와 영국의 국왕에게 사신을 보내서 반몽골 연합전선을 제안했다. 그러나 매슈 패리스의 보고에 의하면, 당시 윈체스터의 주교는 영국의 국왕 헨리 3세(Henry III)에게 "이 개들이 서로 물고 뜯어서 완전히 절멸되도록 하십시오. 그러면 우리의 가톨릭 교회가 그들의 폐허 위에 세워질 것이며, 하나의 울타리와 한 사람의 목자만이 남게 될 것입니다"라고 조언했다고 한다(Rubruck/Rockhill, 1900, xiv). 교황 그레고리우스 9세 사후 새로운 교황이 선출되었으나 그 역시 보름 만에 사망했고, 결국 1년

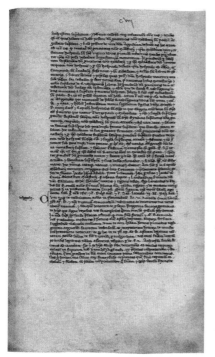

교황 인노켄티우스 4세가 몽골의 대칸에게 보낸 두 통의 서한(바티칸 소장)

반의 논란 끝에 1243년 6월 25일 인노켄티우스 4세(Innocentius IV)가 교황으로 즉위했다. 그러나 그는 이미 이탈리아 북부를 점령한 황제 프리드리히의 위협을 피해 리옹으로 거처를 옮길 수밖에 없었고, 그곳에서 교회와 기독교권을 위협하는 내적, 외적인 위협을 타개하기 위한 방책을 강구하기 시작했다.

1245년 리옹 공의회(제1차)는 이렇게 해서 열리게 된 것이다. 회의의 목적은 교회가 당면한 가장 큰 두 가지의 위협, 즉 신성 로마 제국의 황제 프리드리히, 그리고 헝가리와 폴란드까지 진출한 몽골군에 대해서 어떻게 대처하느냐 하는 데에 있었다. 공의회는 1245년 6월 26일에 개최되었다. 그러나 교황은 이미 공의회가 열리기 전에 러시아와 아르메니아 지방에 주둔하던 몽골군 진영에 별도로 두 개의 사절단을 파견하기로 결정했다.

프란체스코파 수도회에 속하는 북부 이탈리아 출신의 카르피니(Carpini)와 포르투갈 출신의 로렌스(Lawrence)라는 두 명의 사제가 각각 사절단을 이끌었고, 이들은 교황이 보내는 친서를 두 통씩 휴대하고 있었다. 3월 5일자로 된 "Dei patris immensa"라는 편지는 기독교의 교리를 설명하고 몽골인들의 개종을 권유하는 내용이며, 3월 13일자로 된 "Cum non solum"이라는 편지는 유럽에서의 몽골군의 행위에 항의하며 장차 기독교도들을 공격하지 말 것을 요청하는 내용이었다(Dawson, 1980, 73-76에 영어 번역 참조; Jackson, 2005, 88). 편지를 작성한 날짜가 리옹 공의회 개최일보다 3개월이나 빠른 것을 보면, 사절단의 파견은 교황의 독자적인 판단에 의해서 결정된 것이고, 공의회는 그 사실을 추인했을 뿐이라는 점을 알 수 있다.

로렌스의 사절단에 대해서는 우리가 아는 것이 거의 없다. 왜냐하면 그 결과에 관해서 어떤 글에도 언급이 없기 때문이다. 다만 교황이 1247년에 그를 소아시아의 전권특사로 임명한 것으로 보아 그가 임무를 수행하고 돌아왔다는 사실은 알 수 있다(Rubruck, 1900, xxiv). 이와는 대조적으로 카르피니의 여행에 관해서는 자세한 내용이 알려졌는데, 그 까닭은 그가 바투의 군영을 경유하여 대칸이 있는 카라코룸까지 다녀온 뒤 자신이 보고 들은 것들을 기록으로 남겼기 때문이다.

3. 카르피니 사절단의 동방 여행

카르피니는 1190년경 이탈리아 동북부 페루자 부근의 피안 디 카르피니(Pian di Carpini)라는 곳에서 출생했다. 이 마을은 라틴어로는 플라노 카르피니(Plano Carpini)로 알려졌으며, 오늘날에는 피안 라 마조네(Pian la Magione)라는 이름으로 불리고 있다. 그의 본명은 요한(Johan)—이탈리아식으로는 Giovanni, 라틴식으로는 Iohannes—이지만, 그가 태어난 고향의 이름을 따서 카르피니라고 부르는 것이 일반적이므로 여기서도 그렇게 부르기로 한다.

　카르피니의 이름은 지아노의 조르다누스(Jordanus of Giano)가 쓴 연대기에 처음으로 언급되었는데, 거기서 그는 1221년 5월 23일 다른 26명의 수도사들과 함께 프란체스코 수도회를 확장시키라는 임무를 부여받고 게르마니아 지방으로 떠난 것으로 기록되었다. 그는 알프스를 넘어 게르마니아로 들어가 뷔르츠부르크, 마인츠, 보름스, 슈파이어, 스트라스부르, 쾰른 등의 지방을 다니면서 활동했고, 2년 뒤인 1223년에는 작센 지방의 교구위원(warden)에 임명되었다. 그는 이 임무를 맡은 직후부터 다수의 수도사들을 힐데스하임, 브라운슈바이크, 고슬라르, 마그데부르크, 할버슈타트 등지로 파견하여 수도회의 교세를 확장시키는 데에 진력했다. 1228년 그는 조반니 파렌티(Giovanni Parenti)의 뒤를 이어 게르마니아 지방의 교구장(provincial)에 임명되었다. 그 후 그는 수도사들을 보헤미아, 헝가리, 폴란드, 노르웨이, 루마니아 등지로 파견했다. 1230년 그는 이탈리아로 돌아가 아시시에서 개최된 수도회의 총회에 참석한 뒤 스페인 교구장으로 임명되었으나, 1232년에는 다시 게르마니아로 돌아가 작센 지방의 교구장직에 임명되었고, 1239년 보름스의 콘라트(Conrad of Worms)가 그 직책을 맡기까지 7년 동안 임무를 성공적으로 수행했다. 교황 인노켄티우스 4세가 카르피니에게 바투의 군영을 방문하는 중책을 맡기게 된 것도 그가 이처럼 유럽의 동북부에서 오랫동안 일해왔기 때문에 그 방면의 사정을 누구보다도 소상히 잘 알고 있었기 때문인 것으로 보인다.

　카르피니는 1245년 4월 16일 리옹을 출발했다. 교황은 바투에게 보내는 사절로 카르피니 한 사람만 임명한 것이 아니라, 보헤미아 출신의 케슬라우스(Ceslaus)라는 수도사를 그의 동행으로 함께 파견한 것으로 보인다. 그는 다른 글에서 보헤미아 출신의 슈테판(Stephan)이라는 이름으로 알려진 인물과 동일인이며, 아마 사절단이 동유럽을 거쳐 바투의 군영까지 가야 했기 때문에 보헤미아 출신으로서 그 지역의 사정을 잘 아는 인물을 교황이 선발한 것으로 추정된다(Bezzola, 1974, 120-121; Petech, 이탈리아어 주석본, 405-406, 479. Szczesniak, 1966은 이러한 추정에 반대한다). 그러나 그는 건강상의 이유로 일행과 함께 여행을 계속하지 못하고 키예프 지방에 남아 있다가 후일 귀환하는 카르피니 일행과 합류했다.

브레슬라우(현재 폴란드의 브로츠와프)에서 같은 수도회에 소속되어 있는 베네딕트(Benedict)라는 인물이 카르피니의 사절단에 합류했는데, 그는 교황이 직접 임명한 사람은 아닌 듯하다. 다만 그가 동유럽의 기독교권의 지도자들을 알고 있었을 뿐만 아니라 그 지역의 여러 언어들도 잘 알고 있어서 통역에도 도움이 되기 때문에 카르피니가 영입한 인물로 보인다. 그는 카르피니와 함께 카라코룸까지 여행을 다녀왔고 귀환한 뒤에는 유럽 각지에서 자신의 견문을 이야기했다. 그가 이야기한 내용을 기초로 드 브리디아라는 수도사가 정리하여 1247년 7월 30일에 완성한 것이 바로 『타타르의 역사(Hystoria Tartarorum)』이다. 사절단과 관련해서는 이 세 사람 외에 또다른 인원들이 있었던 것으로 보이는데, 그것은 바투가 자신의 군영에 도착한 사절단 가운데 몇 명을 교황에게 되돌려 보냈다는 내용이 카르피니의 글에 보이기 때문이다.

카르피니의 사절단은 1246년 2월 3일, 키예프를 출발하여 두 달 뒤인 4월 4일 마침내 볼가 강 부근에 있던 바투의 군영에 도착했다. 그가 휴대한 교황의 편지는 '러시아어, 사라센어 및 타타르 문자'로 번역되었고, 이것을 읽은 바투는 카르피니 일행을 몽골리아로 보내기로 결정했다. 그 까닭은 교황이 주장하는 내용에 대해서 자신이 대칸을 제쳐두고 독자적으로 처리하기가 곤란하다는 점도 있었지만, 마침 그해 여름 구육의 즉위식이 열릴 예정이었기 때문에 카르피니 일행을 교황청의 대표단으로 참석시키기 위해서였다. 따라서 즉위식까지 불과 넉 달밖에 시간이 없었기 때문에 몽골인들은 초원을 가로지르는 역참을 이용하여 매우 빠른 속도로 카르피니 일행을 동쪽으로 이동시켰다.

일행은 볼가 강 유역을 출발하여 '캉기트' 지방을 거쳐 중앙 아시아의 시르다리야 연변의 도시들을 경유하고 톈산 북방을 지났다. 기일에 맞추기 위해서 "말을 하루에 다섯 번 혹은 일곱 번" 갈아타기도 했고, 고된 일정으로 인해서 몸이 너무 약해져서 말을 타기도 힘들 정도였다. 음식이라고는 "물과 소금에 탄 기장"밖에 없었다고 한다. 이렇게 해서 카르피니는 마침내 7월 22일 카라코룸 부근에 설치된 대칸의 천막인 시라 오르두(Sira Ordu)에 도착했다. 100일 만에 3,000-4,000킬로미터를 여행했으니 하루도 쉬지 않고 매일 30-40킬로미터씩을 이동한 셈이었다. 유라시아 초원을 가로지르는 여행에서 때로는 아무도 살지 않는 황야를 지나야 했음에도 불구하고, 이 정도의 속도를 유지할 수 있었다는 사실은 당시 몽골 제국이 시행한 지 얼마 되지 않은 역참제도의 효율성을 잘 보여준다고 할 수 있다.

새로운 대칸의 즉위식에 맞추어 도착한 카르피니 일행은 당분간 머물 수 있는 천막을 하나 제공받았고, 그가 바투에게 주었던 교황의 친서는 이미 몽골 측에 전달되었다. 대엿새쯤 지났을 때 그들은 구육의 모친인 투레게네 카툰(Töregene Qatun)의 초대를 받아 시라 오르두가 설치된 곳으로 갔다. 시라 오르두란 몽골어로 '황색의 궁장(宮帳)'을 뜻한다. 주베이니에 의하면, 우구데이 카안은 여름에 산지로 들어가 머물렀는데 그곳에는 '키타이 사람들', 즉 한인(漢人)들이 만든 거대한 천막이 있었다고 한다. 이 천막의 외벽은 격자형 나뭇가지로 되어 있고 지붕은 금실로 짜인 천으로 덮여 있었기 때문에, 그곳을 '시라 오르두'라고 불렀다고 한다(Juvayni/Boyle, 1997, 238-239).

몽골 제국 시대에 시행되던 오르두 제도의 관행에 따르면, 오르두는 대칸의 거처이지만 사실은 그의 부인, 즉 카툰(qatun)들의 거처이기도 했다. 시라 오르두는 대칸들이 보유했던 화려한 대형 천막을 가리키는 말이었다. 따라서 카르피니가 목격한 시라 오르두는 다름 아닌 우구데이 카안이 사망한 뒤 그의 부인인 투레게네 카툰이 보유하던 오르두였다. 그가 투레게네의 초청을 받아서 그곳에 갔다는 사실도 이를 방증해준다. 카르피니의 증언에 의하면, 시라 오르두는 2,000명 이상을 수용할 정도로 거대한 규모였으며 흰색 벨벳으로 만들어졌고, 그 주위에는 목책이 세워졌다고 한다.

카르피니는 8월 15일 즉위식이 열리기로 예정된 장소로 이동했고, 그곳에는 '황금의 오르두(Golden Ordu)'가 설치되어 있었다. 이 천막은 금 판으로 덮인 기둥들로 받쳐지고 금 못이 박힌 나무 들보들에 묶여 있었다고 한다. 갑자기 우박이 쏟아지는 바람에 즉위식은 연기될 수밖에 없었고, 8월 24일에 되어서야 비로소 구육의 즉위식은 치러졌다. 즉위식에는 몽골의 귀족들은 물론이고, 4,000명이 넘는 외국의 사신들이 참석했으며 먹고 마시는 축제는 며칠 동안 계속되었다. 이어서 카르피니 일행은 구육의 어전으로 불려가 그를 알현했고, 교황이 전달하려는 메시지가 무엇인지를 말하도록 요구되었는데, 물론 이러한 대화는 모두 통역을 통해서 이루어졌다. 카르피니의 글은 몽골어를 모르는 사람들이 대칸의 어전에서 어떤 방식으로 자기 의사를 표현하고, 또 이것이 어떻게 대칸에게 전달되는지를 잘 보여준다.

카르피니의 글은 대칸이 교황에게 보내는 답서가 어떤 방식으로 작성되었는지를 보여주는 흥미로운 내용을 기록하고 있다. 대칸의 어전에서 '서기'의 임무를 수행하던 카닥, 친카이, 발라 등 세 사람이 카르피니 일행에게 답서의 내용을 한 단어씩 번역해주고 일행은 그것을 라틴어로 기록했으며, 그렇게 옮겨진 내용을 한 구절씩 다시 거꾸로 몽골어로 번역하게 했다. 그리고 그것을 소리 내어 읽게 하여 정확하게 번역이 되었는가를 확인했다고 한다. 다시 말해서 몽골어로 된 구육의 답신을 라틴어로 번역한 뒤, 그것을 거꾸로 몽골어로 번역시킴으로써 라틴어 번역이 정확한가를 점검한 것이다. 그리고 대칸의 서기들은 만약의 경우를 대비하여 구육의 답신을 '사라센어', 즉 페르시아어로 번역해서 카르피니에게 넘겨주었다.

이 일화는 당시 몽골인들이 대칸의 칙령과 서한을 작성할 때 얼마나 세심한 주의를 기울였으며, 대칸의 말 한마디 한마디를 문자 그대로 정확하게 전달하려고 노력했음을 잘 보여준다. 당시 대칸의 명령을 전하는 문서들 가운데 '성지(聖旨)'라는 이름으로 알려진 한문 자료들은 입으로 말한 내용을 그대로 옮겼기 때문에 '직역체' 혹은 '경역체(硬譯體)'라는 이름으로 불리는데, 이 역시 이러한 사정과 무관하지 않다. 구육이 교황에게 보낸 서한들 가운데 몽골어 원본은 사라졌지만, '사라센어'로 된 것이 바티칸 비밀서고에 보존된 것도 당시 몽골인들의 세심한 배려가 있었기 때문이다.

카르피니 일행은 11월 13일에야 귀국해도 좋다는 허락과 함께 대칸의 인장이 찍힌 또다른 편지 한 통을 받았다. 이 '편지'는 교황에게 보낸 답서는 아닌 듯하며, 아마 돌아가는 길에 역참을 이용할 수 있는 문서, 즉 '포마성지(鋪馬聖旨)'였을 것으로 추정된다. 일행은 겨울 내내 이동해야 했고, 때로는 "바람에 실려온 눈에 완전히 파묻히고" 눈 덮인 황야에서 자기도 하면서, 1247년 5월 9일 마침내 바투의 군영에 도착했다. 6월 9일에는 키예프로 들어가 주민들의 환영을 받았고, 폴란드, 보헤미아, 게르마니아, 벨기에, 샹파뉴를 거쳐서 11월에 최종 목적지인 리옹에 도착하여 교황을 알현하게 되었다. 리옹에서 키예프까지 2,500킬로미터, 다시 키예프에서 카라코룸까지 4,000킬로미터 거리를 왕복했으니, 모두 1만3,000킬로미터의 대장정을 완수한 셈이다.

카르피니 일행이 귀환했을 때, 마침 루이 9세(Louis IX)는 성지 탈환을 위해서 십자군을 이끌고 파리를 떠나려던 참이었다. 그는 에그모르트라는 항구로 가서 거기서 키프로스로 가는 배를 탈 계획이었다. 그러나 만약 국왕 루이가 떠나면 프리드리히 황제의 위협이 커질 것을 우려한 교황은 그의 출발을 지연시키기 위해서 1248년 초 카르피니와 베네딕트를 파리로 보내서 성지로의 출발을 연기해달라고 요청했다. 카르피니 일행은 파리를 방문하여 교황의 뜻을 전했지만 이미 성지 탈환의 뜻을 확고히 굳혔던 '사자왕' 루이의 마음을 돌리지는 못했다. 3년 이상의 치밀한 준비를 마친 국왕 루이는 마침내 그해 8월 배에 올랐고 9월 17일에는 키프로스에 도착했기 때문이다. 파리에서 돌아온 카르피니는 달마티아 지방의 안티바리의 대주교로 임명되었다. 그러나 그로부터 얼마 지나지 않아 1252년 8월 1일 타계하고 말았다. 그때 그의 나이는 62세였다.

4. 루브룩의 선교 여행

카르피니 일행이 루이의 궁정을 방문했을 때 마침 그곳에 프랑스령 플랑드르의 루브룩(Rubruck)이라는 곳 출신인 수도사 윌리엄(William)이 있었다. 따라서 그가 그곳에서 카르피니를 만났으리라는 것은 분명하며, 이러한 조우가 루브룩의 선교여행에 중요한 계기가 되었을 가능성도 높다. 루브룩은 국왕 루이를 따라 십자군에 동참하여 키프로스로 가서 그곳에서 1248-1249년 겨울을 보냈고, 그다음 해에는 이집트 원정에 참가하여 1249-1250년에는 나일 강 하구에 위치한 다미에타에 머물렀다. 국왕 루이는 1250년 2월 만수라에서 승리를 거두기는 했지만 너무나 큰 피해를 입었기 때문에 다미에타로 퇴각할 수밖에 없었다. 그러나 퇴각하던 도중에 예상치 않은 충격적인 사건이 벌어졌으니, 그것은 국왕을 비롯하여 다수의 장령들이 무슬림 군의 기습 공격을 받아 포로가 되고 만 것이다. 그는 이집트의 아이유브 왕조 측에 거금을 몸값으로 주고 겨우 풀려나기는 했지만, 곧바로 귀국하지 않고 카이사리아, 아크레, 자파 등 팔레스타인 지방에 4년간 머물렀다.

국왕 루이가 카이사리아에 머물고 있던 1251년 그가 그 전에 몽골 측에 보냈던 사신이 돌아왔다. 그런데 이에 앞서 구육이 서아시아로 파견한 엘지기데이(Eljigidei)라는 서아시아 주둔 몽골군의 총사령관이 무슬림 세력들을 제압하기 위해서 기독교도인 국왕 루이와 접촉을 시도했고, 그래서 루이가 이집트로 향하기 전 키프로스에 머무르고 있던 1248-1249년 겨울에 이미 다우드(Da'ud, 혹은 David)와 마르코스(Markos)라는 두 명의 사신을 보낸 바 있었다. 루이 역시 십자군 전쟁을 성공으로 이끌기 위해서 몽골 측의 협력이 필요했으므로, 1249년 1월 27일에 앤드류 롱주모(Andrew of Longjumeau)라는 프란체스코파 수도사가 이끄는 사절단을 엘지기데이에 게 파견했다. 롱주모는 이미 1245-1246년에 교황 인노켄티우스 4세의 명 에 따라 서아시아 지역의 여러 무슬림 지도자들을 만나고 나아가 몽골군 사령관도 만난 적 있었기 때문에, 국왕 루이는 그의 이러한 경험을 고려하 여 그를 파견한 것이었다.

　　롱주모 일행이 몽골 측에 사신으로 떠난 뒤 1251년에 다시 돌아와 카이 사리아에서 루이와 합류할 때까지 2년 동안 무엇을 했는지 말해주는 자료 는 많지 않다. 다만 롱주모 일행이 구육이 사망한 직후에 몽골리아에 도착 했고 그의 미망인 오굴 카이미시(Oghul Qaimish)와 회견했으며, 그녀는 국왕 루이가 보낸 선물들—그리스도가 매달렸던 십자가 원목의 나무 조각 들, 자주색으로 수가 놓여진 텐트형 예배실(chapel)— 을 받고는 그것을 정 치적 복속의 표시로 이해하여, 향후 국왕은 금과 은을 조공으로 바치라는 요구를 했다는 사실 등이 알려져 있다. 롱주모 일행은 그 뒤 귀환하는 길에 알레포의 술탄에게 붙잡혀 연금되어 있다가 겨울에 풀려났고, 마침내 1251 년 카이사리아에서 국왕 루이와의 만남이 실현되었다. 이들의 보고를 받은 루이는 몽골로 사신을 보낸 것을 깊이 후회했다고 한다. 루브룩이 몽골리 아를 향해 출발하기 전에 국왕 루이의 축복을 받고 국왕과 왕비가 주는 선물까지 받았음에도 불구하고, 몽골인들과 만났을 때 자신이 프랑스 국왕 의 '사절'이 아니며 오로지 자신의 의지에 따라 '선교'를 위해서 온 것이라 는 점을 극구 강조했던 까닭도 바로 이런 사정이 있었기 때문이다.

　　루브룩이 팔레스타인 지방에 있던 국왕 루이에게 작별을 고한 시점이 언제인지 정확하게는 모르지만, 1253년 3월경으로 추정된다. 루이는 그에 게 자신의 비서 중의 한 사람이었던 고세(Gosset)라는 사람을 붙여주면서 필요한 경비도 제공했고, 나아가 몽골의 수령 사르탁(Sartaq)에게 보내는 서한도 건네주었다. 이로써 우리는 국왕 루이와 수도사 루브룩 두 사람이 상당히 깊은 친분이 있었음을 추측할 수 있다. 이렇게 해서 루브룩은 주치 울루스의 군주인 바투의 군영으로 가기 위해서 먼저 콘스탄티노플로 향했고, 1253년 4월 13일에는 그곳의 성 소피아 사원에서 설교를 하기도 했다. 그곳에서 그는 비잔틴 세계에 대해서 잘 알고 있던 이탈리아 북부 크레모나 출신의 바돌로뮤(Bartholomew of Cremona)를 여행의 동반자로 얻게 되었다.

루브룩 일행은 그해 5월 초 흑해로 들어가 크림 반도에 위치한 솔다이아에 도착했다. 6월 1일에는 그곳을 출발하여 꼬박 두 달 동안 흑해 북안의 초원을 가로질러 여행을 한 뒤, 마침내 7월 31일에 바투의 아들인 사르탁의 둔영에 도착했다. 며칠 뒤 그곳을 떠나 다시 동쪽으로 여행을 계속하여 8월 초순에는 드디어 볼가 강가에 있는 바투의 군영에 도착했다. 그러나 바투는 국왕 루이가 보낸 편지를 번역하게 하여 읽고 또 그의 여행 목적을 물어본 뒤 루브룩 일행을 뭉케 카안이 있는 카라코룸으로 보내기로 결정했다. 이렇게 해서 루브룩은 9월 15일에 바투의 군영을 떠나 우랄 강을 건너고 중앙 아시아를 가로질러 11월 19일에는 중앙 아시아의 카얄릭이라는 곳에 도착했다. 그곳에서 12일간 휴식을 취한 뒤 다시 여행을 재개하여 구육의 둔영이 있던 에밀과 코박 지역을 거쳐서 마침내 12월 27일에 뭉케의 둔영이 있는 곳에 도착했다.

1254년 1월 4일 뭉케와 최초의 회견을 한 뒤 루브룩과 그의 일행은 카안의 둔영을 따라 함께 이동을 시작했고, 4월 5일에는 카라코룸으로 들어갔다. 그는 카라코룸과 그 부근으로 이동해온 뭉케의 둔영을 오가며 지냈지만, 한 겨울의 고통스런 시간을 보낸 그는 더 이상 남아서 생활을 계속하기 힘들다는 판단을 내리고 마침내 7월 10일경에 카라코룸을 떠나 귀환의 길에 올랐다. 그러나 같이 동행했던 수도사 바돌로뮤는 돌아가는 여정이 너무나 고통스러울 것이기 때문에 도중에 자신이 죽을지도 모른다는 두려움을 느껴서 루브룩과 동행하여 돌아가는 것을 포기했고, 그래서 카라코룸에 그대로 남기로 했다. 루브룩은 올 때와 거의 같은 경로를 거쳐 빠른 속도로 이동하여 9월 15일에 볼가 강 유역에 있던 바투의 군영에 도착했다. 그는 국왕 루이와 합류하기 위해서 캅카스 지방을 종단하여 내려가 1255년 초에는 서아시아에 도착했다. 그러나 국왕은 이미 1년 전에 프랑스로 돌아갔고 그는 국왕을 뒤따라가서 만나고자 했다. 그러나 팔레스타인의 교구장이 이를 허락하지 않고 그를 아크레 지방의 독경사로 임명했다. 그 대신 몽골 방문에 관한 자세한 내용을 글로 써서 비서 고세를 통해서 국왕에게 전달하라고 했다. 이렇게 해서 그의 여행기가 쓰이게 된 것이다. 루브룩은 1257년 프랑스로 여행을 떠났고 그곳에서 로저 베이컨(Roger Bacon)을 만났다고 한다. 그러나 그 이후의 행적에 대해서는 알려진 바가 없으며, 그가 언제 사망했는지도 확인되지 않는다.

5. 카르피니의 『몽골의 역사』

카르피니는 이 책 제9장 마지막 절(52)에서 몽골리아 여행에 관해서 자신이 기록한 것이 두 가지 종류임을 분명히 적었다. 즉 여행에서 돌아온 다음 집필을 시작했지만 "그것이 완성되기도 전에, 그리고 우리가 그것을 완전히 끝낼 만한 조용한 시간을 가지지도 못했기 때문에, 아주 축약된 형태임에도 불구하고 그것을 필사했습니다"라고 했다. 그가 이렇게 서둘러서 소략한 내용이나마 먼저 공개할 수밖에 없었던 까닭은 귀환 직후 카르피니 일행의 이야기를 들은 사람들이 하루라도 빨리 그 내용을 알기를 원했기 때문이다. 카르피니는 얼마의 시간이 지난 뒤에 처음의 내용을 보충하여 보다 충실한 두 번째 보고서를 만들었는데, 이에 대해서 그는 이렇게 적었다. "따라서 지금 현재의 서술 속에 더 많은 사실들이 있다고 하더라도 아무도 놀라지 않기를 바랍니다. 그 사실들은 전에 [여러분들이 보았던]

것에 비해서 더 정확합니다. 왜냐하면 우리가 약간의 여유를 가지고 이 사본을 고쳤고 그래서 그것이 완전하고 정확하게, 아니 적어도 [그 전의] 완성되지 않았던 것보다는 더 완벽한 것이기 때문입니다." 따라서 카르피니의 보고서는 현재 두 종류의 사본들이 전해지고 있는데, 첫 번째 유형에 속하는 사본으로는 모두 10종 정도가 알려져 있고, 두 번째 유형에 속하는 사본도 4-5종 정도 있는 것으로 알려져 있다.

『몽골의 역사(*Ystoria Mongalorum*)』라는 이름으로 알려진 카르피니의 보고서는 이처럼 여러 다양한 사본과 간본의 형태로 우리에게 전해지고 있는데, 중세 유럽인들이 이 글을 가장 손쉽게 또 널리 접할 수 있었던 것은 13세기 프랑스의 대학자 뱅상 드 보배(Vincent de Bauvais)가 편찬한 『큰 거울(*Speculum Maius*)』이라는 백과전서의 일부를 구성하는 "역사의 거울(Speculum historiale)" 속에 포함되었기 때문이다. 보배의 저작은 1473년 스트라스부르에서 처음 인쇄본이 나왔고, 그 후 1500년까지 여러 차례 인쇄를 거듭했다. 그러다가 1598년 영국에서 리처드 해클루이트(Richard Hakluyt)가 이 인쇄본에 의거하여 보배의『큰 거울』을 출판할 때 역시 카르피니의 글을 포함시켰다. 1838년에는 다베작(d'Avezac)이 라이덴, 런던, 파리 등지의 여러 사본들을 참고하여 교감본 텍스트와 프랑스어 번역본을 출판했고(*Relation des Mongols ou Tartares par le Frère Jean du Plan de Carpin*, Paris, 1838), 1903년에는 영국의 비즐리(C. R. Beazley)도 런던에 있던 해클루이트의 간본을 위시하여 여러 필사본들을 참고하여 카르피니와 루브룩의 여행기의 텍스트와 영어 번역본을 출간했다(*The Texts and Versions of John de Plano Carpini and William de Rubruquis*, Hakluyt Society, 1903).

그 뒤 윙가에르트(Anastasius Van den Wyngaert) 신부가 중국을 다녀간 프란체스코파 수도사들의 글을 수집하여 망라한 『중국과 프란체스코 수도회(*Sinica Fransiscana*)』(Quaracchi-Firenze, 1929; 이하 SF로 약칭)를 출간할 때 제1권(*Itinera et Relationes Fratrum Minorum saec. XIII et XIV*)에 카르피니의 여행기를 포함시켰다. 윙가에르트 신부는 13세기 말에서 14세기 초에 필사된 것으로 추정되며 가장 좋은 사본으로 간주되는 케임브리지 대학 사본(Corpus Christi College 181)을 저본으로 삼고, 그밖에 8종의 다른 사본을 참고하여 교감본 텍스트를 출간했다. 그의 간본은 그동안 간행된 여러 간본들의 부족함을 보완한 가장 우수한 것으로 평가받았다. 그러나 그의 교감본이 나온 후에 새로운 사본들이 몇 종 더 발견되었고 이를 참고하여 1989년에는 이탈리아의 학자들이 공동으로 작업하여 새로운 라틴어 교감본과 이탈리아어 역주본(*Storia dei Mongoli*; 이하 SM으로 약칭)을 출간했다. 이것은 윙가에르트의 책이 나온 뒤 60년의 세월이 흐르는 동안 축적된 연구 업적들도 널리 참고했으며, 카르피니 여행기에 대한 현재까지의 학술적인 성과를 종합적으로 보여주는 것이라고 할 수 있다.

카르피니의『몽골의 역사』의 번역본으로는 앞에서 언급한 다베작과 비즐리의 프랑스어, 영어 번역본이 나온 뒤에도 꾸준히 여러 언어로 번역되었다. 그러나 스탠브룩 수녀원(Stanbrook Abbey)의 한 수녀가 윙가에르트의 교감본을 저본으로 삼아 영역하여『몽골 선교기(*The Mongol Mission*)』라는 이름으로 1955년에 출간한 것이 지금까지 학계에서는 물론이고 일반인들에게도 가장 널리 사용되고 있는 번역본이라고 할 수 있다. 그런데 앞에서도 언급했듯이 1989년에 이탈리아의 학자들이 추가로 발견된 몇 종의 사본을 참고하여 새로운 교감본을 만들고 이를 근거로 현대 이탈리아어 번역본을 출간했으며, 1996년에는 에릭 힐딩거(Erik Hildinger)라는 사람이 이탈리아어 번역본을 다시 영어로 옮긴 번역본을 출간했다(*The Story of the Mongols whom We Call the Tartars*, Boston, 1996).

이 책은 이탈리아어의 중역본인 힐딩거의 영역본이 아니라 윙가에르트의 라틴어 간본을 영역한 1955년『몽골 선교기』를 번역의 저본으로 삼되, 이탈리아에서 나온 라틴어 교감본과 힐딩거의 영역본을 대조하는 과정을 거쳤다. 이밖에 루이 바쟁(Louis Bazin) 교수가 내놓은 프랑스어 번역본(*Histoire de Mongols*, Paris, 1965)도 참고했다.

한편 브레슬라우에서 카르피니와 합류하여 카라코룸까지 같이 여행을 마치고 돌아온 폴란드 출신의 수도사 베네딕트 역시 동방 여행에서 자신이 보고 들은 내용을 다른 사람들에게 구두로 보고하고 전달했다. 그는 쾰른의 어떤 성직자에게 그 내용을 받아 적게 했다고 하는데, 그 사본이 파리의 국립도서관에 보관되어 있고 1838년 다베작의 책 안에 포함되었다. 윙가에르트 신부 역시 라틴어 텍스트를 『중국과 프란체스코 수도회』 제1권에 "베네딕트 수도사 이야기(Relatio Fr. Benedicti Poloni)"(pp. 135-143)라는 제목으로 포함시켰으며, 그것의 영역본이 『몽골 선교기』(pp. 77-84)에 포함되었다. 이 책에서는 이 영역본을 토대로 한 우리말 번역을 "참고 자료 2"로 첨부했다.

그런데 흥미롭게도 카르피니의 방문과 관련된 또다른 사본, 즉 『타타르의 역사(*Hystoria Tartarorum*)』라는 제목이 붙은 15세기 중반경의 사본이 1957년에 발견되었다. 이 사본은 "빈랜드 지도(The Vinland Map)"라는 지도와 함께 제본되어 있었는데, 바로 이 지도에는 놀랍게도 아메리카 신대륙의 동북부 해안이 묘사되어 있었다. 콜럼버스의 신대륙 발견이 1492년이기 때문에 만약 이 지도가 15세기에 만들어진 것이 사실이라면 이미 콜럼버스의 항해 이전에 유럽에서는 신대륙의 존재를 알고 있었다는 이야기가 되는 것이다. 따라서 이 사본을 구입한 예일 대학교는 이에 대한 연구를 진행하여 1965년 『빈랜드 지도와 타타르 이야기(*The Vinland Map and the Tartar Relations*)』(New Haven)라는 책을 출간했다. 이후 이 지도의 진위에 대해서는 학계에 큰 논란이 벌어졌고 이 사본에 사용된 잉크가 15세기의 것이 아니라는 등의 비판이 제기되기도 했지만, 아직 그 진위에 대해서는 확고한 결론이 났다고 보기는 어렵다.

이에 따라 『타타르의 역사』라는 사본의 신빙성에 대해서도 회의적인 견해가 제기되었다. 과연 그것이 15세기 중반의 사본이 맞는가, 혹은 카르피니 사절단의 여행을 충실하게 전하고 있는가 하는 등의 의문이었다. 이와 관련하여 몽골어 연구의 권위자인 포페(Nicholas Poppe)는 『타타르의 역사』에 보이는 몇 개의 몽골어 단어가 몽골 제국 당시에 사용되던 '중세 몽골어'가 아니라 16세기 이후의 음운적 특징을 보인다는 주장은 제기했다(Poppe, 1967). '개[犬]'를 뜻하는 nochoy라는 단어와 '땅[地]'을 뜻하는 kadzar라는 단어는 모두 13-14세기 몽골어에서는 볼 수 없는 불가능한 음운적 특징을 지니고 있다는 것이다. 그래서 그는 이 사본에 있는 내용 전체가 그렇다고 말할 수는 없을지라도 적어도 그 일부는 16세기 이후에 가필이 가해진 것으로 보아야 한다는 결론을 내렸다. 그러나 최근 구즈만(Gregory Guzman)이라는 학자는 1339년경에 필사된 『타타르의 역사』의 또다른 사본을 스위스의 루체른의 한 수도원에서 발견했고, 이를 토대로 비교한 결과 예일 대학교 사본과 다름이 없다는 사실을 확인했다(Guzman, 2006). 이로써 예일 대학교 사본에 포함된 『타타르의 역사』의 신빙성은 의심할 수 없게 되었다.

『타타르의 역사』는 카르피니와 같은 프란체스코파 수도회에 소속된 드 브리디아라는 수도사가 집필한 것이다. 그는 글 안에서 베네딕트 수도사의 말을 인용하고 있어 상당한 정보를 그에게 의존하고 있음을 알 수 있으며, 사실 베네딕트의 기록과 비교해보아도 유사한 내용을 상당히 많이 발견할 수 있다. 그러나 『타타르의 역사』에는 베네딕트는 물론 카르피니의 글에도 보이지 않는 새로운 내용들이 있다. 예를 들면 바투와 구육의 불화, 몽골군의 헝가리-폴란드 침공에 관한 기록 등이 그러하다. 따라서 과연 드 브리디아가 그런 정보를 어디서 얻었을까 하는 의문을 품게 한다. 그런 의미에서 잭슨과 같은 학자는 카르피니와 베네딕트가 바투의 군영에서 카라코룸으로 향할 때 그들과 같이 가지 않고 바투의 군영에 남아 있다가 나중에 그들이 귀환할 때 모치('마우치')의 둔영에서 합류한 제3의 수도사가 바로 드 브리디아였을 것이라고 추정했다(Jackson, 2005, 88). 매우 흥

베네딕트 수도사의 『타타르의 역사』(예일 대학교 사본 E15 recto)

미롭고 경청할 만한 의견이라고 생각한다. 다만 『타타르의 역사』에는 드 브리디아가 자신이 바로 그 제3의 수도사였다는 하등의 힌트도 주고 있지 않기 때문에, 그는 제3의 수도사가 아니고 다만 그 수도사에게서 들은 이야기를 전했을 가능성도 배제할 수는 없다.

아무튼 『타타르의 역사』는 13세기 몽골 제국을 이해하는 데에 매우 소중한 자료인 것은 분명하다. 페인터(George D. Painter) 교수는 예일 대학교 사본을 기초로 라틴어 텍스트의 영인본과 활자본과 함께 그 영역본도 출간했는데, 이 책에서는 이를 저본으로 삼아 우리말로 번역하고 이를 "참고 자료 1"로 첨부했다. 1965년에 예일 대학교 사본에 대한 연구가 출간된 직후에 독일의 왼너포르스(Alf Önnerfors)가 라틴어 사본을 정밀하게 다시 조사하고 텍스트를 교정하여 출판한 새로운 간본(*Hystoria Tartarorum C. de Bridia Monachi*, Berlin, 1967)도 참고했다. 또한 드 브리디아의 기록이 가지는 사료적 가치를 인식하여 일본의 학자들도 일본어로 번역한 바 있는데 그것도 역시 참고했다.

6. 루브룩의 『몽골 기행』

루브룩의 여행기는 카르피니의 보고서와 함께 우리가 13세기 몽골 제국의 세계를 이해할 때 정말로 소중한 정보들을 제공한다. 그런데 루브룩의 글이 가지는 특징은 카르피니의 글을 읽을 때와는 달리 독자들에게 생생한 현장감을 전달해주고, 그렇기 때문에 그의 글에 쉽게 몰입하고 깊은 흥미를 느끼게 한다는 점이다. 그의 글을 읽다보면 지금으로부터 700년 전 몽골인들의 모습이 바로 눈앞에 보이는 듯하며, 제국의 대칸이 바로 내 눈앞에서 말하고 움직이는 것처럼 생동감을 느낄 수 있다. 루브룩의 여행기의 가장 큰 특징은 바로 이와 같은 '현장성'이라고 할 수 있다. 카르피니의 글이 보고서와 같은 형식을 취하여, 조직적이기는 하지만 형식화된 느낌을 주는가 하면, 마르코 폴로의 『동방견문록』 역시 '여행기'가 아니라 포괄적인 세계지리지이기 때문에 그러한 현장성이 현저히 결여되어 있다. 이런 점에서 몽골 제국 시대의 또다른 중요한 자료들, 즉 『원사(元史)』나 『집사(集史)』와 같이 국가의 공식적인 편찬물들은 루브룩의 글과는 더욱 비교할 수 없다. 현지에서 만난 사람들과의 대화, 그들에 대해서 루브룩 자신이 느꼈던 호오(好惡)의 감정의 솔직한 표현, 다양한 종교 집단들의 행태에 대한 예리한 관찰과 가감 없는 묘사, 여행 도중에 통과했던 지역들의 자연적인 특징들에 대한 관찰, 자신의 고생과 기쁨에 대한 솔직한 토로 등, 루브룩의 글에서 묻어나오는 현장성은 21세기를 사는 독자들을 한순간에 13세기 중반의 유라시아 초원으로 이끌어서 몽골의 세계 속으로 옮겨놓는 힘이 있는 것이다.

뿐만 아니라 루브룩의 글은 다른 어느 자료에서도 찾아볼 수 없는 새로운 사실들을 전해주고 있다. 예를 들면 뭉케의 둔영과 카라코룸 시내에 그가 머물면서 직접 목도했던 장면들은 그의 글이 아니었다면 어둠 속에 묻힐 수밖에 없는 것들이었다. 아르메니아 출신의 수도사인 세르기우스

(Sergius)의 교활하면서도 대담한 행동들, 뭉케의 궁정 안에 은제 나무를 제작한 파리 출신의 장인 부시에(William of Buchier)의 행적, 뭉케의 면전에서 벌어진 종교 논쟁 등은 다른 자료에서는 찾아볼 수 없는 진귀하면서도 또 시사성이 높은 기록인 것이다. 이런 점에서 루브룩의 글은 13세기 중반 몽골 제국의 역사를 이해하는 데에 사료로서 높은 가치를 인정받아야 할 뿐만 아니라, 중세 유럽인들이 남긴 여러 여행기들 가운데에서도 으뜸가는 자리를 차지해야 할 백미라고 할 수 있다.

그러나 역설적이지만 그의 글은 당대 유럽인들의 주목을 받지는 못했다. 루브룩의 여행기는 그와 동시대인이었고 프랑스에서 만난 적이 있는 로저 베이컨이 자신의 저작『대작(Opus maius)』에서 그의 글을 인용한 것을 제외하면 대체로 잊혀져 있었다. 그의 여행기의 사본이 많지 않은 까닭도 그러한 무관심과 관련이 있다. 현재 루브룩의 여행기가 사본의 형태로 남겨져 전해지고 있는 것으로는 모두 다섯 가지가 있다. 즉 1. 케임브리지의 코퍼스 크리스티 칼리지(Corpus Christi College)에 소장된 13세기 말의 MS 181(C사본), 2. 케임브리지 소장 14세기 초의 MS 66A(D사본), 3. 케임브리지 소장 15세기 초의 MS 407(S사본), 4. 대영도서관 MS Royal 14 C(L사본), 5. 14세기에 C사본을 필사한 라이덴 사본 등이다. 이 가운데 시기적으로도 이른 C사본이 가장 우량한 것으로 인정되었고, 윙가에르트가 교감본 텍스트를 출판할 때 저본으로 삼은 것도 그것이었다. C사본에는 책의 제목이『수도사 윌리엄 루브룩의 기행(Itinerarium fr. Will. de Rubrock)』이라고 되어 있고, 다른 사본들에도 이와 유사하지만 조금씩 다른 제목들이 붙어 있으나, 일반적으로 Itinerarium이라는 이름으로 널리 알려져 있다. 이 책에서는 '몽골 기행'이라고 부르기로 한다.

그의 글이 세간의 관심을 받게 된 것은 16세기 말 해클루이트가 L사본에 근거하여 루브룩 여행기의 일부 텍스트를 영어 번역과 함께 소개한 뒤부터였다. 20세기에 들어와 루브룩에 대한 연구가 다시 활발해지기 시작했다. 특히 록힐(W. W. Rockhill)은 상세한 주석이 달린 영역본을 출간하여 루브룩의 글을 널리 알리는 데에 큰 역할을 했다. 그는 자신의 박람한 지식을 동원하고 동서의 여러 문헌들을 활용하여 여행기에 보이는 여러 내용들을 해명했다. 그러나 아쉬운 점은 그가 1839년에 출간된 결함이 많은 텍스트를 저본으로 삼았다는 것이다. 1934년에는 리슈(F. Risch)의 독일어 번역본이 출간되었고, 1955년에는 앞에서도 언급했듯이 스탠브룩의 한 수녀에 의한 영어 번역본이 출간되었다. 특히 후자는 윙가에르트의 교감본에 근거하여 카르피니와 루브룩 두 사람의 여행기를 함께 번역하여 다수의 독서 대중에게 널리 읽히게 하는 데에 큰 기여를 했다.

이런 일련의 성과를 바탕으로 1990년에 출간된 것이 잭슨(Peter Jackson) 교수의 역주본으로서 루브룩 연구에서 중요한 이정표를 세운 성과라고 할 만하다. 아랍어와 페르시아어를 위시한 이슬람권의 문헌에 대해서 해박한 지식을 가지고 있으면서 동시에 라틴어에도 정통한 그는 몽골 제국사 연구에서 세계적인 권위자 가운데 한 사람이다. 그는 역사학자로서의 폭넓은 지식과 문헌학적인 정밀함을 더해서, 윙가에르트의 교감본 텍스트를 저본으로 삼아 정확한 영어 번역과 풍부한 주석을 제시했다. 물론 록힐과 펠리오(Paul Pellot)와 같은 선학들의 업적에 힘입은 바가 크지만, 그의 독자적인 노력과 공헌도 높이 평가받아야 마땅할 것이다. 라틴어를 알지 못하는 본 역자가 한글 역주본을 준비하는 데에 그의 역주본은 큰 도움이 되었다. 다만 카르피니의 글을 번역할 때도 그러했듯이 윙가에르트의 교감본은 항상 참고하려고 노력했다.

카르피니의

몽골의 역사

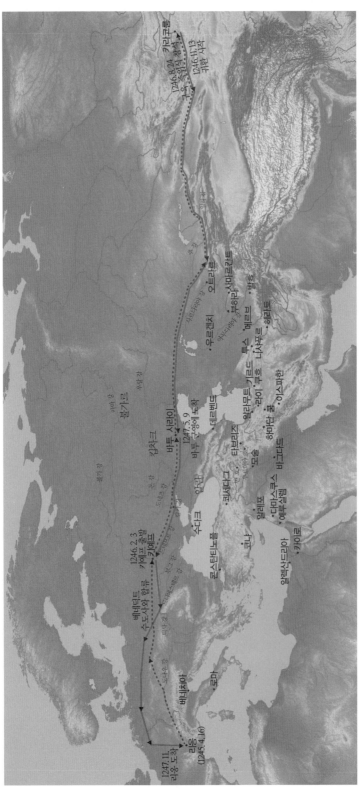

카르피니의 일행이 왕복 경로

서문

1. '작은 형제단'[1])에 속한 수사(修士)이자, 교황청[2])에 의해서 타타르
(Tartar)[3])인들과 동방의 다른 여러 민족들에게 파견된 사절(使節)이었던 나

1) SF: Ordinis fratrum Minorum(the Order of Friars Minor): 줄여서 The Minorite라고 부르기
도 하며, 프란체스코 수도사단의 정식 명칭이다. 이하 카르피니의 글 라틴어 원문에 나오는
표기를 나타낼 때 SF는 *Sinica Fransiscana*를, SM은 *Storia dei Mongoli*를 나타낸다.
2) SF: Sedis Apostolice(Apostolic See): 문자 그대로 옮기면 '사도의 관할교구'가 될 텐데, 이는
로마의 교황이 사도 베드로의 직분을 계승했다는 인식에 기초한 것이다.
3) 카르피니의 글에서 '타타르'는 곧 '몽골'을 뜻한다. 그는 본문에서 줄곧 타타르라는 이름을
사용했지만 자신의 글의 제목에는 오히려 '몽갈(Mongal)', 즉 몽골이라는 표현을 사용했다.
칭기스 칸 출현 당시 '타타르'와 '몽골'은 원래 별개의 집단이었지만, 칭기스 칸이 타타르를
격멸하고 다른 유목집단들을 모두 통합하자, '몽골'이 몽골리아 초원의 유목민들을 총칭하는
이름이 되었다. 그럼에도 불구하고 과거 강력한 세력을 자랑했던 '타타르'라는 명칭은 완전
히 사라지지 않았고, 주변 민족들이 칭기스 칸에 의해서 통합된 유목민들, 나아가 유라시아
초원에서 튀르크계가 아닌 유목민들을 부르는 일반적인 명칭이 되었다. 카르피니의 글에서
도 보이듯이 유럽인들은 물론이고, 중국에서도 韃靼, 靼旦, 達達 등으로 표기했고, 서아시아
에서도 Tātār라고 불렀다. 특히 서구에서는 Tartar라는 표기를 자주 사용했는데, 라틴어에서
'지옥'을 뜻하는 이 말이 몽골인들이 가져다준 공포를 잘 연상하게 하기 때문이었다. 북송의
사신이었던 조공(趙珙)의 글 『몽달비록(蒙韃備錄)』을 보면, 북중국 경략을 지휘하던 무칼리
(Muqali) 자신도 "우리 타타르인(我韃靼人)"이라는 표현을 사용한다. 또한 쿠빌라이는 1292
년 자기 손자인 진왕(晉王) 캄말라(Kammala)를 몽골리아로 파견하면서 "태조(칭기스 칸)의
4대 오르두와 군마 및 타타르 국토를 통령(統領太祖四大斡耳朶及軍馬達達國土)"하는 대임
을 맡겼다. 또한 『통제조격(通制條格)』에 의하면, 중국에 주둔하던 몽골인들은 일반적인 민
호들과는 달리 '달달항목(達達項目)'이라는 군적의 이름이 기재되었다. 이처럼 타타르라는
표현이 당대 자료에 가끔 보이는 것은 사실이지만, 당시 몽골인들이 그것을 즐겨 사용하지는
않았다는 점은 기억할 필요가 있다. 한편 몽골 세력이 중국에서 축출된 뒤, 특히 영락제(재위
1402-1424)가 즉위한 뒤부터 중국 측에서는 북방의 몽골에 대해서 '북원(北元)' 혹은 '고원
(故元)'이라는 표현을 사용하지 않고, '타타르(韃靼)'라는 명칭을 널리 사용하기 시작했다.
Atwood(2004), 528-530; Jackson(2005), 36-37, 41; Bese(1988), 17-42 등 참조.

플라노 카르피니 출신의 요한은, 그리스도를 믿는 사람들 곧 이 글을 읽는 모든 이들에게, 이생에서는 하느님의 은혜가 미치고 앞으로 올 세상에서는 영광이 함께하기를, 또한 하느님과 우리 주 예수 그리스도의 적들에 대해서는 승리하기를 기원합니다.

2. 교황청의 명령에 따라서 우리가 타타르인들과 동방의 다른 민족들에게 갔을 때, 교황 성하와 존경하는 추기경님들의 희망을 알고 있었기 때문에 우리는 먼저 타타르인들에게 가기로 작정했습니다. 왜냐하면 우리는 하느님의 교회가 가까운 장래에 그쪽에서부터 닥쳐올 위험에 직면하게 되지 않을까 걱정했기 때문입니다. 또한 우리는 타타르인들이나 다른 민족에게 죽임을 당하거나 평생 옥에 갇히거나, 배고픔과 목마름과 추위와 더위와 상처와 말로 다 할 수 없는 넘치는 큰 시련을 당할지도 모른다는 두려움을 가지고 있었지만— 죽임을 당하는 것과 평생 옥에 갇히는 것을 제외한다면, 이 모든 것들이 우리가 미리 상상했던 것보다 훨씬 더 심하고 또 여러 가지 모양으로 우리에게 닥쳤습니다 —그럼에도 불구하고 우리는 교황 성하의 명령이 교시하신 대로 하느님의 뜻을 수행하고 또 기독교도들에게 어떤 도움이 되도록 우리를 아끼지 않았고, 그렇게 해서 어찌하든 타타르인들의 희망과 의도에 관한 진실을 알아내어 그것을 기독교도들에게도 알리려고 했습니다. 그리하면 혹시라도 그들이 갑작스러운 공격을 해올지라도 기독교도들이, 인간이 죄를 범함으로써 언젠가 벌어졌던 것처럼, 아무런 예비도 하지 않은 모습을 보이지 않을 것이며,[4] 오히려 그들에게 커다란 패배를 안겨줄 수 있을지도 모르기 때문입니다.

3. 그러므로 우리가 여러분의 안녕을 생각하며 미리 경계심을 가지라고 여기에 기록하는 모든 것들은 우리의 눈으로 직접 본 것들이기 때문에 여러분은 더욱더 확고하게 믿어야 할 것입니다. 왜냐하면 지난 1년 4개월도

---

4) 「창세기」 제3장 7절("이에 그들의 눈이 밝아져 자기들이 벗은 줄을 알고 무화과나무 잎을 엮어 치마로 삼았더라")을 염두에 둔 구절이다.

넘는 기간5) 동안 우리는 그들 속으로 또한 그들과 함께 여행을 다녔고 또 그들과 더불어 있었기 때문이며, 혹은 포로로 붙잡혀서 그들과 함께 지내고 있지만 우리가 보기에 신뢰할 만한 기독교도들로부터 들은 것들[을 기록한 것]이기 때문입니다. 우리는 교황 성하로부터 모든 것을 조사하고 모든 것을 자세하게 살펴보라는 지시를 받았기 때문에, 나와 같은 수도회에 있는 폴란드 출신의 수도사 베네딕트(Benedict)—그는 우리의 고난의 동역자이며 동시에 통역인이기도 했습니다—는 그 같은 당부를 열심을 다해서 수행했습니다.

4. 독자들에게 주의를 환기시키고 싶은 것은 만약 여러분들이 모르는 어떤 내용을 우리가 쓴다고 할지라도, 여러분은 그것 때문에 우리를 거짓말쟁이라고 불러서는 안 된다는 점입니다. 왜냐하면 그것들은 우리 자신이 직접 보았거나, 신뢰할 만하다고 판단되는 사람들로부터 들은 것이기 때문입니다. 만약 어떤 사람이 자신이 행한 선한 일로 인해서 다른 사람으로부터 나쁜 평판을 얻게 된다면, 그것은 참으로 매우 잔인한 일일 것입니다.

---

5) 카르피니의 일정을 날짜별로 정리해보면 다음과 같다.
　　1245년 4월 16일 프랑스 리옹 출발(그해 3월 13일부 교황의 서신을 지참)
　　1246년 2월 3일 러시아 키예프 출발
　　1246년 7월 22일 시라 오르두(카라코룸에서 반나절 거리) 도착
　　1246년 8월 24일 구육 즉위식 참석
　　1246년 11월 13일부 구육의 친서를 지참하고 귀로에 오름
　　1247년 5월 9일 바투의 군영 도착
　　1247년 6월 9일 키예프 도착
　　1247년 말 교황에게 구육의 친서 전달
　따라서 카르피니가 본문에서 "지난 1년 4개월도 넘는 기간"이라고 한 것은 키예프에서 출발했다가 다시 그곳으로 돌아오기까지의 기간을 말하는 것으로 보인다.

제1장

타타르인들의 지방, 그 위치와 외형적 특징과 기후

1. 우리는 타타르에 관해서 설명할 때, 독자들이 그 내용을 수월하게 찾아볼 수 있도록 쓰기를 희망하기 때문에, 다음과 같은 순서에 따라서 장을 배열했습니다. 첫째 [제1장] 우리는 그들의 지방에 관해서 말할 것이고, 둘째 [제2장] 그 주민들에 관해서, 셋째 [제3장] 그들의 종교, 넷째 [제4장] 그들의 풍습, 다섯째 [제5장] 그들의 제국, 여섯째 [제6장] 그들의 전쟁, 일곱째 [제7장] 그들이 복속시킨 나라들, 여덟째 [제8장] 우리가 그들과 어떤 방식으로 전쟁을 해야 하는가에 대해서, 그리고 마지막으로 [제9장] 우리가 한 여행, 황제의 궁정, 우리가 타타르인들의 땅에서 만난 증인들에 대해서 이야기하겠습니다.

2. 그 지방에 대해서는 다음과 같은 방식으로 다루려고 합니다. 첫째 그 위치에 대해서 약간 이야기하고, 둘째 그 외형적 특징에 대해서 말할 것이며, 셋째 그곳 기후의 특성에 대해서 말하겠습니다.

3. 앞에서 말한 지방은 동쪽 가운데에서도 동쪽이 북쪽과 접하는—우리는 그렇게 믿고 있습니다—곳에 위치해 있습니다. 그 동쪽으로는 키타이[1]

---

1) Kitay. SF: Kytai. 여기서는 북중국 지방을 가리킨다. 키타이라는 말은 원래 '거란(契丹)'이라는 유목민의 이름에서 비롯된 것으로서, 거란인들은 싱안링 산맥 동쪽 기슭의 시라무렌 강 유역에 살던 유목민이었지만, 10세기 전반 중국 북부를 지배하게 되었고, 중국 측 자료에는 요(遼)라는 왕조를 세운 것으로 잘 알려져 있다. 거란제국이 건설된 뒤 북중국과 교류를 하던 중앙 아시아와 서아시아의 주민들은 이 집단의 명칭인 Kitai로 북중국 지방을 지칭하기 시작했고, 이러한 사정은 몽골 제국이 출현할 당시에도 변하지 않았다. 몽골인들은 거란의 뒤를 이어 등장한 여진족이 지배하던 북중국에 대해서도 키타이(Kitai) 혹은 키타드

지방 및 솔랑기[2] 지방이 있고, 남쪽으로는 사라센[3] 지방이, 서남쪽으로는 위구르[4]의 땅이, 서쪽으로는 나이만[5]의 지방이 있고, 북쪽은 바다로 둘러

(Kitad)라는 이름으로 불렀다. 반면 남송(南宋)이 지배하던 남중국에 대해서는 '낭기야스 (Nangiyas)'라는 표현을 사용했는데, 이는 '남쪽 사람'이라는 뜻의 중국어 '남가(南家) = Nangiya'에 몽골어 복수형 s를 붙인 말이다.

2) 카르피니의 글에서 'solangi'는 한반도의 고려를 지칭하는 것으로 이해된다. 루브룩의 여행 기에는 Solanga, 『원조비사(元朝秘史)』에는 solangqas, 주베이니의 『정복자사』에는 solangāy 로 표기되었다. 이 명칭은 몽골 제국 시기에 대체로 한반도 북부와 남만주 지역을 가리켰지 만 때로는 한반도의 고려를 지칭하기도 했다. 한편 카르피니보다 몇 년 뒤에 몽골리아를 방문한 루브룩은 고려를 Caule라고 부르기도 했으며, 라시드 앗 딘의 『집사』에 'Kawli', 『동 방견문록』에는 Cauli 등으로 표기되었는데, 이것이 서구에서 우리나라를 Korea로 부르는 시발점이 되었다. 솔랑기 혹은 솔랑가라는 말은 시간이 흐르면서 그 복수형인 솔롱고스 (Solongos)라는 형태로 정착되었고, 마침내 한반도와 그곳에 사는 사람들을 가리키는 명칭이 되었다. Juvayni/Boyle(1995), 190; RC, 16; Chültemsüren(2011).

3) '사라센(Saracen)'이라는 말은 서구 중세에 일반적으로 아랍인 혹은 무슬림을 가리키는 말 로, 특히 비하적인 뉘앙스로 사용되었다. 이 말의 기원과 어원에 관해서는 여러 이설들이 있었으나, 최근의 한 연구에 의하면 이 말은 기원후 1세기경에 처음으로 사용되었고 아라비 아 반도 서북쪽에 있던 지역 혹은 부족의 명칭인 *Sarak이라는 말에, 집단을 나타낼 때 사용 하는 ēnos라는 그리스어 접미사가 붙어서 만들어진 것이라고 한다. 즉 처음에는 아라비아 반도에 거주하던 한 부족을 가리키던 말이 후일 무슬림 전체를 지칭하는 용어로 확대되어 자리잡게 된 것이다. 카르피니가 사용한 사라센이라는 말의 의미를 명확하게 규정하기는 어려우나, 그 역시 이슬람을 믿는 다양한 종족의 사람들을 총칭하는 말로 사용한 것으로 보인다. Shahid & Bosworth(1997), 28-29.

4) Uyghur. SF: Huior; SM: Huiror. 루브룩의 글에는 Iugur라고 표기되어 있는데, 이것들 모두 Uyghur를 옮긴 것이다. 오늘날 '위구르'는 중국 소수민족들 중에서 신장(新疆) 지방에 거주 하는 튀르크계 주민들을 가리키지만, 카르피니가 글을 쓰던 당시에는 이보다 훨씬 더 좁은 의미, 즉 주로 투르판 지역에 거주하던 튀르크계 집단을 가리키던 명칭이었다. 위구르라는 집단의 명칭이 당대(唐代)에 회흘(回紇) 혹은 회골(回鶻) 등으로 표기된 것을 보면 어두음에 h가 있었을 가능성이 보인다. 그러나 고대 튀르크인들이 남긴 튀르크어 비문에는 모두 Uyghur로 표기되어 있고, 13세기 몽골인들의 작품인 『원조비사』에도 Ui'ud 혹은 Uighud (Uighur의 복수형) 등으로 기록되어 있다.

5) Naiman. 12-13세기에 알타이 산맥 부근에 살던 유목집단의 명칭이다. 칭기스 칸은 1204년 타양 칸이 지배하던 나이만 부족을 격파함으로써 몽골리아 통일을 성취했다. naiman이라는 말은 튀르크어에서 '여덟'을 뜻하며, 또 이 집단에 속하는 사람들의 이름이나 관직의 명칭 등이 튀르크어에서 비롯된 것이 상당수 보이기 때문에, 이들이 종족적으로 튀르크계와 연관 이 있을 가능성을 시사한다. 이 점에서는 케레이트(Kereyit)도 마찬가지이다. 그러나 과연 이들이 칭기스 칸이 활동할 당시 튀르크어를 말하는 집단이었는지는 단언하기 어렵다. 오히 려 이들이 사용했던 언어를 몽골어로 보는 견해가 온당해 보인다. Rachewiltz(1983b), 282-

싸여 있습니다.[6]

4. (HT[7] §38) 그 지방의 어떤 곳은 아주 산지가 많고 다른 곳은 평평한데, 사실상 그 모든 지역이 모래가 많이 섞인 자갈밭으로 이루어져 있습니다. 어떤 고장에는 키가 작은 나무들이 있기도 하지만 그렇지 않을 경우에는 완전히 밋밋합니다. 그들은 음식을 조리하며, 황제나 귀족이나 누구라도 모두 소나 말의 똥으로 지핀 불 옆에 앉습니다. 그 고장에서는 백에 하나도 비옥한 곳이 없으며, 흐르는 물로 관개(灌漑)를 하지 않는 한 과실을 맺지 못하는데, 개울과 시내는 거의 없고 강도 아주 드뭅니다. 그래서 촌락이나 도시가 없는데, 예외가 하나 있다면 그것은 카라코룸[8]이라고 불리는 도시이며 매우 크다고 합니다. 우리는 그곳을 보지 못했지만 거기서 반나절 떨어진 곳까지 접근했는데, 그것은 그들의 황제의 천막[9]들 가운데

283; Golden (1992), 282.

6) 본문에서 몽골의 동쪽에 키타이(북중국)와 솔랑기(한반도)가 있고, 서남쪽에 위구르(투르판 지방), 서쪽에 나이만(알타이 지방)이 있다고 한 것은 방위상으로 볼 때 비교적 정확하다고 할 수 있다. 다만 남쪽에 사라센이 있다고 한 것은 조금 이해하기 어려운데, 칭기스 칸이 활동을 시작하던 당시 동투르키스탄을 위시하여 중앙 아시아 전 지역이 거의 이슬람으로 개종된 상태였기 때문에, 그런 의미에서 몽골리아의 '남쪽'을 사라센의 지방이라고 해도 크게 틀린 말은 아닌 듯하다.

7) HT는 "Hystoria Tartarorum"의 약자이다. 이하 카르피니의 글 가운데, 이 책의 말미에 참고 자료로 제시한 드 브리디아 수도사의 『타타르의 역사』에 해당되는 부분이 있으면 그 소재를 표시했다.

8) Qaraqorum. SF: Caracaron; SM: Caracoron. 현재 몽골의 수도인 울란바토르에서 서쪽으로 약 400킬로미터 떨어진 하르호린으로서 오르콘 강 좌안에 위치하고 있는 지명이다. 몽골 제국기에는 제2대 카안인 우구데이 때에 이곳이 도읍으로 정해져서 궁전이 지어졌고, 제4대 뭉케의 시대에 이르기까지 번영을 구가했다. '카라코룸(qaraqorum)'이라는 말은 몽골어로 '검은(qara)'과 '자갈밭(qorum)'의 합성어이다. 카르피니의 케임브리지 사본에는 Caracaron으로 표기되어 있으나, 뱅상 드 보배의 사본에는 Cracurim, 루브룩의 여행기 사본에는 Caracaron, Caracarum, Carachorum, Caracorum 등으로, 마르코 폴로의 글에는 Caracoron으로 표기되어 있다. 카라코룸이 750년경 위구르인들에 의해서 건설되었다는 주장도 있으나, 13세기 이전에 카라코룸의 존재에 대한 언급은 찾아볼 수 없다. 최근 몽골과 독일의 학자들이 공동으로 카라코룸 유적지를 발굴하여 상당한 성과를 거두었고 그 결과를 발표한 바 있다. Pelliot (1973), 16-17; Bemmann(2010).

9) 라틴어 원본에는 curia(court, 아정)라는 단어로 표현되었다.

카라코룸 유적지에 남아 있는 귀부(龜趺). 저 멀리 에르데니 조오 사원이 보인다.

가장 큰 시라 오르두[10])에 우리가 머무를 때였습니다. 땅은 불모지이기는 하지만 가축을 기르는 데에는 적당하며, 아주 좋다고 할 수는 없지만 그런대로 괜찮은 편입니다.

10) Sira Ordu. SF: Syra Orda. '시라(sira)'는 몽골어로 '노란'을 뜻한다. '오르두(ordu)'는 orda, ordu, ordo 등 다양한 형태로 표기되며, 카르피니 자신이 바로 뒤에서 설명하듯이 '황제와 수령들이 머무는 천막'을 뜻한다. 보통 군주의 천막 주변에 많은 천막들과 가축들이 집거하는 형태를 띠었으므로, 오늘날 영어에서 '무리, 떼'를 뜻하는 horde라는 말의 어원이 되기도 했다. '황색의 천막'이라는 표현은 칭기스 일족의 천막이 금사(金絲)로 짠 직물로 덮이고 각종 장식물도 황금으로 되어 있었기 때문에 사용된 것인데, 이는 라시드 앗 딘의 다음 기록을 통해서도 잘 드러난다. "그는 무슬림 장인들로 하여금 카라코룸에서 하루 거리 떨어진 곳[……]에 전각을 한 채 짓도록 했다. 봄이면 매를 날리기 위해서 그곳에 머물곤 했다. 여름에는 우르메게투라는 곳에서 [지내는데] 그곳에 1,000명이 들어갈 수 있는 커다란 천막을 하나 치고 결코 걷는 일이 없었다. 그것의 말뚝은 금으로 만들었고 [천막의] 내부는 금사 직물로 덮었는데, 그것을 시라 오르두라고 불렀다"(라시드 앗 딘/김호동, 2005, 98-99). 후일 러시아인들이 몽골의 군주들의 천막을 가리켜 zolotaia orda, 즉 '황금의 오르두'라고 부른 것도 그런 이유에서이다. 이 말은 영어로 Golden Horde로 옮겨져 주치 울루스, 즉 '킵차크 칸국'을 지칭하는 말로 학계에서 널리 사용되고 있으며, 한자로는 金帳汗國으로 옮겨진다.

5. (HT §38, §35) 그곳의 기후는 놀라울 정도로 불규칙해서, 다른 곳에서 정상적인 경우라면 아주 심한 더위를 느끼게 하는 한여름에도 격렬한 번개와 천둥이 쳐서 많은 사람들의 목숨을 앗아가는가 하면 아주 많은 양의 눈이 퍼붓기도 합니다. 뿐만 아니라 살을 에는 추운 바람을 몰고 오는 폭풍이 불기도 하는데, 얼마나 혹심한지 사람이 가까스로 말 위에 붙어앉아 갈 수 있을 정도입니다. 우리가 오르두―황제와 수령들이 머무는 천막을 이렇게 부릅니다―앞에 있을 때 바람의 격렬함으로 인해서 엎드렸고 커다란 먼지를 일으키는 바람이 불었기 때문에 거의 아무것도 볼 수 없었습니다. 그곳에서 겨울에 비가 오는 경우는 전혀 없지만, 여름에도 거의 비가 내리지 않으며 내려도 그 양이 너무 적기 때문에 흙먼지나 풀뿌리조차 제대로 적시지 못할 정도입니다. 그곳에는 아주 거센 돌풍도 자주 불어옵니다. 황제가 선출되어서 즉위하려고 할 때 우리는 오르두에 있었는데, 그때 어찌나 강한 폭풍이 불어닥쳤는지 그로 인해서 갑자기 눈이 녹아서 우리가 분명히 알거니와 군영 안에 있던 사람 가운데 160명 이상이 익사했고, 수많은 가옥과 재산이 물에 휩쓸려 가버렸습니다. 또한 여름에는 갑작스러운 폭염이 찾아왔다가 또 갑작스럽게 혹한이 닥치기도 합니다. 겨울에 그곳의 어떤 지방에는 눈이 많이 내리지만, 다른 지방에는 조금만 내립니다.

6. 이 나라에 관해서 간략하게 결론을 내린다면 이러합니다. 즉 그곳은 커다란 지방이기는 하지만 5개월 반 동안 우리가 둘러보면서 직접 눈으로 본 바에 의하면, 어떻게 말로 표현할 수 없을 정도로 비참한 곳입니다.

제2장

그들의 외모, 의복, 집, 재산과 혼인

1. 그 지방의 특징에 대해서 말했으니 이제 그곳 사람들에 대해서 이야기해보겠습니다. 첫째 그들의 외모의 생김새를 설명하고, 둘째 그들의 혼인, 셋째 그들의 의복, 넷째 그들의 집, 다섯째 그들의 재산에 대해서 덧붙이겠습니다.

2. (HT §36) 외모상으로 타타르인들은 다른 모든 사람들과 아주 다른데, 그들의 눈과 광대뼈 사이의 간격이 다른 사람들보다 더 넓기 때문입니다. 그들의 광대뼈는 턱 위쪽에 불거져나와 있으며, 코는 납작하고 작고, 속눈썹은 눈썹이 있는 곳까지 치켜올라가 있습니다. 소수의 예외가 있기는 하지만 그들은 대부분 허리 부분이 잘록하고, 키는 중간 정도입니다.[1] 턱수염을 기르는 사람은 거의 없지만, 어떤 이들은 윗입술 윗부분이나 뺨에 약간의 털이 나 있는데 잘라서 정리하지 않습니다. 정수리 부분은 마치 사제들처럼 삭발을 하는데, 일반적으로 모든 사람들은 한 쪽 귀에서부터

---

[1] 몽골인의 외모에 대한 카르피니의 묘사는 전형적인 몽골로이드(Mongoloid)의 특징을 잘 보여주며, 오래 전 훈족에 대해서 동로마의 역사가들이 남긴 기록과 놀라울 정도로 유사하다. 예를 들어 4세기 후반 비잔틴의 역사가 암미아누스 마르켈리누스(Ammianus Marcelinus)는 훈족의 외모를 이렇게 묘사했다. "훈족은 아이들이 태어나면 그 뺨에 쇠붙이로 깊은 상처를 내어, 어른이 되어 수염이 날 때에도 주름진 상처로 인해서 털이 제대로 자라지 못하도록 했다. 그래서 수염이 없는 그들은 흉물스럽게 보이고, 내시처럼 보기에도 역겨운 모습이다. 그들은 지저분할망정 그런대로 사람의 모양새를 하고 있다." 또한 448년 아틸라의 군영을 방문하고 온 프리스쿠스(Priscus)도 훈족의 외모에 대해서, 넓은 어깨와 가슴, 키는 작지만 말 위에 앉으면 커 보이는 인상, 납작한 코, 작고 찢어진 눈 등을 기록한 바 있다. Gordon (1972), 58.

몽골인의 두발 양식(같은 몽골계였던 거란인들의 묘지 안에 있는 벽화에
묘사된 모습)

다른 쪽 귀가 있는 곳까지 손가락 세 개 정도의 폭으로 면도를 하고, 이렇
게 면도한 부분은 앞에서 말한 삭발한 부분과 연결됩니다. 이마 윗부분에
도 그들은 모두 손가락 두 개 정도의 폭으로 면도를 하는데, 이렇게 면도한
부분과 정수리의 삭발된 부분 사이에 있는 머리카락은 그대로 길러서 눈
썹에 닿을 정도까지 놓아두며, 이마의 가운데보다는 양쪽 옆 부분의 머리
카락을 더 잘라서 가운데 머리카락을 길게 합니다. 나머지 다른 부분의 머
리카락은 여자들처럼 길게 자라게 하며, 그것을 둘로 묶어 땋아서 각각 귀
뒤로 내립니다.2) 그들은 발도 조그마합니다.

---

2) 몽골인들의 두발 양식에 대한 카르피니의 묘사는 매우 정확하다. 과거 내륙 아시아의 유목

3. 각 사람은 자기가 가질 수 있을 만큼 많은 수의 부인들을 둡니다. 어떤 사람은 100명, 어떤 사람은 50명, 어떤 사람은 10명, 이런 식으로 많게 혹은 적게 둡니다. 그들은 자신의 생모나 혹은 같은 배에서 난 딸과 자매를 제외한 다른 친척들 가운데 한 사람과 결혼하는 것이 일반적인 풍습입니다. 그러나 그들은 아버지만 같은 자매들은 물론이고 아버지가 죽고 나면 그 부인들까지도 부인으로 맞아들일 수 있습니다. 또한 동생은 자기 형제가 죽으면 그 부인과 혼인할 수 있으며, 죽은 사람보다 나이가 어린 친척이라면 누구라도 그녀를 취할 수 있다고 생각합니다. 이밖에 다른 모든 여자들에 대해서는 아무런 구별을 하지 않고 부인으로 맞아들이며, 그녀의 부모에게 아주 비싼 값을 치러주고 사들입니다. 남편이 사망한 뒤 [아들들 가운데] 누군가가 의붓어머니를 부인으로 삼겠다고 하지 않는 이상, 부인들은 쉽사리 재혼하지 못합니다.[3]

4. (HT §37) 남자나 여자를 불문하고 의복은 똑같은 방식으로 만들어집

민들은 흔히 '변발'이라고 불리는 머리를 했지만, 종족에 따라 그 구체적인 양상은 조금씩 차이가 있었다. 우리에게도 익숙한 만주인들의 변발은 머리 전체를 삭발하고 뒷부분만 남겨서 한 가닥으로 땋는 형태이다. 그러나 몽골인들은 머리의 가운데 부분을 삭발하고, 앞부분은 짧게 잘라서 흩뜨려 내려뜨리며, 옆의 머리는 묶거나 땋았다. 『몽달비록』에는 "위로는 칭기스 칸에서부터 아래로는 국인들에 이르기까지 머리를 밀었다.······양쪽으로 내려오는 머리는 조그만 다발로 묶어서 어깨 위에 늘어뜨린다"라는 기록이 보인다. 『고려사(高麗史)』에는 1272년 6월 고려의 왕심(王諶)이 28명의 귀족들(衣冠子弟)과 함께 몽골에 가서 '변발호복(辮髮胡服)'했다가 그 다음해 2월에 귀국했는데, 국인들이 그 용모와 복장이 바뀐 것을 보고 울음을 그치지 않았다는 기록이 있다.

3) 이러한 몽골인들의 혼인 관습은 흔히 '수계혼(收繼婚, levirate)'이라는 이름으로 알려져 있다. 그러나 이 독특한 혼인제도는 몽골인들에게만 존재하는 특수한 것이 아니라 중앙 유라시아의 유목민들에게는 이미 흉노 시대 이래로 일반적으로 널리 나타났던 현상이며, 우리나라 고대사에서는 '형사취수제(兄死娶嫂制)'라는 이름으로 알려진 것이다. 몽골의 지배를 받게 된 중국에도 이 제도가 도입되어 1271-1276년에는 강제로 수계혼이 시행되었고, 1276년부터 1330년까지는 강제되지는 않았지만, 남편과 사별한 부인이 수절을 고집하지 않을 경우 수계혼의 대상이 되었다. 이는 과부의 신체와 재산에 대한 권리에 심각한 제약을 가져다주었지만, 몽골 통치자들은 사망한 남자가 수행하던 징세 및 군역 등의 의무를 그 집안의 다른 남자가 무리 없이 승계하여 수행하도록 하기 위해서 수계혼 제도를 확대, 적용했다. Birge(1999); Ratchnevsky(1968), 45-62.

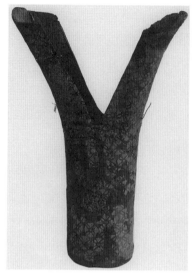

보그탁(출토 유물)

쿠빌라이의 부인 차비

니다. 그들은 소매 없는 외투나 망토 혹은 두건을 쓰지는 않지만, 부크람4)
이나 벨벳5)이나 브로케이드6)로 만든 상의(tunic)를 다음과 같은 방식으로
지어 입습니다. 그것은 위에서 아래까지 트여 있고 가슴 부분에서 접혀지
며, 왼쪽에는 묶는 곳이 한 군데, 오른쪽에는 묶는 곳이 세 군데 있으며,
왼쪽은 허리까지 펼쳐서 열 수 있습니다. 각종 가죽으로 된 의복도 이와
동일한 방식으로 만들어지는데, 상의의 경우에는 털이 있는 부분을 바깥쪽

---

4) SF: bucaran. 이 단어는 루브룩, 마르코 폴로를 위시하여 중세 서구인들의 글에 자주 등장하
며 고급 면포류를 지칭했다. 이 말은 오늘날 buckram의 어원이 되었는데, 펠리오(Pelliot)는
그 어원이 '부하라(Bukhara)'에서 나왔을 것으로 추정했다. 이에 관한 자세한 내용은 그의
Pelliot(1959), I, "BUCKRAM"(110-112) 참조.

5) SF: purpura. 이것은 원래 보라색(purple)을 나타내는 말이었으나 후에 보라색 직물도 가리
키게 되었다. 마치 '크레모시(cremosi)'가 홍색(crimson)이라는 뜻에서 붉은색 직물을 가리키
게 된 것과 비슷한 변화이다. 이에 관해서는 Pelliot(1959), I: 564-565 참조. 카르피니의 영
역본(*Mission to Asia*)은 purpura를 'velvet'으로 옮겼다.

6) SF: baldakin; SM: baldachin. 바그다드에서 만들어지던 직물로, 금실을 섞어서 짠 것을 가
리킨다. 원명은 baldachini이며, 중세 서구에서 바그다드를 부르던 명칭에서 유래된 것이다.
Hambis(1965), 142. 영역본(*Mission to Asia*)은 'brocade'로 옮겼다.

으로 하고 등 부분이 트여 있으며, 등 쪽에는 무릎 부분까지 내려오는 꼬리가 하나 달려 있습니다.

5. 결혼한 여자들은 앞부분이 땅바닥까지 트인 아주 긴 상의를 입습니다. 머리에는 나뭇가지나 나무껍질로 만든 둥그런 것을 쓰는데, 높이는 1엘(ell)[7]이며 꼭대기는 네모 모양으로 되어 있습니다.[8] 그것은 아래에서 위로 올라가면서 그 둘레가 점점 더 커지며, 맨 위에는 금이나 은, 나무혹은 깃털로 만든 길고 가는 막대기가 하나 있습니다. [이 장식물은] 어깨까지 내려오는 모자에 꿰매어져 있습니다. 모자는 물론이고 이 장식물도 부크람이나 벨벳이나 브로케이드로 만들어져 있습니다. 그들은 이 머리장식을 쓰지 않으면 절대로 남자들 앞에 나가지 않으며, 그것에 의해서 [혼인하지 않은] 다른 여자들과 구별됩니다. 혼인하지 않은 여자나 젊은 여자들은 남자와 구별하기 어려운데 그것은 옷이 모든 면에서 남자들과 같기 때문입니다. 그들이 쓰는 모자는 다른 나라 사람들의 것과는 다른데, 그것이

---

7) 팔꿈치에서 손가락 끝까지의 길이. 약 45인치(114센티미터).

8) 몽골어로 '보그탁(boghtaq)'이라고 불리던 것으로, 마흐무드 카쉬가리(Maḥmūd Kāshgharī)의 사전에는 boxtay, 루브룩 여행기에서는 bocta, 라시드 앗 딘의 『집사』에는 boghtāq로 표기되었으며, 한문 자료에는 고고관(姑姑, 顧姑, 故姑冠)이라고 기록되었다. 『몽달비록』에는 "무릇 모든 수령들의 부인은 고고관(顧姑冠)을 가지고 있는데, 철사(鐵絲)를 묶어서 죽부인(竹夫人)과 같은 모양을 만든다. 길이는 3척 남짓이고, 붉고 푸른 비단이나 구슬 및 금으로 장식한다. 그 위에는 하나의 가지가 있는데 붉고 푸른 융(絨)으로 장식한다"는 기록이 보인다. 또한 『고려사』에는 몽골의 황태후가 숙창원비 김씨(淑昌院妃 金氏)에게 고고관을 하사했는데, 충선왕이 몽골 측 사신을 환영하는 연회를 열 때 숙창원비에게 고고관을 착용하고 접대하라는 지시를 내렸다는 기록이 있다. 출토 자료를 분석한 결과, 먼저 나무로 된 틀을 만들어 자작나무 껍질로 그 외부를 덮은 뒤 꿰매어 골격을 만들었음을 알 수 있다. 아랫부분은 원통형이고 윗부분은 Y자의 형태를 취하는데, 그 겉에 다시 갈색 바탕에 금색이 들어간 꽃무늬 비단을 입혔다. 내몽골에서는 높이 34센티미터의 보그탁이 발견되었다. 보그탁에 관한 자세한 내용은 김용문 & Erdenebat(2011), 151-178; Lane(2006), 44-45 참조. 그런데 Boodberg는 북위 시대에 한문 자료에 나오는 박대진(樸大眞)이라는 말이 보그탁을 옮긴 것이 아닐까 추정하면서, 고대에는 이러한 높은 모자를 반드시 여자들만 썼던 것은 아니었으며, 이 말이 중국어에서 기원했을 가능성을 시사했다. Boodberg(1936), 174; Bazin(1950), 301 참조.

대형 수레

어떻게 생겼는지에 대해서 여러분들이 이해할 수 있도록 설명할 수가 없습니다.

6. (HT §38) 그들의 숙소는 천막처럼 둥글며 가지나 가는 막대기들로 만들어집니다. 가운데 꼭대기에는 둥그런 구멍이 나 있어 빛을 받아들이기도 하지만 연기를 빠져나가게도 하는데, 이것은 그들이 항상 그 중앙부에서 불을 피우기 때문입니다. 측면과 지붕은 펠트로 덮여 있고 문도 펠트로 되어 있습니다. 이 집들은 큰 것도 있고 작은 것도 있는데, [크기는 그곳에 사는] 사람의 중요성이나 영향력에 따라서 다릅니다. 어떤 것은 신속하게 해체되고 조립되며 가축 위에 싣고 다니지만, 어떤 것은 해체될 수가 없고 수레 위에 실린 채로 이동합니다. 수레에 싣고 다닐 때 작은 것은 수레 한 대면 족하지만, 큰 것들은 세 대나 네 대, 혹은 크기에 따라 더 많은 수가 필요합니다. 그들은 어디를 가든, 전쟁터든 아니든, 항상 집을 가지고 다닙니다.9)

___

9) 에가미 나미오(江上波夫)의 연구에 의하면, 역사적으로 유목민의 주거는 크게 세 가지로 구분될 수 있는데 1) 소가 끄는 수레 위에 싣고 다니는 고착식 천막, 2) 이동이 끝난 뒤에는

7. 그들은 낙타, 소, 양, 염소 등 동물을 엄청나게 많이 소유하고 있습니다. 그들이 얼마나 많은 수의 수말과 암말을 가지고 있는지, 이 세상 다른 어느 곳에서도 그만큼 많은 곳이 있으리라고는 결코 믿을 수 없을 정도입니다. 그러나 돼지나 혹은 농장에서 치는 동물은 없습니다.

8. 황제, 귀족, 기타 중요한 사람들은 다량의 금, 은, 비단, 귀금속, 보석을 소유하고 있습니다.

수레에서 내려놓는 착탈식 천막, 3) 수레에 싣지 않고 해체하여 이동하는 조립식 천막이 그것이다. 동아시아 최초의 유목민인 흉노는 첫 번째 유형의 주거를 사용했지만, 최근의 연구에 의하면 조립식 천막은 8세기경 튀르크인들에 의해서 처음으로 사용되기 시작했다고 한다. 13세기 몽골인들도 대부분 세 번째 유형, 즉 조립식 주거를 사용했지만, 카르피니의 서술은 귀족들이 사용하는 대형 천막의 경우에는 고착식 혹은 착탈식도 사용되었음을 보여준다. 앞에서도 인용했듯이 우구데이 카안은 하영지에 1,000명이 들어갈 수 있는 '시라 오르두'라는 대형 천막이 있었으며, 마르코 폴로도 쿠빌라이의 천막이 1,000명의 기사들이 들어가 앉을 수 있을 정도라고 했다. 루브룩은 어떤 대형 수레의 경우 두 바퀴 사이의 폭이 20피트(약 6미터)이고 바퀴 축은 배의 돛대를 방불케 했으며, 22마리의 소가 끌었다고 했다. 江上波夫(1948); Andrews(1999); Yule(1903), vol. 1, 254-255 및 삽화 참조.

제3장

신을 숭배하는 것, 죄악이라고 생각하는 것, 점치는 것과 정화하는 것, 장례식 등

1. 사람들에 대해서 이야기했으니 이제 그들의 종교에 대해서 약간 덧붙여야겠는데, 다음과 같은 순서로 설명하겠습니다. 첫째 그들이 신을 숭배하는 것에 대해서 말한 뒤, 그 다음에는 그들이 죄악이라고 생각하는 것에 대해서, 셋째 점치는 것과 죄를 정화하는 것, 넷째 그들의 장례의식에 대해서 말하도록 하겠습니다.

2. (HT §39) 그들은 하나의 신을 믿고 있고, 바로 그가 눈에 보이는 모든 것과 보이지 않는 모든 것들의 창조자라고 믿습니다. 또한 이 세상의 좋은 것들뿐만 아니라 고난을 주는 이도 바로 그분이라고 생각합니다. 그러나 그들은 기도나 찬양 혹은 어떤 종류의 의식을 통해서 그를 숭배하지 않습니다. 신에 대한 믿음이 있어도 그들은 여전히 사람의 형상을 본뜬 펠트로 만든 우상들을 가지고 있고 그것을 집 문의 양쪽에 걸어둡니다. 그 아래에는 모포로 유방을 만들어서 비치해놓는데, 그것이 가축들의 수호자이며 그들에게 많은 젖과 새끼들을 낳게 해준다고 믿습니다. 그러나 다른 것들은 비단으로 만들고 그런 것에는 깊은 숭배심을 표시합니다.[1] 어떤

---

1) 이 우상은 카르피니 자신이 뒤(제3장)에서 '이토가(Itoga)'라고 부른 것과 동일하다. 이는 몽골어로 '옹곤(ongghon; 복수형 ongghod)'이라고도 불리는데, 마르코 폴로의 『동방견문록』에 보이는 '나티가이(Natigai)'와도 동일한 것으로 보인다. 마르코 폴로는 "그들의 종교는 다음과 같다. 그들이 숭배하는 신들 가운데 하나가 나티가이라고 부르는 것인데, 그들의 자식과 가축과 곡식을 보호하는 대지의 신이라고 한다. 그들은 그를 극도로 숭배하고 존귀하게

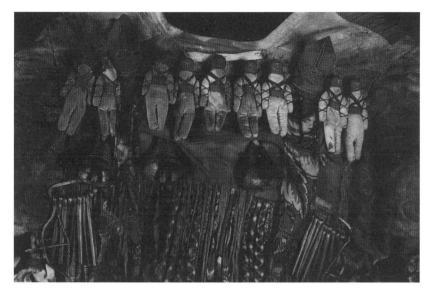

펠트로 만든 우상

사람들은 집 문 앞에 놓인 아름다운 포장이 덮인 수레 안에 그것을 비치하
기도 하는데, 만약 그 수레에서 무엇인가를 훔쳐가는 사람이 있다면 그는
일체 용서 없이 처형됩니다. 그들이 이러한 우상들을 만들 때에는 서로 다
른 천막에 살고 있는 중요한 부인들2)이 모두 함께 모여서 경건하게 만들
며, 다 마친 뒤에 그들은 양 한 마리를 도살해서 그것을 먹고 그 뼈는 불에
태웁니다. 뿐만 아니라 아이가 아프거나 하면 내가 설명한 것처럼 우상을
하나 만들어 그 아이의 침상 위에 묶어둡니다. 천부장이나 백부장과 같은

여기며 각자 집 안에 모시고 있다. 그들은 펠트나 형겊으로 이 신상을 만들어 집 안에 둔다.
이 신의 부인과 아들들을 만들어 모시기도 하는데, 부인은 그 왼쪽에, 아들들은 그 앞에
안치하고 매우 소중하게 여긴다"라고 기록했다. 그러나 1576년 몽골 투메드(Tümed) 부의
알탄 칸과 티베트 불교의 지도자인 소남 갸초가 칭하이(靑海) 부근에서 회합을 가진 뒤,
알탄 칸은 옹곤을 소유하는 것을 금지하고 모두 불태우도록 명령했다. Heissig(1980),
12-16; Doerfer(1963), vol. 1, 179-181; Atwood(1996) 참조.

2) SF: omnes maiores domine. 카르피니가 이런 표현을 사용한 것은 몽골리아에 머물고 있을
때 대칸이나 귀족들의 부인들이 그러한 우상을 만드는 장면을 목격했거나 그런 이야기를
들었기 때문일 것이다.

수령들3)은 항상 자기 집 중앙에 염소 한 마리를 놓아둡니다.4)

3. (HT §39) 그들은 모든 암소와 암말에서 처음 짜낸 젖을 항상 이 우상들에게 먼저 바칩니다. 또 무엇을 먹거나 마시려고 할 때에도 그 음식이나 음료수의 일부를 그들에게 먼저 바칩니다. 동물을 도살할 때에도 그 심장을 그릇에 담아서 수레 안에 있는 우상에게 바치며, 그곳에 다음날 아침까지 두었다가 그 후에야 비로소 그것을 꺼내와 요리하여 먹습니다. 그들은 또 최초의 황제를 본뜬 우상을 하나 만들어서 천막 앞에 있는 수레 안의 존귀한 자리에 놓아두는데, 우리는 지금의 황제의 궁정에서 그런 것을 보았습니다.5) 그들은 거기에 많은 헌물을 바칩니다. 또한 말들을 바치기도 하는데 그 말들이 죽을 때까지 아무도 감히 타려고 하지 않습니다. 그들은 다른 동물을 바치기도 하는데, 만약 그것을 음식으로 바치기 위해서 도살할 경우에는 뼈를 하나도 부러뜨리지 않고 그냥 불속에 태웁니다. 그들은 마치 신에게 하듯이 그 우상에게 남쪽을 향해 절을 하고, 자기를 찾아오는 다른 귀족들에게도 똑같이 하도록 시킵니다.

4. (HT §40) 러시아의 대공들 가운데 한 사람인 미카엘6)이 최근 바투7)

---

3) SF: duces. 펠리오(1973, 18)는 이 단어가 몽골어의 '노얀(noyan)'에 상응하는 것으로 보았다. 노얀은 당시 한자로는 관인(官人)이라고 번역되기도 했는데, 고위직에 있거나 귀족인 사람들을 지칭하는 용어이다.

4) '염소'에 해당하는 단어는 사본에 따라 pratum, hyrcum, hircum 등으로 표기되어 있다. 윙가에르트는 이 단어를 집의 수호신의 역할을 하는 주피터의 이름, 즉 herceus(hercius)로 이해했고, 영역본도 이를 따라 "shrine[hercium]"이라고 옮겼다. 그러나 펠리오는 이 말이 '염소'를 뜻하는 hircus를 옮긴 것으로 보는 것이 마땅하다고 하면서, 루브룩의 글에 "털이나 다른 것들로 채워넣은 염소 가죽"을 천막 안에 비치했다는 기록도 같은 풍습을 묘사한 것으로 보았다. Pelliot(1973), 18-19; Rubruck/Jackson, 75.

5) 이것은 당시 몽골인들이 칭기스 칸을 단지 조상에 대한 제사의 차원을 넘어서 거의 '신격화'하고 있었음을 보여준다. 예를 들면 1247년 구육이 교황에게 보낸 친서에 나오는 "영원한 신의 명령. 하늘에는 오직 한 분의 영원한 신이 계시고, 지상에는 오직 주군 칭기스 칸이 계실 뿐이다"라는 구절은 칭기스 칸이 마치 생존해 있는 것과 같은 인상을 풍긴다. 프랑케는 이것을 몽골인들의 '이중적 지배관념(a dual concept of rule)'이라고 불렀다. 즉 하늘에 제국의 건설자 칭기스 칸이 존재하며 거기서 '아버지' 하느님과 일체가 되어 있고, 지상에는 그의 후계자들이 통치하는 이중적 구조를 상정했다는 것이다. Franke(1978), 24 참조.

를 방문했는데, 그들은 그에게 먼저 두 개의 불 사이를 지나가도록 했습니다. 그 뒤 남쪽으로 칭기스 칸8)을 향해서 절을 하라고 말했습니다. 그는 바투와 그의 부하들에게는 기꺼이 절을 하겠지만, 기독교도로서 죽은 사람의 형상 앞에 절하는 것은 성법에 어긋나는 것이므로 그렇게 하지 않겠다고 대답했습니다. 그들은 그에게 절을 해야 한다고 여러 번 말을 했지만 그가 듣지 않자, 수령인 바투는 야로슬라브9)의 아들10)을 그에게 보내어 만약 절을 하지 않으면 처형될 것이라는 말을 전달했습니다. 그는 성법에 위배되는 행동을 하느니 차라리 죽음을 당하겠노라고 대답했습니다. 이에 바투는 부하 한 사람을 보내서 그의 배를 발로 계속 차게 했고 그는 점점 힘을 잃어갔습니다. 그러자 옆에 서 있던 그의 병사 한 명이 "힘을 내십시오. 이 고난은 잠시뿐이지만 영원한 기쁨이 분명히 뒤따를 것입니다"라고 말하며 그를 격려했습니다. 그러자 바투의 부하는 칼로 그의 머리를 베고

---

6) 미카엘(Michael)은 러시아의 체르니고프(Chernigov)라는 도시의 왕공이었다. 그는 자신과 동행했던 표도르(Fedor)와 함께 바투의 영지에서 1246년 9월 20일 죽음을 당했는데, 바로 카르피니가 카라코룸에 머물고 있던 때였다. 이 두 사람은 러시아 교회에서 성자이자 순교자로 추앙받고 있다. 미카엘과 체르니고프 왕공령의 역사에 대해서는 Dimnik(1981); Dimnik(2003) 등 참조.

7) Batu. SF: Bati. 칭기스 칸의 장자인 주치의 아들 바투(1207-1255)를 가리킨다. 러시아 측 문헌에서도 그의 이름은 Baty로 표기되었는데, 아마 이는 마지막 모음 u가 약하게 발음되었기 때문인 것으로 보이며, 바투의 현대식 발음도 Bat이다. 당시 몽골인들은 그를 '사인 칸(Sain Khan)' 즉 '좋은 칸'이라고 불렀다. 한자로는 보통 拔都로 표기되었다.

8) SF: Chingiscan.

9) Yaroslav. SF: Ierozlai. 여기서 '야로슬라브'는 야로슬라브 브세볼로도비치(Yaroslav Vsevolodovich, 1190-1246)를 가리킨다. 1238-1246년에 블라디미르-수즈달의 대공(大公)이 었다. 몽골에 복속한 뒤 1243년 바투의 영지를 방문했고, 같은 해에 아들 콘스탄틴(Konstantin)을 카라코룸에 파견했다. 콘스탄틴은 1245년에 귀환했다. 그 뒤 1246년 야로슬라브는 두 번째로 바투의 영지를 방문했고 충성을 입증하기 위해서 몽골리아까지 방문했는데, 구육의 즉위(1246년 8월 24일) 직후인 1246년 9월 30일에 의문의 죽음을 당했다. 뒤에서 카르피니는 구육의 '모후(母后)', 즉 투레게네 카툰이 그를 독살한 것처럼 기록했다. 이어서 몽골인들은 야로슬라브의 아들 알렉산드르 네브스키(Alexadre Nevsky)를 소환했고, 그는 동생 안드레이 (Andrei)와 함께 카라코룸을 방문했다가 1249년에 귀환했다. 네브스키는 러시아 남부에 대한 지배권을 부여받고, 1252년에는 블라디미르-수즈달의 대공이 되었다.

10) 야로슬라브의 아들 콘스탄틴을 가리킨다.

그 병사의 머리도 쳐버렸습니다.

5. (HT §42) 이밖에도 그들은 해, 달, 불, 물, 땅을 숭배하고 공경하여 음식을 먼저 드리는데, 특히 아침에 먹고 마시기 전에 그렇게 합니다. 그들은 이제까지 숭배해온 신에 관해서 아무런 율법을 따르고 있지 않기 때문에, 우리의 생각으로는 바로 그런 이유로 다른 사람들에게도 그 신을 믿거나 율법을 따르라고 강요하지 않는 듯합니다. 방금 말한 미카엘은 예외라고 할 수 있습니다. 그들이 궁극적으로 어떤 행동을 할지 우리가 알 수는 없지만, 몇몇 사람들은 만약 그들이 유일한 지배자가 된다면 ―그런 일이 없기를 신께서 막아주소서!― 아마 모든 사람들에게 그 우상을 향해서 절을 하라고 할 것이라고 생각합니다.[11]

6. (HT §42) 우리가 그곳[12]에 머물고 있는 동안, 러시아에 속하는 체르니고프[13]의 왕공 안드레이[14]가 바투에게 불려왔습니다. 그는 타타르인들

---

11) 카르피니의 우려와는 달리 실제로 몽골인들은 종교적으로 비교적 관용적인 입장을 견지하고 있었다. 물론 그들의 '관용'은 오늘날 종교에 대한 자유, 관용과는 엄격하게 구별되어야 할 것이다. 몽골인들이 사신들에게 칭기스 칸의 형상 앞에 절을 하라고 강요했던 것은 엄밀히 말해서 종교적인 문제라기보다는 정치적인 문제였다고 할 수 있다. 즉 칭기스 칸 나아가 몽골 제국의 정치적 권위를 인정하라는 의미에서 절을 하도록 강요한 것이지, 기독교를 버리고 우상숭배를 하라는 뜻은 아니었다. 몽골의 군주들은 불교, 기독교, 이슬람, 유교, 도교 등 거의 모든 종교집단의 지도자들에게 면세의 혜택을 부여하는 칙령을 내렸고, 러시아의 정교회는 몽골 지배기에 받은 그러한 경제적 특권으로 세속적인 영향력을 더욱 확대시키는 계기를 얻기도 했다. 흥미로운 사실은 이븐 타이미야(Ibn Taymīyah, 1263-1328)와 같은 정통 순니파 학자가 오히려 일 칸들이 취하는 이러한 종교적인 '관용'을 비판하는 글(fatwa)을 공포했다는 것이다. Atwood(2004); Aigle(2007) 참조.

12) 여기서 '그곳'은 바투가 있는 곳이 아니라 몽골리아 본토, 즉 카라코룸 지역으로 보아야 할 것이다. SF에는 "in terra"라고만 되어 있지만 펠리오는 이 구절 다음에 Tartarorum이라는 말이 빠진 것으로 이해해야 한다고 지적한 바 있다(Pelliot, 1973, 25-26). 사실 SM에는 "in terra eorum"(그들의 땅에)이라고 되어 있다.

13) Chernigov. SF: Cherneglone; SM: Chernegloue. 체르니고프는 현재 우크라이나 북부에 위치한 중요한 도시이다. 11-12세기경에는 대공이 주재하는 도시로서 키예프와 경쟁할 정도였다. Chernéglorie로 표기된 사본도 있으나 펠리오(Pelliot, 1973, 25-26)는 Chernegloue로 읽는 것이 정확할 것이며, 그것이 러시아어의 형태와 상응한다고 주장했다.

14) Andrei. SF: Andrea. 즉 체르니고프의 왕공 므스티슬라브 스비아토슬라비치(Mstislav Svyatoslavich, 1142-1223)의 아들이다. 그는 1223년 제베와 수베에데이가 이끄는 몽골군과

의 말을 그 지방에서 빼내서 다른 곳으로 팔아넘겼다는 혐의를 받았는데, 이 혐의가 비록 입증되지는 않았지만 그는 처형되고 말았습니다. 그의 동생이 이 소식을 듣고 죽임을 당한 사람의 부인을 수령 바투에게 데려와서 그들의 영지를 빼앗지 말아달라고 청원했습니다. 바투는 그 소년에게 살해된 사람, 즉 자기 형의 부인을 취하라고 했고, 그 부인에게도 타타르의 관습에 따라서 그를 남편으로 받아들이라고 했습니다. 그녀는 성법을 어기느니 차라리 죽음을 당하겠다고 했습니다. 두 사람은 있는 힘을 다해서 거부했지만 그는 그녀를 그[소년]에게 주었습니다. 그리고 그들은 두 사람을 같은 침대에 넣고, 그녀의 울부짖음에도 불구하고 강제로 혼인을 실현시켰습니다.15)

7. (HT §42) 비록 그들이 어떤 일을 해야 옳고 어떤 것이 죄악을 범하지 않는 것인지에 관한 율법은 가지고 있지 않으나, 그들 자신이 혹은 조상들이 만든 어떤 전통적인 [금기 같은] 것이 있어서 그런 것들은 죄로 여깁니다.16) 예를 들어서 불에 칼을 찔러넣거나 아니면 어떤 방식으로든 칼을 불에 대는 것, 혹은 가마솥에 있는 고기를 칼로 찍어서 꺼내는 것, 불 가까이에서 나무를 패는 것 등이 그러합니다. 왜냐하면 그들은 이런 행동으로

칼카 강가에서 벌어진 전투에서 아버지와 함께 사망한 인물이다. 따라서 그가 1245-1246년 바투의 영지에 있을 수는 없기 때문에, 카르피니가 다른 사람과 혼동한 것으로 추정된다.

15) 앞에서도 설명했듯이 몽골인들을 비롯한 유목민들의 관습인 수계혼을 강요한 것이다. 카르피니가 묘사한 이 일화는 초기 정복과정에서 복속의 표시로 몽골식 풍습을 강요했던 것이 아닐까 추측해볼 수 있다.

16) 13세기 몽골인들은 전통적으로 내려오던 관습 규범들과 칭기스 칸이 제국을 건설하는 과정에서 내린 여러 명령들을 포괄하여 '자삭(jasaq)'이라고 불리는 법령을 보유했던 것으로 알려져 있다. 이슬람권에서는 '야사(yāsā)'라는 이름으로 불렸다. 자삭이 체계적인 성문법전이라고 하기는 어렵겠지만 적어도 하나의 서적으로 편찬된 형태를 갖추고 있었다고 보는 학자들이 있는 반면, 칭기스 칸이 때때로 내린 명령들을 모아놓은 것에 불과하지 편집된 책의 형태로 존재했던 것은 아니라는 주장도 있다. 아무튼 여러 사료에 산견되는 자삭의 규정들 중에는 카르피니가 열거한 것과 같은 사회적 터부를 담은 내용들도 다수 보인다. 이와 관련해서는 Ayalon(1971), Ayalon(1972), Ayalon(1973), Morgan(1986), Morgan(2005), Rachewiltz(1993) 등의 연구를 참조.

인해서 불이 목을 잘리게 된다고 생각하기 때문입니다. 마찬가지로 그들이 박차를 사용하지 않기 때문에 말을 달리게 할 때 때리는 채찍에 기대는 것, 혹은 말채찍으로 활을 건드리는 것, 나이 어린 새를 잡거나 죽이는 것, 고삐로 말을 때리는 것, 뼈로 다른 뼈를 쳐서 부러뜨리는 것, 젖이나 그밖에 다른 음료수와 먹을 것을 땅에 부어버리는 것, 집 안에 물을 흘려보내는 것 등이 그러합니다. 만약 누군가 이런 행동을 고의로 하면 그는 처형을 당하게 되며, 그렇지 않을 경우라도 그는 무당에게 많은 돈을 내야 합니다. 그래서 [그 무당이] 그를 정화시키고 집과 그 안의 내용물들을 두 개의 불 가운데로 통과하게 합니다. 이러한 정화의식을 치르기 전에는 누구도 감히 그 집 안에 들어가거나 거기서 무엇인가를 가져가려고 하지 않습니다. 또한 어떤 사람이 음식을 조금 입에 넣었다가 그것을 삼키지 못하고 입 밖으로 뱉어내면, 집에 구멍을 뚫어서 그 구멍으로 그를 끌고 나온 뒤 사정없이 처형시킵니다. 뿐만 아니라 누구라도 수령에게 속한 집의 문지방을 밟으면 마찬가지 방식으로 처형됩니다. 그들에게는 이런 것들이 많지만 다 이야기하려면 지루해질 것입니다.

8. 반면 사람을 죽이는 것, 다른 민족의 나라를 침략하는 것, 어떤 불법적인 방식으로건 다른 사람의 재산을 빼앗는 것, 간음 행위를 하는 것, 다른 사람을 욕하는 것, 신의 명령과 금령에 반하는 행동을 하는 것 등은 죄악이라고 간주되지 않습니다.[17]

9. (HT §42) 그들은 영원한 생명이라든가 영원한 저주 등에 관해서는 전혀 아는 바가 없고, 자신들이 죽으면 다른 세상에 태어나서 가축들을 많이 키우면서, 이 세상에서 사람들이 하는 것과 같이 먹고 마시고 또다른 일들을 하면서 살게 될 것이라고 믿습니다.

---

17) 그러나 칭기스 칸의 자삭은 살인, 절도, 간음 등을 엄격하게 금했으며, 이를 어기는 자들은 사형에 처하도록 규정되었다. 카르피니도 뒤에서(제4장 2절)에서 이와 상반된 서술을 하고 있다. Riasanovsky(1965), 83-86 참조.

10. (HT §42, §43) 그들은 점복, 예언, 예징, 마술, 주문 등을 대단히 중시하며 악령으로부터 어떤 대답을 받으면 그것은 신이 그들에게 말하는 것이라고 믿습니다. 그들은 이 신을 '이토가'[18]라고 부르며 — 쿠만[19]인들은 '캄'[20]이라고 부릅니다 — 놀라울 정도로 두려워하고 공경합니다. 그들은 그에게 많은 헌물을 바치고 음식의 처음 부분을 드리며, 그가 대답하는 것에 따라서 무슨 일이든 합니다. 초승달이 뜨거나 아니면 보름달이 되면 그들은 자신이 하고자 희망했던 어떤 새로운 일을 시작하며, 그 달을 위대한 황제라고 부르면서 무릎을 꿇고 기도를 올립니다. 또한 그들은 해를 달의 어머니라고 부르는데, 그것은 달이 해에게서 빛을 받기 때문입니다. 간단히 말해서 그들은 모든 것이 불로 정화된다고 믿습니다. 따라서 사신들이든 왕공들이든 그 어느 누구든 만약 그들에게 오면, 그들이 가져온 선물들과 함께 반드시 두 개의 불 사이로 지나가도록 강요를 받는데, 이는 혹시라도 그들이 마술을 부리거나 독약이나 아니면 다른 어떤 해로운 것을 가져왔을지도 모르기 때문입니다.[21] 그리고 그 지방에서 흔히 일어나는 일

---

18) SF: Itoga; SM: Utoga. 고대 튀르크어에서 '땅, 대지'를 뜻하는 etügän, ötügän 등과 관련이 있는 것으로 보이며, 마르코 폴로의 글에 나오는 natigai와도 연관된 단어로 추정된다. 1362년에 만들어진 비문에는 ötegen이라는 표현이 보인다. Mostaert (1957), 95-101; Cleaves (1949), 29-130 참조.

19) Cuman. SF: Coman. 10-13세기 남러시아 초원에 거주하던 튀르크계 유목민의 명칭이다. 비잔틴 측에서는 이들을 '쿠만'이라고 불렀지만, 러시아인들은 '폴로프치(Polovtsy)'라고 불렀고, 이슬람 측에서는 '킵차크(Qipchaq)'라고 했다. 이들은 몽골에 정복되어 복속되었지만, 일부 서쪽으로 도주한 집단은 헝가리 지방에 정착했다. 이에 관해서는 Golden(1992), 270-282 참조.

20) 캄(Kam)은 신이 아니라 무당을 가리키는 명칭인데, 튀르크어 qam에서 나온 말이다. Clauson(1972), 625. 『집사』에도 qām이라는 단어가 나오는데, 굿을 하며 병을 고치는 무당으로 묘사되었다. 중세 이란어에서 qāmlāmīshī는 '굿'을 의미했다. 한편 『몽골비사』에서는 무당이 bö'e(böge)로, 점쟁이는 tölgechi로 불렸다.

21) 몽골인들은 불을 신성시하여 제물을 바치기도 하고 또 액운을 없애는 불제의 의식을 행하기도 했다. 이러한 '불 숭배'의 의식은 불교가 전파된 뒤에도 계속되었다. 이에 관해서는 Atwood(1996) 참조. 불을 통해서 악을 제거하는 의식은 고대 돌궐인들에게도 보였다. 568년 서돌궐의 카간을 방문한 비잔틴의 사신 제마르코스(Zemarchos)에 관한 다음과 같은 흥미로운 기록이 보인다. "그들은 악령을 제거하는 주술사처럼 중얼거리며 제마르코스의 수행원

이지만, 만약 하늘에서 가축이나 사람에게 불이 떨어지거나 혹은 그와 비슷하게 그들이 불결하거나 불길하다고 생각하는 일들이 생기면, 그들은 그와 동일한 방식으로 무당들을 통해서 정화의식을 치러야 합니다. 그들은 자신들의 거의 모든 희망을 그런 것에 걸고 있습니다.

11. (HT §44) 만약 누군가 치유하기 어려운 병에 걸리면 그들은 [바닥에] 창을 꽂고 검은 펠트로 그것을 두른 뒤 그때부터는 어떤 외부인도 그가 거주하는 구역 안으로 들어오지 못하도록 합니다. 죽음의 고통이 시작되면 거의 모든 사람이 그의 곁을 떠나는데, 그 까닭은 그의 임종을 지켜본 사람은 새 달이 뜰 때까지 누구나 황제나 수령의 오르두에 들어갈 수 없기 때문입니다.

12. (HT §45) 그 사람이 사망할 때 만약 그가 그다지 중요한 인물이 아니면, 넓은 들판에 적당하다고 생각되는 아무 곳에나 은밀하게 매장합니다. 생전에 그가 쓰던 천막들 가운데 하나를 함께 묻고 그를 그 가운데 앉힙니다. 그 앞에 탁자를 하나 놓고 고기가 가득 담긴 그릇 하나와 말의 젖이 담긴 잔 하나를 둡니다. 그리고 암말과 그 새끼 한 마리, 굴레와 안장이 채워진 말 한 마리도 같이 묻습니다. 그들은 또다른 말 한 마리를 잡아먹은 뒤 그 껍데기 안을 짚으로 채워넣고 두 개 혹은 네 개의 장대에 끼워놓습니다. 이것은 그가 저승에서 살 집, 젖을 제공해줄 암말을 가지고 또 자신이 타고 다닐 말의 수도 넉넉하게 늘어나기를 바라기 때문입니다. 그들이 먹은 말의 뼈는 그의 영혼을 위해서 태웁니다. 여자들은 [사망한] 남자들의 영혼을 위해서 뼈를 태울 때 자주 모이는데, 그것은 우리의 눈으로

들이 있는 곳에 와서 그들의 짐 전부를 받아서 중앙에 놓았다. [그리고 그들은 향과 함께 나뭇가지에 불을 붙여, 스키타이어로 알아듣지 못할 말을 중얼거리면서] 종과 큰 북을 울리고, 짐의 주위를 소란을 떨면서, 향과 함께 또 딱딱거리며 타고 있는 작은 가지를 미친 사람처럼 몸을 흔들며 잡고 돌면서 환하게 흔들어댔다. 그것은 악령을 제거하기 위해서였고, 그렇게 하면 악령을 멀리할 수 있다고 그들은 믿는다. 이렇게 악을 제거한 뒤 그들은 제마르코스 자신을 인도하여, 이 화염 가운데를 가로지르게 했다. 왜냐하면 그들은 그렇게 함으로써 신체가 청결해진다고 믿기 때문이다." 內藤みどり(1988), 379.

직접 보았고 또 그곳에 있는 다른 사람으로부터 들어서 알기도 했습니다. 우리는 지금의 황제의 아버지인 우구데이 칸[22]이 자신의 영혼을 위해서 숲 하나를 자라게 했는데, 그는 어느 누구도 그곳[의 나무]를 잘라서는 안 된다고 명령했습니다. 만약 누가 가지 하나라도 자르면, 우리가 눈으로 목격했듯이 그는 매를 맞고 발가벗겨져서 학대를 당했습니다. 그래서 우리는 말을 채찍질할 무엇인가가 대단히 필요했는데도 거기 있는 어린 가지 하나도 감히 자르지 못했습니다. 그들은 또한 같은 방식으로 금과 은을 죽은 사람과 함께 묻습니다. 그가 타고 다니던 수레는 부수고 그의 거처도 부셔버리며, 어느 누구도 3세대가 지날 때까지 그의 이름을 감히 부르지 않습니다.

13. (HT §46) 그들에게는 자기 수령을 묻는 또다른 방법이 있습니다. 그들은 탁 트인 곳으로 은밀하게 가서 그곳의 풀이나 뿌리 그리고 다른 모든 것들을 치워버린 뒤 키다란 구덩이를 하나 팝니다. 그리고 지하에 있는 구덩이 안쪽의 옆을 파내서 무덤을 만들고 그[수령]가 아끼던 노예를 그의 시신 밑에 안치합니다. 사람들은 그가 거의 숨이 넘어가기 직전의 순간까지 시신 아래 깔려 있게 놓아두었다가 그를 끄집어내서 숨을 쉬게 하는데, 이런 일을 세 차례 반복합니다. 만약 그 노예가 그래도 목숨을 부지한다면, 이후로 그는 자유민이 되어 자기가 원하는 일을 무엇이든 할 수 있게 됩니다. 또한 그는 주인의 천막 안에서 또 그 친척들 가운데에서 중요한 사람이 됩니다.[23] 사람들은 죽은 사람을 구덩이 옆에 판 무덤 안에 앉

---

22) Ögödei Qan. SF: Occodai Can. 우구데이 카안(재위 1229-1241)은 칭기스 칸의 셋째 아들이며 그를 계승하여 대칸이 된 인물이다.

23) 몽골인들은 매장할 때 고인이 평소에 사용하던 생활용구, 예를 들어 천막, 마필, 무기 등을 함께 묻는 풍습이 있었다. 만약 죽은 사람이 귀족일 경우에는 각종 진귀한 물품들도 같이 매장했다. 또한 수령들이 사망했을 경우에는 순장의 풍습도 보였는데, 주베이니의 기록에 따르면, 칭기스 칸의 장례에는 40명의 미녀들이 순장되었으며, 바투의 경우에도 노예와 처첩들이 순장되었다고 한다. 『정사초집(鄭思肖集)』에는 몽골의 군주나 그 부인이 사망하면 그 시신을 목관에 넣어서 북쪽 몽골리아로 운반해가는데, 도중에 만나는 사람들은 모두 죽

에서 말했던 물건들과 함께 안치한 뒤, 무덤 앞에 파인 구덩이를 흙으로 메우고, 추후에 아무도 그 지점을 발견하지 못하게 하기 위해서 풀로 덮어 전과 똑같이 만들어놓습니다.[24] 그리고 사람들은 이미 앞에서 설명했던 또다른 일들을 행하지만, 그가 소유했던 천막은 벌판 위에 그대로 놓아둡니다.

14. (HT §47) 그들의 나라에는 묘역이 두 군데 있습니다. 하나는 황제와 수령, 모든 귀족들이 묻히는 곳인데, 그들이 어디에서 사망하건 간에 무리 없이 가능하기만 하다면 시신을 그곳으로 모셔옵니다. 상당히 많은 양의 금과 은도 그들과 함께 매장됩니다. 또다른 묘역은 헝가리에서 전사한 사람들이 묻힌 곳으로서 그곳에서 많은 사람들이 목숨을 잃었기 때문입니다. 그곳을 돌보기 위해서 배치된 관리자들을 제외하고는 어느 누구도 감히 그 묘역 가까이에 가려고 하지 않습니다. 만약 그곳에 접근하다가 잡히면 누구라도 옷이 벗겨지고 매를 맞으며 심하게 능욕을 당합니다. 우리도 헝가리에서 전사한 사람들의 묘역에 부지불식간에 들어갔는데, 그들은 우리에게 몰려와 화살로 쏘려고 했지만, 우리가 사신이었고 그 지방의 관습을 몰랐기 때문에 우리를 풀어주었습니다.[25]

여서 함께 순장시켰다는 기록이 보이기도 했다. 史衛民(1996), 285. 그러나 이를 제외한다면 순장의 사례는 한문 자료에 거의 보이지 않는데, 그것은 한인들이 그러한 순장의 대상이 아니었거나 혹은 쿠빌라이가 즉위한 뒤 '한법(漢法)'에 따라서 그 같은 관습을 금지시켰기 때문이 아닌가 하는 추측이 있다. 『中國通史·元代(上册)』(1989) 참조.

24) 『흑달사략』에는 "그들의 묘지는 봉분을 만들지 않고 말을 달려 밟게 하여 마치 평지처럼 만든다. 테무진(忒沒眞)의 묘에는 화살들을 꽂아서 둘레를 치고, 순찰하는 기병들을 호위로 삼는다"라고 했다. 王國維(2009), 400.

25) 몽골 유목민들은 이처럼 일반인들의 출입이 금지되어 있는 지역을 코리그(qorigh)이라고 불렀는데, 이는 금구(禁區), 금지(禁地)를 뜻한다. 특히 칭기스 일족이 묻혀 있는 곳은 yeke qorigh(qorigh-i buzurg), 즉 '대금구(大禁區)'라고 불렸다. 『원사(元史)』에는 기련곡(起輦谷)이라는 곳에 칭기스 일족의 무덤이 있다고 했는데, 이린친(Irinchin)이라는 학자는 이 말을 *Kürelgü의 음사일 것으로 추정했다. 『집사』에는 칭기스 칸의 묘지가 부르칸 칼둔(Burqan Qaldun)이라는 산지에 있다고 했으나, 아직 무덤의 정확한 지점은 확인되지 않고 있다. 라시드 앗 딘은 칭기스 칸의 '대금구'를 우량카트라는 부족에서 차출된 사람들이 지키고 있다

15. (HT §48) 죽은 사람의 친척과 그의 거처에 살던 사람들은 모두 불로 정화되어야만 합니다. 이 정화의식은 다음과 같은 방식으로 이루어집니다.26) 그들은 두 개의 불을 세우고 불 근처에 두 개의 창을 꽂습니다. 그리고 그 꼭대기에 끈을 하나 묶고 거기에 여러 조각의 부크람을 매답니다. 그리고 이 두 불 사이로 그리고 그 끈과 천 조각들 아래로 사람과 동물과 가재도구를 지나가게 합니다. 여자 두 사람이 한 명은 이쪽에 다른 한 명은 저쪽에 서서 물을 뿌리면서 주문을 외웁니다. 그 지점에서 만약 수레가 부서지거나 혹은 어떤 물건이라도 떨어지는 일이 생기면, 주문을 외우는 사람들이 그것을 가집니다. 만약 누군가 벼락을 맞고 죽으면 그의 거처에 살던 사람들은 모두 위에서 설명한 것과 같은 방식으로 불 사이를 통과해야 합니다. 아무도 그의 천막, 침대, 수레, 펠트, 의복, 혹은 그가 소유했던 것은 어느 것이라도 건드리지 않고, 그런 것들은 부정한 것이라고 하여 모두 버립니다.

고 했다. 코리그에 관해서는 Barthold(1970), 195-227; Serruys(1974); DeWeese(1994), 179ff; Allsen(1996), 118-121 등 참조.

26) 불을 통한 정화의식에 관해서는 앞의 주 21) 참조.

제4장

그들의 성품, 좋고 나쁜 관습들, 음식 등

1. 그들의 종교에 대해서 이야기했으니 이제 그들의 성품을 말해야 하는데, 다음과 같은 방식으로 하겠습니다. 첫째, 그들의 좋은 점에 대해서 말하고, 둘째, 그들의 나쁜 점, 셋째, 그들의 관습, 넷째, 그들의 음식에 대해서 이야기하겠습니다.

2. (HT §50, §55) 이 사람들 다시 말해서 타타르인들은 이 세상 어느 누구보다도 자기 주인 — 종교인이건 세속인이건 불문하고 — 에게 순종적이며, 그들에게 깊은 공경을 표시하고 가볍게 거짓말을 하지 않습니다. 그들은 서로 말다툼을 하는 일이 거의 없거나 전혀 없으니, 행동으로 그렇게 한다는 것은 생각할 수도 없습니다. 싸움, 언쟁, 상해, 살인과 같은 일은 그들 사이에서 일체 발생하지 않으며, 다량으로 남의 물건을 훔치는 강도나 도적도 찾아볼 수 없습니다. 따라서 자신들의 귀중품을 놓아두는 숙소나 수레에는 빗장이나 막대기를 채워놓지 않습니다. 만약 길을 잃은 동물을 발견한 사람은 누구나 그대로 놓아두던가 아니면 [유실물을 관리하는] 특정한 목적으로 임명된 사람들에게 데려갑니다. 동물의 주인들은 그런 사람들에게 가서 잃어버린 동물을 찾겠다고 신청하면 아무런 어려움이 없이 되찾습니다.[1] 그들은 서로에 대해서 상당한 경의를 표시하고 또 매우 친근

---

1) 몽골인들은 이렇게 유실된 동물이나 물건을 '불라르구(bularghu, 孛蘭奚)'라고 부르고, 그것을 수거하여 간수하고 본래의 주인을 찾아주는 직무를 수행하는 사람을 '불라르구치(bularghuchi, 不蘭奚赤, 闌遺官)'라고 불렀다. 마르코 폴로도 이에 대하여 다음과 같은 기록을 남겼다. "만약 누구의 것인지 알 수 없으면 불라르구치(bularguci) — 주인을 찾지 못한 물

하게 지냅니다. 비록 가진 음식이 많지는 않아도 서로 기꺼이 나눕니다. 또한 고난을 오래 참습니다. 음식이 없을 때, 하루나 이틀 동안 아무것도 먹지 않았을지라도 그들은 쉽사리 초조함을 보이지 않은 채 마치 잘 먹은 사람처럼 노래하며 즐거워합니다. 말을 타고 행군할 때에는 매서운 추위도 잘 견디며 혹독한 더위도 역시 잘 참습니다. 그들은 사치품을 좋아하지도 않으며 서로에 대해서 시기심을 품지도 않습니다. 상호간에 소송을 제기하는 일은 사실상 거의 없습니다. 다른 사람을 비난하는 사람은 아무도 없고 오히려 남을 돕고 상황이 허용하는 한 남이 잘 되도록 노력합니다.

3. (HT §55) 그들의 부인은 정숙하며, 어떤 수치스러운 행동을 했다는 이야기를 아무도 들어본 적이 없습니다. 그렇지만 어떤 사람들은 장난으로 험담을 하거나 혐오스러운 말을 합니다. 그들 사이에서 불화가 일어나는 일은 거의 없거나 아예 없으며, 설령 아주 만취할지라도 그 상태에서도 결코 말다툼을 하거나 주먹다짐을 하는 일은 없습니다.

4. (HT §53) 타타르인들의 좋은 성품에 대해서 말했으니, 이제는 그들의 나쁜 점에 대해서도 이야기를 해보도록 하겠습니다. 그들은 다른 [나라] 사람들에 대해서 극도로 오만하며 모두를 깔보는데, 정말 상대방이 높은

건들의 보관인을 의미한다—라고 불리는 신하에게 가져다준다. 여러분들에게 말하지만 만약 누군가가 말, 칼, 새, 혹은 다른 사물을 습득하여 그것이 누구의 것인지 알 수 없으면, 이 신하에게 가져가고 그는 이것을 받아서 보관해야 한다. 만약 그가 즉시 그 신하에게 가져다주지 않으면 도적으로 간주된다. 물건을 분실한 사람들은 이 신하에게로 가서, 만약 그가 그것을 보관하고 있으면 그들은 즉시 돌려받는다. 또 이 신하는 언제나 모든 무리들 가운데 가장 높은 지점에 자신의 표지를 세우고 머무는데, 그것은 물건을 잃어버린 사람들이 곧바로 그를 볼 수 있게 하기 위해서이다. 이런 식으로 해서 어떤 물건도 분실되는 일 없이 본인에게 돌아간다"(마르코 폴로/김호동, 263). 몽골 지배하의 중국에서는 대량의 유민이 발생하여 도망한 농민과 노예들을 거두기 위해서 1283년 난유소(闌遺所)가 설치되었는데, 이는 후일 난유감(闌遺監)으로 바뀌었으며 선휘원(宣徽院) 소속이었다. 라시드 앗 딘은 유실물을 취급하는 관청을 'LYS'로 표기했는데, 이 역시 난유소라는 음을 옮겼을 가능성이 있다. 역자는 일찍이 『칸의 후예들』(라시드 앗 딘/김호동, 2005, 419)에서 이것을 혹시 吏司가 아닐까 추정한 바 있지만 성립되기 어렵다. 불라르구치에 관해서는 Pelliot(1973), 29; 趙華富(1958); 宮紀子(2011), 693-740 등을 참조.

지위에 있건 아니면 비천한 출생이건 상관하지 않고 모두 아무것도 아닌 것처럼 생각합니다.

5. (HT §53) 왜냐하면 우리는 황제의 궁정에서 러시아의 막강한 공작이자 고귀한 혈통을 가진 야로슬라브뿐만 아니라 조지아의 국왕과 여왕[2] 그리고 수많은 중요한 술탄들과 솔랑기의 수령[3]이 응분의 대접을 받지 못하는 것을 보았기 때문입니다. 그들을 맞이하도록 임명된 타타르인들은 아무리 비천한 출신일지라도 그들보다 앞서 가고 또 언제나 더 앞선, 더 높은 자리를 차지했습니다. 실제로 [외국의 왕공들은] 그들의 등을 보고 앉을 수밖에 없었던 적도 많았습니다.

6. (HT §53) 그들은 다른 사람에게 금세 화를 내며 성격이 조급합니다. 또한 남에게 거짓말을 잘 하는데, 거의 진실을 찾아보기 어렵습니다. 처음에는 언뜻 부드럽게 말하는 듯하지만 끝에 가서는 마치 전갈처럼 독설을 내뱉습니다. 그들은 간교와 거짓으로 가득하며 만약 할 수만 있다면 누구나 자기가 놓은 덫으로 잡으려고 합니다. 그들이 음식을 먹거나 마실 때 그리고 다른 일을 하는 방식을 보면 더러운 사람들입니다. 그들은 자신이 꾸미는 악의에 찬 계획을 놀라운 방식으로 은폐하여 다른 사람이 그 간계를 막기 위해서 어떤 경계나 대비책도 마련할 수 없게 합니다. 술 취하는

---

2) 이는 조지아의 국왕 기오르기(Giorgi) 4세가 1223년 사망한 뒤 왕위에 오른 그의 자매 루수단(Rusudan, 1247년 사망)과 그의 친아들 다비드(David), 그리고 기오르기의 또다른 아들 다비드 라샤(David Lasha)를 가리키는 듯하다. 이 두 아들은 기오르기의 합법적 후계자로서 조지아의 통치권을 인정받기 위해서 1246년 카라코룸을 방문했는데, 그때는 마침 카르피니 일행이 몽골에 왔을 때였다. 구육 카안은 두 아들 모두의 통치권을 인정하여 조지아를 분할 지배하게 했다. 연장자인 다비드 라샤는 '다비드 울루'(Daivd Ulu. 큰 다비드, 1270년 사망), 나이가 적은 다비드는 '다비드 나린'(David Narin. 작은 다비드, 1293년 사망)으로 알려졌다.

3) 여기서 '솔랑기의 수령'은 고려의 왕족 영녕공(永寧公) 순(綧)을 가리키는 것으로 보인다. 일찍이 몽골은 고려 조정에 대해서 해도(海島)에 들어가 있는 민호(民戶)를 내륙으로 옮길 것, 민호의 수를 조사하여 보고할 것, 투르칵(turqaq, 禿魯花), 즉 인질을 보낼 것, 반몽골 행위를 했던 고려 관원을 잡아서 압송할 것 등을 요구하고, 나아가 국왕의 친조(親朝)를 집요하게 요구했다. 이에 조정은 1241년 영녕공을 국왕의 친자(親子)라고 칭하고 귀족 자제 15명과 함께 몽골로 보냈다. 박용운(1988), 489-490; 김장구(2015) 참조.

것은 훌륭한 일처럼 여겨지며, 누구라도 지나칠 정도로 마시면 그냥 그 자리에서 탈이 나버리지만, 그렇다고 해서 그 후로 술을 더 마시지 않는 것도 아닙니다. 그들은 지나칠 정도로 욕심이 많고 탐욕스러우며, 자신들의 요구를 극도로 내세우며 자기 소유물은 절대로 놓지 않으려고 하는 반면, 남에게 주는 것에는 매우 인색합니다. 다른 사람을 학살하는 것을 아무렇지도 않게 생각합니다. 간단히 말해서 그들의 사악한 성품에 대해서는 그것이 너무나 많기 때문에 글로 다 옮기는 것조차 불가능합니다.

7. (HT §54) 먹을 수 있는 것은 모두가 그들의 음식입니다. 그들은 개, 늑대, 여우, 말 등을 먹으며, 꼭 그래야만 할 경우가 생긴다면 사람의 고기도 먹습니다. 예를 들어 키타이인들의 황제가 살던 어느 도시를 공격했을 때 그곳을 얼마나 오랫동안 포위하고 있었던지 보급이 완전히 동이 나버렸고, 먹을 것이 아무것도 없자, 그들은 식량을 위해서 열 명에 한 사람을 뽑았습니다. 그들은 암말이 새끼를 낳을 때 내놓는 배설물도 먹습니다. 정말로 나는 그들이 이를 잡아먹는 것도 보았습니다. 그들은 "그놈들이 내 아들의 살을 뜯어먹고 그 피를 빨아 먹는데 내가 그것을 못 먹을 이유가 무엇이냐?"라고 말합니다. 나는 그들이 쥐를 잡아먹는 것도 보았습니다.[4]

8. (HT §54) 그들은 식탁보나 냅킨을 사용하지 않습니다. 그들은 빵이나 향초나 채소를 먹지 않으며 고기 이외에는 아무것도 먹지 않습니다. 그러나 다른 사람이라면 거의 살 수 없을 정도로 적은 양의 고기만을 먹습니다. 그들의 손은 고기 기름으로 매우 더럽지만, 먹을 때는 손을 자기 다리나 풀 혹은 그 비슷한 것들에 비벼서 닦습니다. 그들 중에서 조금 존경받을

---

[4] 『흑달사략』에는 몽골인들이 곡물을 먹지 않고 육식을 한다고 하면서, 수렵하여 얻는 동물로 토끼, 사슴, 멧돼지(野彘), 들쥐(黃鼠, tarbagha), 야생양(頑羊), 황양(黃羊), 야생마(野馬), 물고기 등이 있지만, 주로 먹는 것은 양이고 그 다음이 소였다고 한다. 큰 연회가 아니면 말을 잡는 일은 거의 없었다. 음식을 할 때에는 불에 구워 먹는 것이 열에 아홉이고, 솥에 끓여서 먹는 것이 열에 두셋이며, 고기를 잘라서 자기가 먼저 먹은 뒤에 남에게 먹으라고 한다는 기록이 보인다.

만한 지위에 있는 사람들은 조그만 형겊을 가지고 있는데, 고기를 먹을 때 그것으로 손을 닦습니다. 그들 중에서 한 사람이 고기를 조각내어 자르면 다른 사람은 칼 끝으로 그것을 찍어서 서로에게 먹으라고 권합니다. 어떤 사람에게는 더 많이 또 어떤 사람에게는 더 적게 권하는데, 그것은 누구를 더 공경하느냐 아니냐를 보이고자 하기 때문입니다. 그들은 그릇을 씻지 않지만 가끔 씻으려고 할 때는 고기 국물로 헹굽니다. 그러고 나서 고기와 함께 솥 안에 넣어둡니다. 솥도 그렇지만 숟가락이나 그런 용도로 쓰는 다른 용품들도 어쩌다 깨끗하다면 그것은 이런 방식으로 씻은 것들입니다. 그들은 음식을 어떤 방식으로든 버리는 것을 큰 죄악이라고 생각하며, 따라서 뼈다귀도 그 골수까지 파먹지 않고서는 개에게 주지 않습니다. 그들은 옷을 빨지 않으며 빨도록 놓아두지 않는데, 특히 천둥이 치기 시작하면 날씨가 바뀌기 전까지는 옷을 빨지 않습니다.5) 그들은 암말의 젖을 가지고 있기만 하면 엄청난 양으로 마십니다.6) 또한 암양, 암소, 염소, 심지어

---

5) 칭기스 칸의 자삭 중에는 흐르는 물에 옷을 빠는 사람은 사형에 처한다는 규정이 있다. 루브룩의 기록에 의하면 몽골인들이 빨래를 하지 않는 것은 그런 행위가 신을 노하게 할까 두려워하기 때문이요, 옷을 빨아서 말리기 위해 널어놓으면 천둥이 친다고 믿기 때문이라고 한다. 또한 주베이니는 몽골인들이 벼락을 무서워하여 만약 누군가 벼락에 맞으면 그의 가족과 부족을 3년 동안 먼 곳으로 떠나보낸다고 했다. Riasanovsky(1965), 84; Rubruck/Jackson, 90; Juvayni/Boyle, 205 참조.

6) 유목민들이 암말의 젖을 발효시킨 알코올성 음료수를 마셨던 것은 많은 역사자료들을 통해서 확인된다. 몽골-튀르크어에서 gumis/gumiz라고 부르며 한자로는 마내주(馬奶酒)라고 하는데, 루브룩은 이를 코모스(comos)라고 소개하고, 그 제조방식을 이렇게 묘사했다(제4장 참조). 『원사』권100 「마정(馬政)」에는 검은 말의 젖[黑馬乳]을 발효시켜 황제에게 바치는 것을 '세유(細乳)'라고 하며, 이를 담당하는 관리를 '카치(哈赤, qachi)' 혹은 '카라치(哈剌赤, qarachi)'라고 불렀다는 기록이 보인다. 한편 루브룩의 라틴어 원본에는 이 마유주가 cosmos, caracosmos라고 표기되어 있고, Pelliot는 이를 comos(= qumiz)로 읽어야 한다고 제안했으며, 잭슨도 이를 받아들였다. 그러나 L. Clark는 이 말이 쿠미즈를 나타낸 것은 분명하지만, 루브룩이 우연히 잘못된 표기를 적은 것이 아니라 '코스모스'라는 말을 연상하게 하기 위해서 고의적으로 그렇게 쓴 것이라고 추측했다. Pelliot(1973), 89; Rubruck/Jackson, 76-77; Clark(1973), 185. 당시 몽골인들이 얼마나 많은 양의 쿠미즈를 소비했는가 하는 점에 대해서는 루브룩의 글에 잘 드러나 있다. 그가 1254년 6월 24일 뭉케 카안의 궁정에서 열린 연회에 참석했을 때 쿠미즈를 실은 수레 105량과 식용으로 쓸 말 90두가 들어왔다고

낙타의 젖도 마십니다. 포도주나 맥주 혹은 벌꿀술은 어디서 보낸 것이거나 다른 부족이 그들에게 바친 것을 제외하고는 존재하지 않습니다.[7] 더구나 부자가 아니라면 겨울에는 암말의 젖을 얻지 못합니다. 밀을 물에 넣고 끓이면 [그 알갱이가] 너무 작아져서 먹을 수가 없기 때문에 그것을 마실 수밖에 없게 됩니다. 그들은 아침에 한 컵이나 두 컵 정도 마시고 낮 동안은 아무것도 먹지 않습니다. 그러나 저녁에는 그들 모두에게 약간의 고기가 주어지며 고깃국을 먹습니다. 여름에는 암말의 젖이 넉넉하기 때문에, 사냥을 통해서 어떤 동물이나 새를 잡거나 아니면 누가 가져다주지 않는다면, 고기를 먹는 경우는 드뭅니다.

9. (HT §49) 그들도 역시 드러내어 간음을 행하는 자는 누구나 남녀 모두 사형에 처하는 법률 혹은 관습을 가지고 있습니다. 마찬가지로 처녀가 다른 사람과 간통을 범하면 남자와 여자 둘을 다 죽입니다. 만약 누군가 그들이 지배하는 영역 안에서 약탈이나 도적의 행위를 하다가 발견되면 어떤 긍휼도 베풀지 않고 사형에 처합니다. 또한 누군가 그들의 계획, 특히 장차 수행할 전쟁과 같은 것을 발설한다면, 시골 사람이 있는 힘껏 내리치는 정도로 커다란 막대기로 그의 등을 100차례 때립니다. 첩의 아들과 정실부인의 아들 사이에 차별은 없으며, 아버지는 그들 각자에게 자기 의지

한다. 스미스(J. M. Smith)는 하루에 소비되는 양을 평균적으로 계산하여 약 7,000명이 참석하는 연회였을 것으로 추정하고, 몽골인들이 이처럼 육류와 알코올성 음료를 과도하게 소비하던 관행이 제국이 쇠퇴하는 한 요인이 되기도 했다는 흥미로운 주장을 한 바 있다(Smith, 2000).

7) 몽골인들은 전통적인 쿠미즈 이외에도 다양한 다른 알코올성 음료수를 즐겼다. 포도주는 이미 일찍부터 중앙 아시아의 무슬림들에 의해서 수입되어 알려졌으며, 특히 칭기스 칸에게 복속한 위구르 왕국의 근거지 투르판은 포도주의 산지로 유명하다. 『흑달사략』에 의하면 남송의 사신이 초원을 방문했을 때 두 차례에 걸쳐서 금장(金帳) 안에서 유리병에 든 포도주를 목격했는데, 술의 색깔은 남쪽 지방에서 나오는 감[柿漆]과 같았고 매우 달았으며, '회회국(回回國)'에서 조공으로 바친 것이라고 한다. 王國維(2009), 388 참조. 또한 증류의 방법으로 술을 만드는 것은 중국인들의 고유한 발명인데, 각종 곡물을 증류하여 제조된 술도 몽골인들에게 소개되었다. 몽골인들이 즐겨 마시던 각종 음료에 대해서는 葉新民(1996), 142-156 참조.

몽골의 궁수

에 따라서 [유산을] 줍니다. 만약 그들이 왕자의 집안에 속한 사람이라면 첩의 아들도 적법한 부인의 아들과 마찬가지로 왕자입니다.[8] 어떤 타타르인이 여러 명의 부인을 두었을 때 그들 각자는 자기만의 거처와 가속을 소유하며, 남편은 하루는 [그중에서] 한 사람과 함께 먹고 마시고 잠을 자며 다음 날에는 다른 사람과 그렇게 합니다. 그러나 그들 가운데 한 사람이 우두머리이며 [남편은] 다른 사람들보다는 그녀와 더 자주 지냅니다. 수는 여럿이지만 그들은 결코 자기들끼리 싸우지 않습니다.[9]

---

8) 몽골인들이 적자와 서자 사이에 차별을 두지 않았다는 카르피니의 설명이 꼭 맞는다고 하기는 어렵다. 왜냐하면 지위나 재산의 상속에서 적서(嫡庶)의 차별은 존재했으며, 종왕이나 부마 혹은 공신들의 인장은 정실부인의 소생이 물려받는 것이 일반적이었기 때문이다. 그러나 물론 서자가 적자의 지위와 특권에 대해서 이의를 제기하고 쟁탈을 벌인 예도 적지 않았고, 적자들 중에서도 장자를 우선시하는 관념도 비교적 희박했다. 李治安(2003), 444-450.

9) 몽골 제국의 칸들은 다수의 부인들을 두었으며, 이들은 대체로 4개의 오르두에 나뉘어 거주했다. 루브룩은 뭉케 카안이 4개의 오르두를 가지고 있었으며 여러 명의 부인들은 각기 나

10. (HT §49) 남자들은 화살을 제외하고는 아무것도 만들지 않습니다. 가끔 가축을 돌보기도 하지만 그들은 주로 사냥을 하고 활 쏘는 연습을 하며, 그래서 그들은 애 어른 할 것 없이 모두 뛰어난 궁사들입니다. 아이들은 두세 살이면 곧바로 말을 타기 시작하며 말을 다루고 질주하기도 합니다. 그들은 자기 키에 맞는 활을 받아서 쏘는 법을 배웁니다. 그들은 극도로 민첩하며 또 겁도 없습니다.[10]

11. 젊은 여자나 부인들도 말을 타며 남자와 마찬가지로 말 위에서 능숙하게 질주합니다. 우리는 그들이 활과 화살을 가지고 다니는 것을 보았습니다. 남자건 여자건 오랫동안 말을 타는 것을 잘 견딥니다. 그들은 매우 짧은 등자를 사용하며, 자신의 말들을 아주 잘 돌봅니다. 사실 그들은 자기가 소유한 것에 대해서는 어떤 것이든 아주 각별히 신경을 씁니다. 여자들은 가죽 옷, 튜닉, 신발, 각반 및 가죽으로 된 온갖 것들을 만듭니다. 그들은 수레를 몰며 또 그것을 수선하고, 낙타에 짐을 싣기도 합니다. 그들은 자기가 하는 모든 일을 매우 신속하고 활기차게 수행합니다. 여자들은 모두 바지를 입으며 그들 중에 일부는 마치 남자처럼 활을 쏩니다.

뉘어 살고 있었음을 확인했다. 카안은 자기만의 천막이 없었기 때문에, 밤에 잘 때가 되면 자신의 취향에 따라 이 네 오르두 가운데 하나를 선택하여 침소로 삼았다. 따라서 카안이 계절의 변화에 따라서 이동할 때에는 이들 4개의 오르두도 함께 움직였고, 중요한 정무를 논의하고 결정하는 일도 이 오르두 안에서 이루어지는 경우가 많았다. 몽골 카안들의 오르두들의 배치와 운영방식에 대해서는 宇野伸浩(1988) 참조.

10) 여기서 카르피니가 묘사한 내용은 『사기』「흉노열전」에 보이는 다음의 구절과 매우 흡사하다. "어린아이들도 양을 타고 돌아다닐 수 있으며 활을 당겨 새나 쥐를 쏘아 맞추고, 조금 크면 여우나 토끼를 쏘아 맞추어서 먹을 것으로 썼다. 남자들의 힘은 활을 잘 다룰 수 있어 모두 무장 기병이 되었다"(『사기 외국전 역주』, 36).

제5장

타타르인의 제국의 시작, 그들의 수령들,
황제와 왕자들이 지배하는 영역

1. 그들의 관습에 대해서 이야기했으니, 이제 그들의 제국에 대해서 말해보겠습니다. 첫째, 우리는 그 시작에 대해서, 둘째, 그 수령들, 그리고 셋째, 그 황제와 왕자들이 지배하는 영역에 대해서 이야기하겠습니다.

2. (HT §2, 3) 우리가 위에서 이야기한 동방에는 몽골[1]이라는 지방이 있습니다. 한때 이 지방에는 네 개의 부족이 있었습니다. 하나는 예케 몽골[2]인데 커다란(大) 몽골을 뜻합니다. 둘째는 수 몽골이며 물(水)의 몽골을 뜻하는데,[3] 그들은 자신들이 사는 고장에 흐르고 있는 타타르라고 불리는

---

1) Mongol. SF: Mongal. 드 브리디아의 글에는 Mo'al로 표기되었다.

2) Yeke Mongol. SF: Yekamongal. 칭기스 칸이 건설한 몽골 제국은 곧 '대몽골 울루스(Yeke Mongghol Ulus)'라는 이름으로 알려지게 되었다. 그러나 카르피니가 본문에서 언급한 '예케 몽골'은 몽골 제국의 명칭과는 무관한 것으로 보인다. 클리브즈(Cleaves, 1952, 487-488)는 카르피니가 몽골인들로부터 칭기스 칸의 등장 이전 카불 칸(Qabul Qan)이 통치했다고 하는 '전(全) 몽골(Qamugh Mongghol)'에 대한 이야기를 듣고 이렇게 전했을 가능성을 지적했다. 카르피니가 예케 몽골을 운운할 때 다른 몽골계 집단들과 함께 거론한 것으로 보아 그렇게 볼 수도 있을 듯하다.

3) Su Mongol. SF: Sumongal. '수 몽골'은 카르피니가 설명했듯이 '물의 몽골'이라는 의미인데, 정확하게 Su Mongghol이라는 명칭을 가진 집단은 사료상으로 확인되지 않는다. 그러나 『흑달사략』에는 '수달달(水韃靼)'이라는 집단이 보인다. 몽골이라는 말이 타타르와 거의 동의어처럼 사용되었던 사실을 상기한다면, '수달달', 즉 '수 타타르'가 곧 '수 몽골'과 동일한 것이 아닐까 추정해볼 수 있을 것이다. 『흑달사략』은 칭기스 칸이 공파한 집단들을 열거하면서 동남쪽에는 백달달(白韃靼)과 금로(金虜, 여진)가 있고, 서북쪽에는 내만(乃蠻, 나이만) 등이 있으며, 동북쪽으로 '노카이 이르겐(那海益律干)'과 '우수 이르겐(斛速益律干)' 등이 있다고 했는데(王國維, 2009, 396), 여기서 노카이 이르겐은 '개(noqai, 犬)의 백성'이라는

강의 이름을 따서 스스로를 타타르라고 불렀습니다. 또 하나는 메르키트 (Merkit)이며, 넷째는 메크리트(Mecrit)입니다.[4] 이들 부족은 모두 겉모습이 비슷하고 동일한 언어를 가지고 있지만, 각자 자기들의 영역과 지배자를 가진 채 서로 떨어져 있었습니다.

3. (HT §3, 4) 예케 몽골의 땅에 칭기스[5]라는 남자가 있었습니다. 그는 주님 앞에서 강력한 사냥꾼이었으며,[6] 물건을 훔치고 사람들을 사냥감처

뜻이고, '우수 이르겐'은 '물(usu, 水)의 백성'이라는 뜻이다. 그러나 펠리오는 益律干이 아니라 益律子로 읽는 것이 옳으며, 이것은 거란 황실의 성(姓)인 일라(I-la, 亦剌)의 복수형일 것이라고 주장했다(NMP, II, 685). 그러나 노카이 이르겐뿐만 아니라 우수 이르겐이라는 명칭도 보이기 때문에 益律干으로 읽는 것이 타당하리라고 본다. 아무튼 이러한 기록들을 기초로 생각해볼 때 '수 몽골'은 몽골리아 동북부에 있는 집단의 명칭이었던 것으로 보인다. 한편 팽대아(彭大雅)의 『몽달비록』에 의하면, 타타르(韃靼)에는 흑(黑) 타타르, 백(白) 타타르, 생(生) 타타르의 세 종류가 있는데, 이 가운데 백 타타르는 문화적으로 가장 발달되어 있고, 생 타타르는 가장 후진적인데, 칭기스 칸이 속한 집단은 흑 타타르였다는 기록이 보인다. 王國維(2009), 335.

4) 라시드 앗 딘의 『부족지(部族誌)』(171)에 의하면, 메르키트는 우두우트(Ūdūyūt)라고도 불리며, 일부 몽골인들은 메르키트를 메크리트(Mekrīt)라고도 불렀다고 한다. 즉 메르키트라는 명칭이 그 이름 가운데 두 개의 자음(r과 k)이 도치되는 소위 '자음도치(metathesis)' 현상에 의해서 메크리트라고도 불린다는 것이다. 그렇지만 카르피니의 글은 양자를 병렬시키고 있기 때문에 이 둘이 동일한 집단이라고 보기는 어렵다. 그렇다면 카르피니가 언급한 메크리트 (Mecrit)는 사실상 베크린/베크리트(Bekrin/Bekrit)를 가리키는 것이 아닌가 추측해볼 수 있다. 왜냐하면 m이라는 순음이 동일한 순음인 b로 바뀌는 것은 흔한 현상이기 때문이다. 『부족지』 (라시드 앗 딘/김호동, 2002, 244)에 의하면 베크린은 '위구리스탄 지방의 험준한 산지'에서 살기 때문에 '산에서 잘 다니며 모두 암벽타기꾼(qayachi)'이었다고 한다. 미노르스키(V. Minorsky)는 이 메크린/베크린(Mekrin/Bekrin) 종족이 후일 캅카스 산맥 남쪽 우르미야 호수 부근에 거주하던 쿠르드 계통의 무크리(Mukri) 집단의 기원이 되었다는 가설을 제기한 바 있다. 그는 야발라하 3세(Yahballaha III)의 전기를 근거로 라시드 앗 딘이 언급한 '암벽타기꾼' 베크린인들이 훌레구를 따라 서방으로 와서 아르벨라(Arbela, Arbil) 부근에 주둔하게 된 기독교도 군대였으며, 이들이 후일 무크리가 되었다고 본 것이다. Minorsky(1957), 58-81 참조.

5) Chingis. '칭기스(chinggis)'라는 말의 의미에 대해서는 다양한 주장들이 제기되었다. 라시드 앗 딘은 '칭'이 강하고 단단하다는 뜻이며 '칭기스'는 그 복수형이라고 했지만 받아들이기 어렵다. 몽골어에서 바다를 뜻하는 탱기스(tängis; 현대 터키어에서는 deniz) 혹은 그 변형인 팅기스(*tingis)라는 단어의 어두음이 구개화되어 챙기스/칭기스로 바뀐 것일 가능성도 있다. 그렇다면 '칭기스 칸'은 바다와 같이 넓은 영역을 통치하는, 즉 '사해(四海)의 군주'라는 뜻이 될 것이다. 이에 관한 자세한 논의는 Pelliot(1959), 296-303 참조.

6) 「창세기」 제10장 9절: "그가 여호와 앞에서 특이한 사냥꾼이 되었으므로." 앙비스(Hambis,

럼 약탈하는 법을 배웠습니다. 그는 또다른 지역으로 가서 누구라도 잡아서 수중에 넣으면 그를 자신의 무리에 가담시키고 다시는 나가지 못하도록 했습니다. 그는 자기 족속 사람들을 주변에 모았고 그들은 온갖 악행을 저지르는 그를 자신들의 지도자로 여기며 추종했습니다.[7] 그가 엄청나게 많은 추종자들을 모으자 수 몽골이나 타타르인들과 싸움을 시작했고, 그들의 지도자를 죽이고 많은 전투를 치른 뒤 그는 타타르인들을 모두 정복하고 복속하기에 이르렀습니다. 이렇게 한 뒤에 그는 다른 모든 사람들과 싸웠습니다. 타타르인들의 영토 옆에 살던 메르키트와 싸웠는데, 이들 역시 전투를 통해서 정복했습니다. 그러고 나서 그는 메크리트를 공격했고 마찬가지로 그들도 패배시켰습니다.

4. (HT §7) 나이만인들은 칭기스가 이렇게 오만방자하게 행동하고 있다는 이야기를 듣고 분노했는데, 그것은 앞에서 말한 부족들이 모두 조공을 바치는 아주 활기찬 황제가 그들에게 있었기 때문입니다. 그가 사망하자,[8] 그의 아들들이 그의 지위를 계승했지만, 그들은 젊고 어리석어서 백성들을 어떻게 통치해야 할지를 몰랐습니다. 그 대신에 그들은 서로 멀어지고 사이가 벌어졌습니다. 한편 칭기스는 강력한 세력을 가지게 되었음에도 불구하고, 젊은 사람들은 앞서 언급한 지역을 공격하여 남자와 여자와 아이들을 죽이고 약탈을 행했던 것입니다.

5. (HT §7) 칭기스는 이 이야기를 듣고 자신에게 속한 사람들을 전부 불러모았습니다. 나이만과 카라 키타이[9] 즉 '검은(黑) 키타이'인들도 그를

1965, 54-55)는 이 구절이 후대에 첨가된 것이 아닌가 의심했다.
7) 카르피니가 칭기스 칸의 등장과 관련하여 이렇게 악의적인 묘사를 한 것으로 보아, 그 제보자는 몽골인이 아니라 몽골에 의해서 포로로 잡혀온 유럽인들이었을 가능성이 높다.
8) 원문은 "육신의 빚을 다 갚자."
9) Qara Khitay. SF: Karakitai. 내몽골과 북중국을 지배하던 거란(遼) 제국이 1116-1122년 사이에 여진족의 공격으로 패망하게 되자, 황족 출신의 야율대석(耶律大石)은 상당수의 거란인들을 데리고 서쪽으로 이주하여, 중앙 아시아를 지배하던 카라한(Qarakhan) 왕조를 무너뜨리고 톈산 산맥의 북부 초원을 근거지로 국가를 다시 건설했다. 중국 측 기록에는 서요(西

맞아 싸우기 위해서 두 산 사이에 위치한 어느 좁은 계곡, 우리가 그들의 황제에게 갈 때 통과했던 그 계곡에 모였습니다. 전투가 벌어졌고 나이만과 카라 키타이는 몽골에 패했습니다. 그들 대부분이 죽임을 당했고, 거기서 빠져나온 사람들은 노예로 전락했습니다.[10]

6. (HT §6) 몽골인들은 자기 고장으로 돌아온 뒤 키타이인들에 대한 전쟁을 준비하고 둔영을 옮겨서 그들의 영토로 들어갔습니다. 이 소식이 키타이의 황제의 귀에 들어가자, 그는 자기 군대를 이끌고 그들을 맞으러 나갔습니다. 격렬한 전투가 벌어졌고 거기서 몽골인들이 패배하여, 그 군대 안에 있던 몽골의 모든 귀족들은 단 일곱 명을 제외하고 모두 죽었습니다. 이로 인해서 [지금도] 다음과 같은 일이 생기고 있습니다. 즉 누군가 그들에게 "만약 너희가 그 나라를 침략한다면 너희는 죽임을 당할 것이다. 왜냐하면 그곳에는 엄청나게 많은 사람들이 살고 있고 그들의 전투술이 탁월하기 때문이다"라고 위협을 가하면, 그들은 아직도 이렇게 대답합니다. "정말로 옛날에 우리는 죽임을 당했고 단지 일곱 명만 살아남았다. 그러나 지금 우리는 엄청난 무리로 늘어났고 그래서 우리는 그런 사람들이

遼)라고 되어 있으나, 무슬림 측의 자료에는 카라 키타이(Qara Khitay)라고 기록되었다. 이 명칭의 기원에 대해서도 구구한 학설이 있지만, 역자는 그것이 국가를 재건한 거란인들의 자칭(自稱)이 아니라, 후일 몽골이 흥기한 뒤 북중국의 주민들을 '키타이'라고 불렀기 때문에, 원래 '키타이'라는 이름을 가지고 있던 거란인들과의 혼동을 피하기 위해서 '카라 키타이'라고 부른 것이라고 생각한다. '구르 칸(Gür Qan; '사해의 군주'라는 뜻)'을 칭한 야율대석은 중앙 아시아에서 거란제국을 재흥하고, 나아가 1141년에는 사마르칸트 부근의 카트완 평원에서 셀주크 세력을 대파함으로써 그 세력과 명성을 확고히 했다. 카라 키타이 국가는 파미르 북방의 초원 및 그 남쪽의 정주지대를 지배하다가 1218년 몽골의 공격에 붕괴되었다. 그루쎄(1998), 248-251 참조. 카라 키타이의 역사에 관해서는 비란의 연구(Biran, 2005)가 자세하고 정확하다.

10) 칭기스 칸이 나이만과 카라 키타이의 연합군과 전투를 벌인 적은 없으나, 1204년 나이만의 타양 칸이 칭기스 칸에게 패배하자, 그의 아들 쿠출룩(Küchlük)이 서쪽의 카라 키타이로 도망쳤다. 쿠출룩이 1208년 카라 키타이 군주 구르 칸의 딸과 혼인하여 1211년이 되면 그 나라의 실권을 장악했다. 이렇게 되자 칭기스 칸은 그를 응징하기 위해서 1218년 장군 제베(Jebe)에게 2만 명의 병력을 주어 파견했고, 쿠출룩은 이에 저항하지 못하고 도망치다가 파미르 부근에서 사망했다. 그루쎄(1998), 341-345 참조.

두렵지 않다."

7. 칭기스 칸의 아들인 우구데이 칸은 황제가 된 다음에 카라 키타이의 땅, 에밀11)이라고 불리는 곳에 도시를 하나 세웠습니다. 그들이 확신을 가지고 말하는 바에 의하면, 이 도시 근처에 그 남쪽으로 야인들이 살고 있는 광대한 사막12)이 있다고 합니다. 그들은 전혀 말을 할 줄 모르고 다리에는 관절이 없다고 합니다. 그러나 낙타의 털로 펠트를 만들어 그것으로 옷을 지어 입고 바람막이를 만들 정도의 지능은 가지고 있습니다. 만약 가끔 타타르인들이 그들을 추적하여 활로 상처를 입히면, 풀로 그 상처를 막은 채 용맹하게 도망친다고 합니다.

8. (HT §5, 8) 그렇지만 도망쳐서 자기 고장으로 돌아온 사람들과 칭기스는 잠시 휴식을 취한 뒤 다시 전투를 준비했고, 위구르13) 지방에 대해서 전쟁을 치르기 위해서 출발했습니다. 그는 네스토리우스 교파의 기독교도였던 이 사람들도 전투에서 패배시켰습니다. 몽골인들은 과거에 자기들의

---

11) Emil. SF: Omyl; SM: Emil. 에밀은 신장 성 서북부 타르바가타이(塔城) 지역 안에 있는 추구착의 남쪽에 있는 강의 이름이며, 이 강은 알라 쿨 호수로 흘러간다. 『서역동문지(西域同文志)』에 의하면, 이곳은 당대(唐代)에 처목곤(處木昆)이라는 튀르크 집단의 근거지였으며, 1122년 카라 키타이에 의해서 건설되었다고 한다. 현재 에민(Emin, 額敏)이라는 도시가 있다. 에밀은 코박(Qobaq)과 함께 우구데이의 아들인 구육의 분봉지였다. 또한 그곳은 몽골리아에서 서방으로 갈 때 경유하는 중요한 교통로 상에 있었다. 예를 들면 1259년 뭉케의 명을 받아 훌레구(Hülegu)를 찾아간 상덕(常德)은 이르티시 강을 건넌 뒤 우룽구 강을 따라 서북행하다가 업만(業瞞)이라는 곳을 경유하게 되었는데, 그곳이 바로 에밀이었다. 그는 거기서 서남행하여 볼로드(Bolod, 孛羅)에 도착했다(王惲, 『秋澗集』 卷94에 있는 劉郁, 『西游記』). Bretschneider(1888), vol. 2, 42-44; Juvayni/Boyle, 43; Chavannes(1900); 심호성(2012) 등 참조. 위소(危素)의 「야율공신도비(耶律公神道碑)」에는 엽밀리성(葉密里城)이라고 기록되었다.

12) 이 사막은 톈산 산맥 북방, 알타이 남쪽에 위치한 준가르 사막을 지칭한다.

13) Uyghur. SF: Uyror; SM: Huyror. 여기서 '위구르'는 현재 신장의 투르판 지역에 작은 왕국을 건설했던 튀르크계 주민들을 가리킨다. 당시 한문 자료에는 고창회골(高昌回鶻)이라고 불렸다. 당시 이 왕국은 중앙 아시아의 카라 키타이 왕조의 지배를 받고 있었는데, '이디쿠트(idiqut, 亦都護)'라는 칭호로 불린 그곳의 국왕은 이에 반발하여 카라 키타이가 파견한 감독관, 즉 '샤우감[少監]'을 죽이고, 칭기스 칸에게 사신을 파견하여 복속하겠다는 의사를 밝혔고, 이어 몽골리아를 방문했다. 따라서 카르피니가 이야기한 것처럼 칭기스 칸이 위구르를 침공하기 위해서 원정에 나섰다는 것은 사실과 다르다.

문자가 없었기 때문에 그들의 문자를 취했고, 지금은 그것을 몽골 문자라고 부릅니다.14) 그리고 나서 칭기스는 사릭 위구르15) 지방, 카라니트16) 지방, 오이라트17) 지방, 카나나18) 지방으로 가서 전쟁을 했고, 그 모든 지

14) 몽골인들은 원래 문자가 없었기 때문에 칭기스 칸은 위구르 문자를 빌려서 사용하기로 결정했는데, 이와 관련하여 『원사』에는 다음과 같은 기록이 보인다. "타타통아(塔塔統阿)는 위구르인(畏兀人)이었다. 성품이 총명했고 언변에 능했으며 본국의 문자를 잘 알고 있었다. 나이만(乃蠻)의 타양 카안(大敭可汗)이 그를 우대하여 왕부(王傅)로 삼고 그의 금인(金印)과 전곡(錢穀)을 관장토록 했다. 태조(太祖)가 서정(西征)하여 나이만국이 망하게 되자 타타통가는 인장을 품에 안고 도망쳤으나 붙잡히고 말았다. 황제께서 그를 힐문하여 말하기를 '타양(大敭)의 인민과 강토는 모두 내게 귀속하게 되었는데, 너는 도장을 끼고 어디를 가려고 하는가?'라고 하자, 그가 대답하기를 '신의 직책이기 때문에 그것을 사수하다가 옛 주인에게 찾아주려고 했을 뿐입니다. 어찌 감히 그것을 제가 갖겠습니까'라고 했다. 황제께서 '충효한 사람이로다!'라고 했다. 또한 도장은 무엇에 쓰느냐고 물었더니, 그가 대답하여 말하기를 '전곡의 출납, 인재의 위임 등 일체의 사무에 그것을 사용함으로써 신험(信驗)으로 삼는 것입니다'라고 했다. 황제께서 그를 좋게 보시고 [자신의] 좌우에 머물러 있도록 명했다. 그 후로 대저 제지(制旨)를 내릴 때면 비로소 인장을 사용했고, 나아가 그에게 그것을 관장하라고 명령했다." 『元史』, 3048.

15) Sarigh Uyghur. SF: Sariemiur; SM: Sarruyur. sarigh은 튀르크어로 '노란'을 뜻하므로 사릭 위구르는 '노란 위구르'를 뜻하며, 종족적으로 위구르의 한 분파이다. 한문 자료에는 '황두회골(黃頭回鶻)'이라는 명칭이 보이기도 한다. 이 집단의 기원은 9세기로까지 거슬러올라간다. 즉 9세기 중반경 몽골리아에 있던 위구르 제국이 붕괴한 뒤 그 잔중들 가운데 일부가 하서지방, 특히 감주(甘州) 부근에 자리를 잡고 왕국을 세웠다. 흔히 '감주 위구르' 혹은 '하서 위구르'라는 이름으로 불린 이 왕국은 탕구트인들이 건설한 서하(西夏)의 공격을 받아 1206년 수도가 함락됨으로써 명맥이 끊어지게 되었다. 사릭 위구르라고 불린 사람들은 바로 이들 왕국의 후예로서 하서지방에 살던 사람들로 보인다. 16세기에 쓰인 『라시드사』는 카셔가리아의 동쪽 변경에 사릭 위구르가 있었으며, 모굴 칸국의 원정의 대상이 되기도 했다고 기록했다. 森安孝夫(1977); Ross(1895), 348-349.

16) Karanit. SF: Karanit. 펠리오는 Karanite가 몽골의 쿵그라트(Qungghrat) 부족에 속하는 카라누트(Qaranut)라는 이름의 집단을 나타낸 것이 아닐까 추정했다(Pelliot, 1973, 36). 앙비스(Hambis, 1965, 151)는 Karanite와 뒤에 나오는 Kanana라는 두 단어가 무엇을 가리키는지 알 수 없다고 했다.

17) Oirat. SF: Voyrat. 칭기스 칸 등장 시 오이라트는 몽골리아의 서북부, 즉 현재 동부 투바와 홉스굴 지방, 주로 시식트(Shishigt) 강 유역을 중심으로 거주하고 있었다. 라시드 앗 딘은 켐(Kem) 강으로 흘러들어가는 '여덟 개의 강(sekīs mūrān)'이 그들의 근거지라고 기록했다. 칭기스 칸 당시 오이라트 집단의 수령은 쿠투카 베키(Qutuqa Beki)라는 인물이었다. 그는 1207년 주치에게 자발적으로 복속했고 그 이후 칭기스 가문과 혼인관계를 맺었다. 오이라트는 몽골 제국 시대는 물론 제국 붕괴 이후부터 근대에 이르기까지 유라시아 초원에서 매

방들을 전투에서 눌러버렸습니다.

9. (HT §9) 그 뒤에 그는 자기 고장으로 돌아갔고 잠깐 쉰 뒤에 휘하의 모든 사람들을 소집하여 키타이인들을 상대로 전쟁을 하기 위해서 함께 출정했습니다. 그들이 오랫동안 싸움을 치러 키타이인들의 영토의 많은 부분을 정복했습니다. 또한 그들의 가장 큰 도시 안에 황제를 에워싸고 얼마나 오랫동안 포위하고 있었던지 군대의 보급품이 완전히 동이 나버렸습니다. 먹을 것이 아무것도 없자 칭기스 칸은 열 명 가운데 한 명씩을 뽑아서 [잡아] 먹으라고 명령했습니다.[19] 그러나 그 도시 안에 있던 사람들은 장비와 활을 가지고 남자답게 싸웠으며, 돌덩이가 떨어지자 대신에 은을 던졌습니다. 특히 이 도시에는 재화가 무척 많았기 때문에 은을 녹여서 사용한 것입니다. 몽골인들은 오랫동안 전투를 했지만 그곳을 정복할 수 없게 되자, 군영에서부터 도시 가운데에 이르는 커다란 지하 통로를 만들었습니다. 주민들이 전혀 의식하지도 못하는 사이에 갑자기 땅에 구멍이 뚫리고 병사들이 도시 한가운데로 튀어나와 그곳에 있던 사람들과 전투를 벌였습니다.[20] 성 밖에 있던 사람들도 역시 공격을 하여 문을 부수고 도시 안으로

우 중요한 역할을 했는데, 이에 관한 보다 자세한 설명은 Atwood(2004), 419-423 참조.

18) Kanana. SF: Kanana; SM: Canana. 확인되지 않는 명칭이다.

19) 몽골인들의 식인풍습(cannibalism)에 관한 소문은 중세 유럽인들 사이에서 상당히 널리 퍼져 있었다. 특히 13세기 초 영국의 매슈 패리스의 『대연대기』에 실린 몽골인들이 사람을 잡아먹는 모습을 그린 삽화는 이러한 관념을 더욱 널리 유포시켰다. 그러나 이러한 주장은 사실에 근거한 것이라기보다는, 몽골인들을 『성경』의 「요한계시록」에 나오는 곡(Gog)과 마곡(Magog), 즉 인류 최후의 심판의 날에 그동안 갇힌 곳에서 풀려나서 도시와 문명을 파괴하고 인류에 종말을 가져오는 괴물들과 동일시했기 때문에 생긴 오해였다. 이에 관해서는 Guzman(1991), 31-68 참조. 한편 루브룩은 오히려 몽골의 침입을 피해 도망친 쿠만인들이 사람을 잡아먹었다는 소식을 전하고 있다.

20) 몽골군이 성채를 공격할 때 지하 통로를 파는 전술은 1232년 고려의 구주(龜州)를 공략할 때에도 시도했다. 몽골군이 소가죽을 씌운 탑을 세우고 그것을 성벽 가까이에 근접시킨 뒤 성벽 아랫부분을 파기 시작했는데, 당시 김경손(金慶孫)과 함께 수비를 지휘하던 박서(朴犀)는 성벽에 구멍을 내서 그곳으로 녹인 쇳물을 부어 탑을 태워버렸다는 기록이 있다(『고려사』 권103).

인육을 먹는 몽골군(매슈 패리스의
『대연대기』에 나오는 삽화)

들어왔습니다. 황제를 비롯하여 많은 사람들을 죽이고, 금과 은은 물론이고 도시의 모든 재화를 차지하고 가져갔습니다. 그들은 자기 사람들 중에서 몇몇을 키타이 지방을 통치하기 위해서 남겨둔 뒤에 그들의 고향으로 돌아갔습니다. 이렇게 키타이의 황제가 패배하게 되자 칭기스 칸은 황제가 되었습니다. 그러나 키타이 땅의 일부는 지금에 이르기까지 도무지 정복할 수 없었는데, 그 까닭은 그곳이 바다에 위치해 있기 때문입니다.

10. (HT §10) 우리가 지금 막 언급한 키타이인들은 이교도이며 자기들 고유의 특별한 문자를 가지고 있습니다. 전해지는 바에 따르면, 그들도 구약(舊約)과 신약(新約)을 가지고 있으며, 교부(敎父)들과 은자(隱者)들의 전기도 있고, 정해진 시간에 기도를 올리는 교회와 흡사한 건물도 가지고 있다고 합니다. 또한 성자들도 몇 명 있다고 합니다.[21] 그들은 유일한 신

21) 카르피니가 구체적으로 무엇을 염두에 두고 이런 진술을 했는지 단언하기는 어려우나,

을 숭배하고 우리 주 예수 그리스도를 존경하며 영생을 믿기는 하지만 세례를 받지는 않습니다. 그들은 우리의『성경』에 대해서 존경과 경의를 표하고 기독교도를 사랑하며 헌금도 많이 합니다. 그들은 가장 싹싹하고 친절한 사람들인 것 같습니다. 그들은 수염을 기르지 않으며, 외모는 몽골인들과 아주 흡사하지만 얼굴이 그렇게 넓지는 않습니다. 그들은 고유의 언어를 가지고 있습니다. 사람들이 흔히 행사하는 모든 종류의 거래에서 그들보다 더 나은 재주꾼은 세상 어디에서도 찾아볼 수 없습니다. 그 지방은 곡물, 술, 금과 은, 그리고 사람들이 살아가는 데에 통상적으로 필요한 모든 것이 매우 풍족합니다.

11. (HT §11) 칭기스는 잠깐 휴식을 취할 때 자기 군대를 나누었습니다. 그의 아들들 중 한 명인 주치[22] — 그 역시 황제를 뜻하는 '칸(Can)'이라고 불렸습니다 — 를 군대와 함께 쿠만인들을 치러 보냈습니다. 주치는 여러 차례 싸워서 그들을 패배시켰습니다. 그는 그들을 정복한 뒤에 고향으로 돌아왔습니다.

12. (HT §11) 칭기스는 또다른 아들을 군대와 함께 인도인들을 치러

아마도 유교나 도교 혹은 불교의 경전들, 그리고 이들 교단에서 성인으로 추앙하는 인물들을 가리키는 것이 아닐까 추측된다.

[22] Jöchi. SF: Tossuc; SM: Tossu. 그의 이름은 이슬람권에서도 정확하게 표기되지 않았는데, 주베이니는 Tushi로, 나사위(Nassawī)는 Dushi로 표기했다. Pelliot(1949, 10-27)는 이에 대해서 길게 논의했으나 왜 이런 표기가 생겨나게 되었는지에 대해서는 확실한 결론에 이르지 못했다. 필자는 이것이 몽골인들의 기휘(忌諱) 관습, 즉 사망한 사람의 이름을 본명 대신 다른 이름으로 부르는 관습에 따라 생겨난 별도의 이름이 아닐까 생각한다. '주치'와 '투시' 혹은 '토숙'은 음의 차이가 심하여 단지 음가가 와전된 것이라고 보기는 어렵다. 한편 주치는 칭기스 칸의 부인 부르테(Börte)가 메르키드인들에게 약탈되었다가 다시 돌아온 뒤 열달도 되지 않아 태어났다. 이런 이유로 그는 '메르키드의 사생아'로 여겨지기도 했으며, '손님'이라는 뜻을 지닌 '주치'라는 이름도 이런 맥락에서 이해하는 것이 가능하다. 그러나 칭기스 일족을 위해서 봉사하며 재상을 지냈던 라시드 앗 딘은 이와는 상당히 다른 해석을 남겼다. 즉 칭기스 칸은 부르테를 되찾아올 때 사파(Safa)라는 부하를 보냈는데, 오는 도중에 그녀가 출산을 했고 사파는 강보를 준비할 여유가 없었기 때문에 밀가루로 반죽을 해서 갓난아이를 감싸고 그가 다치지 않도록 조심해서 데려왔고, 그래서 '손님'이라는 뜻의 이름을 지었다는 것이다. 말하자면 '손님'처럼 귀하게 모시고 왔다는 것이다.

보냈습니다. 그는 소인도23)를 정복했는데, 이 흑인들은 사라센인이었으며 에티오피아인이라고 불리기도 합니다. 이 [몽골] 군대는 대인도(Greater India)에 있는 기독교도들과 전쟁하기 위해서 진군했는데, 이 소식을 들은 그 나라의 왕 — 흔히 프레스터 존24)이라고 불립니다 — 은 군대를 모아서 그들과 맞서러 나갔습니다. 그는 구리로 인형들을 만들어 말 안장 위에 앉힌 뒤 그 [인형] 안에 불을 지폈습니다. 그리고 그 구리 인형 뒤에 풀무를 손에 든 사람을 말 위에 앉혔습니다. 많은 수의 인형과 말을 이런 식으로 꾸며서 타타르인들과 싸우기 위해서 진군했습니다. 그들이 전투 지점에 도착하여 이 말들을 하나씩 차례로 앞으로 내보냈습니다. 그 뒤에 있는 사람은 내가 모르는 그 무엇인가를 인형 안의 불 속에 넣고 풀무로 세차게 바람을 불어넣었습니다. 그 결과 말과 인형들은 그리스 불25)로 화염에 휩

---

23) Lesser India. 중세 유럽인들은 동방을 총칭하여 '인도(India)'라고 막연하게 부르다가 점차 이것이 분화되어 '대인도', '중인도', '소인도'로 나뉘게 되었다. 마르코 폴로에 의하면, 대인도는 "마아바르에서 케스마코란"에 이르는 지역, 소인도는 "참바에서 무티필리"에 이르는 지역, 중인도는 "아바쉬"를 지칭한다. 그렇다면 소인도는 베트남 남부에서 벵골 만에 이르는 지역, 대인도는 인도양 연안, 중인도는 아프리카 동부 해안지역을 가리키는 셈이 된다. 그러나 카르피니의 글에서는 소인도와 에티오피아가 동일시되어 오히려 마르코 폴로의 중인도와 같은 것이 되어 있다. 이처럼 동방의 세계를 '인도'라는 대표적인 명칭으로 부르면서 그 여러 지역들을 대, 소, 중 등의 수식어를 통해서 구분하려고 했지만, 그러한 구분은 다분히 자의적이고 사람에 따라서 달랐다는 사실을 알 수 있다. '세 개의 인도(Three Indies)'는 동방을 모두 아우르는 명칭이었다.

24) Prester John. SF: Iohannes Presbiter. 중세 유럽인들 사이에는 동방에 기독교를 신봉하는 강력한 왕이 있다는 설화가 널리 유포되었고, 이 전설적인 인물을 '사제왕 요한'이라고 불렀다. 이런 설화가 발생한 이유와 유포된 과정에는 다양한 역사적 상황과 사건들이 개재되어 있는데, 이에 대해서는 김호동(2002)을 참조.

25) igne greco. 흔히 'Greek fire'라고 불렸던 이 무기는 나프타(naphta)를 이용한 화염방사식 무기를 가리킨다. 아마 12세기 전후한 시기에 시리아와 팔레스타인 지방에서 벌어지던 십자군 전쟁 당시 고용된 그리스인들에 의해서 처음 도입되었기 때문에 이러한 이름이 붙은 듯하다. 몽골군은 나프타를 이용한 '그리스 불'을 적극적으로 수용하여 전쟁에 활용했다. 그런데 이와 비슷한 시기에 중국에서 발명된 화약 역시 몽골인들이 전쟁에서 이용함으로써 서방으로의 확신에 기여를 했는데, 이 화약도 '그리스 불'로 불리는 경우가 종종 있었다. 따라서 카르피니가 운운한 '그리스 불'이 나프타를 이용한 화염 방사기와 같은 것인지 아니면 화약을 이용한 폭발성 무기를 가리키는 것인지는 분명하지 않다. 이에 관해서는 Allsen(2002),

싸이고 대기는 연기로 검게 변했습니다. 그런 다음 그들은 타타르인들을 향해서 활을 쏘아서 그들을 상처 입히고 많은 수를 죽였습니다. 이렇게 해서 그들을 자기 영역에서 혼비백산 몰아냈습니다. 우리는 그들이 그 뒤에 다시 그곳에 갔다는 이야기는 결코 들은 적이 없습니다.[26]

13. (HT §18) 그들이 사막을 거쳐서 귀환할 때 어느 지방을 들르게 되었는데, 우리가 황제의 궁정에 머물며 그곳에서 그들과 오랫동안 살았던 러시아인 성직자들과 다른 사람들로부터 분명히 들은 바에 의하면, 그 지방에서 마치 여자처럼 생긴 괴물들을 만났다고 합니다. 그들은 수많은 통역인을 동원하여 그 지방에 사는 남자들은 어디 있는가라고 물었는데, 그 여자들이 대답하기를 그곳의 여자들은 모두 사람의 형상을 하고 있지만 남자들은 모두 개의 형상을 하고 있다고 했습니다. 그들이 그 지방에 머무는 시간이 길어지자, 개들이 강 건너편에 모였는데, 혹심한 겨울 추위에 강물 속으로 뛰어들었다가 나와서 곧 바로 흙 위에 몸을 굴렀습니다. 그들이 이런 일을 여러 번 반복하자 [몸은] 두꺼운 얼음으로 덮이게 되었고, 엄청난 속도로 달려와 타타르인들과 싸우기 시작했습니다. 타타르인들이 그들에게 활을 쏘았으나 화살은 마치 돌에 맞은 것처럼 튕겨나왔습니다. 뿐만 아니라 다른 무기로도 그들을 해칠 방법이 없었습니다. 개들은 타타르인들에게 달려들어 물고 상해를 입히고 많은 사람을 죽였습니다. 이런 식으로 그들은 타타르인들을 자기 땅에서 몰아냈습니다. 이로 인해서 타타르인들 사이에서는 지금까지도 "너의 아버지와 형제가 개에게 죽임을 당했다"라는 말이 오가고 있습니다. 그들은 붙잡은 여자들을 자기 고장으로 데려와서 죽을 때까지 그곳에 살게 했습니다.[27]

263-291 참조.

26) 흥미롭게도 이와 유사한 내용이 알렉산드로스 설화에도 나오고 있다. 즉 알렉산드로스가 인도의 포루스(Porus)에 대해서 원정을 할 때 적이 코끼리로 무장한 군대로 맞서자, 알렉산드로스는 청동으로 만든 인형을 벌겋게 달구어서 적과 맞서도록 했고, 그 결과 승리를 거두었다는 내용이다. 이에 관해서는 Boyle(1980), 29 참조.

14. (HT §19) 이 군대 즉 몽골의 군대가 귀환할 때 그들은 부리 티베트[28] 라는 지방에 이르러 전투를 해서 그곳을 정복했습니다. 그 주민들은 이교도 였는데, 믿기 어려운, 아니 끔찍한 관습이 있습니다. 누군가의 아버지가 사망하면, 가족들이 모두 모여 그의 시신을 먹기 때문입니다. 우리는 이것이 사실이라는 이야기를 들었습니다. 그들은 턱수염을 기르지 않습니다. 실제 로 우리는 그들이 손에 쇠로 만든 도구를 가지고 다니는 것을 보았는데, 만약 수염이 자라기라도 하면 항상 그것을 이용해서 뽑았습니다. 그들은 매우 추하게 생겼습니다. 군대는 거기서 고향으로 돌아왔습니다.

15. (HT §15) 칭기스 칸은 다른 군대들을 나누었을 때 서방으로 원정하 러 떠났습니다. 그는 케르기스[29] 지방을 거쳐서 갔는데 그곳을 정복하지

---

27) '개의 얼굴을 한 사람(cynocephali)'에 대해서는 이미 기원전 7-8세기 헤시오도스의 글에도 나타났고, 그 뒤 기원전 5세기 헤로도토스도 리비아 지방에 사람의 얼굴을 한 개들이 살고 있다고 했다. 기원전 4-5세기의 크테시아스(Ctesias)는 이러한 기이한 존재들이 인도에 있다 고 했다. 마르코 폴로도 안다만 섬의 주민들이 그러하다고 기록했다. 그러나 카르피니가 언급한 '사람 여자'와 '개 남자'에 관한 일화의 원천은 서구보다는 동방에서 찾는 것이 옳다 는 주장이 있다. 한문 자료에는 북아시아 먼 곳에 '구국(狗國)'이 있다는 기록이 보일 뿐만 아니라, 앞에서도 언급했듯이 '노카이 이르겐(=개의 백성)'이라고 불리는 집단이 있었고, 아 르메니아의 왕 헤툼(Hethum)도 키타이 지방 너머에 개의 형상을 한 사람이 살고 있다고 기록했다. 한편 루브룩도 이와 비슷한 이야기를 듣고 기록을 남겼다. Rubruck/Rockhill, 12, 36; Yule(1903), vol. 2, 251-252; Yule(1866), vol. 2, 168; SM, 438-439 등 참조.
28) Buri Tibet. SF: Burithabet. 록힐은 이것이 티베트에 대한 현지인의 명칭인 Bod가 Tibet와 연결되어 만들어진 합성어라고 보고, 티베트 본토를 지칭하는 것이라고 생각했다. 그러나 앙비스는 오히려 Böri('늑대')와 Tibet의 합성어로 보고, 티베트 자체가 아니라 청해 서쪽, 즉 서녕(西寧)과 차이담 분지 일대를 가리키는 것으로 추정했다. 루브룩은 티베트인들이 사 망한 부모의 시신을 먹는 것은 그만두었지만, 해골을 잔으로 만들어 사용하는 관습은 여전히 지키고 있었다고 기록했다. Rubruck/Rockhill, 151; Hambis(1965), 156; Sinor(1970), 540- 541; SM, 439 등 참조.
29) Kergis. 발음상으로는 예니세이 강 유역에 살던 키르기즈(Qirghiz)와 비슷하다. 사실 원대 의 기록에는 키르기즈가 乞里吉思, 吉里吉思, 怯里吉思 등으로 Kergis라는 음으로 표기된 예들도 적지 않다. 그러나 펠리오는 여기서 '카스피 산맥', 즉 캅카스 산맥에 대한 언급이 있는 것으로 보아, 카르피니가 운운한 '케르기스'는 루브룩이 언급한 '체르키스(Cherkis)'와 동일한 것이고, 곧 캅카스 지방에 거주하던 시르카스(Circasian)를 지칭하는 것으로 추정했 다. Pelliot(1959), vol. 2, 620-621; Cleaves(1956), 394; Bretschneider(1888), 91; Hambis (1965), 156. 한편 다피나(Daffina)는 펠리오의 견해를 비판하면서 카르피니의 '케르기스'는

는 않았습니다. 우리가 들은 바에 의하면, 그는 카스피 산맥까지 진출했는데, 그들이 목표를 두고 행군하던 그 지방의 산들은 자석으로 되어 있어서 그들이 가지고 있던 화살과 철제 무기들을 끌어당겼습니다. 카스피 산맥에 둘러싸여 [도망갈 길이 없던] 주민들은 군대가 진군해오는 듯한 소음을 듣고 산 하나를 뚫고 나가려고 했습니다. 타타르인들이 10년 뒤에 다른 일 때문에 그곳에 다시 왔을 때에 [과연] 그 산이 여러 조각으로 부셔진 것을 보았다고 합니다. 타타르인들은 그들에게 접근하려고 했지만 그들 앞에 가로놓인 구름 때문에 갈 수가 없었고, 그 너머로는 전진할 방도를 찾지 못했습니다.[30] 왜냐하면 그들이 그곳에 도달하자마자 곧 앞을 볼 수 없게 되었기 때문입니다. 그런데 그 맞은편에 있던 사람들은 타타르인들이 겁이 나서 그들을 공격하지 못하는 것이라고 생각하고 상대편을 향해 돌격했습니다. 그러나 그들도 구름이 있는 곳에 도달하자 위에서 말했던 [같은] 이유로 인해서 더 이상 앞으로 가지 못했습니다. 타타르인들은 앞서 언급한 산맥에 도착하기 전에 한 달 이상 드넓은 황야를 지났습니다.

16. (HT §13, 14) 그들은 거기서 더 서쪽으로 가서 한 달 이상 드넓은 사막을 지났고, 우리에게 확신을 가지고 말해준 바에 의하면, 그들은 사람이 다닌 흔적이 있는 곳에 도착하게 되었다고 합니다. 그러나 거기서 아무도 찾을 수 없자, 그들은 그 지방의 여러 곳을 샅샅이 탐색했고, 그 결과 부인과 함께 있는 한 남자를 찾아내서 그들을 칭기스 칸 앞으로 데리고 갔습니다. 그가 그 지방의 주민들은 어디에 있느냐고 묻자, 그들은 산 밑

실제로 키르기즈를 가리키는 것이라고 주장했다. 그의 이러한 주장의 근거로 1) 칭기스 칸이 그들을 정복하지 않았다는 진술, 2) 드 브리디아의 글에서 이와 유사한 내용을 기록하면서 케르기스가 아니라 '솔랑기아(Solangia)'라고 했으며, 3) 나아가 '카스피 산맥'을 말하면서 알렉산드로스 대왕이 가둔 곡과 마곡이 언급되고 있다는 점 등을 들었다. SM, 440-441 참조.

30) 『타타르의 역사』 제15장에는 "양측이 서로 가까이 접근했을 때, 보라, 그들 사이에 구름이 하나 들어와 마치 오래 전에 이집트인들과 이스라엘의 자손들 사이에 그러했던 것처럼 그들을 서로 갈라놓았다"라는 표현이 보인다. 알렉산드로스 설화의 영향이 엿보이는 부분이다.

땅속에 살고 있다고 대답했습니다. 칭기스 칸은 여자는 잡아둔 채 남편을 그 사람들에게 보내서 자신의 명령을 받들러 나오라고 했습니다. 그는 그 사람들에게 가서 칭기스 칸의 말을 모두 전달했습니다. 그들은 어떠어떠한 날에 그의 요구에 부응하러 나오겠노라고 대답했습니다. 그러나 한편으로 그들은 은밀하게 지하 통로를 이용하여 타타르인들에게 대항하여 싸우기 위해서 모였고, 돌연 그들을 공격하여 많은 사람들을 죽였습니다. 그들, 즉 칭기스 칸과 그 부하들은 이곳에서는 아무것도 얻을 수 없으며 오히려 사람들을 잃을 뿐이라는 사실을 깨달았습니다. 뿐만 아니라 해가 뜰 때 나는 소리를 도저히 참을 수 없었습니다. 그래서 그들은 그 끔찍한 소리를 듣지 않으려고 한 귀를 땅바닥에 대고 다른 귀는 완전히 막았지만, 이렇게 했음에도 불구하고 그들은 이 소리로 인해서 많은 사람들이 죽는 것을 막을 수 없었습니다. 그래서 그들은 도망쳐서 그 지방을 떠났습니다. 그렇지만 그들은 그 남자와 부인을 데리고 갔고 그들은 사망할 때까지 타타르인들의 땅에 머물며 살았습니다. 그 [부부]에게 왜 땅 밑에 사느냐고 물어보자, 어느 해였는지 해가 뜰 때 나는 소음이 너무 커서 도저히 사람이 그것을 견디지 못했기 때문이라고 대답했는데, [이것은] 우리가 이미 타타르인들의 경우에 이야기했던 그대로입니다. 사실 그 당시 그들은 그 소음을 듣지 않으려고 악기를 치거나 북과 다른 것들을 두드리기까지 했다고 합니다.[31]

17. (HT §16) 칭기스 칸이 그 지방에서 귀환할 때, 식량이 부족해져서 극심한 배고픔에 시달리게 되었습니다. 그러다가 그들은 어떤 동물의 신

---

31) 『타타르의 역사』에는 이곳의 주민들을 '나라이르겐(Narayrgen)'이라고 부르고, '태양의 사람'이라는 설명을 덧붙였다. 몽골어에서 nara는 태양, irgen은 백성을 뜻하므로 정확한 풀이라고 할 수 있다. 동방의 끝에서 해가 뜨는 소리를 견디지 못하여 지하에서 사는 사람들(troglodytes)에 관한 일화는 아마 알렉산드로스 설화에서 비롯되었을 가능성이 있다. 이에 관해서는 Boyle(1972), 187; Boyle(1974), 221-222; Boyle(1975), 265-273; Boyle(1976), 131-136; Cleaves(1959), 28-29; Hambis(1965), 156-157 참조.

선한 내장을 발견하게 되었는데, 똥만 옆으로 치워놓고 그것을 가져다가 요리를 해서 칭기스 칸 앞에 내놓았고 그는 부하들과 함께 그것을 먹었습니다. 그 결과 칭기스 칸은 동물의 피건 내장이건 먹을 수 있는 것은 무엇이나, 똥을 제외하고는 버리지 말라는 명령을 내렸습니다.

18. (HT §41) 그리고 나서 그는 자기 고장으로 돌아와서 많은 법률과 규정을 만들었으며, 타타르인들은 그것을 어기지 않고 준수합니다. 우리는 그 가운데 두 가지만 이야기하겠습니다. 하나는 어느 누구라도 자만심에 차서 왕자들의 선출에 의해서가 아니라 자기가 독자적인 권위로 황제가 되려고 하는 사람이 있다면, 그는 가차 없이 사형에 처해질 것이라는 것입니다. 그래서 구육 칸[32]이 선출되기 전, 왕자들 가운데 한 사람, 즉 칭기스 칸의 조카가 선출의 과정을 거치지 않고 지배자가 되려고 했기 때문에 이 법에 따라서 처형되었습니다.[33] 또다른 칙명은 그들이 전 세계를 복속시켜야 하며, 어느 민족일지라도 먼저 복속해오기 전에는 절대로 평화를 맺어서는 안 되며 그들을 학살할 때까지 그렇게 해야 한다는 것입니다.

19. (HT §16) 그들은 이제 42년 동안 전쟁을 해왔고 앞으로도 18년 동

---

32) Güyüg Qan. SF: Cuyuccan. 구육(1206년 출생; 재위 1246-1248)은 칭기스 칸의 손자, 즉 우구데이의 장자였고 부친의 뒤를 이어 몽골 제국의 제3대 카안이 된 인물이다. 그는 부친의 명령에 따라 1235년부터 서방의 킵차크 원정에 참여했지만, 그 과정에서 사촌이었던 바투와 관계가 악화되었다. 1241년 말 우구데이가 사망한 뒤 칭기스 일족은 그 후계자를 선정하는 데에 어려움을 겪었고, 우구데이의 미망인 투레게네 카툰의 영향력에 도움을 받아 구육이 즉위했다. 그러나 그는 군대를 이끌고 서방원정을 가던 도중에 사망하여 그의 재위는 2년도 못되어 끝나고 말았다. 그가 사망한 뒤 다시 계승을 둘러싼 내홍이 벌어졌지만, 톨루이의 아들인 뭉케가 주치 가문의 바투의 지원에 힘입어 1251년 즉위함으로써 일단락되었다.

33) 1241년 우구데이가 사망한 뒤, 그의 미망인 투레게네 카툰이 칭제(稱制)하며 자기 아들인 구육을 즉위시킬 계획을 세우고 있었다. 그러나 칭기스 칸의 막내 동생인 테무게 옷치긴(Temüge Otchigin)은 대권을 장악하기 위해서 군대를 이끌고 카라코룸으로 향했고, 투레게네는 경악하여 서쪽으로 피신하는 일이 벌어졌다. 그러나 마침 이때 구육이 서방원정에서 돌아오고 있다는 소식이 전해지면서 테무게 옷치긴은 군대를 철수했다. 그는 구육이 즉위한 뒤에 처형되고 말았다.

안 지배할 것이라고 합니다.[34] 그들이 하는 말로는 그 뒤에 그들도 어떤 민족인지는 모르지만 다른 민족에게 정복될 것이며, 이는 그들에게 예언된 것이라고 합니다. 또한 [그때] 목숨을 건진 사람들은 그들을 전투에서 패배시킨 사람들이 준수하는 법률을 지키게 될 것이라고 말합니다. 또한 칭기스는 그들의 군대를 천부장, 백부장, 십부장, 그리고 '어두움'을 뜻하는 만인대의 지휘를 받는 집단으로 조직하라는 명령을 내렸습니다.[35] 그는 또다른 많은 명령들을 내렸는데, 그것을 일일이 말한다면 지루할 것입니다. 아무튼 나도 그것이 어떤 것인지 잘 모릅니다. 이렇게 자신의 명령과 규정들을 완성한 뒤에 그는 벼락에 맞아 죽었습니다.[36]

20. (HT §23) 칭기스는 네 아들을 두었습니다. 하나는 우구데이, 둘째는 주치 칸, 또 하나는 차아다이[37]인데, 나는 넷째의 이름은 알지 못하니

---

34) '42년'이란 칭기스 칸이 즉위한 1206년부터 카르피니 일행이 몽골을 방문한 1246-1247년 까지를 계산한 연수일 것이다. 여기에 18년을 더하면 60년이 되는데, 몽골의 지배가 60년으로 종말을 고할 것이라는 예언을 몽골인들이 믿고 있었다는 카르피니의 주장을 사실 그대로 받아들이기는 어렵다. 아마 몽골의 지배에 반감을 품고 있던 사람들에게서 들은 것일 텐데, 60년이 한 갑자(甲子)의 순환에 해당된다고 하면, 이러한 '예언'의 발원지는 키타이 지방이 었을 가능성이 큰 것으로 보인다.

35) '어두움'은 라틴어 원본에서 tenebre라는 단어가 사용되었다. 몽골어에서 '만(萬)'을 뜻하는 단어는 tümen인데 슬라브어에서 이와 유사한 음가를 지닌 duman이 '어두움'을 뜻하기 때문에 이런 혼선이 빚어진 듯하다. 당시 십인대, 백인대, 천인대, 만인대를 부르는 몽골어는 (h)arban, ja'un, mingghan, tümen이며 그 지휘관들은 이 단어들 뒤에 '수령'을 뜻하는 noyan 이라는 말을 덧붙여 ─ 예를 들면 천호장은 mingghan-u noyan ─ 불렸다.

36) 칭기스 칸의 사인(死因)에 관해서는 다양한 주장과 설화가 존재한다. 역사자료를 종합해볼 때 서하에 대한 원정 도중에 사망한 것은 분명하지만, 보다 구체적으로 말에서 떨어져서인지 아니면 화살에 맞아서인지, 혹은 독살된 것인지 여러 추측들이 존재한다. 카르피니가 전하는 것도 그런 여러 풍문들 가운데 하나에 불과하지만 개연성은 매우 희박하다. 칭기스 칸의 죽음을 둘러싼 여러 의문들, 즉 사망의 장소와 원인, 매장지 등에 관한 그간의 논의에 대해서는 Pelliot(1959), vol. 2, 309-353; Rachewiltz(1997), 239-56; Bold(2000), 95-115 등 참조.

37) Cha'adai. SF: Chiaaday; SM: Chiaadai. 칭기스 칸의 둘째 아들이며, 이름은 몽골어로 Chaghadai 혹은 Cha'adai라고 표기되나, 한자로는 察合台, 이슬람 측 문헌에는 Chaghatāy로 표기되었다. 일찍부터 아버지를 따라 북중국은 물론 호레즘 원정에도 동참했고, 동생 우구데이가 카안으로 즉위할 때는 그를 부축하여 보좌에 앉히는 역할을 하기도 했다. 그는 엄격한 성격으로 이름이 나서 아버지로부터 '자삭의 수호자'로 지정될 정도였다. 우구데이의 뒤

다.38) 몽골의 모든 수령들은 이 네 명의 후손들입니다. 첫 번째인 우구데이 칸에게는 다음과 같은 아들들이 있었습니다. 장자는 구육으로서 현재의 황제입니다. 그리고 쿠텐39)과 시레문40)이 있는데, 그밖에 아들이 더있는지 나는 알지 못합니다. 주치 칸의 아들들은 황제 다음으로 부유하고 막강한 바투, 수령들 가운데 가장 연장인 오르다,41) 시반,42) 부리,43) 베르케,44) 탕구트45)입니다. 나는 주치 칸의 다른 아들들의 이름은 알지 못합니다. 차가다이의 아들들은 부리46)와 카단47)입니다. 내가 이름을 모르는 칭기스 칸의 아들의 아들들은 다음과 같습니다. 하나는 뭉케48)인데, 그의

를 이어 1년 후인 1242년에 사망했다. 그의 후손들은 중앙 아시아에서 '차가다이 울루스'의 지배자로 군림했다.

38) 넷째 아들의 이름은 톨루이(Tolui)이다. 카르피니가 칭기스 일족에 속하는 여러 사람들의 이름을 열거하면서 정작 칭기스 칸의 막내아들의 이름을 모른다고 한 것은 의외이다. 그 이유에 대해서 단언하기는 어렵지만, 톨루이가 사망한 뒤에는 그의 이름이 기휘되어 '예케 노얀(Yeke Noyan)'이라고 불렸던 사실과 무관하지 않을 것이다. 뿐만 아니라 우구데이가 즉위한 뒤 톨루이가 형에 의해서 독살되었을 뿐만 아니라 톨루이의 미망인과 그의 자식들도 상당한 핍박을 받아 정치적으로 소외당하던 그 당시의 상황도 톨루이라는 이름을 입에 올리는 것 자체를 금기시하게 만드는 한 요인이 된 것으로 보인다. 톨루이의 이름에 대해서는 Boyle(1956), 146-154 참조.

39) Köten. SF: Cocten. 우구데이의 둘째 아들로서 한문 자료에는 闊端으로 표기되었다.

40) Siremün. SF: Chirenen; SM: Sirenen. 실제로 우구데이의 아들이 아니라 그의 셋째 아들인 쿠추(Köchü, 闊出)의 아들로서 한문자료에는 昔列門으로 표기되었다

41) Orda. SF: Ordu. 오르다는 주치의 큰 아들이고 바투가 둘째였으나, 바투가 실질적으로 장자의 역할을 수행했다. 오르다의 후손들은 주치 울루스의 좌익을 담당했고, 그의 후손들이 지배하던 '오르다 울루스'는 우랄 산맥 동쪽에 위치해 있었다. 오르다 울루스에 관해서는 Allsen(1985), 5-39 참조.

42) Shiban. SF: Siban.

43) Böri. SF: Bora. 주치의 아들 가운데 무함마드(Muḥammad)가 있는데 그가 이슬람으로 개종하기 전의 이름이 Bora였을 것으로 추정된다(Hambis, 1965, 160).

44) Berke. SF: Berca.

45) Tangqut. SF: Thaube; SM: Tanuht.

46) Böri. SF: Burim; SM: Burin. 차가다이의 아들인 무에투켄의 아들 부리를 가리킨다. Hambis, 161.

47) Qadan. SF: Cadan.

48) Möngke. SF: Mongu; SM: Mengu. 뭉케는 구육의 뒤를 이어 몽골 제국의 제4대 카안이 된 인물(1209년 출생; 재위 1251-1259)이다. 바투의 지원을 받아 즉위한 뒤 자신의 집권에

모친은 소르칵타니[49]입니다. 타타르인들 사이에서 이 귀부인은 황제의 모친을 제외한다면 가장 널리 알려져 있고 또한 바투를 제외하고는 어느 누구보다도 막강한 사람입니다. 또다른 아들은 부첵[50]입니다. 그는 [이밖에도] 여러 다른 아들들을 두었는데 나는 그들의 이름을 알지 못합니다.

21. (HT §23) 수령들의 이름은 다음과 같습니다. 오르다는 폴란드와 헝가리에 있었고, 바투, 부리,[51] 카단,[52] 시반[53], 탕구트[54] 등도 모두 헝가리에 있었습니다. 초르마간[55]은 아직도 바다 저 너머에서 사라센들의 땅에 있는 어떤 술탄들과 전투를 벌이고 있으며, 바다 너머에 있는 또다른 사람들도 있습니다. 다음 사람들은 각자 자기 고장에 머무르고 있습니다. 뭉케,[56]

반대했던 우구데이 및 차가다이 가문의 수령과 장군들을 대거 처형했다. 자신의 동생 훌레구를 서아시아로 파견하여 아바스 칼리프조와 시아파 이스마일 세력을 공격하게 했고, 자신은 또다른 동생 쿠빌라이와 함께 남송 경략에 전념했다. 그러나 1259년 남송으로 원정을 갔다가 사천 조어산(釣魚山)에서 병사하고 말았다.

49) Sorqaqtani. SF: Sorocan; SM: Seroctan. 소르칵타니 베키(Sorqaqtani Beki)는 원래 케레이트부의 수령 자아 감부(Ja'a Gambu)의 딸이었으나, 케레이트가 멸망한 뒤 당시 열 살 남짓에 불과하던 톨루이에게 시집을 왔다. 그녀는 뭉케, 쿠빌라이, 훌레구, 아릭 부케 등 네 아들을 낳았다. 1241년 톨루이가 사망한 뒤 우구데이의 핍박을 잘 견뎌 내고 마침내 뭉케의 즉위에 큰 역할을 했다. 네스토리우스파 기독교도였으며 후일 감주(甘州, 즉 張掖)에 교회가 세워지고 거기에 그녀의 사당이 모셔졌으며, 1480년경에는 내몽골 차하르 부에서 그녀를 '에시 카툰(Eshi Qatun)'이라고 칭하며 제사를 지내기도 했다. Okada(1990), Atwood(2004), 512.

50) Böchek. SF: Bichac; SM: Bechac. 라시드 앗 딘에 의하면 톨루이의 아들이며 뭉케의 동생으로 Böchek이라는 인물이 있었다. 그는 바투의 서방원정에 동참했으며『트베리 연대기』에는 Bechon이라고 표기되기도 했다. *Pamiatniki* (1981), 172-173.

51) Böri. SF: Birin; SM: Burin.

52) SF에는 Cadan이라는 이름이 나오지 않고 SM에만 보인다.

53) SF: Syban; SM: Siban.

54) SF: Dinget; SM: Buyget. 카르피니가 앞에서 언급한 탕구트를 지칭하는 것이 아닐까 추정된다.

55) Chormaghan. SF: Chirpodan. 초르마간은 수니드(Sönid) 부족 출신이다. 우구데이는 즉위후에 그에게 3만 명의 군대를 주어 서아시아 원정을 보냈다. 그의 일차 목표는 호레즘 국왕의 아들인 잘랄 앗 딘 망구베르티(Jalāl al-Dīn Mangūbertī)를 제거하는 것이었다. 1231년그의 군대는 쿠르디스탄에서 잘랄 앗 딘의 군영을 습격하여, 잘랄 앗 딘은 도주하다가 피살되었다. 이후 초르마간은 카스피 해 서남부의 무간(Mughan) 평원에 근거지를 잡고, 아제르바이잔, 아르메니아, 쿠르디스탄 등지의 성채를 공략했다. Atwood(2004), 106.

쿠텐,57) 시레문,58) 쿠빌라이,59) 시레문,60) 싱코르,61) 투카 테무르,62) 카라
차르,63) 노인이며 그들 사이에서는 '기사(騎士)'라는 이름으로 알려져 있는
수베에데이,64) 부리,65) 베르케,66) 모치,67) 쿠룸시68) 등이 있습니다. 그러나

56) SF: Mengu.

57) Köten. SM: Cocten. 이 이름은 SF에는 빠져 있다.

58) SF: Sirenen.

59) Qubilai. SF: Hubilai. 톨루이의 둘째 아들이자 몽골 제국의 제5대 카안(1215 출생, 재위
   1260-1294). 형 뭉케가 사망했을 때 그는 남송 원정 중에 있었으나, 몽골리아에 남아 있던
   동생 아릭 부케와 계승분쟁이 벌어지면서 군대를 이끌고 북상하여, 1260년 봄 내몽골 금련천
   부근에서 카안으로 즉위했다. 아릭 부케와의 대결에서 승리한 그는 제국 전체의 군주가 되었
   지만 그 과정에서 서아시아의 훌레구, 중앙 아시아의 알구에게 정치적 독립을 인정했다.
   그 자신 제국의 수도를 내몽골과 북중국 지방으로 옮긴 뒤 중국적 제도를 대대적으로 받아들
   이고 '대원(大元)'이라는 한자식 국호를 반포함으로써, 역사상 원조의 창건자로 알려졌다.

60) SF: Sirenum. 카르피니는 시레문이라는 동일한 인물을 두 가지 상이한 음으로 표기한 듯
   하다.

61) Singqor. SF: Sinocur. 주치의 여덟째 아들 Singqor.

62) Tuqa Temür. SF: Chuacenur; SM: Thuatemyr. 사본에 따라서 Tuatemur, Thuatenyr,
   Thuathamur 등으로 표기되어 있다. Hambis(1965), 163.

63) Qarachar. SF: Caragai. 사본에 따라서 Karanchay, Cyragay, Baragay 등으로 표기되어 있는
   데, 우구데이의 넷째 아들 카라차르(Qarachar, 哈剌察兒)를 나타낸 것으로 추정된다.
   Hambis(1965), 163.

64) Sübe'edei. SF: Sibedei. 수베에데이(1176-1248)는 우량카트(Uryangqat) 부족 출신으로 칭
   기스 칸의 몽골리아 통일 전쟁에서는 물론이고, 북중국, 서아시아, 서하 등지에 대한 원정에
   서도 혁혁한 전과를 세웠다. 특히 호레즘 원정시 제베와 함께 3만 명의 별동대를 이끌고
   캅카스 산맥을 넘어 킵차크 초원까지 진출하여, 1223년 5월 칼카 강변에서 러시아 군을 격
   파한 일은 유명하다. 쿠빌라이 노얀, 젤메, 제베 등과 함께 칭기스 칸의 '네 마리의 개
   (dörben noqais)'라는 별명을 얻기도 했다. 우구데이가 즉위한 뒤, 그는 바투가 이끄는 킵차
   크 원정에 참전하여 성공적인 결과는 가져오는 데에 큰 역할을 했다. 카르피니가 몽골리아
   를 방문했을 때 그의 나이는 일흔이 되었으니 그를 '노인'이라고 부른 것은 당연한 일이다.
   또한 몽골인들 사이에서 '기사'라는 이름으로도 유명하다는 언급을 했는데, 이는 그가 '바아
   투르(ba'atur)', 즉 '용사'라는 별명으로 불렸던 사실을 반영하는 듯하다. Atwood(2004), 520-
   521.

65) SF: Bora. 앞에 나왔듯이 주치의 아들.

66) SF: Berca. 앞에 나왔듯이 주치의 아들.

67) Mochi. SF: Mauci; SM: Moucy. 차가다이의 둘째 아들이며, 라시드 앗 딘은 그의 이름을
   '모치 예베'라고 불렀다. 예베(Yebe)는 제베(Jebe)의 튀르크식 발음인 듯하다.

68) Qurumshi. SF: Corenza; SM: Coranca. 쿠룸시는 주치의 아들 오르다의 셋째 아들이다.
   Hambis(1965), 164.

이 마지막 인물은 이들 가운데에서 가장 미약합니다. 이밖에 다른 수령들도 많지만 나는 그 이름을 알지 못합니다.

22. (HT §50) 타타르의 황제는 모든 사람들에 대해서 놀라운 권력을 가지고 있습니다. 아무도 그가 지정해준 지점 이외에 다른 곳에 감히 머물 수 없습니다. 그가 바로 수령들이 어디에 있어야 할지를 지정해주는 사람입니다. 수령들은 천부장들의 위치를 정해주고, 천부장은 백부장들의 위치를, 백부장은 십부장들의 위치를 정해줍니다. 나아가 [황제가] 그들에게 내리는 명령이라면, 그것이 무엇이건, 언제 어디에서 그것을 내렸건, 전투하러 가라든지 아니면 살리거나 죽이라는 명령일지라도 그들은 한마디 반대 없이 순종합니다. 설령 그가 혼인하지 않은 딸이나 자매를 요구할지라도 그들은 망설임 없이 그녀를 그에게 바칩니다. 실제로 매년 혹은 몇 년에 한 번씩 그는 타타르인들의 지방 곳곳에서 젊은 여자들을 모으는데, 만일 그 자신이 누군가를 취하고 싶다면 그대로 가지고, 나머지는 맺어주기에 적합하다고 판단되는 부하들에게 줍니다.[69]

23. (HT §51) 그가 어떤 사신을 보낼지라도 어느 지점의 어떤 곳으로 보낸다고 할지라도 그들은 지체 없이 짐 실을 말과 식량을 제공하지 않으면 안 됩니다. 또한 어느 지역에서든 사신이 조공품을 가지고 그에게 온다고 하면, 그들도 마찬가지로 말, 수레, 보급품을 제공받습니다.[70] 그러나

---

69) 『집사』에는 우구데이 카안이 자신의 명령을 어긴 몽골의 한 부족에 대해서 일곱 살이 넘은 여자들 가운데 4,000명을 징발하여 자기 마음대로 나누어준 사례를 기록하고 있다. 라시드 앗 딘/김호동(2005), 146.

70) 몽골 제국은 매우 발달되고 정비된 역참제도를 운영했다. 군주가 발부한 패자(牌子: 신분의 고하를 나타내는 일종의 통행증)와 차자(箚子: 역참에 있는 마필과 물자의 지급을 보증하는 문서)를 소지한 사람은 역참에서 여행에 필요한 역마, 식량, 숙소 등을 제공받을 수 있었다. 몽골 제국은 30~40킬로미터마다 '잠(jam, 站)'이라고 불리는 역참을 하나씩 두고 그 운영을 위해서 '잠치(jamchi, 站赤)'를 배치했다. 카르피니는 몽골 역참제에 대해서 여러 가지 불평을 늘어놓았지만, 그가 러시아의 키예프에서 몽골리아의 카라코룸까지 불과 6개월 만에 이동할 수 있었던 것은 역참이 있었기 때문이다. 반면 마르코 폴로는 몽골 역참제의 효율성에 대해서 매우 높이 평가하며 자세하게 묘사했다. 마르코 폴로/김호동(2000), 275~281.

그밖의 다른 이유로 찾아오는 사신들은 식량과 의복이라는 면에서 극도로 곤란한 상황에 처하게 되는데, 그 까닭은 하찮고 부적절한 공급물만이 제공되기 때문입니다. 특히 왕자들을 찾아와서 머무는 기간이 길어질 경우, 두 명이 겨우 먹을 정도로 매우 적은 양을 열 명에게 줍니다. 왕자들의 오르두에서 혹은 여행 중에서조차 그들에게는 하루에 한 번 그것도 아주 소량을 제외하고는 아무런 먹을 것도 제공되지 않습니다. 더구나 그들이 어떤 상해를 당한다고 할지라도 쉽사리 불평을 할 수 없기 때문에 인내심을 가지고 견딜 수밖에 없습니다. 나아가 그들은 왕자들이나 기타 높고 낮은 지위에 있는 사람들에게서 많은 선물을 요구받는데, 만약 그런 것을 주지 않으면 멸시를 받고 실제로 아무도 아닌 취급을 당합니다. 만약 중요한 인물이 보낸 사람일 경우, 타타르인들은 "당신은 중요한 사람이 보냈는데도 이렇게 조금밖에 안 준다"라고 하면서 조그만 선물은 [아예] 받지도 않으려고 합니다. 그들은 작은 것은 받지 않으려고 하기 때문에 만약 사신들이 자기 임무를 성공시키려고 한다면, 더 큰 선물을 주어야만 합니다. 그런 까닭에 우리는 신도들이 우리의 비용으로 쓰라고 준 것들 가운데 많은 부분을 선물로 바치는 수밖에 다른 도리가 없었습니다.

24. 또한 알아두어야 할 것은 모든 것들이 황제의 손 안에 있기 때문에 아무도 이것이 내 것이다 혹은 그의 것이라고 말할 수조차 없다는 사실입니다. 모든 것은 황제의 소유이니 곧 물건과 사람과 동물이 다 그러합니다. 이 점에 관해서 사실 황제의 칙명이 최근에 선포된 바 있습니다. 수령들도 자기 부하들에 대해서 모든 방면에서 이와 비슷한 권한을 가지데, 이는 모든 타타르인들이 수령들의 휘하에 집단별로 나뉘어 있기 때문입니다. 황제의 부하와 다른 모든 사람들은 수령들의 사신에게 그들이 어디로 파견되었건 불문하고, 짐을 싣는 말, 식량, 말을 돌보고 사신의 시중을 들 사람 등을 제공해야 하며, 이에 대해서 아무런 이의도 제기할 수 없습니다. 수령들 및 다른 사람들은 황제에게 암말을 빌려주어 일 년 혹은 이삼 년

아니면 그가 원하는 기간 동안 젖을 짜서 가질 수 있도록 합니다. 수령들 휘하에 있는 사람들도 자기 영주를 위해서 똑같이 행하는데, 그들 가운데 자유로운 사람은 하나도 없기 때문입니다. 간단히 말해서 황제와 수령들이 무엇을 원하든 또 그들이 바라는 것이 얼마이건 간에 그들은 자기 속민의 소유물에서 받아내며, 자신들의 기쁨을 충족시키기 위해서 모든 면에서 그들을 마음대로 부립니다.

25. (HT §23, 24) 황제가 사망한 뒤에 위에서도 이야기했듯이 수령들은 모여서 앞서 말한 칭기스 칸의 아들인 우구데이를 황제로 선출했습니다. 우구데이는 휘하 왕자들의 회의를 개최하고 그런 뒤에 그의 군대를 나누었습니다. 그는 자기 다음의 이인자 지위에 있던 바투를 대(大)술탄의 나라와 비세르민71)들의 땅을 치러 보냈습니다. 이들 중에서 후자는 사라센인이며 쿠만어를 말하는 사람들이었습니다. 그들의 영토에 들어간 바투는 그들과 싸워 전투에서 제압했습니다. 바르친72)이라는 이름의 도시는 오랫동안 그에게 저항했는데, 그 까닭은 그들이 도시 주위에 많은 수의 구덩이

---

71) Bisermin이라는 표현은 무슬림을 뜻하는 Musulman이라는 말에서 연원한 Busulman의 변형이라고 추정된다. 리슈(Risch)는 카르피니가 말하는 '비세르민'은 특히 호레즘의 무슬림을 가리키는 것으로 이해했다(Rubruck/Risch, 147, 233ff). 한편 921-922년 칼리프의 지시를 받고 볼가 불가르를 방문하고 돌아온 이븐 파들란(Ibn Fadlan)도 여행기에서 Bisermin 혹은 Busurman이라는 표현을 사용했다(Togan, 1939, 217-219). 핀-우그르 계통에 속하는 우드무르트-보티악(Udmurt-Votiak)족 가운데 Besermen(러시아어로는 Beserman 혹은 Besermian, 튀르크어로는 Besermen 혹은 Busurmen)이라는 이름을 가진 하위집단이 있다(Sinor, 1990, 253).

72) Barchin. 시르다리야 상류에 위치한 지명. 아르메니아의 헤툼 왕의 글에도 바르친은 시르다리야 유역에 있는 지명으로 기록되어 있다. 『집사』「칭기스 칸기」에는 1221년 칭기스 칸이 부하라를 점령할 때 주치가 양기켄트와 바르친을 장악했다는 기록이 보인다. 『원사(元史)』권63 地理 六(1571)의 巴耳赤邗(Barchiqan), 『친정록(親征錄)』의 八兒眞(Barjin). 보다 자세한 내용은 Barthold(1968), 179, note 3 참조. 한편 자말 카르시는 『물하카트 알 수라흐 (Mulhaqat al-surah)』에서 자신이 이슬람력 672(1273-1274)년 바르즈켄트(Barjkent)에 머물렀다고 하면서, 그곳은 "이교도와 투르코만의 영토로서 빙설이 쌓여 있는 곳이며, 암석과 사막이 가로놓여 있고, 모기와 개미가 무수히 살고 있다. 고산에 가로막혀 있는 큰 사막 가운데에 적들의 거점이 있다"라고 했다. 華濤(1987), 103 참조.

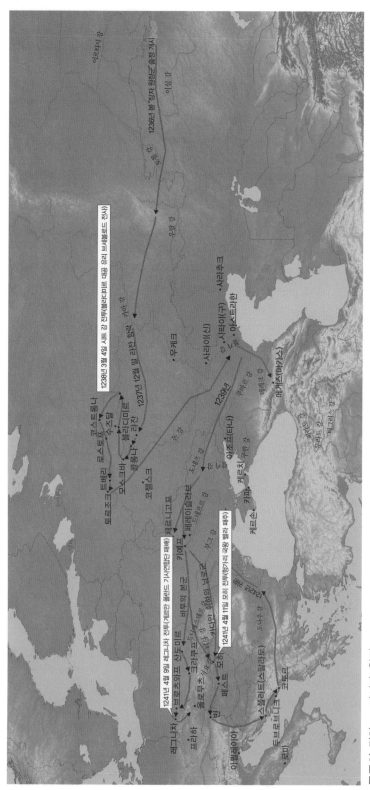

몽골의 킵차크, 러시아 원정

를 판 뒤 그것을 덮어서 타타르가 도시 가까이에 접근했을 때 그 구덩이 빠졌고, 그래서 그것들을 메울 때까지는 도시를 함락시킬 수 없었기 때문입니다.

26. (HT §24, 25) 양기켄트[73]라고 불리는 또다른 도시의 주민들은 이 소식을 듣고 타타르인들을 맞아들이기 위해서 나와서 스스로 그들에게 투항했습니다. 그 결과 그들의 도시는 파괴되지 않았지만, 많은 사람들이 죽임을 당했고 또다른 사람들은 끌려갔습니다. 타타르인들은 그 도시를 약탈한 뒤 새로운 주민들로 채웠습니다. 그러고 나서 오르나스[74]라는 도시를 공격하기 위해서 진군했습니다. 이 도시는 인구가 조밀했는데, 그곳에는 많은 수의 기독교도, 즉 하자르인,[75] 러시아인,[76] 알란인[77] 및 다른 사

---

73) Yangikent. SF: Sakint; SM: Ianikint. 모두 양기켄트를 지칭하며 '새로운 도시'를 의미한다. 『집사』의 Yāngīkent, 『친정록』의 養吉干이 이에 해당된다. 위치는 시르다리야 하류에 있는 Jankent 遺址에 해당된다. Barthold(1968), 178.

74) Ornas. SF: Ornas. 오르나스가 어느 도시를 가리키는가에 대해서는 과거에 여러 이견이 있었다. 시르다리야 하류에 있는 우르겐치(Urgench)로 보는가 하면, 돈 강 하구에 있던 타나이스(Tanais)로 보기도 했고, 혹은 시르다리야 우안에 위치한 오트라르(Otrar)로 비정되기도 했다. 그러나 이 도시가 타타르의 공격으로 물에 침수되었다는 수도사 베네딕트의 기록으로 볼 때, 호레즘 왕국의 중심지였던 우르겐치로 비정하는 것이 타당한 듯하다. Togan, 1939, 173; Bretschneider(1888), vol. 2, 57; Rubruck/Rockhill, 14-15; Hambis(1965), 165 등 참조.

75) Khazar. SF: Gazar. 하자르는 7세기 초, 흑해 북안의 초원에 출현한 유목민의 이름이다. 이들은 중앙 유라시아 초원에 살던 튀르크계 집단이 서쪽으로 이주하여 하자르 왕국을 건설했는데, 유대인 상인들과 접촉하면서 유대교로 개종한 것으로 유명하다. 역사상 처음 기록된 것은 626년 비잔티움의 역사가 프리스쿠스(Priscus)의 글에서이다. 그는 이들의 명칭을 Akaziroi. Akatiroi라고 표기했고, 메난드로스(Menadros)는 Katziroi, 조르다네스(Jordanes)는 Agazirri라고 표기했다. Khazaroi라는 표기도 사용되었다. 라시드 앗 딘이 『부족지』에서 언급한 '아가체리(Agacheri)'와 동일한 집단임이 분명하다. 그는 이 이름을 튀르크어에서 '나무'를 듯하는 aghach와 연결시켜서 설명했지만, 근거는 희박하다. 조르다누스(Friar Jordanus)는 하자르를 Gazari라고 부르면서 "Gazaria라고 불리는 우즈벡의 제국"이라고 기록했다. 루브룩은 그의 여행기에서 크림 반도를 가리켜 Gazaria라고 불렀다. Rubruck/Rockhill, 42; Richard (1998), 89. 하자르의 역사에 관해서는 Dunlop(1998); Pritsak (1978), 261-281 참조.

76) SF: Ruteni.

77) Alan. SF: Alani. 알란은 캅카스 산맥(『元史』2976의 太和嶺) 북방에 거주하던 이란계 민족의 명칭으로 당시 한문 자료에는 阿速(As)이라는 이름으로 널리 알려졌고, 阿思, 阿蘭阿思 등으로 표기되었다. 오늘날의 오세트(Osset)인들이 그 후손에 해당된다. 1221년 제베와

람들이 있었고 사라센인들도 있었습니다. 도시의 통치권은 사라센인들 손에 있었습니다. 더구나 이 도시에는 엄청나게 많은 재화가 있었는데, 그 이유는 양기켄트[78]와 비세르민의 땅을 지나 바다로 흘러들어가는 강가에 위치해 있어, 그곳이 마치 항구와 같은 역할을 해서 다른 사라센인들이 그곳과 광범위한 교역을 행했기 때문입니다. 타타르인들은 다른 방법으로는 그 도시를 정복할 수 없었기 때문에 도시 안으로 흘러들어가는 그 강을 가로지르는 댐을 만들어서 [그것을 터뜨려] 도시와 그 주민과 재화를 모두 물에 잠기게 했습니다. 이렇게 한 뒤에야 비로소 타타르인들은 이교도였던 튀르크인들의 땅에 들어가게 되었습니다.

27. (HT §25) 이 나라를 제압한 뒤 그들은 러시아를 공격했습니다. 그들은 도시와 성채를 파괴하고 사람들을 살육함으로써 거대한 재앙을 가져왔습니다. 그들은 러시아의 수도인 키예프[79]를 포위했는데, 오랫동안 그 도시를 포위한 뒤 그곳을 손에 넣었고, 주민들을 죽음에 몰아넣었습니다. 우

수베에데이가 이끄는 몽골군은 캅카스를 넘어 아스인을 격파했고, 1239년에는 뭉케가 이끄는 군대가 아스인의 근거지인 메게스(Meges, 혹은 Meged)를 공략했다. 이들은 귀환할 때에 아스 군인들을 데리고 와서, 이들을 중심으로 쿠빌라이 치세인 1272년 '아스 바아투르(As Ba'atur, 阿速拔都軍)'라는 군대가 만들어졌다. 이들은 사천, 남송 등지에서의 군사작전에서 많은 공헌을 세웠고, 카이샨(武宗) 치세에 侍衛親軍으로서 左右 阿速衛로 재편되었다(『元史辭典』, 540).

78) SF: Iankint: SM: Ianikint.

79) Kiev. SF: Kiov. 키예프는 9세기 후반에서 10세기 초에 이르는 시기에 루시(Rus')라고 불린 집단에 의해서 장악되었고 그들이 건설한 소위 공국의 가장 중요한 중심지가 되었다. 역사상 '키예프 공국'으로 알려진 이 시대는 바투가 이끄는 몽골군의 침공으로 막을 내렸다. 1238년 러시아 북부의 도시들(랴잔, 토르조크, 코젤스크 등)을 파괴한 몽골군은 1239년 러시아 남부로 방향을 돌려 페레야슬라블과 체르니고프를 함락한 뒤 키예프로 쇄도했다. 당시 키예프는 체르니고프의 미카엘 공이 방위를 담당하고 있었으나 몽골군의 항복 명령을 받은 뒤에 그는 도주했고 대신 천부장인 드미트로(Dmitro)가 방위를 맡게 되었다. 바투가 지휘하는 몽골군은 성채에 대해서 투석기로 공격을 시작하여 8일 만에 성벽은 무너지기 시작했고 키예프는 곧 함락되어 주민들은 학살되었다. 카르피니는 키예프가 몽골의 공격으로 파괴된 뒤의 상황을 여실하게 증언하고 있다. Vernadsky(1953), 52; Atwood(2004), 313; Halperin (2009), 43.

리가 그 지방을 여행했을 때 수도 없이 많은 죽은 사람의 해골과 뼈가 땅에 널려 있는 것을 보았습니다. 키예프는 매우 크고 인구가 밀집된 도시였지만, 지금은 거의 아무것도 아닌 것이 되어버렸습니다. 현재 그곳에는 겨우 200호 정도가 남아 있고 주민들은 완전히 노예의 처지가 되었습니다. 타타르인들은 그곳을 떠나 전투를 하면서 전진하여 러시아 전역을 파괴했습니다.

28. (HT §27, 28) 앞에서 언급한 수령들은 러시아와 쿠마니아[80])를 지나서 헝가리와 폴란드 사람들을 상대로 전쟁을 했습니다. 폴란드와 헝가리에서 많은 수의 타타르인들이 죽었습니다. 만약 헝가리인들이 도망치지 않고 남자답게 맞서 싸웠다면, 타타르인들은 아마 그 지방에서 떠났을 것입니다. 왜냐하면 그들은 너무나 공포심에 사로잡혀 모두 다 도망치려고 했기 때문입니다. 그러나 바투는 칼을 빼들고 그들을 가로막고 면전에 대고 말하기를, "도망치지 말라. 만약 너희들이 그렇게 한다면 한 사람도 도망치지 못할 것이다. 만약 우리가 죽어야 한다면 모두 같이 죽자. 왜냐하면 바로 칭기스 칸이 우리들은 장차 죽임을 당할 것이라고 예언했던 일이 이제 벌어지려고 하기 때문이다. 만약 그 시간이 이제 온 것이라면 우리는 그것을 맞이하도록 하자"라고 했습니다. [이 말에] 그들의 마음은 새로운 용기로 가득 차게 되었고 그들은 그곳에 남아서 헝가리를 파괴한 것입니다.[81])

29. (HT §27) 그리고 나서 그들은 돌아가는 길에 이교도였던 모르도바[82]) 사람들의 땅에 오게 되었고, 전투를 해서 그들을 정복했습니다. 그

---

80) '쿠마니아(Cumania)'는 러시아 남부의 킵차크 초원을 가리킨다.

81) 그러나 한문 자료를 보면 바투가 헝가리 원정에서 담대하게 행동하지 못하고 전술적인 실책도 범해서 수베에데이에게 질책을 받았으며, 바투 자신도 서방원정에서 거둔 성공은 모두 수베에데이의 덕이라고 인정한 사실이 확인된다. 김호동(1998) 참조. 따라서 카르피니가 묘사한 바투의 용맹성은 그가 만났고 또 그를 안내했던 몽골인들이 바투 휘하에 있던 사람이었기 때문에 상당 정도로 미화된 것이 아닐까 하는 생각도 해볼 수 있다.

82) Mordova. SF: Mordua. 모르도바 혹은 모르도비아라고 불리는 지역은 동쪽으로는 볼가강 중류, 서쪽으로는 오카-돈 강 사이의 삼림-초원 지대를 가리킨다. 모르도바인들은 핀-우

다음에 그들은 빌레르83)인, 즉 대(大)불가리아84)를 향해서 진군하여 그곳을 완전히 파괴시켰습니다. 그들은 북쪽으로 더 나아가 바스카르트,85) 즉 대(大)헝가리를 공격하여 패배시켰습니다.86)

30. (HT §21) 그 지방을 떠나 그들은 더 북쪽으로 가서 파로시트87)인들에게 왔습니다. 우리가 듣기에 이 족속은 작은 위와 조그만 입을 가지고 있어서, 고기를 요리하지만 먹지는 않는다고 합니다. 고기를 요리할 때 그들은 솥 위로 몸을 구부려 그 김을 마시는데 그것이 그들의 유일한 즐거움입니다. 사실 그들이 무엇인가를 먹는다고 해도 아주 조금밖에 먹지 않습니다.

31. (HT §21, 30) 타타르인들은 계속 진군하여 사모예드88)인들에게 왔

그르 계통의 언어를 사용하는데, 13세기 중반 몽골의 지배를 받다가 후일 카잔 칸국에 편입되었다. 현재 러시아 안에서 모르도바 공화국으로 되어 있다.

83) Biller. SF: Biller; SM: Byler. 불가르(Bulgar)를 가리킨다. 『몽골비사』 262, 272절에 보이는 Bolar, 『동방견문록』의 Bolgara, 아불 피다(Abū al-Fiḍā)의 Bular(Rashid/Thackston, vol. 1, 22)가 모두 이를 가리키는 것으로 보인다. 볼가 강 중류에 살던 집단의 이름이자 지명으로도 사용되었다.

84) SF: Bulgaria magna.

85) Baschart. 바쉬키르(Bashkir)를 가리킨다. 볼가 강과 우랄 산맥 사이에 거주하며 튀르크 계통의 언어를 사용했다. 소연방 시대에는 바쉬키르 자치공화국을 형성했으며 현재 약 100만 명 정도가 살고 있다. 역사적으로 불가르인들과 종족적으로 긴밀한 접촉이 있었다. 『몽골비사』에는 바지기드(Bajigid)라는 이름으로 기록되었으며, 이들의 동북쪽에 사모예드인들이 살았다. 그곳이 헝가리인들의 '본래의' 거주지였다고 생각되었기 때문에 '대헝가리'라는 표현을 쓴 것이다. 헝가리인의 이주에 관해서는 Sinor(1990), 242-248 참조.

86) '대불가리아' 혹은 '대헝가리'라는 표현에서 '대(Great, Magna)'라는 말은 어느 지역이나 집단의 크기와 관련된 용어라기보다는, 본래의 거주지역을 가리키는 용례라고 볼 수 있다. 즉 '빌레르/불가르'인들은 여러 곳에서 보이지만 볼가 강 중류와 그곳에 있던 빌레르인들이 야말로 정통의 불가르인이라는 뜻이다(Yule, 1903, II, 286).

87) Parossit. SF: Parossit; HT: Paroscitae. 바쉬키르인보다 더 북방의 우랄 산맥에 거주하던 핀 계통의 Permiak인을 가리키는 것으로 추정된다. Risch(153)는 이들이 Dimashqi의 글에 보이는 Barassia와 동일한 것으로 보았다. 파로시트인들에 관한 설화적인 이야기는 이미 Pliny와 Strabon의 글에도 나타났다. Rubruck/Rockhill, 12; Hambis(1964), 167.

88) Samoyed. SF: Samoged. 사모예드는 우랄 산맥 중북부에서 북빙양에 이르는 지역에 거주하는 우랄어 계통의 주민이다. 언어학적으로 우랄어는 핀-우그르어(Finno-Ugric)와 사모예드어로 나뉘며, 후자는 다시 네네츠(Nenets), 에네츠(Enets), 응가나산(Nganasan)으로 이루어진

습니다. 우리가 들은 바에 의하면 이 사람들은 완전히 사냥에만 의존해서 살아가며, 그들이 가지고 있는 천막과 의복도 동물 가죽으로만 만든다고 합니다. 거기서 더 나아가 타타르인들은 바다와 접한 지방에 도달했습니다. 우리가 분명히 사실이라고 들은 바에 의하면, 그들은 괴물들을 보았는데, 생긴 것은 어디를 보아도 사람의 모습이지만 다리의 끝은 소의 발굽처럼 생겼고, 머리는 사람 모양이지만 얼굴은 개의 형상이었다고 합니다. 그들은 [처음] 두 단어는 사람처럼 말하지만 세 번째는 개처럼 짖기 때문에, 이처럼 그들은 중간 중간에 개 짖는 소리를 낸다고 합니다. 그렇지만 항상 말하는 화제로 되돌아오기 때문에 그들이 무슨 말을 하려고 하는지는 이해할 수 있습니다. 타타르인들은 거기서 쿠마니아로 돌아왔지만, 그들 중 일부는 오늘날까지도 그곳에 남아 있습니다.[89]

32. (HT §31) 우구데이 칸은 이와 동시에 초르마간을 군대와 함께 남쪽으로 케르기스를 치러 보냈습니다. 그는 전투에서 그들을 패배시켰습니다. 이 사람들은 이교도이며 수염을 기르지 않습니다. 그들의 관습에 의하면 어떤 사람이 죽음으로 아버지를 잃게 되면, 비통해하면서 자기 얼굴에서 살갗을 한 쪽 귀에서부터 다른 쪽 귀까지 길게 잘라내서 애도의 표시를 합니다.[90]

북부 사모예드와, 셀쿱(Selkup), 사얀 사모예드(Sayan Samoyed, 현재는 절멸)로 이루어진 남부 사모예드로 이루어진다. Sinor(1990), 230 참조. 이들 여러 종족 집단의 분포는 Atwood (2004), 204의 지도를 참조.

89) 사모예드인들은 썰매를 끌거나 사냥을 할 때 혹은 순록을 몰 때에 개를 자주 활용했고, 지금도 '사모예드'종의 개는 사냥개로 아주 유명하다. 따라서 주민들은 개와 의사소통하기 위해서 특유한 소리나 몸짓을 했을 것이고, 이런 것들이 본문에서 묘사된 것과 같은 설화를 낳은 것이 아닌가 추측된다. 이러한 집단에 관한 더 자세한 설명은 앞의 13절 주석 참조.

90) 자기 가족이나 수령이 사망했을 때, 얼굴을 칼로 긋고 피와 눈물을 흘리면서 애통해하는 관습(劓面)은 고대 스키타이 시대 이래로 중앙 유라시아의 유목민들 사이에서는 널리 보였던 현상이다. 체르케스(=케르기스)인들은 물론 유목민이 아니지만 그 영향을 받아서 이러한 관습을 행했던 것으로 보인다. 『몽달비록』에는 백달달인들에 관해서 "사람됨이 공손하고 효성스러워, 부모의 죽음을 맞게 되면 얼굴을 칼로 그으면서 통곡한다"라는 기록이 보인다 (王國維, 2009, 335).

33. (HT §22, 31) 초르마간은 케르기스를 정복한 뒤 남쪽으로 진군하여 아르메니아인들을 치러 갔습니다. 타타르인들이 사막을 건넜을 때, 우리가 분명히 진실이라고 들은 이야기인데 어떤 괴물들을 만났다고 합니다. 생긴 것은 사람의 모습인데 팔과 손이 가슴 한가운데에 하나밖에 없고 발도 하나밖에 없다고 합니다. 둘이서 활 하나를 가지고 쏩니다. 달릴 때는 어찌나 빠른지 말들도 그들을 추격할 수 없는데, 그것은 그들이 한 발로 껑충껑충 뛰기 때문이었습니다. 이렇게 달리다가 피곤해지면 손과 발을 모아서 굴러가는 수레바퀴처럼 만듭니다. 이렇게 하다가 지치면 그들은 다시 전과 같은 방식으로 뛰어갑니다. 타타르인들은 그들 중 일부를 죽였는데, 황제의 오르두에 살고 있는 러시아인 성직자가 우리에게 말한 바에 의하면, 황제의 궁전에 있는 사절단에는 우리가 방금 말한 사람들이 보낸 몇 명의 사신들이 그와 평화를 맺기 위해서 왔다고 합니다.

34. (HT §31) 타타르인들은 거기서 더 이동하여 아르메니아에 도달했고 전투를 해서 그곳을 정복했습니다. 그들은 또한 조지아의 일부도 패배시켰고 나머지 지방도 그들의 요구에 부응해왔습니다. 그들은 매년 4만 닢의 금화[91]를 공납으로 바쳤고, 지금도 똑같이 그렇게 하고 있습니다.

35. (HT §31) 타타르인들은 진군을 계속해서 룸의 술탄[92]이 있는 지방

---

91) SF: yperpera. hyperpera라고도 표기된다. 비잔틴 제국에서 발행된 금화를 가리키는 명칭이며, 카르피니는 besant라는 말과 동의어로 사용했다(Rubruck/Rockhill, 90). besant 혹은 bezant 역시 800년경부터 13세기 중반까지 비잔틴의 황제들이 발행하여 통용되던 금화였으며, 그 명칭은 비잔틴이라는 말에서 유래되었다.

92) SF: Soldani de Urum. '룸(Rum)'은 원래 '로마'라는 말에서 나온 것이지만, 이슬람권에서는 비잔티움을 지칭했기 때문에 대체로 소아시아 지방을 가리켰다. 여기서 '룸의 술탄'은 룸 셀주크의 술탄을 지칭한다. 처음에 우구데이가 초르마간을 서아시아로 파견했을 때 셀주크의 술탄은 복속을 표시했고 공납을 바치기로 했다. 그러나 우구데이가 사망한 뒤 술탄 카이 호스로우(Kay Khosraw)가 몽골 지배에 반기를 들었고, 이에 초르마간의 뒤를 이어 바이주(Baiju)가 군대를 이끌고 와서 1243년 아나톨리아 고원 중부에 있는 쾨세다그(Köse Dagh)에서 셀주크 및 그와 연합한 세력과 전투를 벌였다. 셀주크는 이 전투에서 패배하여 다시 몽골에 복속하게 되었다. 셀주크의 몽골 복속에 관해서는 Duda(1959), 224-230; Cahen (2001), 173-175 참조.

에 왔습니다. 그는 상당한 세력과 권력을 가진 사람이었는데, 그들은 그와 싸워 패배시켰습니다. 그들은 복속과 정복을 위해서 더욱 진군하여 알레포의 술탄[93]이 있는 지방까지 진군했습니다. 그들은 오늘날 그곳을 차지하고 있는데 그 너머에 있는 다른 지방들을 공격하려는 의도를 가지고 있습니다. 그들은 지금까지 자기 고장으로 돌아가지 않고 있습니다. 이와 똑같은 군대가 바그다드의 칼리프가 있는 영역을 공격하여 역시 제압했습니다. 그들은 매일 400닢의 금화[94]를 공납으로 바치며, 그밖에도 비단과 다른 선물들도 바칩니다. 타타르인들은 매년 칼리프에게 사신을 보내서 자신들에게 오라고 말하며, 그는 매년 놀라운 선물들을 조공품으로 보내면서 그러한 요구를 철회해달고 사정을 합니다. 황제는 선물을 받기는 하지만 그래도 그에게 오라고 사람을 보냅니다.

---

93) 바이주 장군은 쾨세 다그의 전투를 치른 뒤, 1244년 가을 휘하의 야사우르(Yasa'ur)를 시리아 지방으로 보내서 알레포(Aleppo)까지 진군하여 그곳의 영주 말리크 술탄(Malik Sultan)에게 복속을 요구했고, 1245년에는 다마스쿠스의 영주에게 조공을 요구하기도 했다. 그러나 몽골인들이 북부 시리아를 실제로 장악한 것은 훌레구가 진군한 1260년 이후가 되어야 가능했으며 그것도 지속적인 성공을 거두지는 못했다.

94) SF: besant. 앞의 주석 참조.

제6장

그들이 수행하는 전쟁, 전투대형, 무기, 접전 시의 계략, 포로에 대한 잔혹함, 성채의 공격, 투항자들에 대한 배신 등

1. (HT §56) 그들의 제국에 대해서 이야기를 했으니 우리는 이제 전쟁에 관해서 다음과 같은 방식으로 다루어보도록 하겠습니다. 첫째 우리는 그들의 전투대형에 대해서 말할 것이고, 둘째 그들의 무기, 셋째 접전이 벌어질 때 그들의 계략, 넷째 포로들에게 보이는 그들의 잔혹함, 다섯째 그들이 성채와 도시를 어떻게 공격하는지, 여섯째 자신들에게 항복한 사람들에 대해서 원래의 약속을 어떻게 어기는지에 대해서 이야기하겠습니다.

2. (HT §41) 칭기스 칸은 다음과 같은 방식으로 군대를 조직하라고 지시를 내렸습니다. 즉 열 명의 위에 한 명을 두는데 우리가 흔히 십부장이라고 부르는 사람이고, 이런 집단 열 개의 위에 한 명을 두고 백부장이라고 이름했으며, 열 명의 백부장 위에 천부장이라고 불리는 전사를 두었으며, 열 명의 천부장 위에 또 한 사람을 두는데 이 숫자를 위해서 그들은 '어두움'이라는 말을 사용합니다. 두세 명의 수령이 전군을 지휘하지만 [칭기스 칸] 한 사람이 최고의 지휘권을 가지는 그런 방식으로 되어 있습니다.[1]

3. 그들이 전투를 하다가 십인대에서 한두 명, 세 명이나 혹은 더 많은 사람이 도망치면 모두가 사형에 처해집니다. 한 집단 전체가 도망쳤을 때

---

[1] 칭기스 칸은 1206년 몽골리아를 통일한 뒤, 휘하의 유목민들을 모두 95개의 천인대로 편성하고 그것을 좌익, 중군, 우익 등 3개의 만인대 안에 배치시켰다. 그는 자신이 가장 신임하는 장군인 보오르추, 무칼리, 보로굴 3명을 만부장으로 임명했다. 카르피니가 여기서 언급한 '두세 명의 수령'은 이들을 가리키는 듯하다.

백인대의 나머지 집단들도 만약 도망치지 않는다면 모두 처형되고 맙니다. 한마디로 말해서 그들 전체가 한 몸처럼 후퇴하지 않는다면 도망쳐오는 사람은 모두 처형된다는 것입니다. 마찬가지로 한두 명 혹은 그보다 더 많은 사람이 전투하러 용감하게 전진할 때, 만약 십인대의 나머지 사람들이 그 뒤를 따르지 않는다면 처형됩니다. 십인대의 한두 명이 포로가 되었을 때, 만약 그 동료들이 그들을 구출해내지 않는다면 처형됩니다.

4. 그들 모두는 적어도 다음과 같은 무기를 소지해야 합니다. 두세 개의 활[2] — 적어도 한 개는 좋은 것이어야 합니다 —, 화살이 가득 찬 세 개의 큰 활통, 도끼 하나와 전쟁 시 [포로를 묶어서] 잡아끄는 노끈. 부유한 사람들은 끝은 뾰족하지만 한 면만 날이 서고 약간 휘어진 칼을 가지고 있고, 갑옷을 입은 말 한 마리를 소지합니다.[3] 그들은 다리를 보호하는 것은 물

---

[2] 몽골인들이 사용하던 활은 두 개의 나무 조각을 붙여서 만든 합판궁(合板弓, composite bow)이다. 이것은 이미 스키타이인들이 등장하는 기원전 7세기 초부터 사용되기 시작했고, 유목민들의 기마술과 결합되어 그들에게 강력한 군사적 우위를 보장해주었다. 왜냐하면 합판궁의 특징은 가벼우면서도 상당히 멀리까지 화살을 날려보내는 힘을 가지고 있기 때문이다. 중국, 서아시아, 서구의 농경국가들은 등자를 이용한 중장기병이나 혹은 석궁을 활용함으로써 합판궁으로 무장한 경기병들인 유목민을 저지하려고 노력했지만 역사적으로 그다지 성공적이지는 못했다. 몽골 제국 시대에 합판궁의 긴 사거리를 잘 보여주는 기록이 하나 있다. 그것은 칭기스 칸이 서방원정을 마치고 돌아오는 길에 1225년에 세운 소위 '칭기스 비석(Chinggis Stone)'인데, 여기에는 조카 이숭게(Yisüngge)가 쏜 화살이 335alda(약 530미터)를 날아갔다고 적혀 있다. 이에 관해서는 Klopsteg(1947); McLeod(1965), 1-14; Rachewiltz (1976), 487-508; Raudzens(1990), 403-434 등 참조.

[3] 『흑달사략』(王國維, 2008, 386-387)은 몽골군의 무기에 대해서 다음과 같은 기록을 남겼다. "그 무기는 [다음과 같다]. 버드나무 잎 [모양]의 갑옷, 고리로 엮은 갑옷, 야생양(頑羊)의 뿔로 만든 활, 소리나는 화살, 낙타 뼈로 만든 화살, 뾰족하게 깎은 화살, 나무를 잘라 만든 화살대, 떨어진 독수리[털]로 만든 깃이 있고, 환도(環刀)는 무슬림들(回回)의 것과 비슷하여 가벼우면서도 예리하며, 그 손잡이는 작고 좁아서 부리기가 쉽다. 또한 길고 짧은 창과 칼을 가지고 있으며, 마치 송곳과 같이 [적을] 찌르면 들어가서 잘 빠져나오지 않으며, 두 겹으로 된 갑옷도 뚫을 수 있다. 방패가 있는데 가죽을 이어서 만들거나 아니면 버드나무로 짜서 만든다. 너비는 30촌이고 길이는 너비의 1.5배이다. 또한 둥근 방패(團牌)도 가지고 있는데 특히 전봉에 선 사람들이 사용하며, 말에서 내려 활을 쏘아 적을 부술 때 사용한다. 철로 만든 둥근 방패도 있는데 투구의 대용으로 쓰기도 한다.……그들의 가장 대표적인 무기는 활과 화살이고, 그 다음이 환도이다." 한편 『몽골비사』에 언급된 각종 무기들에 관해서는

론 투구와 흉갑도 가지고 있습니다. 어떤 사람들은 자기 말들을 위해서 흉갑과 보호대를 소지하고 있습니다. [이러한 보호장비는] 가죽을 이용해서 다음과 같은 방식으로 만듭니다. 그들은 소나 다른 동물의 가죽을 벗겨내서 손바닥만 한 넓이의 조각을 세 개나 네 개를 역청으로 붙인 뒤 가죽 끈이나 줄로 그것들을 단단히 맵니다. 윗부분에 있는 조각의 한쪽 끝에 끈을 달고 그 다음 것에는 중간 부분에 끈을 묶으며 이런 방식으로 끝까지 계속합니다. 따라서 이것을 구부리면 아랫부분에 있는 조각들은 윗부분에 있는 조각들의 위에 오게 되니, 두 배 혹은 세 배로 두껍게 몸을 덮는 것입니다.

5. 그들은 말을 위한 보호대를 다섯 부분으로 만듭니다. 즉 하나는 말의 한 쪽 측면에 또 하나는 다른 쪽 측면에 붙이고, 이것들은 꼬리에서부터 머리까지 뻗어 있고 안장에 고정시키되 말의 등이 있는 안장의 뒤쪽과 [말의] 머리 쪽에 부착합니다. 또 하나의 부분은 엉덩이 부분을 덮는 것인데 [엉덩이의 좌우 양쪽을 덮는] 두 부분은 끈으로 묶습니다. 이 부분에는 말꼬리가 나올 수 있도록 구멍을 하나 뚫습니다. 또다른 부분은 가슴을 막는 것입니다. 이 모든 조각들은 말의 무릎, 즉 다리의 관절 부분까지 내려옵니다. 말의 앞머리 쪽에는 쇠로 된 판을 붙이는데, 그것을 앞에서 언급한 목을 덮는 부분의 양쪽에 각각 묶어둡니다.

6. 흉갑은 네 부분으로 이루어집니다. 한 부분은 넓적다리에서 목까지 뻗어 있는 것으로 신체의 모양에 맞도록 만들어집니다. 가슴 쪽은 좁고 팔에서 아래쪽으로는 둥그렇게 휘어져 있습니다. [몸의] 뒤에는 목에서부터 내려와 허리를 덮는 부분이 있는데 몸을 휘감아서 [앞에서 말한] 첫 번째 부분과 합치됩니다. 이 두 부분, 즉 전면부와 후면부는 양쪽 어깨 부분에 있는 두 개의 철판을 걸쇠로 걸어서 연결됩니다. 또한 양쪽 팔에도 어깨에서 손까지 덮는 조각들이 붙여지며 아래쪽은 트여 있습니다. 양쪽 다리에

Reid(1992), 85-95 참조.

몽골군의 갑옷　　　　　　　　　몽골군의 갑옷과 활

도 또다른 조각들이 부착됩니다. 이 모든 부분들은 걸쇠를 사용하여 결합됩니다.

7. 투구의 윗부분은 쇠나 강철로 되어 있지만 뒷목이나 앞목을 보호하는 부분은 가죽으로 되어 있습니다. 가죽으로 된 부분들은 모두 위에서 설명한 방식대로 만들어집니다.

8. 타타르인들 가운데 일부는 우리가 설명한 이 모든 것들을 쇠로 다음과 같이 만들어서 소유하고 있습니다. 즉 그들은 얇은 금속 판을 여러 개 만드는데 그것의 폭은 손가락만하고 길이는 손바닥 너비 정도입니다. 각각의 판에 여덟 개의 구멍을 뚫습니다. 바닥에는 세 개의 단단하고 가는 끈을 놓고 [그 위에 금속] 판들을 하나씩 차례로 부분적으로 겹치도록 놓고, 가는 끈을 앞에서 말한 구멍들로 집어넣어 묶습니다. 그리고 [이렇게 해서 연결된 금속판들의] 맨 위에 끈을 하나 부착해서, 금속판들이 서로 단단하게 잘 붙어 있도록 합니다. 그들은 이런 판들로 긴 조각을 만들고

그것들을 연결하여 위에서 설명한 갑옷의 부분들을 만듭니다. 그들은 이런 것들을 말이나 사람을 위한 갑옷으로 만드는데, 그것을 얼마나 반짝이게 만들어놓는지 사람들은 거기에 비치는 자신의 모습을 볼 수 있을 정도입니다.

9. 그들 가운데 일부는 창을 가지고 있는데, 쇠로 된 그 목 부분에는 갈고리가 붙어 있고, 만약 필요하다면 그것으로 말 안장에 앉아 있는 사람을 끌어내기도 합니다. 화살의 길이는 2피트 1팜 2디지트[76센티미터]입니다.4) 피트의 길이가 모두 같은 것이 아니므로 1기하학적 피트의 길이를 제시하겠습니다. 즉 1디지트의 길이는 보리 두 알에 해당되며, 16디지트가 1기하학적 피트를 이룹니다. 화살의 끝은 매우 예리하고 마치 양면의 칼처럼 양쪽이 모두 깎여 있습니다. 타타르인들은 화살촉을 갈기 위해서 항상 활통 옆에 줄을 달고 다닙니다. 쇠로 된 화살촉은 뾰족한 꼬리를 달고 있고 길이는 1디지트[2센티미터]이고 그것을 화살 몸통에 꽂습니다.

10. 그들은 잔가지나 작은 나뭇가지로 만든 방패를 하나 가지고 있습니다. 그러나 우리는 그들이 군영 안에 있을 때 그리고 황제나 왕자들을 호위할 때를 제외하고는 그것을 가지고 다닌다고 생각하지 않습니다. 그들은 또한 새나 동물 그리고 무장하지 않은 사람을 쏠 때 사용하는 다른 형태의 화살촉을 가지고 있는데, 그것은 폭이 3디지트[6센티미터]이며, 이밖에도 새나 동물을 쏘기 위해서 다양한 종류의 화살촉을 가지고 있습니다.

11. 그들이 전쟁을 하려고 하면 먼저 전위부대를 보내는데, 그들은 천막과 말들과 무기 이외에는 아무것도 가지고 가지 않습니다. 그들은 약탈물을 가져가지도 집을 불태우거나 동물을 죽이지도 않습니다. 다만 그들은 사람에게 부상을 입히거나 사람을 죽이기만 하는데, 그 어느 것도 할

---

4) 원문은 feet, palm, digit. 1디지트는 어른 손가락 두께 하나에 해당되는 길이(카르피니에 의하면 보리 두 알의 길이)이며 대략 2센티미터 정도이다. 1팜은 4디지트이므로 8센티미터이고, 1피트는 16디지트이므로 32센티미터에 해당된다고 볼 수 있다.

수 없을 때에는 도망치게 만듭니다. 그러나 물론 그들은 도망치게 하는 것보다는 죽이는 쪽을 더 좋아합니다. [주력] 군대가 그들 뒤를 따르는데 도중에 만나는 모든 것들을 취하고, 눈에 띄는 주민들은 모두 포로로 잡거나 죽입니다. 군대의 수령들은 이것으로도 만족하지 않고 온 사방으로 약탈꾼을 보내서 사람과 동물을 수색하는데, 그들은 그런 것을 찾아내는 데에 탁월한 재주가 있습니다.[5]

12. 그들은 강을 만나면 설령 그 폭이 넓다고 해도 다음과 같은 방식으로 건넙니다. 귀족들은 가벼운 가죽으로 된 둥그런 조각을 하나 가지고 있는데 그 가장자리를 따라 많은 구멍을 뚫어 거기에 끈을 매달아 놓습니다. 그들은 그것을 잡아당겨서 주머니와 같은 모양으로 만드는데, 그 안에 자신들의 옷과 다른 물건들을 넣고 꽉꽉 아주 단단하게 누른 뒤, 그 위 가운데에 안장과 다른 단단한 것들을 올려놓습니다. 사람들도 역시 그 가운데에 앉습니다. 그리고 이렇게 만든 [조그만] 배를 말의 꼬리에 묶습니다. 한 사람에게 말의 앞에서 헤엄을 쳐서 인도하도록 하거나, 때로는 강 맞은편을 향해서 두어 개의 노를 저어갑니다. 이런 방식으로 강을 건너는 것입니다. 그러나 그들은 말들을 물 가운데로 몰고 갈 때 한 사람이 그 말 옆에서 헤엄을 치면서 인도하고, 다른 모든 사람들이 그 뒤를 따릅니다. 이런 방식으로 그들은 좁거나 넓은 강들을 건넙니다. 가난한 사람들은 잘 꿰맨 가죽 주머니를 하나 가지고 있습니다. 모든 사람들이 이런 것을 하나씩 가지는 것이 보통이며, 그들은 이 주머니 혹은 손가방 안에 의복과 소지품을 전부 넣습니다. 주머니의 윗부분을 단단히 묶고 그것을 말꼬리에 매단 뒤에 위에서 설명한 방식대로 강을 건넙니다.[6]

---

5) 몽골군은 진군을 할 때 주력본대의 앞에 척후와 전위를 세운다. 척후는 '카라울(qarawul)' 혹은 '알긴치(alginch)'라고 불렸고, 전위는 '망갈라(mangghala)'라고 불렸다. 또한 후방을 보호하는 후위를 두었는데, 이는 '게지게(gejige)'라고 불렸다. Doerfer(1963), vol. 1, 399-403, 491-492, 501-502; 蓮見節(1982).

6) 유목민들의 이러한 도하의 방식에 관해서는 Sinor(1961), 157-158 참조.

13. 알아두어야 할 점은 그들이 적을 시야에 포착하면 즉각적으로 공격을 개시하며 각 사람이 적을 향해서 서너 발의 화살을 쏜다는 사실입니다. 만약 그들이 적을 패배시킬 수 없으리라는 판단이 들면 후퇴해서 자신들의 전열로 되돌아갑니다. 이것은 그들이 매복을 준비해놓은 곳까지 적을 따라오게 만들기 위해서 쓰는 눈속임일 뿐입니다. 만약 적이 매복이 있는 곳까지 추격해오면, 그들은 적을 포위하고 상해를 가하고 죽입니다. 이와 유사하게 만약 그들이 수적으로 많은 군대의 저항에 직면할 경우 때로는 옆으로 지나쳐서 적과의 사이에 하루나 이틀 거리를 둔 채 그 지방의 다른 곳들을 공격하고 약탈하며 사람을 죽이고 땅을 황폐하게 만들어버립니다. 만약 그들이 이런 것조차 할 수 없다고 생각하면, 열흘 혹은 열이틀 정도의 거리까지 퇴각하여 적군이 해산할 때까지 안전한 곳에 머무르다가, 다시 은밀하게 와서 전 지역을 황폐화시킵니다. 그들은 지금 다른 민족들과 40년 혹은 그 이상 싸움을 해왔기 때문에 정말로 전쟁에서는 가장 교활합니다.

14. 그러나 그들이 전투에 참가하려고 할 때는 마치 그들 모두가 싸우려는 것처럼 전투대형을 갖춥니다. [그러나] 군대의 수령이나 왕자들은 전투에 참여하지는 않고 조금 떨어진 곳에 적을 향하여 자리를 잡는데, 그 옆에는 그들의 아이들이 말에 탄 채 있고 여자들과 말들도 있습니다. 그들은 때때로 인형을 만들어 말 위에 앉혀놓기도 합니다. 그들이 이렇게 하는 까닭은 엄청나게 많은 전사들이 거기 모여 있다는 인상을 주기 위함입니다.[7] 그들은 자신들에게 대항하여 싸웠던 다른 민족의 사람들 및 포로들로 이루어진 부대를 보내어 적과 정면으로 맞닥뜨리게 하며, 타타르인들 일부가 그들과 동행하기도 합니다. 보다 강력한 사람들로 구성된 다른 부대들은 훨씬 더 좌측과 우측으로 보내서 적의 눈에 띄지 않도록 합니다.

---

7) 주베이니의 기록에 의하면 칭기스 칸은 호레즘에 대한 원정을 할 때, Parvan의 전투에서 실제로 이와 동일한 전술을 사용했다. Juvayni/Boyle, vol. 2, 406 참조.

그들은 이런 식으로 적을 포위하고 접근하기 때문에 전투는 모든 방향에서 [동시에] 시작됩니다. 때로는 그들의 수가 적지만 그들에 의해서 포위된 적들은 그들의 수가 많다고 생각합니다. 특히 앞에서 묘사한 것처럼 군대의 수령 및 왕자들과 함께 있는 아이들, 여자, 말, 인형들을 보고 그렇게 생각하는데, 그것은 그들을 전투대원이라고 생각하기 때문입니다. 그리고 이런 모습에 놀라서 혼란에 빠지는 것입니다. 만약 적이 잘 싸우면 타타르인들은 그들에게 도망갈 길을 터주는데, 그들이 도망을 치고 서로 서로 떨어지기 시작하자마자 그들을 덮칩니다. 전투에서 죽는 사람들보다 도망치다가 죽는 사람들이 더 많습니다. 그러나 알아두어야 할 사실은 타타르인들은 일대일로 육박전을 벌이는 것을 좋아하지 않으며 가능하면 그것을 피하려고 하고, 그 대신 화살로 사람이나 말을 상처 입히고 죽입니다. 그들은 사람과 말이 화살로 인해서 약해졌을 때에야 비로소 백병전에 돌입합니다.

15. 그들이 성채를 함락시키는 방법은 다음과 같습니다. 만약 성채의 위치를 보아 가능하다면 그곳을 포위하며, 때로는 그 둘레에 담을 쌓아서 아무도 들어가거나 나오지 못하도록 합니다. 그들은 장비나 화살을 이용해서 강력한 공격을 가하고, 밤낮으로 전투를 계속해서 성채 안에 있는 사람들이 잠을 자지 못하도록 만듭니다. 그러나 타타르인들은 약간씩 휴식을 취하는데, 그것은 병력을 나누어 교대로 전투를 담당함으로써 너무 지치지 않도록 하기 때문입니다. 만약 이런 방식으로도 함락시킬 수 없다면 그들은 그리스 불을 던지는데, 때로 그들은 죽인 사람들의 비계를 녹여서 사용하기도 합니다. 그들은 그것을 가옥들 위에 투척하는데, 불덩어리가 어디에 떨어지건 간에 이 비계는 거의 끌 수가 없습니다. 그런데 그들이 말한 바에 의하면, 포도주나 맥주를 거기에 부으면 끌 수 있다고 합니다. 만약 그것이 사람의 살갗에 떨어지면 손바닥으로 비벼서 끌 수 있습니다.[8]

---

8) 실제로 『고려사(高麗史)』(권103)에는 몽골군이 구주(龜州)를 공략할 때, 사람의 비계(人膏)

16. 만약 그래도 [성채를 취하는 데에] 성공하지 못할 경우, 도시나 성채에 강이 있으면 거기에 댐을 쌓아서 그 수로를 바꾸거나 가능하다면 성채를 물에 잠기게 하기도 합니다. 이것도 할 수 없다면 그들은 도시 아래로 땅을 파서 무장한 사람들을 땅 밑을 통해서 도시 안으로 들여보냅니다. 일단 들어가면 그들 중 일부는 성채를 불사르기 위해서 불을 지르고 나머지는 주민들과 싸웁니다. 그러나 만약 이런 방식으로도 정복할 수 없을 경우에는 그 도시를 마주보는 곳에 자신들의 성채나 요새를 세우는데, 이것은 적의 투척물로부터 피해를 당하지 않기 위해서입니다. 그들은 도시를 마주하며 오랫동안 대치하는데, 요행히 타타르인들과 싸우는 군대가 와서 지원을 하고 그래서 그들을 강제로 몰아내기 전까지는 그렇게 버티고 있습니다. 성채 앞에 진을 치고 있으면서 그들은 주민들을 유혹하는 말을 하는데, 이는 그들에게 항복하도록 유인하기 위해서입니다. 만약 그들이 항복하면 그들은 "우리 관습에 따라서 수를 헤아릴 수 있도록 밖으로 나오라"라고 말합니다. 그래서 그들이 밖으로 나오면, 그들 가운데 장인들을 찾아내서 자기들이 차지하지만, 다른 사람들의 경우는 노예로 삼고 싶은 자들을 제외하고는 모두 도끼로 죽여버립니다. 우리가 듣기에 그들이 누군가를 살려준다고 하더라도 귀족이나 유명인사는 절대로 살려두지 않는다고 합니다. 어쩌다가 예상치 않은 일이 생겨서 일부 귀족들이 살아남는다고 해도, 그들은 그 후 탄원이나 뇌물 등 그 어떤 방법으로도 포로의 신세에서 벗어날 수 없습니다.

17. 전투에서 포로로 잡은 사람들은 노예로 삼고자 하는 자들을 제외하고는 전부 죽입니다. 그들은 죽여야 할 사람들을 백부장들에게 배분하여 전투용 도끼로 처형하게 합니다. 그들은 다시 이 사람들을 포로들에게 배

를 녹여서 장작더미를 적신 뒤 그것을 성 안으로 던져서 불을 질렀는데, 성을 수비하던 장군 박서(朴犀)가 물로 그것을 끄려고 하자 더욱 화염이 솟구쳤고, 그래서 진흙과 물을 섞어서 던지니 불이 꺼졌다는 기록이 보인다.

분하여, 노예 한 사람당 열 명 혹은 장교들이 적당하다고 생각하는 정도의
사람들을 죽이도록 합니다.9)

---

9) 주베이니는 칭기스 칸의 군대가 호레즘 왕국의 수도 우르겐치를 정복한 뒤, 주민들을 모두
성 밖 평원으로 끌고 나와서 장인은 따로 빼내고 어린아이와 여자들은 노예로 만든 뒤, 나머
지 사람들을 모두 살해했는데, 몽골 병사 1명당 24명을 죽였다고 기록했다. 그리고 이와
유사한 일이 티르미드와 발흐에서도 벌어졌다고 한다(Juvayni/Boyle, vol. 1, 127, 129, 131).

제7장

그들이 어떻게 평화를 맺는가, 그들이 정복한 나라들, 주민들에 대한 학정, 용맹하게 그들에게 저항했던 나라들

1. 타타르인들이 어떻게 싸우는가에 대해서 설명했으니, 이제 그들의 지배 아래에 들어온 나라들에 대해서 이야기하도록 하겠습니다. 나는 이것에 대해서 다음과 같은 방식으로 사용하려고 합니다. 첫째 나는 그들이 어떻게 평화를 맺는가 말하고, 둘째 그들이 복속시킨 나라들의 이름을 제시하고, 셋째 그들이 행했던 학정에 대해서 말하고, 넷째 그들에게 저항하여 용맹하게 싸웠던 나라들에 대해서 이야기하겠습니다.

2. 알아두어야 할 사실은 타타르인들은 자신들에게 복속한 사람을 제외하고는 누구와도 평화를 맺지 않는다는 것입니다. 왜냐하면 위에서도 말했듯이 그들은 가능하기만 하다면, 모든 민족을 복속시키라는 칭기스 칸의 명령을 받들기 때문입니다.[1] 그들은 다음과 같은 요구사항을 제시합니다. 첫째, 타타르인들이 그러기를 희망한다면, 군대에 들어가 그들과 함께

---

[1] 카르피니의 이 말은 결코 과장이 아니다. 당시 몽골인들의 세계관은 칭기스 일족의 지배를 받아들이는 사람들과 그렇지 않은 사람들로 구분하는 입장을 가지고 있었다. 전자를 il irgen(복속민), 후자를 bulgha irgen(반역민)이라고 불렀다. 실제로 카르피니를 통해서 교황에게 전달된 구육의 친서는 "영원한 하늘의 힘에 기대어, 모든 울루스(ulus)를 지배하는 사해 군주의 성지"라는 구절로 시작되어, 칭기스 칸이 시작한 몽골의 세계정복은 '신의 명령'에 따른 것이기 때문에 교황은 물론이고 유럽의 군주들도 모두 자신의 궁정을 찾아와 복속해야 한다고 선언했다. 그런 의미에서 몽골 제국은 단지 그 규모가 크기 때문이 아니라 지구상의 모든 민족과 영역이 궁극적으로 제국의 일부가 되어야 한다는 이념을 표방했다는 점에서 '세계제국'이라고 부를 수 있을 것이다. Voegelin(1940-1941); Voegelin(1962), 170-188.

어느 민족에 대해서건 진군해야 한다는 것입니다. 둘째, 사람이든 재물이든 모든 것들에 대해서 열의 하나를 그들에게 바쳐야 한다는 것입니다. 그들은 열 명의 소년들을 세어서 그중에 한 명을 데리고 가며 소녀들도 마찬가지입니다. 이들을 자기 나라로 끌고 가서 노예로 데리고 있고, 나머지는 수효를 헤아린 뒤 자신들의 관습에 따라서 처분합니다.

3. 그들이 완전한 지배권을 장악하게 되면 [과거에] 어떤 약속을 했든 간에 그것을 지키지 않습니다. 오히려 할 수만 있다면 온갖 과도한 요구를 하기 위한 구실을 찾습니다. 예를 들어 우리가 러시아에 있을 때 어떤 사라센 사람을 만났는데, 그는 구육 칸과 바투를 대신해서 그곳으로 파견되었다고 합니다. 후일 우리가 들은 바에 의하면 이 관리는 세 명의 소년을 가지고 있는 사람들로부터 한 명씩을 취했다고 합니다. 그는 결혼하지 않은 남자들을 모두 데리고 갔고 합법적인 남편이 없는 여자들에 대해서도 마찬가지로 그렇게 했다고 합니다. 심지어 구걸을 해서 매일의 양식을 구하던 가난한 사람들도 같은 방식으로 끌고 갔습니다. 나머지 사람들에 대해서 그는 자신들의 관습에 따라서 수를 헤아린 뒤, 모든 사람은 어른이건 아이건 심지어 하루밖에 안 된 갓난아이건, 또 부자건 빈자건 할 것 없이 다음과 같이 공납을 바쳐야 한다고 명령했습니다. 즉 그들은 흰 곰, 검은 해리(海狸), 검은 담비, 검은 여우 등 각각 한 마리의 가죽과, 땅속에 굴을 파고 사는 어느 동물—그 이름을 라틴어로 어떻게 옮겨야 할지 모르겠지만 폴란드와 러시아어로는 도르코리(dorcori)²)라고 불립니다—의 검은 가죽을 바쳐야 했습니다. 이런 것들을 내놓지 못하는 사람은 누구든지 타타르인들에게 끌려가서 그들의 노예가 된다는 것입니다.

4. 그들은 또한 여러 나라의 지배자들에게 사람을 보내서 지체 없이 즉각 오라고 요구합니다. [그 지배자들이] 오면 마땅히 받아야 할 대우를

---

2) 'cricetus'라고도 불린 일종의 햄스터. 사본에 따라 dochori라고도 표기되었으며, 게르만인들은 이 동물을 iltis(polecat)라고 불렀다고 한다. Martin(1978), 407.

받지 못하고 오히려 다른 비천한 사람들과 마찬가지의 취급을 받으며, 수령들과 그 부인 및 천부장과 백부장들에게 상당량의 선물을 바치도록 강요됩니다. 실제로 모든 사람들, 심지어 노예들까지도 그들에게 선물을 요구하며 성가시게 구는 것이 일반적인 현상이며, 이는 타타르인들에게 보내진 지배자는 물론이고, 강력한 왕자들이 보낸 사신들도 마찬가지입니다.

5. 어떤 사람들에 대해서는 처형시키기 위해서 여러 구실들을 날조하는데, 미카엘과 다른 사람들에 대해서 그렇게 했다고 들었습니다. 그러나 어떤 사람들은 다른 이들을 유인하기 위해서 돌려보냅니다. 더러는 독약과 독을 사용하여 살해하기도 하는데, 타타르인들의 의도는 자기들만이 세상을 지배하는 것이기 때문입니다. 그들이 돌아가도록 허락한 사람들에게는 그 대신 아들이나 형제를 보내라고 요구하며, 이들 [아들과 형제]에게는 그 뒤로 결코 자유를 주지 않습니다. 그들은 바로 이런 방식으로 야로슬라브의 아들, 알란인들의 수령, 그리고 다른 많은 사람들을 상대했습니다. 만약 아버지나 형이 후계자 없이 사망할 경우, 그들은 그의 아들이나 동생을 풀어주지 않고, 오히려 자신들이 지배권을 완전히 장악하는데, 우리가 보았듯이 솔랑기의 한 수령이 그런 경우를 당했습니다.3)

6. 타타르인들은 귀환을 허락한 사람들의 나라에는 자신들이 임명한 지사, 즉 바스카키4)를 두는데, 지배자는 물론 다른 사람들도 그의 명령에

---

3) 몽골인들은 자발적이건 강제적이건 복속하게 된 나라의 군주에게 복속의 의사를 분명히 표명하기 위해서 군주 자신이 몽골의 칸을 찾아와 알현할 것, 즉 친조(親朝)를 요구했고, 이와 동시에 그 군주의 자제를 일종의 인질로 보낼 것을 요구했다. 이 인질 혹은 질자는 몽골어로 투르카크(turqaq)라고 불렸고 한자로는 禿魯花라고 표기되었다. 이러한 질자제도는 피복속국뿐만 아니라 몽골인들 내부에서도 시행되었다. 칭기스 칸은 1206년 국가를 건설하고 천호제(千戶制)를 실시한 뒤, 몽골의 수령들에게 자제를 투르카크로 보내라고 명령했고, 이렇게 해서 구성된 1만 명의 병력으로 자신의 '친위병(keshig)'을 만들었다. 따라서 몽골인들이 피복속 군주들에게 이러한 인질을 요구한 것에 대해서 카르피니처럼 '악의적인' 측면으로만 이해하는 것은 곤란할 것이다.

4) basqaqi. SF: bastaki; SM: bascak. 몽골어로는 다루가치(darughachi)라고 불렸으며, 몽골의 군주가 정복지의 통치를 위해서 파견한 관리의 명칭이다. 튀르크어로 bas-와 몽골어로

복종해야만 합니다. 만약 어떤 도시나 지방의 사람들이 이 바스카키들이 원하는 것을 수행하지 않으면, [바스카키들은] 그들이 타타르에 충실하지 않다고 비난합니다. 그리고 그 결과, 그 지방을 통치하는 총독이 이방에서 막강한 타타르 군대를 불러와서 돌연히 공격을 가하여 그 도시나 지방을 파괴하고 주민들을 죽입니다. 우리가 타타르인들의 땅에 있을 때, 이런 일이 러시아인5)들의 어느 도시 — 타타르인들 자신이 쿠만인의 땅에 세운 것입니다— 에서 벌어졌습니다. 어느 지방의 통치권을 빼앗은 타타르 왕자나 지사뿐만 아니라 그 도시나 지방을 지나가는 타타르 귀족들도 마치 자신이 그곳의 지배자인 양 행동하며, 만약 그가 보다 높은 지위에 있는 타타르인이라면 더욱 그러합니다.

7. 더구나 그들은 금과 은 혹은 다른 무엇이건 불문하고, 만약 원하는 것이 있으면 언제 또 얼마를 원하건 이러한 항의도 개의치 않고 그런 것을 요구하고 받아냅니다. 또한 만약 그들에게 항복한 지배자들 사이에서 분쟁이 벌어지면, 그들은 자신의 입장을 탄원하기 위해서 타타르의 황제에게 가야만 합니다. 최근 조지아 왕의 두 아들 사이에 벌어졌던 일이 그러합니다. 그들 가운데 한 사람은 적자이고 다른 한 사람은 서출인데, 후자는 다비드(David)라고 불렸고 적자의 이름은 말릭6)이었습니다. 그런데 [이들의] 아버지가 그 서자에게 영역의 일부분을 남겨주었습니다. 나이가 어린 다른 아들[즉 적자]은 앞서 말한 다비드가 타타르의 황제를 만나러 여행을

---

daru-는 모두 '누른다'는 뜻을 가진 동사이며, '진압하다' 혹은 '인장을 누르다'는 의미에서 이런 명칭이 붙은 것으로 보인다. 바스칵과 다루가치, 이 양자가 동일한 것인가에 대해서는 학계에 약간의 논란이 있었지만, 같은 것으로 보아야 옳다고 생각한다. 이에 관해서는 많은 연구들이 있지만 대표적으로 Vásáry(1976), 187-197; Vásáry(1978), 201-206; Ostrowski (1990), 525-542 등 참조.

5) SF: Rutheni. 카르피니와 루브룩은 동방정교회를 믿는 동슬르브계 주민들을 Ruteni/Rutheni 라고 부르고 있는데, 이 용어는 당시 상당히 널리 사용되었고 그 뒤에 동유럽 여러 지방에서 도 보다 특수한 의미로 사용되었다(Rubruck/Jackson, 68). 이 책에서는 Rutheni를 러시아인 으로 일괄적으로 옮겼다.

6) Malik. SF: Melic. 이 두 형제에 대해서는 앞의 주석 참조.

떠나는 것을 보고, 그 역시 자기 어머니와 함께 [황제를] 만나러 출발했습니다. 말릭의 어머니, 즉 조지아의 여왕은 가는 도중에 사망했습니다. 그녀의 남편이 왕권을 차지하게 된 것도 그녀 덕분인데, 왜냐하면 그곳에서는 부인들을 통해서 왕위를 차지할 수 있기 때문이었습니다. 이 두 아들은 황제에게 와서 화려한 선물들을 주었고 특히 적자가 그러했습니다. 그는 아버지가 다비드라는 아들에게 땅을 주었지만 그가 첩의 소생이라는 사실을 근거로 그 땅을 되찾으려고 했습니다. 이에 대해서 다비드는 이렇게 대응했습니다. "내가 비록 첩의 아들이기는 하지만 부인의 아들과 첩의 아들 사이에 아무런 차별을 두지 않는 타타르인들의 관습에 따라 내게 정의를 베풀어줄 것을 요청한다." 그 결과 판결은 적자에게 불리하게 내려졌고, 그는 자기보다 연장이자 아버지가 평화와 화목함으로 다스리라고 준 땅을 통치할 다비드에게 복종하도록 결정되었습니다. 그래서 말릭은 가져다 바친 선물도 잃고 자기 형제에 대해서 벌인 송사에서도 지고 말았습니다.

8. (HT §34) 그들이 정복한 나라[와 족속]의 이름은 다음과 같습니다. 키타이, 나이만, 솔랑기, 카라 키타이 혹은 검은 키타이, 카나나,[7] 투마트,[8] 오이라트, 카라니트,[9] 위구르,[10] 수 몽골,[11] 메르키트, 메크리트, 사릭 위구르,[12] 바스카르트 즉 대헝가리, 케르기스, 코스미르,[13] 사라센, 비세르민, 투르코만, 빌레리 즉 대불가리아, 코롤라,[14] 코무키,[15] 부리 티베트, 파로시

---

7) SM: Canana. SF에는 Canana가 없고 대신에 Cumae라고 되어 있으나 여기서는 SM을 따랐다.
8) SM: Tumat; SF: Cumae. SM의 표기가 정확하다. Boyle(1954), 405-406; Hambis(1965), 170 참조.
9) SF: Karanity; SM: Karaniti.
10) SF: Huyur.
11) SF: Sumoal.
12) SF: Sarihuiur; SM: Sarihuyur.
13) SF: Cosmir. 카쉬미르(Kashmir)를 가리킨다.
14) SF: Corola; SM: Catora. 이것은 헝가리를 뜻하는 것으로 보인다. 헝가리어에서는 왕을 kiraly, 슬라브어에서는 kral', krol', korol' 등으로 불렀는데, 이는 물론 샤를마뉴의 이름에서 비롯된 것이다. 이 단어는 몽골이나 이슬람 측 문헌에 kerel, keler, kelär 등으로 표기되었다. 이 명칭에 관해서는 Pelliot(1949), 119-143; SM, 468 참조.

트, 캇시,16) 알란 혹은 앗시,17) 오베시18) 혹은 조르지아인, 네스토리아인, 아르메니아인, 캉기트,19) 쿠만, 유대인인 브루타키,20) 모르도바인, 튀르크, 하자르, 사모예드, 페르시아인, 토르키,21) 소인디아 혹은 에티오피아, 시르카시아인, 러시아인, 바그다드, 사르티22) 등입니다. 다른 많은 나라들이 있지만 나는 그 이름을 알지 못합니다. 우리는 방금 언급한 거의 모든 나라들에서 온 남자와 여자를 보았습니다.

9. 타타르인들은 복속하지 않은 나라와 접경하는 아주 멀리 떨어진 민족들로부터 조공을 받고 그들을 관대하게 대하며 조금은 두려워합니다. 그들이 이렇게 하는 이유는 이 인근 나라들이 군대를 끌고 와서 공격하지도 않으려니와 [타타르를] 두려워하여 항복하지도 않을 것이기 때문입니다. 그들은 이런 방식으로 오베시나 조지아인들을 대하며 그들로부터 조공으로 금화 4만 닢을 받습니다. 그밖에는 지금 평화적으로 살도록 내버려

---

15) SF: Comuchi. 사본에 따라서 Comiti로도 표기되었다. 다게스탄 지방의 Qumuq(혹은 Qumïq)이라는 종족을 가리킨다. 이에 관해서는 Pelliot(1949), 157; Hambis(1965), 171 참조.

16) SF: Cassi. HT의 Cassidi에 상응하는 것으로, Painter는 이것이 『원조비사』 239절에 나오는 Kesdiyin과 같은 것이라고 보았다. 나아가 이는 1262년 훌레구가 프랑스의 루이 9세에게 보낸 서한(빈 국립도서관에 소장)에 나오는 Castin과 동일한 것으로 보인다. Meyvaert(1980), 254 참조.

17) 알란 혹은 앗시(Assi)에 대해서는 앞의 주석 참조.

18) SF: Obesi. 러시아 문헌에는 Obezi라고도 표기되었으며 아브하즈(Abkhaz)를 가리킨다. 아브하즈는 캅카스 산맥 서북쪽 흑해 연안의 지명이자 종족의 명칭이다. Hambis(1965), 170.

19) SF: Kangit. 즉 캉글리를 가리킨다.

20) SF: Brutachi. 캅카스 북방 및 카스피 해 북안의 초원지대에 거주하던 하자르(Khazar)인들은 유대교로 개종했는데, 카르피니가 말하는 '브루타키'인들이 혹시 그 후예일 가능성이 있다. 중세 무슬림들의 글에 보이는 Berdagj와 같다거나, 혹은 오늘날 Borčaluf라는 무슬림 집단과 동일하다는 추정이 있다. Rubruck/Rockhill, 12; Rubruck/Risch, 231; Togan(1939), 192.

21) SF: Torci. 이 집단은 러시아 남부 초원지역, 카스피 해 부근에 거주하던 튀르크계 구즈(Ghuz) 혹은 오구즈(Oghuz) 계통의 집단이며, 러시아 측 자료에는 Tork, 비잔틴 측 자료에는 Ouzoi라고 표기되었다. 이들은 후일 페체네그(= 쿠만)라는 새로운 유목민에게 복속하게 된다. 이들에 관해서는 Minorsky(1937), 311-312; Hambis (1965), 172 참조.

22) SF: Sarti. 『원조비사』에는 Sarta'ul이라고 표기되었다. 당시 서투르키스탄의 주요 도시에서 거주하던 정주 무슬림들을 가리키던 말이었다.

두지만, 내가 가지고 있는 정보에 의하면 조지아인들은 그들에 대항하여 반란을 일으키려고 한다고 합니다.

10. 다음은 용맹하게 타타르에 저항했고 현재 그들에게 복속하지 않은 나라들의 이름입니다. 대인도, 알란인들의 일부, 키타이인들의 일부, 삭시 (Saxi).23) 우리가 그곳에 있을 때, 타타르인들이 이 삭시인들에게 속한 어느 도시를 포위하고 공략하려고 했다는 이야기를 들었습니다. 그러나 주민들은 타타르인들의 [공성] 장비에 맞서기 위해서 장비들을 만들어 그것들을 다 부수었고, 타타르인들은 이러한 장비와 투척기들로 인해서 전투하러 도시에 접근할 수 없었습니다. 마침내 그들은 지하로 통로를 만들어 도시 안으로 돌격해서 불을 지르고 또 일부는 전투를 벌이려고 시도했지만, 주민들은 한 무리의 사람들을 보내서 불을 끄는 한편 나머지 사람들은 도시 안으로 진입한 자들과 용맹하게 싸워서, 수많은 사람들을 죽이고 또 일부에게는 부상을 입혔으며, 결국 그들을 자기 소속의 군대로 퇴각하도록 만들었습니다. 타타르인들은 이들에 대해서 아무것도 할 수 없으며 많은 수의 아군이 죽어가고 있다는 사실을 깨닫고 그 도시에서 물러났습니다.

11. 사라센 및 다른 민족들의 땅에서 타타르인들은 마치 그들의 군주나 주인처럼 행세하며 살고 있습니다. 그리고 최고의 장인들을 모두 데리고 가서 자신들에게 봉사하도록 부리는 한편 나머지 기술자들은 자기가 작업한 것에서 공납을 바치게 합니다. 그들은 추수한 것들을 모두 주인들의 곳간에 쌓아둡니다.24) 그렇지만 [이 주인들은] 씨앗을 제공하고 웬만한 수준

---

23) 앙비스(174)는 Saxi라는 집단이 크림 지방의 고트족(Goths Tetraxites)을 가리키는 것으로 보았다. 그러나 이에 대해서 Saxi가 볼가 강 유역의 불가르족 남쪽, 하자르족 동북쪽에 있던 Saqsin이라는 집단을 지칭한다는 주장도 있다. 『세계정복자사』와 『집사』에는 Saqsin이라는 집단이 Bulghar와 짝을 이루며 언급되고 있다. 펠리오는 Saqsin이 볼가 강 하류, 불가르에서 40일 정도 남쪽에 위치한 지명으로 보았다. 海老澤哲雄(1995-1996), 112-113 참조.

24) 몽골 제국의 수도였던 카라코룸에는 상당히 많은 장인들이 거주했고 이들의 작업장이 시내 도처에 있었던 사실이 발굴의 결과로도 확인된다. 또한 장덕휘(張德輝)의 『기행(紀行)』에 의하면, 어기 노르 동쪽에 빌리게투(畢里訖都)라는 곳에 '弓匠'들의 집단이 있었고, 카라

의 생활은 할 수 있을 정도로 공급합니다. 다른 사람들의 경우에 그들은 매일 아주 적은 양의 빵을 주고 그밖에는 아무것도 주지 않습니다. 다만 일주일에 세 차례 소량의 고기를 주는데 그것도 도시 안에 거주하는 장인들에게만 허용됩니다. 더구나 주인의 마음이 내키기만 하면 모든 젊은 사람들을 그 부인과 자식까지 포함해서 한꺼번에 취하여 그들의 모든 가재도구를 가지고 따라다니도록 강제하는데, 그래서 그들은 타타르인들로 간주되지만 [사실은] 오히려 포로와 같은 존재입니다. 왜냐하면 비록 타타르인으로 계산되기는 하지만 그들은 타타르인이 향유하는 존경을 받지 못하고 노예처럼 취급되며, 다른 죄수들처럼 온갖 위험한 곳으로 보내지기 때문입니다. 그들은 전투에서 선두에 서고 만약 늪이나 위험한 강이 있으면 그들이 먼저 도강을 시도해야 합니다. 그들은 또한 해야 할 모든 작업을 수행하도록 강제되고, 만약 무슨 이유에서건 도발을 하거나 명령에 복종하지 않으면 마치 나귀처럼 매질을 당합니다.

12. 간단히 말해서 그들이 마치 금 세공인이나 다른 숙련된 기술자들처럼 무엇인가 [다른] 수입이 없다면, 조금밖에 먹고 마시지 못하며 입는 것도 비참합니다. 그러나 어떤 이들은 정말로 사악한 주인을 만나서 아무것도 가질 수 없으며, 주인들을 위해서 수행해야 할 일이 너무 많기 때문에, 마땅히 쉬거나 잠자는 시간을 아끼지 않는다면 자신들을 위해서 일할 시간을 가질 수 없습니다. 그들이 만약 부인과 자신의 거처가 있다면 그렇게 할 수 있지만, 주인의 집에 마치 노예처럼 붙들려 있는 다른 사람들은 극도로 불행한 처지에 있는 것입니다. 나는 그런 사람들이 맹렬하게 뜨거운 햇빛 아래에서 가죽으로 된 바지만 입고 신체의 다른 부분은 벌거벗은 채 있는 것을 매우 자주 보았습니다. 그들은 겨울에 엄청난 추위로 고생합니

코룸 강의 서쪽, 즉 타미르 강 부근의 훌란치긴(忽蘭赤斤)이라는 곳에는 '部曲民匠'들이 농사를 짓는 곳이 있었다고 한다. 또한 카라코룸에는 크고 작은 많은 창고들이 있었던 사실도 확인된다. 陳得芝(2005), 195; 劉莉亞(2004) 등 참조.

다. 나는 혹한으로 인해서 발가락과 손가락을 잃어버린 사람들을 보았으며, 또 똑같은 원인으로 인해서 죽거나 사지를 모두 못쓰게 되었다는 이야기를 들었습니다.

제8장

타타르인들에 대해서 어떻게 전쟁을 해야 하는가, 그들의 의도, 무기와 군대조직, 전투에서 그들의 계략에 어떻게 맞서야 하는가, 군영과 도시의 요새화, 타타르 포로들을 어떻게 처리해야 하는가

1. 타타르인들에게 복속한 나라들에 대해서 이야기를 했으니, 나는 그들에 대항해서 어떻게 전쟁을 해야 하는지에 대해서 설명을 추가해야겠습니다. 그것은 다음과 같은 방식으로 서술해야 할 것 같습니다. 첫째 그들의 계획에 대해서, 둘째 무기와 군대조직, 셋째 접전 시 그들의 계략에 대응하는 방법, 넷째 군영과 도시의 요새화, 다섯째 포로들을 어떻게 해야 하는가.

2. 할 수만 있다면 전 세계를 복속시키는 것이 타타르인들의 의도이며 위에서 언급한 것처럼 이 점에 관해서 그들은 칭기스 칸의 명령을 받았습니다. 바로 이런 이유로 그들의 황제는 편지에 "신의 힘, 모든 사람들의 황제"라고 적으며, 그의 도장에는 "하늘에는 신, 땅에는 구육 칸. 신의 힘, 모든 사람들의 황제의 도장"이라는 글귀가 새겨져 있는 것입니다.[1] 그리고 앞에서도 말했듯이 바로 이 점이 자신들에게 항복하는 민족을 제외하고는 어느 누구와도 평화를 맺지 않으려는 까닭을 설명해줍니다. 이 지상에서 기독교권을 제외하고는 그들이 두려워하는 나라가 어디에도 없기 때

---

1) 구육이 교황 인노켄티우스 4세에게 보낸 친서에는 그의 인장이 찍혀 있는데, 그 문구는 다음과 같은 내용이다. "영원한 하늘의 힘에 기대어. 대몽골 울루스의 사해의 칸의 칙령. 복속하거나 반역한 사람들에게 도달하면 경외하라, 두려워하라." 이에 관해서는 이 책의 "참고 자료 3"과 Pelliot(1923), 22-25; Rachewiltz(1983a), 272-281 등 참조.

문에 그들은 우리에 대해서 전쟁을 준비하고 있습니다. 그러므로 모든 사람들이 알아야 할 사실은 우리가 타타르인들의 땅에 있는 동안 장엄한 궁정[회합]에 참가했는데, 그것은 수 년 전에 공지가 된 것이고 우리가 있는 앞에서 그들은 구육을 황제—그들의 언어로는 칸—로 선출했습니다. 바로 이 구육 칸이 다른 모든 왕자들과 함께, 만약 자신이 교황 성하와 서방의 군주들과 기독교도들에게 보낸 명령들을 수행하지 않는다면, 신의 교회와 로마 제국 그리고 서방의 모든 기독교 왕국과 민족에 대해서 진군하겠다는 깃발을 올린 것입니다.

3. 나는 이 명령들을 어떤 일이 있어도 따라서는 안 된다고 생각합니다. 그것은 첫째 그들이 정복한 모든 민족들을 지금까지는 들어본 적이 없는 극도의 아니 도저히 견딜 수 없는 정도로 속박하기 때문인데, 그것을 우리는 우리의 눈으로 보았습니다. 또한 그들은 믿을 수 없고 어떤 민족도 그들의 말을 신뢰해서는 안 되기 때문이기도 합니다. 그들은 상황이 자신들에게 유리하게 돌아간다 싶으면 곧바로 자기가 한 약속을 깨버리고, 그들의 모든 행동과 다짐도 거짓으로 가득 차 있기 때문입니다. 그들의 목표는 이미 이야기한 것처럼 이 땅의 표면에서 모든 왕자와 귀족과 기사와 고귀한 태생의 사람들을 쓸어버리는 것이며, 이것을 그들은 자신들의 세력 안에 있는 사람들에 대해서 교활하고 간교한 방식으로 행하고 있습니다. 또한 기독교도가 그들에게 복속하는 것이 적절하지 않은 까닭은 그들의 혐오스러운 관습 때문이며, 나아가 신에 대한 경배는 무로 돌아가고 영혼은 파멸되며 육신은 온갖 방식으로 도저히 믿을 수 없는 고통을 받게 될 것이기 때문입니다. 그들은 처음에는 듣기 좋은 말을 하지만, 뒤에는 마치 전갈처럼 깨물고 상처 입히는 것이 사실이기 때문입니다. 그리고 마지막으로 그들은 기독교 민족에 비해서 수적으로 더 적고 신체적으로도 더 약하기 때문입니다.

4. 앞에서 말했던 궁정에서 군대의 수령과 전사들은 각자 소임을 부여받았습니다. 그들의 지배하에 있는 모든 나라들에서 열 명 가운데 세 명을

하인들과 함께 파견하기로 했습니다. 한 군대는 헝가리를 경유해서 침공하고, 두 번째[군대]는 폴란드를 통해서 들어간다고 우리는 들었습니다. 그들은 18년 동안 쉬지 않고 전쟁을 할 정도로 준비를 하고 올 것이며, 그들에게는 출전의 시기가 지정되었습니다. 우리가 러시아를 떠나서 여행하며 통과했던 타타르인들의 모든 지방에서 소집되어온 군대를 지난 3월에 목격했습니다.[2] 3-4년 내로 그들은 코마니아에 도착할 것입니다. 그곳에서부터 그들은 위에서 말한 나라들에 대한 공격을 개시할 것입니다. 그러나 그들이 세 번째 여름이 끝난 뒤 즉각적으로 올지 아니면 조금 더 기다려서 불시에 닥칠 더 좋은 기회를 엿볼지, 그 점에 대해서 나는 알지 못합니다.

5. 그들이 헝가리와 폴란드로 진입했을 때 신께서 그렇게 하셨던 것처럼, 만일 그의 자비로 그들의 길에 어떤 방해물을 놓지 않는 한, 이 모든 것들은 분명하고 확실합니다. 30년 동안 계속해서 싸우려는 것이 그들의 계획이었지만, 그들의 황제가 독살되었고 따라서 현재에 이르기까지 전투를 하지 않고 쉬고 있는 것입니다. 그러나 이제 황제가 새로 선출되었기 때문에 그들은 다시 한번 전투를 준비하기 시작한다. 황제가 자기 입으로 직접 리보니아와 프러시아로 군대를 보내기를 원한다고 말했다는 사실을 분명히 알아야 합니다.[3] 이미 앞에서 말한 것처럼 전 세계를 무너뜨려서 노예 — 이미 말했듯이 우리와 같은 사람들로서는 도저히 견딜 수 없는 노

---

2) 구육은 즉위한 다음 해에 서방원정을 위해서 일련의 조치를 취했다. 먼저 엘지기데이라는 장군에게 명령을 내려 서쪽으로 가서 초마르간의 군대를 지휘하여 작전을 개시하도록 했고, 이어서 몽골인들을 대상으로 100호에 1명씩 '용사(拔都魯, batur)'를 징발하라는 명령을 내렸다(『元史』권2 「定宗紀」).

3) 카르피니의 이 기록은 구육의 '서진(西進)'의 목적이 무엇인지를 보여주는 자료로서 매우 중요한 가치가 있다. 구육이 즉위하기 전에 바투와 함께 서방원정을 하는 도중에 서로 다투어 사이가 틀어졌고, 바투가 구육의 즉위에 반대했기 때문에 구육이 군대를 몰고 바투를 치러 서방으로 갔다고 이해하는 것이 일반적이었다. 그러나 역자는 구육의 서방원정의 목적이 바투를 공격하는 것이 아니라 부친 우구데이 치세에 완결을 짓지 못한 서아시아 및 유럽에 대한 정복을 완결지으려는 것이었다고 보는데, 이런 점에서 카르피니의 증언은 중요한 의미가 있다고 할 수 있다.

예—로 전락시키는 것이 그들의 목표이기 때문에 그들과는 전투에서 맞서지 않으면 안 됩니다.

6. 만약 한 지방이 다른 지방을 도울 준비가 되어 있지 않다면 타타르인들이 공격하는 고장은 파멸될 것이고, 그들은 붙잡은 포로들을 데리고 가서 최전선에 배치시켜서 또다른 고장과 전투를 치를 것입니다.[4] 만약 그들이 형편없이 싸운다면 타타르인들은 그들을 죽이지만, 만약 잘 싸운다면 약속과 칭찬의 말을 통해서 그들을 붙잡아둡니다. 그들이 도망치는 것을 저지하기 위해서 심지어 막강한 영주를 만들어주겠다는 약속까지 합니다. 그러나 그 후 그들이 떠나지 않으리라는 확신을 가지게 되면 가장 비참한 노예로 만들어버리는데, 하인과 첩으로 데리고 있기를 원하는 여자들에 대해서도 똑같은 방식으로 대합니다. 이렇게 해서 그들은 자신이 정복한 지역의 주민들을 데리고 가서 다른 지방을 파괴하기 때문에, 나의 견해로는 신께서 같은 편이 되어 싸워주기 전에는 어느 지방도 혼자 힘만으로는 그들에게 저항할 수 없을 것입니다. 왜냐하면 앞에서도 이미 말했듯이 각 지역에서 징집된 사람들이 그들의 지배 아래에서 전투를 수행하기 때문입니다. 따라서 기독교도들이 만일 스스로를 구원하고자 한다면, 그들의 나라와 기독교권은 물론이고 왕과 왕자와 공작과 지방 영주들 모두가 결집하여 공통된 입장을 가지고, 타타르인들이 지상에 퍼지기 전에 그들과 맞서서 싸워야 합니다. 왜냐하면 그들이 일단 한 지방으로 퍼져가기 시작하면, 타타르의 군인들은 각지의 주민들을 수색하여 살육하기 때문에 어느 누구도 다른 사람을 효과적으로 돕는다는 것이 불가능해지기 때문입니다. 만약 성채 안에 들어가 문을 잠그고 버틴다면, 타타르인들은 3,000명

---

4) 몽골인들은 피정복민에게 몇 가지 의무를 부과했다. 흔히 '육사(六事)'라는 이름으로 알려진 이 의무는 國王親朝, 子弟入質, 戶籍提出, 軍役提供, 稅賦納付, 驛傳設置, 達魯花赤(監督官) 設置 등을 포함하고 있다. 카르피니가 언급한 것은 이 가운데 군역의 제공에 해당되는 것이었다. 이것은 서아시아에서 '하샤르(ḥashar)'라고 불렸는데, 그 구체적인 사례에 대해서는 Juvayni/Boyle, vol. 1, 85, 92, 97; Smith(1975), 287; Lambton(1986), 79-99 참조.

4,000명 혹은 그보다 더 많은 수의 사람들을 성채나 도시 주위에 배치하고 포위하며, 그와 동시에 온 사방으로 흩어져 사람들을 계속해서 죽입니다.

7. 타타르에 대항하여 싸우기를 원하는 사람이라면 누구나 다음과 같은 무기를 지녀야 할 것입니다. 강력하고 좋은 활, 그들이 매우 두려워하는 석궁,[5] 충분한 양의 화살, 강한 쇠로 만든 쓸 만한 도끼, 손잡이가 긴 전투용 도끼. 활과 석궁에 쓰일 화살촉은 타타르인들의 방식대로 뜨거운 상태에서 소금물에 넣어 가공한다면, 타타르의 갑옷도 뚫을 정도로 단단하게 만들어질 것입니다. 칼도 소지해야 하고 또 타타르인들을 안장에서 끌어내리기 위해서 갈고리가 달린 창도 가지고 있어야 합니다. 왜냐하면 그들은 말에서 잘 떨어지기 때문입니다. 단검. 이중의 두께로 된 흉갑도 필요한데 타타르인들의 화살이 그런 것은 쉽게 관통하지 못하기 때문입니다. 적의 무기와 화살로부터 신체와 말을 보호할 투구와 갑옷과 기타 장비들. 만약 누군가 우리가 설명한 이러한 무기들로 무장하지 않은 사람은 타타르인들처럼 행동해야 하는데 다시 말해서 다른 사람의 뒤로 가서 활과 석궁으로 적을 쏘는 것입니다. 영혼과 육체와 자유와 다른 소유물들을 방어하기 위해서 무기를 구입할 때는 결코 돈을 아껴서는 안 됩니다.

8. 군대는 타타르 군과 같은 방식으로, 천부장, 백부장, 십부장 및 군대의 [다른] 수령들의 지휘를 받도록 조직되어야 합니다. 마지막에 언급된 사람들은 타타르의 수령들이 그러하듯이 전투에 절대로 참가해서는 안 됩니다. 그들은 다만 군대를 관찰하고 지시를 내려야 합니다. 모든 사람은 전투에서건 아니면 다른 곳에서건 지정된 대열 안에서 함께 전진하는 것을 법으로 정해야 합니다. 또한 전투나 싸움의 와중에 다른 사람을 버리는 자, 한 무리가 되어 퇴각하지 않을 때 도주하는 자 등에 대해서는 가혹한

---

5) 중국에서는 이미 오래 전부터 석궁이 사용되었기 때문에 몽골인들도 그 유용성을 잘 알고 있었는데, 그것을 자신들의 무기체계 안에 받아들여 활용하지는 않은 듯하다. White(1962), 35, 151-152. 석궁의 위력과 그것으로 인한 부상 및 치료에 관해서는 Burns(1972), 983-989 참조.

처벌을 내려야 합니다. 왜냐하면 만약 이런 일이 일어나면 타타르 군의 한 부대가 그 도망치는 자들을 추격해서 활로 쏘아 죽이는 한편, 나머지는 전쟁터에 남아 있는 사람들과 전투를 벌이기 때문입니다. 그렇게 해서 남아 있는 사람이나 도망친 사람 모두 혼란에 빠져 죽임을 당하게 됩니다. 이와 비슷하게 누구라도 적군이 완전히 패망하기 전에 약탈하기 위해서 옆으로 빠져나간다면, 그 역시 매우 무거운 형벌을 받아야 할 것입니다. 타타르인들은 그런 사람을 가차 없이 사형시킵니다. 군대의 수령은 전투할 지점을 선택해야 하는데, 만약 가능하다면 모든 곳을 관찰할 수 있는 평지를 택해야 합니다. 또 가능하다면 뒤쪽이나 옆에 커다란 숲이 있는 곳을 골라야 하지만, 그렇다고 해도 타타르인들이 그들과 숲 사이로 들어올 수 없는 곳에 자리를 잡아야 합니다. 군대는 하나의 몸통을 이루지 않도록 해야 하며 서로 떨어진 그러나 너무 멀리 떨어지지 않은 수많은 대열들로 구성되어야 합니다. 한 대열을 보내서 접근해오는 타타르인들의 첫 번째 대열을 맞아 싸우게 해야 합니다. 만약 타타르인들이 거짓으로 도망치면, 너무 멀리 그들을 추격해서는 안 되며 시야에서 벗어날 정도로 멀리 가서는 물론 안 됩니다. 때때로 타타르인들은 준비해놓은 매복이 있는 곳으로 적을 유인하는데, 이는 그들이 흔히 쓰는 방식입니다. 그리고 또다른 대열을 준비시켜 만약 그럴 필요가 있을 경우에는 도움을 줄 수 있도록 해야 합니다.

9. 더구나 척후병을 후방과 좌측, 우측 등 사방에 배치하여 타타르인들의 또다른 대열이 접근하지 않는지 살펴보아야 하며, 언제나 하나의 대열을 파견하여 타타르의 대열 하나를 상대하게 해야 하는데, 그 까닭은 타타르인들이 적을 포위하려고 하기 때문입니다. 그런 방식으로 부대 하나가 손쉽게 정복되기 때문에, 그들이 그렇게 하지 못하도록 최대한 경계를 해야 할 필요가 있습니다. 각각의 대열은 그들을 오랫동안 추격하지 않도록 조심해야 하며, 그것은 그들이 용기가 아니라 기만술로 싸우려고 하고 따라서 매복을 숨겨두는 경우가 많기 때문입니다.

10. 군대의 지휘관은 항상 전투를 벌이고 있는 사람들에게 필요한 원군을 그들에게 보낼 준비를 하고 있어야 합니다. 타타르인들을 너무 오래 추격하지 말아야 할 또다른 이유는 말을 지치게 하지 않기 위해서입니다. 우리는 그들처럼 많은 수의 말을 보유하고 있지 않습니다. 타타르인들은 하루 동안 한 말을 타면 그 다음 사나흘은 그것을 다시 타지 않습니다. 따라서 그들은 엄청나게 많은 수의 말을 가지고 있기 때문에 말들이 지쳤는지 아닌지 살피는 데에 신경을 쓰지 않습니다. 설령 타타르인들이 퇴각한다고 해도 아군은 서로 떨어지거나 갈라져서는 안 되는데, 그 까닭은 얼마 후에 그들은 아무런 방해도 받지 않고 와서 모든 지역을 파괴할 수 있기 때문입니다. 기독교도들은 평상시 그러하듯이 지나치게 경비를 많이 쓰는 것을 조심해야 합니다. 그렇지 않으면 결국 돈이 없어서 집으로 돌아가야만 하고 타타르인들은 모든 땅을 파괴시키고, 그들의 과도한 소비로 인해 시 신의 이름이 모독을 받게 될 것이기 때문입니다. 그래서 어떤 전사들이 집으로 돌아가는 일이 생겼는지 살펴보고 다른 사람들이 그 자리를 채울 수 있도록 신경을 써야 합니다.

11. 우리 지휘관들은 또한 아군에 대해서 밤낮으로 경비를 세우도록 조치를 취해야 합니다. 그래서 타타르인들이 갑작스럽고 예상치 않은 공격을 그들에게 하지 못하게 해야 하는데, 그들은 마치 악마처럼 해악을 가할 많은 방법을 생각하기 때문입니다. 사실상 우리 측 사람들은 낮에 경계를 하듯이 밤에도 경계를 게을리 해서는 안 되며, 불의의 습격을 받지 않으려면 결코 옷을 벗고 눕거나 탁자에 앉아 놀아서도 안 됩니다. 왜냐하면 타타르인들은 어떻게 하면 해악을 가할 수 있을까 항상 살펴보고 있기 때문입니다. 타타르인들이 공격하러 오지 않을까 걱정하고 겁을 내는 고장 사람들은 곡식이나 다른 것들을 놓아둘 비밀 구덩이를 가지고 있어야 합니다. 그 이유는 두 가지인데, 하나는 타타르인들이 그런 것들을 손에 넣지 못하도록 함이요, 또 하나는 만일 신께서 은총을 베푸신다면 후에 그것을

다시 찾을 수 있을 것이기 때문입니다. 만약 자기 고장에서 도망치게 된다면 건초나 꼴을 태우거나 안전한 곳에 숨겨서 타타르인의 말들이 찾아서 먹을 것을 적게 남겨두어야 합니다.

12. 만약 도시나 성채의 수비를 강화하기를 원한다면, 먼저 위치라는 관점에서 검토하도록 해야 합니다. 왜냐하면 요새화된 지점은 공성장비나 화살로 함락시킬 수 없는 곳에 자리해야 하며, 물과 나무의 공급이 풍부해야 하기 때문입니다. 또 만약 가능하다면 [적에게] 출구나 입구를 빼앗길 수 없는 곳에 위치해야 하며, 서로 교대로 전투를 수행할 정도로 충분한 수의 주민이 있어야 합니다. 그들은 또한 타타르인들이 은밀한 방법이나 덫을 놓아서 성채를 장악하지 못하도록 예의주시해야만 합니다. 여러 해가 지나도 떨어지지 않을 정도로 충분한 보급물이 있어야 하며, 얼마나 오랫동안 성채 안에 갇혀 있어야 할지 모르기 때문에 그것을 조심해서 지키고 절제하며 먹도록 해야 할 것입니다. 타타르인들은 일단 성채에 대한 포위를 시작하면 여러 해에 걸쳐서 계속하는데, 예를 들면 현재 알란인들의 땅에서 어느 언덕을 지난 12년간 포위하고 있으며, 그곳의 주민들은 용맹하게 저항하며 많은 수의 타타르인들과 그 귀족을 죽였습니다.

13. 위에서 묘사한 것과 같은 위치에 있지 못한 다른 성채와 도시들은 벽을 둘러친 깊은 해자, 잘 건축된 성벽 등으로 강력하게 보호되어야 할 것이며, 충분한 수의 활과 화살, 투석기와 돌을 가지고 있어야 합니다. 그들은 타타르인들이 공성장비를 제 위치에 배치하지 못하도록 각별히 신경을 써야 하며, 자신들의 장비로 그들을 쫓아내야 합니다. 만약 타타르인들이 모종의 계략이나 간계로 장비를 세우게 된다면, 주민들은 만약 할 수만 있다면 자기 장비로 그것을 파괴해야 할 것입니다. 또한 그들이 도시에 접근하는 것을 막기 위해서 석궁, 투석기, 공성장비 등을 사용해야 합니다. 다른 방면에서도 위에서 이미 묘사한 것처럼 준비해야 할 것입니다. 성채와 도시는 강가에 위치해 있으므로 범람으로 휩쓸려가지 않도록 조심해야

바그다드 함락 장면을 묘사한 세밀화

합니다. 더구나 이런 점과 관련하여 타타르인들은 적이 평지에서 그들과 싸우는 것보다는 도시와 성채 안에 들어가서 농성하는 것을 더 좋아한다는 사실을 알아야 할 것입니다. 왜냐하면 그렇게 되면 그들은 조그만 돼지들을 우리에 가두었다고 말하면서, 내가 위에서 말했듯이 [성 안의 사람들을] 감시할 사람들을 배치하기 때문입니다.

14. 만약 타타르인이 전투 도중에 말에서 떨어지면, 즉시 그를 포로로 잡아야 합니다. 왜냐하면 그는 땅에 떨어지는 즉시 격렬하게 활을 쏘며 [주위의] 사람과 말을 해치고 죽이기 때문입니다. 만약 타타르인들을 붙잡을 수 있다면 지속적인 평화를 확보할 수 있을 뿐만 아니라, 그들은 서로를 무척 아끼므로 많은 액수의 돈을 받아낼 수 있는 수단이 될 것입니다. 어떻게 하면 타타르인을 식별해낼 수 있는가에 대해서는 이미 위에서 그들의 외모에 대해서 묘사를 했습니다. 그들을 포로로 잡으면 도주를 막기 위해서 그들을 지켜보는 엄격한 감시인을 붙여두어야 합니다. 다른 여러 민족에 속한 사람들이 그들과 함께 있지만, 위에서 설명한 것을 활용하면 그들을 식별해낼 수 있습니다. 타타르의 군대 안에는 만약 기회를 포착하기만 하면 그리고 우리가 그들을 죽이지 않으리라는 믿음을 가지기만 한다면 군대의 모든 곳에서 타타르인들에 대항해서 싸울 만한 사람들이 많다는 사실을 아는 것이 중요합니다. 이는 그런 사람들이 우리에게 직접 말한 것인데, 그들이 겉으로 드러난 적들에 비해서 [타타르인들에게] 더 엄중한 피해를 줄 것입니다.

15. 위에서 기록한 이러한 것들은 우리가 단지 보고 들은 사람으로서 적은 것일 뿐이지, 전투의 경험이 있어서 전쟁에서 활용되는 교묘한 계책들을 잘 알고 있는 식견이 있는 사람들을 가르치기 위해서 쓴 것은 아닙니다. 왜냐하면 우리는 이러한 문제들에 대해서 잘 훈련이 되고 충분한 지식을 가지고 있는 사람들은 [우리가 적은 것보다] 더 훌륭하고 유용한 계획들을 생각하고 또 수행하리라고 믿기 때문입니다. 그렇다고 하더라도 우리가 위에서 언급한 것들이 그들에게 자극을 주고 생각할 만한 자료를 제공할 것입니다. 왜냐하면 "현명한 사람은 경청하고 그래서 더 현명해질 것이며, 이해를 하는 사람은 통치권을 소유하게 될 것이다"라는 글도 있기 때문입니다.

제9장
우리가 통과했던 지방들과 그 위치,
우리가 목격한 것들, 타타르 황제와 왕자들의 궁정

1. 타타르인들이 어떻게 전쟁하는가에 대해서 설명했으니 이제 마무리를 짓기 위해서 우리가 했던 여행에 대해서, 또 우리가 지나온 지방들, 황제와 그의 왕자들의 궁정의 배치, 그리고 타타르인들의 땅에서 우리와 조우했던 증인들에 대해서 이야기하도록 하겠습니다.

2. 이미 다른 장에서 이야기한 것처럼 우리가 타타르인들을 향해 출발하기로 계획을 세웠을 때, 우리는 가장 먼저 보헤미아의 국왕에게 갔습니다. 이 군주는 오래 전부터 우리의 친구였기 때문에 우리가 가야 할 최상의 경로에 관해서 그의 조언을 구했고, 그는 폴란드와 러시아를 통과해서 가는 것이 가장 최상으로 보인다는 대답을 해주었는데, 그 까닭은 폴란드에 그의 친지가 있어서 우리가 [거기서] 러시아로 가려고 할 때에 도움을 줄 수 있기 때문이었습니다. 그는 우리에게 폴란드를 경유하는 여행에 필요한 편지 한 통과 안전통행증을 주었고, 또한 그가 다스리는 지방과 도시를 통과하여 그의 조카인 볼레슬라우스(Boleslaus) — 슐레지엔의 공작이자 우리도 잘 알고 있는 친구입니다 — 가 있는 곳에 도착할 때까지 우리가 식량을 보급 받을 수 있도록 조치를 취했습니다. 이 분 역시 우리에게 편지와 안전통행증 그리고 그가 다스리는 읍과 도시들을 지나 렌치(Lenczy)의 공작 콘라트(Conrad)에게 갈 때까지의 물자를 지급해주었습니다. 우리는 신의 은총을 받았는데 그것은 당시 러시아의 공작인 바실코(Vasilko) 전하

께서 거기에 있었고, 우리는 그로부터 타타르에 관해서 정말로 많은 것을 배울 수 있었기 때문입니다. 그는 그들에게 사신들을 보냈고, 이들이 그와 그의 형제인 다니엘(Daniel)에게 돌아와 다니엘 전하가 바투에게 갈 수 있도록 안전통행증을 가지고 왔습니다. 그는 만약 우리가 그들에게 가려고 한다면, 그들에게 줄 값진 선물들을 반드시 가지고 가야 한다고 말했습니다. 왜냐하면 그들은 굉장히 집요하게 그런 것들을 요구하고, 만약 그것을 주지 않으면 (정말로 사실이다) 사신은 자신의 임무를 제대로 수행할 수 없을 뿐만 아니라, 심지어 아무것도 아닌 사람처럼 취급받기까지 하기 때문입니다.

3. 우리는 교황 성하와 교회의 일이 그런 것으로 인해서 방해받기를 원하지 않았기 때문에, 여행 도중에 부족함이 없도록 사람들이 우리를 도우려고 준 자선금 가운데 일부로 해리의 모피와 그밖에 다른 여러 동물들의 모피를 구입했습니다. 콘라트 공작, 크라쿠프의 공작부인, 크라쿠프의 주교와 기사들은 이 이야기를 듣고 이와 비슷한 종류의 모피들을 상당량 보내주었습니다. 콘라트 공작과 그의 아들 및 크라쿠프의 주교는 상술한 바실코 공작에게 우리가 타타르인들에게 갈 수 있도록 그가 할 수 있는 최선을 다해달라고 온 정성을 다해서 탄원했습니다. 그는 기꺼이 그렇게 하겠노라고 대답했습니다. 그리고 그는 우리를 자신의 나라로 데리고 가서 우리가 약간의 휴식을 취할 수 있도록 손님으로 며칠 동안 보살핀 뒤, 우리의 요청에 따라서 그곳 주교들을 불러서 우리와 만나게 했습니다. 우리는 그들에게 유일한 성모 교회(Holy Mother Church)[1]로 돌아오라고 충고하는 교황 성하의 편지를 읽어주었습니다. 그러나 공작이 폴란드에 온 것과 동시에 그의 형제인 다니엘이 바투에게로 가서 그 자리에 없었기 때문에, 그들은 [교회 통합문제에 관해서] 확실한 대답을 줄 수 없었고, 확실

---

1) 옥스퍼드 영어사전에 의하면 로마 가톨릭 교회가 지상의 모든 교회를 마치 어머니처럼 보호하고 양육하는 역할을 했기 때문에 이렇게 불렸다고 한다.

한 대답은 그가 돌아올 때까지 기다려야민 했습니다.

4. 그 뒤 공작은 하인 하나를 보내서 우리를 키예프까지 안내해주었습니다. 그러나 이러한 도움에도 불구하고 우리는 끊임없이 생명의 위협을 느끼며 여행했습니다. 그 까닭은 러시아인들 때문이었는데, 그들은 러시아 지역, 특히 우리가 통과하는 지방에서 빈번하고 은밀하게 습격을 자행했습니다. 러시아에 있는 다수의 남자들이 타타르에게 죽임을 당하거나 포로로 끌려갔기 때문에, 그들은 [타타르의 공격에 대해서] 아무런 효과적인 저항을 할 수 없었습니다. 그렇지만 앞서 말한 하인의 도움으로 우리는 러시아인들로부터 안전을 지킬 수 있었습니다. 또한 신의 은총이 우리를 그리스도 십자가의 적으로부터 우리를 돕고 구해주셔서 우리는 러시아의 수도인 키예프에 도착했습니다.

5. 우리가 그곳에 도착했을 때, 우리는 그곳에 있는 천인대장 및 다른 귀족들과 함께 우리의 여행에 대해서 논의를 했는데, 그들은 만일 우리가 가지고 있는 말들을 데리고 타타르인들에게 간다면, 그 말들은 전부 죽을 것이라고 말했습니다. 왜냐하면 눈이 두껍게 쌓여 있는데 그 말들은 타타르 말들과는 달리 눈 밑에 있는 풀을 어떻게 헤쳐서 먹는지를 알지 못하기 때문입니다. 뿐만 아니라 타타르인들은 사료로 건초나 꼴을 가지고 있지 않기 때문에 말들에게 먹일 것은 아무것도 찾지 못할 것이기 때문입니다. 이 논의를 한 뒤 우리는 말을 그곳에 두고 두 명의 하인을 남겨서 그 말들을 돌보게 하기로 결정했습니다. 우리는 [천인대의] 지휘관에게 선물을 주어 우리에게 짐을 끌고 갈 말들과 안내자 한 사람을 조달해달라고 부탁했습니다. 그러나 우리가 키예프까지 가기도 전에 나는 다닐로네(Danilone)[2]에서 극심한 병에 걸렸습니다. 그렇지만 나는 수레에 실려 혹심한 추위에서 눈 속을 뚫고 여행을 계속했습니다. 기독교권의 일에 차질이 생기지 않도록 우리는 키예프에서 우리가 할 일을 결정한 뒤 그곳에서 야만의 민족

---

2) Daniloue 혹은 Danilov라고도 표기. 아마 블라디미르와 키예프 사이에 있는 지명일 것이다.

들이 있는 곳을 향해 성모 마리아 정화축일 다음 날(1246년 2월 3일)에 지휘관의 말들과 안내자와 함께 출발했습니다.

6. 우리는 타타르인들의 직접적인 지배를 받고 있는 카니에프(Kaniev)[3]라고 불리는 도회에 도착했습니다. 그 도회의 지사는 우리에게 다른 도회로 갈 수 있도록 말들과 안내자 한 명을 붙여주었습니다. 이곳의 지사는 미케아스(Micheas)라는 이름의 알란인이었는데, 온갖 악행과 불공정을 저지르는 사람이었습니다. 그는 키예프에 있는 우리에게 가신들 몇 명을 보내서 자신들이 코렌자(Corenza)[4]에게서 왔다고 거짓말을 하고, 우리는 사신이기 때문에 그에게 가야 한다고 말했습니다. 그가 사실도 아닌 이런 말을 한 까닭은 우리에게서 선물을 빼앗으려고 했기 때문입니다. 그래서 우리가 그에게 가기는 했지만 그는 우리가 선물을 주겠다고 약속하지 않으면 무슨 수로도 그를 기분 좋게 하거나 우리를 위해서 어떤 일을 하도록 할 수 없는 그런 인물이었습니다. 그렇게 하지 않으면 더 이상 전진할 수 없다는 사실을 깨달은 우리는 어떤 것들을 주겠노라고 그에게 약속을 했습니다. 우리 생각에는 좋아 보이는 것을 그에게 주었지만, 우리가 더 많이 주지 않으면 그는 그것을 받지 않으려고 했습니다. 그래서 우리는 그의 욕심에 맞추어 더 많은 것을 주어야 했고, 그는 교활함과 도적질과 속임수를 써서 다른 것들을 우리에게서 빼앗아갔습니다.

7. 부활절 전 오순절 월요일(1246년 2월 19일)에 우리는 그와 함께 출발했고 그는 우리를 타타르인들의 첫 번째 군영까지 데려다주었습니다. 재의 수요일이 지난 뒤 첫 번째 금요일(1246년 2월 23일)에 우리는 해가 질 무렵 밤을 지내기 위해서 준비하고 있었는데, 몇 명의 무장한 타타르인들이 무시무시한 모습으로 우리에게 달려와 우리가 어떤 사람인지 알고자

---

3) 현재 우크라이나 중부지방에 위치한 Kaniv라는 도시가 여기에 해당된다.
4) 이는 주치의 아들인 오르다의 셋째 아들 쿠룸시(Qurumshi)를 가리키는 것으로 보인다. 또한 이 이름은 어원적으로 호레즘과 연관되어 있다. Pelliot(1973), 38-39 참조.

했습니다. 우리가 교황 성히의 시신이리고 대답하자, 그들은 우리가 주는 약간의 음식을 받은 뒤 즉시 떠나갔습니다.

8. 낮이 되어, 우리가 출발하여 짧은 거리를 전진했을 때 군영에서 수령이 우리를 만나러 왔습니다. 그는 우리가 무슨 이유로 그들에게 가는 것이며 우리의 용무가 무엇인지 물었습니다. 우리는 기독교도들의 주인이자 아버지인 교황 성하의 사신이며, 그가 우리를 모든 타타르인들의 왕과 왕자들에게 보내서, 모든 기독교도들이 타타르인들과 친구가 되어 평화롭게 지내기를 원하며, 나아가 [타타르인들이] 하늘에 계신 하느님 앞에서 위대하게 되기를 희망한다는 사실을 전하고자 한다고 대답했습니다. 이런 까닭으로 교황 성하는 [사신인] 우리와 그의 편지를 통해서 그들이 기독교도가 되고 우리 주 예수 그리스도의 신앙을 받아들일 것을 권유했는데, 그밖에 구원을 받을 다른 방법은 없기 때문이라고 말했습니다. 나아가 그는 타타르인들이 자행한 엄청난 살육, 특히 기독교인들 그중에서도 [교황] 자신의 속민인 헝가리, 모라비아, 폴란드인들을 죽인 것에 대해서 경악했다고 말했습니다. 더구나 그들은 타타르인에게 아무런 해를 가하지도 않았을 뿐만 아니라 그러려는 의도를 품지도 않았습니다. 이렇게 해서 신의 뜻을 엄중하게 어겼기 때문에 그는 [타타르인들이] 장차 그런 일들을 범하는 것을 피하고 과거의 행동을 회개하기를 원한다고 말했습니다. 나아가 교황 성하께서 그들이 장차 무엇을 하기를 원하는지 또 그들의 의도가 무엇인지에 대해서 글로 써서 보내줄 것을 요청하면서, 위에서 지적한 모든 사항들에 대해서 편지로 답장을 그에게 보내달라고 요구했다는 사실을 우리는 덧붙여서 말해주었습니다.

9. 그들은 우리가 위에서 적은 이유들을 듣고 그것을 이해했습니다. 그리고 우리가 말한 것에 따라서 코렌자가 있는 곳까지 우리를 데려갈 안내자와 짐을 실을 말들을 제공할 의사가 있다고 대답했습니다. 그리고 그 즉시 그들은 선물을 요구했고, 우리는 [그들의 도움이] 필요했기 때문에 그들

의 요구를 들어줄 수밖에 없었습니다. 이렇게 선물을 주자 그들은 말에서 내려 화물용 말을 우리에게 건네주었고, 우리는 안내자 한 사람과 함께 코렌자에게 향하는 여행을 시작했습니다. 그러나 그들은 먼저 전령을 신속한 말에 태워 보내서 우리가 그들에게 전해준 전갈을 수령에게 가지고 가도록 했습니다. 이 수령은 서방 사람들이 타타르인에 대해서 갑작스럽고 예기치 못한 공격을 하지 못하도록 감시하기 위해서 임명되어 있던 모든 사람들의 주군입니다. 우리가 들은 바에 의하면, 그의 휘하에는 6,000명의 무장한 사람들이 있다고 합니다.

10. 우리가 코렌자에게 도착하자, 그는 그와 멀리 떨어진 곳에 천막들을 치도록 하고 우리에게 그의 하인들을 보냈는데, 이 사람들은 우리가 그에게 어떤 인사를 하려고 하는지, 즉 다시 말해서 우리가 그에게 어떤 선물을 주려고 하는지를 물어보려고 온 집사들이었습니다. 우리는 교황 성하께서 우리가 그들에게 도착할 수 있을지 확신하지 못했기 때문에 줄 만한 선물을 아무것도 가져오지 못했다고 대답했습니다. 더구나 우리가 가야 할 여로는 러시아인들의 위협 때문에 가장 위험한 구역을 통과해야만 했습니다. 그들은 폴란드에서 타타르인들이 있는 아주 가까운 곳까지에 이르는 도로 상에서 빈번하게 약탈을 행합니다. 그렇지만 우리는 신의 은총과 교황 성하의 은혜에 힘입어 우리가 일용할 물건으로 가지고 있는 것 가운데 일부로써 최대한 경의를 표하고자 했습니다. 우리가 상당히 여러 가지 물건들을 주었으나 그는 그것으로 만족하지 못하고, 더 많은 것을 요구하며 만약 자신의 요구를 들어줄 경우 우리를 공손하게 우대하며 인도하겠다는 약속을 했습니다. 우리가 생존하기를 원한다면, 그래서 교황 성하의 명령을 성공적인 결말로 수행하고자 한다면, 우리는 그가 요구한 대로 행할 수밖에 없었습니다.

11. 우리의 선물을 받은 뒤에 그들은 우리를 그의 오르두, 즉 천막으로 데리고 갔습니다. 우리는 [수령을 만나면] 왼쪽 무릎을 세 차례 굽힐 것,

그리고 집 문 앞에서는 문지방을 밟지 않도록 대단히 조심해야 한다는 지시를 들었습니다. 어느 수령의 집이라도 그 문지방을 알고도 밟는 사람은 사형에 처해지기 때문에 우리는 이 점에 극도로 유의했습니다.[5] 우리가 안으로 들어간 뒤에 그 수령과 다른 모든 귀족들— 우리가 앞에서 말한 이 목적을 위해서 특별히 소환되었습니다— 이 있는 앞에서 여러 차례 무릎을 굽혀야 했습니다. 우리는 그에게 교황 성하의 편지를 건넸지만, 우리가 키예프에서 데려온 유급 통역자는 그 편지를 번역할 만한 능력이 없었고, 거기에는 당장 그것을 할 수 있는 사람이 아무도 없었기 때문에 번역이 불가능해졌습니다. 그 후에 우리에게는 말들과 세 명의 타타르인들이 붙여졌습니다. 이들 가운데 두 사람은 장교였고, 세 번째 사람은 바투에게 소속된 사람이었으니, 이들은 우리를 바투에게 신속하게 데리고 가야 했습니다. 이 바투라는 사람은 그가 복종해야 하는 황제를 제외하고는 타타르의 모든 왕자들 가운데에서도 가장 막강한 인물이었습니다.

12. 우리는 사순절 첫째 일요일(2월 25일)에 그를 향한 여행을 시작했습니다. 우리는 말이 속보로 달릴 수 있는 정도로 신속하게 이동했는데, 그것은 거의 매일 서너 차례씩 새로운 말들을 공급받았기 때문입니다. 우리는 아침부터 밤까지 달렸고 심지어 밤에 달릴 때도 많았습니다. 그럼에도 불구하고 우리는 성수난 주간 수요일(4월 4일) 이전에는 도착할 수 없었습니다.

---

5) 몽골인들은 천막에 들어갈 때 그 문지방을 밟는 것을 마치 주인의 목을 발로 밟는 것과 마찬가지라는 인식을 가지고 있었다. 마르코 폴로도 이에 관해서 다음과 같은 기록을 남겼다. "접견실의 모든 문 앞에, 혹은 군주가 있을 만한 곳 어디에건, 거인처럼 큰 두 사람이 서 있는데, 하나는 문 이쪽에 또 하나는 저쪽에서, 손에 몽둥이를 들고 서 있다. 어느 누구도 문지방을 건드려서는 안 되고 발을 뻗어 건너야 한다. 만약 부주의로 누군가 그것을 건드리게 되면 상술한 보초들은 그의 옷을 빼앗은 뒤 그것을 되사가도록 한다. 만약 손님이 그 옷을 빼앗기지 않으려면 지정된 횟수만큼 매를 맞아야 한다. 이렇게 하는 것은 문지방을 건드리는 것을 불길한 징조로 여기기 때문이다. 그러나 만약 규칙을 모르는 외래인이 있다면, 지정된 신하들이 그들에게 미리 그 같은 규정을 알려주고 경고해준다. 그러나 접견실에서 나올 때에는 일부는 술에 너무 취해 자기 자신을 가누기도 힘들어지므로 그 같은 금령이 해제된다"(마르코 폴로/김호동, 251).

13. 우리는 평평하고 네 개의 큰 강이 있는 쿠만인들의 땅을 곧바로 가로질러 여행했습니다. 첫 번째 강은 드네프르라고 불렸는데 이 강의 러시아 쪽에는 코렌자가 이동하며 다녔고, 다른 쪽 즉 평원 쪽에는 코렌자보다 더 강력한 마우치[6]가 있었습니다. 두 번째 강은 돈이며, 그것을 따라서 바투의 자매를 부인으로 삼은 카르본[7]이라는 이름의 왕자가 이동했습니다. 세 번째 강은 볼가라는 매우 큰 강으로서 바투가 그것을 따라 이동했습니다. 네 번째는 야이크(Yaik)이며 두 명의 천부장이 이 강의 한 쪽과 다른 쪽을 따라 이동했습니다. 이 모든 사람들이 겨울에는 바다를 향해 남쪽으로 가고, 여름에는 이 강들의 하안을 따라 북쪽으로 산들이 있는 곳으로 올라갑니다. 이 바다는 대해(the Great Sea)이며 거기서 성 조지(St. George)의 팔이 뻗어나와 콘스탄티노플로 향해 갑니다.[8] 우리는 여러 날에 걸쳐 드네프르 강을 따라 얼음 위를 지나갔습니다. 이 강들, 특히 볼가 강은 매우 크며 고기들로 가득 차 있습니다. 이것들은 대해라고도 불리는 그리스의 바다로 흘러갑니다. 그 해안의 여러 곳에 얼음이 덮여 있어서 우리는 며칠 동안 상당한 위험에 처해 있었는데, 그것은 그 해안을 따라 족히 3리그[9]의 거리만큼 결빙되어 있었기 때문입니다.

---

6) Mauci. 이는 차가타이의 장자인 모치(Mochi)를 지칭한다. 모치는 1245-1247년 바투의 킵차크 원정에 참여하지는 않았는데, 그렇다고 하더라도 펠리오는 그가 드네프르 강가의 영주였을 가능성이 없는 것은 아니라고 보았다(Pelliot, 1973, 38).

7) Carbon. 이 '카르본'이 누구인지는 분명하지 않다. 록힐과 윙가에르트는 루브룩의 여행기에 나오는 Scatatay와 동일인으로 보았으나, 펠리오는 이에 회의적인 입장을 보였다(Pelliot, 1973, 56). 아무튼 그가 바투의 자매와 혼인을 했다면, 칭기스 일족이 아닌 것은 분명하며, 따라서 그의 신분도 '왕자'가 아니었음을 알 수 있다. 카르피니가 그를 '왕자'라고 부른 것은 단지 그의 높은 신분을 나타내기 위함이었을 것이다.

8) '성 조지의 팔'은 카스피 해와 흑해를 잇는 보스포러스 해협을 가리킨다. 그러나 카르피니는 볼가나 야이크와 같은 강이 '대해'로 흘러간다고 했는데, 그렇다면 카르피니의 '대해'는 카스피 해가 되는 셈이다. 그러나 당시 서구 문헌에서 일반적으로 '대해'는 흑해를 지칭하는 것이었기 때문에, 여기서 카르피니가 약간의 착오를 일으킨 것으로 보인다.

9) 1리그(league)는 사람이 한 시간에 걸을 수 있는 거리이지만 시대와 지역에 따라 그 길이는 조금씩 차이가 있다. 보통 3-4킬로미터 정도에 해당된다.

14. 우리가 바투에게 도착하기에 앞서, 우리기 코렌자에게 말했던 모든 것을 [바투에게] 알리기 위해서, 우리와 같이 있던 타타르인들 가운데 두 명이 먼저 떠났습니다. 쿠만인들의 땅 경계에 있던 바투에게 도착했을 때, 우리는 그의 천막들이 있는 곳에서 1리그쯤 떨어진 곳에 머물렀습니다. 우리가 그의 궁정으로 인도될 시간이 왔을 때, 우리는 두 개의 불 사이로 통과해야 한다는 말을 들었지만 그것은 무슨 일이 있어도 하고 싶지 않은 일이었습니다. 그러나 그들은 이렇게 말했습니다. "두려워하지 말고 가라. 왜냐하면 우리가 당신들을 두 개의 불 사이로 지나가게 하는 까닭은 다름이 아니라 만약 당신들이 우리 주군에게 어떤 사악한 일을 할 계획을 세웠거나 혹은 어떤 독약 같은 것을 가지고 있다면 불이 그 모든 해로운 것들을 없애줄 것이기 때문이다." 이에 대해서 우리는 "만약 그것이 이유라면 우리는 그런 일들로 의심을 받지 않기 위해서라도 통과하겠다"라고 대답했습니다.

15. 우리가 그의 오르두에 도착했을 때, 엘데가이[10]라는 이름의 집사가 우리에게 무엇으로 인사를 할 것인지, 즉 우리가 어떤 선물을 주려고 하는지를 물었습니다. 나는 코렌자에게 했던 똑같은 대답을 해주었으니, 교황 성하께서는 아무런 선물을 보내지 않았다는 것과 그러나 하느님과 교황 성하의 은혜에 힘입어 우리가 필요한 물건으로 가지고 있던 것들 가운데 일부로 경의를 표하고 싶다고 말했습니다. 선물을 제공하니 받아들여졌습니다. 집사는 우리가 온 목적에 대해서 물었고, 우리는 일찍이 코렌자에게 말했던 것과 같은 내용을 그에게도 말해주었습니다.

16. 그들은 이를 듣고 우리를 [바투의] 거처로 인도했는데, 그에 앞서

---

10) Eldegai. 체르니고프 공 미카엘의 죽음에 관한 러시아 측 연대기에 그는 Eldega라는 이름으로 표기되었고 바투의 요리사(stol'nik, ba'urchi)였던 것으로 기록되었다. 카르피니가 그를 '집사'라고 부른 것도 그의 이러한 직분을 시사하고 있으며, 그가 바투의 '케식(keshig)'이었음을 보여준다. 한편 그의 이름을 Eldeju로 복원하려는 시도도 있었지만 타당하지 않고, '나라, 국가'를 뜻하는 el/il에 dägäi/tägäi라는 접미사가 첨가된 형태로 보인다(Pelliot, 1973, 56).

먼저 절을 했고 앞에서 설명한 것처럼 문지방을 밟지 말라는 주의를 들었습니다. 안으로 들어가서 우리는 무릎을 꿇은 상태에서 우리가 해야 할 말을 했고, 그것을 마친 뒤 우리는 편지를 건네며 그것을 번역할 만한 통역인을 요청했습니다. 그런 사람들이 성금요일에 제공되었고, 우리는 그들과 함께 그 편지를 세심하게 러시아어, 사라센어 및 타타르 문자로 번역했습니다. 이 번역이 바투에게 바쳐지자, 그는 이것을 읽고 찬찬히 들여다보았습니다. 마침내 우리는 우리의 천막으로 인도되었지만, 그들은 아무런 음식도 주지 않았습니다. 딱 한 번, 즉 우리가 도착하던 첫날밤에만 사발에 약간의 기장을 주었을 뿐입니다.

17. 바투는 상당한 위엄을 갖추고 살고 있으며 문지기와 모든 관리들 위에 마치 황제처럼 군림하고 있습니다. 심지어 그는 부인들 가운데 한 사람과 함께 마치 왕좌처럼 높은 곳에 앉고, 다른 사람들, 즉 그의 형제와 아들들 및 지위가 더 낮은 귀족들은 가운데 더 낮은 곳에 있는 긴 의자에 앉습니다. 나머지 다른 사람들은 그들 뒤로 바닥에 앉는데 남자는 오른쪽에 여자는 왼쪽에 위치합니다. 그는 린넨으로 만든 크고 매우 아름다운 천막들을 가지고 있는데, 일찍이 헝가리 국왕에게 속해 있던 것들입니다. 그의 식구가 아니라면 어느 누구도 아무리 막강하고 권력 있는 사람일지라도 부름을 받지 않은 상태에서는— 바투가 그것을 원한다는 것을 어떻게 알았다면 다른 문제이지만—그의 천막에 감히 접근하지 못합니다. 우리는 우리의 목적을 표명한 뒤 왼쪽에 앉았는데, 모든 사신들은 황제에게 가는 길에서는 항상 그렇게 하고 반면에 돌아올 때에는 항상 오른쪽에 앉습니다. 천막의 문 가까운 곳 가운데에는 탁자가 하나 놓여 있고 그 위에는 음료수가 담겨 있는 금과 은으로 된 용기가 있습니다. 바투나 다른 어떤 타타르 왕자들도 노래나 연주하는 사람이 없으면 결코 마시는 일이 없는데 공개적인 행사인 경우에는 더욱 그러합니다. 그가 말을 타고 나갈 때면 막대에 달린 일산(日傘)이나 조그만 천막을 그의 머리 위에 받치고 있습니

다. 타타르의 모는 수요한 왕자들과 그 부인들에 대해서도 이와 동일하게 합니다. 바투는 그의 부하들에게 친절하게 대하지만 그래도 그들은 그를 대단히 두려워합니다. 그는 지금까지 오랜 세월을 싸웠기 때문에, 전투에서는 가장 잔인하고 매우 영리하며 동시에 극도로 교활합니다.

18. 성 토요일에 우리는 오르두로 소환되었습니다. 앞에서 언급한 바투의 집사가 우리를 맞으러 밖으로 나와, 우리가 그들의 본고장에 있는 황제 구육에게로 가야 한다는 것과, 교황 성하에게 다시 파견한다는 명목으로 우리 일행 중에 몇몇을 그곳에 붙잡아두어야 한다는 것을 그의 주군을 대신해서 우리에게 말해주었습니다. 우리는 [교황께 돌려보낸] 그들에게 편지를 한 통 주어 우리가 한 일을 모두 설명하도록 했지만, 그들이 귀로에 올라 마우치가 있는 곳에 도착했을 때, 그들은 그곳에 연금되어 우리가 도착할 때까지 거기 있었습니다.

19. 부활주일에 우리는 군관에게 말해서 먹을 것을 소금 만들었습니다. 그리고 나서 코렌자가 우리에게 배정해준 두 명의 타타르인과 함께 출발했습니다. 우리는 살게 될지 아니면 죽을지 알 수 없었기 때문에 많은 눈물을 흘리면서 떠났습니다. 우리는 너무나 약해져서 말을 타기도 힘들었습니다. 사순절 기간 내내 우리의 음식은 물과 소금에 탄 기장 밖에 없었으며, 다른 금식기간 중에도 마찬가지였습니다. 그릇에 눈을 녹인 것 이외에는 다른 마실 것도 없었습니다.

20. 러시아 바로 다음에 있는 코마니아 북부에는 모르도바인, 빌레르인 즉 대불가리아인, 바스타르크인 즉 대헝가리인이 있고, 바스타르크인 너머에는 파로시트인과 사모예드인이 있습니다. 사모예드인 너머에는 얼굴이 개처럼 생긴 사람들이 있는데, 그들은 바닷가를 따라 황무지에 살고 있습니다. 코마니아 남부에는 시르카스인, 하자르인, 그리스, 콘스탄티노플과 이베리아인들의 땅이 있고, 카트인,[11] 유대인이라고 알려졌으며 머리를 면

---

11) SF: Cath; SM: Tat. 캅카스 지방의 주민이었으나, 구체적인 확인이 어려운 집단이다.

도한 브루타키인,[12] 시키인[13]과 조지아인과 아르메니아인들의 땅, 그리고 튀르크인들의 고장이 있습니다. 그 서쪽으로는 헝가리와 러시아가 있습니다. 쿠만인들이 사는 이 지방은 매우 크고 깁니다.

21. 우리가 코마니아를 건너는 데에 사순절(2월 22일) 시작부터 부활절에서 여드레 지날 때(4월 15일)까지의 시간이 걸렸는데, 말을 하루에 다섯 번 혹은 일곱 번 갈아탔기 때문에 매우 빨리 달렸습니다. 그러나 이미 이야기한 것처럼 사막을 건널 때에는 사실 그렇게 하지 않았지만, 그 후에는 보다 좋고 강한 말을 공급받아서 지속적인 노력을 유지할 수 있었습니다. 쿠만인은 타타르에게 죽임을 당했고, 일부는 도망쳤으며 다른 일부는 노예가 되었습니다. 그러나 도망쳤던 사람들은 대부분 그들에게로 다시 돌아왔습니다.

22. 그 다음에 우리는 캉기트인들의 고장에 들어갔습니다. 그곳에는 많은 곳들이 물이 극도로 부족하여 사람이 거의 살지 않습니다. 이것이 바로 러시아의 공작인 야로슬라브 휘하의 많은 사람들이 그와 합류하기 위해서 타타르인들의 땅을 향해 가다가 사막에서 갈증으로 죽게 된 이유이기도 합니다. 코마니아에서처럼 이 고장에서도 우리는 죽은 사람의 해골과 뼈들이 땅바닥에 마치 똥처럼 많이 널려 있는 것을 보았습니다. 우리는 부활절이 지나서 여드레째 되는 날(4월 15일)부터 이 고장을 통과하여 여행하기 시작해서 우리 구주의 승천절(5월 17일) 무렵까지 계속했습니다. 주민들은 이단자이고, 쿠만인이나 캉기트인이나 모두 땅을 경작하지 않고 다만 동물을 생계수단으로 삼으며, 집을 짓지 않고 천막에서 삽니다. 타타르인들은 캉기트인도 쓸어버리고 지금은 그들의 고장에 살고 있으며, 그곳에 남은 캉기트인들은 노예로 전락했습니다.

Pelliot(1949), 154-155.
12) 앞의 주석(제7장 7절) 참조.
13) SF: Sicci. 체르케스인들 가운데 서부 지파의 명칭이며, Zicci라고도 표기되었다.

23. 캉기트인늘의 땅을 떠나자 우리는 비세르민들의 고장에 들어갔습니다. 이 사람들은 쿠만어를 말하는 데에 익숙하며 지금도 여전히 그 말을 사용하고 있지만 사라센인들의 종교를 고수하고 있습니다. 이 고장에서 우리는 수도 없이 많은 폐허가 된 도시들과 무너진 성채들과 버려진 수많은 도회들과 마주쳤습니다. 그곳에는 내가 이름은 알지 못하는 큰 강[14]이 하나 있는데, 그 강가에 양킨트[15]라는 도시가 하나 있고, 바르친[16]이라는 또다른 것이 있으며, 세 번째 도시는 오트라르[17]라고 불렸습니다. 그밖에 다른 많은 도시들의 이름을 나는 알지 못합니다. 이 고장에는 대술탄(Great Sultan)이라고 불리던 군주가 있었는데, 그는 자기 자식들 모두와 함께 타타르인들에 의해서 파멸되었습니다.[18] 그러나 나는 그의 이름을 알지 못한다. 이 땅에는 매우 높은 산들이 있습니다. 그 남쪽으로는 예루살렘과 바그다드와 사라센인들의 모든 지방이 놓여 있고, 그 경계 가까이에는 서로 혈육형제인 부리[19]와 카단[20]이 주둔하고 있습니다. 그 북쪽에는 흑거란인의 고장 일부와 바다가 있습니다. 여기에는 바투의 형제인 시반이 주둔하고 있습니다. 우리는 승천절(5월 17일) 무렵부터 이 고장을 통과하며 여행을 시작해서 세례 요한의 절기가 오기 여드레 전날(6월 16일)까지 계속했습니다.

24. 그 다음에 우리는 흑거란인들의 땅에 들어갔습니다. 타타르인들은

---

14) 시르다리야를 지칭한다.

15) SF: Iankinc; SM: Iankint. 이는 양기켄트(Yangikent)를 지칭하는 것이 분명하며 앞의 주석(제5장 26절)에서 설명한 바이다.

16) 앞의 주석(제5장 25절) 참조.

17) SF: Orpar; SM: Ornas. 시르다리야 강 중류에 위치한 오트라르(Otrar)를 가리킨다.

18) 여기서 '대술탄'은 호레즘 왕국의 군주 술탄 무함마드를 지칭한다. 몽골이 보낸 사신단을 몰살시킨 것이 발단이 되어 칭기스 칸은 1219년부터 서방원정을 시작하여 중앙 아시아 전역을 석권했고, 술탄 무함마드는 서쪽으로 도망쳐 카스피 해까지 갔지만, 1220년 12월경 아바스쿤(Abaskun)이라는 섬에서 피살되었다.

19) Böri. SF: Burin. 차가다이의 장자인 무에투켄의 아들.

20) Qadan. SF: Cadan. 우구데이의 아들 카단 오굴(Qadan Oghul)을 지칭하는 듯하다.

아주 최근에야 그곳에 에밀[21]이라는 도시를 건설했는데, 황제는 그곳에 집을 하나 세웠고 우리는 음료를 마시도록 그곳으로 초대되었습니다. 그곳에 있는 황제의 대리인이 도시의 귀족들과 심지어 그의 두 아들을 불러서 우리 앞에서 박수를 치도록 했습니다.

25. 그곳을 떠난 우리는 그리 크지 않은 어느 호수에 도달했는데, 우리가 그 이름을 물어보지 않았으므로 나는 그것이 무엇이라고 불리는지 모릅니다. 이 호수의 기슭에 조그만 언덕이 하나 있는데 거기에 구멍이 하나 있다고 합니다. 그들이 말하는 바에 따르면, 겨울에 거기서 얼마나 강력한 폭풍이 몰아치는지 사람들이 엄청난 위험을 감수하지 않고는 그곳을 거의 지나갈 수 없을 정도라고 합니다. 여름에는 바람의 소리가 항상 들리기는 하지만 그 구멍에서 부드럽게 나온다고 합니다. 이것이 그 주민들이 우리에게 들려준 이야기입니다. 우리는 이 호수의 기슭을 따라 며칠을 여행했는데 호수 안에는 여러 개의 섬이 있습니다. 우리는 그곳을 우리 좌측에 두고 멀어져 갔습니다. 이 고장은 비록 크지는 않지만 강들이 풍부하고, 강의 양쪽 기슭에 숲이 있는데 깊이 멀리까지 뻗어 있는 것은 아닙니다. 오르두[22]는 이 고장에 살고 있는데 그는 바투보다 나이가 더 많습니다. 사실 그는 타타르의 모든 수령들 가운데 가장 연장자입니다. 그의 아버지의 오르두, 즉 궁정이 그곳에 있고 그의 부인들 가운데 한 사람이 그것을 차지하고 있습니다. 왜냐하면 타타르인들의 풍습에 의하면 왕자나 귀족들의 궁정은 [본인이 사망한 뒤에도] 파괴되지 않고 다만 여자들이 그것을 관리하도록 임명됩니다. 그들의 군주가 [물품을] 사여하는 관습을 가지고 있는 것처럼 그녀들 역시 자기들의 몫을 부여받습니다.

26. 그 다음에 우리는 황제의 주요 오르두에 왔는데, 거기에는 그의 부인들 가운데 한 사람이 살고 있었습니다. 우리는 아직 황제를 보지 않았기

---

21) Emil. SF: Divult; SM: Emil. 제5장 7절의 주석 참조.
22) 주치의 큰아들. 오르두 혹은 오르다라고 불렸다.

때문에 그들은 우리를 초대하거나 오르두 인으로 들이는 것을 꺼렸습니다. 그러나 그들은 타타르 방식으로 우리가 묶는 천막 안에서 잘 지내도록 우리를 보살피게 했고, 우리가 휴식을 취할 수 있도록 하루 종일 그곳에 머무르게 했습니다.

27. 사도 베드로 축일 전야(6월 28일)에 그곳을 떠나 우리는 이교도인 나이만인들의 고장으로 들어갔습니다. 사도 베드로와 바울의 축일(6월 29일)에 그곳에 폭설이 내렸고 혹심한 추위를 경험했습니다. 이 땅은 극심한 혹한의 산간지역이었으며 평평한 곳이라고는 거의 없었습니다. 마지막으로 언급한 두 민족은 땅을 경작하지 않고 타타르인들처럼 천막에서 삽니다. 그들은 타타르에게 파멸되었습니다. 우리는 여러 날에 걸쳐 이 지방을 지나 여행했습니다.

28. 그 다음에 우리는 몽골인들, 즉 우리가 타타르라고 부르는 사람들의 땅에 들어갔습니다. 내 생각으로는 우리가 이 지방을 3주일 동안 말을 빨리 달리며 여행했고 성 마리아 막달레나 축일(7월 22일)에 지금의 황제인 구육[이 있는 곳]에 도착했습니다. 우리는 이 여행의 전 과정을 대단히 빠른 속도로 해냈는데, 그것은 우리[를 인도한] 타타르인들이 [황제의] 선출을 위해서 수 년 전에 소집된 장엄한 궁정[회합]에 우리가 시간에 맞게 도착할 수 있도록 가능한 한 신속하게 우리를 데리고 오라는 명령을 받았기 때문입니다. 그래서 우리는 새벽에 떠나서 한 끼도 먹지 않고 밤까지 여행을 했으며, 너무 늦은 시간에 도착해서 그날 밤은 아무것도 먹지 못하고 그 대신 [다음 날] 아침에 전날 저녁에 먹었어야 할 음식을 받은 적도 여러 번 있었습니다. 우리는 말이 속보로 갈 수 있는 한 빠른 속도로 갔는데, 그렇게 할 수 있었던 것은 말들을 아끼지 않고 하루에도 여러 차례 새로운 말들로 바꾸었고, 이미 설명한 바와 같이 지친 말들은 되돌려 보냈기 때문입니다. 그래서 우리는 조금도 쉬지 않고 신속하게 말을 달렸습니다.

29. 우리가 도착하자 구육은 천막 하나와 식량을 제공했는데, 그것이

타타르인들의 관습이기는 했지만 그들은 우리를 다른 사신들보다는 더 잘 대접해주었습니다. 그렇지만 그는 아직 [황제로] 선출되지 않았고 통치에도 직접 간여하지 않았기 때문에, 우리는 초대를 받지 못했습니다. 교황 성하의 편지의 번역과 내가 앞에서 말했던 물건들은 바투에 의해서 그에게 보내졌습니다. 우리가 닷새나 엿새쯤 머물렀을 때 그는 엄숙한 집회가 소집되는 곳에 있던 그의 어머니에게 우리를 보냈습니다. 우리가 그곳에 도착했을 때는 이미 하나의 거대한 천막이 세워져 있었고, 흰색 벨벳으로 만들어진 그것은 내 생각으로는 2,000명 이상의 사람들이 그 안에 들어갈 정도로 규모가 컸습니다. 그 주위로는 목책이 세워졌고 그것은 다양한 무늬가 그려져 있었습니다. 둘째 혹은 셋째 날에 우리는 우리를 돌보도록 지정된 타타르인들과 함께 갔는데, 그곳에 모든 수령들이 집합해 있었고, 각자 자기 부하들과 함께 주변에 있는 언덕과 평원에서 말을 타고 있었습니다.

30. 첫날 그들은 모두 흰색 벨벳으로 된 옷을 입었고, 둘째 날에는 붉은 색으로 입었는데 그날 구육이 그 천막으로 왔습니다. 셋째 날 그들은 모두 청색 벨벳으로 입었고, 넷째 날에는 최상급 브로케이드로 입었습니다.[23] 목책 안쪽으로 천막의 주위에는 두 개의 커다란 문이 있었는데, 그 가운데 하나는 황제만이 들어갈 수 있습니다. 거기에는 아무런 경비도 없었는데 비록 열려 있었지만, 아무도 감히 그곳을 통해서 들어가거나 나오지 못했습니다. 다른 또 하나의 문으로 입장을 허락받은 모든 사람들이 들어왔고, 거기에는 칼과 활과 화살을 소지한 경비들이 있었습니다. 만약 정해진 경계를 넘어서 천막에 접근하는 사람이 있을 경우, 그가 잡히면 매질을 당하고 도망치면 사격의 대상이 되는데 다만 촉이 없는 화살로 쏩니다. 말들은

---

23) 이처럼 일제히 동일한 색의 옷을 입고 벌이는 연회를 몽골어로 색깔을 뜻하는 지순(jisün)이라고 불렀고 한자로는 只遜, 只孫, 濟遜, 質孫이라고 했다. 혹은 페르시아어로 옷을 뜻하는 jāmah를 한자음으로 그대로 옮겨서 詐馬라고도 불렀다. 마르코 폴로도 그의 글에서 "그의 생탄일에 대카안은 금박으로 된 고귀한 옷을 입고, 12,000명에 이르는 신하와 기사들은 대군주의 것과 동일한 색깔이고 똑같은 모양으로 된 의상을 입는다"라고 기록했다.

내가 추산하기에는 화살 두 번 쏠 거리만큼 떨어져 있었습니다. 수령들은 무장을 하고 많은 수의 부하들과 함께 온 사방 돌아다니지만, 십인대를 완전히 갖추지 않는 한 아무도 말들이 있는 곳까지 갈 수는 없었습니다. 실제로 그렇게 하려는 사람이 있다면 심하게 매질을 당했습니다. 나의 판단으로는 그들 가운데 다수는 금으로 20마르크의 가치가 있는 재갈, 흉부판, 안장, 낑거리끈 등을 소유하고 있습니다. 수령들은 천막 안에서 회담을 가졌는데 내 생각으로는 [황제] 선출을 논의한 것 같습니다. 그러나 다른 사람들은 전술한 목책 바깥의 먼 곳에 떨어져 있었습니다. 그들은 거기서 거의 정오가 될 때까지 있었는데, 그 후에는 암말의 젖[으로 만든 마유주]를 마시기 시작했고 저녁때까지 마셨습니다. 얼마나 많이 마시는지 놀랄 정도였습니다. 우리는 안으로 초대되었는데, 그들은 우리가 암말의 젖을 마시지 않으려고 했기 때문에 벌꿀술을 주었습니다. 그들은 우리에게 깍듯한 예우를 갖추기 위해서 그렇게 했지만, 그럼에도 불구하고 어찌나 마시라고 계속 강권을 하는지 도저히 견디기 힘들 정도였습니다. 그런 것에 익숙하지 않은 우리가 그것이 얼마나 불쾌한 일인지를 이해시켰더니 더 이상 압박하지 않고 떠나갔습니다.

31. 바깥에는 러시아의 수즈달에서 온 야로슬라브 공과 몇 명의 키타이 및 솔랑기의 수령들이 있었고, 조지아 왕의 두 아들, 바그다드의 칼리프가 사신으로 파견한 어느 술탄을 위시하여 십여 명의 다른 사라센 술탄들이 있었습니다. 이는 집사들에게 들은 이야기이고 나도 그렇다고 믿습니다. 조공을 가져온 사람, 선물을 가져온 사람, 그들에게 복속하려고 온 술탄들과 다른 수령들, 타타르인들이 소환한 사람들 및 여러 영역의 총독 등 4,000명 이상의 사신들이 그곳에 있었습니다. 이들 모두는 목책 바깥에 있도록 했고 동시에 마실 것이 제공되었습니다. 그러나 우리가 그들과 함께 바깥에 있을 때 야로슬라브 공에게는 항상 가장 좋은 자리가 주어졌습니다. 내가 기억하는 것이 옳다면, 내 생각에는 분명히 [황제의] 선출이 이루

어지는 동안 우리는 거의 4주는 족히 그곳에 머물렀습니다. 그러나 결과는 그 당시에 공개되지 않았습니다. 내가 그렇게 생각하는 주된 근거는 구육이 천막을 나설 때마다 그들은 그의 앞에서 노래를 불렀고 그가 바깥에 머물러 있는 동안 계속해서 사람들은 자주색 양털이 끝에 달려 있는 아름다운 막대기를 그에게 살짝 건드렸는데, 이런 행동은 다른 어떤 수령들에게도 하지 않았습니다. 그들은 이 궁정을 시라 오르두(Sira Ordu)라고 부릅니다.

32. 그곳을 떠나 우리는 모두 3-4리그 정도 떨어진 다른 곳으로 말을 타고 갔습니다. 거기에는 산들 가운데로 강이 하나 흐르고 그 근처 아름다운 평원에 또다른 천막이 세워져 있었는데, 그들은 황금의 오르두(Golden Ordu)라고 불렀습니다. 바로 이곳에서 구육이 성모 마리아 승천(昇天) 축일(8월 15일)에 즉위하려고 했으나, 내가 이미 언급했듯이 갑자기 쏟아진 우박으로 인해서 의식은 연기되었습니다. 이 천막은 금판으로 덮인 기둥들로 받쳐지고 금 못으로 박은 또다른 나무 들보에 묶여 있었습니다. 위쪽의 천정과 내부의 측면들은 브로케이드로 되어 있었고 바깥은 다른 소재로 만들어졌습니다. 우리는 그곳에 성 바돌로메 축일(8월 24일)까지 있었고, 그 날에 엄청나게 많은 군중들이 모였습니다. 그들은 남쪽을 향해 섰는데 그들 가운데 일부는 다른 사람들로부터 돌을 던지면 맞을 정도의 거리만큼 떨어져 있도록 배열되었습니다. 그들은 남쪽을 향해 계속해서 나아갔는데 그러면서 기도를 하고 무릎을 굽혔습니다. 그러나 우리는 그들이 주문을 외우는 것인지 아니면 신께 무릎을 꿇는 것인지 아니면 또다른 것인지 알 수 없었기 때문에 그들을 따라 무릎을 굽히지는 않았습니다. 그들은 상당한 시간 동안 이렇게 한 뒤에 천막으로 돌아와 구육을 왕좌에 앉혔고, 수령들은 그의 앞에 무릎을 꿇고 그들 다음에는 다른 모든 사람들이 그렇게 했습니다. 단 그들에게 복속하지 않은 우리만은 예외였습니다. 그러고 나서 그들은 관습에 따라서 마시기 시작했고 쉬지 않고 저녁이 될

때까지 마셨습니다. 그 후에는 요리된 고기가 소금도 치지 않은 채 수레에 실려 왔고 그들은 관절 덩어리 하나를 네 명이나 다섯 명에 하나씩 주었습니다. 그러나 [천막] 안에서 그들은 고기와 함께 소금이 들어간 국물을 소스로 주었습니다. 그들은 축제를 벌이는 며칠 동안 계속해서 이렇게 했습니다.

33. 그곳에서 우리는 황제의 어전으로 소환되었습니다. 수석 서기[24]인 친카이[25]가 우리의 이름과 우리를 파견한 사람들의 이름을 적었고, 또한 솔랑기의 수령과 다른 사람들의 이름을 기록했습니다. 그러고 나서 그는 큰 소리로 황제와 모든 수령들 앞에서 [이름을] 불렀습니다. 이것이 끝나자 우리들은 각자 왼쪽 무릎을 네 차례 구부렸으며 그들은 우리에게 문의 낮은 부분을 건드리지 말도록 경고했습니다. 그들은 우리가 칼을 소지했는지 아주 샅샅이 수색을 한 뒤 아무것도 발견하지 못하자, 우리를 동쪽으로 나 있는 한 문을 통해서 들어가게 했습니다. 왜냐하면 서쪽으로는 오로지 황제를 제외하고 누구도 감히 들어갈 수 없기 때문입니다. 수령의 천막이라면 수령을 제외하고는 [서쪽으로] 들어갈 수 없습니다. 그러나 낮은 지위에 있는 사람들은 그런 형식에는 그다지 신경 쓰지 않습니다. 우리는 구육이 황제가 된 뒤에 처음으로 그가 입회한 가운데 그의 천막에 들어간 셈이었습니다. 그는 그곳에서 모든 사신들을 영접했으나, 그의 천막에 들어간 사람은 극소수였습니다.

---

24) protonorarius. 영역본에는 protonotary로 번역.

25) Chinqai. SF: Chingay; SM: Cingai. 한자로는 鎭海라고 표기되었으며, 생몰년대는 1169-1252년이다. 위구르 출신이었던 그는 1202년 칭기스 칸의 타타르 원정 이후 그와 합류하여 1203년에는 발주나 맹약에도 동참했다. 북중국 경략 이후 칭기스 칸은 그에게 1만 명의 중국인 포로들을 몽골 고원 서북부에 정착시키고 농사를 짓도록 했는데, 이곳은 후일 그의 이름을 따서 친카이(鎭海)라는 이름으로 널리 알려진 지명이 되었다. 현재 고비 알타이 아이막의 샤르가(Sharga) 솜에서 그 유적지가 발견되었다. 우구데이 치세에 그는 최고위 서기로서 활동했지만, 후일 뭉케의 즉위에 반대하다가 1252년에 처형되었다. Atwood(2004), 103 참조.

34. 얼마나 많은 선물들을 사신들이 가지고 왔는지 보기에도 경이로울 정도였으며, 비단, 금사 견직물, 벨벳, 브로케이드, 금으로 장식된 비단 허리띠, 엄선된 모피와 다른 선물들이었습니다. 황제도 산개, 즉 그의 머리 위에 받치고 다니는 것과 같은 조그만 차양을 하나 받았는데, 그것은 온통 진귀한 보석으로 장식된 것이었습니다. 한 지방에서 온 어떤 지사는 그를 위해서 브로케이드를 가득 싣고 안장 위에는 사람이 들어가서 앉을 수 있도록 장치가 된 많은 수의 낙타를 데리고 왔는데, 내가 보기에는 낙타가 마흔다섯 마리는 되었던 것 같습니다. 그는 또한 가죽이나 쇠로 만들어진 장식과 갑옷으로 뒤덮인 많은 수의 말과 나귀를 데리고 왔습니다. 우리도 역시 차례가 되자, 그들은 우리에게 어떤 선물을 바치기를 원하느냐고 물었지만, 그때까지 사실상 모든 것들을 다 써버린 뒤라서 그에게 바칠 것은 아무것도 없었습니다. 그곳 천막들에서 상당히 멀리 떨어진 언덕 위에는 500대 이상의 수레들이 세워져 있었는데, 모두 금과 은과 비단 옷이 가득 실려 있었고, 이것들은 황제와 수령들에게 분배되었습니다. 수령들은 또 각기 자기의 몫을 부하들에게 나누었는데 자기 기분에 맞는 대로 분배했습니다.

35. 그곳을 떠나 우리는 또다른 곳으로 갔습니다. 거기에는 온통 붉은 벨벳으로 만들어진 근사한 천막이 하나 세워져 있었는데, 이것은 키타이인들이 준 것이었습니다. 거기서도 우리는 안으로 인도되었습니다. 우리가 안으로 들어갈 때마다 꿀술과 포도주가 음료로 제공되었고 우리가 먹기를 원한다면 요리된 고기가 제공되었습니다. 높은 단이 하나 세워져 있었으며 그 위에는 황제의 왕좌가 놓였습니다. 상아로 만들어진 왕좌는 멋지게 조각되어 있었고 그 표면은 금과 보석이 있었으며, 내 기억이 정확하다면 진주도 장식되어 있었습니다. 그곳으로 올라가는 계단들이 있었고 그 뒤쪽은 둥글게 되어 있었습니다. 왕좌의 주위에는 긴 의자들이 놓여 있었으며, 숙녀들은 왼쪽에 있는 자기들 자리에 앉았습니다. 그렇지만 아무도 오른쪽에

느 앉지 않았고, 수령들은 가운데 있는 긴 의사에 앉았습니다. 나머지 다른 사람들은 그들 뒤에 앉았습니다. 매일 많은 수의 숙녀들이 왔습니다.

36. 내가 말한 세 개의 천막은 대단히 컸습니다. 그러나 황제의 부인들은 흰색 펠트로 된 다른 천막들을 가지고 있었는데 그것 역시 매우 크고 아름다웠습니다. 그 지점에서 그들은 갈라져서 황제의 모친은 한쪽 방향으로 갔고, 황제는 판결을 주재하기 위해서 다른 쪽 방향으로 갔습니다. 황제의 첩 한 명이 체포되었는데, 그녀는 [타타르의] 군대가 헝가리에 있을 당시에 자기 아버지를 독살했고 그 결과 그곳에 있던 군대가 퇴각했던 것입니다. 그녀를 위시하여 다른 많은 사람들에게 판결이 내려졌고 그들은 사형에 처해졌습니다.

37. 이와 동시에 수즈달26)이라고 불리는 러시아 지방의 대공인 야로슬라브가 사망하는 사건이 벌어졌습니다. 그는 황제의 모친에게 초청을 받았는데, 그녀는 그에게 마치 경의를 표하는 것처럼 자기 손으로 직접 먹을 것과 마실 것을 주었습니다. 자신의 거처로 돌아온 그는 즉시 앓아누웠고 이레 뒤에 사망했습니다. 그의 몸 전체는 아주 이상한 방식으로 푸르딩딩하게 변했습니다. 이로써 모든 사람들은 그렇게 해서 타타르인들이 그의 땅을 마음대로 완전하게 소유할 수 있도록 그를 독살한 것이라고 생각합니다. 이에 대한 부가적인 증거가 있는데, 그것은 황제가 그곳에 있던 야로슬라브 일행에게도 알리지 않고 곧바로 전령을 신속한 역참으로 러시아에 있는 그의 아들 알렉산드르에게 보내서, 그의 아버지의 영토를 그에게 주기를 희망하니 이곳으로 오라고 말한 것입니다. 알렉산드르는 가려고 했지만 [실제로는 가지 않고] 기다렸습니다. 그러면서 자신이 와서 [곧] 아버지의 영토를 받겠다는 내용의 편지를 한 통 보냈습니다. 그러나 모든 사람

---

26) Suzdal. SF: Susdal. 수즈달은 모스크바 동북쪽에 위치한 도시. 여기서 불과 26킬로미터 떨어진 블라디미르(Vladimir)라는 도시와 함께 블라디미르-수즈달이라고 불렸으며, 12세기 후반 키예프가 쇠퇴하면서 이곳에 대공이 주재하게 되었고 러시아의 정치적 중심지가 되었다.

들은 만약 그가 왔다면, 사형에 처해지거나 아니면 적어도 평생 구금되었을 것이라고 믿었습니다.

38. 시간에 대한 나의 기억이 정확하다면, 야로슬라브가 사망한 뒤에 우리[를 인도하던] 타타르인들은 우리를 황제에게로 데리고 갔습니다. 우리가 그를 만나러 왔다는 말을 들은 그는 우리를 자기 모친에게 보내라고 명령했는데, 그 이유는 그 다음날 그가 서방 세계 전체에 대해서 [전쟁의] 깃발을 올리려고 했고, 내가 위에서도 언급했듯이 이런 사정을 아는 사람들로부터 우리가 분명히 들은 것이지만 우리가 이런 [계획을] 모른 채 있는 것을 그가 원했기 때문입니다. 우리가 [그의 궁정에서] 돌아온 뒤 며칠간 머물렀고, 그런 다음에는 다시 그에게 가서 족히 한 달은 그와 함께 머물렀습니다. 어찌나 혹심한 배고픔과 추위를 견뎌야 했는지 우리는 거의 목숨을 부지하기도 어려울 정도였습니다. 왜냐하면 우리 네 사람에게 제공된 식량은 겨우 한 사람이 충분히 먹을 정도였고, 게다가 시장도 아주 멀리 떨어져 있었기 때문에 우리는 다른 먹을 것을 살 수도 없었습니다. 만약 주님께서 코스마스(Cosmas)라는 이름을 가진 한 러시아인 — 금 세공인이며 황제의 큰 총애를 받는 사람이었습니다 — 을 보내주어 우리를 어느 정도 도와주지 않았다면, 그리고 주님께서 우리를 또다른 어떤 방식으로 도와주지 않았다면, 내 생각에 우리는 필시 죽었을 것입니다.

39. 즉위식이 있기 전에 코스마스는 우리에게 그 자신이 직접 만든 황제의 왕좌와 그가 본을 만든 인장을 보여주었고, 그 인장 위에 무엇이 새겨져 있는지에 대해서도 말해주었습니다. 우리는 황제에 관해서 다른 많은 사적인 정보들을 얻을 수 있었는데, 다른 수령들과 함께 온 사람들 가운데 라틴어와 프랑스어를 아는 러시아인과 헝가리인들, 그리고 타타르인들 사이에서 생활하던 러시아인 사제와 그밖에 다른 사람들에게서 그런 것들을 들었습니다. 그들 가운데 일부는 전쟁이나 다른 사건들을 겪으며 30년 정도 그들과 함께 있어서 그들에 대한 모든 것을 알고 있었습니다. 왜냐하면

그들은 [타타르의] 언어를 알았고, 또 어떤 이는 20년, 어떤 이는 10년, 혹은 그보다 더 오래 혹은 더 짧게 계속해서 같이 살았기 때문입니다. 이러한 사람들의 도움으로 우리는 모든 것에 대해서 자세한 지식을 입수할 수 있었습니다. 그들은 모든 것에 대해서 기꺼이 우리에게 말해주었으며, 어떤 때는 묻지도 않았는데 말해주었습니다. 왜냐하면 우리가 무엇을 원하는지 그들이 알고 있었기 때문입니다.

40. 그 뒤에 황제는 우리를 불렀습니다. [황제는] 그의 수석서기인 친카이를 통해서 말하기를, 우리가 말해야 하는 내용과 우리의 용무를 글로 적어서 그에게 주라고 했습니다. 우리는 그렇게 했고 이미 앞에서 말했듯이 그 전에 바투에게 말했던 것들을 모두 적어주었습니다. 며칠이 지났습니다. 그러자 그는 우리를 다시 소환하여 제국 전체의 행정관(procurator)인 카닥27)의 입을 통해서, 그의 수석서기인 발라28)와 친카이 및 다른 많은 서기들이 있는 앞에서, 우리가 말해야 할 것을 모두 말하라고 했습니다. 우리는 이를 기꺼이 그리고 즐거이 행했습니다. 우리의 통역인은 그 전의 경우에도 그러했듯이 야로슬라브의 기사인 테메르29)였습니다. 거기에는 그와 함께 있던 사제 한 명, 황제와 함께 있던 또다른 사제도 있었습니다. 그는 다시 교황 성하와 함께 있는 사람들 가운데 러시아인이나 사라센의 글, 아니면 타타르인의 글을 이해하는 사람이 과연 있는가 하고 우리에게 물었습니다. 우리는 러시아인의 글이나 사라센의 글을 어느 것도 사용하지 않으며, 그 지방에 사라센들이 있기는 하지만 교황 성하가 계신 곳에서 멀리 떨어진 곳에 있다고 대답했습니다. 그러나 우리는 가장 합당한 방법

---

27) Qadaq. SF: Kadac. 주베이니에 의하면 카닥은 구육이 어렸을 때부터 그의 atabeg(王傅)였으며, 구육이 기독교도인 그의 영향을 받아 기독교를 애호하는 환경 속에서 성장했다고 한다(Juvaini/Boyle, vol. 1, 259). 카닥 역시 뭉케 즉위 직후에 처형되었다.

28) Bala. 라시드 앗 딘에 의하면 발라는 잘라이르 부족 출신이었으며, 호레즘 술탄의 아들 잘랄 앗 딘이 인더스 강을 건너 도망치자 칭기스 칸이 그를 추격하러 보낸 인물이었다.

29) Temer. 이 이름은 튀르크어에서 '쇠'를 뜻하는 테무르(Temür)를 옮긴 것으로 보이며, 이것으로 볼 때 그가 종족적으로 킵차크 계통이 아니었을까 하는 추측도 가능하다.

은 그들이 타타르어로 글로 [편지를] 쓰고 [또] 그것을 번역해서 우리에게 주면, 우리가 그것을 세심하게 우리들 자신의 문자로 옮겨서, 우리가 그 편지와 번역을 모두 교황 성하께 드리는 것이라고 말했습니다. 그러자 그들은 우리에게서 떠나 황제에게로 갔습니다.

41.　성 마르티노 축일(11월 11일)에 우리는 다시 소환되었고, 앞에서 언급한 서기들인 카닥과 친카이와 발라가 우리에게 와서 편지를 한 단어 한 단어 번역해주었습니다. 우리가 그것을 라틴어로 쓰자, 그들은 그것을 한 번에 한 구절씩 들을 수 있도록 다시 번역하게 했습니다. 왜냐하면 그들은 혹시 우리가 어떤 단어라도 실수하지 않았는가 알고자 했기 때문입니다. 이 두 편지가 작성되자 그들은 혹시 우리가 무엇인가 빼뜨린 것이 있는지 확인하기 위해서 우리에게 한 번 그리고 다시 한번 읽으라고 했습니다. 그리고 그들은 우리에게 이렇게 말했습니다. "당신들은 모든 것을 분명히 이해하도록 하시오. 왜냐하면 당신들은 아주 먼 곳으로 여행을 해야 하기 때문에 만약 당신들이 모든 것을 이해하지 못한다면 곤란해질 것이기 때문이요." 우리가 "우리는 모든 것을 분명하게 이해하고 있다"라고 대답했는데, 그 지방에서 그것을 읽을 수 있는 사람을 아무도 찾지 못했을 때 교황 성하께서 [읽기를] 희망하실 경우를 대비해서, 그들은 그 편지를 사라센어로 다시 한번 썼습니다.

42.　타타르의 황제는 외국인에게, 그가 아무리 중요한 인물이라고 할지라도 중개인을 거치지 않고는 [직접] 말을 하지 않는 것이 관례입니다. 그는 듣고 또 대답을 하지만 그것 역시 중개인을 통해서 합니다. 그의 백성들이 어떤 용무가 있을 경우에는 언제나 그것을 카닥 앞으로 가져오며, 그들은 황제의 대답을 듣는 동안 그 대화가 끝날 때까지 아무리 중요한 인물일지라도 무릎을 꿇고 있습니다. 황제가 그의 결정을 선언한 뒤에는 어느 누구도 어떤 문제에 대해서라도 말을 할 수 없으며, 그렇게 하는 것이 또 그들의 관례입니다. 황제는 행정관 한 명과 수석서기들을 두고 있을 뿐만

아니라 공적, 시적 용무를 처리하는 모든 관리들도 두었습니다. 다만 그는 변론인(advocatis)을 두지 않는데 그 까닭은 법적인 재판의 혼란 없이 모든 것이 황제의 결정에 따라서 정해지기 때문입니다. 타타르의 다른 왕자들도 그들과 관련된 그런 사무들에 대해서는 같은 방식으로 처리합니다.

43. 현재 황제의 나이는 마흔 혹은 마흔 다섯이나 그 이상인 듯합니다.[30] 그는 중간 정도의 키에 매우 총명하고 극도로 영민하며, 그의 태도는 아주 심각하고 진지합니다. 무슨 이유에서건 소리 내어 웃는 모습을 결코 보이지 않고, 어떤 경박한 일에도 매몰되지 않는데, 이는 항상 그와 함께 있는 기독교도들로부터 들은 이야기입니다.[31] 그의 집안에 있는 기독교도들도 그가 이제 곧 기독교도가 될 것이라는 사실을 굳게 믿고 있다고 우리에게 말했습니다. 이에 관해서 그들은 분명한 증거를 가지고 있는데, 즉 그는 기독교 사제를 데리고 있고 그들에게 기독교[와 관련된] 것들을 공급하고 있기 때문입니다. 이에 더하여 그는 그의 가장 중요한 천막 앞에 항상 예배당을 두었습니다. [기독교도들은] 거기에 타타르인들이나 다른 사람들의 무리가 아무리 많다고 하더라도, 다른 기독교도들이 그러하듯이 예배를 위해서 그리스풍으로 내놓고 공공연하게 노래를 하며 판자를 두드립니다. 다른 수령들은 이렇게 행동하지 않습니다.[32]

44. 우리와 함께 있던 타타르인들에 의하면 황제는 대사들을 우리와

---

30) 구육은 1206년에 출생하여 1248년에 사망했다. 카르피니가 그를 본 것은 1246년 즉위할 때였는데, 그의 나이를 40-45세 정도로 추정한 것은 상당히 정확하다고 할 수 있다.

31) 주베이니는 구육에 대해서 "[우구데이] 카안의 아들들 가운데 구육은 그의 강력함, 잔인함, 담대함, 지배력으로 유명했다"라고 평가했다(Juvayni/Boyle, vol. 1, 251).

32) 구육의 궁정에서 막강한 영향력을 행사하던 친카이나 카닥과 같은 인물들은 모두 기독교도였으며 황제 자신도 기독교에 대해서 매우 우호적인 태도를 보였던 것으로 알려져 있다. 아르메니아의 역사가 아칸츠 출신의 그리고리(Grigor of Akanc)는 그에 대해서 "좋은 칸이며 친기독교적이고 유덕한 군주"라고 했다. 심지어 바르 헤브라에우스와 같은 역사가는 구육이 기독교도였다고까지 단언했으나, 이는 분명 사실과는 다르다. 구육은 기독교로의 개종을 권하는 교황의 편지를 받고 이를 단호하게 거부했기 때문이다. Blake & Frye(1949), 313-315; 김호동(1998) 등 참조.

동행하게 하여 파견할 것을 제안했다고 합니다. 그러나 내 생각에는 그들이 우리로 하여금 이런 것을 그에게 청원하기를 바라는 것 같습니다. 왜냐하면 우리를 인도했던 타타르인들 가운데 나이가 가장 많은 한 사람이 우리에게 그러한 청원을 하라고 조언을 했기 때문입니다. 그러나 그들이 오는 것이 우리에게 유익한 일로 보이지 않기 때문에, 그것은 우리가 요청할 사항이 아니지만 다만 황제께서 자신의 희망에 따라 그들을 보내겠다면, 우리는 신의 도움으로 그들을 안전하게 인도하겠노라고 그에게 말해주었습니다. 그들이 온다면 왜 우리에게 유익하지 않은지에는 몇 가지 이유가 있었습니다. 먼저 그들이 우리 사이에 만연한 분란과 전쟁을 보고 우리를 공격할 생각에 더욱 고무될지도 모른다는 두려움이 있었습니다. 두 번째 이유는 그들의 진정한 목적이 [우리가 있는] 영역을 정탐하려는 것일지도 모른다는 두려움이었습니다. 세 번째 이유는 우리 쪽 사람들이 대부분 거만하고 자부심에 가득 차서 그들을 살해할지도 모른다는 두려움이었습니다. 독일에 주재하는 [교황의] 전권특사인 추기경의 요청에 따라서 우리와 함께 있던 하인들이 타타르 의상을 입고 그[=추기경]에게 갔을 때, 그들은 도중에 게르만인들에게 돌로 맞아 거의 죽을 뻔했고 그래서 그 의상을 벗을 수밖에 없었습니다. 더구나 자신들의 사신을 죽인 사람들에 대해서는 복수를 할 때까지 절대로 평화를 맺지 않는 것이 타타르인들의 관습입니다. 네 번째 이유는 누군가 그들을 우리에게서 강제로 탈취할지도 모르기 때문입니다. 실제로 그런 일이 한 사라센 왕자에게 생겼고 만약 그가 죽지 않았다면 아직 갇혀 있었을 것입니다. 다섯 번째 이유는 그들의 방문이 좋은 결과를 가져오지 않을 것이기 때문입니다. 그들은 우리가 가지고 있던 그 편지들을 교황 성하와 다른 왕족들에게 가져다주는 것 이외에 다른 특명이나 권위를 가지지 않을 것입니다. 우리는 이런 것들로 인해서 유해한 결과가 생길 것이라고 생각했고, 이와 같은 이유들로 인해서 우리는 그들이 오는 것을 반기지 않았습니다.

45. 이틀 뒤, 즉 성 브리스 축일(11월 13일)에 그들은 우리에게 떠나도 좋다는 허가를 내렸고 황제의 인장이 찍힌 편지 한 통을 주어, 우리를 황제의 모친에게로 보냈습니다. 그녀는 우리 각자에게 여우가죽으로 된 외투를 주었는데, 겉은 모피로 되어 있었고 안쪽은 안감과 한 조각의 벨벳이 대어져 있었습니다. 우리와 함께 있던 타타르인들은 그 벨벳들에서 1야드는 족히 될 길이를 훔쳤고, 우리의 하인들에게 주어진 조각들에서는 반 이상을 훔쳤습니다. 이것을 눈치채지 않은 것은 아니었으나 우리는 그것에 관해서 차라리 소동을 벌이지 않는 편이 낫다고 생각했습니다.

46. 그러고 나서 우리는 귀로에 올랐습니다.[33] 우리는 겨울 내내 여행했는데 우리의 발로 눈을 치울 수 있을 때를 제외하고는 눈 덮인 황야에서 잘 때도 많았습니다. 나무가 없는 툭 트인 지방에 있을 때는 바람에 실려온 눈에 완전히 파묻혀버릴 때도 많았습니다. 이렇게 해서 주 승천 축일(5월 9일)에 우리는 바투가 있는 곳에 도착했고, 교황 성하에게 답신을 보내라고 그에게 말했습니다. 그는 황제가 쓴 것 이상으로는 어떤 전갈도 보내기를 원치 않는다고 대답하면서, 황제가 쓴 것을 아주 세심하게 교황 성하와 다른 군주들에게 말해야 한다고 덧붙였습니다. 안전한 통행을 보증하는 편지 한 통을 받은 뒤에 우리는 그에게 하직을 고했습니다. 오순절 여드레(5월 25일) 안에 있는 토요일에 마우치가 있는 곳까지 도달했습니다. 그곳에는 그동안 억류되어 있던 우리의 동료들과 하인들이 있었고, 우리는 그들을 우리에게 데려왔습니다.

47. 거기서 우리는 코렌자에게로 갔는데, 그는 또다시 우리에게 선물을 요구했습니다. 우리는 이미 주었기 때문에 [이번에는] 아무것도 주지 않았습니다. 그는 우리에게 타타르인으로 간주되는 두 명의 쿠만인을 붙여서

---

33) Mission to Asia(69)는 1247년 5월 9일에 출발했다고 주석을 달았는데 옳지 않다. 본문에서도 카르피니 일행이 겨울에 출발한 것이 분명하기 때문이다. 아마 1246년 11월 13일에 구육의 친서를 받은 직후에 귀로에 오른 것으로 보아야 할 것이다.

러시아의 키예프까지 데리고 가도록 했습니다. 그러나 우리를 인도했던 타타르인들은 우리가 타타르의 마지막 초소를 떠날 때까지도 헤어지지 않았습니다. 다른 사람들, 즉 코렌자가 우리에게 제공한 사람들은 마지막 초소에서 엿새 만에 우리를 키예프까지 데려다주었고, 우리는 성 세례요한 축일이 되기 15일 전(6월 9일)에 그곳에 도착했습니다. 우리의 도착 사실을 알게 된 키예프의 주민들이 모두 나와 기뻐하며 우리를 맞아주었고, 마치 우리가 죽음에서 깨어난 것처럼 축하해주었습니다. 우리는 폴란드, 보헤미아, 러시아 전역에서 이와 동일한 영접을 받았습니다.

48. 다니엘과 그의 형제 바실코는 우리를 위해서 성대한 연회를 베풀었고, 우리의 희망과는 달리 거의 여드레 동안 우리를 붙잡아두었습니다. 한편 우리가 타타르를 향해서 출발했을 때 그들에게 말했던 사안에 관해서, 그들은 자기들끼리 또 주교와 다른 명망 있는 사람들과 상의하여 우리에게 답변을 주었습니다. 즉 그들은 교황 성하를 자신들의 특별한 군주이자 아버지로 모시고, 성스러운 로마 교회를 자신들의 부인이자 여주인으로 여기겠노라고 공동으로 선언했습니다. 또한 이 문제에 관해서 과거에 자신들의 수도원장을 파견해서 약속했던 모든 것들을 다시 한번 확인해주었습니다. 이에 더해서 그들은 우리에게 편지 한 통과 사신들을 보냈습니다.

49. 우리가 타타르인들에게 갔었다는 사실에 대해서 누구의 마음에 어떠한 의심도 일지 않게 하기 위해서 우리는 그곳에 있을 때에 접촉했던 사람들의 이름을 적어놓도록 하겠습니다. 바투의 자매와 혼인한 카르본[34]의 오르두 부근에서 우리는 러시아의 다니엘 왕과 그 휘하의 기사들 및 그와 동행하던 사람들 모두를 만났습니다. 코렌자에게 갔을 때에는 키예프에서 온 백부장인 논그로트[35]와 그의 동행들을 만났고 그들이 여행의 일부 구간에서 우리를 호위해주었으며, 우리의 뒤를 이어서 바투가 있는

---

34) Carbon. 신원 미상의 몽골 귀족. 앞의 주석 참조.
35) Nongrot. SF: Nongrot; SM: Hongrot.

곳에 도착했습니다. 바투의 오르두에서 우리는 야로슬라브 공의 아들과 마주쳤는데 그는 러시아에서 온 산고르(Sangor)라는 이름의 기사를 대동하고 있었습니다. 그는 출신 민족은 쿠만이었지만 바투에게 우리를 위해서 통역해준 다른 러시아인들과 마찬가지로 지금은 기독교도이고 수즈달 지역 출신이었습니다. 타타르 황제의 궁정에서 우리는 야로슬라브 공을 만났는데 그는 거기서 사망했고, 그의 기사들 가운데 테메르라는 이름을 가진 사람도 만났습니다. 이 사람은 구육 칸, 즉 타타르의 황제에게 우리의 통역인 역할을 했는데, 교황 성하에게 보내는 황제의 편지를 번역하는 일과 [우리가] 말하고 대답하는 것을 통역하는 일 두 가지를 했습니다. 앞에서 말한 [야로슬라브] 공의 서기인 두바즐라우스(Dubazlaus)도 있었고, 그의 하인인 야콥(Iacob)과 미카엘(Michael)과 또다른 야콥이 있었습니다. 우리가 귀환하다가 비세르민인들의 땅에 왔을 때, 얀킨트36) 시에서 콜리그네우스(Coligneus)를 만났는데, 그는 바투와 야로슬라브의 명령에 따라 상술한 야로슬라브와 합류하러 가던 길이었습니다. 또한 코크델레반37)과 그의 모든 일행도 만났습니다. 이들 모두는 러시아의 수즈달 지역으로 돌아갔으니, 만약 필요하다면 그들에게서 진실을 확인할 수 있을 것입니다. 마우치38)의 오르두에서는 야로슬라브 공과 그의 일행, 그리고 러시아에서 온 산코폴투스39)라는 이름의 공작과 그 일행이 그곳에 뒤처져 남아 있던 우리의 동료들과 만났습니다. 코마니아를 떠날 때 우리는 타타르인들에게 가던 로마누스(Romanus) 공과 그의 일행을 만났고, 또 떠나려고 하던 올라하(Olaha) 공과 그의 일행도 만났습니다. 체르니고프의 공작의 사신 한 명도 우리와 함께 코마니아를 떠나 러시아를 가로질러 상당 기간 동안 여행

---

36) SF 원문에는 Lemfinc라고 되어 있으나, 이는 얀킨트(Yankint)의 오사로 보아야 할 것이다. Hambis(1965), 179.

37) Cocteleban. SF: Cocteleban; SM: Cocceleban.

38) SF: Maucy. 앞의 주석 참조.

39) Sancopoltus. SF: Sancopoltus; SM: Sancopolcus.

을 했습니다. 이 공작들은 모두 러시아인들입니다.

50. 키예프 시 전체가 증인이다. 왜냐하면 그 주민들은 우리에게 호위할 사람과 말을 주어 첫 번째 타타르 군영까지 인도해주었고, 우리가 돌아올 때에는 우리의 타타르 호위들과 그들에게 되돌려주려고 했던 그들의 말들을 함께 맞아주었기 때문입니다. 우리가 여행했던 경로에 있던 사람들도 모두 마찬가지입니다. 왜냐하면 그들은 우리에게 말과 식량을 지급해야 했고 그렇지 않으면 사형에 처해질 것이라는 내용이 담긴, 바투의 인장이 찍힌 편지와 명령서를 받았기 때문입니다.

51. 이밖에 브라티슬라비아40)에서 온 상인들로, 키예프까지 우리와 동행했고 우리가 타타르인들의 손아귀에 있으리라고 생각하고 있을 사람들도 우리의 증인이며, 또한 우리가 타타르인들에게로 떠난 뒤 키예프에 도착한 폴란드와 오스트리아 출신의 다른 많은 상인들도 그러합니다. 또다른 증인들로는 콘스탄티노플 출신 상인들이 있는데, 그들은 타타르인들이 있는 곳을 경유하여 러시아에 왔고, 우리가 타타르인들의 땅에서 귀환했을 때는 키예프에 있었습니다. 이 상인들의 이름은 다음과 같습니다. 제노아 사람 미카엘(Michael), 베네치아 사람 바톨로메우스(Bartholomeus)와 마누엘(Manuel), 아크레 사람 야콥 레베리우스,41) 피사 사람 니콜라우스(Nicholaus) 등은 우두머리들입니다. 이보다 덜 중요한 사람들로는 마르코(Marco), 헨리(Henry), 요한(Johan), 바시우스(Vasius), 또다른 헨리 보나디에스(Henry Bonadies), 페트루스 파스카미42) 등이 있습니다. 이외에도 많은 사람들이 있었지만 나는 그들의 이름을 알지 못합니다.

52. 앞에서 기록한 내용을 읽은 모든 사람들에게 부탁하건대 [거기서] 어떤 것도 잘라버리거나 덧붙이지 않기를 바랍니다. 왜냐하면 진실을 우

---

40) Vratislavia. Breslavia라고도 알려졌으며, 현재 폴란드 중서부의 브로츠와프에 해당한다.
41) Iacobus Reverius. SF: Reverius; SM: Renerius.
42) Petrus Paschami. SF: Paschami; SM: Paschaini.

리의 안내자로 삼아, 우리가 본 것과 신뢰할 만하다고 생각되는 사람들에게서 들은 것들을 모두 기록했기 때문입니다. 그리고 신께서 증인이 되어 주시겠지만 우리는 아무것도 일부러 더 덧붙이지 않았습니다. 그러나 우리가 여행하는 도중 폴란드, 보헤미아,43) 튜토니아,44) 레오디오,45) 캄파니아46) 등지에서 만난 사람들은 상술한 기록을 가지고자 했고, 그래서 그것이 완성되기도 전에, 그리고 우리가 그것을 완전히 끝낼 만한 조용한 시간을 가지지도 못했기 때문에, 아주 축약된 형태임에도 불구하고 그것을 필사했습니다. 따라서 지금 현재의 서술 속에 더 많은 사실들이 있다고 하더라도 아무도 놀라지 않기를 바랍니다. 그 사실들은 전에 [여러분들이 보았던] 것에 비해서 더 정확합니다. 왜냐하면 우리가 약간의 여유를 가지고 이 사본을 고쳤고 그래서 그것이 완전하고 정확하게, 아니 적어도 [그 전의] 완성되지 않았던 것보다는 더 완벽한 것이기 때문입니다.

여기서 우리가 타타르라고 부르는 몽골인들에 관한 이야기는 끝납니다.

---

43) 현재의 헝가리.
44) SF: Teutonia. 현재의 독일에 해당.
45) SF: Leodio. 현재의 벨기에.
46) SF: Campania. 현재의 상파뉴 지방.

루브룩의

몽골 기행

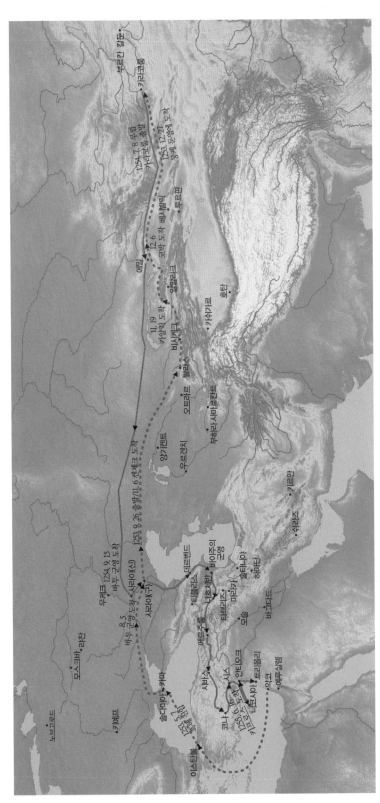

루브룩의 일행이 왕복 경로

서문

1. '작은 형제단'에서도 가장 작은 (저) 루브룩의 윌리엄 수도사가 가장 훌륭하고 가장 독실한 기독교도 군주이시며 하느님의 은혜를 입으신 프랑스의 눈부신 국왕 루이[1]께 인사를 올립니다. 그리스도 안에서 항상 승리하시기를 기원합니다.

2. 현자의 『집회서』[2]에 "그는 외국을 두루 여행하며 인간 사회의 좋은 것과 나쁜 것을 체험으로 안다"[3]라고 쓰여 있습니다. 저의 군주이신 왕이시여. 저는 그러한 임무를 완수했으나, 우둔한 자가 아니라 현명한 자로서 그렇게 했기를 기원합니다. 왜냐하면 많은 사람들이 현명한 자가 행하는 일을 하지만, 현명한 방식이 아니라 우둔한 방식으로 하기 때문이며, 제가 그런 자들 가운데 하나가 아닐까 두렵기 때문입니다. 그렇지만 제가 출발한 뒤에 타타르인들 사이에서 본 모든 것들을 기록으로 남기고 나아가 [돌아온 뒤에] 전하게 자세히 보고할 것을 두려워하지 말라고 말씀하신 대로 저는 행했습니다. 그래서 저는 전하께서 명령하신 대로 행하고 있지만, 이처럼 고귀한 왕자에게 글을 쓸 때 사용해야 마땅한 말들을 써본 적이 없었기 때문에, 두렵고 떨리는 마음으로 쓸 뿐입니다.

---

1) 루이 9세(Louis IX, 재위 1226-1270년). '사자왕 루이(루이 8세)'의 아들. 제7차와 8차 십자군 전쟁에 참여했으며 두 번째 참전 시에 사망했고, 그의 아들 필리프 3세(재위 1270- 1285)가 뒤를 이었다.
2) 『집회서(*Ecclesiasticus*)』는 구약의 경전. 소위 '70인역'으로 알려진 그리스어 번역본에 포함되었으며, "시라크의 지혜"라는 이름으로도 알려져 있다. 가톨릭과 그리스 정교회에서는 구약의 일부분으로 인정되고 있으나, 개신교에서는 정경으로 인정하지 않고 있다.
3) 『집회서』 제39장 5절.

제1장
가자리아[1]의 땅

1. 성스러운 전하께서는 저희가 주후 1253년 5월 7일 일반적으로 '대해(大海)'[2]라고 불리는 폰투스 바다[3]에 들어갔다는 사실을 아셔야 할 것입니다. 상인들에게 들은 바에 따르면, 그것은 길이가 1,400마일이고 마치두 부분으로 되어 있는 것처럼 나뉘어 있다고 합니다. 그 중간쯤에 두 개의곳이, 즉 하나는 북쪽에, 또 하나는 남쪽에 있습니다. (남쪽에 있는 것은시노폴리스[4]이라고 불리며 투르키아[5]의 술탄에게 속한 성채이자 항구입니다. 북쪽에 있는 것은 오늘날 라틴인들이 '가사리아'라고 부르고, 그 해

---

1) Gazaria. 이하 루브룩의 『몽골 기행』 주석에 표기된 고유명사의 원음은 윙가에르트 신부가 교감 출판한 라틴어 텍스트 SF에 기재된 형태임을 밝혀둔다. 아울러 다른 사본에서 SF와 현저히 다른 표기가 보일 때는 그것을 표시했다. C는 케임브리지 대학의 MS181, D는 동 대학의 MS66A, S는 동 대학의 MS407, L은 대영도서관의 MS Royal 14C를 가리킨다. 루브룩은 하자리아(Khazaria)를 본문 안에서 '가자리아', '가사리아', '카사리아' 등 다양한 이름으로 표기했다. 이는 문자 그대로 '하자르인들의 땅', 즉 흑해 북방의 초원을 가리키지만, 여기서는 사실상 크림 반도 일대의 한정된 의미로 사용되고 있다. 하자르는 튀르크 계통의 유목민으로서 7세기 후반에 볼가 강 유역을 정복한 뒤 흑해 북방의 초원을 근거지로 유목국가를 건설했다. 러시아 삼림 지역과 흑해 및 소아시아를 연결하는 교역로를 활용하여 경제적인 번영을 누렸으며, 그곳을 무대로 활동하던 상인들과 밀접한 관계를 맺어 유대교로 개종하기도 했다. 키예프를 중심으로 성장한 러시아인들의 압력을 받아 10세기 말경에 멸망하고 말았다. 하자르에 관해서는 Golden(2010); Golden(1980); Pritsak(1978) 등을 참조.
2) mare Maius. 마르코 폴로(Marco Polo, 1938, 74, 93, 99 et al.)와 14세기 사마르칸트의 티무르를 방문한 클라비호(Clavijo, 1859, 50-51) 역시 흑해를 가리켜 이렇게 불렀다.
3) mare Ponti. 흑해를 가리킨다.
4) Sinopolis. 현재 시노프(Sinop). 아나톨리아 반도 중북부 흑해 남안에 위치한 항구 도시.
5) Turchia. 셀주크 튀르크를 지칭. 당시 코냐에 수도를 둔 셀주크는 몽골에 정치적으로 복속하고 있었다.

안을 따라 살고 있는 그리스인들에게는 카사리이, 즉 가이사리아라고 알려져 있는 곳입니다.6) 그리고 남쪽의 시노폴리스 방향으로 바다를 향해서 돌출한 곳들도 있습니다. 시노폴리스에서 '카사리아'까지는 300마일입니다.7) 따라서 이 [두] 지점에서 대각선 방향으로 콘스탄티노플까지는 700마일이고,8) 동쪽으로 이베리아, 즉 조르지아 지방까지도 700마일입니다.9)

2. 우리는 가사리아 혹은 카사리아라는 지역에 들어갔는데, 그곳은 삼각형 꼴이고 서쪽 면에는 성 클레멘트10)가 순교를 당한 케르손11)이라는 도시가 하나 있습니다. 우리가 배를 타고 그곳을 지나가는데, 천사들이 손으로 직접 지었다고 전해지는 사원 하나가 서 있는 섬을 보았습니다. [가사리아의] 남쪽 면 중간, 말하자면 그 꼭짓점에 솔다이아12)라는 도시가 있는데, 그것은 시노폴리스 방향을 마주보고 있습니다. 그곳에는 투르키아에서 온 상인들과 북부 지방을 방문하기를 원하는 모든 사람들이 상륙할 뿐만

---

6) 라틴계 유럽인들은 크림 반도 일대를 하자르라는 유목민들의 이름에서 연유한 '가자리아' 혹은 '가사리아'라는 지명으로 불렀지만, 그 일대의 그리스인들은 그것과 유사한 '카사리아(Cassaria)' 혹은 '카이사리아(Caesarea)'라는 이름으로 불러 마치 '케사르(Caesar)'와 관련된 것인 양 이해하고 있다는 말이다.

7) 사실 시노폴리스에서 정북방으로 아조프 해 해안까지의 거리는 300마일이다.

8) 그러나 실제로 크림 반도 남단에서 이스탄불까지는 320마일이고, 시노프에서 이스탄불까지도 마찬가지이다.

9) Hyberia. '이베리아'라는 이름은 비잔틴에서 조르지아(Geogia)를 가리켜 부른 이름이며, 흔히 Caucasian Iberia라고 알려져 있다. 흑해는 남북으로는 짧고 동서로 길어서, 동서의 길이가 약 700마일 정도이고 남북이 약 300마일 정도 되기 때문에, 그 남북의 중간 지점에서 동서 양쪽 끝으로 대각선으로 선을 긋는다고 해도 루브룩의 말대로 700마일이 되기는 어렵다. 크림 반도 남단에서 흑해 동쪽 끝까지의 거리도 430마일 정도에 불과하다.

10) 성 클레멘트(St. Clement)는 사도 베드로의 후계자이며 디오클레티아누스 시대의 박해를 피해 케르손으로 피신을 왔다가 100년경 로마의 황제 트라야누스의 박해 때에 순교를 당한 것으로 알려져 있다. 그의 유해가 861년 1월 30일에 '발견'되었다고 한다. Rubruck/Rockhill (1900), 43; Golden(1980), 79 참조.

11) Kerson. 크림 반도 서남단에 있으며 현재 세바스토폴(Sevastopol')에 해당된다.

12) Soldaia. 현재 수닥(Sudak). 과거 무슬림들에게는 Sūdāq/Sūghdāq으로 불렸고, 라틴 문헌에는 Solghat로 알려졌다. 고대의 한문 자료에는 粟特으로 표기되었다(중앙 아시아의 소그드를 음사한 粟特과는 다르다).

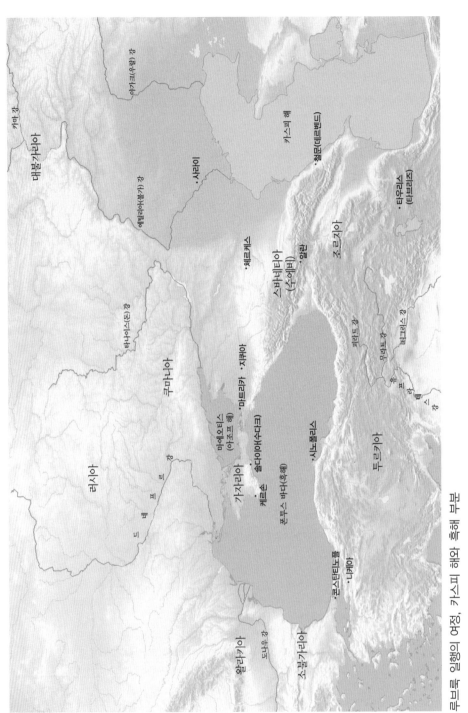

루브룩 일행의 여행 여정, 가스피 해와 흑해 부분

아니라, 그 반대 방향, 즉 러시아아 북방에서 와서 [바다를 긴너] 투르키아로 가고자 하는 사람들도 옵니다. [북방에서 온] 이 사람들은 다람쥐나 족제비의 모피나 다른 값비싼 모피를 가져오고, 또다른 사람들은 직물로 짠무명, 즉 '감바시움',13) 비단과 향신료 등을 가지고 옵니다. 또한 이 지방의동쪽 편에는 마트리카14)라고 불리는 도시가 있는데, 거기서 타나이스15)강이 너비가 12마일이나 되는 하구를 거쳐서 폰투스 바다로 흘러갑니다.

3. 이 강이 폰투스 바다로 유입되기 전에 그 북쪽에 바다16)를 하나 형성하는데, 그것은 길이와 폭이 700마일이고 어느 곳도 깊이가 6보를 넘지않습니다. 이런 이유로 커다란 배는 그곳에 들어오지 못하며, 콘스탄티노플에서 온 상인들은 앞서 언급한 마트리카 시에 상륙한 뒤, 그들이 가지고있는 작은 배를 타나이스 강이 있는 곳까지 보내서 말린 생선, 즉 철갑상어, 청어, 칠성갈치를 비롯한 다른 고기들을 엄청난 양으로 구매합니다.

4. 그리고 이 카사리아 지방은 삼면이 바다로 둘러싸여 있습니다. 즉서쪽으로는 클레멘트의 도시인 케르손이 있고, 남쪽으로는 우리가 상륙했고 또 이 지방의 꼭짓점을 이루는 솔다이아 시가 있으며, 동쪽으로는 타나이스 바다17)가 있는데, 그곳에 마트리카 시와 타나이스 해의 입구가 위치해 있습니다.

5. 그 입구 너머에는 지퀴아18)가 있는데, 타타르에게 복속해 있지 않습

---

13) wambasio. 펠리오는 이것을 서구 중세에서 무명을 가리키는 단어인 gambasium로 읽어야 한다고 보았고, 잭슨도 이를 따랐다.

14) Matrica. 비잔틴 측의 자료에는 Tamatarcha, 러시아 측의 자료에는 Tmutorakan으로 알려진 도시. 마트리카는 크림 반도가 아니라 그 맞은편 타만 반도에 위치해 있으며, 아조프해로 들어가는 입구의 킴메리안 보스포러스(Cimmerian Bosporus) 해협에 위치한 전략적 요충이었다. 고대 그리스인들은 이곳에 거류지를 형성하여 Hermonassa라고 불렀다. 마트리카는 그 후 방기되었으나 19-20세기에 그 유적지의 발굴이 이루어졌다.

15) Tanais. 돈(Don) 강.

16) 즉 아조프 해를 가리킨다. 길이는 동서가 150마일, 남북이 100마일 정도이다. 700마일이라고 한 것은 상당한 과장인 셈이다.

17) maris Tanais. 즉 아조프 해.

니다. 거기서 더 동쪽으로는 [역시] 타타르에게 복속하지 않는 수에니[19]와 이베리[20]가 있습니다. 그 다음에 남쪽으로는 트레비존드[21]가 있는데, 콘스탄티노플의 황가 출신으로 구이도[22]라는 이름을 가진 독자적인 군주가 있지만, 그는 타타르인들에게 복속하고 있습니다. 그 다음에는 시노폴리스가 있는데 역시 타타르의 신민인 투르키아의 술탄에게 속해 있습니다. 그 다음에는 바스타키우스의 영지인데 그의 아들은 외조부를 따라서 아스카르라는 이름을 가지고 있고 독립하여 있습니다.[23] 타나이스 입구에서부터 서쪽으로 도나우 강까지는 모든 것이 그들의 소유이며, 심지어 콘스탄티노플 방향으로는 도나우 너머까지도 그러합니다. 아산의 영지인 블라키아[24]와 소불가리아[25]와 스클라보니아[26]까지가 모두 그들에게 공물을 바

---

18) Ziquia. 쿠반(Kuban) 반도, 즉 서부 시르카시아 지방에 위치한 도시.

19) 원문은 Suevi. 그러나 잭슨이 Rubruck/Jackson(1990), 65 주 2에서 지적했듯이 이는 주베이니의 글에 나오는 Swāni(yān)에 해당되며, 서북 조지아 지방에 사는 스바네티아(Svanetia)인들을 지칭하기 때문에 Sueni로 읽는 것이 타당하다.

20) Iberi. 앞에서도 나왔듯이 조르지아(조지아)를 가리킨다.

21) Trapesunda. 즉 Trebizond. 현재 소아시아 북부 해안에 있는 트라브존(Trabzon). 제4차 십자군 전쟁으로 콘스탄티노플이 함락된 뒤 비잔틴 황실에 속하는 콤네니(Comneni) 가문이 1204년 트레비존드에 왕국을 건설했다.

22) Guido. 이 인물은 필시 Andronicus Ghidos(1222-1235)를 가리키는 것으로 보이지만, 루브룩 여행 당시 그는 이미 사망했으며 그의 아들 마누엘 1세(Manuel I, 1238-1263)가 통치하고 있었다. 그는 1234년 셀주크가 쾨세다그(Kösedagh)의 전투에서 몽골에 패배한 뒤 몽골에 복속하기로 결정했다.

23) 여기서 '바스타키우스(Vastacius)'와 '아스카르(Ascar)'는 각각 니케아(Nicaea) 왕국의 건설자인 요한 두카스 바스타체스(John Ducas Vatatzes, 재위 1222-1254)와 그의 아들이자 후계자인 라스카리우스(Lascaris)를 가리킨다. 황제 요한 3세는 비잔틴의 황제 테오도르 라스카리우스(Theodore Lascarius)의 딸 이레네(Irene)와 혼인하여 라스카리우스를 낳았다. 니케아는 소아시아 서북단 보스포러스 해협 부근에 있는 도시였으며, 현재 터키의 이즈니크(Iznik)가 이에 해당된다. 여기서 루브룩이 말하는 '바스타키우스의 영지'란 아나톨리아 반도 서북단 일대 및 현재의 이스탄불을 넘어서 도나우 강에 이르는 지역을 모두 포괄하는 셈이다.

24) Assan. Blakia. 오늘날 발칸 반도 동쪽의 왈라키아(Wallachia) 지방에 해당되며 루마니아인들의 조상에 해당되는 블라크(Vlach)인들이 거주했다. '아산'은 1186년에 후기 불가르 왕국을 건설한 아산(Asan, 혹은 Yusan)을 가리킨다. 그는 자기 형제인 피터(Peter)와 요한(John) 등과 함께 비잔틴 제국에 반란을 일으켜 왈라키아 지방에 왕국을 건설했으며, 그가 1196년 사망한 뒤 형제들이 차례로 계승했다. 이 왕국의 주요한 주민들이 블라크인이었다.

치고 있으며, 근년에는 규정된 공물에 더하여 각 가구마다 노끼 한 자루, 그리고 채굴되었으나 가공되지 않은 철을 징발하고 있습니다.

6. 그래서 우리는 1253년 5월 21일 솔다이아에 입항했습니다. 우리에 앞서서 콘스탄티노플에서 온 몇 명의 상인들이 [이곳에] 와서, 성지(聖地)에서 사르탁27)에게 가려는 사신들이 도착할 것이라고 주장했다고 합니다. 그러나 종려 주일(4월 13일) 성 소피아 성당에서 행한 설교에서 저는 폐하나 다른 누구의 사절이 아니며, 다만 우리들의 헌장[이 지시하는 바]에 따라 이 불신자들에게 가려는 것뿐이라는 사실을 공개적으로 천명했었습니다. 그리고 이제 제가 도착하자 이 상인들은 이미 제가 사절이라는 말을 퍼뜨렸기 때문에 말조심을 하라고 하고, 만일 제가 사절이라는 사실을 부인하면 통행증을 받지 못할지도 모른다고 경고를 했습니다.

7. 이에 대해서 저는 그 도시의 지사들은 겨울에 조공품을 가지고 바투28)에게로 가서 아직 돌아오지 않았기 때문에, 지사들 아니 정확하게 말한다면 지사들의 대리인들에게 다음과 같이 말했습니다. "우리는 성지에서 당신네들의 주군인 사르탁에 대해서 그가 기독교도라는 이야기를 들었으며, 이를 듣고 기독교도들은 크게 기뻐했소. 특히 가장 신실한 기독교도 군주로서 그곳을 순례하던 중이었고 사라센의 손에서 성지들을 탈환하기 위해서 그들과 전쟁을 하고 있던 프랑스의 국왕이 가장 기뻐했소. 이런 이

---

25) minor Bulgaria. 발칸 반도의 현재 불가리아. '대불가리아(maius Bulgaria)'는 볼가 강 중류 지역을 가리킨다. 불가리아의 주민들이 자신의 원래 고향이 볼가 강 지역에 있었다고 믿었기 때문에 그렇게 불렀다고 한다.

26) Sclavonia. 헝가리 왕국 남쪽, 즉 알바니아를 포함해서 아드리아 해 동부 연안지역을 가리키는 듯하다. 이 지역은 1241-1242년 겨울 몽골군의 침공을 받았다. 스클라보니아는 Scalav 라는 말에서 비롯된 것이고 이는 곧 '노예'를 뜻하는 Sclav, 즉 Slav와 연관된 단어이다. 이슬람권에서는 Saqlâb라고 불렀다.

27) Sartach. 바투의 아들 사르탁(Sartaq)을 가리킨다. 사르탁이라는 단어는 원래 무슬림을 가리키는 '사르트(Sart)'에서 나온 말이다. 그러나 그는 이름과 달리 무슬림이 아니라 기독교를 신봉했다.

28) Baatu. 칭기스 칸의 장자인 주치의 둘째 아들 바투(Batu).

유로 나는 사르탁에게 가기를 희망하는 것이고, 기독교권 전체의 이익이 어디에 있는지를 적은 국왕 폐하의 편지를 그에게 가져가려고 하는 것이오." [그러자] 그들은 기꺼이 우리를 환영했고 주교가 관할하는 교회에 우리를 묶게 했습니다. 이 교회의 주교는 사르탁이 있는 곳을 다녀온 적이 있는데, 그에 관해서 많은 호의적인 이야기를 해주었지만, 그것은 나중에 제가 직접 체험한 것과는 달랐습니다.

8. 그리고 나서 그들은 우리의 휴대품을 운반하기 위해서 소가 끄는 수레를 원하는지 아니면 짐을 실을 말들을 원하는지 선택하라고 요청했습니다. 콘스탄티노플에서 온 상인들은 저에게 수레를 가져가라, 아니 더 좋은 방법은 러시아인들[29]이 모피를 운반하고 다니는 포장 수레를 하나 사서 그 안에 제가 매일같이 풀지 않아도 되는 짐들을 넣고 가라고 조언해주었습니다. 왜냐하면 만일 제가 말을 가져가면 매번 유숙할 때마다 짐을 내렸다가 또다시 다른 말에 실어야 하기 때문이며, 더구나 만일 소[가 끄는 수레]를 가져가면 보다 느긋한 속도로 여행할 수 있을 것이기 때문입니다. 저는 그들의 제언을 받아들였습니다. 그러나 그것은 잘못된 충고였습니다. 왜냐하면 제가 사르탁이 있는 곳까지 가는 데에 두 달이 걸렸는데, 만일 말을 타고 갔다면 한 달이면 해낼 수 있었기 때문입니다.

9. 저는 콘스탄티노플에서 상인들의 조언에 따라 과일, 머스커딘[30] 포도주, 고급스런 과자들을 가지고 갔는데, 지사들을 처음 만나게 되면 그것을 주어서 저의 통행을 보다 수월하게 하기 위함이었습니다. 왜냐하면 그들은 빈 손으로 오는 사람들에게는 일체 호의를 베풀지 않기 때문입니다. 그러나 도시의 지사들이 없다는 것을 알게 되었기 때문에 저는 이 모든 것들을 수레 안에 넣었습니다. 그것은 제가 만약 그것들을 사르탁이 있는

---

29) Ruteni. 루브룩은 카르피니와 마찬가지로 정교회를 신봉하는 동부 슬라브인들을 Ruteni/Rutheni라고 불렀다. 이 책에서는 모두 '러시아인'으로 옮겼다.

30) vinum muscatos. 포도의 한 종류.

곳까지 운빈해갈 수민 있다면, 그가 무척 기뻐할 것이라는 밀을 들었기 때문입니다.

10. 그러고 나서 우리는 [제가 구입한] 넉 대의 포장 수레와 그들이 제공한 다른 두 대의 수레—그 안에는 밤에 잘 때 필요한 침구들을 실었습니다—를 이끌고 6월 1일경 여행을 시작했습니다. 그들은 우리가 탈 말 다섯 마리를 주었는데, 우리의 인원이 다섯 명이었기 때문입니다. 즉 저와 저의 동료인 크레모나[31]의 수사 바돌로뮤(Bartholomew), 이 편지의 운반자인 고세(Gosset), 통역인 호모 데이(Homo Dei),[32] 그리고 전하께서 제게 주신 성금으로 콘스탄티노플에서 구입한 니콜라스(Nicholas)라는 소년이 있었습니다. 그들은 우리에게 수레를 몰고 소와 말을 다룰 사람 둘을 추가로 제공했습니다.

11. 케르손에서부터 타나이스 입구에 이르기까지 해안을 따라 높이 솟은 곳들이 있고, 케르손과 솔다이아 사이에는 '마흔 동네'[33]가 있는데 이들 거의 모두가 각자의 방언을 가지고 있으며, 그 주민들은 게르만 계통의 언어를 쓰는 고트인들을 다수 포함하고 있습니다.

12. 이 고개들 너머 북쪽으로 고원 위에는 아주 멋진 삼림이 펼쳐져 있고, 그곳에는 샘물과 시내가 가득합니다. 그 삼림의 가장 먼 쪽에는 넓은 벌판이 있는데, 그것은 그 지방의 가장 북쪽 경계까지 닷새 거리를 뻗어 있습니다. 그 다음에는 좁아져서 동쪽과 서쪽으로 바다가 나오는데, 그것

---

31) Cremonia(S, L: Cremona). 이탈리아 북부 롬바르디 지방의 포 강 유역에 있는 도시.

32) Homo Dei turgemanus. turgemanus라는 단어는 아랍어로 '통역'을 뜻하는 tarjumân을 옮긴 말이며, 이 아랍어 단어를 서구인들이 받아들여 dragoman이라는 단어가 되었다. Homo Dei 라는 이름은 '신의 사람'이라는 뜻으로 매우 특이한데, 일찍이 여러 학자들은 이 이름이 아랍어의 '압둘라('Abd Allâh, 신의 노예)'를 옮긴 것이 아닐까 추정했다. 그러나 펠리오 (Pelliot, 1973, p. 82, note 2)는 당시 시리아 지방의 라틴계 사람들 가운데 '호모데우스 (Homodeus)'라는 이름을 가진 사람들 수가 상당했다는 사실을 지적하며, 루브룩의 통역인 이 반드시 아랍인이었다고 생각할 이유는 없다고 주장했다.

33) '마흔 동네(quadranginta castella)'라는 특이한 이름에 대해서 펠리오는 Qirq-yer라는 튀르크식 지명을 그대로 라틴어로 옮긴 것일 가능성을 시사했다. Pelliot(1973), 87.

은 마치 한 바다와 다른 바다 사이에 하나의 커다란 제방과 같은 것을 이루고 있습니다.34) 타타르가 오기 전에는 쿠만35)인들이 이 평원에 살았으며, 제가 언급한 도시와 성채들에 조공을 바치라고 강요했었습니다. 타타르인들이 나타나자 엄청나게 많은 수의 쿠만인들은 그 지방에 들어왔고, 모두 해안이 있는 곳까지 도망쳐서, [굶주림으로 인하여] 산 사람이 죽어가는 사람을 잡아먹는 일까지 벌어졌다고 합니다. 어떤 상인에게 들은 이야기인데 그는 살아 있는 사람이 마치 개가 시체를 뜯어먹듯이 죽은 사람의 살을 붙잡아 이빨로 뜯어먹는 것을 보았다고 합니다.

13. 그 지방의 아주 먼 끝으로 가면 커다란 호수들이 많이 있고, 그 호반에는 소금기가 녹아 있는 샘물들이 있는데, 그 물은 호수로 들어가자마자 얼음처럼 단단한 소금으로 바뀝니다. 이 소금 샘들은 바투와 사르탁에게 상당한 규모의 수입을 가져다주는데, 그것은 러시아 전역에서 소금을 구하러 사람들이 그곳에 와서 수레 한 대분[의 소금]에 절반 이페르페론36) 상당의 무명 옷 두 벌을 주기 때문입니다. 게다가 소금을 얻으러 많은 배들이 바다를 통해서 오며 그들 모두 적재량에 따라서 세금을 냅니다.

14. 우리가 솔다이아를 떠난 지 셋째 날에 타타르인들을 만났는데, 제가 그들 사이에 오게 되었을 때 저는 정말로 어딘가 다른 세상으로 들어가는 듯한 느낌을 받았습니다. 그들의 생활과 성품에 대해서는 제가 할 수 있는 한 최선을 다해 설명하도록 하겠습니다.

---

34) 크림 반도 북쪽 끝에서 육지가 좁아지는 곳을 가리킨다.
35) Comani. 비잔틴 사람들이 Cuman 혹은 Coman이라고 부른 집단의 명칭은 이슬람 측 자료에는 킵차크(Qipchaq)로, 러시아 측에서는 폴로브치(Polovtsy)로 알려졌다. 흑해 북안에서 볼가강 유역에 걸친 초원지대에서 유목을 하던 집단이며, 바투의 원정 이후 몽골에 복속했다.
36) yperperon. 비잔틴 제국의 금화를 지칭하는 이름이며, 베잔트(bezant)라고 불리기도 했다.

제2장

타타르인과 그들의 가옥

1. 그들은 어느 곳에도 '영구한 도성'을 가지지 않고 또한 '장차 올 것'에 대해서도 전혀 알지 못합니다.[1] 그들은 도나우 강에서 해가 뜨는 곳까지 뻗어 있는 스키티아[2]를 자신들끼리 나누었고, 모든 지휘관들은 자기 밑의 사람들이 얼마나 많고 적으냐에 따라서 자신의 목지의 경계는 물론, 여름과 겨울 그리고 봄과 가을에 어디에서 가축에게 풀을 뜯게 해야 할지를 잘 알고 있습니다. 왜냐하면 겨울이 되면 그들은 보다 따뜻한 남쪽으로 내려오고, 여름이 되면 보다 추운 북쪽으로 올라가기 때문입니다.[3] 그들

---

1) '영구한 도성'과 '장차 올 것'이라는 표현은 신약성경 「히브리서」 제13장 14절에 "우리가 여기는 영구한 도성이 없고 오직 장차 올 것을 찾나니"라는 구절에서 나온 것이다. 몽골인들에게 '영구한 도성'이 없다는 말은 고정된 가옥 없이 이동하는 유목생활의 특징을 묘사한 것으로 보이는데, 루브룩은 여기에 이어서 「히브리서」에서는 천국을 의미하는 '장차 올 것'을 알지 못한다는 말을 덧붙임으로써, 몽골인들이 하느님을 믿지 않고 천국의 존재를 모른다는 주장을 하고 있는 것이다.

2) '스키티아(Scythia)'는 '스키타이인들이 사는 지방'을 뜻한다. 스키타이는 기원전 7-2세기에 흑해 북안을 중심으로 활동하던 유목민의 이름이지만, 이들이 역사의 무대에서 사라진 뒤에도 흑해 북방의 초원을 스키티아라고 부르고 또 그곳에 거주하는 다른 유목민들에 대해서도 스키타이라는 이름을 계속 사용했다. 마치 중국에서 북방 민족을 '호(胡)'라고 하고, 우리나라에서는 '오랑캐'라고 무차별적으로 부르는 것과 비슷하다.

3) 유목민들은 가축을 기르기 위해서 수초(水草)를 찾아 하영지와 동영지를 오가면서 계절적인 이동을 했으며, 그 이동의 궤적은 대체로 동서가 아니라 남북을 축으로 이루어졌다. 루브룩의 기록은 흑해 북방으로 이주한 몽골인들 역시 이러한 전형적인 방식의 계절 이동을 했음을 보여준다. 아울러 카르피니(제9장 13절)도 바투와 그의 일족이 드네프르, 돈, 볼가 등의 강을 따라 계절적인 이동을 하는 것을 보고 "이 모든 사람들이 겨울에는 바다를 향해 남쪽으로 가고 여름에는 이 강들의 하안을 따라 북쪽으로 산들이 있는 곳으로 올라간다"고 기록했다.

유목민의 천막(조립 장면)

은 겨울에 물이 없는 목지에서 풀을 먹이는데, 그곳에 눈이 있으면 눈이
그들에게 물을 제공하기 때문입니다.

2. 그들이 잠을 자는 가옥은 서로 얽힌 가지로 만들어진 둥그런 테를
기초로 삼고, 그것을 지탱하는 많은 가지들이 꼭대기에 있는 작은 테를 중
심으로 모아집니다. [그 꼭대기에] 마치 굴뚝과 같은 목이 하나 솟아 나와
있습니다.[4] 그들은 [가옥을] 흰 펠트로 덮는데, 아주 자주 그 펠트를 석회
나 흰색 진흙 그리고 뼛가루 등으로 발라서 더 희고 반짝거리게 하며, 때로
는 그것을 검게 칠하기도 합니다. 그리고 그들은 꼭대기에 있는 목 근처를

---

4) 『몽골비사』에는 천막 중앙부 꼭대기에 설치된 이러한 천창(天窓)을 erüge 혹은 örgöö이라
고 불렀다. 이 단어는 또한 중요한 인물이 거주하는 가옥(천막)을 가리킬 때 사용되기도 한
다. 19세기 말에서 20세기 초에 몽골의 고승인 젭춘담바 후툭투가 거주하던 곳도 이렇게
불렸는데, 러시아인들은 이를 '우르가(Urga)'라고 발음했다. 그의 거처를 중심으로 다수의
승려와 평민들이 모여 살면서 하나의 커다란 도시로 발전하게 되었고 '우르가'는 이 도시의
이름이 되었으니, 오늘날 울란바토르의 전신이다. Lattimore(1962), 61.

여러 가지 멋진 무늬로 장식합니다. 이와 유사한 방식으로 그들은 [천막의] 입구에 다양한 패턴으로 된 펠트 조각을 걸어놓습니다. 그들은 한 조각[의 펠트]에 색깔이 다른 것을 꿰매어 붙여서 포도 넝쿨, 나무, 새, 동물 등[의 모양]을 만듭니다. 이러한 가옥들은 때로 직경이 30피트[약 9미터]에 달할 정도의 크기로 만들어지기도 하는데, 한번은 제가 [그 천막을 끄는] 수레의 바퀴 자국 사이의 폭을 직접 재어보았는데, 20피트[약 6미터]에 달했으며, 그 가옥이 수레 위에 있을 때 양쪽의 바퀴 너머로 적어도 5피트[약 1.5미터]씩은 더 튀어나와 있었습니다. 하나의 천막을 실은 수레 하나를 끄는 소의 수를 세어보니 22마리였는데, 수레의 폭에 맞게 11마리가 끌고 또다른 11마리가 그들 앞에서 끌고 있었습니다. 수레의 축은 배의 돛대처럼 거대했으며, 수레 위에 놓인 천막의 입구에 서 있는 한 사람이 소들을 몰고 있었습니다.[5]

3. 이밖에도 그들은 얇게 자른 나뭇가지들을 짜서 커다란 상자 하나를 만들 정도의 네모판들을 만들고, 그 위에 다시 비슷한 가지들로 한쪽 끝에서 다른 쪽 끝까지 거북이 등껍질 모양으로 만들어 붙인 뒤 앞쪽 끝에 조그만 구멍을 만들어놓습니다. 그런 다음에 기름이나 암양의 젖을 바른 검은 펠트로 이 상자 혹은 조그만 모형 가옥의 표면을 덮어서 빗물이 새지 않도록 하고, 그것을 다시 천 조각이나 자수 등으로 장식합니다. 이 상자 안에 그들은 각종 침구류와 귀중품을 넣고, 그것을 낙타들이 끄는 높은 수레에 끈으로 단단하게 매어서 강을 건널 수 있도록 합니다. 그들은 이 상자들을 수레에서 결코 떼어내지 않습니다. 그들은 [수레 위에 있는] 천막을 내려놓을 때에는 항상 그 문이 남쪽으로 향하게 하고, 그 후 상자가 실려 있는 수레들을 천막이 있는 곳에서 돌을 던져서 닿을 수 있는 거리의 반쯤

---

5) 유목민의 주거에 대해서는 기왕에 많은 연구가 있으나 최근 앤드루스(Andrews, 1999)는 고대 유목민의 주거양식에서부터 근대 무갈 제국 시대의 천막에 이르기까지 다양한 지역과 시대를 망라하여 다루고 있다.

되는 곳 [양쪽]에 세워둡니다. 그래서 마치 두 개의 벽처럼 두 줄로 세워진 수레들이 사이에 천막이 세워지는 것입니다.

4. 결혼한 여자들은 스스로 매우 훌륭한 수레를 만드는데 [그 생김새는] 그림을 그려야만 전하께 설명할 수 있을 것입니다. 사실 제가 어떻게 그리는지만 알았어도 전하께 모든 것을 그려드렸을 것입니다. 한 명의 부유한 몽골[6] 혹은 타타르인이 상자를 실은 그러한 수레 100대 혹은 200대를 가지는 것은 쉬운 일입니다. 바투는 26명의 부인을 두었고 그들 각자가 모두 커다란 천막을 하나씩 소유하고 있었는데, 큰 천막 뒤에 세워진 조그만 다른 것들은 헤아리지도 않았을 때 그렇다는 말입니다. [그 작은 집들은] 말하자면 부속실과 같은 것으로서 하녀들이 살고 있습니다. 이러한 [큰] 천막 하나마다 족히 200대의 수레가 속해 있습니다. 그들이 천막을 내려놓게 되면 큰 부인은 자신의 거처를 가장 서쪽 끝에 세우고, 다른 사람들은 서열에 따라 세우는데 그렇게 해서 끄트머리 부인이 가장 동쪽에 있게 됩니다. 한 부인의 천막과 그 옆의 부인의 천막 사이는 돌 하나 던질 정도의 거리입니다. 그래서 한 부유한 몽골인의 궁정(curia)은 하나의 커다란 읍과 같은 외양을 띠게 됩니다.[7] 그러나 그 안에는 매우 소수의 남자들만이 있습니다.

5. 땅이 평평하기 때문에 한 사람의 부인이 20-30대의 수레를 몹니다. 소나 낙타가 끄는 수레는 연이어서 끈으로 매여 있는데, 부인이 맨 앞에 앉아서 소를 몰면 나머지 모든 수레들은 같은 속도로 그 뒤를 따릅니다. 만약 진행이 어려워지는 지점들에 이르게 되면 그들은 끈을 풀어서 한 번에 [수레] 하나씩 인도해서 갑니다. 그들은 양이나 소들이 걸을 수 있을 정도의 속도로 천천히 이동합니다.

---

6) Moal. 루브룩은 자신의 글에서 몽골을 시종일관 '모알'이라 표기했으나, 이 책에서는 모두 '몽골'이라고 옮겼다.

7) 루브룩이 curia라고 표현한 것은 몽골 수령들의 천만군인 오르두(ordu)를 지칭하는 것으로 보인다. '오르두'의 공간적 배치에 대해서는 宇野伸浩(1988) 참조.

6. 그들은 입구가 남쪽으로 향하게 천막을 친 뒤에 주인의 침상은 북쪽 끝에 위치시킵니다. 부인들의 자리는 항상 동쪽, 즉 그 집의 주인의 왼쪽인데 그것은 그가 침상에 앉을 때 남쪽을 향하기 때문입니다. 반면 남자들의 자리는 서쪽, 즉 그의 오른쪽입니다.

7. 천막에 들어갈 때 남자들은 어떤 경우에도 자신의 활통을 여자들이 있는 쪽에 걸어두지 않습니다.[8] 주인의 머리 위에는 펠트로 만든, 마치 인형이나 조각과 같은 형상 하나가 항상 걸려 있습니다.[9] 그들은 그것을 가리켜 주인의 형제라고 부릅니다. 이와 비슷한 것 하나를 여주인의 머리 위에도 두며, 그것을 여주인의 형제라고 부릅니다. [두 개 모두] 벽에 매어놓습니다. 이 두 개 사이로 높은 곳에 작고 얇은 것이 [또] 하나 있는데, 그것은 말하자면 집 전체의 수호자인 셈입니다. 집의 여주인은 그녀의 오른쪽에, 침상의 발치에 잘 보이는 곳에 염소 가죽 안에 양털이나 다른 것들을 채워넣은 것을 놓아둡니다. 부인들이 있는 쪽에서 입구에 가까운 곳에는 암소의 젖통으로 만든 또다른 형상물이 있는데, 이는 소젖을 짜는 부인들을 위한 것입니다. 왜냐하면 소젖을 짜는 것이 부인들의 임무 가운데 하나이기 때문입니다. 입구의 다른 쪽, 즉 남자들을 향하는 쪽에는 암말의 젖통으로 만든 두 번째 형상물이 있는데, 암말의 젖을 짜는 남자들을 위한 것입니다.

8. 그들이 음주를 위해서 모이게 되면 먼저 음료수의 일부를 집주인의 머리 위에 있는 형상물에 뿌리고, 그 다음에 다른 형상물에 차례로 뿌립니다. 이어서 집사가 술잔과 약간의 음료를 가지고 집 밖으로 나가서 세 차례 무릎을 꿇으면서 뿌리는데, 불에 경의를 표하며 남쪽을 향해서, 그다음에

---

8) 몽골인들이 천막 안에 사람과 물건들을 공간적으로 어떻게 배치하는지에 관해서는 Radlov(1893), I, 270에 삽입된 그림을 참조. 이것은 19세기 말 알타이 지방의 타타르인들의 천막 내부의 배치를 묘사한 것이다.

9) 몽골어로 '옹곤'이라고 부르는 조그만 우상인데, 이에 관한 자세한 내용은 카르피니의 글 제3장 2절의 역주 참조.

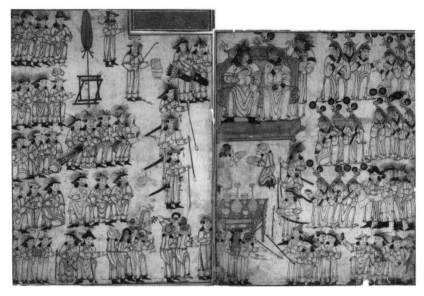

몽골 제국 시대의 연회 장면

는 공기에 경의를 표하며 동쪽을 향해, 그 다음에는 물에 경의를 표하며 서쪽을 향해서 그렇게 합니다. 그리고 약간[의 음료수]를 북쪽을 향해서 뿌리는데, 죽은 사람들을 위해서 그렇게 하는 것입니다. 이렇게 지상의 네 방향을 향해서 약간[의 음료수]를 뿌린 뒤에 집사는 다시 천막 안으로 들어옵니다.[10] 그러면 두 명의 시종이 두 개의 잔과 같은 수의 접시를 가지고, 가장 높은 위치에서 침상에 앉아 있는 주인과 그 옆에 앉아 있는 부인에게 음료수를 가져다주려고 준비를 합니다. (집주인은 잔을 손에 들고 마실 때, 마시기에 앞서 땅 위에다가 그 몫을 바치기 위해서 붓습니다. 만일 그가 마상[馬上]에서 마실 때면 마시기 전에 말의 목이나 갈기 위에 약간을 붓습니다.) 그는 한 명 이상의 부인을 두고 있기 때문에, 그가 밤에 같이 잠을 잔 부인이 낮에도 그의 옆에 앉고, 나머지 다른 모든 사람들은 그날 그녀의 천막으로 와서 마십니다. 그날의 궁정은 그곳에서 열리며 그날 주인에게

---

10) 몽골인들 사이에 마유주를 뿌리는 관습에 관해서는 Ratchnevsky, 426; Marco Polo(1938), 234 등 참조.

바쳐진 신물들은 그 부인의 상고에 놓아둡니다. [전막의] 입구에는 [말]젖이나 다른 음료수로 가득 찬 가죽 주머니와 몇 개의 컵들이 놓여 있는 긴 의자가 놓여 있습니다.[11]

9. 겨울에 그들은 쌀, 기장, 밀, 꿀 등을 이용하여 포도주처럼 맑은 고급 음료수를 만들며, 포도주는 먼 곳에서 그곳으로 가져옵니다. 여름에는 그들이 관심을 두는 것은 오로지 쿠미즈[12]입니다. 천막의 문 앞 아래쪽에는 항상 얼마간의 쿠미즈가 놓여 있고, 그 가까운 곳에 악사가 현악기를 들고 서 있습니다. (저는 그곳에서 우리가 사용하는 것과 같은 류트나 기타를 보지는 못했지만, 우리들 세계에서는 사용되지 않는 다른 많은 악기들을 보았습니다.) 주인이 마시기 시작하려는 순간에 집사들 가운데 한 사람이 큰 소리로 '하!'라고 소리를 치면 악사가 자신의 현악기를 연주합니다. 커다란 연회를 여는 경우에 그들은 현악기 소리에 맞추어 모두 손뼉을 치고 춤을 추며, 남자들은 집주인 앞에서, 여자들은 여주인 앞에서 그렇게 합니다. 주인이 마시고 난 뒤 집사는 전에 했던 것과 똑같이 소리를 치고, 그러면 악사도 [연주를] 중단합니다. 그런 다음 그들은 남녀를 불문하고 모두

---

11) 몽골 제국 시대에 칭기스 칸 일족들은 대규모 유목집단을 이끌고 이동생활을 하면서 '오르두(ordu)'라는 궁장(宮帳)제도를 유지했다. 루브룩은 앞에서 바투와 26명의 부인들에 대해서 언급하면서, 각 부인들이 커다란 천막을 하나씩 가지고 있고 그 각각의 천막에는 수많은 부속 시설들과 200량 이상의 수레들이 속해 있다고 기록했다. 그 당시 몽골의 다른 수령들도 그러했듯이 이렇게 많은 부인들의 천막은 대체로 4개의 그룹으로 편성되었고 이를 흔히 '사대(四大) 오르두'라고 불렀다. 바투가 거느린 26명의 부인들도 이 4개의 오르두에 나뉘어 편성되었을 것이다. 또한 루브룩은 바투가 이 부인들 가운데 어느 한 부인의 천막에서 잠을 자면, 그다음 날 신하들이 그 천막으로 와서 회의를 한다는 매우 흥미로운 기록을 남기고 있다. 말하자면 몽골의 경우 '어전회의'는 중국 왕조들과는 달리 정해진 궁궐 안에서 황제와 신하들이 정기적으로 모여 정사를 논의하는 것이 아니라, 계절적인 이동을 하는 도중에 수령이 어느 천막에 머무느냐에 따라서 달라지며, 공간적으로는 천막이라는 제한적인 장소 안에서 이루어진다는 점에서 매우 독특하다. 따라서 몽골 제국의 정치를 이해할 때 오르두 제도가 가진 특징은 항상 염두에 둘 필요가 있다.

12) cosmos. 사본에 따라서는 comos라고 표기되기 있는데 comos가 정확하며, 암말의 젖을 발효시켜서 만든 마유주(馬乳酒)를 가리킨다.

돌아가면 차례로 마시며, 때로는 서로 경쟁을 하면서 극도로 역겹고 게걸스러운 모양으로 벌컥대며 마십니다.

10. 그들은 누군가를 술 마시는 것으로 도전하고 싶으면, 그 사람의 귀를 잡아서 세차게 잡아당기며 목구멍을 열게 한 뒤, 그의 앞에서 손뼉을 치고 춤을 춥니다. 그리고 또한 누군가를 위해서 큰 연회나 잔치를 벌이고자 할 때는, 한 사람은 술이 가득 찬 잔을 들고 다른 두 사람은 그의 좌우 양 옆에 섭니다. 이런 모양으로 세 사람이 노래하고 춤을 추면서 앞으로 나가는데, 그들이 잔을 바치려는 사람 앞으로 가서는 그 사람 앞에 서서 노래하고 춤을 춥니다. 그가 손을 뻗어서 잔을 잡으려고 하면 그들은 갑자기 뒤로 펄쩍 물러나고, 그런 뒤에 다시 전처럼 앞으로 나아갑니다. 이런 방식으로 그들은 서너 차례에 걸쳐서 잔을 뒤로 빼면서 그를 놀리면, 그는 정말로 안달이 나고 목이 아주 마르게 됩니다. 그렇게 되면 그들은 그에게 잔을 건네주고, 그가 다 마실 때까지 노래하고 손뼉치고 발을 쿵쿵 구르는 것입니다.

제3장
그들의 음식

1. 그들의 음식과 식량에 관해서 말하자면, 그들은 자기 동물이든 아니든 죽은 것은 모두 가리지 않고 먹는다는 사실을 아셔야 할 것입니다. 매우 많은 가축 떼와 무리를 아우르고 있기 때문에 많은 수의 동물들이 죽는 것은 불가피한 일입니다. 그러나 여름에 쿠미즈, 즉 암말의 젖이 떨어지지 않는 한 그들은 다른 음식을 찾지 않습니다. 그래서 만약 그 계절에 기르던 소나 말 가운데 한 마리가 죽게 되면, 그들은 고기를 긴 조각으로 잘라서 밖에 걸어두고 햇빛과 바람에 말리는데, 이를 위해서 소금을 필요로 하는 적은 한 번도 없고 [소금을 뿌리지 않아도] 아무런 악취를 풍기지 않습니다. 말의 내장으로는 소시지를 만드는데 돼지로 만든 것보다 훨씬 더 낫고, 그들은 그것이 신선할 때 먹으며 나머지 부위의 고기는 겨울을 위해서 보관합니다. 소의 가죽으로 그들은 큰 주머니를 만드는데, 그들이 그것을 연기로 말리는 방식은 경탄할 정도입니다. 그들은 엉덩이 부분의 가죽으로 아주 훌륭한 신발을 만듭니다.

2. 한 마리 양의 고기로 그들은 50명이나 100명을 먹이는데, 그들은 그 고기를 작은 조각으로 잘라서 접시 위에 소금과 물과 함께 놓습니다. (다른 소스는 만들지 않습니다.) 그러고 나서 이런 용도를 위해서 특별히 만든 칼이나 포크 — 우리가 흔히 포도주로 삶은 배나 사과를 먹을 때 사용하는 그런 종류의 것 — 의 끝에 그것을 끼워서 옆에 서 있는 사람들에게 한 입이나 두 입을 권하는데, [권하는 양은] 식사에 참여하는 사람들의 숫자에

따라 달라집니다. 양고기를 내어놓기 전에 주인이 먼저 자신이 좋아하는 것을 취하고, 만약 그가 누군가에게 어떤 특별한 부위를 권할 경우, 그것을 받는 사람은 전부 먹어야지 다른 사람에게 돌려서는 안 됩니다. 만약 그것을 다 먹지 못하면 그는 그것을 가져가거나 자신의 하인에게 주는데, 만약 그 [하인]이 그 자리에 있으면 주지만 그렇지 않으면 그를 위해서 챙겨둡니다. 아니면 자신의 주머니[1]에 넣어두기도 합니다. 그것은 이런 종류의 것들을 담기 위해서 가지고 다니는 네모난 모양의 파우치인데, 시간이 없어서 먹다가 만 뼈들을 나중에 먹기 위해서, 그래서 음식을 낭비하지 않기 위해서 그 안에 넣어두기도 합니다.

---

1) 원문에는 captargac이라고 표기되어 있는데, 이는 몽골어에서 '네모 모양의 주머니, 파우치'를 뜻하는 qabtargha 혹은 qabturgha와 연관된 말이다. -ak는 튀르크어에서 작은 것을 나타낼 때 사용하는 접미사이다. 이 단어에 대한 자세한 설명은 Doerfer(1963a), 384 참조.

제4장
그들은 어떻게 쿠미즈를 만드는가

1. 쿠미즈, 즉 암말의 젖은 다음과 같은 방식으로 만들어집니다. 그들은 땅바닥에 박아놓은 두 개의 막대기 사이에 긴 끈을 공중에 걸어놓고, 제3시[즉 9시]쯤에 젖을 짜려고 하는 말의 새끼들을 그 끈에 매어둡니다. 그러면 암말들이 자기 새끼들 옆에 서고 평온하게 젖을 짤 수 있도록 가만히 있습니다. 만약 그 말들 가운데 하나가 통제하기 어렵게 행동하면, 한 사람이 그 말의 새끼를 데리고 와서 젖을 조금 빨도록 하는데, 그런 뒤에 새끼를 빼내고 그 자리를 젖 짜는 사람이 차지하는 것입니다.

2. 그렇게 해서 많은 양의 젖을 모으는데, 그것이 신선할 때는 마치 우유처럼 맛이 있습니다. 그들은 그것을 커다란 가죽 혹은 주머니 안에 붓고 이런 용도를 위해서 만든 작대기로 휘젓기 시작합니다.[1) 그것은 아랫부분의 끄트머리는 남자의 머리 정도로 두꺼우며 속은 파서 빈 것입니다. 그것을 빨리 저으면 마치 새로 빚은 포도주처럼 거품이 일기 시작하고, 신맛을 내며 발효가 됩니다. 그들은 버터를 추출할 때까지 그것을 계속 젓습니다.

3. 그다음에 그들은 그것을 마시는데, 약간 자극적인 맛이 있을 때 마십니다. 그것을 마시면 마치 라페 포도주[2)처럼 혀를 톡 쏘지만, 다 마시고

---

1) 『원조비사』 132절에는 "itüges-ün büle'üt sughučijü(술통의 막대기를 뽑아)"라는 표현이 보인다. 즉 쿠미즈를 만들기 위해서 말 젖을 담는 통이나 주머니를 itüge(itüges는 복수형)라고 부르고, 그 안에 넣어서 젓는 막대기를 büle'ür(büle'üt는 복수형)라고 부른다. Rachewiltz (2004), 379, 485 참조.

2) Vinum respei. 즉 라페(râpé) 포도주. 포도를 짜고 남은 찌꺼기로 빚은 술.

나면 혀에 아몬드 밀크[3])와 같은 맛을 남깁니다. 그것은 뱃속에 매우 기분 좋은 느낌을 주고 심지어 의지가 굳은 사람이 아니면 취기를 가져다주며, 소변을 상당히 많이 보게 하기도 합니다.

4. 이밖에 또 강력한 영주들을 위해서 '카라쿠미즈', 즉 '검은 쿠미즈'[4]) 라는 것을 빚는데 그 방식은 다음과 같습니다. 암말의 젖은 응고되지 않습니다. 일반적으로 어떤 동물의 새끼 뱃속에 내막(內膜)이 없으면 그 동물의 젖은 응고되지 않는 법입니다. 망아지의 뱃속에도 그것이 없기 때문에 암말의 젖도 응고되지 않습니다. 그래서 그들은 그것을 계속해서 휘저어 마치 포도주의 찌꺼기처럼 그 안에 있는 단단한 것들이 모두 아래로 가라앉고, 맑은 것, 즉 갓 빚은 포도주의 윗부분에 뜨는 흰 것과 같은 것만 위에 남습니다. 찌꺼기는 매우 흰데 그것은 노예들에게 줍니다. [먹으면] 심하게 졸음이 오게 합니다. 맑은 부분은 영주들이 먹는데, 그것은 확실히 정말로 맛있는 음료이자 [알코올 성분이] 상당히 강한 편입니다.

5. 바투는 그의 막영지에서 하루 거리 떨어진 곳에 30명을 배치해놓고, 그들 각 사람은 매일 100마리의 암말, 즉 하루에 [모두] 3,000마리의 암말에서 짠 이러한 젖을 그에게 바치게 합니다. 이것은 다른 사람들이 가져오는 이와 비슷한 흰 것들은 계산에 넣지도 않은 것입니다. 왜냐하면 시리아에서 농민들이 [영주에게] 수확의 3분의 1을 바치는 것처럼, 이 사람들도 사흘에 한 번씩 영주의 천막에 암말의 젖을 가져와야 하기 때문입니다.

6. 그들은 소의 젖에서 가장 먼저 버터를 추출한 다음, [나머지] 것들은 완전히 마를 때까지 끓입니다. 그런 다음 이러한 용도를 위해서 준비해둔

---

3) 아몬드에 물과 꿀을 섞어서 간 뒤에 찌꺼기를 여과하여 얻는 음료수. 우유와는 달리 콜레스테롤이나 락토스 등이 없으며, 우유 대용으로 마시기도 한다.

4) caracomos. 몽골어에서 qara는 일반적으로 '검은'을 의미하지만 '맑은'이라는 뜻도 있다. 여기서는 뿌연 흰색의 보통 쿠미즈와 달리, 맑고 투명한 쿠미즈이기 때문에 이러한 이름으로 부른 것으로 보인다. 『원사』에는 '흑마유(黑馬乳)'라고 기록되었다. 카르피니 제4장 8절의 역주 참조.

쿠미즈 담는 통(의례용)

양의 위(胃) 안에 그것을 보관합니다. 비록 버터에 소금을 치지는 않지만 그렇게 끓였기 때문에 [썩어서] 악취를 풍기지는 않습니다. 그들은 이것을 겨울을 위해서 보관합니다. 버터를 추출하고 남은 젖은 신맛이 날 때까지 저은 다음 끓이는데, 끓는 동안 응고시킵니다. 응유(凝乳)는 햇볕에 말리면 마치 용재(鎔滓)처럼 단단해지며, 그것을 겨울까지 주머니 안에 넣어둡니다. 겨울이 되어 젖이 부족해지면, 그들은 '그루트(grut)'5)라고 불리는 이 신맛이 나는 응유를 가죽 주머니 안에 넣고 거기에 뜨거운 물을 부은 다음,

---

5) 튀르크어의 '쿠루트(qurut)', 즉 우유를 응고시켜 만든 제품인 치즈를 지칭한다. 13-14세기 서아시아의 라술 왕조에서 만들어진 6개 언어 사전(Rasulid Hexaglot)에도 qurut라는 단어가 등록되어 있다. Golden(2000), 113. 그밖에 Doerfer(1967), 458-460; Buell(2003), 229 등 참조.

그것이 물에 녹을 때까지 세차게 젓습니다. 그러면 그것이 녹은 물은 완전히 신맛으로 변합니다. 그들은 젖 대신에 이 물을 마시며, 그냥 물은 마시지 않으려고 각별히 조심합니다.

제5장

그들이 먹는 동물, 의복, 그리고 사냥하는 방식

1. 강력한 영주들은 남쪽에 마을들을 소유하고 있고 겨울에는 그 마을들로부터 기장과 밀을 들여옵니다. 가난한 사람들은 양과 가죽을 팔아서 자신들에게 [필요한 것을] 구합니다. 노예들은 더러운 물을 마셔서 배를 채우며 그것으로 만족하며 쉽니다. 그들은 또한 쥐를 잡기도 하는데 쥐는 종류도 엄청나게 다양하고 숫자도 많습니다. 그들은 꼬리가 긴 쥐는 먹지 않고 대신에 그들이 [키우는] 새들에게 먹이로 줍니다. 그들은 겨울잠 쥐를 먹고 꼬리가 짧은 쥐라면 어떤 종류든 다 먹습니다. 이밖에 그 지역에는 마르모트가 아주 풍부한데, 그곳에서는 '소구르'[1]라고 부릅니다. 이들은 겨울에 구멍 하나에 20마리 혹은 30마리씩 들어가서 6개월간 동면을 합니다. 그들은 이것들을 엄청나게 많이 잡습니다.

2. 그곳에는 고양이처럼 꼬리가 긴 바위 너구리(cuniculi)들도 있는데, 꼬리 끝에 검고 흰색의 털이 있습니다. 먹기에 좋은 것들 말고도 다른 여러 조그만 짐승들이 많은데, 그들은 그것들을 쉽게 구별할 줄 압니다.

사슴은 제가 그곳에서 보았지만 토끼는 적고 영양은 많습니다. 마치 노새처럼 생긴 야생 당나귀는 아주 많이 보았습니다.[2] '아르칼리'[3]라고 불리

---

1) sogur. 튀르크어의 soghur를 옮긴 것이며 몽골어로는 tarbaghan이라고 부른다. 과거 몽골리아를 여행한 유럽의 학자들은 이 동물에 주목했는데, 예를 들면 팔라스(Pallas)는 Suwer(Suwur)라고 불렀고, 헤딘(Hedin)은 Sor(Sour)라고 표기했다. 르 콕(Le Coq) 역시 "Suwur 혹은 Tavragan(Tarbagan)이라고 불리는 것을 수도 없이 보았다"라고 했다. Rubruck/Risch(1934), 54 참조.

는 또다른 점박이 동물을 보았는데, 그것은 실제로 양의 몸통과 양처럼 구부러진 뿔을 가지고 있지만, 한 손으로 [이 양의] 두 뿔을 들어올리기 힘들 정도로 컸습니다. 그들은 이 뿔로 커다란 술잔을 만듭니다.

3. 그들은 해동청4)을 많이 보유하고 있으며 항상 오른손에 올려놓고 다닙니다. 그들은 매의 목에 조그만 끈을 달아놓는데 가슴 중간쯤까지 내려옵니다. 먹잇감을 향해 그 놈을 날릴 때, 그들은 왼손으로 이 [끈을] 잡아당겨 매의 머리와 가슴을 아래로 향하게 하며, 그래서 바람에 그 매가 뒤로 젖혀지거나 위쪽으로 올라가지 않도록 합니다.

그들은 사냥을 통해서 식량의 많은 부분을 획득합니다.

4. 야생 동물을 사냥하려고 하면 그들은 많은 수의 사람들을 모아서 야생 동물들이 발견되는 지역을 포위한 뒤, 서서히 좁혀 들어가며 동물들을 원 가운데로 몰아놓고, 그런 다음에 화살로 쏘아서 사냥을 합니다.5)

5. 그들의 의복과 외양에 대해서 말하자면, 비단이나 금실 혹은 무명으로 만든 의복이 카타이아6)와 동방의 다른 지역에서, 또 페르시아와 그밖에 남방의 다른 지역에서 그들에게 도착하며, 그들은 여름에 그것을 입습

---

2) 당시 몽골인들은 야생 나귀를 쿨란(qulan)이라고 불렀는데, 이는 원래 튀르크어에서 기원한 단어이다. Doerfer(1967), 556-557 참조.

3) arcali. 뿔이 큰 이 양은 마르코 폴로가 특별히 주목하여 기록했기 때문에 Ovis Poli('폴로양')라는 이름으로 알려지게 되었다. 몽골인들은 이를 우굴자(uqulja)라고 불렀으며, 『흑달사략』에는 羱羊(혹은 頑羊)이라고 표기된 것이다. Peng Daya/Olbricht(1980), 111.

4) 원문에는 falcones girfaus erodios로 기록되어 있다. 이것은 몽골인들이 애호하는 해동청(海東靑, 海靑, gerfalcon)을 가리키는 것으로 보인다. 몽골어로 singqor 혹은 songqor라고 불리는 이 매는 우리말에도 '송골(매)'이라는 단어로 차용되었다. 이 매는 북부 몽골, 북부 만주 및 한반도 북부에 서식한다. 원래 좁은 의미의 송골매는 *Falco rusticolus*를 지칭하지만 마르코 폴로가 '페레그린(peregrine) 매'라고 부른 것, 즉 *Falco peregrinus*도 넓은 의미의 송골매로 간주된다. Rachewiltz(2004), 305; 마르코 폴로/김호동(2000), 200-201.

5) 이러한 형태의 몰이사냥을 몽골인들은 nerge 혹은 jerge라고 불렀는데, 이 단어는 원래 '줄, 열'을 뜻하는 말이다. 이러한 사냥방식은 물론 몽골인뿐만 아니라 흉노 이래 유목민들이 모두 즐겨 실행했던 것이며, 특히 군사훈련과 식량 획득의 수단으로 즐겨 활용되었다. 그 군사적인 측면에 관해서는 May(2006); Allsen(2006), 26-27 등 참조.

6) Cataia. 북중국, 즉 '키타이(Kitai)' 지방.

니다. 러시아, 목셸,[7] 대불가리아,[8] 파스카투[9] 즉 내헝가리, 케르키스[10]
— 이들 지역은 모두 북쪽에 있으며 울창한 삼림입니다—그리고 그들에
게 복속하고 있는 다른 많은 북방의 지역들로부터는 우리가 사는 이곳에
서는 한번도 본 적이 없는 온갖 종류의 값비싼 모피들이 들어오며, 그들은
겨울에 그것을 입습니다. 그들은 겨울에 언제나 적어도 두 개의 가죽 옷을
만드는데, 하나는 모피를 몸 쪽에 닿도록 만든 것이며, 다른 하나는 모피를
바깥으로 향하게 해서 바람과 눈에 노출시킨 것입니다. 늑대나 여우 혹은
살쾡이의 모피를 흔히 사용합니다. 가난한 사람들은 이러한 겉옷을 만들
때 개나 염소[의 가죽]을 사용합니다.

6. 그들은 가죽으로 엉덩이 바지를 만들기도 합니다. 더구나 부자들은
비단 속감으로 옷의 가장자리를 덧대는데, 그것은 매우 부드럽고 가벼우
며 따뜻합니다. 가난한 사람들은 그들의 옷을 무명천이나, 혹은 털이 조금
거친 동물에서 보다 부드러운 털을 뽑아서 그것으로 넛댑니다. 보다 더 거
친 털들은 천막이나 궤짝을 덮는 펠트를 만들 때 쓰고, 침구를 만들 때에도
사용합니다. 그들은 양털과 3분의 1 정도의 말갈기를 섞어서 줄을 만듭니
다. 이밖에도 그들은 펠트를 이용하여 안장 아래에 들어가는 덮개나, 비가
올 때 걸치는 망토도 만듭니다. 그래서 매우 많은 양털을 소비합니다. 남자
들이 어떤 옷을 입는지는 전하도 보셨습니다.

---

7) Moxel. 핀(Finn) 계통에 속하는 모르도바(Mordova)인들을 가리킨다. 이들에 대한 자세한
   설명은 Rubruck/Jackson, Appendix 2(279-280)를 참조.
8) maior Bulgaria. 볼가 강 중류 지역을 가리키며 무슬림 자료에는 '불가르(Bulghār)'로 알려졌다.
9) Pascatu. 파스카투르(Pascatur)라고도 표기되었다. 볼가 강과 우랄 강 사이에 살던 바시키르
   (Bashkir)인들을 가리킨다.
10) Kerkis. 이는 물론 중앙 아시아의 '키르기즈(Qirghiz, Kirgiz)'가 아니라 캅카스 지방의 시르
   카스(Cherkes, Circassian)를 가리킨다.

제6장

남자들은 어떻게 머리를 깎고, 여자들은 어떻게 장식하는가

1. 남자들은 머리 윗부분을 네모나게 깎고, 앞머리 양쪽 끝에서부터 시작해서 정수리 아랫부분에 이르기까지 머리 양쪽으로 면도합니다. 그들은 정수리를 면도하고 뒷목도 경부(頸部) 꼭대기까지 밀며, 머리 앞부분은 이마 위쪽에 이르기까지 깎아서 거기에 한 뭉치의 머리카락이 눈썹까지 내려오게 남겨놓습니다. 머리 뒷부분은 머리카락을 그냥 남겨두고 그것을 여러 가닥으로 땋은 뒤, 귀에 닿을 정도까지 리본처럼 말아올립니다.[1]

2. 여자들의 옷은 남자들의 옷과 다르지 않은데 다만 조금 더 길다는 점이 다릅니다. 그러나 여자가 결혼하면 그다음 날부터 머리를 정수리에서부터 앞머리까지 면도하여 밉니다. 여자는 수도원 수녀들이 입는 옷만큼이나 넓은 겉옷을 입는데, 앞부분은 매우 넓고 앞트임이 더 길며, [옷의] 오른쪽으로 묶습니다. 타타르는 이 점에서 튀르크와 다른데, 튀르크인들은 그들의 겉옷을 왼쪽에 묶지만 타타르인들은 항상 오른쪽에 묶습니다.

3. 이밖에도 그들은 '보카'[2]라고 불리는 머리 장식을 하는데, 나무껍질이나 혹은 찾을 수만 있다면 그보다 더 가벼운 것으로 만들어졌습니다. 그것은 두툼하고 둥글며 둘레가 2손(약 6인치)[3]이고 높이는 1 큐빗[4]이나 그

---

1) 몽골인들의 두발 양식에 대한 카르피니의 자세한 묘사(제2장 3절)와 비교해보시오.
2) bocca. 몽골 귀부인들이 착용하던 이 모자는 '복탁(boghtaq)'이라고 불렸다. 이 역시 카르피니의 자세한 묘사(제2장 5절)와 비교해보시오.
3) 라틴어 manibus는 손(hand)을 뜻한다. 보통 손의 폭을 가리키며 3인치에 해당되었다.
4) cubit. 큐빗은 팔꿈치에서 손가락 끝까지의 길이로 46-56센티미터에 해당되었다.

이상이고, 꼭대기에 놓인 네모는 기둥머리같이 생겼습니다. 그들은 이 '보카'를 값비싼 비단 천으로 감싸며 그 안은 비어 있습니다. 중앙의 기둥머리, 즉 네모난 부분에는 새의 깃털이나 가는 갈대를 한 다발 끼워놓는데, 그 길이가 또 1큐빗이나 그 이상입니다. 그들은 꼭대기의 이 다발을 공작의 깃털로 장식하고, [보카의] 통 둘레는 청둥오리의 꼬리에서 뽑은 작은 털로, 심지어 값진 보석으로 장식합니다. 이러한 장식물은 귀부인들이 머리 위에 쓰고 다니며 그것을 모피로 만든 겉옷에 단단히 묶습니다. [그 겉옷] 꼭대기에는 이러한 용도를 위해서 구멍이 하나 뚫려 있고, 그들은 그 안에 자기 머리를 집어넣어 [겉옷의] 뒤로 빼내어 모아서 머리 위에 일종의 묶음을 만들어, 그것을 보카 위에 놓습니다. [그리고 보카는] 그들의 목에 단단하게 붙잡아맵니다. 따라서 많은 수의 귀부인들이 함께 말을 타고 가는 모습을 멀리서 보면, 마치 머리에 투구를 쓰고 창을 치켜세우고 있는 기사들처럼 보입니다. 왜냐하면 '보카'는 투구처럼 보이고, 그 위에 [돌출한] 다발은 마치 창처럼 보이기 때문입니다.

4. 여자들은 모두 남자들처럼 [다리를 벌리고] 말을 탑니다. 그들은 가운을 걸치고 푸른색 비단 옷감으로 허리를 묶습니다. 가슴은 또다른 천으로 묶으며, 흰색 [천] 조각을 눈 아랫부분에서 묶어 가슴 부분까지 내려오도록 떨어뜨립니다.

5. 여자들은 놀라울 정도로 뚱뚱합니다. 코가 낮을수록 미인으로 여겨지며, 더 나아가 얼굴에 그림을 그려서 역겨울 정도로 외관을 바꿉니다. 그들은 아이를 낳을 때 결코 침대에 눕지 않습니다.

제7장
여자들의 임무와 작업

　1.　수레를 몰고 그 위에 천막을 싣고 내리는 일, 소젖을 짜고 버터와 치즈('그루트')를 만드는 일, 가죽을 무두질하고 그것들을 힘줄로 만든 실로 꿰매는 일 등이 여자들의 임무입니다. 그들은 힘줄을 가느다란 끈으로 나눈 뒤에 그것들을 꼬아서 하나의 긴 실을 만듭니다. 이외에도 그들은 신발과 양말 및 다른 의복들을 꿰맵니다. 그들은 결코 옷을 빠는 법이 없는데, 그것은 만약 그렇게 하면 신이 분노할 것이고, 그것을 말리기 위해서 걸어 놓으면 천둥이 칠 것이라고 생각합니다. 실제로 빨래를 하는 사람이 있으면 그를 매질하고 [빨랫감을] 빼앗습니다.[1] (그들은 천둥을 엄청나게 무서워합니다. 만약 천둥이 치면 그들은 집안에 있는 낯선 사람들을 모두 내보내고 검은색 펠트로 자신들을 감싼 뒤, 천둥이 끝날 때까지 숨어 있습니다.) 그들은 설거지를 하는 일도 결코 없는데, 그 대신에 고기를 요리할 때면 솥에서 끓는 국을 [식사할 때 사용할] 사발에 부은 뒤에 다시 그것을 솥에 부음으로써 씻어냅니다.[2] [여자들은] 이밖에도 펠트를 만들어 [그것으로] 천막을 덮습니다.

　2.　남자들은 활과 화살을 만들고, 등자와 재갈을 제작하며, 안장을 만들

---

1) 카르피니(제4장 8절)도 이와 유사한 기록을 남겼다("그들은 옷을 빨지 않으며 빨도록 놓아두지 않는데, 특히 천둥이 치기 시작하면 날씨가 바뀌기 전까지는 옷을 빨지 않는다"). 옷을 세탁하는 것을 금하는 규정과 처벌에 관해서는 라츠네프스키(1991), 162 참조.
2) 카르피니(제4장 8절)도 "그들은 그릇을 씻지 않지만 가끔 씻으려고 할 때는 고기 국물로 헹군다"라고 했다.

고, 천막과 수레를 제작하고, 말을 치고 암말이 젖을 짜며, '쿠미즈'(즉 암말의 젖을) 휘젓는 일을 하며, 그것을 담아두는 가죽 [주머니]를 만들고, 낙타를 돌보고 그 위에 짐을 싣습니다. 양과 염소는 남녀 모두가 돌보며, 젖을 짤 때는 어떤 때는 남자가 다른 때는 여자가 합니다. [젖을 담는] 가죽 [주머니의 안쪽]을 암양의 응유로 두껍게 바르고 [그 위에] 소금을 칩니다.

3. 그들이 손을 씻거나 머리를 감고자 할 때면 물을 입 안에 가득 채우고, 그것을 자기 입에서 손으로 조금씩 천천히 흘려보내서, 그 물로 자기 머리카락을 적시고 머리를 감습니다.

4. 그들의 혼인에 대해서 말하자면 부인을 얻는 유일한 방법은 그녀를 구매하는 것이라는 사실을 아셔야 할 것입니다. 이런 이유로 처녀들은 아직 결혼을 하지 않았지만 때로 매우 나이가 많은 경우가 있는데, 이는 부모가 그녀들을 팔 때까지 항상 데리고 있기 때문입니다. 그들은 혈족의 경우 한 단계나 두 단계3)까지는 [금혼을] 지키지만 처가에 대해서는 그렇지 않기 때문에 두 명의 자매를 [한꺼번에] 혹은 차례로 부인으로 두기도 합니다. 그들 가운데 과부는 결혼하지 않는데, 그 까닭은 이승에서 자신들을 봉사했던 사람들이 모두 저승에서도 그렇게 할 것이라는 믿음을 가지고 있기 때문입니다. 그래서 과부의 경우에도 죽은 다음에 그녀가 반드시 첫 번째 남편에게로 되돌아가리라고 생각합니다. 그렇기 때문에 때로는 아들한 사람이 생모를 제외하고 [아버지가 사망한 뒤] 아버지의 부인들 모두와 결혼하는 수치스러운 관습이 그들 가운데 있는 것입니다.4) 아버지와 어머니의 주거는 항상 막내아들에게 상속되며, 그 자신은 아버지의 집과 함께 그에게 넘겨진 아버지의 모든 부인들도 부양해야 할 의무를 지게 됩니다.5)

---

3) 여기서 '단계(gradus)'는 '세대(generation)'를 의미하는 것으로 보인다. 따라서 '두 단계'란 할아버지가 같은 일족을 뜻한다. 따라서 루브룩에 따르면 당시 몽골인들은 사촌까지는 결혼이 금지되어 있었던 셈이다.
4) 몽골의 '수계혼'에 대해서는 카르피니(제2장 3절)의 유사한 묘사와 그 부분의 역주를 참조.
5) 몽골에서는 '말자'가 부모와 한 천막 안에서 끝까지 동거하며 화로를 지킨다고 하여 '화로의

그렇게 될 경우, 만약 그가 희망한다면 그녀들을 자신의 부인으로 취급하는데, 그것은 그녀들이 죽은 다음에 그의 아버지에게로 되돌아가기 때문에 자신은 [아버지에게] 아무런 손해를 끼치는 것이 아니라고 생각하기 때문입니다.

5. 그래서 어떤 사람이 다른 사람과 그의 딸을 취하기로 계약을 맺게 되면, 여자의 아버지는 잔치를 베풀고 그녀는 친척 집으로 숨으려고 도망칩니다. 그런 다음에 아버지는 "보시오! 이제 내 딸은 당신 것이니, 딸아이가 어디에 있든지 찾아서 데리고 가시오!"라고 말합니다. 그러면 남자는 자기 친구들과 함께 그녀를 찾을 때까지 뒤지고 다니며, 그녀를 강제로 빼앗아서 거칠게 그녀를 자기 집으로 데리고 옵니다.[6]

주인'이라는 뜻으로 '옷치긴(otchigin)'이라고 불렸으며, 부모가 사망하면 그 천막, 재산, 가축을 그가 물려받는 관습이 있었는데, 이것이 소위 '말자상속제'라는 것이다. 그러나 이 제도는 말자가 부모의 재산을 모두 물려받는 것을 의미하지도 않거니와, 특히 부친의 지위는 더더욱 말자상속의 대상이 아니었다. 이 제도와 관련하여 칭기스 칸의 말자인 톨루이 일가의 주장의 허실에 관해서 역자가 논의한 바 있다. 김호동(2004) 참조.

6) 이러한 관습은 소위 '약탈혼'의 유제라고 할 수 있는데, 이에 관해서는 岩村忍(1968), 142-143 참조.

제8장
법률과 정의, 사망과 매장

1. 그들의 정의에 관해서 말씀을 드린다면, 두 사람이 서로 싸울 경우 어느 누구도 감히 끼어들지 못하며, 심지어 아버지라고 할지라도 아들을 돕기 위해 나서지 못한다는 사실을 알아야 할 것입니다. 손해를 당한 사람은 영주의 법정에 호소할 수 있으며, 만약 그가 호소를 한 다음에 상대방이 그에게 손을 대면 그 [상대방]은 사형에 처해집니다. 그러나 그는 지체 없이 즉시 호소해야 하며, 피해를 당한 쪽이 다른 쪽을 마치 죄수처럼 끌고 갑니다.

2. 그들은 어떤 사람이 현행범으로 붙잡히거나 아니면 자백을 하는 경우가 아니면 누구라도 사형에 처하지 않습니다. 물론 많은 사람들의 비난을 받는 경우, 사람들은 고문을 가하여 자백을 받아내기도 합니다. 그들은 살인에 대해서는 사형을 내리고, 자기 소유가 아닌 여자와 간통을 한 경우에도 그렇습니다. 물론 그들은 자신들이 부리는 여자 노예는 마음대로 할 수 있기 때문에, 여기서 자기 소유가 아니라는 것은 자기 부인이나 일을 돕는 [다른] 사람이 아닌 경우를 말하는 것입니다. 대규모의 도적들도 역시 사형으로 처벌합니다. 양 한 마리를 훔치는 것과 같이 소규모의 도적질은, 그가 그런 일로 자주 잡힌 적이 없다고 한다면, 가혹한 태형을 가하며 100대를 칠 경우 100개의 막대기를 필요로 합니다. (제가 말하는 것은 법정에서 태형에 처해진 사람의 경우입니다.) 또한 그들은 가짜 사신 — 실제로는 그렇지 않은데도 가짜로 사신 행세를 하는 사람 — 과 무녀(巫女)들도 사

석인상(투바 공화국 소재)

형에 처합니다. 왜냐하면 그들은 [무녀를] 마녀로 간주하기 때문입니다. (그런데 이들에 관해서는 뒤에서 보다 자세히 이야기하겠습니다).

3. 누군가 사망하면 그들은 크게 통곡하며 슬퍼하며, 1년이 지날 때까지는 세금을 면제받습니다. 성인이 죽을 때 그 자리에 있던 사람은 누구건 뭉케 카안[1])의 어전에 1년 동안 들어갈 수 없습니다. 죽은 사람이 만약 어린아이라면 그는 한 달이 될 때까지 들어갈 수 없습니다.[2)]

1) Mangu Chan. 몽골 제국의 제4대 군주인 Möngke Qa'an(재위 1251-1259). 칭기스 칸의 막내아들인 톨루이의 장자. 루브룩은 뭉케를 '카안'이 아니라 '칸(Chan)'이라 불렀다는 점에 주목할 필요가 있다. '카안'은 칭기스 칸의 후계자인 우구데이가 처음으로 자신의 '전칭(專稱)'으로 취했던 것이지만, 후대에 가면 그 칭호가 제국의 최고 군주의 일반 칭호로 사용되었다. 뭉케는 '칸'과 '카안'을 모두 칭하던 과도기적인 시기였다고 할 수 있다. 칸과 카안의 문제에 관해서는 Rachewiltz(1983) 참조.

2) 몽골인들은 사망한 사람과 관련된 것에 대해서는 금기시하는 풍습이 있었다. 당시 몽골어로는 이를 qoriq이라고 불렀는데, 이에 관한 자세한 내용은 카르피니의 글 제3장 14절의 주석을 참조.

4. 그들은 만약 죽은 사람이 귀족, 즉 그들의 장시사이자 군수인 칭기스의 일족이라면 그 무덤 근처에 천막을 하나 남겨놓습니다. 사망한 사람의 매장지는 알려지지 않으며, 귀족이 묻힌 곳 주변에는 항상 그 무덤을 지키는 사람들의 둔영이 있습니다. 저는 그들이 죽은 사람과 함께 귀중품을 묻는지 확인하지는 못했습니다. 쿠만인들은 사망한 사람[의 시신] 위에 거대한 봉분을 쌓고 그를 위해서 상(像)을 하나 세워놓는데, [얼굴은] 동쪽을 향하고 배꼽 앞에 손으로 잔을 들고 있게 합니다.[3] 이밖에도 부자들을 위해서는 피라미드, 즉 끝이 뾰족한 조그만 집을 짓습니다. 저는 어느 곳에서는 구은 타일로 된 커다란 탑들을 보기도 했고, 또다른 곳에서는 비록 돌을 찾을 수 없는 곳이기는 하지만 돌로 만든 집을 보기도 했습니다. 저는 최근에 사망한 사람을 위해서 높은 장대들을 세우고 그 가운데에 16마리 말의 껍질을 걸어둔 것을 보았는데, 땅 위의 사방을 향해서 각각 4개씩 걸어놓았습니다.[4] 또한 그가 마실 쿠미즈와 먹을 고기를 놓아두었는데, 그가 세례를 받았다고 하면서도 그런 [이교도와 같은 풍습을] 행합니다. 저는 그 동쪽에서 또다른 무덤들을 보았는데, 넓은 터에 돌들이 흩어져 있었고 어떤 것은 둥글고 어떤 것은 네모난 것이었습니다. 그리고 4개의 높은 돌들이 그 터의 둘레에 세상의 네 방향을 향하여 세워져 있었습니다.

5. 누군가 병에 걸리면 그는 침대에 눕고, 자신의 천막 위에다 그 안에 병자가 있으니 아무도 들어오지 말라는 표지를 걸어놓습니다. 그래서 그를 돌보는 사람을 제외하고는 아무도 병든 사람을 찾아오지 않습니다. 더구나 권세 있는 가문에 속한 누군가가 병에 걸리면, 호위들이 둔영 주변의

---

3) 무덤 앞에 석인상을 세우는 것은 유목민 사이에서 널리 행해지던 풍습이다. 고대 튀르크인들은 고인의 업적을 기리기 위해서 생전에 그가 살해한 적장을 석인으로 세우는 경우가 많았고 이러한 석상을 '발발(balbal)'이라고 불렀다. Bartol'd(1968), vol. 5, 28-29; Clauson (1972), 333 참조.

4) 고대의 오르콘 튀르크, 오구즈, 쿠만인들의 장례 풍습은 상호 유사했으며, 무덤의 귀퉁이에 장대를 꽂고 거기에 희생 동물들의 머리, 발, 꼬리 등을 걸어놓았다고 한다. Golden(1980), 92 참조.

일정한 거리에 배치되어 아무도 그 경계를 넘지 못하도록 합니다. 그것은 들어오는 사람들과 함께 악한 영혼이나 바람도 같이 들어오지 않을까 두려워하기 때문입니다. 그들은 주술사를 불러오는데 말하자면 그들에게는 사제와 같은 사람들입니다.

제9장

[루브룩] 일행이 어떻게 야만인들의 세계에 왔는가,
또 그들은 얼마나 무례한가

1. 우리가 처음으로 야만인들 사이에 왔을 때, 제가 위에서 말했듯이 그때 저는 다른 세계로 들어가는 듯한 느낌이었습니다. 그들은 말을 탄 채 우리를 에워쌌고, 우리가 수레 아래의 그늘에 앉아 있는 동안 오랜 시간 우리를 기다리게 했습니다. 먼저 그들은 우리가 이전에 그들에게 온 적이 있었는지를 물었습니다. 우리가 부정직인 답변을 하자, 그들은 뻔뻔스럽게도 우리의 식량 가운데 일부를 달라고 요구했습니다. 우리는 도시[1]에서 가지고 왔던 비스킷 약간과 포도주를 주었습니다. 그들은 포도주 큰 병 하나를 다 마시고 나서는, 사람이 어떻게 한 발로 집에 들어갈 수 있느냐며 또다른 병을 요구했습니다. 우리는 그것을 주면서[2] 우리가 가진 것이 많지 않다고 변명을 했습니다. 그다음에 그들은 우리가 어디에서 왔으며 어디를 가고자 하는지 물었습니다. 저는 위에서 내가 했던 이야기, 즉 우리는 사르탁이 기독교도라는 말을 들었다는 사실과 그에게 전달할 전하의 편지를 가지고 있기 때문에 그를 방문하고자 한다는 점을 말했습니다. 그러자 그들은 제가 저 자신의 의지로 가는 것인지 아니면 누군가에 의해서 파견된 것인지를 꼼꼼하게 따져 물었습니다. 저는 아무도 저를 가라고 강요한

---

1) 콘스탄티노플.
2) 록힐(Rubruck/Rockhill, 1900, 83)을 위시하여 과거의 번역본들에는 라이덴 사본에 의거하여 '그것을 주지 않았습니다(et non dedimus eis)'라고 했으나, 여기서는 펠리오(1973, 89-90)의 견해를 받아들인 잭슨의 번역(Rubruck/Jackson, 1990)을 따랐다.

사람은 없으며 마지못해 가는 것은 아니라는 사실, 즉 저는 저 자신의 의지에 의한 것이기도 하지만, 동시에 저의 상급자의 희망에 따라서 가는 것이라고 말했습니다. 저는 제가 전하의 사신이 아니라는 점을 말하기 위해서 줄곧 신경을 썼습니다. 그러자 그들은 수레 안에 무엇이 있는지, 제가 사르탁에게 가지고 가는 것이 금인지, 은인지 아니면 값비싼 의복인지 묻기에 저는 이렇게 응수해주었습니다. 즉 우리가 사르탁이 있는 곳에 도착하면 우리가 가지고 가는 것이 무엇인지 그 자신이 직접 보게 될 것이니, 그것을 조사하는 것은 그들의 소관 사항이 아니며, 나를 그들의 지휘관에게 데리고 가서 그 [지휘관]이 희망한다면 나를 사르탁이 있는 곳까지 호위해서 데리고 가도록 하고, 만약 그렇게 하지 않는다면 나는 돌아가겠노라고 말했습니다.

2. 이 지역에는 바투와 연관이 있는 차카타이3)라는 지휘관이 있는데 콘스탄티노플의 황제가 그에게 편지를 한 통 써서 저를 통과하게 해달라고 했습니다. 그제야 그들은 물러나서 우리에게 말과 소 그리고 우리를 경호할 두 사람을 붙여주었고, 우리를 데리고 온 다른 사람들은 돌아갔습니다. 그러나 그들이 이런 것들을 우리에게 제공하기 전에 먼저 오랜 시간 우리를 기다리게 하면서, 자신의 어린아이들에게 줄 약간의 빵을 요구하기도 하고, 또 우리를 살피면서 보았던 우리의 모든 물건들, 즉 칼, 장갑, 지갑, 벨트 등에 신기해하며 또 탐욕스러운 눈길을 보냈습니다. 저는 아직도 갈 길이 멀기 때문에 그러한 여행을 완수하는 데에 필요한 물자들을 그렇게 빨리 소비해서는 안 된다는 구실을 대면서 거절했습니다. 이에 그들은 제가 가짜 [사신이]라고 말했습니다.

3. 그들은 짐짓 강제로는 아무것도 빼앗지 않습니다만, 무엇인가를 보게 되면 매우 집요하고 또 무례한 방식으로 그것을 요구합니다. 만약 누군

---

3) Scatatai. 그러나 펠리오(Pelliot, 1949, 47)는 Scacatai로 읽는 것이 옳다고 하면서 이는 '차가타이(Chaghatai)'를 나타낸 것으로 추정했고, 잭슨 역시 이를 따랐다.

가 그들에게 그것을 주면 그들은 아무런 고마움도 느끼지 않기 때문에 그것은 낭비되고 마는 것입니다. 왜냐하면 그들은 자신이 세상의 주인이라고 여기고, 아무도 그들에게 무엇인가를 거부해서는 안 된다고 생각하기 때문입니다. 만약 그런 것을 주지 않았다가 나중에 그들의 도움이 필요할 경우가 생기면, 그들은 악의를 품고 행동합니다.

그들은 우리에게 자신들의 소젖을 얼마간 주어서 마시게 했는데, 거기서 이미 버터를 추출한 다음이어서 그 맛은 무척 시큼했습니다. 그들은 그것을 '아이람'4)이라고 불렀습니다. 그리하여 우리는 그들에게서 떠났는데, 저는 정말로 악마의 손아귀에서 탈출한 듯한 느낌이었습니다.

우리는 그다음 날 지휘관이 있는 곳에 도착했습니다.

4. 솔다이아를 떠나서 사르탁에게 도착할 때까지 2개월 동안 우리는 한번도 가옥이나 천막 안에서 잔 적이 없고 항상 야외나 수레 아래에서 잤습니다. 저는 또한 어떤 마을이나 마을이 있었을 법한 건물의 흔적도 보지 못했고, 다만 쿠만인들의 수없이 많은 무덤들만 보았습니다. 우리를 안내하고 가던 사람이 우리에게 마시라며 쿠미즈를 주던 날 저녁, 저는 그것을 마시고 난 뒤 경악과 놀라움으로 땀을 비 오듯 흘렸는데 그 까닭은 그전에 그런 것을 한번도 마셔본 적이 없었기 때문이었습니다. 그러나 그럼에도 불구하고 저는 그것이 마실 만하다고 생각했습니다. 사실 그것은 마실 만한 것이었습니다.

---

4) airam. 튀르크어 aira(n)를 옮긴 것이며 몽골인들도 이 단어를 사용했고 '아이락(airagh)'이라고도 했다. 발효된 소젖(혹은 말 젖)을 지칭한다. Doerfer(1963b), 179-181.

제10장

차카타이의 둔영, 기독교도들은 왜 쿠미즈를 마시지 않는가

1. 그다음 날 우리는 천막이 실려 있는 차카타이의 수레들과 마주쳤는데, 마치 하나의 거대한 도시가 제게로 이동해오는 듯한 느낌을 받았습니다. 또한 소와 말의 무리, 그리고 양떼의 규모에 저는 더욱 놀랐습니다. 그럼에도 불구하고 저는 그들을 몰고 가는 사람을 거의 보지 못했습니다. 그래서 저는 그의 휘하에 있는 사람들이 얼마나 되느냐고 물어보았더니, 500명이 채 안 된다는 대답을 들었고, 그 가운데 절반은 우리가 [이미] 다른 둔영에 있을 때 지나쳤다고 합니다.[1]

2. 바로 그 순간 우리를 안내하던 사람이 제게 차카타이에게 무엇인가를 주어야만 한다고 말했고, 그는 우리를 멈추게 한 뒤 우리의 도착을 알리려고 앞서서 먼저 갔습니다. 이미 제3시[오전 9시]가 지난 시간이었습니다. 그들은 어떤 물 가까이에 천막을 쳤습니다. 그 [즉 차카타이]의 통역인이 우리에게 왔는데, 우리가 그들이 있는 곳에 한번도 온 적이 없다는 사실을 알게 되자, 우리가 가지고 있던 음식의 일부를 요구했고 우리는 그것을 그에게 주었습니다. 그는 또한 약간의 의류와 다른 것들을 요구했는데, [그가 그런 행동을 한 까닭은] 그가 우리의 전갈을 자신의 주인에게 전달할 것이기 때문이었습니다. [그러나] 우리는 사절했고 그는 우리가 자기 주인에게

---

1) 이러한 기록을 보았을 때 차카타이라는 인물은 아마 '천호장'이었던 것이 아닐까 추측된다. 천호장(mingghan-u noyan)은 문자 그대로의 의미는 '천호'를 관할하는 지휘관이지만 실제로 그 휘하의 호구가 1,000호에 미치지 못하는 경우가 많았다.

무엇을 가져왔느냐고 물었습니다. 우리는 포도주 한 병과 비스킷으로 가득 찬 단지 하나, 사과와 다른 과일을 담은 접시 하나를 가지고 왔습니다. 그는 우리가 값비싼 옷감을 가지고 오지 않았다고 언짢아했습니다.

3. 그렇지만 우리는 두려움과 조심스러운 마음으로 [차카타이가 있는 곳에] 들어갔습니다.

그는 손에 기타를 들고 긴 의자에 앉아 있었고 그의 아내는 그의 옆에 있었습니다. 저는 정말로 그녀가 자신의 코를 더 납작코로 만들기 위해서 콧대를 잘라버리지 않았나 하는 느낌을 받았습니다. 그녀에게는 코의 흔적을 찾아볼 수 없을 정도였고, 거기에서부터 눈썹까지 어떤 검은 연고로 칠했기 때문에, 우리가 보기에는 정말로 끔찍했습니다.

4. 그런 다음 저는 그에게 제가 앞에서 인용했던 말을 그대로 했는데, 그것은 매번 우리가 똑같은 말을 할 수밖에 없었기 때문이었습니다. 이 점에 관해서 우리는 그들을 방문한 적이 있던 사람들로부터, 한 번 우리가 말한 것은 절대로 바꾸지 말라는 경고를 익히 들은 바 있었습니다. 이어서 저는 그에게 우리의 보잘것없는 선물을 흔쾌히 받아들이겠는가 하고 물었습니다. 말하자면 그에게 양해를 구하기 위해서 나는 수도사이고 금이나 은 혹은 값비싼 의복을 소유하는 것은 우리 수도회[의 정신]과 부합하지 않는 것이라는 점을 말했고, 그런 까닭에 그런 것들을 선물로 줄 수 없으니 우리가 가지고 온 약간의 음식을 일종의 축복으로 여겨서 받아들이지 않겠는가 하고 물었습니다. 그랬더니 그는 그것을 받아들이라고 지시했고, 술을 마시기 위해서 그곳에 모여 있던 자기 사람들에게 즉시 그것을 나누어주라고 했습니다. 더 나아가 저는 그에게 콘스탄티노플의 황제 폐하가 보낸 편지를 주었는데, 차카타이에게 [편지를 준] 날짜는 승천 후 8일[1253년 6월 5일]이었습니다. 그는 그것을 번역하기 위해서 즉시 솔다이아로 보냈는데, 그것이 그리스어로 쓰여 있었고 그의 곁에는 그리스어를 읽을 수 있는 사람이 아무도 없었기 때문입니다.

5. 그 역시 우리에게 쿠미즈(즉 암말의 젖)를 마시겠느냐고 물었습니다. 왜냐하면 그들과 함께 살고 있는 러시아와 그리스와 알란 출신의 기독교도들은 자신들의 종교를 엄격하게 준수하기 위해서 그것을 마시지 않기 때문입니다. 실제로 그들은 한 번 그것을 마시면 마치 자신들이 기독교도가 아니게 되는 것처럼 여기고, 그들의 사제 역시 그들이 마치 기독교 신앙을 저버린 사람처럼 간주합니다. 저는 우리가 마실 것은 이미 충분히 있으니 만약 그것이 떨어지면 그때 제공받은 것을 마시겠다고 말했습니다. 그는 나아가 전하가 사르탁에게 보내는 편지의 내용에 관해서 물었습니다. 저는 전하의 편지가 봉해져 있지만 거기에 담긴 내용은 즐겁고 우호적인 것뿐이라고 말했습니다. 그는 또한 우리가 사르탁에게 무엇을 말할 것인지 물었는데, 저는 "기독교 신앙의 말씀"이라고 대답했습니다. "그것이 무엇인가?"라고 그가 물었고, 그는 매우 듣고 싶어했습니다. 그래서 저는 그에게 신앙의 교리에 대해서 제가 할 수 있는 최선을 다해서 통역을 통해서 설명했는데, 통역인은 총명하지도 섬세하지도 않았습니다. 그는 그것을 듣고 아무 말도 하지 않은 채 고개를 끄덕였습니다.

6. 그러자 그는 우리와 우리의 말과 가축을 돌보아줄 두 사람을 우리에게 붙여주었고, 그가 황제의 편지를 번역하기 위해서 보낸 전령이 돌아올 때까지 그와 함께 우리가 말을 타고 다니도록 했습니다. 우리는 오순절 다음 날[6월 9일]까지 그와 함께 이동했습니다.

제11장

알란인들이 오순절 전야에 어떻게 그들에게 왔는가

1. 오순절 전야[1253년 6월 7일]에 몇 명의 알란인들이 그곳을 방문했습니다. 이들은 '아아스'[1]라는 이름으로도 알려져 있는데, 그리스 문자를 사용하고 그리스 사제를 모시며 그리스적인 의식을 행하는 기독교도이지만, 그리스인들처럼 분리주의적이지는 않고 모든 기독교도들에 대해서 그가 누구이건 간에 경의를 표합니다. 그들은 우리에게 요리한 고기를 가져다 주면서 그 음식을 먹고 그들 중에 사망한 어떤 사람을 위해서 기도를 해달라고 부탁했습니다. 이에 대해서 저는 그들에게, 오늘은 너무나 큰 절일의 전야이기 때문에 고기를 먹을 수는 없다고 대답했습니다. 저는 그들에게 절일에 대해서 설명을 했고 그것은 그들에게 큰 기쁨을 주었습니다. 왜냐하면 그들은 기독교의 의식에 관련된 것에 대해서는 그리스도의 이름 하나를 빼고는 완전히 무지했기 때문입니다.

2. 그들은 우리에게 — 많은 러시아와 헝가리 출신의 기독교도들도 그랬습니다만 — 자신들이 구원을 받을 수 있겠느냐고 물었습니다. 왜냐하면 그들은 쿠미즈를 마실 수밖에 없었고, 시체를 먹거나 혹은 사라센과 다른 이교도들이 도살한 것을 먹을 수밖에 없는데, 그리스와 러시아의 사제들은 [사라센과 이교도가 도살한] 그런 것을 시체, 혹은 우상에게 바치는 제물과 동등한 것이라고 보기 때문입니다. 또한 그들은 절일의 날짜를 모를 뿐만 아니라 설령 그것을 안다고 하더라도 지킬 만한 처지가 아니기 때문

---

1) Aas. 알란(Alan)이라고도 불리는 이들에 대해서는 카르피니의 글 제5장 26절 각주 참조.

입니다. 그래서 저는 제가 할 수 있는 최선을 다해서 그들을 올바로 인도하고, 믿음 안에서 그들을 가르치고 강하게 만들려고 했습니다.

3. 우리는 그들이 가져다준 고기를 절일이 될 때까지 보존했는데, 그 까닭은 금이나 은으로 살 수 있는 것은 아무것도 없고 오로지 옷이나 기타 다른 옷감으로 사야 하는데, 우리에게는 그런 것이 없었기 때문입니다. (우리를 시중드는 사람들이 그들에게 금화를 보여주자 그들은 그것을 손으로 문지른 뒤 코에다가 대어서 그것이 혹시 구리인지 아닌지 냄새를 맡아서 확인해보려고 했습니다.) 우리는 정말로 시큼하고 상한 냄새가 나는 우유를 제외하고는 어떠한 음식도 제공받지 못했습니다. 우리가 가지고 있던 포도주도 그때쯤에는 바닥이 났고, 물도 말들이 휘저어놓아 [흙탕물이 되었기 때문에] 마실 수 없는 상태였습니다. 우리가 가지고 있던 비스킷이 없었다면, 그리고 하느님의 은혜가 없었다면, 우리는 아마 절멸했을 것입니다.

제12장

세례를 원한다고 주장한 사라센인과
문둥병자처럼 보인 사람들

1. 오순절(1253년 6월 8일)에 우리는 어느 사라센인의 방문을 받았는데, 그가 우리에게 이야기를 하는 중에 우리는 신앙에 대해서 그에게 설명하기 시작했습니다. [예수님이] 육신으로 오신 것, 죽은 자들 가운데에서 살아나신 것, 앞으로 다가올 최후의 심판을 통해서 인류를 향한 하느님의 은혜가 어떻게 드러나는지, 또 세례를 통해서 어떻게 죄를 씻을 수 있는지에 대해서 그가 듣고, 그는 세례를 받기를 원했습니다. 그러나 우리가 그에게 세례를 주려고 준비를 하자, 그는 갑자기 자기 말에 올라타고는 집으로 가서 부인과 상의를 해야겠다고 말했습니다.

2. 그다음 날 그는 우리에게 말하기를, 아무래도 세례를 받기는 어렵다고 했는데, 왜냐하면 그렇게 한다면 그것은 곧 그가 쿠미즈를 마실 수 없음을 의미하기 때문이었습니다. 이 고장의 기독교도들은 진정한 기독교도라면 누구라도 그것을 마셔서는 안 된다고 주장하는데, 그는 그 황야에서 그 음료 없이는 생존할 수 없었습니다. 저는 그가 품고 있는 이러한 오해를 완전히 벗겨주지 못했습니다. 그러므로 전하는 그들이 그 같은 생각으로 인해서 신앙으로부터 얼마나 멀리 벗어나 있는지 아셔야 할 것입니다. 그런 생각은 현재 그들과 함께 살고 있는 많은 수의 러시아인들 사이에서 유행하고 있습니다.

3. 같은 날 지휘관은 우리를 사르탁에게 호송하고 갈 사람 한 명과, 가

장 가까운 둔영, 즉 소가 이동하는 속도로 닷새 거리 떨어진 곳에 있는 곳까지 우리를 데리고 갈 두 사람을 붙여주었습니다. 거기에 덧붙여 우리는 식량으로 염소 한 마리와 소젖을 담은 가죽 부대 몇 개를 받았지만, 쿠미즈는 그들이 매우 귀하게 여기기 때문에 조금밖에 받지 못했습니다. 그래서 우리는 북쪽[1]을 향해서 출발했습니다. 저는 우리가 지옥의 문들 가운데 하나를 통과하는 듯한 느낌을 받았습니다. 우리를 인도하던 사람들은 우리가 자신을 크게 경계하지 않는 것을 보고는 뻔뻔스럽게도 우리의 물건들을 훔치기 시작했습니다. 마침내 우리가 많은 것을 잃어버렸을 때 분노로 인해서 우리의 신경은 더욱 날카로워졌습니다.

4. 마침내 우리는 이 지방의 경계에 도착했는데 그곳은 하나의 바다가 다른 바다로 연결되는 제방[2]으로 둘러쳐 있었고, 그 바깥에 그들의 둔영이 있었습니다. 우리가 그들이 있는 곳에 도착했을 때, 그들은 모두 우리 눈에는 마치 문둥병자처럼 보였습니다. 왜냐하면 그들은 제가 앞에서 언급했던 소금 샘에서 소금을 채취하는 사람들에게서 세금을 받으러 그곳에 머무르며 비참한 몰골을 하고 있었기 때문입니다. 그들은 우리가 그곳을 출발하여 아무도 만나지 못한 채 보름을 여행해야 할 것이라고 말했습니다. 우리는 그들과 함께 쿠미즈를 마셨고 비스킷이 가득 담긴 병 하나를 주었습니다. 그들은 그렇게 긴 여행을 위해서 우리 8명에게 염소 한 마리를 주었고, 소젖이 담긴 가죽 부대는 얼마나 주었는지 기억하지 못합니다.

5. 그래서 우리는 [새로운] 말과 소로 바꾼 뒤에 출발했고, 열흘 만에 다른 둔영까지의 여행을 완수했습니다. 그 길을 가는 동안 두 개의 작은 시냇물을 제외한다면, 우리는 제방에 파인 구멍 속에서만 겨우 물을 발견할 수 있었습니다. 우리가 카사리아 지방을 떠난 그 시점 이후로 우리는 줄곧 동쪽을 향해 갔고, 바다는 우리의 남쪽에 그리고 드넓은 광야는 우리

---

1) 실제로는 북북서.
2) 크림 반도와 우크라이나 본토가 연결되는 페레코프(Perekop) 지협을 가리킨다.

의 북쪽에 있었습니다. [광야는] 어떤 곳에서는 남북으로 30일 거리의 폭으로서, 숲도 없고 언덕도 바위도 없이 고운 풀들만 있었습니다.

6. 이곳은 쿠만인들의 목초지였고, 그들은 킵차크[3]라는 이름으로 알려졌지만 게르만식으로는 그들을 발라니라고 불렀고, 그들의 고장을 발라니아라고 합니다.[4] 한편 이시도루스[5]는 타나이스 강에서부터 마에오티스[6]의 호소들과 도나우 강에 이르기까지의 지역을 알라니아[7]라고 했습니다. 이 지방은 동서로는 도나우에서 타나이스까지 뻗어 있고 아시아와 유럽의 경계이며, 만약 타타르인들의 속도로 말을 타고 빨리 간다면 2개월이 걸리는 거리입니다. 이곳에는 모두 킵차크 쿠만인들이 거주하고 있었고, 타나이스에서부터 그 너머로 에틸리아[8]에 이르기까지의 땅도 그러했습니다. 이 두 강 사이의 거리는 족히 열흘 거리는 됩니다. 이 지방의 북쪽에 러시아가 있고 완전히 숲으로 덮여 있으며, 그 숲은 폴란드와 헝가리부터 타나이스에 이르기까지 뻗어 있는데, 그곳은 타타르인들에 의해서 완전히 황폐화되었고 심지어 지금도 매일같이 약탈을 당하고 있습니다.

---

3) Capchat. 즉 쿠만의 별칭인 킵차크(Qipchaq)를 가리킨다. 한자로는 欽察이라고 표기되었으며, 이들 역시 알란(아스)인들과 마찬가지로 동아시아로 징발되어온 병사들이 흠찰위(欽察衛)라는 친위부대를 구성했다. 이에 관해서는 葉新民(1983); 陸峻嶺, 何高濟(1982) 등 참조.
4) Valani, Valania. 중세의 게르만 작가들은 쿠만을 지칭하여 이와 유사한 이름들(Valwen, Falones, Phalagi, Pallidi 등)을 사용했다. 이에 관해서는 Pelliot 1920, 134; *Hudūd al-'Ālam*, 315-316; Vásáry(1995), 6-7 등 참조.
5) Isidorus(636년 사망). 스페인 세비야 출신의 주교로서 고전 작가들의 글에서 발췌한 내용으로 이루어진 『근원(*Etymologiae*)』이라는 책을 저술했다.
6) Meotidis, 즉 Maeotis(아조프 해).
7) Alania. '알란인들의 땅'이라는 뜻. 즉 킵차크 초원 남부 특히 크림 반도 북방을 가리키는 말로 사용되었다. 알란과 알라니아 지방에 관한 자세한 내용은 *Hudūd al-'Ālam*, 444-446 참조.
8) Etilia. 볼가 강. 이 강은 Etil, Itil, Atil, Ajil, Ejil 등 다양한 이름으로 불렸다(j는 t가 구개음화된 발음). 『원조비사』에는 Idil로 표기되었고, 한문 자료의 也只里 등도 모두 같은 단어이다. Pelliot(1959), vol. 1, 299.

제13장

일행이 겪은 고난과 쿠만인들의 무덤

1. 러시아인들은 기독교도이기 때문에 그들 [몽골인]은 사라센인들에게 그들을 [다스리는 일을] 맡기고 있습니다. 그들이 더 이상 금이나 은을 내놓지 못하면 그들 자신이나 어린아이들을 황야로 내몰아서 타타르인들의 가축을 돌보게 만듭니다.

2. 러시아 너머 북쪽으로는 프러시아¹⁾가 있는데 그곳은 모두 최근에 튜턴 기사단²⁾에게 정복되었으며, 그들은 분명히 마음먹고 시작하기만 한다면 러시아도 수중에 넣을 것입니다. 그래서 만약 위대한 사제, 즉 교황께서 타타르인들을 상대로 십자군을 일으킨다면 그들은 모두 자신들의 황야로 도망갈 것입니다.

3. 그리고 나서 우리가 동쪽³⁾으로 향했을 때, 우리의 눈에 보이는 것은 오직 하늘과 땅, 그리고 가끔씩 우리의 오른쪽으로 보이는 타나이스 해⁴⁾라고 불리는 바다뿐이었습니다. 그리고 우리가 있는 곳에서 2리그⁵⁾쯤 떨

---

1) Pruscia. 발트 해와 접하고 있는 폴란드 북부 지방.
2) Fratres Teutonici. 12세기 말 제3차 십자군 원정과 관련하여 예루살렘 성지를 순례하러 가는 기독교도들을 보호하고 현지에 병원을 설립하기 위한 목적으로 결성된 기사 집단. 1220년대에는 트란실바니아 지방으로 들어와 헝가리 국왕을 도와서 쿠만인들을 정벌했으며, 1230-1240년대에는 프러시아 지방을 정복했으나, 루브룩이 여행할 당시에는 아직 확고한 지배권을 확립한 상태는 아니었다.
3) 실은 동북쪽.
4) 아조프 해.
5) league(=leucis)는 통상 1,500보(pace)이며, 5.6킬로미터에 해당하므로 2리그는 약 11킬로미터이다.

어지 곳에 쿠만인들의 무덤들이 보였는데, 가족의 성원들을 모두 한군데에 매장하는 그들의 풍습 때문에 [큰 무덤이 눈에 띄는 것입니다].

4. 우리가 광야에 있는 동안은 괜찮았습니다. 그러나 그들의 둔영지에 도착했을 때마다 우리가 겪은 고난은 이루 말로 표현할 수가 없습니다. 우리의 안내자는 제가 모든 지휘관들에게 선물을 들고 찾아가기를 원했지만, 우리는 그렇게 할 만큼 충분한 물자를 가지고 있지 않았습니다. 매일같이 우리 일행 8명이 빵을 먹는데(우리와 우연히 합류했다가 함께 식사하기를 원하는 사람들의 수는 헤아리지 않아도), 즉 [원래 출발했던] 우리 5명과 우리를 호송하는 3명, 즉 수레를 모는 사람 둘과 사르탁이 있는 곳까지 동행하는 사람 하나입니다. 우리에게 주어진 고기는 넉넉하지 않았고 그렇다고 돈을 주고 살 만한 아무것도 찾을 수 없었습니다.

5. 뿐만 아니라 그 계절에는 더위가 아주 강렬하기 때문에 그늘을 찾아 우리가 수레 밑에 앉아 있을 때면, 그들은 집요하게 때를 지어 우리에게 몰려와 우리의 물품들을 샅샅이 보려는 욕심으로 우리를 짓밟기까지 했습니다. 만약 그들이 변을 보려는 마음이 들면 우리가 있는 곳에서 콩알 하나 던질 만큼의 거리도 떨어지지 않은 곳으로 가는데, 사실 우리 옆에서 그 더러운 일을 보면서 서로 이야기를 나누기까지 합니다. 그리고 그들은 과도할 정도로 우리를 피곤하게 하는 그런 일들을 엄청나게 자행했습니다.

6. 특히 저를 짜증나게 만들었던 것은 제가 그들에게 어떤 설교를 하려고 할 때마다 저의 통역인이 "나는 이런 것들을 어떻게 표현해야 할지 모르니 내게 그런 설교를 하게 하지 마시오!"라고 말하곤 한 것입니다. 과연 그[의 말]이 옳았습니다. 나중에 제가 그들의 언어를 조금 알게 되었을 때, 제가 어떤 것을 말하면 그는 자기 머릿속에 무엇이 떠오르느냐에 따라서 완전히 다른 것을 말한다는 사실을 알아차렸습니다. 그를 통해서 말하는 것의 위험성을 깨달은 다음부터는 차라리 아무 말도 하지 않기로 했습니다.

7. 그래서 우리는 한 둔영에서 다른 둔영으로 상당한 어려움을 겪으며

이동을 했고, 성 마리아 막달레나 축일[1253년 7월 22일]이 되기 며칠 전, 마치 이집트의 강이 아시아와 아프리카를 나누듯이 아시아와 유럽을 갈라 놓는 큰 강 타나이스에 도착했습니다.

8. 우리가 도착한 바로 그 지점에 바투와 사르탁은 [강의] 동쪽 기슭에 러시아인들의 촌락(casale)을 하나 세웠고, [그 러시아인들이] 상인과 사신 들을 조그만 배에 태워서 강을 건너게 해주었습니다.[6] 그들은 먼저 우리 를 건너게 한 다음에 수레를 옮겼는데, 바퀴 하나는 한 배에, 그리고 다른 바퀴는 다른 배에 싣고, 그 배들을 끈으로 묶은 뒤, 그런 모양으로 노를 저어서 강을 건넜습니다. 여기서 우리의 길안내가 아주 어리석은 짓을 하 고 말았습니다. 그는 마을 사람들이 우리에게 말과 소를 제공하리라고 생 각하고, 우리가 가지고 온 동물들을 강 반대편 기슭에서 그 주인들에게 넘 겨준 것입니다. 우리가 그[마을 사람]들에게 동물들을 달라고 요구하자 그 들은 자신들이 바투에게서 받은 '특권(privilegium)'은 오고 가는 사람들을 배에 태워 강을 건너게 해주는 것뿐이라고 말하며, 상인들은 [동물들을 받 는 대신] 그들에게 상당액을 지불하기까지 한다고 대답했습니다.

9. 그래서 우리는 강기슭 그곳에 사흘 동안 지체하고 있었습니다. 첫날 그들은 우리에게 갓 잡은 커다란 장어를 주었고, 둘째 날에는 호밀 빵과

---

6) 이 '촌락'은 돈(=타나이스) 강의 강가에 두어진 일종의 수참(水站)을 관리하기 위해서 특별 히 배정된 가호, 즉 참호(站戶)들로 구성된 마을로 보인다. 주치 울루스에서 역참이 어떤 방식으로 관리되었는지를 보여주는 매우 진귀한 자료라고 할 수 있다. 루브룩의 이 기록은 주치 울루스에서도 마치 카안 울루스에서 행했던 것과 거의 동일한 방식으로 어떤 역참에 필요한 경비와 물자와 인원을 공급하기 위해서 일정한 수의 호구를 별도로 정했던 사실을 보여준다. 또한 아래에서 언급되듯이 이 촌락에는 '촌장'이 있어 그가 여러 집에서 필요한 물자를 염출했음을 알 수 있다. 루브룩은 자신도 말했듯이 프랑스 국왕의 공식 사신이 아니 었기 때문에 돈 강을 건넌 뒤에 그 '촌락'에서 소와 말과 같은 운송용 동물을 지급받지 못했 으나, 사흘 동안 그곳에 머무르며 이동을 하지 못하는 딱한 처지가 되자, 약간의 도움을 받았다. 또한 상인들은 원래 역참을 이용할 수 없었으나, 루브룩의 기록에 의하면 역참을 관리하는 사람들이 돈을 받고 필요한 서비스를 제공했다는 사실도 확인된다. 본문에서 바투 에게서 받은 '특권'은 카안 울루스의 경우에서도 드러나듯이 역참을 관리하는 대신 기본적 인 세금과 각종 요역에서 면제되는 것을 말하는 것으로 보인다.

약간의 고기를 주었는데 그것은 촌장이 여러 집을 집집마다 돌아다니면서 거둔 것이었습니다. 셋째 날에는 그곳에 풍부하게 나오는 말린 생선을 받았습니다.

10. 그 지점의 강은 파리의 센 강처럼 넓었습니다. 그 지점에 도착하기 전에 우리는 물고기가 많은 아주 멋진 냇물들을 건넜는데, 타타르인들은 그것을 어떻게 잡는 줄도 모르고 또 마치 양고기를 먹듯이 뜯어 먹을 정도로 커다란 물고기가 아니면 다른 것에는 관심을 두지도 않습니다. 이 강은 러시아의 동쪽 경계를 이루는데, 마에오티스 늪지에서부터 북쪽으로 대양에 이를 때까지 뻗어 있습니다. 강은 남쪽으로 흘러 [둘레가] 700마일에 달하는 거대한 호수7)를 이루고 마침내 폰투스 바다에 이르게 됩니다. 우리가 건넌 모든 물길들은 그쪽 방향으로 흐릅니다. 이 강의 서쪽 기슭에는 커다란 숲이 하나 있습니다. 타타르인들은 이 지점 너머의 북쪽으로 올라가지 않는데, 8월 초경이 되는 시점이 되면, 그들은 되돌아서 남쪽으로 향하기 시작하기 때문입니다. 그래서 더 아래쪽에 또다른 촌락이 있고 겨울에는 그곳을 통해서 사신들이 강을 건넙니다.

11. 우리는 그곳에서 돈을 주고도 소나 말을 구할 수 없었기 때문에 절망적인 곤경에 빠졌습니다. 그러나 마침내 내가 그들에게 우리의 노력은 기독교도들 모두의 공통의 이익을 위한 것이라는 점을 설명하자, 그들은 우리에게 소들과 사람들을 제공했습니다. 그러나 우리들 자신은 걸어서 갔습니다.

12. 이때 그들은 호밀을 추수하고 있었습니다. 밀은 그곳에서 잘 자라지 않지만 기장은 풍부하게 거둡니다.

13. 러시아 여자들은 머리를 마치 우리들이 하듯이 그렇게 장식을 하지만, 외투의 바깥 부분은 발에서부터 무릎에 이르기까지 다람쥐나 족제비 모피로 덧댑니다. 남자들은 게르만 사람들처럼 망토를 쓰지만, 머리에는

---

7) 즉 아조프 해.

모피로 된 모자를 쓰며 그 꼭대기는 높고 뾰족한 모양입니다.

14. 우리는 사흘 동안 사람이라고는 한 명도 만나지 못하고 여행했습니다. 소들도 마찬가지였지만, 우리는 완전히 녹초가 되었고, 타타르인들을 만나려면 어느 방향으로 가야 할지조차 알 수 없었습니다. 그런데 갑자기 두 마리의 말이 우리쪽으로 달려왔고 정말로 다행스럽게도 우리는 그것들을 붙잡을 수 있었습니다. 우리는 안내자와 통역인들에게 그 말을 타고 [여기 저기] 가게 하여 사람들이 사는 곳을 찾아보도록 했습니다. 넷째 날 마침내 우리는 사람들을 만나게 되었고, 우리는 마치 난파당한 사람들이 항구에 온 것처럼 기뻐했습니다. 그리고 나서 우리는 소와 말을 구해서 역참에서 역참으로 이동하며, 마침내 8월의 제2칼렌다스8)[7월 31일]에 사르탁의 둔영지에 도착했습니다.

---

8) secundo kalendas augusti. 로마 시대에 사용되던 역법에서 '칼렌다스'는 매달 초생달이 뜨는 날을 가리킨다.

제14장

사르탁의 영지와 그의 백성들

1. 타나이스 강 너머에 있는 이 지방은 매우 아름답고 거기에는 강과 숲들이 있습니다. 북쪽으로는 두 민족[1]이 살고 있는 광대한 삼림이 펼쳐져 있습니다. 목셀인들은 법이 없으며 모두 다 이교도입니다. 그들은 도시를 가지지 못하고 다만 숲속에 오두막을 가지고 있을 뿐입니다. 그들의 수령과 그 부족의 거의 대부분은 게르마니아에서 살해되었는데, 그 까닭은 타타르인들이 그들을 게르마니아 변경까지 끌고 갔기 때문입니다. 그 결과 그들은 게르만인들에게 큰 기대를 걸고 있으며, 그들을 통해서 타타르의 예속[2]으로부터 마침내 구원받게 되기를 희망했습니다. 만약 어떤 상인이 그들을 방문한다면 그가 처음 유숙하는 집의 주인이 그가 그곳에 머무를 때까지 [아무리 긴 기간이라도] 그에게 필요한 것들을 지급해 주어야 합니다. 만약 어떤 사람이 다른 남자의 부인과 동침을 할 경우, 상대방(즉 남편)은 그것을 직접 목격하지 않은 이상 간섭하지 않는데, 이는 그가 질투

---

1) 즉 Moxel과 Merdvin/Merda를 가리킨다. Rubruck/Jackson(1990), 279-280의 Appendix II 참조.

2) servitude Tartarorum. 잭슨은 이를 "the Tartar Yoke(타타르의 멍에)"로 옮겼다. 일반적으로 '타타르의 멍에'라는 표현은 원래 Tatarskaya iga라는 러시아어를 옮긴 것으로서, 몽골의 억압적인 지배를 표상하는 상징어로 학계에서 자주 사용되고 있다. 여기서는 혼동을 피하기 위해 '타타르의 예속'이라고 옮겼다. 최근 핼퍼린 교수는 이러한 표현이 언제부터 시작되었는지 분명하지 않으며 17세기 이전에는 발견되지 않는다는 점을 지적하면서, 이 말이 몽골의 지배를 받던 러시아인들이 그 지배를 어떻게 생각했는지를 반영하는 것이라고 생각한다면 그것은 아나크로니즘(anachronism)이라고 했다(Halperin, 2009, 9).

하지 않음을 보여주기 위한 것입니다. 그들은 많은 돼지와 꿀과 밀랍, 값비싼 모피와 매들을 가지고 있습니다. 그들이 사는 곳 너머에는 다른 사람들이 있는데, 메르다스라고 불리며 라틴인들에게는 메르드빈이라는 이름으로 알려져 있으며, 그들은 사라센입니다.[3]

2. 그들 너머에는 제가 본 것들 중에서 가장 큰 강인 에틸리아[4]가 있습니다. 그것은 북쪽, 즉 대불가리아에서 발원하여 남쪽으로 흐르다가 한 호수[5]로 들어가는데, [그 호수는] 둘레가 4개월 거리이며 그것에 대해서는 뒤에서 전하께 설명하겠습니다. 우리가 통과했던 북방 지역에서는 타나이스와 에틸리아라는 이 두 개의 강이 겨우 열흘 거리밖에 떨어져 있지 않지만, 남쪽에서는 매우 멀리 떨어져서 타나이스는 폰투스 바다로 들어가고, 에틸리아는 페르시아에서부터 흘러들어오는 다른 여러 강들과 함께 제가 언급했던 바다 혹은 호수를 형성합니다.

3. 우리의 남쪽으로는 매우 높은 산들이 솟아 있습니다. 광야를 향하고 있는 기슭인 이곳에는 체르키스[6]와 알란 혹은 아스가 살고 있는데, 이들은 기독교도이고 아직까지 타타르인들에 대한 저항을 계속하고 있습니다. 그들 너머로 에틸리아의 바다 혹은 호수 근방에는 역시 독립적인 레스기[7]라는 이름으로 알려진 사라센들이 살고 있습니다. 그들 너머로는 철문[8]이

---

3) Merdas 혹은 Merdvin는 모두 모르도바(Mordova)와 관련된 표현이다. *Hudūd al-'Ālam*, 463-464 참조.

4) 볼가 강.

5) 즉 카스피 해.

6) Cherkis. 캅카스 산중의 시르카시아인(Circassian)을 가리킨다. 루브룩은 이를 Kerkis라고 표기하기도 했다.

7) Lesgi. 남부 다게스탄 지방의 주민인 라크즈(Lakz)인을 아랍, 페르시아, 아르메니아 자료에서는 자음이 도치된 형태인 Lesgi라는 표현으로 표기했다.

8) porta ferrea. 역사상 '철문(Iron Gate)'이라는 별명으로 알려진 지점은 여러 곳에 있으나, 여기서는 캅카스 산맥이 동쪽으로 카스피 해와 접하는 곳에 있는 협곡을 지칭한다. 페르시아어로는 데르벤드(Derbend, '협곡, 빗장'이라는 뜻), 아랍어로는 Bāb al-abwāb('문 중의 문'이라는 뜻)라고 불린다. 이에 관해서는 마르코 폴로/김호동(2000), 105-106 참조.

나오는데, 알렉산드로스 [대왕]이 페르시아에서 야만 민족들이 나오지 않도록 막기 위해서 세운 것입니다. 제가 귀환할 때 그곳을 통과했기 때문에 그것이 어디쯤 있는지에 대해서는 뒤에서 말하도록 하겠습니다.

이 두 개의 강 너머로 우리가 가로질렀던 영역에는 킵차크 쿠만인들이 타타르에게 압도당하기 전까지 살고 있었습니다.

제15장
사르탁의 아정과 그의 위세

1. 그러고 나서 우리는 에틸리아 강에서 사흘 거리 떨어진 곳에 있던 사르탁을 만났습니다. 그의 둔영은 엄청나게 컸기 때문에 우리를 놀라게 했는데, 왜냐하면 그는 여섯 명의 부인을 두었고 그와 함께 있던 그의 큰 아들은 두세 명의 부인을 두었으며, 이 여자들 한 사람마다 거대한 천막 하나와 아마 200대 정도의 수레를 가지고 있었기 때문입니다. 우리의 안내 자는 코이악¹⁾이라는 이름을 가진 네스토리우스 교도에게 갔습니다. 그 궁 정에서 귀족 가운데 한 사람인 그는 우리에게 매우 긴 거리를 여행해서 얌²⁾의 거주지로 가도록 했는데, 얌이라는 것은 사신들을 영접하는 것을 자신의 직무로 하는 사람에게 주어진 명칭입니다.

2. 저녁 때 코이악은 우리를 불렀습니다. 그러나 우리의 안내자는 그에 게 우리가 무엇을 줄 것인지를 물었고, 우리가 가져갈 것은 아무것도 준비 하지 않았다는 것을 알고 몹시 화를 냈습니다. 우리는 그[코이악] 앞에 섰 습니다. 그는 갖은 위엄을 다 부리며 자리에 앉아 있었고, 그의 앞에서 기 타를 치게 하고 사람들에게는 춤을 추도록 했습니다. 그러고 나서 저는 앞

---

1) Coiac. 그의 이름은 튀르크어로 '흉갑'을 뜻하는 qayaq에서 나온 말이며, 그가 튀르크계임 을 시사한다. 뒤에서 그가 했던 역할을 보면 그가 사르탁 휘하에서 '서기(bichēchi)'가 아니 었나 추정된다. 카르피니가 구육의 궁정에서 만난 카닥(Qadaq)이나 친카이(Chinqai)와 같은 서기들도 모두 네스토리우스 교도였으며 튀르크계였다는 점에서 흥미롭다.

2) iam. 역참을 지칭한다. 몽골어의 잠(jam), 한자의 站. 카르피니도 그렇지만 루브룩 역시 잠 (jam)/얌(yam), 즉 역참을 사람의 이름이나 명칭으로 이해했다는 점에서 특이하다. 역참을 운영하는 인원은 잠치(jamchi) 혹은 얌치(yamchi)라고 불렸다.

에서 제가 인용했던 그 말을 했고, 우리가 어떤 자격으로 그의 주군에게 여행을 하는지에 대해서 말하고 전하의 편지를 그에게 전달하는 데에 필요한 지원을 청했습니다. 나아가 저는 그에게 양해를 구했는데, 즉 저는 수도사이며 그래서 서적들과 하느님을 경배할 때 필요한 미사용 물품들을 제외한다면, 금이나 은 또는 다른 값비싼 것들을 소유하지도 받지도 또 거래하지도 않는다는 것, 따라서 그와 그의 주군에게 아무런 선물을 가지고 오지 못했다는 점, 그리고 자신의 소유를 모두 포기한 사람으로서 제가 다른 사람에게 속한 것들을 소유할 수 없다는 사실을 설명했습니다.

3. 이 말에 그는 상당히 우호적인 태도로, 제가 수도사이며 서약을 잘 준수하고 있는 것을 보니 과연 제가 올바로 행동한 것이라고 대답했습니다. 나아가 그는 우리에게 아무런 것도 요구하지 않았고 오히려 우리가 필요한 것이 있으면 자신이 가지고 있는 것들을 주려고 했습니다. 그리고 잠시 뒤에 그는 우리가 그를 위해서 축복의 말을 해줄 수 있겠는가 하고 물었고 우리는 그렇게 했습니다. 그는 나아가 프랑크 사람들 가운데 누가 최고의 통치자인가 물었습니다. 제가 "만약 그의 영토가 도전을 받지만 않는다면 [비잔티움의] 황제가 그분입니다"라고 대답하자, 그는 "아니다. [프랑스의] 국왕이다"라고 말했습니다. 왜냐하면 그는 해놀트의 볼드윈 경[3]으로부터 전하에 관한 이야기를 들었기 때문입니다. 저도 그곳에서 키프로스에 있던 다비드의 동료들[4] 가운데 한 사람을 보았는데, 그는 그가 본 모든 것을 이미 [타타르인들에게] 전달했습니다.

4. 그런 다음 우리는 우리의 숙소로 돌아왔습니다. (다음 날 저는 그에

---

3) Baldevino de Hemmonia, 즉 Baldwin of Hainault. 해놀트 혹은 해노(Hainaut)라는 지명은 핸(Haine) 강가에 위치해서 붙여진 것으로 북부 유럽 플랑드르 지방을 가리킨다. 볼드윈 경은 비잔티움의 볼드윈 황제(1217-1273)가 1240년 쿠만인들에게 사신으로 파견된 바 있었고, 1250년대에 들어와서 다시 황제의 명령으로 사르탁의 궁정과 카라코룸을 방문했다. 그는 콘스탄티노플에서 루브룩 일행을 만났다. Rubruck/Jackson(1990), 42-43 참조.
4) 다비드 일행은 서아시아에 주둔하던 몽골군 사령관 엘지기데이(Eljigidei)가 파견한 사신으로서 1248년 12월에 키프로스에 있던 국왕 루이를 접견했다.

게 그 긴 여행에도 완벽하게 잘 보존되어 있던 머스카텔 포도주 한 병과 비스킷이 가득 찬 바구니 하나를 보냈는데, 그는 이것으로 무척 기뻐했습니다.) 그날 저녁 그는 우리의 하인들을 데리고 있었습니다.

5. 그다음 날 그는 국왕의 편지와 미사용 물품들과 서적들을 가지고 자신의 거처로 오라는 지시를 보냈는데, 그의 주군이 그런 것들을 보기 원했기 때문입니다. 우리는 [그 지시에] 순종하여 수레 하나에 책과 장식품을 싣고, 또다른 수레에는 빵과 포도주와 과일을 실었습니다. 그 뒤 그는 모든 책과 제복(祭服)들을 전시하게 했고, 그러는 사이에 엄청나게 많은 수의 타타르인, 기독교도, 사라센인들이 말을 탄 채 우리를 에워쌌습니다. 그가 그것들을 살펴본 뒤에 제가 그것들을 모두 그의 주군에게 선물로 줄 것인지 물었습니다. 그 말을 들었을 때 저는 두려움에 휩싸였습니다. 저는 그의 질문에 관심을 기울이지 않았지만 짐짓 그런 사실을 숨긴 채 이렇게 대답했습니다. "각하, 우리는 당신의 주군이 이 보잘것없는 빵과 포도주와 과일을 선물로 받아들이지 않기를 바라며, 차라리 우리가 그의 어전에 빈 손으로 갈 수 없기 때문에 드리는 축복 정도로 여겨주기를 바랍니다. 국왕의 편지는 그가 직접 읽을 것이고, 그러면 우리가 무엇 때문에 방문하는지 까닭을 알게 될 것입니다. 그러고 난 뒤 우리는 물론 우리의 소지품들도 모두 그의 처분에 달릴 것입니다. 예복은 축성(祝聖)된 것이기 때문에 사제들만이 만질 수 있는 것입니다." 이렇게 말하자 그는 그의 주군에게 갈 수 있도록 [예복을] 입으라고 지시했고 우리는 그렇게 했습니다.

6. 저 자신은 좀더 값비싼 예복을 입고, 아주 고급의 쿠션과 전하가 제게 주신 성경, 그리고 여왕 전하께서 제게 주신 가장 아름답고 아주 정교한 그림이 들어가 있는 시편을 가슴에 안았습니다. 저의 동료는 전례서와 십자가를 들었고, 서기5)는 성가복과 향로를 들었습니다. 우리는 이러한 모양을 하고 그[사르탁]의 천막에 도착했습니다. 그들은 그가 우리를 볼 수

---

5) 즉 고세.

네스토리우스파의 십자가 동패와 묵
주(내몽골 출토)

있도록 [천막의] 입구 앞에 걸려 있는 펠트를 위로 걸었습니다. 이때에 서
기와 통역인은 세 번 무릎을 꿇었지만(flectere genua ter) 우리는 그렇게
하도록 강요받지는 않았습니다. 그 후 우리는 [천막 안에] 들어가거나 나올
때에 문지방을 건드리지 말라는 엄격한 경고를 받았고, 아울러 그의 면전
에서는 축송을 부르라는 말을 들었습니다.[6]

7. 그래서 우리는 들어가서 "성모찬송(Salve regina)"을 불렀습니다. 입
구 옆에는 쿠미즈와 잔들이 놓인 장의자가 하나 있었습니다. 그의 부인들

---

6) 카르피니(제9장 11절)도 세 번 무릎을 꿇어 인사하라는 요구와 문지방을 밟지 말라는 경고
를 받았다. 루브룩은 여기서 세 번 무릎 꿇는 것을 강요받지 않았다고 했지만, 뒤에 제19장
7절에서는 그렇게 하도록 강요받았고 결국 문제를 일으키지 않기 위해서 절을 했다고 서술
했다. 사실 당시 유럽인들은 세속 군주에 대해서 한쪽 무릎을 꿇고 인사를 하는 방식(incli-
nation)을 취했을 뿐이고, 두 무릎을 모두 꿇고 절을 하는 방식(genuflection)은 신에게만 표
시하는 예절이었다. 따라서 루브룩은 몽골인들이 요구하는 방식대로 절하는 것을 꺼려했던
것이다. 그러나 몽골인들이 이런 방식의 절을 요구하는 것은 단순한 관습이나 예절이 아니
라 몽골 군주의 통치권을 인정하느냐 하는 문제와 연관된 것이었다. 이 점에 대해서는
Ruotsala(2001), 80-84를 참조.

이 모두 모였고, 우리와 함께 [천막에] 들어간 몽골인들은 무리를 지어 우리를 에워쌌습니다. 코이악은 향을 넣은 향로를 그에게 건네주었고, 그는 그것을 들고 자세히 살펴보았습니다. 그다음에 그는 시편을 받아들었는데, 그와 그 옆에 앉은 부인이 꼼꼼하게 보았고, 그 뒤에는 성경을 그렇게 했습니다. 그는 혹시 그 안에 복음서가 들어 있느냐고 물었고, 저는 "네! 그리고 그것은 성경 전체입니다"라고 말했습니다. 그는 손에 십자가도 들었는데 그 위에 있는 상이 그리스도냐고 물었습니다. 저는 그렇다고 대답했습니다. (네스토리우스 교도와 아르메니아 교도들은 그들의 십자가 위에 그리스도의 상을 결코 올려놓지 않는데, 그것은 마치 그들이 [십자가의] 수난을 경시하거나 혹은 수치스럽게 생각하는 것처럼 보이게 합니다.7)) 그리고 나서 그는 우리의 예복을 보다 잘 볼 수 있도록 우리를 둘러싼 사람들을 뒤로 물러나게 했습니다. 저는 전하의 편지를 그에게 주었는데, 아랍어와 시리아어로 된 사본도 함께 주었습니다. 그것은 제가 아크레에서 각각의 언어와 문자로 번역을 시킨 것이었습니다. 거기에는 튀르크어와 아랍어를 아는 아르메니아 교단의 사제들이 있었고, 또 시리아어와 튀르크어와 아랍어를 아는 다비드의 동료도 있었습니다.

8. 그 뒤에 우리는 물러났고 우리의 예복을 벗었습니다. 서기들이 코이악과 함께 와서 [편지의] 번역문을 만들었습니다. 사르탁이 그것을 듣자 그는 빵과 포도주와 과일을 받으라고 지시하고, 예복과 서적들은 다시 우리의 숙소로 가지고 가도록 했습니다. 이 모든 것은 성 베드로가 사슬에 묶인 날(1253년 8월 1일)에 일어났습니다.

---

7) 루브룩의 주장과는 달리 네스토리우스 교도들은 십자가에 그리스도의 모습을 표현했다. 다만 그것은 최후심판의 날 그리스도의 '재림(parousia)'을 표상하는 것으로 여겨졌다. Rubruck/Jackson(1990), 117-118, note 4.

제16장
일행이 명령에 따라 사르탁의 아버지 바투에게 가게 된 사정

1. 그다음 날 한 사제, 즉 코이악의 형제가 와서 성유를 담는 병을 달라고 요구했는데, 그의 말에 따르면 사르탁이 그것을 보고 싶어한다는 것이었습니다. 그래서 우리는 그것을 그에게 주었습니다. 저녁 예배 시간쯤에 우리는 코이악에게 불려갔는데 그는 이렇게 말했습니다. "나의 주군은 당신의 주군인 국왕이 쓴 편지를 받아들일 수 있습니다. 그러나 그가 자기 아버지와 상의 없이는 감히 결정하기 어려운 몇 가지 문제점들을 가지고 있으니, 당신은 그의 아버지에게로 가야 합니다. 당신은 어제 가지고 온 두 대의 수레를 내게 남겨두어야 합니다. 그리고 예복과 서적들도 남겨두어야 하는데, 그것은 나의 주군이 그것들을 보다 자세히 보고 싶어하기 때문입니다." 저는 즉시 그의 탐욕스러운 악의를 의심했고 그래서 "각하, 그 두 대의 수레뿐만 아니라 지금 우리가 가지고 있는 다른 두 대의 수레도 각하에게 보관하겠습니다"라고 말했더니, 그는 "아니오! 그것들만 남겨두고 다른 것들은 당신 좋을 대로 하시오!"라고 했습니다. 저는 그것은 정말로 안 될 일이며 우리는 그에게 모든 것을 맡겨야겠다고 말했습니다. 그러자 그는 우리가 이 나라에 머무르기를 희망하느냐고 물었습니다. 저는 이렇게 말했습니다. "만약 당신이 나의 주군인 국왕의 편지를 분명히 이해했다면, 당신은 우리가 그렇게 하리라는 것을 알 수 있을 것입니다." 그러자 그는 우리가 엄청난 인내와 고난을 받게 될 것이라고 말했고, 그날 밤 우리는 그에게 하직을 고했습니다.

2. 다음 날 아침 우리는 수레를 가져오기 위해서 네스토리우스파 사제 한 사람을 보냈고 수레 넉 대를 모두 가져왔습니다. 우리는 코이악의 형제를 만났는데, 그는 우리가 가지고 있던 모든 소지품들 가운데에서 전날 궁정에 우리가 가져갔던 것들을 분리한 뒤, 그것들 — 서적들과 예복 — 을 마치 자기 것인 양 취했습니다. 코이악이 우리가 사르탁의 어전에서 입었던 예복들을 가져가서 만약 필요하다면 그것을 입고 바투의 어전에 설 수 있도록 하라고 지시를 내렸지만, 이 사제는 그것을 우리에게서 빼앗으며 "당신은 이것을 사르탁에게 가지고 왔는데, 이제는 그것을 바투에게 가져가려고 합니까?"라고 말했습니다. 제가 그에게 설명을 하려고 하자, 그는 "너무 많이 떠들지 말고 당신 갈 길이나 가시오!"라고 내뱉었습니다.

3. 저는 참을 수밖에 없었습니다. 왜냐하면 우리는 사르탁에게 갈 수 있는 권한도 없었고, 또 우리에게 정의를 베풀어줄 사람도 전혀 없었기 때문입니다. 저는 통역인이 제가 그에게 말한 것과는 다른 어떤 것을 말하지 않았을까 하는 걱정도 들었습니다. 왜냐하면 그는 우리가 모든 것을 선물로 주기를 바랐기 때문입니다. 다만 한 가지 위로할 만한 것이 있다면, 그들의 탐욕을 예상하고 책들 가운데 제가 특히 좋아했던 성경과 『문장들 (Sententias)』[1]과 다른 책들은 미리 빼두었다는 것입니다. 그러나 여왕 전하의 시편은 내가 감히 빼지 못했는데, 그 까닭은 그 안에 있는 금색 그림들로 인해서 너무 많은 주목을 받았기 때문입니다.

4. 이런 상황 속에서 우리는 나머지 두 대의 수레[2]와 함께 우리 숙소로 돌아왔습니다. 그 뒤에 우리를 바투에게 호송하고 갈 사람이 도착했고 그는 출발을 서둘렀습니다. 저는 그에게 절대로 수레를 가져갈 수 없다고 말했고, 그는 이것을 코이악에게 보고했습니다. 그러자 그 [코이악]은 그것들을 우리

---

1) 12세기 중반 페트루스 롬바르두스(Petrus Lombardus)가 지은 신학 서적 *Libri Quattuor Sententiarum*('문장들로 이루어진 4권의 책')으로 추정된다. '문장'이라는 제목이 붙은 것은 이 책이 성경의 구절이나 다른 권위 있는 서술들, 즉 sententiae로 이루어져 있기 때문이다.
2) 코이악의 형제가 물건이 실린 두 대의 수레를 가져가고 남은 두 대의 수레를 가리키는 듯하다.

하인들과 함께 얌에게 맡겨두라고 지시했고, 우리는 그렇게 했습니다.

5. 그래서 우리는 바투가 있는 동쪽으로 여행을 했고, 셋째 날에 에틸리아에 도착했습니다. 제가 그 흐름을 보니 북방의 어느 곳에서 그렇게 많은 물이 흐르는 곳이 있을까 의아할 정도였습니다.

우리가 사르탁의 둔영지를 떠나기 전에 코이악과 다른 여러 명의 궁정 서기들이 우리에게 말하기를 "우리의 주군이 기독교도라고 말하지 마시오. 그는 기독교도가 아니라 몽골인이오!"라고 했습니다. 왜냐하면 그들은 기독교도라는 명칭을 마치 민족(people)의 이름인 것처럼 생각하고 있기 때문입니다.[3] 그들의 자만심이 어찌나 높아졌는지 비록 그들이 그리스도에 대해서 약간의 믿음을 가지게 되었다고 할지라도 스스로 기독교도라고 불리기를 원하지 않았고, 자신들의 고유한 명칭인 '몽골'을 다른 모든 것들보다 우위에 두기를 원했습니다. 그들은 타타르라는 이름으로 알려지기를 바라지도 않았습니다. 타타르는 다른 민족이고 이에 관해서는 나는 다음과 같은 이야기를 들었습니다.

---

[3] 몽골인들이 기독교도나 무슬림과 같이 동일한 종교를 믿는 사람들을 하나의 '민족'으로 간주했다는 루브룩의 지적은 매우 흥미로우며 경청할 만하다. 당시 몽골인들은 피정복민들을 직능, 기능에 따라서 호계(戶計)를 나누었고 이를 '제색호계(諸色戶計)'라고 불렀는데, 기독교나 이슬람의 지도자들을 야리가온호(也里可溫戶) 혹은 답실만호(答失蠻戶)라고 했으며, 유학자들을 유호(儒戶)로 분류했다. 몽골인들은 오늘날 우리와는 달리 종교에 대해서 그것이 가진 기능적, 효용적 특징에 관심을 두고 그것을 수용하려고 했던 것 같다. 그렇기 때문에 기독교나 이슬람, 불교나 도교와 같은 것에 대해서 각각의 종교가 가진 '축복'의 능력을 받으면 그만이고, 기독교의 축복을 받는다고 해서 그것이 곧 그가 '기독교도'가 되는 것을 의미하는 것은 아니었던 셈이다. 따라서 몽골의 군주들의 어전에 각 종교의 지도자들의 축복을 모두 받으려고 했던 것도 이해가 되며, 마르코 폴로의 글에 쿠빌라이가 자신은 여러 종교를 마치 자기 다섯 손가락처럼 모두 아끼고 보호한다고 말한 것도 이해가 될 수 있다. 그런 점에서 볼 때 흔히 몽골의 군주들이 표방한 종교 정책에 대해서 '관용'이라고 표현하는 것은 조심할 필요가 있다. 그들이 여러 종교에 속한 사제들의 활동을 허용하고 여러 가지 경제적 특혜를 부여한 것은 그들이 종교라는 것 자체에 대해서 '관용'의 입장을 가졌기 때문이라기보다는 각각의 종교가 가지는 특별한 능력과 축복을 받고자 했기 때문이다. 따라서 '종교(religion)'에 대한 우리의 일반적인 관념을 당시 몽골인들에게 그대로 적용해서는 안 될 것이다. 이와 관련하여 Atwood(2004)의 흥미로운 논문을 참조하시오.

제17장

사르탁, 뭉케 칸,[1] 구육 칸[2] 등이 기독교도에게 보여준 존경

1. 프랑크인들이 안티오크를 점령했을 때, 이 북부 지방들에 대한 통치권은 코이르 칸[3]이라는 사람에게 속해 있었습니다. 코이르는 고유한 이름이고 '칸'은 주술사라는 뜻의 관직 명칭입니다. 그들은 주술사를 '칸'이라고 불렀고 수령들 역시 '칸'이라고 부르는데,[4] 그것은 사람들에 대한 그들의 지배가 점복(占卜)에 의존하기 때문입니다. 이제 우리가 안티오크의 역사를 읽어보면 튀르크인들이 코이르 칸 왕에게 프랑크에 대항하기 위해서 도움을 청했음을 알 수 있는데, [그들이 그렇게 한] 까닭은 모든 튀르크인들이 이들 지방에서 나왔기 때문입니다. 코이르는 카라카타이 사람이었고, '카라'는 '검다'를 뜻하고, '카타이'는 민족의 명칭이기 때문에, 카라카타이는 '검은 카타이'를 의미합니다.[5] 이 명칭은 동쪽에 바다 옆에 있는 카타이

---

1) Mangu Cham. Cham은 Chan이 되어야 옳다. 앞에서는 Mangu Chan이라고 표기했다. 바로 뒤에서 서술하듯이 루브룩은 군주를 뜻하는 '칸'과 무당을 뜻하는 '캄'이라는 단어를 혼동했기 때문이다.

2) Keu Cham. 이 역시 Keu Chan이 되어야 옳다. 제국의 제3대 군주인 구육의 칭호에 대해서 대부분의 자료에는 '칸(khan)'이라고만 나온다. 다만 1247년 조르지아 지방에서 주조된 은화(dirham)에 "bi-quvvat-i khudā, dawlat-i kw?k, qāān banda, dāūd [Malik] (주님의 힘[에 의지하여], 쿠육크 카안의 축복[에 기대어], [그의] 종 다우드 [말릭]"라는 구절이 새겨져 있다는 보고가 있어서, 그가 '카안'을 칭했을 가능성을 시사하지만, 아직 단언하기는 이른 듯하다. Lang(1955), 37; Rachewiltz(1983) 참조.

3) Coir Chan. '구르 칸(Gür Khan)'을 옮긴 말이다. 구르 칸은 카라 키타이(西遼)의 군주 칭호로서 '구르'는 '보편적(universal)'을 뜻하므로, '구르 칸'은 '보편적 군주, 사해의 군주'를 뜻한다. 따라서 '코이르'가 '고유한 이름'이라고 한 루브룩의 진술은 정확한 것이 아니다.

4) 여기서 루브룩은 군주의 칭호인 칸(khan)과 무당을 지칭하는 캄(qam)을 혼동했다.

를 그들과 구별하기 위해서 사용되는데, 이[카타이]에 대해서는 뒤에서 이 야기하도록 하겠습니다. 카라카타이는 우리가 지나온 어느 고지대에서 살 았습니다.

2. 이제 이들 고지대 가운데 어느 고원에 어떤 네스토리우스 교도가 살았는데, 그는 네스토리우스파 기독교도였던 나이만이라고 불리는 사람 들의 지배자이자 힘이 센 목부였습니다. 코이르 칸이 사망하자 이 네스토 리우스 교도는 자신을 내세워 왕이 되었습니다. 네스토리우스 교도들은 그를 요한 왕(Regem Iohannem)이라고 불렀는데, 그에 관해서 그들이 말하 는 것들 가운데 열의 하나만이 진실입니다. 왜냐하면 이것이 바로 그 지방 에서 온 네스토리우스 교도들이 행하는 방식이기 때문입니다. 그들은 아 무것도 아닌 것을 두고 엄청난 소문을 만들어냅니다. 그 결과 그들은 사르 탁이 기독교도이고, 뭉케 칸과 구육 칸도 그러하다는 말을 퍼뜨렸는데, 그 것은 이 [군주]들이 다른 사람들에 대해서 보다 기독교도에 대해서 더 커다 란 경의를 표시했기 때문입니다. 이런 식으로 요한 왕에 대한 인상적인 보 고들이 전파되었지만, 저 자신이 그의 목지를 통과할 때에 소수의 네스토 리우스 교도들을 제외하고는 그[요한 왕]에 대해서 아는 사람은 아무도 없 었습니다. 구육 칸이 살던 곳은 그의 목장이 있던 곳이었고, 수도사 앤드류 가 그의 아정을 방문했고, 나도 돌아오는 길에 그곳을 통과했습니다.

3. 이 요한이라는 사람에게는 마찬가지로 강력한 목축민인 웅크[6]라는 이름의 형제가 있었습니다. 그는 카라카타이인들[이 사는] 언덕들 너머에,

---

5) Caracatai. 이에 관해서는 카르피니의 글 제5장 5절의 주석 참조.

6) Unc. 아마 케레이트의 수령 옹 칸(Ong Khan)을 가리키는 것으로 보인다. 만약 본문에서 언급된 '요한'이 나이만에서 도주해 온 쿠출룩이 맞다면, 이 두 사람은 사실상 아무런 혈연 관계를 가지지 않았다. 그러나 케레이트부에 속하는 유목민들 가운데 네스토리우스 교도가 많았던 것은 사실이다. 옹 칸의 동생인 자아 감보라는 인물의 딸이 소르칵타니 베키는 네스 토리우스 교도였고, 후일 칭기스 칸의 말자인 톨루이에게 시집와서 뭉케, 쿠빌라이, 훌레구, 아릭 부케 등 네 아들을 두었으며, 모친의 영향을 받은 이들 역시 기독교에 대해서 비교적 우호적인 태도를 보였다.

자기 형제에게서 3주일 거리 떨어진 곳에 살았습니다. 그는 카라코룸[7]이라고 불리는 조그만 읍의 군주였고,[8] 네스토리우스파 기독교도인 크리트와 메르키트[9]라는 민족을 지배했습니다. 그러나 그들의 군주는 기독교를 버리고 우상들을 숭배했고 자기 옆에 우상숭배 사제들을 두었습니다. 그들은 모두 마귀를 불러내고 주술을 행하는 사람들이었습니다.

4. 그의 목지에서 열흘 혹은 보름 거리 떨어진 곳에 몽골[10]의 목지가 있었습니다. 그들은 가난에 찌들어 있었고, 군주도 없으며 그곳의 모든 사람들이 빠져 있는 마법과 주술을 제외한다면 아무런 종교도 없는 사람들이었습니다. 몽골의 가까이에 타타르[11]라고 불리는 또다른 가난한 부족이 있었습니다. 요한 왕은 후계자가 없이 사망했고 그의 형제인 웅크가 [하늘의] 점지를 받아 스스로 칸이라고 선포했습니다. 그의 가축과 양떼는 몽골의 경계가 있는 곳까지 [멀리] 방목되곤 했습니다. 그 당시 몽골 부족 사이에는 칭기스[12]라는 이름의 대장장이가 있었는데, 그는 할 수 있다면 웅크

---

7) Caracarum. 몽골어로 Qaraqorum은 '검은 자갈(밭)'이라는 뜻이며 후일 몽골 제국의 수도가 되었다.

8) 『집사』「부족지」에 의하면 케레이트부는 오르콘과 톨라 강 유역에 살았으며, 옹 칸은 달란 다반과 구세우르 나우르 등의 지역을 직할지로 가지고 있었다. 이들은 바로 항가이 산지에 위치해 있었으며 카라코룸과 가까운 지역이다. 라시드 앗 딘/김호동(2002), 197 참조.

9) Crit et Merkit. Crit는 Kereit를 나타낸 것으로 보이기 때문에 옹 칸('웅크')이 이들을 지배했다는 것은 지당한 말이다. 그러나 메르키트가 문제인데 왜냐하면 이들의 거주지는 오르콘 북방의 셀렝게 강 유역이었고, 옹 칸은 그들을 지배한 적이 없었기 때문이다. 혹시 루브룩의 Merkit가 중앙 아시아의 위구리스탄 산지에 거주하던 Mekrit를 나타내려고 한 것이 아닌지 의심이 든다. Merkrin 혹은 Bekrin(복수형은 어말의 n을 d로 바꿈)이라는 이름으로 알려진 이들은 험준한 암벽과 산을 잘 오른다고 해서 'qayachi', 즉 암벽타기꾼이라는 별명으로도 알려졌다고 한다. 라시드 앗 딘/김호동(2002), 244 참조. 그러나 옹 칸이 이들을 지배했다는 기록은 다른 데에서는 보이지 않는다.

10) Moal.

11) Tartari. 타타르는 원래 칭기스 칸의 몽골과 적대적이던 부족의 이름이었고 그에 의해서 격멸된 집단이었으나, 후일 이 이름이 오히려 몽골과 동의어로 사용되게 되었다. 이에 관해서는 카르피니(서문 1절)의 역주를 참조하시오.

12) Chingis. 이 단어의 어원과 의미에 대한 설명은 카르피니의 글 제5장 3절의 주석을 참조하시오. 한편 그가 '대장장이'였다는 루브룩의 진술은 칭기스 칸의 본명인 '테무진(Temüjin)'이

칸의 가축들을 훔치곤 했고, 마침내 옹크의 복자늘은 자기 주군에게 그에 관한 불평을 말하기에 이르렀습니다. 이에 옹크는 군대를 모아서 칭기스를 찾기 위해서 몽골의 영토를 침공했고, [칭기스는] 타타르인들에게 도망쳐서 그곳에 숨었습니다. 그러자 옹크는 몽골과 타타르를 노략한 뒤에 철수했습니다.

5. 칭기스는 이제 타타르인과 몽골인들을 향해서 "우리가 이웃에게 억압을 받는 것은 우리에게 지도자가 없기 때문이다"라고 말했습니다. 그래서 타타르와 몽골인들은 그를 자신들의 수령이자 사령관으로 세웠고 은밀하게 군대를 모았습니다. 그리고 그는 옹크를 덮쳐서 패배시켰고 옹크는 카타이아로 도망쳤습니다.13) 그의 딸은 이 전투에서 포로로 잡혔고 칭기스는 그녀를 자기 아들들 가운데 한 사람에게 부인으로 주었는데, 그래서 그녀가 현재 통치를 하고 있는 뭉케를 낳은 것입니다.14)

6. 이 일이 있은 뒤 칭기스는 타타르인들을 온 사방으로 [흩어] 보냈는데,15) 그것 때문에 그들의 이름이 퍼지게 되었습니다. 즉 그들이 어디를 가건 "보라, 타타르인들이 오고 있다"라고 사람들이 소리쳤기 때문입니다. 그러나 잦은 전쟁으로 인하여 그들 [타타르인들]은 이제 완전히 절멸되었습니다. 그래서 몽골인들은 지금 그들의 이름을 없애고 자신들의 이름을 사용하려고 하는 것입니다. 그들이 원래 살았던 지방, 즉 칭기스 칸의 거주가 지금도 있는 그곳은 오난케룰레16)라는 이름으로 알려져 있습니다. 그

몽골어에서 '대장장이(temürchin)'를 뜻하기 때문이다. 물론 칭기스 칸이 대장장이였던 것은 아니고 『몽골비사』에 의하면 그의 부친 이수게이가 타타르부의 수령 '테무진 우게(Temüjin Üge)'라는 인물을 붙잡고 돌아왔을 때 그가 태어났기 때문에 이러한 이름을 붙여준 것이라고 한다. 그의 동생들도 테무게(Temüge), 테물룬(Temülün) 등 '쇠'를 뜻하는 테무르(temür)라는 말에서 비롯된 이름을 가졌다.

13) 칭기스 칸에게 패한 옹 칸은 '카타이', 즉 북중국이 아니라 서쪽 나이만 지방으로 도주했다가 거기서 살해되었다.

14) 위에서도 설명했듯이 톨루이의 부인 소르칵타니 베키를 말하는 것이며, 그녀는 옹 칸이 아니라 그의 동생 자아 감부의 딸이었다.

15) 정복전에서 타타르인들의 희생을 고려하지 않고 앞장세워 내보낸 것을 의미하는 듯하다.

러나 카라코룸 지방이 그들이 처음으로 정복한 지방의 핵심이었으므로, 그들은 그 읍을 군주의 거주지로 생각하고 있습니다. 또 거기서 가까운 곳에서 그들의 칸을 선출합니다.

---

16) Onankerule. 오난 강과 케룰렌 강을 뜻한다. 칭기스 칸의 주요 근거지인 쿠데에 아랄, 사아리 케헤르 등지는 모두 이 두 강 유역에 위치해 있었다.

제18장

러시아인, 알란인, 카스피 해

1. 사르탁이 그리스도를 믿는지 믿지 않는지 저는 모릅니다. 다만 제가 아는 것은 그가 기독교도라고 불리기를 바라지 않는다는 것입니다. 사실 저는 그가 오히려 기독교도를 우롱하고 있다는 인상을 받았습니다. 그는 기독교도들― 러시아인, 블라크인,[1] 소불가리아의 불가르인, 솔다이아 사람들, 케르키스인, 알란인 등 ― 이 지나가는 경로상에 위치해 있는데, 이들이 모두 그의 아버지의 궁정으로 갈 때 그를 방문하여 그에게 선물을 바치고, 그 결과 그는 그들을 따뜻하게 영접하는 것입니다. 그렇지만 만약 사라센인들이 더 많은 것을 가져온다면 그들은 더 신속하게 [바투가 있는 곳으로] 보내집니다. 그는 자기 주위에 네스토리우스 사제들을 두었고 이들은 복판을 두드리며 전례문(典禮文)을 낭독합니다.

2. 베르카[2]라는 이름의 또다른 사람이 있는데, 그는 바투의 형제이며 목지가 철문 쪽에 있습니다. 페르시아와 투르키아에서 오는 모든 사라센인들이 취하는 경로는 바로 그곳에 있고, 그들은 바투에게 가는 도중에 그의 둔영을 지나며 그에게 선물을 가지고 옵니다. 그는 [자신을] 사라센처럼

---

1) 블라크에 대해서는 위의 제1장 5절의 주석 참조.
2) Berca. 주치의 아들이자 바투의 동생인 베르케(Berke)를 지칭. 바투의 뒤를 이어 주치 울루스의 수장(1257-1266)이 되었다. 그는 1251년 뭉케의 즉위식에 참석하고 돌아오는 도중 부하라에서 이슬람으로 개종했으며, 이때 세이프 앗 딘 바하르지(Sayf al-Dīn Bakharzī)라는 수피의 영향으로 개종했다는 주장이 있다. 베르케의 개종에 관해서는 Richard(1967); Vásáry (1990); DeWeese(1994), 83-86 참조.

보이며 자신의 둔영에서 돼지고기 먹는 것을 허락하지 않습니다. 그러나 우리가 귀환할 때 바투는 그에게 그곳에서 에틸리아 너머의 동쪽으로 이동하라고 명령했습니다. 그[=바투]는 사라센 사신들이 그를 방문하는 것을 바라지 않았는데, 그 이유는 사신들의 방문이 자신의 이익에 해가 된다고 보았기 때문입니다.

우리가 사르탁의 둔영에 머물던 나흘 동안 우리는 한번도 음식을 제공받지 못했으며, 단 한 번 약간의 쿠미즈를 받았을 뿐입니다.

3. 사르탁과 그의 아버지 사이에 있는 길을 여행할 때 우리는 큰 두려움 속에서 이동했습니다. 왜냐하면 러시아인, 헝가리인, 알란인 노예들이 그들[몽골인들] 사이에 정말로 많이 있었는데, 그들이 20명이나 30명의 무리를 이루어서 밤이 되면 도망쳤기 때문입니다. 그들은 활과 화살을 소지하고 어둠 속에서 만나는 사람은 누구나 죽여버립니다. 낮에는 숨어 지내다가, 그들이 타고 다니는 동물이 지치면 밤중에 초원에 있는 말 떼를 찾아 자신들의 말과 바꾸고, 필요할 때 잡아먹기 위해서 한두 마리를 [추가로] 가지고 갑니다. 그래서 우리 안내인은 그들과 마주치지 않을까 무척 두려워했습니다. 만약 우리가 약간의 비스킷이라도 가져오지 않았다면, 우리는 아마 이 여행에서 굶어 죽었을지도 모릅니다.

4. 우리는 에틸리아 강에 도착했는데, 정말로 거대한 강이고 센 강에 비해서 네 배는 넓었으며 수심도 매우 깊었습니다. 그것은 북방에 위치한 대불가리아에서 발원하여 남쪽으로 흘러서, 오늘날 시로안 바다3) — 페르시아에서 그 해안에 위치한 도시의 이름을 딴 것 — 라고 부르는 바다 혹은 호수로 들어갑니다. 그러나 이시도루스는 카스피 바다라고 부릅니다. 그

---

3) Mare Sircan(C: Siroan), The Sea of Siroan, 즉 카스피 해를 가리킨다. '시로안'은 Sirvan을 옮긴 말이며, 시몽 생캉탱의 글에도 mare Servanicum이라는 이름이 보인다(Simon de Saint-Quentin/Richard, 1965, 59). 시르반은 캅카스 산맥 남쪽의 지역 명칭이기는 하지만 도시의 이름은 아니다. 무슬림 측 자료에는 '하자르(Khazar) 바다'로 불렸는데, 하자르는 카스피 해와 흑해 북방에 거주하던 유목 집단의 이름이다.

남쪽으로는 카스피 산맥[4]과 페르시아가 있고, 동쪽으로는 물리헤트[5] ―
즉 암살자들―의 산맥이 있으며 카스피 산맥과 연결되어 있습니다. 그 북
쪽으로는 현재 타타르인들이 거주하는 이 황야가 있는데, 과거에는 캉글
레[6]라고도 불리던 쿠만인들이 그곳에서 살았습니다. 에틸리아 강이 흘러
들어가는 곳이 바로 이쪽이며, 그 강은 여름에 마치 이집트의 나일 강처럼
범람합니다. 그 서쪽으로는 알란인들의 산맥이 있고, 레스기인, 철문, 조르
지아인들의 산맥이 있습니다.

5. 따라서 이 바다는 삼면이 산맥으로 둘러싸여 있지만, 북쪽 해안으로
는 평원을 향해 열려 있습니다. 수도사 앤드류가 그중 두 면, 즉 남쪽과
동쪽을 돌아서 여행했는데, 나 자신은 다른 두 면, 즉 바투가 있는 곳에서
뭉케 칸에게 갈 때는 북쪽을, 그리고 돌아올 때 바투가 있는 곳에서 시리아
로 갈 때는 서쪽을 지나갔습니다. 그 [바다]를 한 바퀴 돌아서 여행하려면
4개월이 걸립니다. 이시도루스가 한 말, 즉 그것은 대양에서 내륙을 향해
뻗어 있는 하나의 만(灣)이라고 한 것은 정확하지 않습니다. 왜냐하면 그
것은 어느 지점에서도 대양과 접하지 않고 완전히 땅으로 둘러싸여 있기
때문입니다.

---

4) Montes Caspios. 즉 여기서는 엘브루스 산맥을 가리킨다.

5) Mulihet. 아랍어 mulāḥida를 옮긴 말로서 문자 그대로의 의미는 '분파주의자'이지만 중세
   문헌에서는 시아파 가운데 7대 이맘파(혹은 이스마일리파)를 지칭하는 말로 사용되었다. 이
   들은 '하시시(hashish)'라는 대마초를 흡연한 뒤에 무슬림과 십자군의 주요 인사들을 암살한
   것으로 유명해져서 'hashishiyun'으로 불렸고, 이 말이 유럽에 전해져서 오늘날 '암살자'를
   지칭하는 영어의 assassin이라는 단어가 되었다. Pelliot(1959), vol. 1, 52-55; Lewis(1967)
   참조.

6) Cangle. 캉글리(Qangli, 康里)를 지칭한다. 이들 역시 아스(As, 阿速), 킵차크(Qipchaq, 欽
   察) 등과 함께 카안 울루스에서 친위부대를 이루었다.

제19장

바투의 궁정, 그가 일행에게 베푼 영접

1. 이 전 지역, 다시 말해서 알렉산드로스의 철문과 알란인들의 산맥이 위치한 이 바다의 서쪽 해안에서부터 타나이스 강이 발원하는 북방의 대양과 마에오티스 늪지에 이를 때까지, [이 모든 지역]은 알바니아1)라는 이름으로 알려졌습니다. 이시도루스는 이 지방에 관해서 언급하기를 그곳에는 개들이 얼마나 크고 사나운지 황소를 공격하고 사자를 죽인다고 했습니다. 내가 들어서 알게 된 이야기로서 사실이라고 말할 수 있는 것은, 북방 대양이 가까운 곳에서는 개들의 몸집이 매우 크고 힘이 세기 때문에 마치 소처럼 수레를 끄는 데에 사용된다는 것입니다.

2. 우리가 에틸리아 강에 도착한 그 지점에 타타르인들에 의해서 새로 세워진 촌락이 하나 있는데, 그 주민은 러시아와 사라센이 섞여 있었고, 그들은 바투의 궁정으로 오고 가는 사신들을 데려다줍니다. 왜냐하면 바투는 [강의] 동쪽 먼 기슭에 있기 때문입니다. 그는 여름에 상류 쪽으로 이동하는데 우리가 도달했던 그 지점보다 더 멀리 가지는 않습니다. 그는 벌써 하류 쪽을 향해 이동하고 있었습니다. 그는 나머지 다른 사람들이 모두 그러하듯이 1월에서 8월까지는 추운 지방으로 올라가고, 8월에는 [그곳에서] 되돌아오기 시작합니다.

---

1) Albania. 동유럽의 알바니아와 구별하기 위해서 이 지역을 보통 '캅카스 알바니아(Caucasus Albania)'라고 부른다. 캅카스 산맥의 동부, 즉 현재의 아제르바이잔 공화국이 있는 지역을 이렇게 부르는데, 루브룩은 보다 넓은 지역을 가리키는 것으로 설명하고 있다.

3. 우리는 그 마을에서 그의 군영까지 배를 타고 내려갔습니다. 그 지점에서 북방에 있는 대불가리아의 읍들까지는 닷새 거리인데, 도대체 어떤 악마가 마호메트의 종교를 그곳까지 전파했는지 제게는 수수께끼입니다. 왜냐하면 페르시아를 떠나게 되는 철문에서부터 에틸리아 강을 따라 불가리아에 이르기까지는 30일 이상이 걸리고, 이 같은 황야를 지나야 하며 아무런 도시도 없고 단지 에틸리아가 바다로 흘러드는 지점 가까이에 몇 개의 촌락이 있을 뿐이기 때문입니다. 그럼에도 불구하고 불가르인들은 사라센 가운데에서도 최악이고 다른 어느 누구보다도 마호메트의 종교를 철저하게 신봉합니다.

4. 바투의 군영을 보았을 때, 저는 경악을 금할 수 없었습니다. 그 자신의 천막들은 하나의 거대한 도시와 같은 외관을 띠고 있어서, 멀리까지 길게 뻗어 있었고 주민들은 사방으로 3-4리그의 거리까지 흩어져 있었습니다.[2] 이스라엘 백성들 각 사람이 성막(聖幕)[3]의 어느 쪽에 자신의 천막을 쳐야 할지 알고 있었던 것처럼, 이 사람들 역시 자기 천막을 내려놓을 때 아정(curia)의 어느 쪽에 머물러야 할지를 알고 있었습니다. 이런 까닭에 아정은 그들의 언어로 '중앙'을 뜻하는 '오르다(orda)라고 불립니다.[4] 왜냐하면 [그의 천막은] 항상 그 휘하 사람들[의 천막]의 중앙에 위치하기 때문입니다. 그[의 아정]의 남쪽에는 아무도 자기 거처를 둘 수 없었습니다. 그 방향은 [바투의] 천막의 문을 여는 쪽이기 때문입니다. 그러나 오른쪽과 왼쪽으로는 지형이 허용하는 범위 안에서는 그들이 원하는 만큼 멀리까지

---

2) 루브룩의 기록이 맞는다면, 바투의 이동 도시는 폭이 17-22킬로미터에 달하는 셈이 되므로 엄청나게 큰 규모였다고 할 수 있다.

3) tabernaculi. 이집트에서 탈출한 이스라엘 백성들의 지도자 모세가 시나이 산에서 하느님에게서 십계명을 받은 뒤, 그것을 모셔두기 위해서 설치한 천막(tabernacle)을 가리킨다.

4) 루브룩은 '궁장(宮帳)'을 뜻하는 orda(혹은 ordu/ordo)와 튀르크어에서 '중앙(中央)'을 뜻하는 orta를 혼동하고 있다. 루브룩은 자신의 글에서 몽골 수령들이 거처하는 대형 천막인 오르두를 curia라는 단어로 자주 표현하고 있다. 그러나 라틴어 curia는 'assembly, council, court'를 의미하기 때문에 이 책에서는 '아정(牙庭)'이라고 번역했다.

퍼져 있고, 다만 아정의 바로 앞이나 뒤에[5] 자리를 잡는 것은 피합니다.

5. 처음에 우리는 어떤 사라센 사람에게 인도되었는데 그는 우리에게 아무런 음식도 주지 않았습니다. 그다음 날 우리는 궁정으로 불려갔습니다. 바투는 하나의 거대한 장전(帳殿)을 세우도록 했는데, 그 까닭은 그의 천막이 거기 모인 많은 수의 남자와 여자들을 수용할 수 없었기 때문입니다. 우리의 안내자는 바투가 명령할 때까지는 아무런 말도 하지 말도록, [말을 해도] 아주 간단하게 하라는 주의를 주었습니다. 그는 전하가 그 전에 사절단을 보낸 적이 있는지 물었습니다. 저는 전하가 사절을 구육 칸에게 보낸 적이 있지만,[6] [구육 칸이나 사르탁이] 기독교도라는 말을 믿지 않았다면 그에게 사신을 보내거나 사르탁에게 편지를 보내지 않았을 것이라고 말했습니다. 왜냐하면 전하는 어떤 압력을 받아서 사절을 보낸 것도 아니며, 단지 그들이 기독교도라는 소식을 듣고 그들에게 축복을 해주기 위해서 그렇게 했을 뿐이라고 말했습니다. 그러자 우리는 장전 앞으로 인도되었고 천막의 끈을 건드리지 말라는 경고를 받았습니다. 그것은 그들에게 천막의 문지방과 같은 것이었기 때문입니다. 우리는 거기에서 수도복을 입었지만 머리는 덮지 않은 채 맨발로 서 있었는데, 그들에게는 상당한 볼거리였습니다. 수도사 폴리카르포의 요한[7]이 그곳에 있었는데, 그들의 멸시를 받지 않기 위해서 [수도복 이외에] 다른 의복을 입었고, 그것은 그가 교황 성하의 사신이었기 때문입니다.

6. 이후에 우리는 천막 한가운데로 인도되었는데, 사신들에게 통상적으로 그렇게 하듯이 존경의 어떤 표시를 위해서 무릎을 꿇으라는 요구를 받지는 않았습니다. 우리는 「주여, 저를 긍휼히 여기소서(Miserere mei Deus)」[8]

---

5) 이는 습격을 방지하기 위한 조치로 여겨진다. 북위나 원나라 때의 도성의 구조를 보면 궁성의 뒤편에 커다란 정원이 배치되어 있는 것도 이러한 안전 조치와 연관된 것으로 보인다.
6) 국왕 루이가 사절을 몽골로 보낸 것에 관해서는 "해설"에 있는 내용을 참조하시오.
7) Iohannes de Policarpo. 즉 카르피니를 가리킨다.
8) 「시편」 제51장. 즉 다윗이 밧세바와 동침한 후 선지자 나단이 다윗을 질책하자, 다윗이

궁중 연회 장면

를 낭송할 정도의 시간 동안 그의 앞에 서 있었고, 그동안 모두 완전히 침묵을 지키고 있었습니다. 그는 마치 탁상처럼 깊고 넓은 왕좌에 앉았는데, 그것은 완전히 금으로 덮여 있었으며, 그곳으로 올라가기 위해서 만들어진 세 개의 계단이 있었습니다. 그의 부인들 가운데 한 사람이 그의 옆에 있었습니다. 남자들은 그의 오른쪽에, 귀부인들은 그의 왼쪽에 앉아 있었는데, 그들의 옆으로 [또다른] 여자들이 앉아 있지 않은 공간 — 왜냐하면 그곳에 있던 사람들은 바투의 부인들뿐이었기 때문입니다 — 은 남자들로 채워졌습니다. 천막의 입구에는 쿠미즈와 보석으로 장식된 금은의 술잔들이

자신의 죄를 뉘우치며 부른 "하느님이여 주의 인자를 좇아 나를 긍휼히 여기시며"로 시작하는 시를 가리킨다.

있는 장의자가 하나 있었습니다. 그는 우리를 예의 주시했는데 우리도 그를 그렇게 살펴보았습니다. 제가 그에게서 받은 인상은 보몽의 요한[9] 경—그의 영혼에 평안이 깃들기를!—과 거의 체구가 똑같았으며, 그의 얼굴은 이 때 붉은 반점으로 뒤덮여 있었습니다.

7. 마침내 그는 제게 말하라고 지시했고, 그러자 우리의 안내자는 우리에게 무릎을 꿇고 [말하기] 시작하라고 말했습니다. 저는 한쪽 무릎을 굽혔는데 마치 어떤 사람이 [신이 아니라] 사람에게 하듯이 그렇게 했습니다. 그러나 그는 제가 두 무릎으로 꿇어야 한다고 눈짓을 했고, 저는 그것으로 문제를 만들기를 원치 않았기 때문에 그렇게 했습니다. 그러고 나서 그는 제게 말하라고 했습니다. 그리고 저는 스스로 두 무릎을 모두 꿇고 있는 것을 보고 기도를 올려도 좋겠다는 생각을 하면서 기도문에 있는 다음과 같은 구절로 말을 시작했습니다. "나의 주여, 저희는 모든 선한 것들을 가능케 하시는 하느님께서 당신에게 이 세상의 소유물들을 내려주시기를 기도합니다. 그분은 때가 되면 당신에게 하늘의 것들도 내려주실 것이요, 그것이 없다면 이런 것들은 모두 아무것도 아닙니다." 그는 아주 주의 깊게 들었고 저는 이렇게 덧붙였습니다. "당신이 기독교도가 되지 않고서는 하늘의 것들을 아무것도 소유할 수 없음을 분명히 아셔야 합니다. 왜냐하면 하느님께서는 '믿고 세례를 받는 자는 구원을 얻을 것이요, 믿는 자는 정죄받지 않을 것이라'고 말씀하셨기 때문입니다." 이 말에 그는 옅은 미소를 보였고, 다른 몽골인들은 손바닥으로 우리를 툭툭 치면서 조롱했습니다. 저의 통역인은 어안이 벙벙해했고 저는 그를 두려워하지 말라고 안심시켜 주었습니다. 다시 조용해진 뒤 저는 이렇게 말했습니다. "내가 당신의 아들[사르탁]을 찾아온 것은 그가 기독교도라는 말을 들었기 때문이며, 그에

---

9) Iohanni de Bellomonte. 즉 국왕 루이의 시종관인 Johan of Beaumont을 지칭한다. 그는 국왕을 수행하여 십자군에 참여했으며 주앵빌(Joinville)의 글에 몇 번 언급된 인물이다. Rubruck/ Jackson(1990), 132, note 4.

게 나의 주군인 프랑스의 국왕이 보내는 편지를 가지고 온 것입니다. [그런데] 그는 나를 이곳 당신에게 보냈으니, 당신은 그 이유를 아실 것입니다."

8. 그러자 그는 우리로 하여금 일어나라고 하는 전하와 저의 이름, 그리고 저의 동료들과 통역인의 이름을 묻고 그것을 모두 글로 적으라고 했습니다. 그는 또한 전하가 누구와 전쟁을 했는지 물었는데, 그것은 전하가 군대와 함께 나라를 떠났다는 소식을 그가 들었기 때문입니다. 저는 "예루살렘 곧 하느님의 집을 더럽힌 사라센과 싸우기 위해서"라고 대답했습니다. 그는 다시 전하가 과거에 그에게 사신을 보낸 적이 있느냐고 물었습니다. 저는 "당신에게는 결코 그런 적이 없습니다"라고 대답했습니다. 그러자 그는 우리를 앉게 한 뒤에 그가 가지고 있던 약간의 젖을 마시라고 주었습니다. 그들은 누군가 그와 함께 그의 천막 안에서 쿠미즈를 마실 때에는 그것을 많이 만듭니다. 제가 땅바닥을 바라보며 앉아 있자 그는 제게 얼굴을 들라고 했습니다. 그것은 그가 우리를 다시 한번 보기 위해서였는데, 아마 [그의] 마음속에 마술[을 걱정했기] 때문이었을지도 모릅니다. 그들은 누군가 자기 앞에서 마치 슬픈 것처럼 고개를 숙이고 앉아 있으면, 특히 그의 뺨이나 턱을 손으로 괴고 있으면, 그것을 나쁜 징조나 조짐으로 생각합니다.

9. 그러고 나서 우리는 물러났고 잠시 후 우리 안내자가 합류하여 우리를 숙소까지 안내했습니다. 그는 제게 말하기를 "[당신의] 주군인 왕께서 당신이 이 고장에 남아 있게 해달라고 요청했지만, 이 바투는 뭉케 칸의 동의가 없이는 그렇게 할 권한이 없습니다. 그러니 당신과 당신의 통역인은 뭉케 칸에게 가야 합니다. 당신의 동료와 다른 사람들은 사르탁의 궁정으로 돌아가 그곳에서 당신이 돌아올 때까지 기다릴 것입니다"라고 말했습니다. 이 말을 듣자, 통역인인 호모 데이는 자신이 버림받았다고 생각해서 흐느끼기 시작했고, 저의 동료는 만약 그가 저와 헤어지면 그러기가 무섭게 그들이 자신의 머리를 잘라버릴 것이 분명하다고 말했습니다. 저는

저대로 동료가 없이는 갈 수가 없으며, 만약 [우리 둘 중에] 한 사람이 병에 걸린다면 혼자 내버려둘 수 없으므로 두 명의 시중이 정말로 필요하다고 말했습니다. 그는 궁정으로 가서 이 말을 바투에게 되풀이했고, 그는 "두 명의 사제와 통역은 가도록 하고 서기는 사르탁에게 되돌아가라고 하라" 고 명령했습니다. 그는 돌아와서 결정을 우리에게 전해주었고, 제가 서기를 달래면서 우리와 함께 갈 수 있을 것이라고 말하자, 그 [안내인]은 "더 이상 아무 말도 하지 마시오. 바투가 이미 마음을 먹었으니 나는 감히 궁정에 다시 돌아가지 않겠소"라고 했습니다.

10. 서기 고세는 전하께서 우리에게 주신 헌금 26이페르페라밖에 가지고 있지 않았습니다. 그중에서 그 자신과 소년을 위해서 10[이페르페라]를 가지고, 우리를 위해서 나머지 16[이페르페라]를 호모 데이에게 건네주었습니다. 이렇게 해서 우리는 눈물로 헤어졌고 그는 사르탁에게로 돌아갔으며 우리는 그곳에 남았습니다.

제20장
뭉케 칸의 궁정으로의 여행

1. 그는 성모승천일 전야(1253년 8월 14일)에 사르탁의 둔영에 도착했고, 그다음 날 네스토리우스파 사제들이 우리[에게서 빼앗아 간] 예복을 사르탁 앞에서 입었습니다.

2. 그 뒤 우리는 다른 어떤 사람과 함께 숙박을 하도록 인도되었는데, 그는 우리에게 잠자리와 음식과 말들을 제공하도록 되어 있었습니다만, 우리가 그에게 아무것도 주지 않자, 그는 온갖 못된 짓을 저질렀습니다. 우리는 바투의 무리에 끼어서 5주일 동안 에틸리아 강을 따라 아래로 이동했습니다. 저의 동료는 때로 너무 배가 고파서 제게 거의 울다시피 하면서 "나는 정말 먹은 것이 아무것도 없는 것 같습니다"라고 말했습니다. 바투의 궁정에는 언제나 하나의 시장(forum)이 따라왔는데, 그것은 우리가 미칠 수 없는 거리에 있었습니다. 게다가 우리는 말이 부족해서 발로 걸어서 이동해야 했습니다.

3. 마침내 전에 서기였던 몇몇 헝가리 사람들이 우리를 알아보았습니다. 그들 가운데 한 사람은 아직도 많은 것들을 암송하며 노래를 부를 수 있었는데, 다른 헝가리인들이 그를 마치 사제처럼 대우했고 그는 그들 중에 사망한 사람들의 장례식을 주관해달라는 요청을 받기도 했습니다. 또 [라틴어] 문법에 상당한 수준의 훈련을 받은 또다른 사람이 있었는데, 그는 우리가 말하는 말을 한마디 한마디 모두 이해했지만 대답을 하지는 못했습니다. 그들은 우리를 위로하기 위해서 참 많은 일을 했는데, 우리에게 마시라고

쿠미즈를 가져오기도 하고 때로는 고기를 가져다주기도 했습니다. 그들이 우리에게 책들을 요구했지만 그들에게 줄 것이 아무것도 없었기 때문에 저는 무척 괴로웠습니다. 우리가 가지고 있는 것이라고는 성경과 성무일과 서밖에 없었습니다. 그래서 그들에게 이렇게 말했습니다. "우리에게 양피지를 가져다주시오. 그러면 우리가 여기 머무는 동안 당신들에게 [원하는 것을] 써주겠소." 그들은 그렇게 했고 저는 「축복받은 성모의 시간(the Hours of the Blessed Virgin)」[1]과 종부성사 전례문을 각각 하나씩 써주었습니다.

4. 하루는 어떤 쿠만인이 우리를 찾아와 우리에게 라틴어로 'Salvete domini(안녕하세요, 어르신들)'라고 인사말을 했습니다. 저는 깜짝 놀라서 그의 인사에 답을 한 뒤, 누가 그에게 이런 인사를 가르쳤느냐고 물었습니다. 그는 헝가리에서 우리 [교단]의 수도사들에게 세례를 받았으며 그들에게 배운 것이라고 말했습니다. 그는 더 나아가 바투가 우리에 관한 많은 것들을 그에게 물었으며 그는 [바투에게] 우리 교단의 규정에 대해서 말해주었다고 했습니다.

5. 저는 바투가 자신의 부하들과 함께 말을 타는 것을 자주 보았는데, 그는 각 가구들의 우두머리들과 함께 말을 탔습니다. 저의 추정으로 그들은 500명을 넘지 않았습니다.

6. 마침내 성 십자가 현양축일(1253년 9월 14일) 즈음에 어떤 부유한 몽골인의 방문을 받았는데 그의 아버지는 천부장이었고, 그것은 그들 중에서는 중요한 지위였습니다. 그는 "내가 당신을 뭉케 칸에게 데리고 갈 것입니다. 넉 달쯤 걸리는데[2] 그곳의 추위는 얼마나 혹심한지 바위와 나무가

---

1) 평신도들이 정해진 날짜와 시간에 기도를 할 수 있도록 적절한 기도문과 함께 편집된 일종의 달력. 시편과 복음서에 좋은 구절들에서 발췌된 내용들이 들어가 있으며, 1년 중 중요한 성자들의 기일과 행사도 함께 표시되어 있다.

2) 루브룩 일행은 실제로 9월 15일에 출발하여 12월 26일에 카라코룸에 도착했으니 정확하게 100일 만에 주파했으므로 넉 달이 채 걸리지 않은 셈이었다. 볼가 강 하구의 사라이에서부터 몽골리아의 카라코룸까지 직선거리로 대략 4,000킬로미터 정도의 거리이기 때문에 하루 평균 40킬로미터를 이동한 것이다. 마르코 폴로는 역참이 25마일(=40킬로미터)마다 하나씩

결빙으로 인하여 갈라진 정도입니다. 당신이 그것을 견뎌낼 수 있을지 봅시다"라고 말했습니다. 저는 "다른 사람이 견뎌내는 것을 우리도 할 수 있도록 하는 하느님의 힘에 소망을 품고 있습니다"라고 대답했습니다. 이에 그는 "만약 당신이 견뎌내지 못한다면 나는 당신을 도중에 버릴 것입니다"라고 했습니다. 저는 "그것은 옳지 못합니다. 왜냐하면 우리는 우리 의사로 가는 것이 아니라 당신의 주군이 보낸 것이기 때문입니다. 우리를 당신의 보호 아래에 맡겼으니 당신도 우리를 버려서는 안 될 것입니다"라고 받아쳤습니다. 그러자 그는 "아무 문제없을 거요"라고 말했습니다. 그 후 그는 우리의 옷들을 모두 내놓아 보이라고 했고, 그가 그다지 긴요한 것이 아니라고 생각하는 것들은 우리 [거처]의 주인에게 맡겨놓으라고 했습니다. 그다음 날 한 벌의 거친 양 가죽 코트, 똑같은 재료로 만든 바지들, 각반이 부착되고 그들의 방식으로 만들어진 펠트제 반장화, 그들의 방식을 본떠서 만든 모피 후드가 우리 각 사람에게 주어졌다.

7. 성십자가 현양축일 다음 날(9월 15일) 우리는 말을 타고 출발했고, 우리 세 사람 사이에 짐을 실은 두 필의 말과 함께 만성절(11월 1일)까지 동쪽으로 계속해서 이동했습니다. 이 지역의 모든 곳—그 너머까지도—은 과거에는 쿠만인과 연결이 있는 캉글레인들이 거주했습니다. 우리의 북쪽으로는 대불가리아가 있고 남쪽으로는 제가 언급했던 카스피 해가 있었습니다.

있다고 했는데(마르코 폴로/김호동, 2000, 276), 그렇다면 그것은 역참 사이의 평균 거리에 해당된다고 할 수 있다. 즉 역참을 이용해서 하루도 쉬지 않고 계속 이동할 때 가능한 것이다. 급한 용무가 있는 사신이나 전령들의 경우에는 이런 속도로 이동했을 것으로 추정된다. 이와 관련해서 『원사』 권117 「주치전(朮赤傳)」에 보이는 기록(『元史』, 2906)이 흥미롭다. 즉 주치와 그 후손들에 대해서 언급하면서 "그 땅은 지극히 멀어서 제국의 수도에서 수만 리 떨어져 있다. 역참의 말을 이용해서 급히 간다면 200여 일이 걸려야 수도에 도달한다"고 했다. 여기서 '수도'는 대도(大都), 즉 현재의 베이징을 지칭한다. 이렇게 볼 때 사라이에서 카라코룸까지 넉 달, 즉 120일 만에 여행한다는 것은 대단히 빠른 속도의 이동이라고 할 수 있다.

제21장

야가크1) 강과 [그 주변의] 여러 지역과 민족들

1. 우리가 에틸리아 강을 넘어서 12일 되었을 때, 야가크라는 커다란 강을 만났는데, 그것은 북쪽의 파스카투르2)의 땅에서부터 내려와 제가 이야기했던 바다로 흘러들어갑니다. 파스카투르인들의 언어는 헝가리인들의 것과 동일합니다. 그들은 목축민이며 도시를 가지지 않고 그들이 영역은 서쪽으로 대불가리아와 접하고 있습니다. 이 지역에서 동쪽으로 약간 북방을 향해서 가면 더 이상 도시들이 없고, 그래서 대불가리아는 도회가 있는 마지막 지역입니다.

2. 이 파스카투르의 지방에서 훈족이 기원했고 나중에 헝가리인이 되었으며3) 그래서 이곳이 대헝가리인 것입니다. 이시도루스는 그들이 무시무시한 말을 타고, 야만적인 부족들이 넘어오지 못하게 막고 있던 캅카스 산맥의 절벽들 사이에 위치한 알렉산드로스의 방벽4)을 지나서 어떻게 왔는가, 그래서 그 결과 저 멀리 이집트까지 그들에게 조공을 바쳤던 사실을 말하고 있습니다.5) 더구나 그들은 멀리 프랑스까지 모든 지방을 황폐하게

---

1) 원문은 Iagat로 되어 있으나 Iagac이 옳으며, 우랄 강을 지칭한다. 이 강은 야익(Yaik)이라고 불렸으며, 『원조비사』 270, 274절에 보이듯이 당시 몽골인들은 자약(Jayaq)이라고 불렀다.
2) Pascatur. 바시키르(Bashkir)를 지칭한다. 우랄 강 상류에 거주하던 튀르크계 집단의 명칭. 이들에 관해서는 Golden(1992), 397-399 참조.
3) 훈족이 헝가리인들의 조상이라는 루브룩의 주장은 옳지 않다. 헝가리인들의 조상은 9-10세기에 출현한 마자르인들이다.
4) 앞에서 '철문(鐵門)'이라고 했던 지점, 즉 데르벤드를 가리킨다.
5) 이시도루스가 언급한 민족은 사실 스키타이이다.

만들었으니, 그것은 그들이 오늘날의 다다르인들보다 더 강력했다는 것을 보여줍니다. 그들은 블라크, 불가르, 반달 등[의 민족]과 함께했습니다.

3. 대불가리아에서 불가르인들이 왔는데, 이들은 콘스탄티노플 부근에 있는 도나우 강 너머의 먼 곳에 살고 있습니다. 파스카투르 인근에 있는 것이 일라크— 이것은 블라크와 같은 말인데 타타르인들은 '브(b)'라는 발음을 하지 못합니다6) — 이고, 그들에게서 [지금] 앗산7)의 지방에 살고 있는 사람들이 기원했습니다. 전자와 후자는 모두 울라크라는 이름으로 알려져 있습니다.

4. 러시아, 폴란드, 보헤미아, 슬라보니아 사람들의 언어는 반달인의 언어와 동일합니다.

이들 민족의 대부분이 훈족에게 포함되었고 오늘날에는 거의 모두가 타타르인들과 함께하고 있습니다. 하느님께서 그들 [타타르인]을 아주 먼 곳에서 일으켜세우셨는데, 그들은 아무런 백성이 아니고 어리석은 민족일 뿐입니다. 주님께서 "백성이 되지 아니한 자로 그들— 즉 율법을 지키지 않는 사람들—의 시기가 나게 하며 우준한 민족으로 그들의 분노를 격발하리로다"8)라고 하신 바와 같습니다. 이 [구절]은 그리스도의 법을 지키지 않는 모든 종족에게 한자 한자 모두 성취될 것입니다.

5. 제가 파스카투르의 땅에 대해서 이야기한 것은 타타르인들이 오기 전에 그곳을 여행했던 도미니크파 수도사들에게 들은 것입니다. 그 당시 그들은 이웃하던 사라센, 즉 불가르인들에게 정복되었고 그들 가운데 다수가 사라센이 되었습니다. 그밖에 [다른 사항에 관해서는] 연대기들에서

---

6) Illac. Ulac이라고 표기하는 것이 옳다. 블라크에 대해서는 위의 제1장 5절의 주석 참조. 펠리오도 지적했듯이 몽골인들이 어두의 b를 발음하지 못하는 것이 아니라 b와 l이라는 두 개의 자음이 겹쳐서 나오는 것은 발음하기가 어려웠기 때문에, b를 u로 바꾸어서 발음했다고 보는 것이 옳을 것이다.

7) Assani. 1186년에 발칸 반도 지역에 건설된 제2불가르 제국, 즉 아센(Asen) 왕조를 가리킨다.

8) 「신명기」 제32장 21절.

찾아볼 수 있습니다. 콘스탄티노플 너머의 이 지역들, 오늘날 불가리아, 블라키아, 슬라보니아 등으로 불리는 지역은 그리스인들의 영역이지만, [그렇지 않은] 헝가리는 판노니아라고 불립니다.

6. 그래서 우리는 성십자가 현양축일(9월 14일)부터 만성절까지 캉글레 땅을 지나서, 저의 추정으로는 파리에서 오를레앙에 이르는 거리9)를 거의 매일 이동했고, 말의 공급 여부에 따라서 때로는 더 멀리 가기도 했습니다. 때로 우리는 하루에도 말을 두 번이나 세 번 갈아탔고, 그런가 하면 이틀이나 사흘 동안 아무런 주거지도 만나지 못한 채 여행하기도 했으며, 그럴 때에는 우리는 조금 완만한 속도로 이동할 수밖에 없었습니다. 20-30마리의 말이 있었는데 우리는 외국인이었기 때문에, 모두 우리보다 먼저 말을 골랐고, 그래서 우리는 언제나 가장 질이 떨어지는 말을 받았습니다. 그렇지만 저의 아주 무거운 체중을 감안하여 저는 항상 튼튼한 녀석을 지급받았습니다. 그렇지만 그 녀석이 과연 편안한 속도로 이동을 하는 것인지 아닌지 저는 [다른 사람에게] 감히 묻지 못했고, 또 그 녀석이 저를 태우기에 어려움이 있는지에 대해서 감히 불평을 하지도 못했습니다. 우리 각자는 자기 처지를 감내할 수밖에 없었습니다. 이것은 가장 힘든 시련을 낳았습니다. 왜냐하면 말들은 우리가 사람이 사는 곳에 도착하기도 전에 지쳐버리는 경우가 많았는데, 그러면 우리는 그 녀석들을 때리거나 채찍질을 해야 했고, 옷을 짐 싣는 다른 동물에게 옮겨놓거나 아니면 짐 싣는 말을 우리가 타기도 했으며, 우리 두 사람이 한 마리의 말에 타기도 했기 때문입니다.

---

9) 파리에서 오를레앙까지는 60마일이다. 그러나 위에서도 지적했듯이 역참 사이의 거리는 평균 25마일이고, 매일 60마일을 이동한다는 것은 어려운 일이다. 그러나 루브룩이 하루에 때로는 말을 두세 번 갈아탔다고 한 것으로 보아, 때로는 하루에 2-3곳의 역참의 거리를 강행군해서 주파했던 것으로 보인다. 즉 어떤 때는 그렇게 강행군을 하기도 하고, 때로는 그의 말대로 역참이 없는 곳에서는 '조금 완만하게' 이동하기도 했던 것이다.

제22장

여행 중에 일행이 견뎌야 했던 배고픔과 목마름과 그밖에 다른 시련들

1. 우리가 굶주리고 목마르고 얼어붙고 지칠 때를 헤아린다면 수도 없을 것입니다. 우리는 오직 저녁때에만 먹을 것을 받았습니다. 아침에는 마실 것이나 기장[으로 만든 국]을 맛만 볼 정도로 주고, 밤에는 고기 — 양의 어깨와 갈비 — 와 우리가 마실 수 있을 만큼 충분히 많은 양의 국물을 주었습니다. 고깃국을 충분히 먹으면 우리는 완전히 힘이 다시 솟아났는데, 저는 그 [국물]이야말로 입맛에 정말로 맞을 뿐 아니라 영양가도 매우 높은 것이라고 생각합니다. 저는 금요일에는 아무것도 마시지 않고 금식을 행했는데, 저로서는 슬프고 또 안타까운 일이지만 저녁이 되면 그들은 제게 고기를 먹도록 강요하곤 했습니다. 때로 우리는 반만 익어서 실제로는 날것이나 다름없는 고기를 먹어야만 했는데 그것은 불을 피울 땔감이 없었기 때문입니다. 이런 일은 우리가 야외에서 노숙을 하며 밤을 지낼 때 생기곤 했는데, [그런 곳에서는] 소나 말의 똥을 수집할 수조차 없었기 때문입니다. 우리는 어느 곳에서는 약간의 덤불을 찾기도 했지만 그밖에는 [동물의 똥을] 대체할 만한 땔감을 찾지 못했습니다. 때로는 몇몇 강줄기의 언덕을 따라 나무가 있는 곳도 있었지만 그것도 그리 흔하지는 않았습니다.

2. 처음에 우리의 안내자는 우리를 매우 경멸하며 대했고, 이처럼 비참한 무리를 호송해야 한다는 것을 끔찍하게 생각했습니다. 그러나 그 뒤로 그가 우리를 좀더 잘 알게 되자, 그는 우리를 부유한 몽골인의 천막들이

있는 곳으로 데리고 갔고 우리는 그들을 위해서 기도를 해주어야 했습니다. 만약 제가 좋은 통역을 대동하기만 했어도 정말로 좋은 믿음의 씨앗을 뿌릴 수 있는 기회를 가졌을 것입니다. 최초의 칸인 칭기스는 네 명의 아들을 두었는데,1) 거기서 많은 후손들이 나왔습니다. 그들은 모두 지금 각자 거대한 천막군을 소유하고 있고, 그 [천막의] 숫자는 매일 같이 늘어나 마치 바다와 같은 이 드넓은 광야에 퍼져나가고 있습니다. 그래서 우리의 안내자는 우리를 그 많은 사람들이 있는 곳으로 데리고 갔고, 그들은 우리가 금이나 은 혹은 값비싼 옷을 받지 않으려고 하는 것에 대해서 입을 다물지 못할 정도로 경악을 했습니다. 그들도 역시 위대한 교황에 대해서, 그들이 들었던 것처럼 그렇게 나이가 많은지 물었습니다. 왜냐하면 그들은 그가 500살이나 되었다고 들었기 때문입니다. 그들은 우리 나라에 대해서, 양과 소와 말이 많은지 묻기도 했습니다. [육지를 둘러싸고 있는] 대양에 관해서 그들은 그것이 끝도 경계도 없다는 사실을 이해하지 못했습니다.

3. 만성절 전야[10월 31일]에 우리는 동쪽으로 이어지는 여정을 시작했는데, 사람들이 지금쯤이면 남쪽으로 상당히 이동했기 때문에 우리도 남쪽으로 방향을 틀어서 어떤 고지대의 초원을 여드레에 걸쳐서 계속해서 갔습니다. 이 황야에서 저는 '쿨람'2)이라고 불리는 나귀를 많이 보았는데 상당히 노새처럼 생겼습니다. 우리 안내자와 그의 동료는 그 녀석들을 잡으러 쫓아갔지만 너무나 빨리 달렸기 때문에 아무 소용이 없었습니다. 이레째 되는 날 우리는 남쪽으로 매우 높은 산들3)을 보았습니다. 우리는 마치 정원처럼 관개가 잘 되어 있는 어떤 평원에 들어갔고, [거기서] 경작된 땅을 보게 되었습니다.

4. 만성절로부터 여드레 되던 날[11월 8일] 우리는 킨차크4)라고 불리는

---

1) 칭기스 칸의 정처인 부르테에게서 출생한 주치, 차가다이, 우구데이, 톨루이 네 사람을 가리킨다.
2) culam. 몽골어 qulan을 옮긴 말. 앞의 제5장 2절의 주석 참조.
3) Qara Tau를 가리킨다.

어느 사라센 도시에 들어갔는데, 그 지사가 도시 밖으로 나와 우리 안내자를 맞았고 맥주와 잔을 몇 개 가지고 왔습니다. 왜냐하면 정복된 모든 도회에서는 바투와 뭉케 칸의 사신들을 그[경계] 밖에까지 음식과 음료를 가지고 나와 맞이하는 것이 관행이기 때문입니다.[5] 이 계절에는 얼음이 발밑에 깔려 있었고, 이에 앞서서 성 미카엘 축일[9월 29일] 이후로는 황야에 서리가 내렸습니다. 저는 그 지방이 어떤 이름으로 불리느냐고 물어보았는데 그것은 그때 우리가 다른 지방에 왔기 때문이었습니다. 그러나 그들은 지극히 작은 그 도회의 이름 이외에는 아무것도 말해주지 못했습니다. 산맥에서 흘러내리는 큰 강이 하나 있었고,[6] 물을 끌고 가는 곳은 각기 달랐지만 전 지역이 그 물로 관개가 되었습니다. 그것은 어느 바다로도 흘러들지 않고 땅속으로 스며들고 또한 수많은 늪지를 형성하기도 합니다. 저는 그곳에서 포도밭을 보았고 두 차례는 포도주를 마셨습니다.

---

4) Kinchat. Kinchac이라고 표기되어야 맞다. 중앙 아시아 탈라스 강가에 위치한 도시 켄제크(Kenjek)를 가리킨다. 이슬람권 사료에는 Talas와 Kenjek 두 지명이 자주 병칭되었다. 이에 관해서는 劉迎勝(1985), 49-50 참조.

5) 지체가 높은 사람들이 방문하면 그를 맞이하러 멀리까지 나가서 음식이나 예물을 바치는 관습이 있었는데, 몽골어로는 이를 '투즈구(tuzghu)'라고 불렀다. 주베이니는 우구데이가 봄에 동영지에서 나와 카라코룸으로 올 때 그곳의 주민들이 미리 음식을 가지고 나와 그를 맞이하는 장소를 투즈구 발릭(tuzghu baligh)라고 불렀고 기록했다(Juvayni/Boyle, 1958, vol. 2, 213).

6) 탈라스 강을 가리킨다.

제23장

부리[1]가 어떻게 처형되었는가,
또 게르만 사람들은 어디에 있는가

1. 그다음 날 우리는 산맥에 가까운 또다른 촌락에 도착하여 그 산맥에 대해서 물었습니다. 그래서 그것이 [카스피] 바다의 동과 서, 양쪽으로 뻗어 있는 캅카스 산맥이라는 사실을 알게 되었습니다.[2] 제가 언급했듯이 우리는 벌써 그 바다에서 멀리 떨어져 있었고, 에틸리아 강이 흘러들어가는 그 바다는 우리가 벌써 떠나왔습니다.

2. 저는 앤드류 수사가 언급했던 것, 즉 부리[에게 잡혀온] 게르만 노예들이 있던 탈라스[3]라는 도시에 대해서 물어보았습니다. 또한 사르탁과 바투의 궁정에서 그들에 관해서 수도 없이 물어보았지만, 그들의 주인인 부리가 다음과 같은 이유로 처형을 당했다는 사실을 빼놓고는 아무것도 알

---

1) Buri. 부리(Böri)는 사료에 따라 차가다이의 장자로, 혹은 차가다이의 아들인 무에투켄의 아들로 기록되어 있다. 그는 바투, 구육 등과 함께 킵차크, 러시아 원정에 참여했다. 여기서 루브룩이 말하는 '게르만 노예들' 역시 그때 포로로 잡아온 사람들이다. 그는 서방 원정 시 바투와 크게 다투었고, 구육의 사후 뭉케가 즉위한 뒤 바투에게 압송되어 처형되었다. 이에 관해서는 김호동(1998) 참조.

2) 오늘날 캅카스 산맥은 흑해와 지중해 사이에 있는 산맥만을 가리키지만, 고대의 작가들은 캅카스가 동쪽으로는 인도까지 뻗어 있는 긴 산맥으로 이해했기 때문에 루브룩이 이와 같이 서술한 것이다. 그가 여기서 언급하고 있는 산맥은 오늘날 키르기즈 산맥(Kirgizskii Range)에 해당된다. Rubruck/Jackson(1990), 144, note 3.

3) Talas. 현재 카자흐스탄의 타라즈(Taraz). 소비에트 시대에는 잠불(Dzhambul)이라고 불렸다. 탈라스는 타라즈 시 남쪽에 위치한 키르기즈 산맥에서 발원하여 북쪽으로 흐르다가 사라지는 강의 이름이기도 하다.

몽골인이 포로를 끌고 가는 장면

아내지 못했습니다. 그의 목지는 질이 좋지 않았는데 하루는 그가 술을 마시고 자기 사람에게 이렇게 말했습니다. "나는 바투처럼 칭기스 칸의 일족이 아닌가?"(그는 바투의 사촌 혹은 형제였습니다.) "왜 나는 바투처럼 에틸리아 강을 따라 이동하면서 거기서 방목해서는 안 되는가?" 이 말이 바투에게 보고되었고 [바투는 부리의] 사람들에게 그들의 주인을 묶어서 자신에게 데려오라고 명령했고 그들은 그대로 했습니다. 그러자 바투는 그에게 그런 식으로 말했느냐고 물었고 그는 그것을 인정했습니다. 다만 그는 자신이 취했었다고 핑계를 댔는데 그것은 술 취한 사람은 용서해주는 것이 그들의 관습이기 때문입니다. 그러나 바투는 "네가 술 취한 상태에서 어찌 감히 내 이름을 들먹일 수 있는가?"라고 힐책하면서 그의 머리를 잘라버렸습니다.[4]

3. 저는 뭉케 칸의 궁정에 도착할 때까지 이 게르만 사람들에 관해서는

---

[4] 부리의 처형에 관해서는 라시드 앗 딘도 다음과 같은 기록을 남겼다. "부리는 매우 용맹하고 격렬한 사람이었다. 술을 마시면 거친 말을 해댔는데, 뭉케 카안의 시대에는 심지어 술을 마시다가 적개심을 품고 있던 바투에 대해서 욕을 퍼붓기까지 했다. 바투가 그 말을 듣고 그를 소환했다. 멩게세르 노얀은 뭉케 카안의 명령에 따라 그를 바투에게 끌고 갔는데, 바투는 그를 처형시켰다." 라시드 앗 딘/김호동(2005), 213.

결국 어떠한 정보도 얻을 수 없었습니다. 그러나 이 마을에서 저는 탈라스가 산맥에서 매우 가까운 곳에 있다는 사실을 알게 되었고, 그것은 우리후방으로 엿새 거리 되는 곳에 있었습니다. 뭉케 칸의 궁정에 도착했을 때저는 뭉케가 바투의 동의를 받고 그들을 동쪽으로, 탈라스에서 한 달 거리떨어진 곳에 있는 볼라트[5]라는 곳으로 옮겼으며, 거기서 그들은 금을 채굴하고 무기를 제작하고 있다는 사실을 알게 되었습니다. 그래서 저는 그곳으로 가거나 혹은 돌아올 때에 그들을 방문할 수 없었습니다. 그러나 제가 그곳으로 갈 때 그 도회에서 상당히 가깝게, 아마 사흘 거리 정도[의지점을] 통과했습니다만, 저는 그 같은 사실을 몰랐고 설령 알았다고 하더라도 [그곳까지] 우회할 수는 없었을 것입니다.

4. 이 마을에서 우리는 동쪽으로 여행하여 제가 언급했던 산맥의 기슭을 스치고 지나갔습니다. 이 지점부터 우리는 뭉케 칸의 사람들 사이를 이동하기 시작했고 이들은 어디에서든지 우리 안내인을 노래와 손뼉으로 맞이했습니다. 왜냐하면 그는 바투의 사신이었기 때문입니다. 이것은 그들이서로에게 경의를 나타내는 표시였습니다. 뭉케의 사람들은 제가 묘사한방식으로 바투의 사신들을 환영했고, 바투의 사람들도 뭉케의 사신들을비슷한 [방식으로] 맞이합니다. 그러나 바투의 사람들이 좀더 으스대는 편이었고 그러한 관행을 지키는 데에 그다지 신경 쓰지 않았습니다.[6]

5. 며칠 뒤 우리는 카라카타이가 [과거에] 살았던 고지대로 들어갔는데여기서 우리는 큰 강을 하나 만났고 배를 타고 건너야만 했습니다. 그다음

---

5) Bolac(S, L: Bolat). 원대 한문 자료에는 普剌, 不剌, 卜羅, 孛羅 등으로 표기되었다. 1950년대에 신장 성 북부 보로(博樂) 시 서쪽의 보로탈라 강 북안에서 고성(古城)이 발견되었고, 대체로 그것이 볼라트의 성터로 간주되고 있다. 劉迎勝(2006), 598 참조.

6) 루브룩의 이 기록은 당시 바투의 권한이 어느 정도였는지에 대해서 잘 말해주고 있다. 물론대칸은 뭉케였고 적어도 표면상으로는 그의 권위를 존중했지만, 우구데이와 차가다이 두가문의 반대를 제압하고, 뭉케를 대칸의 자리에 앉힌 장본인이 바로 바투였기 때문에 그의권력은 뭉케와 버금갈 정도였다. '실질적인 공동통치(the virtual condoinium)'이라고 한 잭슨의 지적은 타당하다(Rubruck/Jackson, 1990, 146, note 4).

에 우리는 어느 계곡에 들어갔는데 그곳에시 저는 폐어가 된 성재를 하나 보았고 거기에는 진흙으로 된 성벽밖에 없었습니다. 이 지점에서 땅은 경작되고 있었습니다. 그 뒤에 우리는 에쿠이우스⁷⁾라는 멋진 도회를 하나 만났는데, 비록 페르시아에서 매우 멀기는 하지만 페르시아어를 사용하는 사라센들이 살고 있었습니다.

6. 그다음 날 우리는 남쪽에 있는 높은 산지의 일부를 이루고 있는 이 고지대를 통과하여 매우 아름다운 평원으로 나오게 되었는데, 그 오른쪽으로는 커다란 산맥이 있고 왼쪽으로는 둘레가 보름 거리인 바다 혹은 호수⁸⁾가 있었습니다. 이 평원은 고지대에서 흘러내려와 모두 그 바다로 들어가는 물길들에 의해서 극도로 관개가 잘되어 있었습니다. 우리는 여름에 이 바다의 북쪽으로 돌아왔는데 그곳도 역시 높은 산지였습니다. 평원에는 웬만한 규모의 도회들이 있었지만, 타타르인들은 그곳에서 가축을 방목하기 위해서 [이들 도회의] 거의 대부분 철저히 파괴했습니다. 그 지역은 아주 훌륭한 목초지를 가지고 있기 때문입니다.

7. 우리는 카일락⁹⁾이라는 큰 도회를 하나 만나게 되었는데, 그곳에는 많은 수의 상인들이 왕래하는 시장이 하나 있었습니다. 우리는 거기서 바투의 서기들 가운데 한 사람을 기다리면서 12일을 머물렀는데, 그는 우리 안내자와 협력하여 뭉케의 궁정에서 사무를 처리하도록 된 인물이었습니다. 이 지방은 오르가눔¹⁰⁾이라는 이름으로 알려졌고 고유의 언어와 문자

---

7) Equius. 일리 계곡에 위치한 쿠야스(Quyas)를 지칭한다. 주베이니에 의하면 쿠야스는 알말리크와 함께 차가다이의 근거지였다. 마흐무드 카쉬가리는 쿠야스라는 마을이 바르스한 (Barskhan) 너머에 위치해 있으며 그곳에서 대소 케이켄(Keiken) 강이 흘러나와 일리 강으로 유입된다고 기록했다. Juvayni/Boyle(1958), vol. 2, 29; Pelliot(1959), vol. 1, 253 등 참조.

8) 발하시 호.

9) Cailac. 현재 카자흐스탄 남부 Taldy-Kurgan에서 동쪽으로 50킬로미터 떨어진 곳에 위치한 카얄릭(Qayaligh). 몽골 제국 성립 직전에는 카를룩의 지배자 아르슬란 칸(Arslan Khan)의 도읍이었다. 후일 우구데이에게 분여되었다가 카이두에게 계승되었다.

10) Organum. '오르가눔'이라는 이름은 루브룩의 추정과는 달리 아무다리야 하류에 위치한 우르겐치(Urgench)라는 도시의 이름이 와전된 것으로 보인다. 우르겐치는 호레즘 지방에서

가 있었지만, 지금은 완전히 투르코만인들이 차지하고 있습니다. 그 문자와 언어는 이 지역의 네스토리우스 교도들이 예배를 드리거나 책을 쓸 때에 흔히 사용됩니다. 제가 듣기로는 이 사람들이 탁월한 가수나 악사(organiste)였기 때문에 그 사람[들의 기예]에 따라서 '오르가나(organa)'라는 이름을 붙여주었을지도 모릅니다.

가장 중요한 도시였는데, 호레즘 왕국이 트란스옥시아나 전역을 지배했기 때문에 중앙 아시아와 세미레치에 지방까지 포함하는 넓은 지역을 이 이름으로 불렀던 것으로 보인다. Pelliot (1973), 113-114; Rubruck/Jackson(1990), p. 148의 주석 참조. 한편 일부 학자들은 루브룩이 여행했던 시기가 차가다이 오르가나 카툰(Orghana Khatun)이 섭정하던 시기였기 때문에 그 지배하의 중앙 아시아가 오르가눔이라고 불리게 되었을 것이고 추정했다. *Mission to Asia* (1955), 137, note 2 참조.

제24장

네스토리우스인들과 사라센인들이 어떻게 뒤섞여 있는가, 또 이곳의 우상숭배자들에 대하여

1. 먼저 위구르[1]인들이 있습니다. 이들의 영토는 [서쪽으로는] 오르가 눔 지방과 인접해 있고 동쪽으로는 산지와 접해 있습니다. 그들의 모든 도 시에는 네스토리우스인과 사라센인이 서로 섞여 있고, 그들은 페르시아가 있는 방향으로, 사라센인들이 사는 모든 도시들에 퍼져 있습니다. 그들은 카일락 도시 안에 세 곳에 우상숭배의 사원을 가지고 있는데, 그 가운데 두 곳은 그들의 어리석은 관례를 보기 위해서 내가 들어가보았습니다. 첫 째 [사원]에서 나는 한 남자를 보았는데 그의 손에는 검은색 잉크로 조그마 한 십자가가 그려져 있었습니다.[2] 그래서 나는 그가 기독교도라고 생각했 는데, 사실 그는 내가 그에게 던진 모든 질문에 대해서 기독교도처럼 대답 을 하기도 했습니다. 그래서 나는 "당신들은 왜 이곳에 십자가와 예수 그 리스도의 상을 두지 않은 것입니까?"라고 묻자, 그는 "그것은 우리의 관습

---

1) Iugur. 톈산 산맥 동부의 투르판 지방을 중심으로 위구르 왕국이 있었고, 이디쿠트(Idiqut, 亦都護)라는 칭호로 불리던 그곳의 군주 바르축(Barchuq)은 1211년 칭기스 칸에게 사신을 보내 자발적인 복속을 청했다. 루브룩이 여행하던 당시 투르판 주민의 다수는 불교도였지만 소수의 네스토리우스 교도들도 살았던 사실은 르 콕(Le Coq)이 베제클릭 석굴에서 발견한 벽화들을 통해서도 확인된다. 牛汝極(2008), 4-9 참조.

2) 록힐은 자신이 만난 몽골인과 티베트인들 가운데 손에 스와스티카 모양의 문신을 한 사람들 을 보았다고 하면서, 6세기 비잔티움 제국의 역사가 테오필락투스 시모카타(Theophylactus Simocatta)가 남긴 기록을 상기시켰다. 즉 이마에 십자 모양의 점을 문신한 튀르크인들이 포로로 잡혔는데, 그들에게 그 연유를 물어보니 어렸을 때에 역병에 걸리지 않도록 부모들이 그렇게 했다는 것이었다. Rubruck/Rockhill(1900), 142, note 1.

이 아닙니다"라고 대답했습니다. 이를 통해서 저는 그들이 기독교도라는 점을 확인하고, 다만 잘못된 교리로 인하여 [그런 것을] 잊어버리게 된 것이라는 결론을 내렸습니다.

2. 왜냐하면 그들이 제단으로 사용하며 그 위에 등불과 봉헌물 등을 올려놓는 궤가 하나 있는데, 그 뒤로 나는 마치 성 미카엘같이 생기고 날개가 달린 성상 하나와, 손가락으로 마치 축복을 하는 듯한 모양을 하고 있는 주교들을 닮은 듯한 작은 조각상들을 보았기 때문입니다. 저는 그날 밤 더 이상 다른 것은 찾아내지 못했는데, 그 까닭은 사라센들이 그들 [즉 우상숭배자들]을 어찌나 기피하는지 이야기를 하는 것조차 꺼렸기 때문입니다. 따라서 제가 이 사람들의 종교에 대해서 사라센 사람들에게 물어볼 때마다 그들은 아연실색했습니다.

3. 그다음 날은 달의 첫 날이자 사라센의 부활절[과 같은] 날이었습니다.[3] 저는 숙소를 옮겼고 그 결과 또다른 우상의 사원 가까이에 묵게 되었습니다. 사람들은 사신들을 모아서 [투숙시켰는데], 각자 자신의 수입과 재력에 따라서 [사신들을] 받았습니다. 그 뒤 저는 우상숭배 사원에 들어갔다가 우상숭배 사제들을 만났습니다.[4] 왜냐하면 한 달의 첫날에 사제들은 사원을 개방하고 자신들은 의복을 갖추어 입고, 향을 피우고 등을 밝히며, 사람들이 봉헌물로 가져온 빵과 과일에 기도를 올리기 때문입니다.

4. 그러면 우선 먼저 모든 우상숭배자들에게 공통된 의례에 대해서 전하께 설명을 드리고, 그런 다음에 다른 사람들과는 구별되는 나름대로 독특한 부류를 이루는 위구르인들의 의례에 대해서 말씀드리겠습니다.

5. 그들은 모두 북쪽을 향해서 제사를 올리는데, 손을 꽉 마주잡고 무릎을 땅바닥에 꿇고서 절을 하면서 이마를 그 손에 댑니다. (이런 이유로 이

---

3) 라마단 금식월이 끝난 다음 날, 즉 샤왈(Shawwal) 월 첫날에 거행하는 행사를 지칭하며 이드 알 피트르('Id al-fitr)라고 불린다.

4) 불교 사원과 승려를 지칭한다.

지역에 있는 네스토리우스 교도들은 기도할 때 절대로 두 손을 보으지 않고, 손바닥을 가슴 앞으로 펼치며 기도를 합니다.) 그들의 사원 [건물들]은 동서 방향으로 펼쳐져 있는데, 북쪽에는 마치 성가대석과 같은 감실(龕室)이 두어져 있습니다. 혹은 때로는 건물이 방형(方形)이라면 북쪽 편 중앙, 즉 성가대석에 상응하는 위치에 감실을 마련해둡니다. 이곳에 그들은 길이와 폭이 탁자 하나 정도인 궤를 하나 두는데, 그 궤의 뒤로 남쪽을 향해 주된 우상이 있습니다. 제가 카라코룸에서 본 것은 성 크리스토퍼5) 상 정도의 크기였습니다. 카타이아에서 온 한 네스토리우스 사제는 제게 말하기를 그 나라에 있는 어떤 우상은 어찌나 큰지 이틀 거리에서도 볼 수 있을 정도라고 했습니다. 나머지 다른 우상들은 하나의 원을 그리며 [그 주된 우상] 둘레에 두어졌고 모두 금으로 장식되어 굉장히 아름답습니다. 탁자와 같은 역할을 하는 궤의 위에 그들은 등과 헌물을 올려놓습니다. 사원의 모든 문들은 남쪽을 향해 열려 있어서 사라센들과는 방식이 반대입니다. 그들은 우리와 비슷하게 커다란 종들을 가지고 있는데, 제가 추측하기에 이 때문에 동방의 기독교도들이 그 [종들을] 사용하기를 꺼리는 것 같습니다. 물론 러시아인과 가자리아의 그리스인들은 그것을 사용합니다.

---

5) Christophorus. 3세기에 로마 제국에 의해서 순교를 당한 인물.

제25장

그들의 사원과 우상, 또한 그들은 신들을 섬길 때 어떻게 행동하는가

1. 그들의 사제는 모두 머리카락과 수염을 완전히 면도하고 사프란 색의 옷을 입으며, 삭발을 한 그 시간부터 그들은 순결을 지키고 100명 혹은 200명 정도의 공동체 안에서 함께 생활을 합니다. 그들이 사원에 들어가는 날이면 그들은 두 개의 장의자를 놓고 마치 성가대원들이 하듯이 열을 지어 서로 마주보며 바닥에 앉아서, 책을 손에 들고 [암송을 하는데] 가끔씩 그것을 이 장의자 위에 올려놓기도 합니다. 그들은 사원 안에 머무는 동안에는 머리를 가리지 않고, 속으로만 [책을] 읽고 침묵을 지킵니다. 그래서 제가 카라코룸에 있는 그들의 사원 한 곳에 들어갔을 때 이렇게 [열을 지어] 앉아 있는 것을 발견했고, 저는 그들에게 여러 가지 방법으로 말을 하게 하려고 했지만 아무런 소용이 없었습니다.

2. 그들은 어디를 가든 손에는 항상 100개나 200개의 알이 끼워져 있는 줄을 가지고 다닙니다. 그것은 우리가 가지고 다니는 묵주와 같은 것인데 '온 마니 바캄(On man baccam)' 즉 '신이여, 당신은 아십니다'라는 뜻의 말들을 계속해서 반복합니다.[1] 이것은 그들 가운데 한 사람이 제게 번역해 준 것이며, 그는 이것을 무수히 암송하면서 신을 기억하는 만큼 신께서도 그에게 보상을 해줄 것이라고 기대하고 있습니다.

---

1) 이는 물론 '옴 마니 파드메 훔(Om mani padme hum; "오, 연꽃 안에 있는 보석이여!"라는 뜻)'이라는 주문을 외는 소위 '육자진언(六字眞言)'을 가리킨다.

독경하는 불승들, 티베트의 타실훈포 사원(스벤 헤딘의 스케치)

3. 그들은 사원 주위에 언제나 아주 훌륭한 정원을 하나 만드는데, 반드시 담으로 그것을 둘러치고 남쪽으로 하나의 커다란 문을 두고 [그 문간에] 앉아서 이야기를 하곤 합니다. 문 위에다 높은 장대를 하나 세우며 가능하다면 도회 전체를 굽어볼 정도로 [높이] 세웁니다. 사람들은 그 장대를 보고 그곳이 우상의 사원이 있는 건물임을 알게 됩니다. 이러한 관행은 모든 우상숭배자들에게서 발견됩니다.

4. 제가 언급했던 그 우상의 사원에 들어갔을 때, 저는 사제들이 바깥 문에 앉아 있는 것을 발견했습니다. 제가 그들을 보았을 때 깨끗이 면도를 한 프랑크인이 아닐까 생각했습니다만, 그들이 머리에 쓰고 있던 것은 종이로 만든 관이었습니다. 이들 위구르인의 사제들이 옷을 입는 방식은 다음과 같습니다. 어디를 가든 그들은 항상 자홍색의 상당히 짤막한 상의를 입고 바깥으로는 혁대를 차는데 꼭 프랑크인들이 하는 것과 같습니다. 그리고 왼쪽 어깨에서부터 내려오는 외투를 입는데 가슴을 한 바퀴 감은 뒤

에 오른쪽으로 되돌아옵니다. 이것은 사순절 축일에 부제(副祭)가 제의를 입는 방식과 같습니다.2)

5. 그들의 문자는 타타르인들에게 차용되었습니다.3) 그들은 위에서부터 쓰기 시작하여 줄을 따라 아래로 내려가고, 읽는 것도 마찬가지 방식으로 하며, 줄들은 왼쪽에서 오른쪽으로 차례로 이어집니다. 그들은 점을 칠 때 종이에 쓰인 글자들을 자주 이용하는데, 그 결과 그들의 사원에는 부적 같은 구절이 적힌 것들이 가득히 걸려 있습니다. 뭉케 칸이 전하께 보낸 편지는 몽골의 언어이지만 그들의 문자로 쓴 것입니다.4)

6. 그들은 오랫동안 내려온 관습에 따라 죽은 사람을 태우며 그 재를 피라미드의 꼭대기에 놓아둡니다.5)

7. 그래서 제가 사원에 들어간 뒤 이 사제들과 나란히 앉아서 크고 작은 우상들의 숫자를 살펴본 뒤에, 신에 관해서 그들의 신앙이란 어떤 것이냐고 물었습니다.

"우리는 한 분의 하느님만을 믿습니다"라고 그들이 대답했습니다.

그래서 "당신은 그분이 영이라고 믿습니까, 아니면 어떤 육적인 것이라고 생각합니까?"라고 제가 물었습니다.

"우리는 그분이 영이라고 믿습니다." 그들이 제게 말했습니다.

"당신은 그분이 인간의 본성을 한번이라도 취한 적이 있다고 믿습니까?"

---

2) 승복을 입는 방법으로서 왼쪽 어깨에 승복을 걸치고 오른쪽 어깨를 드러낸다고 하여 편단우견(偏袒右肩)이라고 부른다.
3) 루브룩이 기록한 대로 몽골인들은 칭기스 칸의 통일 이전에는 독자적인 문자를 가지고 있지 않았다. 그가 1204년 나이만을 격파했을 때 타타통가(Tatatonga)라는 고관을 붙잡았고 그를 통해서 문자와 인장의 중요성을 알게 되었다. 그 뒤 그는 타타통가에게 자신이 내리는 모든 명령에 인장을 찍도록 하고 그 인장을 관리하라고 했으며, 나아가 몽골의 왕공들에게는 문자를 배우도록 하라는 명령을 내렸다. 라츠네프스키/김호동(1991), 89, 156.
4) 이 편지는 현재 원본이 전해지지 않고 있지만 그 내용은 이 책의 제36장 6-11절에 기록되어 있다.
5) 불교 승려가 사망하면 화장을 한 뒤에 그 사리를 탑의 내부에 안치하는 관습을 의미하는 듯하다.

"결코 그렇지 않습니다." 그들이 말했습니다.

이에 저는 이렇게 물었습니다. "당신은 그분이 오직 하나뿐이고 영이라고 믿는데, 어찌해서 육신을 가진 상을 그분에게 만들어드리고 또 어떻게 그렇게 많이 만듭니까? 더구나 당신은 그분이 인간을 만들었다고 믿지 않는데, 어찌하여 당신은 다른 동물이 아니라 인간의 모습으로 그의 상을 만듭니까?"

이에 대해서 그들은 대답했습니다. "우리는 하느님을 위하여 이러한 상을 조각하는 것이 아닙니다. 우리 가운데 누군가 부유한 사람들이 죽으면, 아니면 그의 아들이나 부인 혹은 그가 매우 사랑하는 사람이 죽으면, 그는 죽은 사람의 상을 만들어서 여기에 놓아두며, 우리는 그들을 기억하면서 경의를 표하는 것입니다."

저는 말했습니다. "그렇다면 당신이 이렇게 하는 유일한 이유가 사람들의 호의를 얻기 위해서입니까?"

그들은 말했습니다. "아니요. 그들을 기리기 위해서입니다."

8. 그러자 그들은 제게 약간 조롱하듯이 물었습니다. "하느님은 어디에 계시오?"

이에 제가 말했습니다. "당신의 영혼은 어디에 있습니까?"

"우리의 몸속에 있습니다." 그들은 대답했습니다.

제가 물었습니다. "그것은 당신의 몸 어디에나 있으며 [몸을] 완전히 통제하고 있지만 보이지는 않지 않습니까? 이런 방식으로 하느님도 어느 곳에나 계시며 모든 것을 지배하지만 눈에는 보이지 않습니다. 왜냐하면 그분은 지혜이자 지각이시기 때문입니다." 그러나 제가 그들과 더 논쟁을 벌이려고 하던 바로 그때에 저의 통역인은 피곤하고 또 적확한 단어들을 찾지 못했기 때문에 저의 이야기를 중단시켰다.

9. 몽골, 즉 타타르인들은 비록 유일한 하느님을 믿기는 하지만 이 교단에 속해 있기 때문에 펠트로 죽은 사람의 상을 만들고, 매우 값비싼 재료를

써서 그 [우상에 옷]을 입히고 한두 개의 수레에 걸어둡니다. 아무도 감히 이 수레들을 건드리지 못하는데 그것은 주술사들이 그것을 관리하기 때문입니다. 그 [주술사]들은 그들의 사제이며 이에 관해서는 제가 아래에서 이야기하도록 하겠습니다.

10. 주술사들은 뭉케의 궁정 바깥과 부유한 사람들, 즉 칭기스의 일족에 속하는 사람들의 집에는 항상 있습니다. (가난한 사람들은 그렇지 않습니다.) 이동할 때가 되면 이들이 앞서서 가는데 그것은 마치 이스라엘 자손들 앞에 구름 기둥이 그러했던 것과 같습니다.6) 그들은 둔영을 어디에 칠지를 숙고하고, 자신들의 천막을 가장 먼저 내려놓으면 둔영의 다른 사람들이 따라서 합니다. 축일이거나 달의 첫 날일 때에 그들은 제가 언급했던 상들을 내어놓고 그들의 천막 안에 원형을 그리며 체계적으로 배열합니다. 그러면 몽골인들이 와서 그들의 천막에 들어와 상 앞에 절을 하고 경배를 드립니다. 다른 이방인들은 천막 안에 들어올 수 없는데, 한번은 제가 들어가려고 했다가 매우 호된 질책을 받았습니다.

---

6) 「출애굽기」 제13장 22절("낮에는 구름 기둥, 밤에는 불 기둥이 백성 앞에서 떠나지 않았다").

제26장

자기 친척들을 잡아먹는 사람들을 포함한 다양한 민족들

1. 이 위구르인들은 기독교도 및 사라센인들과 섞여 살기 때문에 ─제 생각에는 빈번한 논쟁을 했겠지만─ 한 분이신 하느님을 믿는 단계에까지 이르게 되었습니다. 그들은 도시민들 가운데에서는 처음으로 칭기스 칸에게 복속했으며, 그런 이유로 [칭기스 칸은] 자신의 딸을 그들의 왕에게 주었습니다.[1] 카라코룸은 사실상 그들의 영역 안에 있고, 그들의 지방은 요한 왕 [혹은 사제] 및 그의 형제인 웅크의 모든 영토와 접하고 있습니다. 그러나 이들의 목지는 북쪽에 있고 위구르인들은 그 남쪽의 산지에 살고 있습니다. 그래서 몽골이 그들의 문자를 채용했을 때 그들 [위구르인]은 자신들의 수석 서기[2]를 제공했습니다. 거의 모든 네스토리우스 교도들은 그들의 문자를 익숙하게 알고 있습니다.

2. 그들[이 사는 곳] 너머에 동쪽으로 산지 가운데에 탕구트[3]가 있습니다. 그들은 매우 용맹한 종족이고 전투에서 칭기스를 붙잡았습니다. 그러나 그는 평화를 맺음으로써 풀려날 수 있었고, 뒤에는 그들을 복속시켰습니다. 그들은 꼬리가 마치 말꼬리처럼 털이 많이 나 있고 배꼽과 잔등에도

---

1) 위구르 국왕의 투항에 관해서는 카르피니의 글 제5장 8절의 주석을 참조하고, 더 자세한 내용은 라시드 앗 딘/김호동(2002), 241-242; 라츠네프스키(1991), 95 등 참조.

2) 라틴어 원문은 magni scriptores.

3) Tangut. 6-14세기에 중국 서북부에서 활동하던 티베트계 민족으로 '당항(党項)'이라고 표기되었다. 1038년에는 이 집단의 수령인 이원호(李元昊)에 의해서 왕조가 건국되었는데 한문 자료에는 서하(西夏)라는 이름으로 알려졌다. 1227년 칭기스 칸에 의해서 멸망되었다.

티베트 지방의 야크

털이 수북한 아주 힘이 센 소를 소유하고 있습니다. 그것들은 다른 소들보다 다리가 짧지만 훨씬 더 힘이 셉니다. 그 녀석들은 몽골인들의 커다란 천막을 끌고, 길고 가늘며 구부러진 뿔을 가지고 있는데 매우 뾰족해서 그 끝은 언제나 톱으로 잘라주지 않으면 안 됩니다. [그] 암소는 누군가 자기에게 노래를 불러주지 않으면 젖을 짜지 못하게 합니다. 더구나 그것들은 성질이 황소와 같아서 만약 누군가 붉은 옷을 입고 있는 것을 보면 그를 죽이려고 달려듭니다.

3. 그들 너머에는 티베트[4]라는 종족이 있는데, 이들은 자신들의 죽은 친척을 먹는 관습을 가지고 있습니다. 이것은 그들이 [시신을] 자기 뱃속에 넣지 않고 다른 어떤 무덤에 묻어서는 안 된다는 경건한 동기에서 비롯된 것입니다. 그러나 요즈음 그들은 이러한 풍습을 버렸는데, [다른] 모든 사람들이 그것을 혐오스럽게 생각하기 때문입니다. 그럼에도 불구하고 그들

4) Tebec(S, L: Tebet).

은 여전히 자기 친척의 두개골로 멋진 술잔을 만드는데, 그 이유는 이것을 이용하여 마시고 즐겨 사용함으로써 그들을 잊지 않으려고 하기 때문입니다. 이것은 직접 본 사람에게 제가 들은 이야기입니다. 그들의 지방은 금이 풍부하고 그렇기 때문에 누구라도 금이 필요하면 그것을 찾을 때까지 땅을 파고, 자신이 필요한 만큼 취한 다음에 나머지는 다시 땅속에 넣고 묻습니다. 그 까닭은 만약 그가 [남은 금을] 숨겨두거나 궤짝 안에 쌓아둔다면, 신이 땅속에 있는 나머지 금들을 그로부터 빼앗을 것이라고 믿기 때문입니다.

4. 저는 이 종족에 속한 사람으로 아주 심하게 [얼굴이] 변형된 사람들을 보았습니다. 제가 본 탕구트인들은 키가 크고 가무잡잡했습니다. 위구르인들은 우리와 비슷하게 키는 중간 정도였습니다. 위구르인들로부터 튀르크 및 쿠만인들이 사용하는 언어의 원래 형태가 나왔습니다.5)

5. 테베트 너머에 롱가와 솔랑가6)가 위치해 있는데, 저는 궁정에서 그곳의 사신들을 보았습니다.7) 그들은 10개 이상의 커다란 수레를 가지고 왔는데 그 각각은 여섯 마리의 소들이 끌었습니다. 그들은 키가 작은 사람

---

5) 위구르어가 '튀르크, 쿠만어'의 기원이라는 루브룩의 설명은 타당하지 않다. 당시 투르판 주변에 살던 위구르인들이 튀르크 계통 언어 가운데 동부 방언이라고 한다면, 유라시아 서부 초원에 거주하던 킵차크, 쿠만인들의 언어는 서부 방언에 해당된다고 할 수 있다.

6) Longa et Solanga. 솔랑가는 몽골 제국 시대에 한반도 북부와 만주 지방 남부를 지칭했다. 때로는 고려를 가리켜 이렇게 부르기도 했지만, 루브룩은 고려를 다른 곳에서 '카울레(Caule)'라고 불렀다. 라시드 앗 딘의 글에서 고려는 '카울리(Kawli)'라고 표기되었다. '롱가'가 무엇을 가리키는지는 불분명하다. 잭슨은 이것이 혹시 요양(Liao-yang)의 발음이 와전된 것이 아닐까 추측했다(Rubruck/Jackson, 1990, 159, note 3). 한편 '롱가와 솔랑가'라는 표현 방식은 '친(Chin)과 마친(Machin)', '곡(Gog)과 마곡(Magog)'과 유사한 중언법(重言法)을 보이고 있어, 구체적인 지명을 나타내기보다는 관용적인 표현일 가능성도 배제할 수 없다.

7) 흥미롭게도 루브룩은 여기서 고려에서 온 사신들에 대해서 비교적 상세한 설명을 한다. 정사를 포함한 이 사신단은 각각 6마리의 소가 끄는 10대의 수레를 끌고 온 것으로 보아 제법 큰 규모였던 것을 추정된다. 다만 현존하는 자료에서는 루브룩이 방문한 1253-1254년에 고려에서 카라코룸으로 사신단을 보냈다는 기록을 찾아볼 수는 없다. 특히 루브룩은 고려 시대의 관복인 단령포(團領袍), 양쪽으로 각이 붙여진 전각복두(展脚幞頭)라는 관모, 손에 드는 홀(笏) 등에 대해서 아주 정확한 묘사를 하고 있다.

들이었고 스페인 사람들처럼 가무잡잡했으며, 부제가 입는 겉옷과 같은, 그러나 소매가 약간 좁은 그런 상의를 입고 있었습니다. 그들은 머리에 마치 주교의 관과 같은 것을 썼습니다. 그렇지만 앞부분은 뒤보다 약간 더 낮았지만, 한 지점에서 끝나지 않으며, 윗부분은 방형이었습니다. 그것은 모슬린으로 만들어졌는데 검은 도료로 광택을 냈고, 그것을 어찌나 잘 닦았는지 햇빛을 받으면 거울이나 광을 낸 높은 투구처럼 반짝였습니다. 그들은 관자놀이 주위에 [그와] 동일한 재료로 만든 긴 끈을 관에 붙였는데, 그것은 바람이 불면 마치 두 개의 뿔처럼 관자놀이에서 튀어나와 두드러집니다. 만약 바람이 그것들을 너무 심하게 흔들면 그들은 관자놀이 쪽에서 그것들을 걷어서 관 중앙부 위에 [끼워]놓습니다. 그러면 그것은 마치 머리를 감싼 고리와 같은 모양이 되고, 아주 잘 치장한 모자가 됩니다.

6. 정사(正使)가 궁정에 올 때마다 그는 항상 상아로 된 판을 들고 왔는데, 그것은 길이가 1큐빗이고 너비는 한 뼘이었으며 [표면은] 아주 매끈했습니다. 그가 칸이나 일부 귀족들에게 말을 할 때면 언제나 그의 눈은 이 판에 고정되어 있어, 마치 그가 하는 말들을 거기서 보고 읽는 것처럼 느껴졌습니다. 그는 결코 오른쪽이나 왼쪽을 보지 않았고 그가 말하는 상대방의 얼굴을 바라보지도 않았습니다. 그가 군주의 어전으로 나올 때나 떠날 때에도 그는 항상 자신의 판을 보기만 할 뿐이었습니다.

7. 그들의 너머에는 또다른 종족이 있는데, 제가 확인한 바로는 무크[8]라고 불리는 종족입니다. 그들은 도시를 가지고 있습니다. 그리고 어떠한 동물도 개인의 재산으로 취급하지 않습니다. 그들 지역에는 수없이 많은 가축의 무리들이 있음에도 불구하고 그렇습니다. 이것들을 돌보는 사람은 아무도 없습니다. 만약 누군가 몇 마리 동물이 필요하면 그는 언덕에 올라가 소리를 지르는데, 그러면 온갖 동물들이 그의 주위에 모여들어, 마치

---

8) Muc. 일찍이 이것을 물길(勿吉) 혹은 말갈(靺鞨)과 연관을 지으려는 시도가 있었지만 펠리오의 비판을 받은 바 있다. Rubruck/Jackson(1990), 160, note 4 참조.

순화가 된 것 인양 자신을 순순히 맡깁니다. 만약 그 지역에 사신이나 어떤 이방인이 오게 되면, 그들은 그의 임무가 끝날 때까지 그를 어떤 집에 가두어두고 그가 필요로 하는 것을 보살펴줍니다. 왜냐하면 만약 낯선 사람이 그 지역을 돌아다니면 그의 냄새로 인해서 동물들이 도망치고 야생으로 돌아가기 때문입니다.

8. 거기서 더 너머에는 대카타이아9)가 있는데, 제가 이해하기로는 이 사람들은 고대에 세레스라는 이름으로 알려졌습니다. 그들[이 사는 곳]에서는 이 사람들[의 이름]을 따라서 지어진 '세릭(seric)'이라고 불리는 최고의 비단 옷감이 만들어집니다. 그들은 또한 그들이 사는 도시들 가운데 하나의 이름을 따서 '세레스'로 알려져 있습니다.10) 저는 이 지방에 은으로 된 성벽과 금으로 된 흉벽이 있는 도시가 있다는 이야기를 들었는데 믿을 만한 것 같습니다. 그 지방은 수많은 성(省)으로 이루어져 있고 그 가운데 상당수는 여전히 몽골에 복속하지 않고 있습니다. 그들과 인도 사이에 바다가 놓여 있습니다.

9. 카타이 사람들은 [키가] 작은 종족이며 말을 할 때면 코로 심하게 숨을 쉽니다. 모든 동방인들11)은 눈이 작은 것이 일반적인 특징입니다. 그들은 어떤 종류의 기술에도 탁월한 장인들이며, 그들의 의사들은 약초의

---

9) Magna Cataia. 당시에 일반적으로 '키타이' 혹은 '카타이'는 북중국만을 가리키지만, 여기서 루브룩은 북중국과 남중국('만지' 혹은 '낭기야스'라고 불림)을 모두 포괄하기 위해서 '대카타이아'라는 표현을 사용하고 있다.

10) Seres. '세레스' 혹은 '세리카(Serica)'는 고대 그리스, 로마의 작가들이 비단을 생산하는 동방의 어느 지방을 가리키기 위해서 사용한 명칭이다. 여기서 'ser'는 한자의 '絲'에서 기원했다고 한다. 그러나 동방에 대한 지리적 지식이 풍부하지 못했던 시대에 유럽인들은 비단을 생산하는 나라가 구체적으로 어디인지 정확하게 알지 못했다. 그런 점에서 루브룩은 세레스와 중국(카타이)을 동일시한 최초의 유럽인이라고 할 수 있다. 다만 세레스라는 족명이 그곳에 있는 도시의 이름에서 비롯되었다는 지적은 이시도루스의 기록에 근거한 것이다. Rubruck/Jackson(1990), 161, note 1 참조.

11) 루브룩은 여기서 orientales라는 표현을 사용했는데, 근대 이후 '서구(Occident)'와 대비되는 개념으로서 '동양(Orient)'이라는 단어가 특별한 문화적 함의를 가지고 광범위하게 사용되기 전이기 때문에, 단순히 방위적인 개념에 불과한 것이다.

효용에 대해서 아주 잘 알고 있고, 맥박을 통해서 아주 기민하게 진단을 내립니다.12) 그러나 소변의 샘플을 사용하지는 않고 소변[의 약효]에 대해서 아무런 지식도 없습니다. 카라코룸에는 그들이 많이 있기 때문에 이것은 제가 [직접] 보아서 [알게 된] 것입니다. 그들의 관습은 아버지의 직업이 무엇이건 자식들이 언제나 그것을 그대로 따르는 것입니다.13) 바로 이런 이유로 그들은 그렇게 무거운 공납을 바칩니다. 그들은 몽골인들에게 매일 11,500야스코트(1야스코트는 10마르크 무게의 은정[銀錠]이기 때문에 전부 15,000마르크가 됩니다)14)를 바치는데, 이것은 그 지방에서 그들에게서 거두어들이는 비단 옷감과 식량 그리고 그들이 제공하는 다른 봉사들은 계산에 넣지도 않은 것입니다.

10. 이 모든 민족들은 캅카스 산맥15) 가운데 살고 있습니다. 물론 이 산맥의 북쪽 산록이기는 하지만 동쪽 바다까지, 그리고 그들 모두가 공물을 바치는 몽골 유목민들이 거주하는 스키티아의 남쪽에 [분포되어] 있습니다. 그들은 우상숭배에 빠져 있고 수많은 신들, 신이 된 사람들, 또한 신들의 조상에 대해서, 마치 우리 [고장]의 시인들이 그러하듯이 동화 같은 이야기들을 하고 있습니다.

11. 멀리 카타이아까지 네스토리우스 교도와 사라센 사람들이 그들 가운

---

12) 맥박을 이용하여 병을 진료하고 치료하는 중국의 의술은 특히 몽골 제국의 시대에 서아시아에서 높이 평가되어, 일 칸의 조정에서 재상을 하던 라시드 앗 딘은 『보서(寶書)(Tansuq-nama)』라는 책을 편찬하여 『왕숙화맥결(王叔和脈訣)』을 번역, 소개하기도 했다. 이에 관해서는 羽田亨一(1995); 宮紀子(2010) 참조.

13) 몽골인들은 중국을 정복한 뒤 그곳의 주민들을 직능, 직업에 따라서 구분하여 '제색호계(諸色戶計)'라는 것을 편성했다. 그리고 이러한 호구의 구분은 세습되었다.

14) iascot. 이는 yastuq를 옮긴 말이다. 몽골제국 시대에 2킬로그램짜리 은괴는 정량화된 교환 수단이었기 때문에 이를 지칭하는 용어가 다양하게 사용되었다. 몽골어로는 süke('도끼'), 위구르어로는 yastuq('베개'), 페르시아어로는 balish('쿠션'), 한문으로는 錠으로 표기되었다. 이에 관해서는 Pelliot(1930); 前田直典(1973), 22–35; Spuler(1986); Matsui Dai(2004) 참조.

15) 앞에서도 설명했듯이 루브룩이 말하는 '캅카스 산맥'은 현재의 지명이 가리키는 곳이 아니라 유라시아 중앙과 동부에 있는 산맥들을 포괄하는 매우 광범위한 개념이다.

데 이방인의 신분으로 살고 있습니다. 네스토리우스 교도들은 카타이아의 15개 도시에 있으며, 그들의 주교구가 있는 곳은 세긴[16]이라고 불리는 도시입니다. 그러나 그곳에서 [동쪽으로] 더 가면 사람들은 완전히 우상숭배자들입니다. 제가 언급한 종족들의 우상숭배 사제들은 모두 사프란 색의 넓은 모자를 쓰고 있습니다. 또한 그들 중에는 숲이나 산 속에 살면서 놀라울 정도로 금욕적인 생활을 하는 은둔자들이 있다는 이야기를 제가 들었습니다.

12. 네스토리우스 교도들은 무지합니다. 그들은 자신이 알지도 못하는 언어인 시리아어로 된 성경과 전례서를 낭송합니다. 그래서 그들은 우리들 중에서 문법을 모르는 수도사들처럼 낭송을 하며, 그런 까닭에 [그들의 낭송은] 완전히 엉망입니다. 무엇보다도 그들은 고리대금업자이며 술주정꾼이고, 나아가 그들 가운데 일부는 타타르인들과 같이 살면서 타타르인들과 마찬가지로 여러 명의 부인을 두고 있습니다. 교회에 들어갈 때 그들은 사라센인들이 하듯이 손발을 씻습니다. 금요일에는 고기를 먹고, 사라센들이 하는 것을 따라서 그날을 예배일로 지냅니다.

13. 주교는 시간을 내서 그런 지역들을 방문하기도 하는데 아마 50년에 겨우 한 번 하는 정도일 것입니다. 그때가 되면 모든 남자아이들, 심지어 요람에 있는 아이들까지 사제로 서품을 받습니다. 그렇기 때문에 거의 대부분의 남자는 사제입니다. 그 뒤에 그들은 혼인을 하는데 그것은 분명히 교부들의 지시에 어긋나는 것입니다. 그리고 그들은 중혼(重婚)을 범하기도 하는데, 이 사제들은 첫째 부인이 사망하면 또다른 사람을 [부인으로] 맞아들이기 때문에 그렇습니다. 나아가 그들은 모두 성직을 돈벌이로 여기며 돈을 받지 않으면 어떤 축사도 행하지 않습니다.

14. 그들은 자기 부인이나 자식들을 위한 일이라면 적극적으로 나서며,

---

16) Segin. '서경(西京)'을 옮긴 말이며 원나라 시대에는 산시 성 다퉁(大同)을 서경(西京), 랴오양(遼陽)을 동경(東京)이라고 불렀다. Rubruck/Rockhill(1900), 157; Yule, vol. 1(1866), 116, note 3 등에서 이를 시안(西安)으로 비정한 것은 잘못이다.

따라서 그들의 눈은 신앙을 전파하는 것이 아니라 돈을 벌려는 데에 맞춰져 있습니다. 그 결과 그들 가운데 누군가 몽골 귀족의 아들을 양육할 때, 복음과 신앙을 그들에게 가르쳐줄 수 있음에도 불구하고 그들의 부도덕함과 탐욕으로 인해서 오히려 그들을 그리스도의 종교에서 더 멀어지게 하고 맙니다. 몽골들, 심지어 '도인17) — 즉 우상숭배자 — 들의 생활도 그들보다는 비난을 받을 여지가 적습니다.

---

17) tuin. '도인(道人)'은 원래 도교나 불교의 고승을 일컬을 때 사용되는 말이지만, 루브룩은 여기서 불교의 승려를 이렇게 부르고 있다. 주베이니 역시 불교의 승려를 tūyin이라고 부른 것으로 보아(Juvayni/Boyle, 1958, vol. 1, 14, 59-60), 루브룩은 당시 이 호칭의 용례를 정확하게 반영한 것이라고 할 수 있다.

제27장

뭉케 칸의 궁정으로의 여행

1. 우리는 성 안드레아 축일[11월 30일]에 이 도시[카얄릭]를 떠나 3리그를 갔을 때, 완전히 네스토리우스 교도들이 사는 한 마을에 도착했습니다. 그들의 교회에 들어가면서 우리는 목청을 다해서 "성모 찬송(Salve Regina)"을 불렀습니다. 왜냐하면 오랫동안 우리는 교회를 보지 못했기 때문입니다.

2. 거기서 사흘을 이동하자, 우리는 이 지방에서 가장 먼 지점, 즉 제가 언급했던 호수의 가장자리에 도착했는데, 그 [호수]는 바다처럼 파도가 일렁였고 우리는 그 안에 커다란 섬이 하나 있는 것을 보았습니다.[1] 저의 동료는 해안가로 내려가서 물맛을 보려고 약간의 리넨(linen)을 적셨는데, 그것은 약간 짠맛이 나기는 했지만 그럼에도 불구하고 마실 만했습니다. 동남쪽의 어느 지역에 있는 높은 산지에서 시작되어 내려온 계곡이 하나 있고, 그 산지 안에는 또다른 커다란 호수가 있습니다.[2] 그리고 이 호수에

---

1) 발하시 호 동쪽에 있는 알라 쿨(Ala Köl) 호를 가리킨다. 루브룩은 이 두 호수를 하나의 호수인 것처럼 오해한 것 같다. 실제로 이 두 호수는 강으로 연결되어 있다. 구글 어스를 보면 알라 쿨 호수 중앙에 동서 4킬로미터, 남북 7킬로미터 크기의 섬이 확인된다.

2) 이 호수에 대해서는 알라 쿨 호의 동남쪽에 위치한 에비 노르(Ebi Nor)로 보는 사람도 있고, 혹은 그보다 알라 쿨 호에 더 가까운 곳에 위치한 잘라나시 쿨(Jalanash Köl) 호로 보는 사람도 있다(Rubruck/Jackson, 1990, 165, note 4). 그러나 루브룩의 설명으로 볼 때 에비 노르로 보는 것이 더 타당할 것으로 생각되며, 그는 알라 쿨 호수의 남단까지 가서 거기서 더 남쪽에 있는 텐산에서 흘러나오는 강이 에비 노르를 거쳐 알라 쿨 호수로 유입된다는 사실을 확인한 것이다. 그리고 나서 그는 에비 노르까지 가지 않고 동북쪽으로 향한 계곡을 통과하여 에밀 남쪽을 지나서 준가르 평원을 횡단했던 것으로 보인다.

서 흘러나오는 강이 계곡을 따라 [앞에서 언급한] 첫 번째 호수로 들어갑니다. 그 계곡에는 거의 쉴 새 없이 얼마나 강한 바람이 부는지 지나가는 사람들은 바람에 날려 호수로 들어갈지도 모르는 큰 위험에 직면합니다.

3. 그러고 나서 우리는 계곡을 건너서 북쪽으로 향했는데 그곳에는 이 시점에도 깊은 눈이 쌓여 있는 높은 산지가 있습니다. 그 결과 성 니콜라스 축일(12월 6일)에 우리는 이동 속도를 상당히 재촉했습니다. 이것은 우리가 더 이상 사람들이 사는 곳을 지나는 것이 아니라, 얌(하루 거리 정도의 간격마다 사신들을 접대하기 위해서 두어진 사람)들만 있고, 산중의 많은 곳에서는 길이 좁아지고 목초도 드물기 때문입니다. 그래서 우리는 동이 터서부터 해가 질 때까지 두 얌을 지났습니다. 그 결과 우리는 하루에 이틀 거리를 이동했고 낮보다는 밤에 더 이동했습니다. 그곳의 추위는 정말로 혹독해서 그들은 우리에게 털이 바깥으로 향해 있는 염소 가죽 옷을 빌려주었습니다.

4. 강림절 둘째 토요일 전야[12월 13일]에 우리는 정말로 무시무시한 낭떠러지 사이에 위치한 한 지점을 통과했습니다. 우리의 안내자가 우리에게 마귀를 쫓아낼 만한 어떤 좋은 구절들을 읊어달라는 말을 전해왔습니다. 왜냐하면 이 통로에서는 마귀들이 갑자기 사람들을 끌고 가버리는 일이 흔히 발생했고 아무도 그들이 어떻게 되었는지 모르기 때문입니다. 그 [마귀]들은 가끔 말을 탄 사람만 남겨두고 말을 끌고 가기도 하고, 또 때로는 사람의 내장을 파놓고 시체만 말 위에 남겨놓기도 합니다. 이런 종류의 많은 일들이 그곳에서 자주 일어났습니다. 그래서 우리는 "하느님을 믿나이다(Credo in unum Deum)"[라는 찬송]을 큰 소리로 불렀고, 하느님의 은혜로 우리는 아무런 해도 입지 않고 대원 모두가 무사히 지날 수 있었습니다. 그때 이후 그들은 우리에게 자기 머리에 [붙이고] 다닐 수 있도록 종잇조각에 무엇인가를 써달라고 요청했습니다. 저는 그들에게 "내가 당신들의 마음속에 넣고 다닐 수 있는 구절을 가르쳐주겠소. 그것은 당신들

의 영혼과 육신을 영원히 구원해줄 수 있을 것이오!"라고 말했습니다. 그러나 내가 그들에게 어떤 것을 가르쳐주려고 하기만 하면 나의 통역은 [그것을 감당하기에] 적합한 능력을 보이지 못했습니다. 그렇지만 저는 그들을 위해서 '사도신경(Credo in Deum)'과 '주기도문(Pater Noster)'을 써주면서 "여기에 적힌 것은 사람이 하느님께 대해 가져야 할 믿음이고, 사람이 필요로 하는 것이 무엇이건 하느님께 구하는 기도문이오. 그러니 비록 무슨 말인지 이해하지 못한다고 해도 여기에 적힌 것을 굳게 믿고, 여기에 적힌 기도문 안에 담긴 것을 하느님이 당신을 위해 해달라고 구해보시오. [이것은] 그분이 그분 자신의 입으로 그 분의 벗들에게 직접 가르쳐주신 것이니, 나의 소원은 그것으로 당신들이 구원을 받는 것이오"라고 말했습니다. 저는 그 이외에는 아무것도 할 수 없었습니다. 왜냐하면 이런 통역을 통해서 교리적인 이야기를 하는 것은 매우 큰 모험이기 때문입니다. 그는 그런 것들에 대해서 무지했기 때문에 [그를 통해서] 설명한다는 것은 사실상 불가능한 일이었습니다.

5. 그 다음에 우리는 구육 칸의 둔영이 있던 평원으로 들어갔습니다.[3] 그곳은 [과거에는] 나이만, 즉 사제왕 요한의 백성들이 살던 영토였습니다. 그러나 이때 저는 [구육 칸의] 둔영을 보지는 못했고, 다만 내가 귀환할 때에 [보았을] 뿐입니다. 그렇지만 여기서 저는 전하께 그의 가족들, 즉 그의 아들과 부인들에게 무슨 일이 벌어졌는지에 대해서 이야기하려고 합니다.

---

3) 주베이니는 우구데이가 칭기스 칸의 뒤를 이어 칸이 되자, 자신의 본래 목지가 있던 에밀과 코박 지역을 자기 아들인 구육에게 주고 자신은 '키타이와 위구르 지방 사이', 즉 카라코룸으로 갔다고 했다(Juvayni/Boyle, 1958, vol. 1, 43). 따라서 구육은 에밀을 하영지로, 코박을 동영지로 삼았던 것이다. 그러나 루브룩이 여기서 말하는 '구육의 둔영'은 에밀이나 코박을 지칭하는 것은 아닌 듯하다. 왜냐하면 그곳이 과거에는 나이만의 영토가 있었던 곳이라고 했고, 나이만의 본거지는 알타이 산맥 부근이었기 때문이다. 더구나 그는 여기서 구육의 죽음과 관련된 이야기를 하고 있는 것으로 보아. 루브룩이 말하는 '구육의 둔영'은 그가 급사했던 지점, 즉 알타이 산맥 남록(南麓)에 있는 쿰 셍기르(Qum Senggir)를 가리키는 것으로 추정된다.

6. 구육 칸이 사망했을 때 바투는 뭉케가 칸이 되기를 원했습니다. 구육의 죽음에 대해서 저는 어떤 분명한 것도 알아낼 수 없었습니다. 수도사 앤드류는 그가 어떤 약을 받아먹은 결과 사망했다고 하면서 바투에게 그 책임이 있다고 의심했습니다. 반면에 저는 다른 이야기를 들었습니다. 그가 바투를 소환하여 와서 충성을 서약하라고 요구했고, 바투는 거창한 위세로 출발했습니다. 그러나 그와 그의 부하들은 두려워했고 그래서 자기 형제들 가운데 스티칸[4]이라는 이름을 가진 사람을 앞서서 먼저 보냈습니다. 이 사람이 구육 칸에게 도착하여 잔을 들어 그에게 바치려고 할 때, 다툼이 벌어졌고 그들은 서로를 죽인 것입니다.[5] 시칸의 미망인은 우리를 하루 동안 유숙하게 하며, 자신의 천막에 들어와서 그녀에게 축복, 즉 기도를 해주기를 요구했습니다. 구육이 죽은 다음에 뭉케가 바투의 희망에 따라 선출되었고, 그의 선출은 수도사 앤드류가 그곳으로 갔을 때는 이미 끝난 뒤였습니다.

7. 구육에게는 시레문[6]이라는 이름의 동생이 있는데, 그는 구육의 부인과 그의 신하들의 선동에 따라 거창하게 위세를 갖추고 뭉케에게 마치 충성을 맹세할 것처럼 하며 갔습니다. 그러나 그의 사실상의 의도는 그를 죽이고 그의 궁정 사람들 전부를 몰살하는 것이었습니다.[7] 그가 뭉케가 있

---

4) Stican. 바투의 동생인 시반(Shiban)을 지칭한다.
5) 구육은 부친 우구데이가 완수하지 못한 서아시아 및 유럽 정복을 위해서 1247년 겨울 '서순 (西巡)'을 시작했으나, 그다음 해 봄 우룽구 하반의 쿰 셍기르라는 곳에서 급사하고 말았다. 루브룩이 이곳을 방문하기 불과 5년 전의 일이었다. 따라서 구육의 사망 원인에 대한 루브룩의 기록은 매우 중요하다. 그는 먼저 1249년 카라코룸을 방문했던 수도사 앤드류의 말을 인용하여 구육이 바투가 보낸 사람에 의해서 독살되었다고 하면서, 동시에 자신이 들은 또다른 소문에 의거하여 바투의 동생이 시반이 구육과 다투다가 그를 죽였을 가능성도 제기했다. 구육의 죽음을 둘러싼 보다 자세한 정황에 대해서는 김호동(1998), 117-131 참조.
6) Siremon. 시레문(Siremün)을 가리킨다. 이 이름의 기원은 성경에 나오는 솔로몬(이슬람권에서는 술레이만)이다. 시레문이 구육의 동생이라는 루브룩의 기록은 부정확하며 그는 우구데이의 셋째 아들인 쿠추(Köchü)의 아들이니 구육의 조카인 셈이다. 라시드 앗 딘에 의하면 우구데이는 원래 시레문을 자신의 후계자로 정했는데, 우구데이 사후 그 부인 투레게네 카툰이 이를 무시하고 구육을 앉혔다고 한다. 라시드 앗 딘/김호동(2005), 21, 25 참조.

는 곳에서 하루 이틀 기리 떨어진 곳에 도착했을 때, 그의 수레 중의 하나가 부서져서 [다른 일행과 떨어져] 길에 뒤처졌습니다. 수레 몰이꾼이 그것을 고치는 도중에 뭉케의 부하 한 사람이 그를 보았고 도움을 주려고 왔습니다. 그런데 이 사람이 그들의 여행에 대해서 어찌나 많은 질문을 했던지 그 수레 몰이꾼은 시레문이 의도했던 것을 그에게 누설하고 말았습니다.

8. 이에 그는 아무렇지도 않은 양 [그곳을] 떠나 말 떼가 있는 곳으로 가서, 그가 고를 수 있는 가장 튼튼한 놈을 타고 최고의 속도로 밤낮을 달려서 뭉케의 둔영에 도착했고, 그가 들은 이야기를 [뭉케에게] 보고했습니다. 이에 뭉케는 신속하게 자기 휘하의 사람들을 모두 불러모아 무장한 사람들을 그의 둔영 주위에 네 겹으로 둘러싸서 아무도 들어오거나 나가지 못하도록 했습니다. 그리고 나머지 [무장한 사람들]은 시레문을 치기 위해서 보냈습니다. 그는 자신의 계획이 다 알려졌으리라는 의심은 전혀 하지 않았기 때문에 그들은 그를 체포했고 그의 부하들 전부와 함께 궁정으로 데리고 왔습니다. 뭉케가 그에게 혐의 내용을 들이대자 그는 즉시 자백을 했고, 이에 그는 사형에 처해졌습니다. 또한 구육의 큰 아들, 그리고 타타르의 귀족들 300명이 함께 처형되었습니다. 그들의 여자들 역시 잡아들였고 자백을 받기 위해서 모두 불에 달군 낙인으로 고문을 했으며, 그들이 일단 고백을 하면 사형에 처해졌습니다. 구육의 어린 아들은 계획을 실행에 옮기거나 혹은 그것을 인지하기에는 너무나 어렸기 때문에 그의 목숨은 살려두었고, 그의 아버지의 둔영과 거기에 속한 모든 것, 즉 사람과 가축은 그에게 넘겨졌습니다.

---

7) 구육이 사망한 뒤 뭉케가 바투의 지원을 받아 차기 대칸으로 확정되자, 우구데이와 차가다이 두 가문의 지도자들은 뭉케 즉위식에 참석한다는 것을 명분으로 은밀하게 무기를 반입하여 뭉케 일파를 습살하려는 계획을 세웠다. 그러나 도중에 이것이 발각되어 오히려 두 집안의 왕자들과 장군들이 대거 처형되는 사건이 벌어졌다. 루브룩은 이 사건의 전말을 들었으며 비교적 정확하게 내용을 전하고 있다. 이 음모와 그 후의 사태에 대해서는 라시드 앗 딘/김호동(2005), 320-326 참조.

9. 우리가 돌아올 때 그곳을 지나갔습니다. 그러나 저의 안내인은 우리가 갈 때나 혹은 돌아올 때에도 그곳으로 감히 방향을 틀지 못했습니다. 왜냐하면 '이방인의 과부'가 슬픔 속에 앉아 있고, '그녀를 위로할 자 아무도 없기' 때문이었습니다.8)

10. 그 다음에 우리는 한 번 더 산지로 올라가서 계속해서 북쪽을 향해서 갔습니다. 마침내 성 스테파노 축일[12월 26일] 우리는 바다처럼 광활한 어느 초원에 도착했는데, 어찌나 [평평한지] 아주 미세하게 솟아오른 것조차 눈에 띄지 않을 정도였습니다. 그다음 날, 즉 사도 요한의 축일[12월 27일] 우리는 군주의 둔영에 도착했습니다.9) 우리가 그곳에서 닷새 떨어진 곳에 있을 때, 우리가 묵던 숙소의 '얌'은 우리를 우회하는 경로로 보내기를 원했고, 그렇게 되면 우리는 2주일 이상 더 많은 고생을 했어야 합니다. 제가 들은 바에 의하면, 그렇게 하려던 목적은 우리로 하여금 그들에게는 각별한 지역, 즉 칭기스 칸의 거주지가 있는 곳인 오난케룰레를 통과하게 하려는 것이었다고 합니다. 그런데 또다른 사람들은 이렇게 하려고 했던 그들의 의도가 여행을 더 연장시켜서 그들의 세력에 대해서 [실제보다] 더 부풀려진 관념을 가지게 하려는 것이었다고 말했습니다. 왜냐하면 그들에게 복속하지 않은 지역에서 오는 사람들에 대해서 그들이 행하는 관습이기 때문입니다. 우리의 안내자는 우리가 직행 경로를 갈 수 있게 하기 위해서 애를 썼고 아주 어렵게 성공했습니다. 이런 일로 인해서 그들은 우리를 첫 동이 터서부터 제3시[9시]까지 붙잡아두었습니다.

11. [우리의] 여행이 이 단계에 이르렀을 때, 우리가 카일락에서 기다렸다가 [우리와 함께 온] 그 서기가 다음과 같은 이야기를 해주었습니다. 바투가 뭉케 칸에게 보낸 편지에 폐하께서 사르탁에게 사라센을 치기 위한 군대와 지원을 요청했다는 이야기가 쓰여 있다는 것이었습니다. 이 말에

---

8) 구약성경 「예레미야」 제1장 1-2절에 이와 관련된 구절이 보인다.
9) 뭉케 칸의 동영지는 우구데이 시대 때부터 그러하듯이 옹긴 강 유역에 위치해 있었다.

저는 경악을 금할 수 없었고 또 걱정도 되었습니다. 저는 선하의 편지에 담긴 [내용의] 요지를 알고 있었고 거기에는 이에 관한 언급이 없었으며, 그에게 모든 기독교도의 친구가 되고 십자가를 드높이며 십자가에 적대하는 모든 사람들에 대해서 적이 될 것을 권유하는 것 이외에는 다른 내용이 없다는 사실을 알고 있었기 때문입니다. 더 나아가 [편지의] 번역인들이 대아르메니아 출신의 아르메니아 사람들이었고 그들은 사라센을 극도로 혐오하며, 사라센에 대한 증오심으로 또 그들에게 해를 가하기 위해서, 그들의 입맛에 맞게끔 훨씬 더 무리하게 번역한 것이 아닌가 [하는 의심도 들었습니다]. 그래서 저는 침묵을 지켰고 그것을 확인하거나 부인하는 어떤 말도 하지 않았습니다. 왜냐하면 저는 바투가 말한 것에 배치되는 것을 우려했고, 만약 저에 대해서 적대적인 혐의를 제기할 경우 제게는 합리적인 방어수단이 없었기 때문입니다.

제28장

뭉케 칸의 궁정, 그들과의 첫 대면

1. 그래서 우리는 제가 앞서 말했던 그 날짜에 둔영에 도착했습니다. 우리의 안내인은 커다란 숙소를 배정받았는데 우리 세 사람은 조그만 막사[1] 하나에 배정되었고, 그곳에는 우리의 짐을 놓을 곳도 침대를 놓을 곳도 또 적당한 불을 지필 공간조차 거의 없었습니다. 우리의 안내인은 많은 방문객을 맞이했고 쌀로 빚은 술이 담긴 키가 크고 목이 가는 병들을 받았습니다. 저는 이것이 포도주 냄새가 나지 않는다는 점을 제외하고는 최상품의 오세르 포도주[2]와 구별할 수 없었습니다.

2. 우리는 소환을 받았고 우리가 온 용무에 관해서 면밀하게 심문을 받았습니다. 저는 이렇게 대답했습니다. "우리는 사르탁이 기독교도라는 말을 들어서 그를 방문한 것이며, 프랑스의 국왕이 우리를 통해서 그에게 봉인된 편지를 전달한 것입니다. 그는 우리를 그의 아버지에게로 보냈는데 [그의 아버지가] 우리를 이곳으로 보냈습니다. 그가 그렇게 한 이유를 썼을 것입니다." 그들은 전하가 그들과 평화를 맺기를 원하는지 아닌지 물었습니다. 저는 대답했습니다. "그분은 한 사람의 기독교도로서 사르탁에

---

1) tuguriunculum. 잭슨은 이를 "hut"라고 번역했다. 이 표현만 가지고는 지면에 고정된 소형 주택인지 아니면 허름한 천막인지 분명하지 않다.
2) 오세르(Auxerre)는 프랑스 부르군디 지방(파리의 동남쪽)에 위치한 도시의 이름. 오세르에서 빚는 포도주는 중세에 고급 포도주로 명성이 높았다. 살림베네(Salimbene)라는 수도사는 이 포도주를 맛보러 리옹에서 오세르까지 여행을 할 정도였다고 한다. Marco Polo/Yule (1903), vol. 2, 442.

게 편지를 보냈습니다. 만약 그가 기독교도가 이니라고 생각했다면, 결코 그에게 편지를 보내지 않았을 것입니다. 평화를 맺는 것과 관련해서는 내가 말하건대 그분은 당신들에게 아무런 해악을 가한 적이 없습니다. 만약 그가 그러한 어떤 해를 가했다면, 그래서 당신들이 그와 그의 백성에 대해서 전쟁을 할 수밖에 없게 되었다면, 그분은 정의로운 사람이기 때문에 자기 스스로 [잘못을] 고치고 평화를 맺으려고 할 것입니다. 만약 정당한 이유도 없이 당신들이 그와 그의 백성에 대해서 전쟁을 일으키려고 한다면, 공의로우신 하느님께서 그들을 도우시리라고 우리는 희망합니다." 그들은 놀라워하면서 계속해서 물었습니다. "당신이 평화를 맺으러 온 것이 아니라면 무엇 때문에 온 것이오?"

3. 그들의 오만은 이미 엄청나게 높은 곳까지 도달했기 때문에 그들은 모든 세상이 그들과 평화를 맺기를 염원한다고 믿고 있습니다. 단언컨대 저의 입장에서는, 만약 허용이 된다면, 제가 가지고 있는 능력을 다해서 그들에게 대항해서 전쟁을 해야 한다고 온 세상 사람들에게 설교할 것입니다. 그러나 저는 제가 [이곳에] 온 이유에 대해서 솔직하게 설명하기를 원치 않았습니다. 왜냐하면 만약 바투가 말했던 것과 상치되는 것을 제가 말하게 될까 우려했기 때문입니다. 그래서 저는 이곳에 오게 된 이유는 오로지 그가 저를 보냈기 때문이라고 말한 것입니다.

4. 그다음 날 우리는 궁정으로 인도되었습니다. 저는 우리가 사는 지방에서처럼 맨 발로 갈 수 있으리라고 생각했고 그래서 신발을 벗었습니다. 궁정을 찾는 방문객들은 칸이 거주하는 천막에서 화살을 쏘아 날아가는 거리쯤에 [말에서] 내리고, 말들과 말을 돌보는 사람들은 거기에서 기다리게 합니다.[3] 따라서 우리는 이 지점에서 말에서 내렸고 우리의 안내인은 칸의 천막으로 갔습니다. 그때 그곳에 있던 한 헝가리 사람이 우리를, 아니

---

3) 『몽골비사』 131절에도 나와 있듯이 말을 묶어두는 계마소(繫馬所)를 가리키며 몽골어로 kirü'es라고 불렸다. 이 단어에 관해서는 Doerfer(1963a), 464-466 참조.

[정확하게 말하면] 우리 교단을 알아보았습니다. 사람들은 우리 주위에 모여들었고, 특히 우리가 맨발인 것을 보고는 마치 괴물이나 되는 양 쳐다보았습니다. 그리고 우리에게 발은 아무런 소용이 없는 것이냐고 물었고, 그 것은 그들 생각에 우리의 발이 이제 금세 망가지게 될 것이라고 보았기 때문입니다. 그리고 이 헝가리 사람은 그들에게 우리 교단의 규칙에 대해서 말해주었습니다.

5. 그 다음에 네스토리우스 교도였던 수석 서기가 우리를 보러 왔는데, 거의 모든 문제에 관해서 그의 조언은 받아들여졌습니다. 그는 우리를 예의 깊게 관찰하더니 그 헝가리 사람을 불러서 그에게 많은 질문을 던졌습니다. 그러고 나서 우리는 숙소로 돌아가도 좋다는 말을 들었습니다.

우리가 돌아오는 길에 궁정의 동쪽 끝에서 그 앞으로 화살을 쏘아 두 번쯤 날아갈 정도의 거리에, 지붕 꼭대기에 조그만 십자가가 세워져 있는 가옥을 하나 보았습니다.

6. 이 가옥을 보자, 저는 너무나 기뻐서 이곳에도 기독교와 관련된 것들이 약간이나마 있으리라는 결론을 내리고, 대담하게 들어갔더니 정말로 아름다운 것들로 덮여 있는 제단을 하나 발견했습니다. 금실로 짜인 옷감에는 구세주, 성모 마리아, 세례 요한과 두 천사의 모습이 수 놓여 있었는데, 그 몸과 옷의 외곽선을 따라서 진주가 장식되어 있었습니다. 그곳에는 큰 은제 십자가가 하나 있었는데 그 중심부와 [거기에 새겨진] 천사들은 보석으로 만들어져 있었습니다. 그밖에 많은 장식품들이 있었고, 제단의 앞에는 8개의 등불이 타고 있는 기름 램프가 있었습니다. 그곳에는 한 아르메니아 수도승[4]이 앉아 있었는데, 가무잡잡하고 호리호리했으며, 매우 거친 말 털로 짠, 그의 정강이 중간쯤까지 내려오는 상의를 걸치고 있었습니다. 그 위에 그는 다람쥐 모피로 덧댄 검은색 비단 외투를 입었고, 동물의 털로 짠 상의 속에는 쇠로 만든 혁대를 차고 있었습니다.

---

4) 뒤에 제29장 14절에는 그의 이름이 세르기우스(Sergius)라고 되어 있다.

7. 우리는 들어간 지후 그 수도승과 인사를 나누기도 전에 [먼지] 무릎을 꿇고 "하늘의 여왕이시여 기뻐하소서(Ave regina celorum)"[라는 찬송]을 불렀습니다. 그는 일어나서 우리와 함께 기도를 올렸습니다. 그러고 나서 우리는 그와 인사를 나누고 그와 함께 나란히 앉았습니다. 그의 앞에는 접시에 담긴 조그만 불이 놓여 있었습니다. 우리는 그곳에 오게 된 이유를 설명했고 그는 우리가 어떤 인간보다도 더 위대한 하느님의 사자이기 때문에 담대하게 [복음을] 선포하라고 말을 하면서 힘찬 격려를 해주었습니다.

8. 그 후 그는 그 자신이 어떻게 오게 되었는가를 이야기해 주었는데, 우리보다 한 달 앞서서 그곳에 도착했다고 했습니다. 그는 예루살렘 땅에서 은둔자였었는데 하느님이 그에게 세 번이나 나타나서 타타르 사람들의 황제에게 가라고 명령을 했다고 합니다. 그가 가는 것을 게을리 하자 세 번째에는 하느님께서 그를 땅바닥에 내던지면서, 만약 그가 가지 않는다면 그는 죽고 말 것이라고 위협을 했다고 합니다. 그는 뭉케 칸에게 만약 그가 기독교도가 될 각오가 되어 있다면, 이 세상이 모두 그에게 복속하게 될 것이며 프랑크인들과 위대한 교황도 그에게 복종할 것이라고 말했습니다. 그리고 그는 제게도 똑같은 말을 하라고 충고했습니다. 그래서 저는 이렇게 대답했습니다. "형제여! 나도 기꺼이 그에게 기독교도가 되라고 권유하겠소. 왜냐하면 이곳에 온 나의 목적은 그것을 모든 사람에게 선포하기 위함이기 때문이오. 더 나아가 나는 그에게 프랑크인들과 교황이 기쁨에 넘칠 것이며 그를 형제요 친구로 여기게 될 것이라고 말해주겠소. 그러나 그들이 그의 속민이 되고 이들 다른 민족들처럼 그에게 조공을 바치게 될 것이라는 것은 결코 약속하지 않을 것이오. 왜냐하면 그것은 나 자신의 양심을 거스르는 것이기 때문이오." 이 말에 그는 조용해졌습니다.

9. 그리고 나서 우리는 숙소로 돌아왔습니다. 그곳은 차가웠고 더구나 우리는 하루 종일 아무것도 먹은 것이 없었습니다. 우리는 얼마 되지 않는 양의 고기를 요리하여 약간의 기장을 고깃국에 넣어서 마셨습니다. 우리

의 안내인과 그의 동료들은 궁정에서 술을 마셔 취했고 우리 생각은 거의 하지도 않았습니다.

10. 이때 우리 이웃에 바스타키우스[5]가 보낸 사신들이 있었는데 우리는 그 사실을 몰랐습니다. 동이 트자 궁정에서 온 사람들이 우리를 급히 서둘러 깨웠고, 저는 그들과 동행하여 이 사신들이 머무는 숙소까지 짧은 거리를 맨발로 갔습니다. 그들은 우리가 그 [사신]들을 아는지 물어보았습니다. 그러자 그리스 출신의 한 기사(騎士)가 우리 교단을 알아보았고, 또한 저의 동료도 알아보았는데 바스타키우스의 궁정에서 우리의 관리 신부인 수도사 토마스와 같이 있는 것을 보았다고 했습니다. 그와 그의 일행은 우리에 대해서 매우 호의적인 말을 해주었습니다. 그 다음에 그들은 전하가 바스타키우스와 평화를 맺고 있는지 아니면 전쟁 중인지 물었습니다. 제가 "평화도, 전쟁도 아니오"라고 말했더니 그들은 어떻게 그런 일이 가능하냐고 물었습니다. "그들의 영토가 멀리 떨어져 있고 그래서 서로에 대해서 아무런 관계도 맺지 않고 있기 때문이오"라고 제가 대답했습니다. 바로 그때 바스타키우스의 사신이 "평화를 맺고 있소"라고 말하며 저를 조심케 했습니다. 그래서 저는 더 이상 아무 말도 하지 않았습니다.

11. 그날 아침 저는 발끝이 얼어서 더 이상 맨발로 돌아다닐 수 없게 되었습니다. 그 지역의 추위는 정말로 혹독하여 얼음이 얼기 시작할 때부터 [다음 해] 5월까지는 추위가 한번도 멈추지 않습니다. 실제로는 심지어 5월에도 아침에는 얼음이 얼고 낮이 되어야 태양의 열을 받아 녹습니다. 그러나 겨울에는 결코 녹는 적이 없고 바람이 전혀 불지 않아도 얼음은 그대로 있습니다. 만약 우리가 경험했던 것과 같은 겨울바람이 분다면, 아무것도 살아남지 못할 것입니다. 그러나 대기는 4월까지 항상 조용하며 그때가 되어야 바람이 일어나기 시작합니다. 그리고 우리가 그곳에 있을 때,

---

5) Vastacius. 니케아의 황제인 요한 두카스 바스타체스(재위 1222-1254). 루브룩의 글 제1장 5절 참조.

즉 부활절 즈음에 바람과 함께 찾아온 추위로 인해서 수도 없이 많은 동물들이 죽음을 당했습니다.6) 겨울에는 눈이 아주 조금밖에 오지 않지만 4월 하순경에 해당되는 부활절 즈음에는 어찌나 많이 내리는지 카라코룸의 모든 거리들이 [눈으로] 꽉 차서 수레로 [눈을] 치워야만 할 정도입니다. 그때가 되어서 우리는 처음으로 궁정으로부터 양 가죽, 또 그것으로 만든 엉덩이 바지와 신발을 받았습니다. 저의 동료와 통역은 그것들을 받았지만 저는 그것들이 필요하다고 생각하지 않았습니다. 왜냐하면 제가 바투가 있는 곳에서 가져온 모피면 충분하리라고 생각했기 때문입니다.

12. 무죄한 어린이들의 순교 축일7) 여드레가 되던 날[1254년 1월 4일] 우리는 궁정으로 불려갔습니다. 네스토리우스파 사제들(저는 그들이 기독교도라는 것조차 눈치채지 못했습니다)이 우리에게 와서 예배를 드릴 때 어느 쪽을 향하느냐고 물었습니다. 저는 '동쪽'이라고 말했습니다. 우리는 안내인의 조언에 따라 칸의 어전에서 우리들 지방 [사람들의] 모습을 보여 주기 위해서 수염을 깎았는데, 그들이 [방향에 대해서] 물은 것은 [수염이 없는] 까닭에 우리를 '도인'(즉 우상숭배자)으로 간주했기 때문입니다. 그들은 또한 성경에 대해서 우리에게 설명하도록 했고, 그리고 나서 우리가 어떤 모양으로 칸에게 복종을 표시할 것인지, 즉 우리의 고유한 관습을 따를 것인지 아니면 그들의 것을 따를 것인지를 물었습니다. 저는 그들에게 대답했습니다. "우리는 사제들이고 하느님께 봉사하기로 헌신한 사람들이오. 우리가 사는 곳에서는 고귀한 영주들도 사제들이 그들 앞에 무릎 꿇는 것은 감내하지 못하오. 그것은 하느님에 대한 공경심 때문이오. 그러나 우리는 하느님을 위해서라면 모든 사람에게 우리를 낮출 각오가 되어 있소.

---

6) 몽골인들은 자연재해로 인해서 동물들이 폐사하는 현상을 '주드(jud)'라고 부르며, 특히 겨울에 한파나 폭설로 인해서 벌어지는 재해를 '차간 주드(chaghan jud, '흰색의 주드')라고 부른다.

7) 헤롯 왕이 아기 예수를 잡으려고 무고한 어린아이들을 학살한 것을 기념한 축일로서 12월 28일에 해당된다.

우리는 매우 먼 여정을 왔소. 먼저 당신들이 허락한다면 우리는 하느님을 찬양하는 노래를 부르겠소. 그 뒤에 우리는 당신들의 주군이 원하는 대로 할 것이오. 다만 우리가 하느님께 경배와 영광을 드리는 것에 반하는 명령을 받지만 않는다면 말이오."

13. 그러자 그들은 [칸의] 숙소로 들어가서 우리가 한 말을 보고했습니다. 그들의 주군은 동의했고 그들은 우리에게 그 숙소의 문 앞에 서 있게 한 뒤 그 앞에 걸쳐 있던 펠트를 걷어올렸습니다. 마침 크리스마스 때였기 때문에 우리는 이렇게 찬송을 불렀습니다.

A solis ortus cardine   동이 트는 기점에서부터
Et usque terre limitem   지상의 먼 경계까지
Christum canamus principem   찬양, 그리스도 우리의 왕
Natum maria Virgine   동정녀 마리아께 나셨네

우리가 이 찬양을 마쳤을 때 그들은 우리가 칼을 가지고 있는지 확인하려고 우리의 다리, 가슴, 팔을 수색했습니다. 그들은 통역에게 혁대를 벗어서 그의 칼과 함께, 바깥에 있는 문지기 중의 한 사람에게 맡기라고 했습니다.

14. 그런 다음에야 우리는 들어갔습니다. 입구에는 약간의 쿠미즈가 있는 장의자가 있었고, 그 가까운 곳에 통역을 서게 했지만 우리에게는 여자들 앞에 놓인 장의자에 앉으라고 했습니다. 천막의 내부는 완전히 금실로 짠 천으로 덮여 있었고, 중앙에 조그만 화로에는 나뭇가지와 그곳에서 굉장히 키가 크게 자라는 쑥의 뿌리, 그리고 가축의 똥을 넣어 지핀 불이 타오르고 있었습니다. 그는 침상에 앉아 있었고, 여기저기 점이 박히고 마치 물개 껍질처럼 아주 반짝거리는 모피를 걸치고 있었습니다. 그는 들창코에 중간 키 정도였으며 대략 45세 정도로 보였습니다.[8] 그의 옆에는 젊

---

8) 『원사』「헌종본기(憲宗本紀)」에 의하면 뭉케는 무진년(戊辰年) 음력 12월 3일생이다. 이는

쿠빌라이가 입은 모피 코트(유관도, "원세조출렵도" 세부)

은 부인이 한 명 앉았고, 또한 키리나9)라는 이름의 다 큰 그러나 매우 못생긴 딸이 그들 뒤에 놓인 침상에 다른 아이들과 함께 앉아 있었습니다. 천막은 그가 매우 총애하는 기독교도 부인에게 속했던 것이며 그녀는 그에게 [키리나라는] 이 딸을 낳아준 것입니다. 그가 비록 젊은 부인도 그곳에 들어오도록 허락은 했지만, 그 딸이 [천막을 포함해서] 어머니에게 속했던 시설 전부를 소유한 여주인이었습니다.10)

1209년 1월 10일에 해당되므로 1254년 1월 10일이면 45세가 되니, 루브룩의 추측은 아주 정확하다고 하겠다.
9) Cirina. 몽골어로는 시린(Shirin). 라시드 앗 딘은 그녀가 뭉케의 처인 울제이 카툰의 장녀라고 기록했다(라시드 앗 딘/김호동, 2005, 306).

15. 그 뒤에 그는 우리에게 포도주, 테라키나[11](쌀로 빚은 포도주), 카라쿠미즈[12](암말의 맑은 젖), 발[13](꿀로 빚은 술) 가운데 무엇을 마시고 싶으냐고 물었습니다. 이것은 그들이 겨울에 마시는 네 가지 종류의 음료수입니다. 저는 대답했습니다. "나의 주군이시여, 우리는 자신의 소망을 성취하기 위해 마실 것을 구하는 사람들이 아닙니다. 우리는 폐하께서 권하시는 것이라면 무엇이나 만족할 것입니다." 이 말에 그는 우리에게 약간의 곡주를 주었는데, 그것은 마치 백포도주처럼 맑고 감미로웠습니다. 저는 그에게 경의를 표하기 위해서 잠깐 동안 맛을 보았습니다. 우리의 통역은 막사들 옆에 서 있었는데 우리로서는 불행하게도 그에게 상당히 많은 양의 음료수를 주어서 그는 잠깐 사이에 취해버렸습니다.

16. 그리고 나서 칸은 매와 다른 새들을 가져오도록 했고, 그의 손 위에 올려놓고는 자세히 들여다보았습니다. 그리고 한참 있다가 우리에게 말을 하라고 지시했습니다. 그때가 되어서 우리는 무릎을 꿇어야 했습니다. 그에게는 통역이 있었는데 저는 그가 기독교도라는 것을 몰랐습니다만 [알고 보니] 네스토리우스 교도였습니다. 우리도 그와 같이 우리의 통역이 있

---

10) 록힐과 잭슨 두 사람은 루브룩의 이 기록은 뒤에 제29장 32절의 기록과 상치된다고 지적했다(Rubruck/Rockhill, 1900, 173, note 1; Rubruck/Jackson, 1990, 178, note 6). 왜냐하면 32절에서 루브룩은 사망한 부인의 자리는 '젊은 여자'가 계승했다고 썼기 때문이다. 그러나 몽골의 오르두(ordu) 제도의 특징을 고려한다면 루브룩의 서술이 이해가 안 되는 것도 아니다. 몽골의 황제들은 대체로 4개의 오르두(dörben ordus)를 소유했고, 각각의 오르두에는 여러 명의 카툰(후비)들이 배속되어 있었다. 이들 오르두는 맏카툰의 이름을 따서 '某某 카툰의 오르두'라고 불렸다. 그리고 하나의 오르두에는 거기에 배속된 카툰들이 각자 여러 개의 천막들을 보유하고 있었다. 따라서 루브룩이 언급한 '기독교도 부인'은 한 오르두의 맏이였는데 그녀가 사망한 뒤 다른 '젊은 부인'이 대신 맏이가 되어 그 오르두를 '계승'한 것이고, 사망한 부인의 딸인 '키리나', 즉 시린은 어머니가 기거하던 천막과 그 안에 있는 집기들("그녀의 어머니에게 속했던 시설 전부")을 물려받았던 것으로 추측된다.
11) terracina. 몽골어에서 '곡주(穀酒)'를 뜻하는 darasun을 옮긴 말. 라시드 앗 딘의 글에서는 ṭarāsūn이라고 표기되었다.
12) 카라쿠미즈에 대해서는 제4장 4절 주석 참조.
13) bal. 루브룩은 뒤에 제30장 2절에서는 boal이라고 부른다.

었지만 이미 취한 상태였습니다. 그래서 저는 이렇게 말했습니다. "무엇보다도 먼저 우리는 하느님께 감사와 찬양을 드립니다. 그분께서 우리를 그렇게 먼 곳에서 뭉케 칸을 만나게 하러 보내셨고, 그분께서는 [뭉케 칸에게] 지상에서 그토록 강력한 권력을 주셨습니다. 그리고 우리는 그리스도께 기도를 드립니다. 왜냐하면 그분의 지배 아래에서 우리 모두 살고 죽으며, 그분께서 선하고 오랜 생명을 주시기 때문입니다."(왜냐하면 그들은 자신들의 장수를 위해 기도하는 것을 좋아했기 때문입니다.) 그 다음에 저는 그에게 말했습니다. "나의 주군이시여, 우리는 사르탁이 기독교도라는 이야기를 들었고, 이 소식을 들은 기독교도들은 기뻐했으며 특히 프랑스의 국왕 전하께서 그러하셨습니다. 그래서 우리는 그에게 갔고 국왕 전하는 우리 손을 통해서 그에게 평화의 메시지가 담긴 편지 한 통을 전달했습니다. 무엇보다도 그는 우리가 어떤 사람인가를 보증하고 우리가 그의 영역 안에 머물 수 있게 해달라고 요청했습니다. 왜냐하면 우리의 소명은 사람들에게 하느님의 법을 따르며 살라고 가르치는 것이기 때문입니다. 그러나 그는 우리를 그의 아버지인 바투에게 보냈고, 바투는 우리를 여기 전하께 보낸 것입니다. 전하는 하느님께서 지상의 거대한 영토를 부여하신 분입니다. 그러니 우리는 전하의 강력함으로 우리에게 폐하의 영토에 머무를 수 있도록 허가를 내리시어, 전하를 위해 그리고 전하의 부인과 아이들을 위해 하느님께 봉사할 수 있도록 해주십시오. 우리는 전하께 드릴 금이나 은 혹은 값비싼 보석을 가지고 있지 않으며, 단지 우리 자신들뿐이며 그것을 우리는 하느님께 헌신하기 위해서 또한 전하를 위해서 하느님께 기도하기 위해서 드리려는 것입니다. 적어도 이 추위가 지날 때까지만이라도 머물 수 있도록 허락을 내려주십시오. 저의 동료는 몸이 너무 약해져서 말을 타고 자신을 혹사할 상황이 아니며 [그렇게 한다면] 그의 생명은 위험에 처할 수밖에 없을 것입니다."

17. (저의 동료는 그가 얼마나 약해져 있는지를 이야기했고, 자신이 남

을 수 있도록 허락을 받아달라고 간청을 했습니다. 왜냐하면 그가 남을 수 있도록 허락을 해주는 특별한 은혜를 베풀지 않는다면 바투에게로 돌아갈 수밖에 없을 것이라고 생각했기 때문입니다.)

18. 그러자 그는 대답하기 시작했습니다. "마치 태양이 온 사방으로 그 빛을 내보내는 것처럼, 나의 권위와 바투의 권위가 사방으로 퍼진다. 그러므로 우리는 너희들로부터 금이나 은을 필요로 하지 않는다." 저는 이 부분까지 저의 통역을 이해할 수 있었지만, 그 뒤로는 단 하나의 완전한 문장조차 이해할 수 없었고, 저는 그가 취했다는 것을 절감하게 되었습니다. 또한 뭉케 칸도 제게는 취한 것처럼 보였습니다. 그러나 그는 우리가 자신이 아니라 사르탁을 먼저 방문했다는 것에 대해서 언짢았다는 말을 함으로써—적어도 그렇게 말한 것으로 저는 느꼈습니다—자신의 이야기를 끝냈습니다. 통역의 부적절함을 깨달은 저는 침묵을 지켰습니다. 다만 제가 금과 은에 대해서 말한 것을 불쾌하게 생각하지 말아달라고 요청했고, 그가 이와 같은 것을 필요로 하거나 원하기 때문에 그런 말을 한 것이 아니라, 우리가 영적인 것뿐만 아니라 물질적인 선물을 통해서도 그에게 기꺼이 영광을 표현하고자 했기 때문에 그런 것이라고 말했습니다.

19. 그 뒤 그는 우리에게 일어났다가 다시 앉으라고 했고, 잠시 뒤 우리는 인사를 하고 자리를 떠났으며, 그의 통역—그의 딸들 중 한 명의 의부였습니다—과 그의 서기들도 우리를 따라 나왔습니다. 그들은 우리에게 프랑스 왕국에 대해서 많은 질문을 던졌는데, 그곳에 양과 소와 말들이 많은지 물었는데 마치 그들이 그리로 이동해서 당장이라도 그 모든 것을 차지할 것처럼 보였습니다. 다른 여러 경우에서도 그랬지만 이번에도 저는 경멸과 분노를 숨기기 위해서 엄청난 자제력을 발휘하면서 이렇게 대답했습니다. "그곳에는 훌륭한 것이 많이 있는데 그것은 당신들이 그곳에 가게 되면 당신들 눈으로 직접 보게 될 것이오."

20. 그 뒤 우리를 돌보아줄 어떤 사람이 배정되었고, 우리는 그 수도승

에게로 갔습니다. 우리는 [거기에 있다가] 띠나서 우리 숙소로 돌아가려고 할 때, 제가 언급한 통역14)이 우리에게 와서 "뭉케 칸이 당신들을 가엾게 여겨서 이곳에서 두 달 동안 머물 수 있도록 허락을 해주었소. 그때쯤이면 혹독한 추위는 끝날 것이오. 그는 여기서 열흘 거리 떨어진 곳에 카라코룸이라는 멋진 도시가 있으며 만약 당신들이 그곳에 가기를 희망한다면 당신들이 필요로 하는 것을 제공할 것이라는 점을 알려주셨소. 만약 당신들이 이곳에 남기를 원한다면, 당신들은 그렇게 해도 좋고 필요한 것들도 얻게 될 것이오. 그러나 말을 타고 [이곳의] 궁정 주위를 돌아다니는 것은 당신들에게 지루한 일일 것이오." 이에 나는 이렇게 말했습니다. "주님께서 뭉케 칸을 지켜주시기를, 그리고 그에게 건강과 장수를 허락하시기를! 우리는 여기서 이 수도승을 만났는데, 우리는 그가 성자이며 하느님의 의지로 이 지방에 오게 된 것이라고 믿습니다. 그러니 우리가 그와 함께 머물 수 있다면 기쁘겠소. 왜냐하면 우리는 수도승들이고 칸의 장수를 위해서 함께 기도드릴 수 있을 테니까 말이오." 이에 그는 아무 말도 하지 않고 떠났습니다.

21. 우리는 숙소로 갔는데 그곳은 추었고 불을 지필 연료도 없었으며, 우리는 아직 아무것도 먹지 못했지만 이미 밤이 되었습니다. 그러자 우리를 돌보기로 했던 그 사람이 불을 피울 연료와 약간의 음식을 우리에게 가져다주었습니다.

---

14) 뭉케 칸의 통역.

제29장
뭉케 칸의 궁정에서 수도사 윌리엄이 행하거나 보고 들은 것들

1. 우리의 안내인은 바투에게 돌아갔는데, 그는 우리가 바투의 둔영에 남겨두고 온 하나의 카펫 혹은 덮개를 자기에게 달라고 청했습니다. 우리는 그의 청을 들어주었고, 그는 여행 도중에 우리를 배고픔이나 갈증에 빠지게 했던 자신의 잘못을 인정하면서 우리에게 손을 달라고 하고, 화해하는 듯한 몸짓을 하면서 우리를 떠났습니다. 우리는 그를 용서했고, 우리도 역시 그와 그의 일행 모두에게 혹시 어떤 나쁜 본보기를 보였다면 용서해 달라고 청했습니다.

2. 로레인[1]의 메츠 출신의 파샤(Pascha)라는 이름의 한 여자가 우리를 알아보았는데, 헝가리에서 포로가 된 여자였습니다. 그녀는 우리에게 성의를 다해서 상당히 잘 차린 식사를 준비해주었습니다. 그녀는 내가 앞에서 언급했던 [뭉케의] 기독교도 부인의 거처에 속했는데, 그녀가 둔영에 도착하기 전에 겪었던, 들어보지도 못했을 정도의 고난에 대해서 말해주었습니다. 그러나 지금 그녀는 아주 잘 살고 있고, 젊은 러시아 남편과 함께 세 명의 아주 괜찮은 어린 아들들을 두고 있습니다. 그는 집을 어떻게 짓는지 알고 있는데, 그들은 이것을 훌륭한 기술이라고 생각합니다.[2]

---

1) 로레인(Lorraine)은 프랑스 동북부의 독일과 접경지역에 위치한 지방이며, 메츠(Metz)는 그곳에 위치한 큰 도시이다.

2) 펠리오는 여기서 러시아인이 소유했다는 건축기술이 단순한 천막이나 판잣집 같은 것이 아니라 많은 사람들을 수용하는 대형 천막을 제작하는 기술을 가리키는 것으로 보았다 (Pelliot, 1973, 150-51).

3. 나아가 그녀는 원래 고향은 파리이고 성은 부시에(Buchier)이며 이름이 윌리엄(William)인 금세공 장인이 카라코룸에 있다는 사실도 알려주었습니다.[3] 그의 부친의 이름은 로랑 부시에(Laurent Buchier)이며, 그는 로저 부시에(Roger Buchier)라는 이름의 형제가 아직 그랑 퐁(Grand Pont)에 있다고 믿고 있습니다.[4] 저는 또한 그녀로부터 그가 입양하여 아들처럼 데리고 있는 한 젊은이가 있으며 그는 매우 탁월한 통역이라는 사실도 알게 되었습니다. 그러나 뭉케 칸은 이 장인에게 300야스코트(즉 3,000마르크)와 50명의 직공들을 주어서 어떤 특별한 임무를 수행하도록 했기 때문에, 그녀는 그가 자기 아들을 내게 [통역으로] 보낼 수 없을지도 모른다고 걱정했습니다. 그녀는 궁정에서 사람들이 그 [젊은이]에게 이렇게 말하는 것을 들었다고 합니다. "너의 나라에서 온 사람들은 괜찮은 분들이고 뭉케 칸은 그들과 기꺼이 이야기를 나누고 싶어했지만, 그들의 통역이 아주 형편없었다." 그래서 그녀는 [적합한] 통역 한 사람을 찾으려고 한 것입니다.

4. 이에 저는 이 장인에게 글을 써서 저의 도착을 알리고 만약 가능하다면 그의 아들을 제게 보내줄 수 있겠느냐고 물었습니다. 그는 그 달에는 그렇게 할 수 없지만 다음 달에 자신의 일이 끝나면 그 후에 그를 제게 보내주겠다고 답장을 보내왔습니다.

5. 그래서 우리는 다른 사신들과 함께 묵었습니다. 바투의 궁정에 온 사신들과 뭉케의 궁정에 온 사신들은 다르게 취급되었습니다. 바투의 둔영에는 서쪽 편에 얌이 하나 있어 서방에서 오는 모든 사람들은 그가 영접을 했고, 반대 방향으로도 이와 동일한 조치를 취했습니다. 그러나 뭉케의 둔영에서는 모든 사람들은 1인의 얌[5] 아래에 있고, [사신들이] 서로 방문

---

3) 프랑스 출신 장인 부시에에 관해서는 Olschki(1946)의 고전적인 연구가 있다.
4) 실제로 1225년도에 작성된 한 문서에서 로저 부시에라는 한 금세공인의 이름이 언급되어 있는 것이 발견되었다(Rubruck/Jackson, 1990, 183, note 2).
5) 앞에서도 설명했듯이 원래 '얌', 즉 잠(jam, 站)은 사신들이 묵는 숙소를 뜻하지만, 루브룩은 그것이 마치 그런 시설을 관리하는 사람인 것처럼 오해했다.

하고 만날 수도 있습니다. 바투의 둔영에서 그들은 서로 알지 못한 채 머물렀고, 각자 자기 옆에 있는 사람이 사신인지 아닌지도 몰랐는데, 이는 각자의 숙소에 대해서 잘 알지 못한 채 궁정에서만 만나기 때문입니다. 또한 그들 중에 한 사람이 소환이 될 때 다른 사람은 그렇지 않을 수 있습니다. 그들은 소환을 받을 때에만 궁정에 가기 때문입니다.

6. 우리는 다마스쿠스에서 온 기독교도 한 사람을 만났습니다. 그는 타타르인들의 조공국이자 동맹이 되기를 원하는 몽레알과 크락의 술탄[6]이 보내서 온 것이라고 했습니다.

7. 이밖에도 제가 도착하기 한 해 전부터 아크레 출신의 성직자 한 명이 그곳에 있었는데, 그는 자신을 라이문드(Raimund)라고 불렀지만 그의 실제 이름은 테오돌루스(Theodolus)였습니다.[7] 그는 수도사 앤드류와 함께 키프로스를 출발하여 페르시아까지 동행했습니다. 그는 아모리쿰[8]에서 몇 개의 악기들을 구입했고, 페르시아에서 수도사 앤드류에게서 떨어져 뒤쳐졌습니다. 수도사 앤드류가 귀환한 뒤 그는 자기 악기들을 가지고 뭉케 칸에게 온 것입니다.

8. 누가 보내서 온 것이냐고 묻자, 그는 지위가 높은 어떤 주교와 함께 있었는데 하느님께서 그 [주교]에게 황금색 글자로 쓰인 편지 한 통을 하늘에서 보내주었다고 하면서, 그분께서 그에게 타타르의 군주에게로 그 [편지]를 전달하라고 명령했다는 것입니다. 왜냐하면 그 [군주]는 전 세계의 주인이 될 운명이고 사람들로 하여금 그와 평화를 맺도록 인도할 것이기

---

6) '_Montreal_과 _Crac_의 술탄'. 이 인물을 '산상의 노인', 즉 이스마일리 시아파의 수령이라고 본 도슨(Dawson)의 추정(_Mission to Asia_, 1955, 158, note 1)은 옳지 않다. 이 술탄은 Karak과 Shawbak(Montreal)의 지배자인 아이유브 왕조의 al-Mughīth 'Umar를 가리킨다. Rubruck/ Jackson(1990), 184, note 1 참조.

7) 수도사 앤드류가 이끄는 사신단은 모두 7명으로 이루어져 있는데 테오돌루스라는 인물은 어디에도 언급이 되지 않기 때문에, 펠리오는 그가 도중에 비공식적으로 합류한 인물일 것으로 추정했다. Pelliot(1923), 190, note 2.

8) Amorricum. 확인되지 않은 지명이다.

때문이라는 것입니다. 이에 뭉케 칸이 그에게 "만약 당신이 하늘에서 내려온 편지를 가지고 왔고 그것이 당신의 주인이 보낸 편지라면, 당신을 환영하는 바이다"라고 말했습니다. 이에 대해서 그는 편지들을 가져오기는 했지만 그것이 자신의 다른 짐들과 함께 전혀 말을 듣지 않는 말 위에 실었었는데, 그 녀석이 숲과 언덕이 있는 곳으로 뛰쳐나갔기 때문에 그 결과 모든 것을 잃고 말았다고 대답했습니다. 그런데 이런 종류의 사고가 자주 일어나는 것은 사실이며, 그래서 누군가 말에서 내리려고 할 때에는 극도로 조심하면서 자기 말을 붙잡아야 합니다.

9. 뭉케는 그 주교의 이름을 물었습니다. [테오돌루스는] 그의 이름이 오도9)라고 말했고, 나아가 다마스쿠스에서 온 사람과 장인 윌리엄에게 자신은 교황 특사의 서기라고 말했습니다. 칸이 이어서 그에게 누구의 왕국에 살았느냐고 묻자, 그는 몰레스 왕10)이라고 불리는 프랑크의 국왕이라고 대답했습니다. (왜냐하면 그는 이미 만수라11)에서 어떤 일이 벌어졌는지 들어서 알고 있고 그 자신이 폐하의 신민이라고 주장하고 싶었기 때문입니다.) 나아가 그는 칸에게 말하기를, 그와 프랑크인들 사이에는 사라센이 길을 막고 있는데 만약 길이 열린다면 그들 [프랑크인]은 사신들을 보내서 자신들 스스로 그와 평화를 맺으려고 할 것이라고 했습니다. 이 말에 뭉케는 그가 사절단을 이 왕과 이 주교에게 인도해서 갈 준비가 되어 있느냐고 물었고, 그는 그렇다고 대답했고 교황에게도 [인도할 수 있다고] 말했습니다.

10. 그러자 뭉케는 두 사람이 [힘을 합해도] 당기기 힘든 매우 강력한

---

9) Odo. 샤토루(Châteauroux)의 오도(Odo; Eudes라고도 함)를 가리키며, 그는 투스쿨룸(Tusculum)의 추기경이자 제7차 십자군 때에 교황 특사이기도 했다. Rubruck/Jackson (1990), 185, note 1.

10) Rex Moles. 국왕 루이는 당시 아랍 측 자료에 Būlis라고도 불렸으며, Moles는 그것의 와전된 형태로 추정된다(Pelliot, 1973, 152-54).

11) Mossoram. 즉 알 만수라(al-Manṣūra)는 나일 강 델타 지역에 위치한 지명. 만수라에서의 전투와 그 이후의 사정에 대해서는 이 책의 앞에 실린 "해설"을 참조.

활 하나와 화살 두 개를 가져오라고 했는데, 은으로 된 화살 머리 부분에는 구멍이 많이 나서 날아갈 때 호각처럼 휘파람 소리를 내는 것이었습니다.12) 그는 테오돌루스와 동행하여 파견하는 몽골인에게 다음과 같은 지시를 내렸습니다. "너는 프랑스의 국왕에게 가라. 이 사람이 너를 인도할 것이니, 너는 나를 대신해서 이것들을 그에게 전달하라. 만약 그가 우리와 평화를 맺기 원한다면 우리는 사라센들이 있는 곳의 한쪽 방향에서 시작해서 그의 영토가 있는 곳까지 정복할 것이며, 그 너머로 서쪽에 있는 나머지 영토는 그에게 하사하겠다고 하라. 만약 그렇게 하지 않겠다면 너는 이 활과 화살을 다시 내게 가지고 오라. 대신 우리는 이 같은 활로 멀리 그리고 강하게 쏘아서 맞출 것이라고 그에게 말하라."13)

11. 그러고 나서 그는 테오돌루스를 내보냈다. 그런데 이 사람의 통역인 장인 윌리엄의 아들은 그 [캔]이 몽골인에게 하는 다음과 같은 이야기를 들었다고 합니다. "너는 이 사람과 함께 가라. 그래서 경로, 지형, 도회와 성채, 사람과 그들의 무기에 대해서 확실하게 조사를 하라." 이에 그 젊은 이는 테오돌루스에게 그들이 이렇게 가려고 하는 유일한 목적은 정탐을 하려는 것이므로, 타타르 사신을 그와 함께 데리고 가는 것은 잘못이라고 항의했습니다. 그러자 그는 그들을 바다로 데리고 가서 그들이 어디에서 와서 어느 방향으로 가는지에 대해서 알지 못하도록 하겠다고 대답했습니다. 뭉케는 더 나아가 그 몽골인에게 황금의 인장을 주었습니다. 그것은

---

12) 고대 흉노 시대 이래 '명적(鳴鏑)'이라는 이름으로 유명한 화살촉. 사냥이나 전투할 때에 목표물의 위치를 알리기 위한 신호로 자주 사용되었다.

13) 라시드 앗 딘에 따르면 뭉케가 훌레구를 보내서 서아시아를 정벌하게 한 것은 소해, 즉 1253년의 일이었다. 훌레구는 1253년 2월 뭉케의 지시에 따라 자신의 오르두로 왔다가 1254년 범해 가을에 출정을 시작했다고 한다(라시드 앗 딘/김호동, 2005, 339; Rashid al-Din/ Thackston, 1998, 479). 따라서 루브룩이 카라코룸을 방문한 1253년 12월은 훌레구가 본격적인 출정의 길에 오르기 직전의 시점이라고 할 수 있으며, 뭉케 카안이 테오돌루스를 파견한 것은 프랑크 세력과 연맹을 맺어 훌레구의 서아시아 원정을 성공적으로 수행할 수 있게 하기 위한 외교적 조치였음을 알 수 있다.

황금으로 된 판인데 너비는 한 뼘이고 길이는 반 큐빗이었으며, 그 위에 그의 임무가 새겨져 있었으니, 누구라도 그것을 가지고 가는 사람은 그가 원하는 명령을 내릴 수 있고 그 [명령]은 즉각적으로 시행되어야 한다는 것이었습니다.[14]

12. 그렇게 해서 테오돌루스는 바스타키우스에게 왔고 교황에게까지 가기를 원했습니다. 그래서 그가 뭉케 칸을 속였던 것처럼 그도 속이려고 했습니다. 바스타키우스는 그가 대사(大使)이며 타타르의 사신들을 인도 하는 것이 그의 임무임을 증명하는, 교황에게 보내는 서한을 가지고 있느냐고 물었습니다. 그가 그것을 내어놓지 못하자 [바스타키우스는] 그를 체 포했고 그가 축적한 모든 것을 압수한 뒤 그를 감옥에 던져버렸습니다. 그 몽골인은 그곳에서 병에 걸려 사망하고 말았습니다.

13. 그러나 바스타키우스는 [병사한] 그 몽골인의 시종들을 통해서 황 금의 인장을 뭉케 칸에게 돌려보냈습니다. 저는 그들을 투르키아의 변경 에 있는 아르세론[15]에서 만났는데, 그들은 테오돌루스에게 어떤 일이 벌 어졌는지 말해주었습니다. 이와 같은 사기꾼들은 온 세상을 휘젓고 다니 는데, 몽골인들이 그들을 잡는 데에 성공하면 사형에 처합니다.

14. 공현축일[1254년 1월 6일] 즈음이었습니다. 세르기우스(Sergius)라 는 이름의 아르메니아 출신의 수도승이 제게 말하기를, 그가 그 축일에 뭉 케 칸에게 세례를 줄 것이라고 했습니다. 저는 그에게 제가 그 자리에 참석

---

14) 몽골 제국 시대에 고관이나 사신들에게 주어졌던 패자(牌子)를 가리킨다. 카안 울루스에 서 발급된 패자에는 여러 종류가 있다. 먼저 역참 시설을 이용할 수 있도록 하는 승역패부 (乘驛牌符)가 있고, 여기에는 해청패(海青牌), 몽고자패(蒙古字牌), 승역원패(乘驛圓牌)가 있다. 또한 역참에서 구체적으로 말을 몇 필이나 사용할 수 있는지를 규정한 승역문서(乘驛 文書)가 있는데, 이것은 포마찰자(鋪馬札子)라고 불렸고, 1282년에는 포마성지(鋪馬聖旨) 로 대체되었다. 이밖에도 역참에서 제시하는 신분증인 직관패(職官牌)가 있었는데, 여기에 는 패자의 재질에 따라서 금호부(金虎符), 금부(金符), 은부(銀符) 등으로 나뉘었다. 이에 관해서는 党寶海(2006), 196-230 참조. 루브룩이 언급한 '황금의 인장 혹은 판'은 금호부나 금부를 가리키는 것으로 보인다.
15) Arseron. 에르주룸(Erzurum).

할 수 있도록 최선을 다해달라고, 그래서 그것을 직접 증언할 수 있는 목격자가 될 수 있도록 해달라고 부탁했습니다. 그는 그렇게 하겠노라고 약속했습니다.

15. 축제의 당일이 도래했지만 그 수도승은 저를 부르지 않았습니다. 그러나 제6시[12시]에 저는 궁정으로 불려갔고, 그 수도승[16)이 [네스토리우스파] 사제들과 함께 [칸의] 천막에서 돌아오는 것을 보았는데, 그는 십자가를 들고 있었고 사제들은 향로와 복음서를 가지고 있었습니다. 그날 뭉케 칸은 연회를 베풀었습니다. 그의 점쟁이들이 축일이라고 지정한 날이나 네스토리우스파 사제들이 신성하다고 선포한 그런 날들에는 궁정에서 회합을 여는 것이 그의 관례입니다. 이런 날이면 기독교 사제들이 [예배] 도구들을 가지고 가장 먼저 도착해서 그를 위해서 기도하고 그의 잔을 축성합니다. 그들이 물러나면 사라센 사제들[17)이 등장하여 마찬가지로 행하고, 그들 다음에는 우상숭배 사제들이 와서 똑같이 행합니다. 그 [아르메니아] 수도승은 [칸이] 그 자신을 위해서 모두가 기도하기를 원하기는 하지만 그의 신앙은 오로지 기독교에만 향해 있다고 말하곤 했습니다. [그러나] 그는 거짓말을 한 것입니다. 왜냐하면 전하도 뒤에 알게 되시겠지만 [칸은] 그들 가운데 아무도 믿지 않기 때문입니다. 그럼에도 불구하고 그들 모두는 마치 파리가 꿀을 향해 모이듯이 궁정을 따라 다니며, 그는 그들 모두에게 선물을 주고, 그들은 모두 그와 매우 친밀한 관계를 맺고 있다고 믿으면서 그의 행운을 예언해줍니다.

16. 이때 우리는 [칸의] 천막 앞에 오랜 시간 앉아 있었습니다. 그들은

---

16) 루브룩은 아르메니아 출신의 사제를 '수도승(the monk)'이라고 부르고, 다른 교파나 종교의 종무자들에 대해서는 '사제(the priest)'라고 표현했다.

17) 이슬람권에는 별도로 지정된 '사제'라는 것이 없고 신학교(madrasa)를 졸업하여 종교적인 지식을 많이 가지고 있는 사람들이 '학자(ulamā)'라고 불리면서, 사원에서의 각종 종무직을 수행하거나 율법을 관장하는 직무를 맡아 보았다. 여기서 루브룩이 말하는 '사라센 사제들'이 이러한 학자층에 속하는 사람들인지, 아니면 '수피(ṣūfī)'라고 불리던 이슬람 신비주의자인지는 분명하지 않다.

우리에게 먹을 고기를 내왔고, 저는 이에 대해서 우리는 이곳에서 고기를 먹지 않을 것이며 만약 그들이 우리에게 음식을 제공할 것이라면 우리 거처로 보내주어야 할 것이라고 말했습니다. 이에 그들은 "그러면 당신들의 거처로 가시오. 왜냐하면 당신들을 부른 단 하나의 목적은 당신들이 먹도록 하는 것이었기 때문이오"라고 말했습니다. 그래서 우리는 그 수도승이 있는 곳을 경유하여 돌아왔는데, 그는 우리를 속인 것 때문에 쩔쩔매고 있었습니다. 그래서 저는 그 문제를 굳이 끄집어내어 그가 뭐라고 변명하게 하지 않았습니다. 그럼에도 불구하고 일부 네스토리우스 교도들은 제게 여전히 [칸이] 세례를 받았다고 장담했지만, 저는 그것을 보지 못했기 때문에 그것을 결코 믿지도 않을 것이며 다른 사람에게 전하지도 않을 것이라고 그들에게 말했습니다.

17. 우리는 우리가 머무는 곳에 왔는데 춥고 텅 비어 있었습니다. 그들은 우리에게 침구와 덮을 것들을 주고 땔감도 가져다주었습니다. 우리 셋은 한 마리의 작고 마른 양의 고기를 엿새 동안 먹을 음식으로 제공받았고, 매일 기장이 가득한 그릇 하나와 기장으로 빚은 1쿼트[18)]의 맥주를 받았습니다. 그들은 우리가 고기를 요리할 수 있도록 솥 하나와 삼발이 하나를 빌려주었습니다. 그것을 요리할 때 우리는 고기에서 우러나온 국물에 기장을 넣고 끓였습니다. 그것이 우리의 식사였는데, 만약 우리가 방해받지 않고 먹을 수만 있었다면 꽤 적당한 정도였을 것입니다. 그러나 음식을 받지 못하고 굶주린 사람들이 어찌나 많은지 그들은 우리가 식사를 준비하는 것을 보는 순간 즉시 우리에게 몰려왔기 때문에 우리는 그들과 그것을 나눌 수밖에 없었습니다. 거기서 저는 순교란 어떤 것인지, 즉 궁핍한 상황에서도 한없이 준다는 것이 무엇인지 경험했습니다.

18. 그때 추위는 점점 더 혹심해졌습니다. 뭉케 칸은 우리에게 살쾡이

---

18) quart. 1/4갤런, 즉 2파인트에 해당. 1파인트는 0.57리터이므로 1쿼트는 대략 1리터 정도의 분량.

껍질로 만든 모피 코트 세 벌을 보내왔는데, 그들은 털이 있는 부분을 바깥으로 향하게 입습니다. 우리는 감사의 표시를 하며 이것들을 받았습니다. 나아가 그들은 우리가 필요로 하는 식량을 모두 가지고 있는지 물었습니다. 저는 우리가 아주 적은 음식만으로도 지내는 데에 문제가 없지만 우리가 뭉케 칸을 위해서 기도를 할 수 있는 거처가 없다고 말했습니다. 왜냐하면 우리의 오두막은 너무 작아서 그 안에서는 똑바로 서 있을 수도 없었으며, 불을 지피면 우리의 책들조차 펼칠 수 없었기 때문입니다. 그들은 이것을 그에게 돌아가 보고했고, 그는 그 수도승에게 우리를 받아들일 수 있겠는가 의사를 묻도록 했습니다. 그는 기꺼이 그러겠노라고 대답했습니다. 그때 이후로 우리는 보다 나은 숙소를 제공받게 되었고, [칸의] 천막 앞에서 그 수도승과 함께 지낼 수 있게 되었습니다. [칸의 천막 앞에] 거주지를 가질 수 있는 사람은 오로지 우리와 점쟁이들뿐이었는데, 그들은 더 가까운 곳에, 첫째 부인의 궁정을 마주한 곳에 있었고, 우리는 동쪽 끝, 즉 마지막 부인의 궁정 맞은편에 있었습니다. 이는 공현축일 여드레 하루 전 [1254년 1월 12일]에 생긴 일이었습니다.

19.   그다음 날, 즉 공현축일 여드레[1월 13일]에 네스토리우스파 사제들 모두가 동트기 전에 예배당에 모여서, 판을 두드리고 거룩하게 아침 기도를 외웠습니다. 그들은 제복을 입고 향로와 향을 준비했습니다. 그들이 새벽에 교회 안에서 이렇게 하면서 기다리고 있을 때 '코토타 카텐─'카텐'은 부인을 뜻하며 '코토타'는 이름입니다─첫째 부인[19])이 다른 여러 부인들과 그녀의 큰 아들 발투[20]) 및 그녀의 다른 어린 자식들과 함께 예배당에

---

19) Cotota Caten. Qutuqtai Qatun을 옮긴 말이다. 쿠툭타이는 그녀의 이름이고, 카툰은 칸의 부인을 지칭하는 일반 명사이다.

20) Baltu. 라시드 앗 딘에 의하면 뭉케 카안의 큰 부인 쿠툭타이 카툰은 이키레스(Ikires) 씨에 속하는 보투 쿠레겐(Botu Küregen)─칭기스 칸의 사위─의 아들인 울다이(Uldai)의 딸이었다. 그녀는 아들 둘을 낳았는데 하나는 발투이고 그 동생은 우룽타시(Urungtash)였다. 라시드 앗 딘/김호동(2005), 305. 루브룩은 "그녀의 다른 어린 자식들"이라고 하여 우룽타시 이외에 또다른 자식이 있었을 가능성을 시사한다. 그러나 루브룩이 다른 부인이 낳은 자식들

들어왔습니다. 그들은 네스토리우스파에서 하는 방식에 따라 무릎을 꿇고 이마를 바닥에 댄 다음, [그 안에 있는] 모든 성상들을 손으로 만졌고 그렇게 한 다음에는 항상 [성상의] 손에 입을 맞추었습니다. 그러고 나서 그들은 교회 안에 둘러서 있던 모든 사람들에게 오른손을 내밀었습니다. (그것이 네스토리우스파가 교회에 들어갈 때 행하는 관례입니다.) 그 뒤에 사제들이 오랜 시간 읊조렸고 향을 그 부인에게 건넸습니다. 그러자 그녀는 그것을 [향로의] 불 위에 놓았고 그들은 그 향을 그녀에게 쏘이게 했습니다. 이것을 마치고 나자, 이제는 밝은 대낮이 되었습니다. 그녀는 보카21)라고 불리는 머리의 관을 벗기 시작했고 저는 그녀의 민머리를 보았습니다. 그러자 그녀는 우리에게 물러가라고 지시했고, 우리가 물러나는데 [누군가]은 그릇을 하나 가지고 들어가는 것을 보았습니다. 그들이 그녀에게 세례를 주었는지 아닌지 나는 알지 못합니다. 그러나 그들은 미사를 천막 안에서 드리지 않고 고정된 [건물로 된] 교회 안에서 한다는 것을 알고 있습니다. 부활절에 나는 그들이 세례를 주는 장면을 보았는데 거창한 의식을 행하며 세례반을 축성했지만, 이번에는 그렇게 하지 않았습니다.

20. 우리가 우리의 숙소에 들어갔을 때 뭉케 칸이 도착하여 예배당 혹은 기도실로 들어갔습니다. 그가 그의 부인과 같이 앉을 황금으로 된 긴 의자를 들여왔고 제단을 마주 보는 곳에 놓았습니다. 그러고 나서 우리가 소환되었는데 우리는 뭉케의 도착을 알지 못했고, 문지기는 우리가 칼을 소지하고 있지 않은지 확인하기 위해서 몸을 수색했습니다. 저는 성경과 기도서를 가슴에 안고서 기도실로 들어갔습니다. 먼저 저는 제단을 향해 절을 하고 그 다음에 칸에게 절했습니다. [천막을] 가로질러 가서 우리는 그 수도승과 제단 사이에 자리를 잡았습니다. 그런 다음에 그들은 우리에

을 그렇게 오인했을 수도 있다.
21) bocca. boghtaq을 잘못 옮긴 말. 보그탁에 대한 자세한 설명은 카르피니 제2장 5절의 주석 참조.

야스코트(은정)

게 우리의 방식에 따라 시편을 낭송하라고 했고 그래서 낭송했습니다. 그리고 뒤이어 우리는 "임하소서 성령이여(Veni Sancte Spiritus)"라는 찬송을 불렀습니다. 칸은 우리의 책들, 즉 성경과 기도서를 가져오라고 하더니 [거기에 있는] 그림들이 무엇을 의미하는지 꼼꼼히 물어보았습니다. 우리의 통역이 우리와 함께 오지 않았기 때문에 네스토리우스 [사제]들은 자기들 내키는 대로 대답을 했습니다. 제가 첫 번째로 그의 앞에 나타났을 때에도 저는 제 앞에 성경을 들고 있었는데, [그때도] 그는 그것을 가져오게 해서 오랫동안 살펴보았습니다.

21. 그 뒤 그는 떠났고, 부인은 그곳에 남아서 그 자리에 있던 기독교도들 모두에게 선물을 나누어주었습니다. 그녀는 1야스코트를 그 수도승에게 주었고, 사제들의 부감독에게도 1야스코트를 주었습니다. 그녀는 우리 앞에 나시즈²²⁾ —그것은 너비가 침대 커버 정도였고 길이는 매우 길었습니

---

22) nasic. '나시즈(nasij)'는 금실을 넣어서 비단과 함께 짠 직물의 이름이다. 한자로는 납실실

다 — 하나와 부카란[23] 하나를 가져다놓으라고 했습니다. 제가 그것을 받으려고 하지 않자, 그들은 그것을 통역에게 보냈고 그는 그것을 차지했습니다. 그는 나시즈를 키프로스까지 가지고 갔는데, 여행으로 인해서 많이 닳고 찢어졌음에도 불구하고 그것을 80키프로스 베산트[24]에 팔았습니다.

22. 그러고 나서 음료수 즉 곡주, 라 로셀르[25]와 비슷한 붉은 포도주, 쿠미즈가 들어왔습니다. 그 부인은 가득 찬 잔을 손에 들고 무릎을 꿇고 축도를 청했습니다. 사제들은 모두 큰 목소리로 찬송했고 그러는 사이에 그녀는 잔을 비웠습니다. 저의 동료와 저는 또다른 기회를 엿보아 그녀가 다시 마시려고 할 때 찬송을 부를 수밖에 없었습니다. 그들이 모두 거의 취했을 때 음식이 나왔는데 양고기는 즉시로 먹어치워 없어졌습니다. 그 다음에는 잉어(carp)라고 불리는 커다란 물고기를 내왔는데, 소금이나 빵도 없었지만 나는 조금만 떼었습니다. 이런 방식으로 그들은 낮부터 저녁에 이를 때까지 시간을 보냈습니다. 그 부인은 그때쯤 취해버렸고, 사제들의 찬송과 애곡을 들으며 그녀의 수레에 올라서 갈 길을 갔습니다.

23. 그 다음 일요일[1월 18일], '가나에서의 혼인 잔치'가 읽을 구절이었는데, 어머니가 기독교도였던 칸의 딸[26]이 와서 마찬가지로 행했는데, 다만 그렇게 [거창한] 의식은 하지 않았습니다. 그녀는 선물도 주지 않았고 사제들이 취할 때까지 그저 마실 것만을 주었고 볶은 기장을 먹을 것으로 주었습니다.

24. 칠순절[27] 일요일이 되기 전 사흘 동안 네스토리우스 교도들은 금식

(納失失)이라고 음사(音寫)되었다. 마르코 폴로는 나시치(nascici)라고 표기했다. 보다 자세한 설명은 마르코 폴로/김호동(2000), 112, 주 49 참조.

23) buccaran. 고급 면포를 가리키는 부크람(buckram)을 옮긴 말로서, 부하라(Bukhara)라는 지명에서 기원한 것으로 추정된다. 카르피니 제2장 4절의 역주 참조.

24) besant. 비잔틴 제국에서 발행된 금화.

25) la Rochelle. 프랑스 서부 해안 비스케이(Biscay) 만에 위치한 항구도시의 이름으로 로마 제국 시대 이래로 포도주 생산지로 유명했다.

26) 즉 앞에서 언급된 '키리나(시린)'.

을 행합니다. 그들은 그것을 요나의 금식이라고 부르는데, 그가 그것을 니네베 사람들에게 가르쳐주었기 때문에 [그렇게 부르는] 것입니다.[28] 이때 아르메니아인들은 닷새 동안 금식하는데 그것을 성 세르키스[29]의 금식이라고 부릅니다. 그는 그들에게 가장 중요한 성자이고 그리스인들은 그가 성자들의 표본이었다고 말합니다. 네스토리우스 교도들은 화요일에 금식을 시작하여 목요일에 끝내며 그래서 금요일에는 고기를 먹을 수 있도록 합니다.

25. 그때 저는 재상(즉 궁정의 수석 서기)인 불가이[30]가 금요일에 그들에게 먹을 고기를 지급하는 것을 직접 보았습니다. 그들은 거창한 의식을 행하며 그것을 축성했는데, 마치 유월절에 양을 축성하듯이 했습니다. 그러나 그와 매우 가까운 사이인 파리 출신의 장인 윌리엄이 제게 가르쳐준 바에 의하면 그는 [그렇게 축성한 양고기를] 한점도 먹지 않았다고 합니다. 그 수도승은 뭉케에게 그 주 내내 금식을 하도록 인도했고, 그가 실제로 그렇게 했다고 저는 들었습니다.

26. 그 뒤 칠순절 토요일[2월 7일], 즉 아르메니아인들에게는 부활절과

---

27) Septuagesima. 부활전이 되기 9주일 전을 가리킨다. 따라서 정확하게 말하자면 63일 전이지만, 70에 가깝다고 해서 라틴어로 70번째를 뜻하는 Septuagesima라는 이름으로 불렸다.

28) 요나(Jona)는 구약성경에 나오는 유대 예언자의 이름. 그는 아시리아 제국의 수도 니네베로 가서 전교하라는 하느님의 지시를 어기고 도망쳐 배를 타고 가다가, 바다에 던져져 고래 뱃속에 들어간 인물로 유명하다. 결국 그는 니네베로 가서 전교 활동을 하게 되었다.

29) St. Serkis. 즉 St. Sergius(아르메니아어로는 Sargis). 막시무스 황제(재위 235-238) 때에 시리아에서 순교를 당한 성자라는 설이 있다. 그런데 아르메니아 전설에 따르면 그는 원래 카파도키아 출신의 로마 장군이었는데 율리아누스 황제(재위 361-363) 때에 사산조로 망명했다가 샤푸르 2세(재위 309-379)에 의해서 순교되었다고도 한다. Rubruck/Jackson(1990), 191-192, note 7 참조.

30) Bulgai. 라시드 앗 딘의『집사』에는 뭉케 칸 시대에 비틱치와 재상들의 '선임자'인 '불가이 아카(Bulghāī Āqā)'라는 인물이 언급되어 있다. 그는 뭉케 사후에 아릭 부케를 지지했다가 쿠빌라이 집권 이후 처형된 인물이다. 라시드 앗 딘/김호동(2005), 319, 392-394 참조. 그는 구육 시대에 '수석 서기'였던 발라와 친카이의 뒤를 이은 인물로 보인다. 카르피니의 글 제9장 40절 참조.

견갑골로 점을 쳐서 그 결과를 새긴 것

같이 중요한 날, 우리는 열을 지어 뭉케의 천막으로 갔습니다. 그 수도승과 우리 두 사람은 먼저 칼을 가지고 있는지 몸수색을 받은 다음에 사제들과 함께 그의 어전에 들어갔습니다. 우리가 들어가려고 할 때 한 시종이 양의 견갑골들을 들고 나왔는데, 그것은 석탄처럼 검게 그을려 있었습니다. 저는 그가 그것으로 무엇을 하고 있었는지 매우 궁금했는데, 제가 나중에 그 것에 관해서 물어보니, [칸은] 먼저 이 뼈들로 점을 치기 전에는 이 세상에서 어떤 일도 하지 않는다는 것을 알게 되었습니다. 그래서 그는 먼저 뼈로 점을 치기 전에는 자신의 처소에 누구도 들여놓지 않는다고 합니다.

27. 이런 종류의 점은 다음과 같은 방식으로 행해집니다. 그가 만약 어떤 계획을 마음에 품고 있다면, 아직 태우지 않은 이러한 뼈를 세 개 자신에게 가져오도록 하고, 그것들을 손에 쥐고 있으면서 자신이 계획한 일을 해야 할지 말지 지침을 필요로 하는 문제를 생각합니다. 그런 다음에 그는 그 뼈를 노예에게 건네어 태우게 합니다. (그가 머무는 거처 가까운 곳에는

항상 뼈를 태우는 조그만 장소가 두 개 있으며, 둔영 전역을 뒤져서 [그런 뼈들을] 찾습니다.) 뼈들이 검게 그을려지면 그것들을 그에게로 다시 가져오고, 그는 불의 열기가 그것들을 깨끗하게 세로로 갈라놓았는지 아닌지 확인하기 위해서 살핍니다. 만약 그렇게 [갈라졌을] 경우라면 그가 [계획을] 행동에 옮겨도 무방하지만, 그렇지 않은 경우, 즉 뼈들이 수평으로 금이 갔거나 아니면 둥그런 조각들이 떨어져나갔을 경우라면 그는 [계획을] 포기합니다. 뼈는 항상 불 속에서 금이 가며 마치 [금들의] 그물과 같은 것으로 덮입니다. 만약 세 개의 뼈들 가운데 하나라도 [세로로] 깨끗하게 갈라지면 그는 행동에 나섭니다.31)

28. 그래서 우리는 문지방을 건드리지 말라는 주의를 먼저 받은 후에 그의 어전에 들어갔습니다. 네스토리우스파 사제들이 그에게 향을 가지고 가니, 그가 그것을 향로 위에 올려놓아 [태웠고] 그들은 그것을 그에게 씌였습니다. 그런 다음 그들은 그의 음료수 위에 축복의 기도를 읊조렸고, 뒤이어 그 수도승이 자신의 축사를 했습니다. 그리고 가장 마지막에 우리도 그런 [축사를] 올려야 했습니다. 그는 우리가 성경을 가슴에 꼭 안고 있는 것을 보고는 자기에게 그것을 가지고 오게 한 뒤, 아주 유심히 살펴보았습니다. 그 뒤 그가 술에 취하자 수석 사제가 잔을 들고 그 옆에서 대기했고, 사제들은 음료수를 대접받았습니다.

29. 그리고 나서 우리는 거기서 나왔는데 저의 동료는 머뭇거리다가 뒤쳐졌습니다. 우리가 이미 나서고 있었고 그는 우리를 따라 나왔어야 했는데, 그는 칸 쪽으로 몸을 돌려 그에게 절을 했습니다. 그리고는 급하게 서둘러 우리를 뒤쫓아오다가 거처의 문지방에 걸려서 넘어지고 말았습니다. 그래서 우리는 그 [칸]의 아들 발투의 거처를 향해서 서둘러 앞서가는

---

31) 양이나 소와 같은 동물의 어깨뼈를 불에 그을려 점을 치는 것(scapulmacy)은 당시 몽골인들에게는 흔한 일이었다. 칭기스 칸도 호레즘을 공격하기 전에 원정할지 여부를 묻고, 원정 이후 귀환할 때에 인도를 경유할지 말지를 묻기 위해서 양의 어깨뼈로 점을 쳤다. 라스네프스키(1991), 118, 136; 『耶律文正公年譜』, 2009, 184; 『蒙韃備錄』, 2009, 356.

동안, 문지방을 지키던 사람들이 저의 동료를 붙잡아 세워놓은 뒤 우리를 따라오지 못하게 했습니다. 누군가 불려왔고 그를 불가이에게 데리고 가라는 지시를 받았습니다. 불가이는 궁정의 수석 서기이며 범죄를 저지른 사람들에게 사형을 선고하는 사람입니다.[32] 나는 이 모든 것을 알지 못했습니다. 내가 돌아보았으나 그가 다가오는 것을 볼 수 없었고, 그래서 나는 그에게 조금 가벼운 옷을 주려고 그를 붙잡아둔 것이라고 생각했습니다. 왜냐하면 그는 몸이 약했고 모피가 어찌나 거추장스러웠던지 걷기도 힘들 정도였기 때문입니다. 그러나 곧 그들은 우리의 통역을 불렀고 그와 함께 앉게 했습니다.

30. [이런 사정을 몰랐던] 우리는 우리대로 칸의 큰 아들의 거처로 향했습니다. 그는 이미 두 명의 부인을 두고 있었고 자기 아버지의 궁정 오른쪽에 자리를 잡고 있었습니다. 그는 우리가 다가오는 것을 보자마자 앉아 있던 침상에서 펄쩍 뛰어 일어나 절을 하며 그의 이마를 땅바닥에 찧으면서 십자가에 경의를 표시했습니다. 그러고 나서 그는 일어나 극진한 경의를 표하며, [십자가를] 자기 옆에 있는 어떤 새로운 천으로 덮인 높은 지점에 놓으라고 했습니다. 그는 다비드(David)라는 이름의 네스토리우스 사제를 자신의 사부로 두었는데, [이 사제는] 그에게 교육을 시키기는 하지만 대단한 술주정뱅이였습니다. 그는 이제 우리에게 앉으라고 하고 사제들에게 마실 것을 주라고 했습니다. 그 자신도 그들에게 축성을 받은 뒤에 마셨습니다.

31. 우리는 그 다음에 [뭉케 칸의] 두 번째 부인의 거처로 갔는데, 그녀는 코타[33]라고 불리며 우상을 숭배했습니다. 우리는 그녀가 아파서 침대

---

32) 몽골 궁정에서 '서기(bichēchi)'는 루브룩이 언급하듯이 "범죄를 저지른 사람들에게 사형을 선고"하는 직무는 담당하지 않았다. 그것은 어디까지나 칸의 권한이고 그로부터 그 권한을 위임받은 자르구치(jarghuchi)라는 판관이 수행하는 일이다. 그런데 루브룩이 뒤의 37절에서 불가이를 가리켜 '판관'이라고 부른 것으로 보아, 그는 서기와 판관이라는 두 가지 직무를 모두 수행했음이 분명하다.

에 누워 있는 것을 보았습니다. 그래서 그 수도승은 그녀에게 침대에서 일어나서 세 번 무릎을 꿇고 이마를 땅에 대어서 십자가에 경의를 표하게 했습니다. 그는 십자가를 들고 천막의 서쪽에, 그녀는 동쪽에 섰습니다. 이렇게 한 뒤에 그들은 위치를 바꾸어 그 수도승은 십자가를 들고 동쪽으로, 그녀는 서쪽으로 이동했습니다. 그녀는 너무나 허약해서 두 발로 서 있기도 힘들 정도였지만 그는 뻔뻔하게도 그녀에게 기독교의 의식에 따라 동쪽을 향해 세 번 무릎을 꿇고 십자가에 대해서 경배하라고 했습니다. 그녀는 이것을 행했고 그는 그녀의 앞에서 성호를 긋는 방법을 가르쳐주었습니다.

32. 그녀가 침대에 다시 눕혀지고 그녀를 위한 기도가 끝나자, 우리는 기독교도 부인이 살았던 세 번째 거처로 걸음을 옮겼습니다. 그녀가 사망한 뒤 그녀[의 자리]는 젊은 여자[34]에 의해서 계승되었는데, 마치 황제의 아들[이 그랬던 것처럼] 그녀도 우리를 반갑게 맞이해주었습니다. 그 거처 안에 있는 사람들은 모두 십자가를 깍듯하게 경배했으며, 그녀는 그것을 비단천 위에 높은 지점에 올려놓았습니다. 그녀는 음식, 즉 양고기를 가져오도록 했습니다. 그것이 여주인 앞에 놓이자 그녀는 사제들에게 나누어 주라고 했습니다. 그러나 나와 그 수도승은 음식과 음료수를 먹는 것을 삼

---

33) Cota. 라시드 앗 딘은 Qutai/Qotai라고 표기. 라시드 앗 딘/김호동(2005), 345-346; Rashid al-Din/Boyle(1971), 228 참조. 뭉케가 남송 원정 도중 사천에서 사망한 뒤 카라코룸으로 운구되었는데, 라시드 앗 딘의 기록에 의하면 첫날은 쿠툭타이 카툰의 오르두, 둘째 날은 쿠타이 카툰의 오르두, 셋째 날은 차분 카툰의 오르두, 넷째 날은 키사 카툰의 오르두에서 장례를 치렀다고 한다. 이로써 뭉케 칸이 4개의 오르두를 보유했고, 쿠타이(루브룩의 코타) 카툰은 둘째 부인으로써 두 번째 오르두의 책임자였음을 알 수 있다.

34) 루브룩은 이 젊은 여자가 누구인지 이름을 밝히지 않았으나, 앞의 주석에서 설명했듯이 만약 뭉케의 기독교도 부인이 셋째 오르두를 관장했던 사람이었다면, 뭉케 사망 시 이 오르두의 주인은 차분 카툰으로 기록되었기 때문에, 차분이 바로 그 '젊은 여자'일 가능성이 있다. 쿠빌라이의 첫째 부인의 이름도 차분(혹은 차부이; 한자로는 察必; 1227-1281)이지만 두 사람은 동명이인이다. 라시드 앗 딘에 의하면 뭉케의 부인 차분 카툰은 남송 원정 시 함께 있었다고 한다.

갔습니다.

33. 고기를 먹어치우고 상당히 많은 양의 음료수를 마신 뒤, 우리는 젊은 공주 키리나35)의 거처로 가야만 했는데, 그것은 그녀의 어머니에게 속한 커다란 거처 뒤에 위치해 있었습니다. 십자가가 들어가자 그녀는 땅바닥에 엎드려 극도의 공경심을 가지고 경배했고, 이에 관해서 그녀는 올바로 된 교육을 받은 듯했습니다. 그녀는 비단으로 만든 천 위에 높은 장소에 그것을 올려놓았는데, 십자가를 세워놓는 이들 옷감은 모두 그 수도승의 것이었습니다.

34. 십자가는 그 수도승과 함께 도착했던 아르메니아 사람이 가지고 온 것으로서 그는 그것이 예루살렘에서 온 것이라고 주장합니다. 그것은 은으로 만들어졌고 4마르크[즉 800그램]36) 정도의 무게이며, 모퉁이에 네 개의 보석이 있고 가운데 또 하나가 박혀 있지만, 그 위에는 [그리스도]의 상은 없었습니다. 왜냐하면 아르메니아와 네스토리우스 교도들은 그리스도가 십자가 위에 못박혀 있는 모습이 보이는 것에 대해서 난감하게 생각하기 때문입니다. 그들은 그 수도승을 통해서 그것을 뭉케 칸에게 바쳤고 뭉케는 그가 원하는 것이 무엇이냐고 물었습니다. 그 사람은 자신이 사라센들에 의해서 파괴된 한 교회를 담당하던 아르메니아 사제의 아들이라고 말하면서 교회를 복구하기 위한 칸의 지원을 요청했습니다. 이에 칸은 그것을 다시 짓는 데 비용이 얼마나 드느냐고 물어보았고, 그는 200야스코트(즉 2,000마르크)라고 대답했습니다.37) 칸은 페르시아와 대아르메니아에서 공납을 받는 사람에게 보내는 편지를 그에게 주라고 지시했는데, [그

---

35) Cherime (D: Cherinne). 앞에서 Cirina로 표기된 공주. 정확한 발음은 시린(Shirin)이다.
36) 1마르크는 249그램에 해당되지만 중세 유럽에서 정확한 무게에는 편차가 많았다고 한다. 루브룩은 아래에서 200야스코트가 2,000마르크와 같다고 했는데, 1야스코트는 2킬로그램에 해당되기 때문에, 이를 근거로 환산하면 1마르크는 200그램이 되는 셈이다.
37) 『원사』 권95 「세사(歲賜)」에 의하면, 칭기스 칸의 후손들, 즉 당시 제왕들은 매년 은과 비단 등을 '세사'로 받았는데, 그 가운데 최고위급 제왕들이 은 100정(錠)을 받았다고 하니, 200야스코트, 즉 200정은 상당히 많은 금액임을 알 수 있다.

편지에서] 이 액수의 은을 그에게 지급하라고 적었습니다. 그 수도승은 어디를 가든지 이 십자가를 가지고 다녔고, [다른] 사제들은 그가 수입을 거둔 것을 보고 그를 시기하기 시작했습니다.

우리는 젊은 공주의 거처 안에 있었는데 그녀는 사제들에게 마실 것을 많이 주었습니다.

35. 여기서 우리는 네 번째 거처, 숫자나 지위에서 가장 마지막인 곳으로 갔습니다. [칸은] 이 부인을 거의 찾지 않는 편이고 그녀의 거처는 오래되었으며 그녀 자신도 거의 매력이 없었습니다.[38] 그렇지만 부활절이 지난 뒤 칸은 그녀를 위해서 새로운 거처 하나와 새로운 수레들을 만들어주었습니다. 두 번째 부인처럼 그녀도 기독교에 대해서는 거의 혹은 전혀 아무런 지식도 없었고 점쟁이나 우상숭배자들의 추종자였습니다. 그렇다고 하더라도 우리가 들어가자 그녀는 그 수도승과 사제들이 그녀에게 가르쳐 준 대로 십자가에 대해서 경배했습니다. 여기서 사제들은 다시 또 마셨습니다.

36. 그곳에서 우리는 그 근처에 있던 우리의 기도소로 발길을 돌렸고, 사제들은 취한 상태에서 찬송을 불렀기 때문에 큰 소리로 고래고래 질렀습니다. 그러나 그곳에서는 남자나 여자나 그런 상태에 있는 것을 못마땅하게 여기지 않습니다. 그리고 나서 나의 동료가 돌아왔는데 그 수도승은 그가 문지방을 밟은 것에 대해서 정말로 호되게 질책을 했습니다.

37. 그다음 날 판관인 불가이가 와서 누군가 우리에게 문지방을 밟지 말도록 조심하라고 경고를 했는지 하지 않았는지 예리하게 따져 물었습니다. 저는 "나의 주인이시여, 우리는 통역이 없으니 어떻게 우리가 그것을 이해할 수 있겠습니까?"라고 대답했습니다. 이 말에 그는 [저의 동료를] 용서했지만, 그는 그 후 어떤 행사에서도 칸의 거처 어디에도 들어가는 것이 허용되지 않았습니다.

---

38) 라시드 앗 딘에 의하면, 그녀의 이름은 '키사 카툰'이었다. 앞의 주석 참조.

38. 이 일이 있은 뒤 건강이 좋지 않았던 부인 코타가 사순절 전 두 번째 일요일[2월 15일] 즈음에 더 악화가 되어 목숨이 위태로울 지경이었고, 우상숭배자들의 주술사들도 그녀를 고치는 데에 아무런 성공을 거두지 못했습니다. 그러자 뭉케는 그 수도승을 불렀고 그녀를 위해서 무엇을 할 수 있는지 그에게 물었습니다. 그 수도승은 무모하게도 만약 그녀가 회복되지 않는다면 [칸은] 그의 목을 잘라도 좋다는 대답을 했습니다. 이러한 약속을 한 뒤에 그 수도사승은 우리를 불러서 사태의 전말을 이야기해주며, 그날 밤 그와 함께 철야로 기도하자면서 눈물로 우리에게 호소했고, 우리는 그렇게 했습니다.

39. 그는 대황(rhubarb)[39]으로 알려진 어떤 뿌리를 가지고 있었는데, 그것을 말하자면 일종의 환약과 같이 잘라서, 그가 가지고 있던 작은 십자가와 함께 물속에 넣었습니다. 그 십자가 위에는 구주의 성상이 부조로 붙어 있었습니다. 그는 이것으로 아픈 사람이 회복될지 아니면 죽을지를 식별할 수 있게 될 것이라고 주장했습니다. 만약 회복될 것이면 그것이 병자의 가슴에 마치 풀을 붙인 것처럼 붙을 것이고, 그렇지 않으면 붙지 않을 것이라고 했습니다. 저는 이 대황이야말로 그가 예루살렘 성지에서 가지고 온 어떤 성스러운 것이라는 인상을 가지고 있었습니다. 그는 아픈 사람에게는 모두 그 물을 약간 주곤 했고, 그렇게 역겨운 음료수를 받아 마신 사람들의 속은 하나같이 모두 뒤집혀질 수밖에 없었습니다. 이러한 육체적 반응에 대해서 그들은 마치 기적인 양 생각했던 것입니다.

그가 약간의 물을 준비하던 바로 그 순간에 저는 그에게 로마 교회에서 만들어진 성수에 대해서 이야기를 했습니다. 저는 그녀를 괴롭히고 있는 것이 마귀라는 결론에 도달했고, 그 [성수]는 마귀를 몰아내는 데에 무척

---

39) 대황(大黃)은 중국 서북부 간쑤, 칭하이 등지에서 나오는 다년생 풀로 그 약효에 대해서는 일찍이 동서의 문헌에 많이 언급되었다. 이에 관해서는 Laufer(1919), 546-551; Allsen(2001), 152 참조.

효과적이기 때문이었습니다. 그래서 그의 요청에 따라서 우리는 약간의 성수를 준비했고 그는 거기에 대황을 섞고 십자가를 넣어서, 밤이 지나는 동안 그것들이 물과 함께 섞이게 했습니다. 더 나아가 저는 만약 그가 사제라면 사제라는 신분이야말로 마귀를 몰아내는 강력한 힘을 소유하고 있다고 말했습니다. 그는 자신이 사제라고 주장했습니다. 그렇지만 그는 거짓말을 한 것입니다. 왜냐하면 그는 서품을 받은 적도 없고 대단히 무식했기 때문입니다. 제가 귀환하는 길에 여행하게 된 그의 고향에서 알게 된 사실이지만 실은 그는 옷감을 짜던 사람이었습니다.

40. 그래서 그다음 날 그 수도승과 저와 두 명의 네스토리우스파 사제들은 그 부인에게 갔는데, 그녀는 자신의 주된 주거지 뒤에 있는 조그만 천막 안에 있었습니다. 우리가 들어가자 그녀는 침대에 앉아서 십자가에 경배하고 그것을 공손하게 그녀 옆에 비단 천 위에 올려놓았습니다. 그녀는 대황이 섞인 성수 약간을 마시고 또 [그것을] 자신의 가슴을 씻어내는 데에 사용했는데, 그러는 동안 그 수도승은 그녀에게 복음서를 읽어주라고 제게 요청했습니다. 저는 요한복음에 나오는 주님의 수난 [부분]을 읽었습니다. 얼마 지난 뒤 기분이 나아지자 그녀는 기뻐서 은 야스코트 4개를 가져오라고 했습니다. 그녀는 이것들을 십자가 발치 아래에 놓은 다음 하나는 그 수도승에게 주고 하나는 제게 건넸습니다. 제가 그것을 받으려고 하지 않자, 그 수도사는 손을 뻗어 그것을 낚아챘습니다. 그녀는 또한 [네스토리우스파] 사제들에게 각각 하나씩 주었고, 그 결과 이번에 그녀는 40마르크를 내어준 셈입니다.40) 그리고 난 뒤 그녀는 포도주를 가져오라고 해서 사제들에게 마시라고 조금 주었습니다. 저도 삼위일체에게 영광을 돌리며 세 차례에 걸쳐 그녀의 손에서 음료수를 받아야 했습니다. 그녀 역시 제게 [그들의] 언어를 가르치기 시작했는데, 저는 통역이 없어서 벙어리

---

40) 앞에서도 200야스코트가 2,000마르크에 해당된다고 했듯이, 은 1정(야스코트)은 10마르크와 등가였던 셈이다.

처럼 있었기 때문에 저를 놀리기도 했습니다.

41. 우리는 그다음 날 그녀를 한 번 더 방문했는데, 우리가 그 길로 지난다는 이야기를 들은 뭉케 칸이 우리를 자신에게 오라고 했습니다. 왜냐하면 그 부인이 호전되었다는 말을 들었기 때문입니다. 그는 몇 명의 수행원들과 함께 머리를 가라앉히기 위해서 반죽으로 만든 국인 탐41)을 조금씩 마시고 있었고, 그의 앞에는 검게 그을린 양의 견갑골들이 놓여 있었습니다. 그는 십자가를 손으로 잡았는데 저는 그가 그것에 입을 맞추거나 경배하는 것은 보지 못했습니다. 그 대신 그는 무엇을 찾는 듯이 그것을 살펴보았습니다. 그러자 그 수도승은 십자가를 창 끝 높은 곳에 올려놓고 가지고 다니게 허락을 내려달라고 요청했습니다. 저는 이 문제에 관해서 이미 그와 이야기를 나누었습니다. 뭉케는 "당신이 가장 좋다고 생각하는 방식으로 가지고 다니도록 하라"고 대답했습니다.

42. 그에게서 물러나 우리는 그 부인을 방문했는데, 그녀는 건강이 좋아지고 활기도 되찾은 것을 보았습니다. 그녀는 다시 약간의 성수를 마셨고 우리는 그녀에게 '수난' [구절]을 읽어주었습니다. 그 엉터리 사제들은 그녀에게 신앙에 대해서는 한번도 가르치지 않았고 세례를 받으라고 권고하지도 않았습니다. 그러나 저는 한마디도 할 수 없는 처지였기 때문에, 그녀는 제게 [그들의] 언어를 계속해서 가르쳤지만 저는 침묵을 지키며 그자리에 앉아 있었습니다. 그렇다고 사제들이 어떤 형태의 주술을 비난한 것도 아니었습니다. 저는 그곳에서 네 개의 칼이 칼집에서 반쯤 꺼내져 있었던 것을 보았는데, 하나는 그 부인의 침상 머리맡에, 다른 하나는 그 발치에, 다른 두 개는 입구 양쪽에 있었습니다. 저는 또한 거기서 우리가 가지고 있는 것과 같은 종류의 은제 성배를 보았는데, 아마 헝가리의 어느 교회에서 약탈해온 것으로 보였습니다. 그 [성배]는 안에 재가 가득 담겨

---

41) tam. 클라크(Clark, 1973, 188)에 의하면 이것은 몽골어의 tan[g]을 옮긴 말이며, 그 어원은 티베트어라고 한다. 혹시 중국어의 湯과 관련된 말은 아닐까?

있었고 그 위에 검은 돌42) 하나가 놓인 채로 벽에 걸려 있었습니다. 사제들은 그러한 관례들이 사악한 것이라는 사실을 결코 가르치지 않았고, 실제로는 그들이 그런 짓들을 스스로 하고 또 퍼뜨립니다. 그렇게 우리는 마침내 그녀가 완전히 건강을 회복하게 된 시점까지, 즉 사흘 동안 그녀를 방문했습니다.

43. 이 일이 있은 뒤 그 수도승은 십자가 [문양]들로 뒤덮인 깃발 하나를 만들었고 또 창처럼 긴 지팡이를 찾아서 그 위에 십자가를 높이 달아서 가지고 다니곤 했습니다. 저는 그에게 상급자에게 걸맞은 경의를 표시했는데 그것은 그가 [그들의] 언어에 익숙했기 때문입니다. 그러나 그는 제가 반대하는 많은 일들을 하곤 했습니다. 그는 주교들이 일반적으로 가지고 있는 그런 형태의 접이식 의자 하나, 장갑, 공작 털이 달려 있고 조그만금 십자가가 하나 달려 있는 모자 등을 자신을 위해서 만들게 했는데, 적어도 저는 그 십자가는 인정했습니다. 그의 손톱은 흉측했는데 그는 거기에 연고를 발라 낫게 하려고 애를 썼습니다. 더구나 그는 연설을 할 때 점점 더 오만해졌습니다. 게다가 네스토리우스 교도들은 두 개의 막대기를 같이 붙여서 두 사람이 그것을 잡고 있게 하고는, 거기에다가 어떤 시들이나 혹은 시편에 있는 다른 구절 ─ 그들의 주장에 의하면 그렇습니다만 ─ 을 읊곤 했습니다. 그 수도승은 그러한 행사에 참석하곤 했고, 또한 그는 그 나름대로 다른 많은 헛된 짓들을 했는데 나로서는 동의할 수 없는 것들이었습니다. 그러나 우리는 십자가에 대한 경외심에서 그와 동행을 했으며, 우리는 그것을 높이 받쳐들고 "왕의 깃발이 나오신다(Vexilla regis prodeunt)"를 부르며 둔영 전역을 돌아다녔는데, 그것이 사라센들에게 상당한 놀라움을 주었습니다.

44. 우리가 뭉케 칸의 궁정에 도착한 이후 그는 남쪽 방향으로 딱 두

---

42) Rubruck/Rockhill(1900), 195, note 1에는 이 검은 돌이 풍우(風雨)를 부를 때 사용하는 '자다石(jada stone)'이거나 아니면 사람 몸 안에서 나온 사리(sarir)가 아닐까 추정되었다.

번 이동했고, 그 뒤에는 다시 북방, 즉 카라코룸을 향해서 움직이기 시작했습니다. 제가 여행하는 내내 관찰한 것 한 가지는 일찍이 그곳에 있었던 해놀트의 볼드윈[43] 경이 콘스탄티노플에서 제게 말했던 것과 같은 것입니다. 즉 그가 본 것들 가운데 딱 한 가지 놀라운 것이 있었는데, 그것은 [칸이] 이동할 때 항상 오르막으로 가지 내리막으로 가지 않는다는 사실입니다. 왜냐하면 모든 강들은 [다른 방향으로] 벗어나거나 새지 않고, 즉 남쪽이나 북쪽으로 흐르지 않고, 오로지 동쪽에서 서쪽으로 흐르기 때문입니다.[44]

제가 카타이아에서 온 사제들에게 물어보았더니 그들은 다음과 같은 정보를 주었습니다.

45. 제가 뭉케 칸을 만난 그 지점에서부터 멀리 카타이까지는 동남쪽 방향으로 20일 거리입니다. 몽골인들이 원래 가지고 있던 지역이자 칭기스 칸의 거주지가 위치해 있던 오난케룰레까지는 동쪽으로 10일 거리입니다. 그렇지만 '수몽골'[45] — 다시 말해서 '수'는 물을 뜻하기 때문에 '물의 몽골'— 이라는 이름으로 알려진 사람들이 있습니다. 그들은 고기잡이와 사냥으로 생활하며 양떼나 가축들을 가지고 있지 않습니다. 북쪽으로는 마찬가지로 도시가 없고, 다만 가축을 기르는 케르키스[46]라는 이름으로 알려진 가난한 부족이 있습니다. 또한 그곳에는 오렌가이[47]라는 [부족이] 있는데 그들은 매끄럽게 칠한 뼈를 발밑에 묶어서, 새와 동물을 잡을 수

43) 앞의 제15장 3절의 주석 참조.
44) 뭉케 칸의 동영지는 항가이 산맥 남쪽의 옹긴 강 유역이고 그는 겨울이 끝나갈 무렵 북상하여 카라코룸으로 갔다. 이때 그의 이동경로는 항가이 산지로 올라가는 것이기 때문에 루브룩이 기록한 것처럼 "항상 오르막으로 이동"하는 것은 당연할 것이다. 그러나 그 부근의 강들이 "오로지 동쪽에서 서쪽으로" 흐른다고 한 그의 서술은 납득하기 어렵다. 오히려 그 반대로 오르콘 강처럼 서쪽에서 동쪽으로 흐르거나 아니면 남쪽에서 북쪽으로 흐르기 때문이다.
45) Su Moal. 카르피니의 글 제5장 2절의 주석 참조.
46) Kerkis. 여기서는 예니세이 강 상류지역에 거주하던 키르기즈인들을 가리킨다.
47) Orengai. 삼림지역에 거주하던 우량카이(Uryangqai)를 가리킨다. 우량카이라는 부족명은 우리말 '오랑캐'의 기원이 되었다.

있을 정도로 빠른 속도로 얼어붙은 눈과 얼음 위를 달립니다.

46. 북쪽 방향으로는 이밖에도 다른 많은 부족들이 있는데 그들은 가난합니다. 또 추위에도 불구하고 아주 멀리까지 흩어져 살고 있습니다. 서쪽으로 [몽골인들은] 파스카베르48)인들의 땅, 즉 대형가리와 접하고 있는데, 이에 관해서는 앞에서 전하게 말씀드렸습니다. 북쪽으로 더 먼 곳은 엄청난 추위로 인해서 알려져 있지 않습니다. 왜냐하면 그곳은 끊임없이 눈보라가 치기 때문입니다. 저는 이시도루스나 솔리누스49)가 묘사했던 괴물들이나 변종 인간들에 대해서 물어보았으나, 그런 것들은 발견된 적이 없다는 이야기를 들었습니다. 그래서 우리는 그 진실성에 대해서 매우 의심을 하게 되었습니다.50) 제가 언급한 모든 사람들은 아무리 상황이 열악하다고 해도 어떤 방식으로든 몽골인들에게 봉사를 바쳐야만 합니다. 왜냐하면 누구도 너무 늙어서 어떤 일도 할 수 없게 될 때까지는 [그러한] 봉사에서 면제되어서는 안 된다는 것이 칭기스 칸의 칙령이기 때문입니다.

47. 한번은 카타이아에서 온 한 사제가 저와 함께 앉았는데, 그는 아주 고운 붉은색으로 된 옷을 입고 있었습니다. 저는 그에게 그러한 색깔을 어떻게 구했느냐고 물었습니다. 그는 카타이아의 동쪽에 높은 낭떠러지들이 있는 곳에 어느 모로 보나 사람처럼 생긴 동물이 살고 있는데, 다만 그들의

---

48) Pascaver. 바쉬키르(Bashkir)를 가리키며, 우랄 산맥 부근에 사는 튀르크계 민족의 이름이다. 카르피니 제5장 29절 역주 참조.

49) Solinus. 4세기에 활동했던 학자로서 『세계의 경이(De Mirabilibus mundi)』라는 책을 지었다. 그 내용은 대체로 플리니우스(23-79)의 『박물지(Naturalis Historia)』에서 발췌한 것이다.

50) 유럽 고전시대의 작가들의 글에는 이러한 기이한 변종들에 대한 언급이 자주 보였다. 예를 들면 이시도루스의 글에는 개의 머리를 가진 사람들(Cynocephali)과 엄청나게 큰 귀를 지닌 사람들(Panotii)이 묘사되어 있고, 솔리누스의 글에는 개의 머리를 가진 사람들, 눈과 다리가 하나 뿐인 사람들, 목이 없고 눈은 어깨에 달려 있는 사람들이 언급되어 있다. 이들의 영향을 받은 카르피니는 입이 너무 작아서 음식을 먹지 못하고 냄새만 맡는 '파로시트(Parossit)'라든가(제5장 30절), 팔과 다리가 하나뿐이어서 깡충거리며 다니다가 피곤해지면 손발을 말아서 바퀴처럼 굴러다니는 사람들(제5장 33절) 등에 대해서 언급했다. 이와 유사한 묘사가 유럽뿐만 아니라 함둘라 무스타우피(Ḥamd Allāh Mustawfī)와 같은 이슬람권의 작가들의 글에도 보인다. Rubruck/Jackson(1990), 201, note 4 참조.

무릎이 굽혀지지 않아 깡충깡충 뛰면서 움직인다는 점이 다를 뿐입니다. 그들은 키가 1큐빗밖에 되지 않고 그 조그만 몸 전체가 털로 덮여 있습니다. 그들은 사람의 발길이 닿지 않는 동굴에서 살고 있는데, 사람들이 그 녀석들을 사냥할 때는 자기들이 빚을 수 있는 가장 독한 술을 가지고 가서, 바위에 컵 모양[의 구멍]을 판 뒤 그곳에 술을 채워둡니다. (카타이아에는 아직 포도주가 없는데, 최근에 포도를 심기 시작했습니다. 그들은 쌀로 술을 만듭니다.)

48. 그리고 사냥꾼들이 숨어 있으면 이 동물들이 동굴 속에서 나와 그 술을 맛보고는 '친친'이라고 소리치는데, 바로 이 외치는 소리에서 그들의 이름을 따서 '친친'이라고 알려지게 된 것입니다.[51) 그 뒤에 그들은 엄청나게 많이 몰려와 술을 마시고 취해서는 그 자리에서 잠에 빠집니다. 바로 이때 사냥꾼들이 나타나서 잠들어 있는 그들의 손과 발을 묶습니다. 그 다음에 그들은 그 목에 동맥을 따서 한 마리마다 서너 방울의 피를 뽑아낸 뒤에 자유롭게 풀어줍니다. [그 사제가] 제게 말하기를 그 피는 자주색 염료를 만들 때 최고의 가치가 있다고 합니다.

49. 저는 또다른 이야기를 들었지만 그것을 믿지는 않습니다. 즉 카타이아 너머에 어떤 나라가 있는데, 누구든 그가 몇 살이건 간에 그 나라에 들어가면 그 나이 그대로 멈춘다는 것입니다. 카타이아는 바다에 접하고 있습니다. 장인 윌리엄은 섬에서 살고 있는 카울레[52)와 만세[53)라는 이름

---

51) Chichin. 성성(xingxing, 猩猩)이라는 음을 옮긴 것이다. 오랑우탄과 유사한 동물이다. 『화양국지(華陽國志)』 권4 「남중지(南中志)」에는 "성성(猩猩)이라는 동물은 능히 말을 하고 그 피로 붉은 빛 염색을 할 수 있다"라고 했다. 『통전(通典)』 권187 「변방(邊防), 3」에는 성성이에 관한 여러 전적들의 언급을 모아 놓았는데, 성성이가 영특해서 사람의 말을 알아듣고, 또한 술을 좋아해서 술에 취하게 만든 뒤에 잡았다는 이야기들이 기록되어 있다.

52) Caule. '카울레'가 고려(高麗)를 음사한 것임은 의심의 여지가 없다. 그런데 여기서 루브룩이 '섬'에서 살고 있다는 흥미로운 기록을 남겼는데, 이는 과거 서아시아의 문헌이 때로 신라(Silla)를 섬으로 묘사한 것과 연관이 있다기보다는, 당시 고려 왕실이 강화도로 들어가 항몽전쟁을 하고 있었기 때문에 몽골인들 사이에 '카울레'는 섬에서 살고 있는 사람들로 알려졌을 가능성이 크다.

교초(지원초 2관)

으로 알려진 어느 민족의 사신들을 어떻게 보았는지 제게 설명해주었습니다. 그들 주위의 바다는 겨울에 얼어붙기 때문에 그 결과 타타르인들이 그들을 공격하기 위해서 움직일 수 있었습니다. 그들은 타타르인들이 성가시게 하지 않는다는 것을 조건으로 매년 32,000투멘[54])의 야스코트를 제공합니다. (1투멘은 1만과 동일합니다.)

50. 카타이아에서 일상적인 화폐는 종이로 만들어져 있는데, 너비와 길이는 한 뼘이고 그 위에 뭉케의 인장에 쓰인 것과 같은 글들이 찍혀 있습니다.[55]) 그들은 화가들이 사용하는 것과 같은 종류의 붓으로 글을 쓰며,

53) Manse. 중국 북방을 정복한 금나라가 남송을 깔보아 칭하던 만자(蠻子)라는 표현을 몽골인들이 그대로 받아들여 '만지(Manzi)'라고 불렀다. 그 주민 역시 섬에 살고 있다고 한 루브룩의 기록은 고려의 경우와는 달리 언뜻 이해가 되지 않는다. 혹시 남송의 수도인 항저우와 그 주변이 큰 강과 호수들에 둘러싸여 있는 자연적 특징에 기인한 것은 아닐까.

54) tumen. 튀르크, 몽골어에서 tümen은 '만'을 뜻한다.

55) 몽골 제국의 군주들은 송, 금대에 제한적으로 사용되던 '교자(交子)'나 '회자(會子)'와 같은 제도를 받아들여 본격적으로 '교초(交鈔)'라는 지폐를 전국적으로 실시했다. 우구데이는 1238년 교초를 인조(印造)했고, 뭉케 역시 1251년 행용교초(行用交鈔)를 발행했으며, 쿠빌라이는 1260년 통행교초(通行交鈔)에 이어 중통원보교초(中統元寶交鈔)를 발행했다. 교초

하나의 문자 안에 한 단어를 구성하는 여러 개의 글자를 써넣습니다. 티베트 사람들은 우리와 같은 방식으로 글을 쓰고 그들의 문자도 우리의 것과 매우 흡사합니다. 탕구트 사람들은 아랍인들처럼 오른쪽에서 왼쪽으로 쓰지만, 문장을 아래에서 위로 써서 붙여나갑니다.56) 위구르 사람들은 내가 앞에서 이야기했듯이 위에서 아래로 써 내려갑니다. 러시아 사람들의 일반적인 화폐는 다람쥐나 족제비의 모피입니다.57)

51. 우리가 그 수도승이 있는 곳으로 와서 같이 있게 되자, 그는 우리에게 친절을 베풀어서 우리로 하여금 고기를 먹는 것을 삼가게 하고, 우리의 수행원과 그 자신의 시종들은 고기를 먹도록 했습니다. 우리에게는 밀가루와 기름 혹은 버터를 주었는데, 저의 동료의 건강이 매우 취약한 상태였기 때문에 그것을 매우 힘들어했지만 우리는 그대로 행했습니다. 그 결과 우리의 식사는 버터와 섞은 기장, 혹은 버터나 시큼한 젖을 물에 타서 요리한 반죽, 그리고 소나 말의 똥[을 태워] 구운 효모가 섞이지 않은 빵으로 이루어졌습니다.

52. 이렇게 해서 오순절[1254년 2월 22일]이 찾아왔고, 이때 모든 동방 기독교도들은 고기를 삼갔으며, 또 그 주일에 첫째 부인인 코토타는 자기 가속들과 함께 금식을 행했습니다. 그녀는 매일같이 우리의 기도실을 찾아와 사제들과, [오순절] 첫째 주일에 예배 기도를 듣기 위해서 그곳에 모인 굉장히 많이 모여든 다른 기독교도들에게도 음식을 주었습니다. 그녀

의 발행은 쿠빌라이 이후 본격적으로 시행되었다. 교초의 크기는 액면가에 따라 조금씩 차이가 나는데, 지원초 이관(貳貫)의 경우는 세로 0.92척(30cm), 가로 0.66척(22cm), 일백문(壹佰文)은 세로 0.66척(22cm)에 가로 0.41척(13cm)이었던 것으로 확인된다. 일백문짜리 지폐의 크기라면 루브룩이 한 뼘 크기라고 한 것과 비슷하다고 할 수 있다. 지폐의 표면에는 인조한 기관의 명칭(중서성 혹은 상서성), 인조한 연월일 이외에 "위조자참(僞造者斬)"이라는 경고의 구절도 새겨져 있었다. 前田直典(1973), 3-17.

56) 루브룩이 언급한 '탕구트 문자'는 서하의 문자를 지칭한다. 이것은 한자를 본떠서 만든 것으로 위에서 아래로 썼기 때문에, 루브룩의 설명은 옳지 않다.

57) 루브룩이 이렇게 말한 것은 러시아인들이 몽골의 지배를 받을 때 모피를 공납으로 바쳤고, 그래서 모피가 교환의 중요한 수단이 되었기 때문일 것이다.

는 저와 저의 동료에게 각각 상의 하나를 주고, 또 모피가 무겁다고 자주 불평하는 저의 동료의 처지를 생각해서 비단으로 덧댄 두꺼운 회색 견직물58)로 만든 하의들을 주었습니다. 저는 저의 동료를 편하게 하기 위해서 이것들을 받았습니다만, 저 자신은 그런 의복을 입지 않도록 해달라고 청했습니다. 저는 제가 받기로 했던 것을 저의 통역에게 주었습니다.

53. 궁정의 문지기들은 그렇게 많은 군중이 매일같이 궁정의 경계 안에 있는 그 교회에 모이는 것을 보고, 그 [문지기들] 중에 한 사람을 그 수도승에게 보내서 궁정의 경계 안에서 그렇게 많은 사람들이 모여서는 안 된다고 말했습니다. 이에 대해서 그 수도승은 과연 이 같은 지시가 뭉케 자신의 결정을 대변하는 것인지 잘 모르겠다고 날카롭게 응답하면서, 이어서 그가 뭉케에게 가서 그들을 규탄하겠다고 암시하면서 협박까지 했습니다. 그래서 그들은 뭉케를 찾아가 선수를 쳤는데, 그가 극단적인 발언을 할 뿐만 아니라 자신의 설교에 너무 많은 군중을 끌어모으고 있다고 비난한 것입니다.

54. 이 일이 있은 후 사순절 첫 날[3월 1일] 우리는 궁정으로 불려갔고, 그때 그 수도승은 상당히 모욕적인 방식으로 칼이 있는지 몸수색을 받았으며, 심지어 그의 신발도 벗으라고 할 정도였습니다. 우리는 칸의 어전에 들어갔습니다. 그는 그의 손에 그을린 양의 견갑골을 들고서 살펴보며 거기에서 마치 무엇인가를 읽으려는 듯했습니다. 그는 그 수도승을 질책하기 시작하면서 그에게, 하느님에게 기도하는 것이 임무인 그가 무엇 때문에 사람들에게 그렇게 말을 많이 하느냐고 물었습니다. 저는 저대로 머리에 덮개를 벗고 뒤에 서 있었는데, 칸은 그에게 "왜 너는 이 프랑크인이 하는 것처럼 내 앞에 올 때 모자를 벗지 않는 것인가?"라고 물었습니다. 그리고 그는 저를 가까이 오라고 불렀습니다. 이렇게 되자 그 수도승은 매우 당황해하면서 그의 모자를 벗었는데, 그것은 그리스나 아르메니아 사

---

58) samico grisio. 중세 때에 만들어진 두꺼운 견직물이며, 잭슨은 samite라고 번역했다.

람들의 관행과는 상반되는 것이었습니다. 칸이 그에게 심한 말들을 많이 한 뒤에야 비로소 우리는 나왔습니다. 그러자 그 수도승은 제게 십자가를 건네주고 기도실까지 가지고 가라고 했는데, 왜냐하면 그는 충격을 받아서 그것을 들고 갈 수조차 없었기 때문이었습니다.

55. 그는 며칠 뒤 칸과 화해를 했고, 서방의 모든 백성들을 그[뭉케]에게 복속하게 하기 위해서 교황에게로 가기로 했습니다. 이런 이유로 그가 칸과 면담을 한 뒤에 기도실로 돌아오자, 그는 제게 교황에 대해서 묻기 시작했습니다. 만약 그가 뭉케를 대신해서 그를 찾아갔을 때, 과연 [교황이] 그를 만나주겠는지, 또 [교황이] 그에게 산티아고59)까지 갈 수 있도록 말을 제공할지를 물었습니다. 그는 또한 전하께서 당신의 아들을 기꺼이 뭉케에게 보내리라고 제가 생각하는지 묻기도 했습니다. 이에 저는 그가 뭉케에게 한 기만적인 약속에 대해서 경계하는 말을 했는데, 왜냐하면 "마지막의 실수가 처음 것보다 더 나쁜 것"60)이며, "하느님은 우리에게 거짓을 필요로 하시지도 않으며 우리가 그를 위해서 기만적으로 말해서도 안 될"61) 것이기 때문입니다.

56. 이즈음에 그 수도승과 요나스(Jonas)라는 사제 사이에 논쟁이 벌어졌습니다. [요나스는] 부주교의 아들로서 식견이 많은 사람이었고, 나머지 다른 사제들이 그들의 사부이자 부주교로 생각하는 사람이었습니다. 그 수도승은 인간이 천국보다 먼저 창조되었으며 이러한 사실은 복음서에 기록되어 있다고 주장했습니다. 그래서 저는 이 문제에 관해서 판결을 내려 달라고 부름을 받았는데, 그들이 논쟁하고 있는 것이 바로 이 문제였는지는 몰랐습니다. 저는 천국이 셋째 날에 만들어졌고 다른 나무들도 마찬가지로 그러했지만, 인간은 여섯째 날에 만들어졌다고 대답했습니다. 그러자

---

59) Sanctum Iacobum, 즉 Santiago. 스페인 북부에 있는 성지 산티아고 데 콤포스텔라.
60) 「마태복음」 제27장 64절("후의 유혹이 전보다 더 될까 하나이다").
61) 「욥기」 제13장 7절("너희가 하느님을 위하여 불의를 말하려느냐 그를 위하여 궤휼을 말하려느냐").

그 수도승이 이렇게 말하기 시작했습니다. "첫째 날에 마귀가 세상의 네 귀퉁이에서 흙을 가져와서 그것으로 진흙을 만든 뒤 사람의 모양을 빚고, 그리고 하느님이 그 안에 영혼을 불어넣은 것이 아닌가?" 저는 [이와 같은] 마니교의 이단적 이야기와 그가 그것을 얼굴도 붉히지 않고 공개적으로 이야기하는 것을 듣고 그를 매섭게 질책했습니다. 그리고 저는 그에게 "손가락을 그의 입에 대라!"62)고 말하면서, 그가 경전에 대해서 알지 못하는 만큼, 자신을 오류에 빠트릴 만한 어떠한 것도 말하지 않도록 조심하라고 했습니다. 제가 [그들의] 언어에 익숙하지 못했기 때문에 그는 저를 조롱하기 시작했고, 저는 그를 떠나서 우리의 거처로 발길을 돌렸습니다.

57. 그래서 후에 그와 사제들은 저를 부르지도 않고 궁정으로 행렬을 지어 갔습니다. 그 수도사는 위에서 말한 [저의] 질책 때문에 제게 말을 하지도 않았고 그가 전에 관행처럼 했던 것과는 달리 저를 [궁정으로] 데리고 가지 않으려고 했습니다. 그래서 그들이 뭉케의 어전에 들어갔을 때 [저 칸은] 그들 사이에서 저를 보지 못하자, 제가 어디에 있으며, 왜 제가 그들과 동행하지 않았는지 예리하게 따져 물었습니다. 그 사제들은 놀라서 변명을 늘어놓았는데, 그들이 돌아와서는 뭉케가 한 말을 제게 알려주면서 그 수도승에 대해서 계속해서 불만스럽게 말했습니다. 이 일이 있은 뒤 그 수도승은 저와 화해를 했고 저는 그와 함께했습니다. 저는 그에게 그의 입으로 [통역하여] 제게 도움을 주면 저는 성경[의 지식]으로 그를 돕겠다고 했습니다. 왜냐하면 "형제의 도움을 받는 형제는 강한 성채와 같다"63)고 했기 때문입니다.

58. [사순절] 축제 첫 주일이 지나자 그 부인은 더 이상 기도실을 방문하여 그동안 늘상 주었던 음식과 맥주를 주지 않았습니다. 그 수도승은 [음

---

62) 「사사기」 제18장 19절("그들이 그에게 이르되 잠잠하라 네 손을 입에 대라").

63) 개역판 「잠언」 제18장 19절에는 "노엽게 한 형제와 화목하기가 견고한 성을 취하기보다 어려운즉"이라고 되어 있다. 루브룩이 인용한 구절은 라틴어 번역본(Vulgata)에 근거한 것이다.

시읕] 준비할 때 양고기 기름이 들이긴다고 하면서 어떤 [음식]도 들여오는 것을 허락하지 않았습니다. 그는 기름도 아주 드물게 우리에게 줄 뿐이었습니다. 그 결과 우리에게 있는 것이라고는 [타고 남은] 재에다가 구운 빵과, 반죽을 물에 넣고 끓여 마실 수 있는 죽으로 만든 것이 전부였습니다. 왜냐하면 우리가 가지고 있는 유일한 물은 눈이나 얼음이 녹은 것뿐이고 그것은 지극히 [몸에] 좋지 않은 것이기 때문입니다.

59. 그러자 저의 동료는 심한 통증을 겪기 시작했고, 저는 칸의 큰 아들의 사부였던 다비드에게 우리가 얼마나 힘든 상황에 처해 있는지를 알려 주었습니다. 그는 그것을 칸에게 보고했고 [칸은] 우리에게 포도주와 밀가루와 기름을 가져다주라고 지시했습니다. (네스토리우스 교도들은 어떤 경우에도 사순절 기간 동안에는 물고기를 먹지 않습니다. 그때에 우리는 포도주 한 포대를 받았습니다.)

60. 그 수도승은 자신이 일요일에만 식사를 한다고 주장하곤 했는데, 그때 귀부인들이 식초와 섞어서 요리한 반죽으로 이루어진 한 끼의 식사를 그에게 보냈습니다. 그러나 그는 제단 밑에 어떤 상자 안에 그 [식료]를 보관하곤 했는데, 그 안에는 아몬드, 포도, 마른 자두 및 수많은 다른 과일들이 들어 있었고, 그는 하루 중 어느 때건 혼자 있을 때면 그것을 먹었습니다.

61. 우리는 낮 동안 한 차례 그것도 엄청난 소란 속에서 식사를 했습니다. 그들은 뭉케 칸이 우리에게 포도주를 보냈다는 것을 알게 되자마자, 하루 종일 궁정에서 술을 마시며 시간을 보내는 네스토리우스 사제들뿐만 아니라 몽골인들과 그 수도승의 하인들까지 마치 개들처럼 뻔뻔스럽게 우리 주위에 몰려들었습니다. 심지어 그 수도승까지도 누군가 자신을 방문하면 마실 것을 대접하면 좋겠다고 하면서, 우리에게 사람을 보내서 포도주를 달라고 했습니다. 그 결과 그 포도주는 우리에게 안락보다는 오히려 더 많은 고통의 원천이 되어버렸습니다. 왜냐하면 우리로서는 그들을 화

나게 하지 않으면서 [요구를] 거절할 방법이 없었기 때문입니다. 그리고 만약 우리가 그것을 들어주면 우리에게 남는 것이 충분하지 않게 되고, 그 것이 동이 나게 될 경우 우리는 궁정에 더 달라고 감히 다시 요청할 수 없었기 때문입니다.

62. 사순절 중순경[3월 22일] 장인 윌리엄의 아들이 멋진 은제 십자가를 가지고 도착했는데, 그것은 프랑스식으로 만들어졌고 은으로 된 그리스도 의 상이 그 위에 부착되어 있었습니다. (그 수도사와 사제들은 이것을 보자 [십자가에서] 떼어버렸습니다.) 그는 이것을 자기 주인을 대신하여 궁정의 수석 서기인 불가이에게 선물하려고 했던 것입니다. 저는 [그들이 한 짓을] 듣고 극도로 분개했습니다. 그 젊은이는 또한 뭉케 칸에게 그가 지시한 일 을 완수했다고 알렸는데, 이 일이 무엇인지에 대해서는 이제 전하께 설명 하도록 하겠습니다.

제30장
카라코룸에 있는 뭉케 칸의 궁전과 부활절 축제

1. 뭉케는 카라코룸에 커다란 아정(curia)을 하나 가지고 있는데, 그것은 도시 성벽 가까이에 있고 마치 우리 수도사들의 작은 수도원들처럼 벽돌로 된 담으로 둘러쳐져 있습니다. 여기에 1년에 두 차례—즉 그가 그곳을 통과하는 부활절에 한 차례, 그리고 그가 귀환할 때인 여름에 또 한 차례—그가 음료의 연회를 여는 커다란 궁전(palatium)이 있습니다. 두 번째 모임이 더 중요한데, 그때 두 달 거리 떨어진 지점 안에 있는 모든 귀족들이 그의 궁정에 모이기 때문입니다. 그러면 그는 그들에게 옷과 선물을 하사하고 자신의 위대한 권세를 뽐냅니다. 그곳에는 길이가 창고 정도인 건물들이 수도 없이 많으며 그곳들에는 그의 물자와 보화들이 쌓여 있습니다.

2. 이 거대한 궁전의 입구에는 파리 출신의 장인 윌리엄이 그를 위해서 은으로 만든 커다란 나무가 세워져 있습니다. 왜냐하면 젖이나 다른 음료수를 담은 포대를 그곳의 입구를 통해서 들여와서는 안 되기 때문입니다. 이 나무의 밑둥치에는 네 마리의 은제 사자가 붙어 있는데 그것들 안에는 각각 관이 하나씩 들어 있고 거기서 암말의 젖이 분출됩니다. 나무 안에는 네 개의 관이 들어 있는데 그것은 꼭대기까지 곧바로 뻗어 있고 그 끝은 아래를 향하여 휘어 있으며, 그 위에는 각각 도금을 한 뱀이 나무의 몸통을 꼬리로 휘감은 채 똬리를 틀고 앉아 있도록 했습니다. 그 하나의 관에서는 포도주가 흘러나오고, 두 번째 관에서는 '카라쿠미즈',[1] 즉 정제된 말 젖

---

1) 이에 관해서는 앞의 제4장 4절 주석 참조.

장인 월리엄이 만든 카라코룸의 은제 나무

이, 세 번째에서는 '보알',[2] 즉 꿀로 빚은 음료수가, 네 번째에서는 '테라키나'[3]라는 이름으로 알려진 쌀로 빚은 술이 나옵니다. 이들 각각의 음료수는 나무 발치에 놓여 술을 받을 준비가 되어 있는 은제 항아리에 담겨집니다. 그는 또한 나무 꼭대기에 있는 네 개의 관들 중앙에는 나팔을 들고 있는 천사가 하나 있고, 나무 밑에는 사람 하나를 숨길 수 있을 정도의 구멍을 파놓았습니다. 나무의 몸통 안에는 관이 하나 만들어져 [밑에서부터 꼭대기에 있는] 그 천사에게로 연결되어 있습니다. (그는 처음에 풀무들을 만들어서 [그것으로 바람을 내어 천사가 나팔을 불도록 하려고 했지만] 그것으로는 충분한 힘을 낼 수 없었습니다.) 궁전의 바깥에는 음료수가 저

---

2) 앞의 제28장 15절에서는 bal이라고 표기했다.
3) 앞의 제28장 15절 주석 참조.

장되어 있는 방이 하나 있고, 그곳에는 천사가 부는 나팔소리를 들으면 [빈 항아리에 음료수를] 붓기 위해서 집사들이 대기하고 있습니다.

3. 그래서 만약 음료수가 필요해지면 집사장은 천사에게 나팔을 불라고 소리치고, 그러면 구멍 안에 숨어 있던 사람이 이 소리를 듣고, 천사와 연결되어 있는 관을 힘차게 붑니다. 그러면 천사는 나팔을 자기 입으로 가져가고 큰 소리로 나팔을 붑니다. 방 안에 대기하던 집사들이 이 소리를 들으면 각자 자기가 담당하는 관에 음료수를 붓습니다. 그러면 그 관들에서는 음료수가 흘러나와 미리 준비된 항아리 안에 담기게 됩니다. 그때 집사들이 그것을 떠서 궁전으로 가져와 남자와 여자들에게 배달하는 것입니다.

4. 궁전은 마치 교회처럼 생겼습니다. 가운데에는 중앙 회랑(回廊)이 있고 그 옆으로는 두 줄의 기둥 너머에 측랑(側廊)이 있으며 남쪽으로는 세 개의 문이 있습니다. 그 [은제] 나무는 궁전 안에 있는데 중앙의 문 맞은편에 위치해 있으며, 칸은 북쪽 끝에 모든 사람들이 볼 수 있도록 층이 올려진 곳에 앉습니다. 그에게 올라가는 두 개의 계단이 있는데 그에게 잔을 가져다주는 사람은 그 한쪽 계단으로 올라갔다가 다른 계단으로 내려옵니다. 그 나무와 그에게 올라가는 계단들 사이에 있는 공간은 비어 있습니다. 거기에는 잔을 받치는 사람이 서 있고 또 선물을 가져온 사신들도 있으며, 그런 가운데 그는 마치 신처럼 높은 곳에 앉아 있습니다. 그의 오른쪽 그러니까 서쪽에는 남자들이, 왼쪽에는 여자들이 있습니다.4) 궁전은 북쪽에서 남쪽을 향해 뻗어 있습니다. 오른쪽에 있는 기둥들 근처에는 마치 발코니처럼 올려진 장의자들이 있는데 그곳에는 그의 아들과 동생들이

---

4) 몽골인들은 왼쪽을 오른쪽보다 더 우대하는 '상우(尚右)'의 관습을 가지고 있었다. 루브룩이 앞의 제2장 6절에서 언급했듯이 천막 안에서도 남자는 중앙에 자리한 주인의 오른쪽에 앉고 여자는 왼쪽에 앉는다. 궁정에서의 배치도 이에 준해서 이루어진 것이다. 칭기스 칸이 자제들에게 유목민들을 나누어줄 때 자식들은 우측(서방)에, 동생들은 좌측(동방)에 배치했는데, 이 역시 자식들을 우선시한 것이라고 할 수 있다. 또한 쿠빌라이 조정이 1280년 고려의 충렬왕을 중서우승상(中書右丞相) 겸 신설 정동행성(征東行省)의 장으로 임명했는데, 이 역시 종래 좌승상(左丞相)에 있던 그를 승진시킨 것이었다. 고병익(1988), 188.

앉습니다. 왼쪽에도 그것과 비슷하게 배치되어 있으며, 그의 부인들과 딸들이 자리잡고 있습니다. 단 한 명의 부인만이 그의 옆에 높은 곳에 앉지만 그 높이는 그가 앉은 곳만큼 높지는 않습니다.

5. 그 뒤 [은제 나무를 제작하는] 작업이 다 끝났다는 것을 안 칸은 장인에게 그것을 제 자리에 설치하고 제대로 조립하라는 지시를 내렸습니다. 그리고 그 자신은 수난주일[1254년 3월 29일]에 이동을 했는데 큰 천막들은 뒤에 남겨두고 작은 것들을 가지고 갔습니다. 우리와 그 수도승은 그를 따라갔는데, 그는 우리에게 또 한 포대의 포도주를 보내왔습니다. 그는 산들 사이를 지나갔는데 그곳에는 강한 바람이 불고 추위는 혹심했으며 많은 눈이 내렸습니다. 이런 이유로 그는 한밤중에 그 수도승과 우리에게 전갈을 보내서 추위와 바람을 누그러지게 해달라고 하느님께 기도를 부탁했습니다. 왜냐하면 우리 일행과 함께 있던 모든 가축들이 위험에 빠졌고, 특히 그들은 이때쯤 임신을 하고 또 출산하기 때문입니다. 그러자 그 수도승은 그에게 약간의 향료를 보내면서 그것을 하느님께 드리는 예물로 탄불 위에 뿌리라고 말했습니다. 그가 과연 그렇게 했는지는 제가 알 수 없습니다만, 아무튼 벌써 이틀이 지나고 이제 사흘째 접어들려고 하던 폭풍은 잠잠해졌습니다.

6. 우리는 종려주일[4월 5일]에 카라코룸 인근에 도착했습니다. 동틀 무렵 우리는 아직 새눈이 튼 흔적이 보이지 않는 버드나무 가지에 축성을 했습니다. 그리고 제9시[오후 3시]쯤에 우리는 시내에 들어갔습니다. 깃발 위에 매단 십자가를 높이 들고 우리는 광장과 시장이 있는 사라센 구역을 지나서 교회가 있는 곳까지 행진을 했습니다. 네스토리우스 교도들은 행렬을 이루어 우리를 마중하러 나왔습니다. 우리가 교회에 들어갔을 때 그들은 미사를 드릴 준비가 되어 있었습니다. 미사를 마친 뒤 그들은 모두 영성체를 했는데, 제게도 성체를 받겠느냐고 물었습니다. 저는 이미 술을 한 잔 마셨다고 대답하고 또 금식을 할 때만 영성체를 하는 것이 옳은 일

이리고 대답했습니다.

7. 미사가 끝나자 이미 저녁이 되었습니다. 장인 윌리엄은 우리를 자신의 숙소로 데리고 가서 함께 식사하게 된 것을 기뻐했습니다. 그는 로레인 지방 출신의 어떤 사람의 딸을 부인으로 두었는데, 그녀는 헝가리에서 태어났지만 프랑스어와 쿠만어도 아주 잘 알고 있었습니다. 우리는 거기서 바실(Basil)이라는 이름의 또 한 사람을 만났는데, 그의 아버지는 영국 출신으로, 그는 헝가리에서 태어났으며 역시 동일한 언어들을 알고 있었습니다. 아주 즐거운 저녁 식사가 끝난 뒤 그들은 우리를 우리가 머무는 천막까지 안내해주었습니다. 그것은 타타르인들이 우리를 위해서 광장 안 교회 근처에, 그 수도승의 예배당과 함께 지어준 것입니다.

8. 그다음 날 칸은 그의 궁전으로 갔고 나와 그 수도사와 사제들은 그를 방문했습니다. 저의 동료는 방문이 허락되지 않는데 그 까닭은 그가 문지방을 밟았기 때문입니다. 저는 제가 어떻게 해야 할지, 가야 할지 아니면 가지 말아야 할지에 대해서 많이 생각했습니다. 그러나 제가 다른 기독교도들과 어울리지 않는 것이 오히려 의혹을 불러일으킬지도 모른다는 걱정과 함께, [초청을 한 것이] 칸의 뜻이었기 때문에 제가 그동안 얻으려고 했던 좋은 기회를 오히려 놓칠지도 모른다는 두려움이 들었습니다. 그래서 비록 그들이 미신과 우상으로 범벅이 된 의식을 치르는 것을 볼 수밖에 없는 처지가 되겠지만 그래도 가기로 마음을 먹었습니다. [사실] 거기서 제가 한 일은 오로지 모든 교회를 위해서, 또 하느님께서 칸을 영원한 구원의 길로 인도하게 해달라고 큰 소리로 기도를 올린 것뿐이었습니다.

9. 그러고 나서 우리는 이 아정 안으로 들어갔는데, 그곳은 상당히 배치가 잘 되어 있었고 여름에는 그곳 여기저기로 흐르는 관개수로가 있습니다. 그 다음에 우리는 남자와 여자들로 가득 찬 궁전으로 들어가 칸 앞에 섰습니다. 우리의 등은 제가 앞에서 설명한 그 나무를 향했는데, 그 나무는 거기에 부속된 집기들과 함께 그 궁전의 대부분의 공간을 차지했습니다.

사제들은 축성된 두 덩어리의 빵과 접시 위에 놓은 약간의 과일을 가지고 왔습니다. 그들은 축도를 한마디 한 뒤에 이것을 그에게 바쳤고, 집사가 그것을 눈에 확 띄는 높은 곳에 앉아 있는 그에게 올렸습니다. 그는 그중에 한 덩어리를 즉시 먹기 시작했고, 나머지 하나는 그의 아들과 젊은 동생 한 사람에게 보냈습니다. 이 동생은 한 네스토리우스 교도가 길렀고 성경을 잘 알고 있었는데, 이 왕자는 제가 가지고 있던 성경을 보자고 하며 사람을 보냈습니다.5) 그러자 수도승도 자기 나름의 기도를 하며 사제들의 뒤를 따랐고, 저는 그의 뒤를 따랐습니다. 그러자 [칸]은 다음 날 교회에 오겠다고 했습니다. 이 교회는 제법 크고 괜찮은 건물인데 그 지붕은 금실로 짠 비단 천으로 완전히 덮여 있었습니다. 그러나 그다음 날 그는 자기 길로 가버렸고, 자신이 교회를 방문하지 않게 된 것은 죽은 사람을 그곳으로 데려갔다는 이야기를 들었기 때문이라고, 일종의 변명으로 사제들에게 말을 전해왔습니다.

10. 그 둔영에 있던 다른 사제들이 그러했던 것처럼 우리와 그 수도승도 우리 나름대로 부활절을 축하하기 위해서 카라코룸에 남았습니다. 부활절 전의 세족 목요일과 부활절 날[4월 9일과 12일]이 다가왔지만 제게는 제의(祭衣)가 없었습니다. 저는 네스토리우스 교도들이 예배를 드리는 방식을 관찰했고 제가 어찌해야 할지에 대해서, 즉 그들의 손으로 성찬식을 받아야 할지 아니면 그들의 제의를 입고 그들의 잔을 들고 그들의 제단에 서서 예배를 드려야 할지, 아니면 아예 성찬식을 그만두어야 할지 무척 많은 고민을 했습니다. 바로 그때 엄청나게 많은 수의 기독교도들 ─ 헝가리인, 알란인, 러시아인, 조르지아인, 아르메니아인 ─ 이 나타났는데, 그들

---

5) 윙가에르트 신부는 칸의 동생과 그를 가르친 '한 네스토리우스 교도'가 아릭 부케와 다비드일 것으로 추정했다. 그러나 펠리오는 다비드가 뭉케의 아들을 가르친 교사일 뿐 그의 동생의 사부였다는 기록은 찾을 수 없으며, 나아가 여기서 언급된 뭉케의 '젊은 동생'을 반드시 아릭 부케로 한정시켜야 할 까닭도 없다고 지적했다(Pelliot, 1973, 182; Rubruck/Jackson, 1990, 212-213, note 2).

가운데 어느 누구도 포로가 된 이후 성찬식을 그들의 눈으로 본 사람이 없었습니다. 왜냐하면 우리가 들은 바에 의하면 이 [사제]들은 자신들의 손으로 [다시] 세례를 준 네스토리우스 교도가 아니면 교회 안에 들이려고 도 하지 않았기 때문이었습니다. 그렇지만 네스토리우스 교도들은 이러한 사실을 우리에게 전혀 언급조차 하지 않았습니다. 실제로 그들은 로마 교회가 모든 교회들의 우두머리라는 사실을 우리에게 인정하곤 했고, 만약 길이 열리기만 한다면 교황이 보내는 총주교를 받아들이는 것이 마땅하다고 말하기까지 했습니다. 그들은 우리에게 그들 방식으로 올리는 성찬식에 오도록 거리낌 없이 허락했고, 제가 그들이 성찬을 드리는 방식을 볼수 있도록 성가대 입구에 서 있도록 했습니다. 그래서 부활절 전야에 성수대 가까이에 서서 그들이 세례를 주는 방식을 보도록 했습니다.

11. 그들은 마리아 막달레나가 주님의 발에 발라주던 기름6)의 일부를 지신들이 가지고 있다고 주장합니다. 그리고 그들은 꺼내 쓰는 만큼의 똑같은 양의 기름을 다시 부어넣고, 그 기름을 빵을 구울 때에도 사용합니다. 이들 동방 기독교도들은 모두 빵에 이스트 대신에 비계나 버터 혹은 양의 꼬리에서 취한 지방이나 기름 등을 씁니다. 또한 그들은 주님께서 축성했던 빵을 만들 때 사용한 밀가루를 조금 가지고 있다고 주장하는데, 그것도 그들이 꺼내는 똑같은 양을 다시 채워넣습니다. 성가대 근처에 방 하나와 오븐이 하나 있는데, 거기서 그들은 축성할 빵을 대단히 경건하게 구워냅니다. 그들은 이렇게 그 기름으로 한 뼘 넓이의 빵을 한 덩이 굽고, 그것을 처음에는 사도들의 숫자에 맞게 12조각으로 자릅니다. 그리고 나서 이 조각들을 다시 사람들의 숫자에 맞게 자릅니다. 사제들은 각 사람에게 그리스도의 몸이라고 하며 그들의 손 위에 놓아주면, 그 사람은 그것을 손바닥에서 경건하게 들어서 자신의 이마에 문지릅니다.

12. 이 기독교들과 그 수도승은 우리에게 하느님의 이름으로 예배를

---

6) 「누가복음」 제7장 36-50절.

드리라고 끈질기게 요구했습니다. 그래서 저는 그들로 하여금 모든 사람들이 있는 앞에서 자기 입으로 고해를 하도록 했습니다. 그리고 통역을 통해서 제가 할 수 있는 최선을 다하여, 10가지 계명과 7가지 죄악[7] 그리고 인간이 회개하고 고백해야 할 다른 것들을 하나씩 열거했습니다. 그들은 도둑질은 눈감아주었는데, 왜냐하면 그들의 주인들이 아무런 먹을 것도, 입을 것도 제공하지 않아서 도둑질을 하지 않고는 생존하는 것이 불가능하다고 생각했기 때문입니다. 그때 저는 [몽골인들이] 아무 이유도 없이 물건과 가축을 가져갔던 일들을 회상했고, 그래서 그들에게 자기 주인의 재산 중에서 생존에 필요한 것들이 있다면 가져가도 무방하다고 말해주었고, 또 저는 뭉케 칸의 면전에서 그렇게 말할 각오가 되어 있다고 말했습니다. 더구나 그들 중 일부는 병사였습니다. 그래서 전쟁터에 나가야 하기 훔칠 수밖에 없었으며 그렇지 않으면 자신들은 죽음을 당하고 말 것이라고 변명을 했습니다. 저는 그들에게 기독교도들을 공격하거나 해를 입히지 말라고 강력한 금령을 내렸습니다. 그렇게 하느니 차라리 스스로 죽음을 당하는 것이 더 나을 것이라고 했는데, 왜냐하면 그렇게 함으로써 그들은 순교자가 될 수 있기 때문이라고 말해주었습니다. 그리고 제가 그런 것을 가르쳤다고 누군가가 저를 뭉케 칸에게 고발한다면, 저는 그가 듣는 앞에서도 그런 것을 담대하게 말하겠노라고 선언했습니다. 왜냐하면 제가 이런 준수사항들을 말하고 있을 때, 거기에는 둔영의 네스토리우스 교도들이 있었고, 저는 그들이 나를 험담할지도 모른다고 생각했기 때문입니다.

13. 그 뒤 장인 윌리엄은 우리가 빵을 만들 수 있도록 철제 오븐 하나를 만들어주었습니다. 그는 자신을 위해서 만든 약간의 예배용 옷들도 가지고 있었는데, 그것은 그가 [예배에 관해서] 약간의 지식을 배웠고 그래서

---

7) '7가지 죄악'이란 유럽의 초기 기독교에서 널리 받아들여지던 것으로 「잠언」제6장 16-19절에 보이는 귀절에 근거하고 있다. 즉 1. 교만한 눈, 2. 거짓된 혀, 3. 무죄한 자의 피를 흘리는 손, 4. 악한 계교를 꾀하는 마음, 5. 빨리 악으로 달려가는 발, 6. 거짓을 말하는 망령된 증인, 7. 형제 사이를 이간하는 자이다.

스스로 사제의 역할을 하기도 했기 때문입니다. 그는 프랑스 양식으로 성처녀의 상을 하나 조각했고, 그것을 가리는 차양막 표면에는 성경에 나오는 이야기들을 지극히 정교하게 새겨넣었습니다. 또한 그리스도의 성체를 담는 은함 하나를 만들었는데, 그 안쪽에는 조그만 구멍들을 파고 거기에 성물을 조각했습니다. 그래서 [그 은함을] 마치 성스러운 이야기들이 표면에 새겨진 한 대의 멋진 수레 위에 실려 있는 예배당과 같은 모양으로 꾸몄습니다.

14. 저는 그의 예복들을 받아서 그것을 축성했습니다. 그리고 우리의 양식에 따라서 훌륭한 성찬식 빵을 만들었습니다. 네스토리우스 교도들은 내게 그들의 세례용 도구들을 사용하도록 했는데 그중에는 제단도 하나 있었습니다. 그들의 총주교는 바그다드[8]에서 이런 제단을 보내주었는데, 그것은 일종의 휴대용 제단과 같은 것으로서 네모난 모양의 가죽으로 되어 있었고 성향유를 가지고 그것을 축성했습니다. 그들은 축성된 돌을 쓰지 않고 그 [가죽]을 사용했습니다. 그래서 세족식 목요일에 나는 그들이 사용하던 아주 커다란 은제 술잔과 접시로 미사를 드렸고, 부활절[4월 12일]에도 그렇게 했습니다. 그리고 우리가 그 사람들에게 성체를 나누어줄 수 있었던 것은 제 생각으로는 하느님의 축복에 힘입은 것이었습니다. 그들 [네스토리우스 교도들]은 그들 나름대로 부활절 전야에 세례를 받았습니다. 지극히 형식적인 방법으로 진행되었는데 60명 이상의 사람들이 받았고, 그것은 모든 기독교도들이 함께 나누는 커다란 기쁨의 원천이었습니다.

---

8) Baldach. 마르코 폴로는 Baudac이라고 표기. 1259년 훌레구에게 사신으로 다녀온 상덕(常德)의 『서사기(西使記)』에는 報達, 『원사』에는 八哈塔, 『경세대전』, 「서북지부록」에는 八吉打로 표기되어 있다. Pelliot(1959), vol. 1, 90-91. 네스토리우스 교파의 본부는 처음에 사산조의 수도가 있던 크테시폰이었으나, 아바스조가 수도를 바그다드로 옮긴 뒤 그곳으로 옮겨졌다.

제31장

장인 윌리엄의 병환과 네스토리우스 사제의 죽음

1. 이 일이 있은 뒤 장인 윌리엄이 매우 중한 병에 걸리게 되었습니다. 그가 회복을 하는 동안 그 수도승이 그를 방문했고 그에게 대황을 조금 주어 마시게 했는데 그것은 결국 그를 거의 죽일 뻔했습니다. 그래서 제가 그를 방문했을 때 그의 상태가 아주 나빠진 것을 보고, 그에게 무엇을 먹거나 마셨는지 물었습니다. 그는 그 수도승이 이 액체를 어떻게 주었는지 그리고 그가 그것이 성수라고 믿고 어떻게 두 사발이나 마셨는지 제게 말했습니다. 이 말을 듣고 저는 그 수도승에게로 가서 이렇게 말했습니다. "사도처럼 행동하여 정말로 기도와 성령의 힘으로 이적을 행하던가, 아니면 의술에 적합한 방식으로 의사처럼 행동하던가 하시오! 당신은 독한 약을 도저히 그것을 받아들일 수 없는 사람에게 주어서 마시게 하면서, 마치 그것이 성스러운 것처럼 보이게 했소. 사람들이 이 이야기를 듣게 되면 당신은 최악의 스캔들에 휘말리게 될 것이오." 그 시점 이후로 그는 저를 두려워하기 시작했고 저에 대한 경계를 늦추지 않았습니다.

2. 이즈음 나머지 다른 사람에게는 대부제(大副祭) 정도로 받아들여지고 있던 한 사제가 병에 걸렸고, 그의 동료들은 사라센 주술사 한 사람을 불렀습니다. 그는 그들에게 이렇게 말했습니다. "침대에 누워서 먹지도 마시지도 자지도 않는 한 마른 사람이 그에게 무척 화가 나 있다. 만약 그가 그의 축도를 받을 수 있다면 그는 회복될 것이다." 그들은 이 '그'가 그 수도승을 가리킨다고 생각하고 자정쯤 되어서 그 사제의 부인과 자매와 아

들이 그 수도승을 찾아가 그에게 와서 축도를 해달라고 부탁했습니다. 그들은 또한 우리도 깨워서 그 수도승에게 부탁해달라고 했습니다. 그러나 우리가 이러한 요청을 하자, 그는 "그에게 그대로 있으라고 하시오. 왜냐하면 그와 다른 세 사람이 모두 못된 방법을 써서, 궁전에 가서 뭉케 칸으로 하여금 나와 당신들을 이 지방에서 사라지게 만들려고 했기 때문이오"라고 말했다.

3. 실은 그들 사이에 다툼이 벌어진 적이 있었습니다. 그 이유는 부활절 전야에 뭉케 칸과 그의 부인들이 그 수도승과 사제들에게 4야스코트와 약간의 비단 옷감을 보내서 그들끼리 나누어 가지라고 했기 때문입니다. 그 수도승은 1야스코트를 자기 몫으로 챙겼는데, 나머지 3개 가운데에서 하나는 구리로 만든 모조품이었습니다. 그 결과 그 사제들은 그 수도승이 지나치게 많은 양을 자기 몫으로 챙겼다고 생각하게 되었고, 이로 인해서 그들 사이에 갑론을박 여러 말이 생겨났고 그것이 그 수도승의 귀에 들어간 것입니다.

4. 대낮에 저는 옆구리에 아주 심한 통증을 느끼며 피를 뱉어내던 그 사제를 방문했는데, 그 상태로 보아 어떤 종양일 것이라는 결론을 내렸습니다. 그래서 저는 그에게 교황이야말로 모든 기독교도들의 아버지라는 사실을 인정하라고 종용했고, 그는 즉시 그렇게 했습니다. 그리고 그는 만약 하느님께서 자신에게 건강을 허락해주신다면 교황의 발밑에 엎드릴 것이며 교황께서 뭉케 칸에게 축복을 보낼 수 있도록 정성을 다해서 준비를 하겠노라고 맹서를 했습니다. 나아가 저는 그에게 만약 남의 소유물을 가지고 있는 것이 있다면 어떤 것이건 돌려주라고 충고했지만 그는 아무것도 가지고 있지 않다고 했습니다. 저는 또한 [병자를] 기름으로 바르는 축성에 대해서도 이야기를 해주었는데, 그는 "그것은 우리의 전통에는 없는 것입니다. 우리 사제들은 그것을 어떻게 하는지 모릅니다. 청컨대 당신이 알고 있는 대로 마땅히 해야 할 바를 따라 제게 행하십시오!"라고 대답했

습니다. 거기에 덧붙여 저는 그에게 고해에 대해서도 이야기했는데 그것 역시 그들의 관습에는 없는 것이었습니다. 그는 자기 동료들 가운데 한 사람인 어느 사제에게 잠깐 귀엣말을 했습니다. 그 뒤 그는 호전되기 시작했고 제게 그 수도승을 불러달라고 부탁했습니다. 그래서 저는 갔습니다.

5. 처음에 그 수도승은 오지 않으려고 했습니다만, 그가 호전되고 있다는 말을 듣자 자신의 십자가를 가지고 왔습니다. 저는 장인 윌리엄의 은함 속에 있던 그리스도의 성체를 가지고 왔습니다. 그것은 제가 부활절 날에 [축성한] 것인데 장인 윌리엄의 요청에 따라 그동안 보관하고 있었습니다. 그러자 그 수도승은 사제[가 누워 있던 침대] 위를 짓밟기 시작했고 사제는 자기 발목을 힘없이 부둥켜안고 있었습니다. 저는 그에게 말했습니다. "로마 교회에서는 병자들이 그리스도의 성체를 받아서, 그것을 최후의 영성체이자 대적 [사탄]의 모든 올무를 막아내는 보호막으로 삼는 것이 관례입니다. 내가 부활절 날에 축성한 그리스도의 성체를 보시오! 그것을 두고 당신의 신앙을 선포하고 그것을 달라고 청하는 것은 당신의 몫입니다." 그리고 제가 덮개를 벗겼을 때 그는 크게 감동을 하며 이렇게 말했습니다. "나는 이분이 나의 창조주이자 구세주임을 믿습니다. 그는 내게 생명을 주셨고 또 내가 죽은 뒤에 모두가 부활할 때 나를 회복시켜주실 것입니다." 이런 방식으로 그는 제 손에서 그리스도의 성체를 받았고, 로마 교회의 관습에 따라서 영성체를 했습니다.

6. 이때에 그 수도승이 그와 함께 있었는데 제가 자리를 비운 사이에 저로서는 무엇인지 알지 못하는 어떤 마실 것을 조금 주었습니다. 그다음 날 그는 죽음의 문턱에 갈 정도로 병세가 악화되었습니다. 그래서 저는 그들이 성스럽다고 주장하는 기름을 취하여 로마 교회에서 하는 방식대로 그에게 기름을 발라주었습니다. 그것은 그가 그렇게 해달라고 청한 것입니다. 제가 가지고 있던 기름은 사르탁의 사제들이 전부 가져가버렸기 때문에 제게는 아무것도 없었습니다. 제가 임종을 지키기 위해서 죽어가는

사람을 위해서 기도문을 읊조리고 있는데, 그 수도승이 제게 그곳을 떠나라는 전갈을 보내왔습니다. 그것은 만약 제가 거기에 머문다면, 1년 동안 뭉케 칸의 거처에 들어갈 수 없기 때문이었습니다. 제가 이 사실을 그의 친구들에게 털어놓자 그들 역시 그 말이 맞다고 하면서, 제가 성취하려고 하는 좋은 일을 못하게 되는 사태를 피하기 위해서라도 그곳을 떠나라고 권유했습니다.

7. 그가 사망하자 그 수도승은 제게 이렇게 말했습니다. "걱정하지 마시오. 그는 내가 나의 기도로 죽인 것이니까요. 오직 그자만이 교육을 받은 사람이었으며 우리를 반대했습니다. 나머지는 무지합니다. 이제 장차 그들 모두와 뭉케 칸은 우리 발아래에 있게 될 것이오." 그리고 그는 제가 위에서 인용한 점쟁이의 대답에 관해서 말했습니다. 저는 그의 말을 믿지 않았고 그것이 과연 사실인지 죽은 사람의 친구인 사제들에게 물었습니다. 그랬더니 그들은 사실이라고 하면서, 그러나 점쟁이가 사전에 미리 그렇게 말하도록 [수도승의] 지시를 받았는지는 잘 모르겠다고 대답했습니다.

8. 후에 저는 그 수도승이 이 점쟁이와 그 부인을 자기 기도실로 불러서 그들에게 자신을 위해서 모래를 체질하고 점을 치도록 했다는 사실을 알게 되었습니다. 또한 그를 위해 점을 쳐주곤 하던 러시아인 부제도 거기에 함께 있었습니다. 저는 이런 사실을 알고는 그의 어리석음에 충격을 받아 그에게 이렇게 말했습니다. "형제여! 모든 것을 가르쳐주시는 성령으로 충만한 사람이라면 점쟁이들에게서 대답이나 조언을 구해서는 안 될 것이오. 이런 종류의 일들을 모두 금지되어 있으며 그런 일에 동참하는 사람들은 파문을 받게 됩니다." 이 말에 그는 변명을 늘어놓으면서 자신이 이와 같은 일을 하려고 했다는 것은 사실이 아니라고 주장했습니다. 사실 저도 그와 함께 있는 것을 중단할 수도 없는 입장이었습니다. 왜냐하면 저는 칸의 명령으로 그곳에 배정되었고 그의 명시적인 명령이 없이는 다른 곳으로 옮길 수 없기 때문이었습니다.

제32장

카라코룸과 뭉케 칸의 가족

1. 카라코룸 시에 대해서 말하자면, 칸의 궁전을 뺀다면 생드니 시만큼 큰 도시도 아니거니와, 생드니의 사원도 [칸의] 궁전에 비해서 열 배는 더 클 것이라는 사실을 아시기 바랍니다. 그 안에는 두 개의 구역이 있는데, 하나는 사라센들을 위한 것으로서 바자르들이 있습니다. 또한 궁정과 항상 가깝고 또 다수의 사신들이 있기 때문에 그곳에는 많은 수의 상인들이 모입니다. 또다른 구역은 카타이인들의 것인데 그들은 모두 장인들입니다. 이들 구역과 떨어진 곳에 궁정의 서기들에게 속하는 커다란 궁전들이 있습니다. 그곳에는 다양한 사람들에게 속하는 12개의 우상 신전들[즉 불교 사원]이 있고, 마호메트의 종교가 선포되는 두 개의 모스크가 있으며, 읍의 가장 먼 끝에 기독교 교회가 하나 있습니다. 이 읍은 진흙 벽으로 둘러쳐져 있으며 네 개의 문이 있습니다. 동쪽 문에서는 기장과 다른 종류의 곡식들이 판매되는데 그런 것들은 드물게 수입됩니다. 서쪽에서는 양과 염소가 팔리고, 남쪽에서는 소와 수레가, 북쪽에서는 말이 팔립니다.

2. 우리는 승천 주일이 되기 전에 궁정을 따라 이동하다가 그곳에는 승천 주일 전의 일요일[1254년 5월 17일]에 도착했습니다. 그다음 날 우리는 수석서기이며 판관인 불가이의 소환을 받았습니다. 그 수도사와 그의 모든 식솔들, 그 수도사의 집에 드나들던 우리와 모든 사신들과 외국인들도 불려갔습니다. 우리는 불가이 앞으로 한 사람씩 불려갔는데, 처음에 그 수도승이 가고 그다음이 우리였습니다. 그들은 우리가 어디에서 왔고 어떤

카라코룸 발굴 장면

목적으로 왔는지, 또 우리의 직업이 무엇인지 꼼꼼하게 캐묻기 시작했습니다. 이렇게 조사를 행한 것은 400명의 암살자들이 다양한 방법으로 위장하여 자신을 죽이려고 이곳으로 향했다는 정보가 뭉케 칸에게 전해졌기 때문입니다.[1] 이즈음에 내가 언급했던 그 부인[2]이 다시 정신을 잃어서 그 수도승에게로 보내졌습니다. 그러나 그는 가려고 하지 않았고 이렇게 대답했습니다. "그녀는 자기 옆에 우상숭배자들을 다시 불렀소이다. 그러니 그들이 할 수 있다면 그녀를 돌보라고 하시오. 나는 더 이상 가지 않겠소!"

3. 주님의 승천 주일 전야[5월 20일]에 우리는 모두 뭉케 칸의 천막을 방문했습니다. 저는 그가 마시려고 할 때 쿠미즈를 펠트로 만든 우상들에게 어떻게 뿌리는지 관찰했습니다. 그리고 그때 저는 그 수도승에게 "그리스도가 벨리알과 무슨 상관이며, 우리의 십자가가 이 우상들과 무슨 공통점이 있습니까?"[3]라고 물었습니다.

---

1) 이슬람 측 문헌에는 암살자단의 근거지가 있는 알라무트 부근의 카즈빈에 있는 한 판관 (qâdî)이 뭉케에게 탄원한 내용이 기록되어 있는데, 그와 그의 주민들이 암살자단에 대한 공포로 인해서 옷 속에 항상 갑옷을 입고 다닌다는 내용이었다. Morgan(1986a), 147-148.
2) 뭉케의 부인인 "코타이."

4. 본론을 돌아가서 뭉케 칸에게는 여덟 명의 형제들이 있었는데, 셋은 같은 어머니에게서 나왔고 다섯은 아버지만 같습니다. 그는 배가 같은 형제 하나를 '물리헤트'4)라는 이름으로 알려진 암살자들의 땅으로 보냈고, 그들을 완전히 절멸시키라는 명령을 내렸습니다. 또다른 형제는 페르시아를 치러 갔는데 그는 이미 그곳에 들어갔고, 지금 투르키아의 땅을 침공하려는 참이며, 거기서 군대를 바그다드와 바스타키우스에게로 보낼 것이라고 합니다.5) [뭉케 칸은] 또다른 형제 하나를 카타이아 지방으로 보내서 아직 복속하지 않은 어떤 종족을 치라고 했습니다.6) 그의 옆에는 그의 가장 어린 동복형제가 있었는데 그의 이름은 아릭 부케7)였습니다. 그는 기독교도였던 그들의 어머니의 캠프(curia)8)를 소유하고 있습니다. 장인 윌리엄은 그의 노예였습니다.

5. 그는 [칸의] 배다른 형제 한 사람에게 헝가리의 벨레그라브9)라는 곳 —루엥 부근의 벨레빌에서 온 노르만인 주교 한 사람이 그곳에 있었습니다—에서 그 주교의 조카와 함께 포로가 되었고, 저는 그 조카를 카라코룸에서 보았습니다. 그는 장인 윌리엄을 뭉케의 어머니에게 주었는데, 그

---

3) 「고린도후서」 제6장 15-16절("그리스도와 벨리알이 어찌 조화되며 믿는 자와 믿지 않는 자가 어찌 상관하며 하느님의 성전과 우상이 어찌 일치가 되리요").

4) 원문에는 Mulibet라고 되어 있지만 앞에서도 나왔듯이 Mulihet가 옳으며 이스마일파 즉 '암살자단'을 지칭한다.

5) 여기서 시아파 '물리헤트'를 정벌을 명령받은 동생이 훌레구인 것은 분명하다. 그러나 페르시아와 투르키아 등지에서 작전 중인 '또다른 동생'에 관한 루브룩의 서술은 정확하지 않다. 앞에서도 언급했듯이 훌레구는 1254년 가을이 되어서야 출정을 시작했기 때문에 루브룩이 카라코룸에 머물 당시에는 페르시아에 발도 들여놓지 않은 상태였고, 그 시점에 서아시아에서 원정 중인 뭉케의 또다른 동생은 없었다. 당시 그곳에서는 초르마간의 뒤를 이어 바이주 장군이 파견되어 서아시아 군사작전을 총괄하고 있었다.

6) 남송 정벌을 책임지던 쿠빌라이를 지칭하는 것이다.

7) Arabuccha. 뭉케의 막내 동생인 Ariq Böke.

8) curia는 이 책에서는 '아정'으로 번역했는데, 여기서는 톨루이의 부인 소르칵타니 베키 소유의 오르두(ordu)를 가리키기 때문에 '캠프'라고 옮겼다. 아릭 부케는 톨루이의 말자로서 몽골인들의 관습에 따라 부모의 천막을 유산으로 물려받은 것이다.

9) Belegrave. 즉 베오그라드(Belgrade).

것은 그녀가 그를 가지겠다고 깅하게 요구했기 때문이었습니다. 그녀가 죽은 다음에 장인 윌리엄은 그녀의 캠프에 속하던 다른 모든 것들과 함께 아릭 부케에게 넘겨졌습니다. 그리고 그를 통해서 [윌리엄은] 뭉케 칸의 눈에 띄게 되었고, 제가 묘사한 그 작업을 완수한 뒤에 그는 장인에게 100 야스코트, 즉 1,000마르크를 하사했습니다.

6. 그 뒤 승천 주일 전야에 뭉케 칸은 이제 가까운 곳에 있는 자기 어머니의 캠프에 가기를 희망한다고 공포했습니다. 그 수도승은 자신도 동행해서 그의 모친의 영혼에 축도를 드리고 싶다고 말했고, 칸은 그에 동의했습니다. 승천 주일 저녁[5월 21일] 내가 언급했던 그 부인(코타이)의 상태는 더욱 악화되었고, 우두머리 점쟁이가 수도승에게 사람을 보내서 판대기를 두드리지 말라고 했습니다. 그다음 날 둔영 전체가 이동했는데 그 부인의 캠프는 그곳에 남겨졌습니다. 그리고 우리가 둔영을 칠 지점에 도착했을 때, 그 수도승은 보통 때보다 궁정에서 더 먼 곳에 자리를 잡으라는 지시를 받았고 그는 그렇게 했습니다.

7. 이때 아릭 부케가 자기 형인 칸을 만나러 왔습니다. 우리와 수도승은 그가 막 우리가 있는 곳 가까이 지나가려고 하는 것을 보고, 십자가를 들고 그에게 다가갔습니다. 그는 우리를 알아보았는데, 왜냐하면 그가 전에 우리 예배실을 방문한 적이 있었기 때문입니다. 그는 자기 손을 뻗쳐 마치 주교처럼 우리에게 성호를 그었습니다. 그러자 그 수도승은 말에 올라타서 약간의 과일을 들고 아릭 부케를 따라갔습니다. 그는 자기 형의 궁정 앞에 오자 말에서 내려 그가 사냥에서 돌아올 때까지 기다렸습니다. 그러자 그 수도승은 같은 지점에서 말에서 내려 그에게 과일을 바쳤고 그는 그것을 받았습니다.[10]

8. 그와 가까운 곳에는 칸의 궁정에 속한 두 명의 사라센 고관이 앉아

---

10) 앞의 제22장 4절 주석에서도 설명했듯이 이것은 지체 높은 사람들을 영접하며 음식을 바치는 '투즈구'라는 관습에 따른 것이다.

있었습니다. 아릭 부케는 기독교도와 사라센 사이에 존재하는 대립관계를 의식해서 그 수도승에게 그들을 아느냐고 물었습니다. 그의 대답은 "나는 그들이 개라는 것을 압니다.[11] 당신은 어째서 그들을 당신 곁에 두고 계십니까?"라는 것이었다. 그러자 그들이 물었습니다. "우리는 당신을 모욕하지 않는데 어찌해서 당신은 우리를 모욕합니까?" 이에 대해 수도승은 "내가 말하는 것은 사실이오. 당신과 당신의 마호메트는 못된 개들이오!"라고 대답했습니다. 그러자 그들도 그리스도에 대해서 모독적인 말을 퍼부으며 대꾸했습니다. 그러나 아릭 부케는 그들을 저지하며 "그런 식으로 말하지 마시오. 왜냐하면 우리는 메시아가 하느님이라는 것을 알기 때문이오"라고 말했습니다.

9. 바로 그때에 갑자기 매우 강한 바람이 불어와 그 지방 전체를 뒤덮어 버렸는데 마치 마귀들이 덮친 듯했습니다. 그리고 바로 얼마 지나지 않아 그 부인이 죽었다는 소식이 전해졌다.

10. 그다음 날 칸은 다른 길을 거쳐 자신의 둔영으로 돌아갔습니다. 이 것은 그들이 왔던 동일한 길로 다시 돌아가지 않는다는 미신 때문이었습니다. 뿐만 아니라 둔영이 어느 지점에 쳐졌다가 그것이 떠나간 뒤에는, 그곳에 불을 지폈던 흔적이 남아 있는 한 아무도 말을 타건 걸어서건 그 둔영이 있던 곳을 지나가는 법이 없습니다.

11. 그날 몇몇 사라센들이 여행 도중에 그 수도승에게 당돌한 말을 걸어왔습니다. 그를 자극하기도 하고 그와 논쟁을 벌이기도 했습니다. 그런데 그는 자신을 방어하기 위해서 합리적인 논리를 펼 만한 능력이 없었기 때문에, 그들은 그를 조롱했고 그는 자신이 가지고 있던 채찍으로 그들을 때리려고 했습니다. 그의 행동이 어찌나 심했던지 그가 했던 말들과 함께

---

11) 당시 무슬림에 대한 기독교도들의 경멸감은 네스토리우스파건 로마 가톨릭이건 불문하고 동일했던 것 같다. 마르코 폴로 역시 Saracen dogs라는 표현을 사용한 바 있다(마르코 폴로/ 김호동, 2000, 503).

궁징에 보고되었고, 그래서 우리는 이제까지 했던 것처럼 궁정 앞이 아니라 다른 사신들과 함께 천막을 치라는 명령을 받게 되었습니다.

제33장

수도사 윌리엄의 귀환 요청과 신학 논쟁

1. 당시 저는 아르메니아 국왕이 도착하기를 간절히 바라면서 지내고 있었습니다.[1] 더구나 부활절 즈음에 볼라트에서 누군가가 왔습니다. 거기에는 그 게르만인들이 있었으며, 제가 그곳으로 간 주된 이유 역시 그들 때문이었습니다. 그는 제게 게르만인 사제가 곧 둔영에 도착할 것이라고 알려 주었습니다. 이런 이유로 저는 뭉케에게 저의 체류나 귀환에 대해서 아무런 문제도 제기하지 않았습니다. 그는 원래 우리에게 두 달 이상의 체류를 허락하지 않았지만, 벌써 넉 달, 아니 사실 다섯 달이 지나간 셈이었습니다. 왜냐하면 이러한 일들은 5월 말경에 벌어졌고, 우리는 1월부터 2월, 3월, 4월, 5월까지 그곳에 머물렀기 때문입니다.

2. 그러나 저는 국왕이나 이 [게르만] 사제에 관해서 아무런 소식도 듣지 못했고, [자칫하면] 우리가 [다가오는] 겨울에 귀환해야 할지도 모른다는 두려움이 들었습니다. 우리는 그 혹독함을 이미 체험하여 알고 있었습니다. 그래서 나는 누군가를 시켜서 뭉케 칸에게 그가 우리에 대해서 어떤 계획을 가지고 있는지 물어보도록 했습니다. 왜냐하면 만약 그가 원한다면 우리는 그곳에 기꺼이 영구적으로 머물 각오가 되어 있지만, 만약 우리가 돌아가야 한다면 겨울보다 여름에 떠나는 것이 더 수월하기 때문이었습니다. 그는 즉시 제게 전갈을 보내어 그다음 날 저와 이야기하기를 희망

---

1) 여기서 루브룩이 말하는 '아르메니아 국왕'은 소아르메니아(킬리키아)의 국왕 혜툼 1세이다. 그는 루브룩이 카라코룸을 떠나고 나서 두 달 뒤인 1254년 9월 13일에 도착했다.

하니, 제가 기꺼운 곳에 머물러아 한다고 했습니다. 서는 대답하기를, 그가 저와 이야기하기를 원한다면 지금 제게 달린 통역이 시원치 않으니 장인 윌리엄의 아들을 불러달라고 했습니다.

3. 제게 말을 전해준 사람은 바스타키우스에게 대사로 갔었던 사라센 사람이었습니다. [거기서 받은] 선물들에 눈이 휘둥그레진 그는 바스타키우스에게 조언하기를 뭉케 칸에게 사신을 보내서 시간을 벌라고 했었습니다. 왜냐하면 바스타키우스는 자기 나라에 대한 [몽골인들의] 침공이 임박했다고 생각했기 때문입니다. 그래서 그는 [사신들을] 보냈습니다. 그런데 그가 그들 [몽골]에 대해서 알게 되자 거의 신경을 쓰지 않게 되었습니다. 그는 그들과 평화를 맺지 않았고 그들 역시 아직 그의 영역을 침공하지는 않았습니다. (그가 자신을 방어할 용기를 가지고 있는 한 그들은 그렇게 하기 어려울 것입니다. 그들은 어떤 나라도 무력으로 정복한 적이 없고 오직 기만술로 그렇게 한 것입니다. 사람들이 그들과 평화를 맺을 때 [몽골인들은] 바로 그 평화라는 위장물을 이용하여 파멸을 가져다줍니다.) 그 [사라센인]은 이어서 교황과 프랑스 국왕에 대해서, 그리고 그들에게 갈 수 있는 경로에 대해서 제게 수많은 질문을 했습니다. 그런데 그 수도승이 이것을 엿듣고 그에게 대답을 하지 말라고 은밀하게 경고했습니다. 왜냐하면 그는 자신이 대사로 [그들에게] 파견될 수 있도록 일을 꾸미고 있었기 때문이었습니다. 따라서 저는 입을 닫았고 그에게 한마디 대답도 하지 않았습니다. 그러자 그는 제게 모욕적인 언사인지 무엇인지를 퍼부었고, 그로 인해서 네스토리우스파 사제들은 그를 고발했습니다. 그래서 그는 처형되거나 아니면 곤장을 맞을 처지가 되었는데, 저는 그렇게 되기를 원하지 않았습니다.

4. 그다음 날은 오순절 전 일요일[1254년 5월 24일]이었습니다. 저는 궁정으로 인도되어 그곳의 수석서기, 잔을 들고 칸의 시중을 드는 한 몽골인과 다른 사라센들의 마중을 받았습니다. 그들은 칸을 대신하여 제게

이곳에 온 목적이 무엇이냐고 물었습니다. 그래서 저는 이미 내가 인용했던 이야기를 해주었습니다. 제가 어떻게 사르탁을 방문하게 되었고, 사르탁에게서 바투에게로 갔으며, 어떻게 바투가 저를 그곳으로 보내게 되었는지에 대해서 말했습니다. 이런 까닭으로 저는 그에게 "나는 어느 누구를 대신해서 말하는 것이 결코 아니오. 바투가 그에게 무엇을 썼는지는 [칸이] 더 잘 알 것이오. 만약 그가 듣기를 희망한다면 내가 할 수 있는 말은 오로지 하느님의 말씀뿐이오"라고 말했습니다. 그들은 이 말을 꼬투리로 잡고는 제가 그에게 말하려고 하는 하느님의 말씀이 무엇이냐고 물었는데, 그 까닭은 다른 많은 사람들이 그랬던 것처럼 저도 그를 위해서 장차의 어떤 성공에 대해서 예언하려는 것으로 생각했기 때문입니다.

5. 저는 "만약 내가 하느님의 말씀을 [칸에게] 말하기를 당신이 원한다면 내게 통역을 한 사람 제공해주시오!"라고 대답했습니다. 그들은 "우리는 그를 불러오도록 했는데, [우선] 여기 이 사람을 통해서 당신이 할 수 있는 만큼 이야기를 하시오. 우리는 당신의 말을 잘 이해할 것입니다"라고 말했습니다. 그리고 그들은 제게 말을 하라고 상당한 압력을 가했습니다. 그래서 저는 이렇게 선언했습니다. "하느님은 이렇게 말씀하셨소. '무릇 많이 받은 자에게는 많이 찾을 것이오.'[2] 또한 이와 비슷한 말씀으로 '더 많이 받은 자는 더 많이 사랑해야 할 것이라' 하셨소.[3] 나는 하느님의 이런 말씀들을 뭉케에게 전할 것이오. 왜냐하면 하느님은 그에게 많은 것을 주셨기 때문이오. 그가 소유하고 있는 권력과 재산은 도인들의 우상이 그에게 준 것이 아니라 전능하신 하느님께서 주신 것이오. 그분은 하늘과 땅을 만드셨고 모든 왕국들은 그 손 안에 있으며, 인간이 짓는 죄로 인하여 그분은 왕국들을 한 민족에게서 다른 민족에게 넘겨주는 것이오. 그러므로

---

2) 「누가복음」 제12장 48절.
3) 「누가복음」 제7장 42~43절에 "둘 중에 누가 저를 더 사랑하겠느냐. 시몬이 대답하여 가로되 제 생각에는 많이 탕감함을 받은 자니이다."

만약 그가 그분을 사랑하면 그는 번영할 것이고, 그렇지 않으면 하느님께서 '마지막 호리라도'[4] 그에게서 취하여 가져가실 것이라는 사실을 그가 알아야만 할 것이오."

6. 이 말에 사라센인들 가운데 한 사람이 "하느님을 사랑하지 않는 사람이 있소?"라고 물었습니다. 그래서 저는 "하느님께서는 '사람이 나를 사랑하면 내 말을 지킬 것이오, 나를 사랑하지 아니하는 자는 내 말을 지키지 아니하리라'[5]고 말씀하셨소. 그러니 하느님의 말씀을 지키지 않는 사람은 하느님을 사랑하지 않는 것이오"라고 대답했습니다. 그러자 그는 "당신은 하늘에 가보았소? 어찌 하느님의 말씀을 당신이 아는 것이오?"라고 물었습니다. "아니오. 그러나 그분은 하늘에서 성자들에게 그것을 알려주었고, 마침내 그분 자신이 우리를 가르치기 위해서 하늘에서 직접 내려오셨소. 그리고 우리는 그것을 기록으로 적은 것이고, 사람들의 행위를 보고 그들이 그것을 지키는지 아닌지를 아는 것이오"라고 저는 말했습니다. "그렇다면 당신은 뭉케 칸이 하느님의 말씀을 지키지 않는다는 것이오?"라고 그는 말했고, 이에 대해서 저는 이렇게 답했습니다. "당신이 말한 대로 통역이 온다고 하니, 만약 뭉케 칸이 원한다면 내가 그의 앞에서 하느님의 말씀을 전하겠소. 그러면 그가 그 말씀들을 지키고 있는지 아닌지 스스로 알게 될 것이오." 그러자 그들은 돌아갔고 [칸에게] 제가 그를 우상숭배자나 도인이라고 불렀으며 하느님의 말씀을 지키지 않는다고 말했다고 보고했습니다.

7. 그다음 날 [칸은] 자신의 서기들을 제게 보냈습니다. 그들은 제게 "우리의 주군께서 이러한 전갈을 당신에게 보냈소. '이곳에는 당신네들 기독교도, 사라센, 도인들이 있는데, 각자 자기 종교가 우월하며 자신들의 글이나 책이 더 정확한 진리를 담고 있다고 주장하고 있다.' 그래서 그분은 당신과 같은 사람들을 모두 모아서 회합을 열고, 각자 자신의 주장을 글로

---

4) 「마태복음」 제5장 26절.
5) 「요한복음」 제14장 23-24절.

써서 칸이 진리를 배울 수 있도록 하기를 원하오"라고 말했습니다. 이 말에 저는 "칸의 마음속에 이런 생각을 넣어주신 하느님께 축복이 있기를! 그러나 우리의 경전은 '하느님의 종들이 다투는 것은 적절치 못하며 모든 사람들을 온유함으로 대하라'6)고 말하고 있소. 이런 이유로 나는 언쟁이나 비난을 하지 않고 궁금해하는 어느 누구에게나 기독교도들의 신앙과 희망을 설명할 준비가 되어 있소"라고 말했습니다. 그들은 이 말을 적어서 그에게 보고했습니다. 그러고 나서 네스토리우스 교도들은 스스로 준비가 되었는지를 살피고, 하고자 하는 말이 있으면 기록하라는 명령을 받았고, 사라센인과 도인들도 같은 방식으로 명령을 받았습니다.

8. 그다음 날 그는 서기들을 보냈는데, "뭉케 칸은 당신이 이 지방으로 온 이유를 알고자 하신다"는 내용의 말을 했습니다. 이에 저는 그들에게 "그것은 바투의 편지를 통해서 그가 알 수 있을 것이오"라고 했습니다. 그러나 그들은 "바투의 편지는 없어졌고 그는 바투가 그에게 무엇이라고 썼는지 잊어버렸소. 그가 당신에게서 직접 들으려고 하는 이유도 바로 그 때문이오"라고 말했습니다. 이는 저를 보다 안전한 입장에 서게 만들었고 그래서 저는 그들에게 이렇게 말했습니다. "우리 신앙의 의무는 모든 사람들에게 복음을 전하는 것이오. 따라서 내가 몽골 사람들의 명성을 들었을 때 나는 그들을 찾아가야겠다는 열망을 가지게 되었고, 이러한 열망이 나를 사로잡았을 때 마침 사르탁이 기독교도라는 이야기를 들었소. 그래서 나는 그를 방문하게 된 것이고 프랑스의 국왕께서는 우호적인 내용이 담긴 편지를 한 통 써서 그에게 보낸 것이오. 다른 무엇보다도 [국왕은] 우리가 어떤 사람인가를 보증하고 나아가 우리가 몽골 사람들 가운데 머물 수 있도록 해달라고 그에게 요청을 했습니다. 그러자 그는 우리를 바투에게 보냈고, 바투는 우리를 뭉케 칸에게 보낸 것이오. 그래서 우리는 [여기에] 머

6) 「디모데후서」 제2장 24절(마땅히 주의 종은 다투지 아니하고 모든 사람을 대하여 온유하며 가르치기를 잘하며).

물게 해달라고 그에게 요청했고 지금도 요청하고 있는 것입니다." 그들은 이 모든 말을 적었고 돌아가서 그것을 그에게 보고했습니다.

9. 그다음 날 그는 다시 한번 그들을 제게 보냈습니다. 그들의 말은 이러했습니다. "칸은 당신이 외교적인 용무로 그에게 온 것이 아니라 다른 많은 사제들처럼 그를 위해서 기도를 하러 왔다는 사실을 잘 알고 있다. 그러나 그는 당신들의 사신이 우리에게, 혹은 우리의 사신이 당신들에게 전에 간 적이 있었는지 물으신다." 그래서 저는 다비드와 수도사 앤드류에 대해서 모든 것을 그들에게 이야기했고, 그들은 그것을 모두 기록으로 적어서 그에게 넘겨주었습니다. 그 뒤에 그는 다시 한번 사람들을 보냈고 그들은 이렇게 공표했습니다. "주군 칸께서는 당신이 이곳에 오랫동안 머물렀다고 말씀하신다. 그는 당신이 당신네 고장으로 돌아가기를 희망하며, 당신이 그의 대사와 함께 돌아갈 의향이 있는지 물으신다." 저는 이렇게 대답했습니다. "나는 그의 사신들을 그의 영역 밖으로 감히 데려갈 수 없소. 왜냐하면 우리와 당신들 사이에는 적대적인 영토와 바다와 산맥들이 가로놓여 있기 때문이오. 나는 보잘것없는 수도사에 불과하오. 그러니 내가 그들을 보호하여 갈 엄두를 낼 수 없는 것이오." 그들은 이런 말을 모두 적은 뒤에 물러갔습니다.

10. 오순절 전야[5월 30일]가 도래했습니다. 네스토리우스 교도들은 천지 창조에서부터 그리스도의 수난에 이르기까지의 역사를 다 기록으로 옮겼고, 수난에서 더 나아가 [예수님의] 승천과 죽은 자들의 부활과 심판날의 도래에 대해서도 썼습니다. 그 가운데 약간의 오류가 있는 부분이 있어서 제가 그들에게 지적해주었습니다. 우리는 우리대로 미사의 신조, 즉 「신경(Credo in unum Deum)」을 간단히 적었습니다.

11. 그런 다음에 저는 그들에게 어떤 방식으로 [논쟁을] 진행하기를 원하느냐고 물었습니다. 그들은 먼저 사라센들과 논쟁하면 좋겠다고 했습니다. 그래서 저는 "이것은 좋은 방법이 아니오. 왜냐하면 하느님은 한 분만

계신다고 믿는 점에서 사라센인들은 우리와 같은 의견이기 때문이오. 그러므로 그들은 도인들에게 대항할 때 우리의 동조자가 될 것이오"라고 설명했습니다. 그들도 동의했고, 저는 우상숭배가 어떻게 이 세상에서 시작되었는지 아느냐고 그들에게 물었는데, 그들은 모른다고 대답했습니다. 그래서 제가 그들에게 그것을 말해주자, 그들은 제게 "당신이 이런 것들을 그들에게 먼저 말하고 그런 다음에 우리에게 이야기를 하도록 하시오. 왜냐하면 통역을 통해서 말하는 것은 힘들기 때문이오"라고 했습니다. 저는 "당신들이 그들을 상대해서 어떻게 할 수 있을지 보기 위해서 우리 한번 리허설을 해봅시다"라고 제안했습니다. 그리고 저는 "내가 도인의 역할을 맡을 테니 당신들은 기독교도의 견해를 주장하시오. 이제 나는 그들의 교단에 속한다고 치고 그들이 하느님의 존재를 부인한다고 가정합시다. 그분이 존재한다는 것을 증명해보시오"라고 말했습니다. (왜냐하면 사물 안에 있는 어떠한 영이나 힘이 그 사물의 신이며 하느님은 달리 존재하지 않는다고 주장하는 교파가 있기 때문입니다.) 그런데 이 시점에서 네스토리우스 교도들은 아무것도 증명하지 못하고 단지 성경에서 말하는 것을 옮기기만 했습니다. "그들은 성경을 믿지 않소. 만약 당신들이 그들에게 어떤 이야기를 한다면 그들은 다른 이야기를 인용할 것이오"라고 저는 말하고, 그들과 처음 상대할 사람을 저로 하는 것이 어떻겠느냐고 조언을 했습니다. 왜냐하면 제가 궁지에 몰린다고 하더라도 그들은 여전히 말할 기회를 가질 수 있겠지만, 만약 그들이 궁지에 몰리게 되면 저는 그 뒤에는 의견을 표명할 기회를 얻지 못할 것이기 때문이었습니다. 그들은 이에 동의했습니다.

12. 그 후 오순절 전야에 우리는 우리의 예배실에 모였습니다. 뭉케 칸은 3명의 서기를 심판으로 보냈습니다. 기독교도 한 사람, 사라센 한 사람, 도인 한 사람이었습니다. 그들은 다음과 같이 선언했습니다. "뭉케의 칙령은 이러하다. 어느 누구도 하느님의 명령이 그것과 다르다고 감히 말해서

는 안 될 것이다. 그는 누구든지 깊이 자기 상대방을 자극하거나 모욕하는 언사를 써서는 안 될 것이며, 어느 누구도 이 같은 절차를 방해할 만한 소동을 일으켜서는 안 될 것이라고 명령하셨다. 그렇지 않을 경우에는 죽음을 각오해야 할 것이다." 이 말에 모든 사람은 조용해졌습니다. 굉장히 많은 사람들이 그곳에 참석했는데, 그 까닭은 각 집단이 자기 종족에서 현명한 사람들을 불러모았고 그밖에 다른 많은 사람들도 모였기 때문입니다.

13. 그러자 기독교도들은 저를 중앙에 앉히고 도인들에게는 제게 말하라고 했습니다. 그러자 그곳에 상당히 많은 수가 모여 있던 그들은 뭉케 칸에 대한 불만을 구시렁거리기 시작했습니다. 왜냐하면 이제까지 어떤 칸도 그들의 비밀을 캐내려는 시도를 한 적이 없었기 때문입니다. 그들은 카타이아에서 온 어떤 사람을 제게 맞세웠습니다. 그도 역시 자신의 통역을 대동했고, 저는 장인 윌리엄의 아들을 데리고 있었습니다. 그가 내게 "친구여! 만약 당신의 말이 궁해지면 당신보다 너 현명한 사람을 찾아봐야 할 것이오"라는 말로 시작했습니다. 저는 대답을 하지 않았습니다. 그러자 그는 제가 먼저 무엇을 가지고 논쟁하기를 원하느냐, 즉 어떻게 세상이 만들어졌는가 하는 문제인지 아니면 사람이 죽은 뒤에 영혼이 어떻게 되는가 하는 문제인지 물었습니다. 저는 대답했습니다. "친구여! 그것이 우리 토론의 출발점이 되어서는 안 될 것이오. 만물은 하느님께서 지으셨으니 그분이야말로 만물의 근원이시오. 그러니 우리는 하느님에 대한 이야기부터 시작해야 마땅할 것입니다. 왜냐하면 당신은 그분에 대해서 우리와 다른 견해를 가지고 있고, 뭉케는 누구의 믿음이 더 우월한지 알기를 희망하기 때문입니다." 심판들은 그것이 공평한 것이라는 판정을 내렸습니다.

14. 그들은 제가 언급한 주제들로 먼저 시작하기를 원했는데 이는 그들도 그것들이 더 중요하다고 생각했기 때문입니다. 그들은 모두 이단적인 마니교에 속해 있었습니다.[7] 그들은 심지어 사물의 반은 악이고 다른 반

---

7) 이는 실제로 토론의 상대방이 마니교도라는 말이 아니고 마니교와 같은 이단적인 교리를

은 선이며, 아니면 적어도 두 개의 원리가 존재한다고 주장하고 있으며, 영혼에 관해서 그들은 모두 그것이 하나의 몸에서 다른 몸으로 옮겨간다고 믿습니다.

15. 심지어 네스토리우스 사제들 가운데 한 사람은 동물들이 죽은 뒤에 그 영혼이 더 이상 고통받지 않는 어떤 곳으로 피신해가는 것이 가능하냐고 묻기까지 했습니다. 제가 장인 윌리엄에게 들은 바에 의하면, 그들은 거기서 한 발 더 나아가 이러한 잘못된 생각을 증명하기 위해서 한 소년을 카타이아에서 불러왔는데, 그의 체격으로 미루어볼 때 세 살도 채 안 되어 보이지만 이성적인 사고를 충분하게 할 수 있었다고 합니다. 그는 자기 자신이 세 번째 전생(轉生)한 존재이며 읽고 쓰는 법도 알고 있다고 말했다고 합니다.8)

16. 그래서 저는 도인에게 말했습니다. "우리는 하느님이 존재하며 하느님은 오직 한 분만 계시며 그분은 완벽한 일체성을 가진 한 분이라는 사실을 우리의 가슴으로 믿고 또 우리의 입으로 인정합니다. 당신들은 무엇을 믿습니까?" 그러자 그는 "한 분의 하느님만 존재한다고 주장하는 사람들은 바보입니다. 당신 나라에도 강력한 통치자들이 있지 않습니까? 그리고 뭉케 칸은 이곳에서 우두머리 되는 군주가 아닙니까? 신들도 마찬가지여서 여러 지방이 있는 만큼 신들도 여럿이 존재하는 것입니다"라고 말했습니다.

17. 그러나 제가 그 같은 비유[의 허구성을 무너뜨릴 방안을 찾고 있을 때, 그는 다음과 같은 질문으로 나의 관심을 다른 쪽으로 돌렸습니다. "당신의 하느님, 즉 그와 같은 다른 이가 없다고 당신이 주장하는 그분은 어떤 존재입니까?" 저는 이렇게 대답했습니다. "오직 한 분뿐인 우리의 하느님

가지고 있다는 의미이다.

8) 이 구절은 기독교, 이슬람과 상대했던 토론의 당사자가 불교, 그중에서도 티베트 불교였음을 시사한다. 당시 몽골 제국 안의 불교 사원과 승려에 대한 관리 감독은 모두 티베트 불교의 지도자들에게 맡겨져 있었다.

은 전능하십니다. 그러므로 다른 어느 누구의 도움도 필요하지 않은 분입니다. 사실 우리 모두는 그분을 필요로 합니다. 그러나 사람들은 그렇지 않지요. 어떤 사람도 모든 것을 할 수는 없습니다. 그렇기 때문에 지상에는 수많은 통치자가 있어야 하는 것입니다. 왜냐하면 어느 누구도 모든 일을 처리할 정도의 힘을 가지지 못하기 때문입니다. 뿐만 아니라 그분은 전지하시며 따라서 어떠한 조언자도 필요치 않으십니다. 나아가 그분은 지고의 선이시기 때문에 우리의 선함을 필요로 하지 않으십니다. 오히려 '우리가 그를 힘입어 살며 기동하며 있느니라'9) [하신 것과 같습니다]. 이것이 바로 우리 하느님의 속성입니다. 따라서 그밖에 다른 것을 설명할 필요가 없습니다." 그러자 그는 이렇게 선언했습니다. "그렇지 않소. 오히려 반대로 하늘에는 최고의 신이 한 분 계시는데, 그분의 기원에 대해서는 우리가 아직 알지 못합니다. 다만 그분 아래에 열 분이 계시고 그분들 아래에 더 낮은 단계의 존재들도 있으며, 지상에는 그들이 수없이 많이 존재합니다."

18. 그가 더 이야기를 장황하게 하려고 했지만, 저는 이 최고의 신에 대해서 물었습니다. 즉 그는 그 [신이] 전능한 존재라고 믿는지, 또는 또다른 신이 있다고 생각하는지 물었습니다. 그는 대답하기를 두려워하며 이렇게 물었습니다. "만약 당신의 하느님이 당신 말하는 대로라면 어찌해서 그는 만물의 반을 악으로 만들었소?" 저는 "그것은 잘못된 생각이오. 악을 창조한 것은 하느님이 아니오. 존재하는 모든 것은 선합니다"라고 말했습니다. 모든 도인들은 저의 이 진술에 경악을 했고, 무엇인가 잘못되고 불가능한 것인 양 그것을 기록하여 적었습니다. 그 다음에 그는 "그렇다면 악은 어디서 오는 것이오?"라는 질문을 던졌습니다. 저는 이렇게 답했습니다. "당신의 질문은 오류에 빠져 있소. 당신은 악이 어디에서 오는지를 묻기 전에 악이란 무엇이냐고 먼저 물어야 옳았소. 그러나 그에 앞서 [내가 던진] 첫 번째 질문, 즉 당신은 어떠한 신도 전능하다고 믿느냐는 질문으로

---

9) 「사도행전」 제17장 28절.

먼저 돌아가시오. 그런 다음에 당신이 던지는 모든 질문에 내가 답변을 하겠소."

19. 그는 대답하기를 꺼리며 한참 동안 그냥 앉아 있었고, 그래서 칸을 대신하여 듣고 있던 서기들은 그에게 대답을 하라고 명령했습니다. 마침내 그는 어떠한 신도 전능하지 않다는 대답을 했고, 그러자 사라센들은 일제히 큰 소리로 웃음을 터뜨렸습니다.

20. 다시 좌중이 조용해졌을 때 저는 말했습니다. "그렇다면 당신들이 믿는 신들 가운데 어느 하나도 온갖 위험에서 당신들을 구할 수 없군요. 왜냐하면 그가 힘을 발휘할 수 없는 곳에서 곤경을 당할 수도 있기 때문이오. 뿐만 아니라 '한 사람이 두 주인을 섬기지 못할 것이니'[10]라고 했는데, 당신들은 어떻게 해서 하늘과 지상에 있는 그렇게 많은 신들을 섬길 수 있다는 말이오?" 청중들은 그에게 대답할 것을 요구했으나 그는 할 말을 잃고 있었습니다. 그러나 제가 청중들이 듣는 가운데 신성의 본질의 단일성과 삼위일체에 대한 주장을 더 밀고 나가려고 했을 때, 현지의 네스토리우스 교도들은 그 정도로 충분하다고 하면서 이제는 자신들이 이야기하겠노라고 제게 말했습니다.

21. 이때에 저는 그들에게 자리를 내주었습니다. 그러나 그들이 사라센들과 논쟁을 벌이려고 하자, 사라센들은 "우리는 당신네 종교가 진실하며 복음서에 있는 모든 것이 맞다는 사실을 인정합니다. 따라서 우리는 당신들과 어떤 문제에 대해서도 논쟁을 벌이고 싶은 생각이 없소"라고 대답했습니다. 그리고 그들은 모든 기도문에서, 자신들이 죽을 때 기독교도로서 죽음을 맞이하기를 허락해달라고 하느님께 사정을 한다는 사실을 인정했습니다.

22. 그곳에는 위구르 교단에 속하는 한 늙은 사제가 있었습니다.[11] 이

---

10) 「마태복음」 제6장 24절; 「누가복음」 제14장 13절.
11) 중앙 아시아의 위구르인들도 역시 불교를 믿고 있었으므로, 이는 불교 교단을 가리킨다.

교단은 하느님은 한 분뿐이라고 믿지만 그러면서도 동시에 우상들을 섬기고 있습니다. 그들은 그와 길게 토론을 벌였고, 심판의 날에 그리스도가 오시는 것에 이르기까지 모든 것을 이야기해주었으며, 그와 사라센인들에게 삼위일체를 설명하기 위해서 비유를 동원하기도 했습니다. 모두 다 한 마디도 거스르지 않은 채 경청을 했지만, 그럼에도 불구하고 아무도 "나는 믿습니다. 그리고 기독교도가 되기를 원합니다"라고 말하지 않았습니다.

23. 모든 것이 끝나자 네스토리우스 교도와 사라센 사람들은 똑같이 큰 소리로 노래를 불렀고, 그러는 동안 도인들은 침묵을 지켰습니다. 그런 후에 모두 다 엄청나게 술을 많이 마셨습니다.

제34장
수도사 윌리엄과 뭉케 칸의 마지막 회견

1. 오순절 날[1254년 5월 31일] 뭉케 칸은 저를 그의 어전으로 소환했고 아울러 저와 논전을 벌였던 도인도 불렀습니다. 제가 들어가기 전에 통역인인 장인 윌리엄의 아들이 우리는 우리 고향으로 돌아가야만 할 것이라고 말했습니다. 또한 그 문제는 이미 결정된 사항이라는 사실을 알게 되었기 때문에 그 점에 대해서 이의를 제기해서는 안 된다고 했습니다. 제가 그 앞에 갔을 때, 저는 무릎을 꿇도록 요구받았고 제 옆에 있던 도인과 그의 통역인도 역시 그렇게 했습니다. 그러자 그가 제게 말했습니다. "사실대로 말하라! 전날에 나의 서기들을 당신에게 보냈을 때 그대는 나를 도인이라고 불렀는가?" 이에 대해서 나는 "주군이시여! 나는 그렇게 말한 적이 없습니다. 당신께서 원하신다면 내가 했던 말을 그대로 되풀이하겠습니다"라고 대답했다. 그런 다음 나는 내가 했던 말을 그대로 인용했습니다. 그러자 그는 "나도 그대가 그렇게 말하지 않았으리라고 생각했노라. 왜냐하면 그것은 그대가 할 만한 그런 말이 아니기 때문이다. 당신의 통역인이 제대로 통역을 하지 못했으리라고 생각했다." 그리고 그는 자신이 기대고 있던 지팡이를 제게 내뻗으며 "두려워하지 말라!"고 말했습니다. 저는 미소를 지으면서 조용히 말했습니다. "만약 내가 두려워했다면 이곳에 오지 말았어야지요." 그러자 그는 제가 무엇이라고 했느냐고 통역에게 물었고 [통역은] 그대로 그에게 되풀이했습니다.

2. 그 뒤에 그는 자신의 믿음을 제게 고백하기 시작했습니다. "우리 몽

골인들은 삶과 죽음을 주관하는 유일한 신을 믿고 있고, 우리의 마음은 그 분께로 향해 있소." 이 말에 저는 "그렇습니다. 그분의 은총이 아니라면 있을 수 없는 일입니다"라고 말했습니다. 그는 제가 무엇을 말했느냐고 물었고 통역은 그에게 말을 해주었습니다. 그러자 그는 이어서 이렇게 말했습니다. "그러나 신이 여러 개의 손가락을 주신 것처럼 인류에게도 여러 가지의 길을 주셨지. 당신에게 신은 경전들을 주었지만 당신네 기독교도들은 그것을 지키지 않고 있소." 그러면서 그는 "당신은 경전 안에서 어떤 사람이 다른 사람을 비난하라고 한 구절을 찾을 수 없을 것이오. 안 그렇소?"라고 물었습니다. 저는 "그렇습니다. 그러나 나는 처음부터 내가 어느 누구와도 다투고 싶지 않다는 점을 말씀드린 바 있습니다"라고 했습니다. 그러자 그는 "나는 당신을 두고 하는 얘기가 아니요"라고 분명히 말하면서, "마찬가지로 사람이 금전적인 이득을 위해서 정의로운 길에서 벗어나도 좋다는 구절 역시 찾아볼 수 없을 것이오"라고 했습니다. 저는 "그렇습니다, 전하! 분명히 저는 돈을 벌기 위해서 이 지방에 온 것은 아닙니다. 오히려 그와는 반대로 제게 제공된 그런 것들을 사양했습니다"라고 말했습니다. 그곳에는 마침 서기 한 명이 있었는데, 그는 제가 1야스코트와 약간의 비단 옷감을 거절했던 사실을 확인해주었습니다. [그러자 칸은] "나는 그를 두고 한 말이 아니다"라고 한 뒤에, [저를 향해] "신께서는 당신들에게 경전을 주셨는데 당신들은 그것을 지키지 않고 있소. 그런데 그는 우리에게 무당들을 주셨고 우리는 그들이 말하는 대로 행하며 평화롭게 살고 있소"라고 했습니다. 제 기억으로 그는 이 말을 전부 마칠 때까지 네 번 술잔을 비웠습니다.

3. 저는 그가 혹시 신앙 고백이라도 하지 않을까 유심히 듣고 있었는데, 그는 저의 귀환에 대해서 이야기하기 시작했습니다. "당신은 이곳에 오랫동안 머물렀소. 나는 그대가 돌아가기를 희망하오. 그리고 당신은 나의 사신들을 도저히 데리고 가기 어렵다고 하니, 그렇다면 나의 전갈이나 편지

는 전해줄 수 있겠소?"라고 말했습니다.

4. 그 순간 이후로 제게는 가톨릭 신앙을 그에게 설명할 만한 어떤 시간과 장소도 주어지지 않았습니다. 왜냐하면 그의 어전에서는 어느 누구라도 그가 선택하는 것 이외에는 다른 아무 말도 할 수 없었기 때문입니다. 만약 사신이라면 사정이 다르겠지만 말입니다. 사신은 자신이 희망하는 어떤 이야기도 할 수 있고, 더 말하고 싶은 것이 없느냐고 계속 질문을 받기도 합니다. 반면 저는 길게 말해도 좋다는 허락을 그에게서 받지 못했기 때문에, 그냥 그가 말하는 것을 듣고 그의 질문에 대답을 할 수 있을 뿐이었습니다.

5. 그래서 저는 만약 그가 자신의 전갈의 의미를 제게 분명하게 설명하고 그것을 글로 써준다면, 저의 능력이 닿는 한 최선을 다해서 기꺼이 전달하겠노라고 대답했습니다. 그러자 그는 제가 원하는 것이 금인지, 은인지 아니면 값비싼 옷인지를 물었습니다. 저는 "우리는 그런 것들을 받지 않습니다. 그러나 우리에게는 식량이 없으므로 전하의 도움이 없이는 전하의 영역에서 떠날 수 있는 처지가 아닙니다"라고 말했습니다. 그는 "그대가 나의 강역을 지나가는 데에 필요한 모든 것들을 제공하겠노라"라고 했고, 저는 "그밖에 바라는 것은 없습니다"라고 대답했습니다. 그러자 그는 "어디까지 길안내를 원하는가? 짐의 지배는 아르메니아 왕의 영토까지 뻗어 있다"라고 했고, 저는 "그곳까지만 간다면 그것으로 충분합니다"라고 대답했습니다. 그러자 그는 이어서 이렇게 말했습니다. "하나의 머리에 눈이 두 개가 달려 있다. 두 개가 있음에도 불구하고 보는 것은 하나일 뿐이오. 하나의 눈이 시선을 돌리면 다른 눈도 그렇게 따라서 한다. 그대는 바투에게서 왔으니 응당 그가 있는 곳을 경유해서 돌아가야 할 것이오."

6. 그의 말이 끝나자 저는 그에게 말해도 좋은지 물었습니다. 그는 "말하시오!"라고 했고, 저는 이렇게 말했습니다. "전하! 우리는 전사가 아닙니다. 우리의 희망은 세상을 가장 공정하게 그리고 하느님의 뜻에 맞게 다스

리는 사람들의 통치를 받는 것입니다. 우리의 임무는 사람들에게 하느님의 뜻에 따라서 어떻게 살아야 할지를 가르치는 것이며, 그런 목적으로 우리는 이 지방에 왔고 또 만약 전하께서 희망하신다면 기꺼이 이곳에 머무를 각오도 되어 있습니다. 그러나 우리가 돌아가는 것이 전하의 희망이므로 우리는 그렇게 하겠습니다. 전하께서 명령하신대로 나는 돌아가서 나의 능력이 허락하는 한 최선을 다해서 전하의 편지를 전달하겠습니다. 그러나 전하께 청원을 드리고 싶은 것은 제가 전하의 편지를 전달한 뒤, 전하가 허락하신다면 다시 전하께로 돌아오도록 해달라는 것입니다. 그 까닭은 전하의 불쌍한 노예들 일부가 볼라트에 있기 때문입니다. 그들은 우리의 언어를 하고 있으며 그들과 그 후손들을 신앙 속에서 가르쳐줄 사제를 필요로 하기 때문입니다. 제가 그들과 함께 지낼 수 있다면 그것은 저의 행복이 될 것입니다." 이에 그는 "물론! 만약 그대의 주인들이 그대를 내게 돌려보낸다면 말이오"라고 대답했다. 저는 "전하, 저는 저의 주인들이 어떤 계획을 가지고 계시는지 알지 못합니다. 그러나 제가 하느님의 말씀을 가르쳐야 할 필요가 있는 곳이 어디건 그런 곳을 방문해도 좋다는 허락을 받았습니다. 제 생각에는 그곳에 [하느님의 말씀을 전할] 필요가 있다고 여겨지기 때문에, 그분들이 전하께 답방의 사신을 보내건 보내지 않건, 저는 전하의 허락만 있다면 다시 돌아올 것입니다"라고 말했습니다.

7. 이 말에 그는 침묵했고 오랫동안 마치 무슨 생각을 하는 듯이 앉아 있었습니다. 통역은 제게 더 이상 말하지 말라고 했고, 저는 그의 대답을 초조하게 기다렸습니다. 마침내 그는 "그대는 긴 여행을 앞두고 있으니, 음식을 먹고 기운을 보강하도록 하고 그래서 건강한 몸으로 그대의 고향에 돌아갈 수 있도록 하시오"라고 말했습니다. 그리고 그는 제게 음료수를 제공하라고 했습니다. 그 뒤 저는 그의 어전에서 물러났고 다시는 그곳에 가지 못했습니다. 제게 만약 모세처럼 기적을 행할 수 있는 힘이 있었다면, 그는 자신을 더 겸손하게 낮추었을지도 모릅니다.

제35장
그들의 무당들

1. 그들의 무당은 [뭉케 칸도] 인정했듯이 그들의 사제이며, 그들이 주문하는 것은 무엇이건 지체 없이 시행됩니다. 이제 저는 전하께 그들의 기능에 관해서, 저의 능력이 닿는 범위 안에서 제가 장인 윌리엄에게서 들은 것 그리고 믿을 만한 정보를 제공한 다른 사람들에게서 들은 것들을 토대로 묘사하려고 합니다. 그들의 숫자는 대단히 많지만 항상 한 명의 우두머리, 말하자면 일종의 교황과 같은 사람이 있습니다. 그는 뭉케 칸의 주요 거처의 전면에, 돌을 던지면 닿을 정도의 거리에 언제나 자신의 숙소를 세웁니다. 앞에서도 이야기했듯이 그는 그들의 우상을 싣고 다니는 수레들을 관장합니다. 다른 무당들은 [칸의] 둔영 뒤편에 각자에게 할당된 위치에 거처를 정합니다. 그런 종류의 술수를 믿는 사람들이 세계 각지에서 그들을 방문합니다.

2. 그들 가운데 일부 특히 그 우두머리는 천문에 대해서도 잘 알고 있어서 일식과 월식을 예언하기도 합니다. 만약 그런 일이 생길 때가 되면 주민들은 모두 자기 집의 문 밖으로 나갈 필요가 없도록 음식을 비축합니다. 일식이나 월식이 진행되는 동안에 그들은 북을 치고 악기를 이용하여 큰 소리와 시끄러운 소음을 냅니다. 그것이 끝나면 그들은 먹고 마시는 데에 탐닉하고 성대한 잔치를 벌입니다. 그들은 갖가지 일을 할 때마다 행운이 있는 날인지 그렇지 않은지 미리 예견합니다. 이런 이유로 [몽골인들은] 그들이 말을 해주지 않으면 결코 군대를 소집하거나 전쟁을 하지 않습니

텔레우트족 무당(무녀)

다. 그들이 헝가리에 나타난 지 오랜 세월이 지났지만 무당들은 [다시 전쟁하는 것을] 허락하지 않고 있습니다.[1]

3. 그들은 궁정으로 들어오는 모든 것들을 불 가운데로 지나가게 하며, 이것을 통해서 그들은 자신들의 몫을 챙깁니다. 그들은 사망한 사람이 사용하던 침구류 일체도 불 가운데로 통과하게 하여 정화시킵니다. 어떤 사람이 사망하면 그의 소지품을 모두 분리하고, 불로 정화하기 전까지는 궁정에 있는 다른 것들과 섞이지 않도록 합니다. 저는 우리가 그곳에 있는 동안 사망한 그 부인의 거처를 그렇게 하는 것을 목격한 바 있습니다. 따라서 수도사 앤드류와 그의 동료들이 불 사이로 통과해야 했던 까닭은 두

---

1) 우구데이 치세에 수행된 킵차크, 러시아 원정이 갑작스럽게 중단된 뒤 더 이상 추진되지 않은 이유에 대해서 학자들은 다양한 견해를 제시한 바 있다. 여기서 루브룩이 언급한 것은 또 하나의 흥미로운 설명방식이라고 할 수 있다. 물론 몽골이 서방원정을 계속할 수 없었던 근본적인 이유는 정치, 군사적인 방면에서 찾아야겠지만, 당시에 이와 같은 주술적인 방식으로 그러한 결과를 이해하려는 시도가 있었음을 알 수 있다.

가지였습니다. 하나는 그들이 선물을 가지고 왔기 때문이었고, 또 하나는 그 선물이 이미 사망한 사람, 즉 구육 칸에게 바쳐지는 것이었기 때문입니다. 제게는 그런 것을 요구하지 않았는데, 그것은 제가 아무것도 가지고 오지 않았기 때문입니다. 만약 어떤 생물이나 다른 물건이 이러한 불 사이를 통과하다가 땅바닥에 떨어진다면, 그것은 무당들의 소유가 됩니다.[2]

4. 나아가 5월 아흐레가 되면 그들은 흰색 암말들을 모아서 제물로 바칩니다.[3] 기독교 사제들도 역시 향로들을 가지고 와서 함께 모여야 합니다. 그런 다음 그들은 새로 만든 쿠미즈를 땅에 뿌립니다. 그날에는 큰 잔치를 벌이는데, 그 이유는 그날 처음으로 새로운 쿠미즈를 마시는 날이라고 생각하기 때문입니다. 이것은 마치 우리 지방의 어떤 곳에서는 성 바돌로메우스나 성 식스투스의 축일에 포도주를 마시거나, 혹은 성 야고보나 성 크리스토포로스 축일에 과일을 먹는 의식이 있는 것과 같습니다.

5. 남자 아이가 태어날 때에도 그들은 불려오는데 그 아이의 운명을 점쳐주기 위해서입니다. 그밖에 누가 아파서 누워도 그들을 부르는데, 그들은 주문을 외고 그 병이 자연적인 것인지 아니면 마술에 의해서 생긴 것인지에 대해서 판정을 내려줍니다. 이와 관련해서 제가 앞에서 언급했던 메츠에서 온 여인은 놀라운 이야기를 들려주었습니다.

6. 언젠가 한번은 아주 값비싼 모피들이 선물로 들어왔고 그것은 그녀의 여주인 거처에 보관되었습니다. 그녀는 제가 이미 말했듯이[4] 기독교도였습니다.[5] 무당들은 그 모피들을 불 사이로 지나가게 했는데 자기들의 몫 이상으로 많이 가져갔습니다. 그 부인의 창고를 관리하던 한 여자가 이

---

2) 두 개의 불 사이를 통과하여 정화하는 몽골인들의 관습에 대해서는 이미 카르피니도 언급한 바 있다. 이러한 관습에 대한 자세한 설명은 카르피니 제3장 10절의 역주를 참조하시오.
3) 1247-1248년 몽골리아에 있던 쿠빌라이의 둔영을 방문한 장덕휘(張德輝)는 『영북기행(嶺北紀行)』에서 몽골인들이 매년 음력 4월 9일과 9월 9일에 암컷 백마의 젖을 뿌리는 의식을 거행한다고 기록했다.
4) 앞의 제28장 14절 참조.
5) 시린("키리나")의 어머니인 울제이 카툰을 지칭한다.

를 문제 삼아서 그 여주인에게 그들을 고발했고, 그 여주인은 그 [무당들]을 질책했습니다. 이 일이 있은 뒤 그 여주인은 병이 들었고 그녀는 몸여러 곳에서 찌르는 듯한 통증을 경험하게 되었습니다. 무당들이 불려왔고 그들은 멀찌감치 떨어져 앉은 채 하녀들 가운데 한 사람에게 손을 아픈부위 위에 올려서 거기서 발견되는 것은 무엇이든 제거하라고 말했습니다. 그래서 그녀는 일어나 그렇게 했는데 그녀의 손에는 펠트나 어떤 다른 것으로 만들어진 무엇인가가 잡혔습니다. 그러자 그들은 그녀에게 그것을땅에 내려놓으라고 했습니다. 땅에 놓이자마자 그것은 마치 살아 있는 생물처럼 꿈틀거리며 기어가기 시작했습니다. 그 다음에 그것을 물에 넣자그것은 일종의 거머리 같은 것으로 변했습니다. 그러자 그들은 "마님! 누군가 주술을 써서 당신을 해코지한 것입니다"라고 선언했습니다. 그리고그들은 모피로 인해서 그들을 책망한 그 여자를 지목했습니다. 그녀는 둔영 밖 마당으로 끌려나와 이레 동안 매질을 당하고 갖가지 고문을 받으며자백을 강요당했습니다. 그러는 사이에 그 여주인이 사망했고 이 소식을들은 그 여자는 그들에게 이렇게 말했습니다. "나는 나의 주인이 죽었다는것을 알고 있다. 그러니 나를 죽여서 그녀의 뒤를 따르게 하라. 왜냐하면나는 그녀에게 아무런 해코지도 하지 않았기 때문이다." 이렇게 그녀가 아무것도 자백하지 않자 뭉케 칸은 그녀를 살려두라는 명령을 내렸습니다.

7. 무당들은 그 다음에 제가 언급한 그 여주인의 딸6)의 유모를 비난했습니다. 그 [유모]는 기독교도였고 남편은 모든 네스토리우스파 사제들 가운데에서도 가장 존경받는 사람이었습니다. 그녀는 자신의 하녀 한 사람과함께 고문을 받는데, 그렇게 함으로써 그녀를 자백하게 만들려는 것이었습니다. 그 하녀는 자신의 여주인이 자기를 보내서 어떤 말[馬]과 이야기를하고 거기서 대답을 들으라고 시켰다고 인정했습니다. 그 유모도 자기가모시는 부인의 호감을 얻기 위해서, 그래서 자신이 어떤 혜택을 얻기 위해

---

6) 즉 시린("키리나").

서 무엇인가를 행했다는 사실을 밝혔습니다. 그녀는 남편이 연루되었는가 심문도 받았지만, 자신이 그린 부적과 글자들을 그가 태워버렸다고 말함으로써 그를 연루시키지 않으려고 했습니다. 그녀는 사형에 처해졌고, 뭉케는 그녀의 남편인 그 사제가 비록 죄가 없다는 사실이 밝혀졌음에도 불구하고 그를 카타이에 있는 주교에게 넘겨서 재판하도록 했습니다.

8. 한편 뭉케 칸의 큰 부인이 아들을 낳게 되었고, 그 사내아이의 장래를 점치기 위해서 무당들을 불렀습니다. 그들은 그가 장수를 누릴 것이며 위대한 군주가 될 것이라고 확신을 하면서 모두 듣기 좋은 예언만 했습니다. 그러나 그로부터 며칠 뒤에 그 아이가 죽었습니다. 이렇게 되자 그 어머니는 분개하여 무당들을 불러들이고 "너희들은 내 아들이 잘 살 것이라고 말했는데, 보아라, 그가 죽지 않았는가"라고 말했습니다. 그러자 그들은 "마님! 저희 눈에는 며칠 전에 처형당한 마녀 하나가 보입니다. 그것은 시리나[7]의 보모입니다. 바로 그녀가 마님의 아들을 죽인 것입니다. 보십시오! 저기 그녀가 그를 데리고 가지 않습니까!"라고 했습니다. 둔영 안에는 그녀가 남긴 아들과 딸이 하나씩 있었는데 다 자란 아이들이었다. 그 부인은 분노로 정신이 나가서 즉시 그들을 데리고 오라고 한 뒤, 자기 아들에 대한 복수를 하기 위해서 즉각 한 남자에게는 그 청년을 죽이게 하고 한 여자에게 그 젊은 여자를 죽이게 했습니다. 무당들이 바로 그들의 어머니가 그녀의 아들을 죽였다고 음해했기 때문이었습니다.

9. 며칠 뒤 칸은 이 젊은이들에 대한 꿈을 꾸었습니다. 그래서 아침이 되어 그들이 어떻게 되었느냐고 물었습니다. 그의 하인들이 겁을 내며 그에게 보고를 하지 않자, 그는 점점 더 근심이 되어서 그들이 어디 있느냐고 물었습니다. 그 까닭은 그들이 밤새 꿈속에 나타났기 때문이었습니다. 마침내 그들은 그에게 [사실대로] 이야기를 했고, 그는 즉시 자기 부인에게

---

7) Chirine. 앞에서 '키리나'라고 했다. 그녀의 어머니는 기독교도였고 루브룩이 위에서 말했듯이 병으로 사망했다.

전갈을 보내어, 여자가 자신의 남편에게 알리지도 않고 사형을 내릴 수 있다는 [규정을] 도대체 어디서 찾아냈느냐고 물었습니다. 그리고 그는 그녀를 이레 동안 감금하고 음식도 주지 않도록 했습니다. 젊은 청년을 죽인 남자는 머리를 잘라 처형시킨 뒤, 그의 머리를 처녀를 죽인 여자의 목에 걸어놓으라고 했습니다. 그리고 둔영을 돌아다니면서 그녀를 벌겋게 달구어진 낙인으로 매질한 뒤에 처형시켰습니다. [칸은] 만약 자기 부인이 자식을 낳지 않았더라면 부인도 마찬가지로 처형했을 것입니다. 그러나 그는 자신의 거처를 떠나서 한 달이 지날 때까지 돌아오지 않았습니다.

10. 무당들은 주문을 통해서 날씨에 혼란을 가져오기도 합니다. 그래서 자연적인 이유로 혹심한 추위가 찾아올 때 그들이 그것을 누그러뜨릴 방법을 찾지 못하면, 둔영 안에 있는 사람들을 뒤져서 추위를 몰고 온 장본인이라고 비난을 하고, 그렇게 되면 그런 사람들은 지체 없이 사형에 처해집니다.

11. 제가 출발하기 직전에 [칸의] 후비들 가운데 한 사람이 병에 걸렸는데 얼마 동안의 시간을 허비했습니다. 무당들은 그녀가 소유한 노비들 가운데 한 게르만 소녀에게 주문을 걸어서 사흘 동안 잠에 빠지게 했습니다. 그녀가 깨어나자 그들은 그녀가 무엇을 보았느냐고 물었습니다. 그녀는 많은 사람들을 보았다고 말했습니다. [무당들은] 그 사람들이 모두 즉시 죽을 것이라고 했습니다. 그러나 그녀가 거기서 자신의 여주인을 보지 못했으므로, 그들은 그녀의 병이 치명적이지 않다는 것이 분명하다고 선언했습니다. 저는 그 소녀가 그 잠으로 인해서 심각한 두통으로 고생하는 것을 보았습니다.

12. 그들 중에 어떤 이들은 마귀를 불러내기도 합니다. 그들은 마귀로부터 대답을 듣기를 원하는 사람들을 밤에 자신들의 천막으로 불러모은 뒤, 삶은 고기를 천막 가운데에 놓습니다. 마귀를 불러내는 캄[8]은 주문을

---

8) cam. 튀르크어에서 무당을 뜻하는 qam. 카르피니 제3장 10절의 역주를 참조.

외기 시작하고 들고 있던 작은 북으로 땅을 세게 후려칩니다. 마침내 그는 무아지경에 빠지고 자신을 끈으로 묶으라고 합니다. 그러면 어둠 속에서 마귀가 나타나고 그에게 고기를 먹으라고 주면, 그는 예언을 말하는 것입니다.

13. 내가 장인 윌리엄에게 들은 이야기인데 한번은 한 헝가리인이 그들 가운데 은밀하게 숨어 들어갔다고 합니다. 그런데 마귀가 천막 꼭대기에 나타나서는 천막 안에 기독교도가 한 사람 있기 때문에 자신은 들어갈 수 없다고 소리를 쳤고, 이 말을 들은 그들이 그를 찾으려고 하자 그는 있는 힘을 다해 도망을 쳤다고 합니다.[9] 이런 것이 그들이 하는 짓인데 이밖에 도 다른 많은 것들이 있지만 다 묘사하려면 너무 길어질 것입니다.

---

9) 주베이니에 의하면 당시 몽골인들은 마귀들이 천막의 연기 구멍으로 들어와서 사람들과 대화를 한다고 믿었다고 한다. Juvayni/Boyle(1958), vol. 1, 59 참조.

제36장

칸의 연회들, 국왕 루이에게 보낸 서한, 수도사 윌리엄의 귀환

1. 오순절 축일[1254년 5월 31일]에 그들은 전하께 보낼 편지의 초안을 작성하기 시작했습니다. 그러는 사이에 [칸은] 카라코룸으로 돌아왔고, 정확하게 말하자면 오순절에서 여드레가 되는 날[6월 7일] 성대한 공식적인 접견식을 열었습니다. 마지막 날에 그는 모든 사신들이 참석하기를 원했고 우리도 불렀습니다. 그러나 저는 우리가 그곳에 있는 동안 만난 어느 가난한 게르만인의 세 아들들에게 세례를 주러 교회로 떠난 뒤였습니다. 장인 윌리엄은 이 축제의 수석 집사였는데, 그것은 음료수를 쏟아내는 나무가 그의 작품이기 때문이었습니다. 부자건 가난뱅이건 칸의 앞에서 모두 노래하고 춤추며 손뼉을 쳤습니다. 그러고 나서 그는 그들에게 연설을 시작했는데 이렇게 말했습니다. "나는 나의 형제들을 파견해서 그들을 이방 민족들 사이에서 위험을 무릅쓰게 했다. 이제 내가 우리 나라의 영역을 확장하기 위해 그대들을 보내려고 하니, 그대들이 어떻게 처신해야 할 지 감을 잡을 수 있을 것이다." [연회가 벌어지는] 나흘 동안 그들은 매일 옷을 갈아입었고, 신발에서 모자에 이르기까지 매일 날짜를 달리하면서 한 가지씩의 색깔로 입을 수 있도록 [의복을] 받았습니다.[1]

2. 이때 그곳에서 저는 바그다드의 칼리프[2]가 보낸 사신을 보았습니다.

---

1) 몽골 제국 시대에는 이처럼 연회가 열리는 기간 동안 군주가 신하들에게 동일한 색깔의 옷을 하사해서 입고 오도록 했는데, 이를 가리켜 몽골어로 '색깔'을 뜻하는 지순(jisün)이라는 말을 붙여서 '지순연[質孫宴]'이라고 불렀다. 마르코 폴로(제87장)와 카르피니(제9장 30절) 모두 이에 관해서 상세한 기록을 남긴 바 있다.

그는 두 마리의 노새 사이에 놓인 가마를 타고 궁전까지 가곤 했습니다. 그래서 어떤 사람들은 그가 [몽골인들의] 군대를 위해서 1만 마리의 말을 제공한다는 조건으로 그들과 평화를 맺었다는 주장을 하기도 합니다. 그러나 다른 사람들이 말하는 바에 의하면, 뭉케가 그들 [스스로] 모든 성채를 다 파괴하기 전에는 평화를 체결하지 않겠다고 선언했으며, 이에 대해서 그 사신이 "당신들의 말발굽이 다 사라진다면, 그러면 그 때 우리가 우리의 성채를 없애겠소"라고 반박했다고 합니다.

3. 저는 또한 인도의 어느 술탄이 보낸 사신들3)도 보았는데, 그들은 8마리의 표범과 10마리의 사냥개를 가지고 왔습니다. 이 사냥개는 마치 표범이 그러듯이 말의 잔등 위에 앉도록 훈련된 것들이었습니다. 인도는 그곳에서 어떤 방향에 놓여 있느냐고 제가 묻자, 그들은 서쪽에 있다고 일러주었습니다. 이 사신들은 제가 귀환 여행을 하는 동안 거의 3주일가량 함께 있었고 계속해서 서쪽으로 향해 갔습니다. 저는 그곳[카라코룸]에서 투르키아의 술탄이 보낸 사신들도 보았습니다.4) 그들은 값비싼 선물들을 가지고 왔는데, 제가 들은 바에 의하면 그러한 선물들에 대해서 그는 자신이 필요로 하는 것은 금이나 은이 아니고 사람들이라고 말했다고 합니다. 그것은 그들이 그에게 병력을 조달하라는 뜻이었습니다.

4. 성 요한 축일[6월 24일]에 그는 성대한 주연을 열었습니다. 내가 헤아려보니 암말의 젖을 실은 수레 150대와 90마리의 말이 있었습니다. 사도

---

2) 아바스조의 마지막 칼리프인 무스타심(al-Musta'sim, 재위 1242-1258). 훌레구가 이끄는 원정군이 바그다드를 함락한 뒤 포로가 되어 처형되었다.

3) 당시 델리 술탄국에 속하는 지방의 지배자들이 몽골 측과 접촉을 가졌는데, 그 가운데 누구를 지칭하는지는 분명하지 않다. 잭슨은 우치와 물탄 등지의 지배자였던 시르 칸(Shīr Khan)이나 이즈 앗 딘 발라반 쿠쉴루 칸('Izz al-Dīn Balaban Kushlū Khan) 가운데 하나일 가능성을 지적했다. Rubruck/Jackson(1990), 247, note 2 참조.

4) 당시 룸 셀주크의 술탄은 이즈 앗 딘 카이카우스('Izz al-Dīn Kay-Kā'ūs) 2세였다. 여기서 언급된 '사신들'은 1254년 뭉케의 궁정을 방문한 알라 앗 딘 카이코바드('Alā al-Dīn Kay-Qubād) 2세 일행이었을 가능성이 높다. 같은 책, 247, note 3 참조.

베드로와 비울의 축일[6월 29일]에도 똑같은 연회가 다시 열렸습니다.

5. 전하께 보낼 편지가 마침내 완성되자, 그들은 저를 불러서 그것을 번역하라고 했습니다. 저는 통역을 통해서 그 의미를 알 수 있는 한 글로 옮겨적었는데, 그것은 다음과 같습니다.

6-7. "이것은 영원한 신의 명령이다.[5] '하늘에는 오직 한 분 영원한 신만이 존재하고, 지상에는 한 분의 군주 칭기스 칸만이 존재한다. 이것은 신의 아들의 말씀이다.' (데무진 칭기스[6])는 쇠의 소리[라는 뜻]입니다. 그들은 칭기스를 쇠의 소리라고 부르는데 그 까닭은 그가 대장장이였기 때문입니다. 그런데 지금은 자신들의 자만에 빠져서 그를 신의 아들이라고 부르는 것입니다.) '다음과 같이 그대에게 알리노라. 누가 어디에 있건, 즉 몽골이건 나이만이건 메르키트건 아니면 무슬림이건, 들을 수 있는 귀가 있는 곳이면 어디건 간에, 또한 말이 갈 수 있는 곳이면 어디건 간에, 듣고 이해해야 할 것이다. 그들이 나의 명령을 듣고 이해하는 그 순간 이후로, 만약 그것을 믿지 않고 우리에 대해서 전쟁을 하기를 원한다면, 너희들은 눈이 있어도 보지 못하게 되고, 무엇을 잡으려고 해도 그럴 손이 없을 것이며, 걸으려고 해도 발이 없게 될 것이라는 사실을 듣고 보게 될 것이다.' 이것은 영원한 신의 명령이다."[7]

"영원한 하늘의 힘에 의해서, '위대한 몽골 사람'[8]을 통해서 내리는, 몽

---

5) '영원한 신의 명령'의 라틴어 원문은 preceptum eterni Dei이다. 여기서 '신(神)'을 뜻하는 Dei는 필시 몽골어에서 '하늘'을 뜻하는 Tengri를 옮긴 말일 것이다. 몽골 군주들이 보낸 명령문은 항상 '영원한 하늘의 힘에 기대어'라는 구절로 시작되었다.

6) Demugin Cingei. Temüjin Chinggis를 부정확하게 옮긴 것이다. 테무진이라는 이름에 대해서는 앞의 제17장 4절의 주석 참조.

7) 루브룩이 소개하고 있는 이 '편지'는 실제로는 몽골의 군주들이 복속하지 않은 나라의 군주들에게 자발적 복속을 요구할 때 보냈던 '자를릭(jarliq)'이라고 불리는 성지(聖旨), 칙령(勅旨)이다. 항복을 요구하는 이러한 칙령들의 원본은 물론 몽골어로 쓰였지만 각각에 해당되는 언어로 번역되어 보내졌다. 그래서 현재 한문, 라틴어, 러시아어, 페르시아어 등으로 된 이런 종류의 칙령들이 남아 있다. 이 칙령들은 매우 유사한 형식과 내용으로 되어 있다. 이러한 명령문에 관해서는 김호동(2010) 참조.

케 칸이 프랑스의 군주 루이 국왕과 다른 모든 군주와 사제들과 위대한 프랑크 사람9)에게 보내는 성지(聖旨). 그리하여 그들이 나의 말을 이해할 수 있도록 하라. 영원한 신의 명령은 칭기스 칸에게 선포되었는데, 그 명령은 칭기스 칸이나 그의 뒤를 이은 그 어느 누구로부터도 당신들에게 도달되지 않았다. 다비드라는 이름을 가진 남자가 마치 몽골의 사신인 것처럼 하고 당신에게로 갔지만 그는 사기꾼이다. 당신은 그를 당신의 사신과 함께 구육 칸에게 보냈다. 당신의 사신은 구육 칸이 사망한 뒤에 그의 거처에 도착했다. 그의 부인인 카무스10)는 당신에게 나시지11) 옷감과 편지 한 통을 보냈다. 그러나 전쟁의 사무와 평화의 업무에 관해서, 넓은 세상을 복속시키고 가장 최선을 위해서 어떻게 행동해야 할지 판단하는 그런 일들에 관해서, 암캐보다도 비천한 그 몹쓸 년이 이에 관해서 무엇을 알겠는가?"

9. (뭉케는 자기 입으로 내게 말하기를 카무스는 가장 못된 마녀이며 그녀의 주술로 자기 가족 전부를 파괴시킨 것이라고 했습니다.)

10. "당신이 보내서 사르탁에게 온 이 두 수도사들은 사르탁에 의해서 바투에게로 보내졌지만, 바투는 뭉케 칸이 몽골 사람들의 수령이기 때문에 우리에게로 보낸 것이다.

11. 이제 모든 세상과 사제들과 수도사들이 모두 평화를 누리고 있고 자신들이 소유하고 있는 것에 대해서 기뻐하고 있기 때문에, 또한 신의 명령이 당신들에게 전달되었기 때문에, 나는 당신의 이 사제들과 함께 몽골

---

8) 라틴어로는 per magnum mundum Moallorum. mundus는 people을 뜻한다. 이는 당시 몽골어에서 '사람'이자 동시에 '국가'를 뜻하던 울루스(ulus)라는 말에 대응되는 것으로 보인다. 이는 몽골어 편지의 원문이 Yeke Mongghol Ulus였음을 시사한다.

9) 라틴어 원문은 magno seculo Francorum. 잭슨은 이 역시 the great Frankish people이라고 번역했지만, 앞에서 몽골의 경우는 mundus라는 단어를 쓴 반면, 여기서는 seculo(세계)라는 단어가 사용되었음에 주목할 필요가 있다.

10) Camus. 오굴카이미시(Oghul-qaimish)를 가리킨다. 구육 칸의 미망인으로서 그 후계자를 놓고 톨루이 가문과 대립하다가, 뭉케 즉위 후에 잔혹하게 처형되었다.

11) nasic. 금실을 넣어 짠 비단으로서 nasij를 옮긴 말.

의 사신들을 보내기를 원했디. 그러나 그들은 당신과 우리 사이에 적대적인 영역과 수많은 악인과 험난한 경로가 가로놓여 있다고 하면서 우리의 사신을 당신에게로 안전하게 데리고 갈 수 없을지도 모른다고 두려워했다. 대신 짐의 성지가 담긴 편지를 그들에게 건네주면 그들 자신이 그것을 루이 국왕에게 전달해주겠다고 했다. 이런 까닭에 우리는 우리의 사신을 그들과 함께 보내지 않고, 이들 당신의 사제들의 손으로 쓰인 영원한 신의 명령을 당신에게 보내는 바이다."

12. "짐이 당신에게 알리는 것은 영원한 신의 명령이다. 당신이 이를 듣고 믿는다면, 당신이 짐에게 복속할 의사가 있다면, 당신의 사신들을 짐에게 보내야 할 것이다. 그런 방식으로 우리는 당신이 우리와 평화를 원하는가 아니면 전쟁을 원하는가 분명히 알게 될 것이다. 영원한 신의 힘에 기대어, 해가 뜨는 곳에서부터 지는 곳까지 모든 세상은 기쁨과 평화 안에서 하나가 될 때, 우리가 어떻게 할지 비로소 정해질 것이다. 그러나 영원한 신의 명령을 듣고 이해했음에도 불구하고, 당신이 그것을 준수하지 않거나 그것을 신뢰하지 않으려고 한다면, 그래서 '우리의 나라는 멀고 우리의 산들은 강력하며 우리의 바다는 넓다'고 말하고 그런 것에 기대어 우리와 전쟁을 하려고 한다면, [그 다음에] 어떤 일이 벌어질지 우리가 어떻게 알겠는가. 어려운 것은 쉽게 만들고 멀리 있는 것을 가깝게 만드시는 영원한 신 그분만이 아신다."

13. 원래 그들은 편지 안에서 우리를 전하의 사신들이라고 언급했습니다만, 그것에 대해서 제가 그들에게 "우리를 사신이라고 부르지 마시오. 왜냐하면 나는 칸에게 우리가 국왕 루이의 사신이 아니라는 점을 분명하게 말씀드렸기 때문이오"라고 말했습니다. 이에 그들은 그에게 가서 말하고, 그들이 돌아와서는 그가 [우리의 말을] 아주 선의로 받아들였고 그들에게는 제가 표현한 그대로 쓰라고 지시했다고 알려주었습니다. 저는 그들에게 '사신'이라는 말을 지우고 우리를 수도승이나 혹은 사제라고 부르라

고 말했습니다.

14. 한편 이런 일들이 일어나는 사이에 저의 동료는 우리가 황야를 거쳐서 바투에게 돌아가야만 하고 어떤 몽골인이 우리의 길안내가 될 것이라는 이야기를 듣고는, 제게 알리지도 않고 수석 서기인 불가이에게로 달려가서, 자신이 그 여행을 하게 된다면 죽을지도 모른다는 말을 손짓 몸짓으로 표현해서 알렸습니다. 우리가 떠나도 좋다고 허락받은 날짜가 되었을 때, 즉 성 요한 축일에서 2주일이 지난 뒤[7월 8일] 우리는 궁정으로 소환되었습니다. 서기들은 저의 동료에게 말하기를 "보시오! 뭉케 칸께서는 당신의 동료가 바투가 있는 곳을 경유해서 돌아가기를 희망하고 있는데, 당신은 아프다고 말하고 있고 [또 사실] 분명히 그런 것 같소. 이것은 뭉케의 칙명이오. 만약 당신이 당신의 동료를 따라서 가기를 원한다면 가시오. 그러나 책임은 전적으로 당신 몫이오. 왜냐하면 당신은 아마 당신에게 식량을 주지 못하는 얌들과 함께 묵게 될 것이고 당신의 동료에게 짐이 될 것이기 때문이오. 그러나 만약 당신이 여기에 남기를 희망한다면 [칸께서는] 다른 사신들이 도착해서 당신이 그들과 함께 보다 완만한 속도로 그리고 읍들이 있는 경로를 통해서 돌아갈 수 있을 때까지, 직접 당신이 필요한 것들을 제공할 것이오." 그러자 그 수도사는 "하느님께서 칸에게 풍성한 삶을 허락해주시기를! 나는 남겠습니다"라고 대답했습니다. 그러나 저는 그 수도사에게 "형제여, 당신이 지금 무슨 말을 하는지 돌아보시오. 나는 당신을 떠나지 않겠소"라고 했습니다. 그는 "당신이 나를 떠나는 것이 아니라 내가 당신을 떠나는 것이오. 만약 내가 당신과 동행한다면, 나는 내 영혼과 육신이 위험에 처하리라는 것을 압니다. 왜냐하면 나는 견디기 힘든 고통과 마주할 수 없기 때문입니다"라고 말했습니다.

15. 그 [서기]들은 세 벌의 옷 혹은 상의를 들고 있었으며 우리에게 이렇게 말했습니다. "당신들은 금이나 은을 받으려고 하지도 않고, 이곳에 오랫동안 있으며 칸을 위해서 기도를 했소. 그는 당신들 각자 적어도 이

소박한 옷은 한 벌씩 빌기를 청하십니다. 그래서 당신들이 빈 손으로 그를 떠나지 않기를 바라십니다." 그래서 우리는 그에 대한 예의로써 그것을 받을 수밖에 없었습니다. 왜냐하면 그들은 자신의 선물이 거절당했을 때 매우 섭섭하게 생각하기 때문입니다. 그는 전에도 우리가 무엇을 원하느냐고 자주 묻곤 했지만, 우리는 항상 같은 대답을 했고, 그래서 기독교도들은 선물에만 혈안이 되어 있는 우상숭배자들을 조롱하기까지 했습니다. 그러나 이 우상숭배자들은 오히려 우리를 두고 바보라고 하면서 응수했습니다. 왜냐하면 만약 [칸이] 그들에게 자신의 궁정에 있는 모든 것을 주는 것이 합당하다고 판단한다면 그들은 기꺼이 그것을 받을 것이며, 그들은 그렇게 하는 것이 바람직하다고 생각하기 때문입니다. 우리가 옷들을 받아들이자 칸을 위해서 기도를 드리라는 요청을 받았고 우리는 그렇게 했습니다. 그렇게 해서 출발의 허락을 받은 우리는 카라코룸으로 갔습니다.

16. 하루는 우리가 거처에서 조금 떨어진 곳에 그 수도승과 나머지 다른 사신들과 함께 있었는데, 그 수도승과 판때기를 두드리며 큰 소리를 냈고 얼마나 시끄러웠는지 뭉케 칸이 그것을 듣고 무슨 일이냐고 물었습니다. 이야기를 들은 그가 왜 그 수도승과 거처에서 그렇게 멀리 떨어져 있느냐고 묻자, 그들은 그가 말과 소를 궁정까지 매일 끌고 오는 것이 힘든 일이라는 점을 지적하고, 나아가 차라리 그가 카라코룸에 남아서 교회 근처에 머물며 거기서 기도하는 것이 더 나을지도 모르겠다는 건의도 했습니다. 그러자 칸은 그에게 전갈을 보내어 만약 그가 카라코룸으로 옮기고 그곳 교회 가까이에 머물기를 희망한다면, 그가 필요로 하는 모든 것을 제공하겠다고 말했습니다. 그러나 그 수도승과 "나는 예루살렘 성지에서 하느님이 명령을 받들고 이곳에 왔으며, 카라코룸에 있는 교회보다 훨씬 더 뛰어난 천 개의 교회가 있는 도시를 떠나왔습니다. 만약 하느님께서 제게 명하신 것처럼 내가 이곳에 머물며 칸을 위해 기도하는 것이 그 분의 희망이시라면 나는 이곳에 남겠습니다. 그렇지 않다면 나는 내가 떠나온 나의

고향으로 돌아가겠습니다"라고 대답했습니다. 그래서 그는 바로 그날 저녁 소들이 끄는 수레를 가지고 왔고, 아침에는 거처의 앞에 그가 항상 차지하던 그 지점에 다시 자리를 잡았습니다.

17. 우리가 그곳에서 물러나오기 직전에 제법 지각 있는 사람처럼 보이는 한 네스토리우스 수도승이 도착했습니다. 수석 서기인 불가이는 자신의 거처 바로 앞에 그의 자리를 잡아주었습니다. 그리고 칸은 자신의 아이들을 그에게 보내서 축복을 받도록 했습니다.

그리고 나서 우리는 카라코룸으로 왔습니다. 우리가 장인 윌리엄의 거처에 머무르고 있을 때 저의 안내인이 10야스코트를 가지고 왔습니다. 이 가운데 5야스코트는 장인 윌리엄에게 건네주면서, 칸을 대신해서 수도사가 필요로 하는 것을 구입하는 데에 쓰라고 말했습니다. [장인 윌리엄은] 나머지 [5야스코트를] 저의 통역인 호모 데이에게 주었고, 여행 도중에 제가 필요로 하는 것을 위해서 쓰라는 명령도 전달했습니다. 이것은 장인 윌리엄이 그들에게 지시한 것인데, 우리는 그런 사실을 몰랐습니다.

18. 저는 즉시 [야스코트] 1개를 팔아서 우리를 바라보고 있던 그곳의 모든 가난한 기독교도들에게 나누어주었습니다. 그리고 또 1개는 우리가 필요로 하는 것, 즉 의복이나 기타 필수품들을 구입하는 데에 사용했습니다. 세 번째 것으로 호모 데이는 자신이 약간의 이익을 남길 만한 물품들을 구입했습니다. 나머지 [2야스코트도] 우리는 거기서 썼습니다. 왜냐하면 우리가 페르시아에 들어온 이후로 어느 곳에서도 우리가 필요로 하는 것들을 풍족하게 받지 못했기 때문입니다. 그러한 사정은 타타르인들 가운데 있을 때에도 마찬가지였습니다. 사실 그곳에서는 제대로 된 살 만한 것을 찾기도 거의 어려웠습니다.

19. 한때 전하의 백성이었던 장인 윌리엄은 그들이 천둥과 번개를 막기 위해서 차고 다니는 값비싼 보석 하나가 장식으로 붙어 있는 채찍을 폐하에게 보냈습니다. 아울러 전하께 수도 없는 인사와 기도도 드렸습니다. 내

가 그에게 얼마나 감사한지 하느님께나 전하께 그것을 표현할 만한 적절한 말을 찾기도 어려울 정도입니다.

20. 우리는 그곳에서 모두 6명의 영혼에 세례를 주었습니다.

21. 그리고 나서 우리는 서로 눈물을 흘리며 이별을 했고, 저의 동료는 장인 윌리엄과 함께 남았습니다. 반면 저는 저의 통역과 우리를 수행했던 안내인 한 사람 그리고 하인 한 명만을 데리고 귀환했습니다. 그 [안내인] 은 나흘에 한 번씩 우리 네 사람에게 양 한 마리를 지급하도록 하는 증빙을 소유하고 있었습니다.

제37장

수도사 윌리엄이 히르카니아에 있는
바아추¹⁾의 군영까지 여행한 것

1. 그 뒤 우리가 바투가 있는 곳에 도착하기까지는 2개월 10일이 걸렸습니다. 그 기간 동안 우리는 묘지들 이외에는 단 하나의 도읍도 건물의 흔적도 보지 못했습니다. 다만 우리가 먹을 빵도 구할 수 없었던 조그만 마을을 하나 보았을 뿐입니다. 그 두 달 열흘 동안 단 하루의 휴식을 취한 것이 예외였는데, 그것도 우리가 말을 구할 수 없기 때문에 그랬던 것입니다. 우리의 귀환 여정의 대부분 [우리가 갈 때 만났던] 똑같은 사람들을 보았지만 다만 [만난] 지점이 전혀 달랐습니다(왜냐하면 우리가 갈 때는 겨울이었는데, 올 때는 여름이어서 위도상 훨씬 더 북방을 지나왔기 때문입니다).²⁾ 다만 우리가 그곳으로 갈 때나 귀환할 때 어떤 산지 사이를 흐르는 강을 줄곧 따라서 여행했던 보름 동안만은 그렇지 않았습니다.³⁾ 왜냐하면 오직 그 강가를 따라서만 풀이 있었기 때문입니다. 우리는 이틀—때로는 사흘— 동안 쿠미즈 이외에는 아무런 음식도 먹지 못한 채 이동했습니다. 가끔씩 우리의 상황이 너무나 위험스러웠는데, 그것은 우리가 아무

---

1) Baachu. 서아시아에서 초르마간의 뒤를 이어 몽골군 사령관이 된 바이주(Baiju)를 가리킨다. 1243년 쾨세다그 전투에서 셀주크 군대를 대패한 뒤 시리아 등지를 경략한 인물. 그에 관해서는 카르피니 제5장 35절 역주 참조.
2) 루브룩은 몽골리아로 갈 때에는 발하시 이남, 귀환할 때는 이북의 경로를 이용했다.
3) 혹자는 이 강을 알타이 산맥 서쪽에 위치한 우룽구(Urunggu) 강으로 추정했다. Rubruck/Risch(1934), 299-300, note 4 참조.

도 찾을 수 없는데 식량은 떨어져갔고 우리가 탈 것들도 기진했기 때문입니다.

2. 제가 20일 동안 말을 타고 갔을 때 아르메니아의 국왕이 지나갔다는 소식을 들었습니다. 8월 하순에 저는 사르탁을 만났는데, 그는 자기 양떼와 소떼, 부인들과 후손들을 데리고 뭉케 칸에게 가는 길이었습니다.[4] 그러나 자기 거처들 가운데 더 큰 것들은 에틸리아 강과 타나이스 강[5] 사이에 남겨두었습니다. 저는 그에게 경의를 표한 뒤, 뭉케 칸의 영토에 기꺼이 머무르고자 했지만 칸은 제가 돌아가서 그의 편지를 전달하기를 희망했다는 말을 했습니다. 그는 뭉케 칸의 뜻은 실행되어야만 한다고 그 나름대로 말했습니다.

3. 그러고 나서 저는 코이악에게 우리의 하인들에 관해서 물었더니 그는 바투의 군영에서 잘 보호를 받고 있다고 대답했습니다. 거기에 덧붙여 저는 우리의 예복과 책들을 돌려달라고 요구했습니다. 그러나 그의 반응은 "당신은 그것들을 사르탁에게 가지고 온 것이 아닙니까?"라는 것이었습니다. "나는 사르탁에게 그것들을 가지고 왔습니다. 그러나 당신도 알다시피 나는 그것을 그에게 주지 않았습니다"라고 말했고, 그가 제게 그것들을 사르탁에게 선물로 주기를 희망하느냐고 물었을 때에도 저는 동일한 대답을 되풀이했습니다. 이에 대해서 그는 "당신은 진실을 말했소. 그리고 아무도 진실에 맞설 수는 없소. 나는 당신의 소지품들을 나의 아버지에게 맡겼습니다. 그는 사라이[6] 부근, 즉 바투가 에틸리아 강 부근에 건설한 새

---

4) 주베이니에 의하면 사르탁은 653/1255-1256년에 뭉케의 궁정을 방문했다고 한다. 그런가 하면 아르메니아 국왕 헤툼은 1255년 2월에 사르탁을 시르다리아 하반에서 만났다. 루브룩은 1255년 8월 하순에 뭉케를 방문하러 가던 사르탁을 만났다고 했는데, 시간적으로 이해하기 힘들기는 하지만, 사르탁이 매우 느린 속도로 이동했고 또 시르다리아 부근에서 오랫동안 머물러 있었다면 불가능한 것은 아니다.

5) 즉 볼가 강과 돈 강.

6) Sarai. 볼가 강 하류에 위치한 바투의 동영지에 세워진 도시. 현재 아스트라한에서 북방으로 100킬로미터 떨어진 셀리트렌노예(Selitrennoye)에 해당된다. 1323년 이븐 바투타가 방문할

로운 읍에 살고 있습니다. 그러나 우리의 사제들이 당신의 예복들 중 일부를 가지고 이곳에 있습니다"라고 대답했습니다. 저는 "예복에 대해서 말하자면 그것은 당신이 마음대로 가져도 좋지만, 책들은 내게 돌려주시오"라고 말했습니다. 그러자 그는 제가 말한 것을 사르탁에게 전달하겠다고 했습니다. 이어서 저는 "당신 아버지에게 줄 편지가 한 통 필요하며 거기에 그 모든 것을 내게 돌려주라는 내용을 적어야 합니다"라고 했습니다. 그러나 그들이 이동할 채비를 마치자 그는 제게 "지금 부인들의 둔영이 우리와 그리 뒤쳐지지 않은 곳에 있으니, 당신은 그곳에 여장을 푸시오. 그러면 내가 이 사람을 통해서 사르탁의 대답을 당신에게 보내주겠소"라고 말했습니다. 저는 그가 나를 기만하지 않을까 걱정스러웠지만, 저로서는 그에게 반대할 처지가 아니었습니다. 저녁때가 되었을 때 그가 제게 가리켰던 남자가 저를 찾아왔고, 제가 보기에는 재단되지 않은 하나의 비단 옷감으로 만든 두 벌의 튜닉을 가지고 왔습니다. 그는 제게 "여기 두 벌의 튜닉이 있습니다. 하나는 사르탁이 당신에게 보내는 것이고, 또 하나는 만약 당신이 적절하다고 생각하면 그를 대신하여 국왕에게 선물로 드리시오"라고 말했습니다. 저는 그에게 "내게 이러한 의복은 필요가 없습니다. 두 벌 모두 당신 주인의 명예를 위해서 국왕께 선물로 드리겠소"라고 대답했습니다. 그러자 그는 "아니오. 당신이 원하는 대로 해도 좋습니다"라고 말했습니다. 사실 저는 그 두 벌 모두를 전하께 보내기로 마음먹었고, 그래서 이 보고서를 지참하고 있는 사람과 함께 그것들을 보내는 바입니다. 코이악은 또한 제게 자신의 아버지에게로 보내는 편지를 주었으며, 거기서 자신

당시 사라이는 거대한 도시였고 13개의 모스크가 있었다. 몽골, 오세트, 킵차크, 체르케스, 러시아, 그리스 등 상이한 민족 집단과 독자적인 거주구역을 가지고 있었고, 세계 각지에서 온 상인들 역시 시장에서 활약을 했다. 이후 1332년경에는 볼가 강 중류지역에 신사라이(Saray al-Jadīd)가 세워졌다. 그 위치는 현재 볼고그라드 동쪽 85킬로미터 되는 지점이며, 1341년부터 1395년 티무르의 군대에 의해 파괴될 때까지 주치 울루스의 수도였다. 이 신사라이를 '베르케 사라이'라고 부르는 것은 잘못이며, 베르케 사라이는 사실상 구사라이에 해당된다. Atwood(2004), 488-489 참조.

은 제가 가진 어떤 것도 필요로 하지 않으니 내게 속한 모든 것들을 돌려주라고 적었습니다.

5. 우리는 바투의 군영을 떠난 지 꼭 1년이 되는 날에 그곳으로 다시 돌아왔고, 성십자가 찬미 축일 다음 날[1254년 9월 15일] 저는 우리의 하인들이 무사하다는 사실을 발견하고 기뻤습니다. 그러나 고세가 제게 말한 바에 따르면 그들은 극도의 빈곤을 겪었다고 합니다. 그들의 처지를 개선시키려고 무척 애를 썼고 사르탁에게 그들에 관해서 주의를 환기시킨 아르메니아 국왕이 아니었더라면, 그들은 아마 사라졌을지도 모릅니다. 왜냐하면 그들은 제가 죽었다고 생각했고 타타르인들은 그들에게 이미 가축을 어떻게 치는지 그리고 암말의 젖을 어떻게 짜는지 알고 있느냐고 묻고 있었기 때문입니다. 만약 제가 돌아오지 않았다면 그들은 노예로 전락했을 것입니다.

6. 그 후에 바투는 저를 자기 앞으로 불렀고, 그들로 하여금 뭉케 칸이 전하께 보내는 편지를 제가 알 수 있도록 번역시켰습니다. 뭉케는 그에게 글을 써서 보냈는데, 만약 그[바투]가 [편지에] 어떤 것이건 덧붙이거나 지우거나 바꾸는 것이 적절하다고 생각하면 그렇게 하라고 했습니다. 그러자 그는 내게 말하기를 "당신은 이 편지를 가지고 가서 그것이 제대로 이해되는지를 살피도록 하시오"라고 했습니다. 나아가 그는 제가 어떤 경로를 취할지, 바다로 갈지 아니면 육지로 갈지 물었습니다. 저는 겨울이기 때문에 바다는 건너는 것이 불가능하고 육지로 가야만 한다고 말했습니다. 저는 전하가 아직 시리아에 계시리라고 생각했고, 그래서 페르시아 방향으로 여행할 계획을 세웠습니다. 전하가 프랑스로 건너갔다는 사실을 제가 상상이라도 했다면 저는 헝가리로 향했을 것이고, 제가 시리아에서 겪었던 것보다 훨씬 더 수월하게 그리고 더 일찍 프랑스에 도착했을 것입니다.

7. 그리고 나서 우리는 [바투와] 일행이 되어 한 사람의 안내자를 만나기까지 한 달 동안 다녔습니다. 마침내 그는 우리에게 한 위구르 사람을

붙여주었습니다. 그는 저에게서는 아무것도 얻을 것이 없다는 사실을 깨닫고, 제가 아르메니아로 곧바로 여행하기를 원한다고 그에게 말했음에도 불구하고, 저를 투르키아의 술탄에게 호위하고 가라는 내용의 편지를 만들게 했습니다. 왜냐하면 술탄으로부터 선물을 받으리라는 기대를 했고, 또 그런 경로를 취함으로써 더 큰 이익을 거두려고 했기 때문입니다.

8. 그 뒤 저는 만성절이 되기 보름 전[1254년 10월 18일] 사라이를 출발하여 남쪽으로 향했고 이틸 강을 따라서 내려갔습니다. 이 강은 하류 지역에서 크게 세 지류로 나누어지는데, 그 각각이 다미에타 강의 두 배 정도의 크기입니다. 그것은 네 번째의 보다 작은 지류를 형성하는데, 그 결과 우리는 배를 타고 이 강을 일곱 군데나 건넜습니다. 중앙의 지류 하안에 수메르켄트7)라는 도시가 있는데, 성벽은 없었지만 강에 홍수가 날 때면 물로 둘러싸입니다. 타타르인들은 알란인과 사라센인들이 살고 있는 그 도시를 장악하기까지 8년 동안 공략을 했습니다. 그곳에서 우리는 한 게르만인과 그의 부인을 만났는데, 그는 아주 좋은 사람이었으며 고세와 [한동안] 함께 지냈었습니다. 그러나 사르탁은 자신의 캠프에서 그를 없애기 위해서 그를 그곳으로 보냈습니다.

9. 성탄절 즈음 그 부근에서 바투는 강의 한 쪽에 있었고 사르탁은 [강] 다른 쪽에 있었으며, 그들은 더 이상 하류 쪽으로 내려가지 않았습니다. [그 이유는] 강물이 완전히 얼기도 하기 때문입니다. 그렇게 되면 그들은 [얼어붙은] 강의 지류들 사이를 이동하면서 풀이 가장 많이 자라는 곳으로 갈 수 있습니다. [이렇게] 그들은 얼음이 녹을 때까지 갈대 숲 속에서 지냅니다.

10. 사르탁의 편지를 받자 코이악의 부친은 제게 예복들을 돌려주었는

---

7) Summerkent. 펠리오에 따르면 이 도시의 이름은 페르시아어에서 갈대밭을 뜻하는 sūmar와 튀르크어에서 도시를 뜻하는 kent의 합성어로서 Sümerkent가 정확한 표기이며, 위치는 우즈벡 칸의 문서에 보이는 Crocea arundo에 해당될 것으로 추정했다. Pelliot(1949), 162-163; Rubruck/Jackson(1990), 257, note 6 참조.

데, 장백의(長白衣) 세 벌, 비단이 덧대어진 개두포(蓋頭布) 한 벌, 영내(領帶) 하나, 허리띠 하나, 금색으로 가장자리를 장식한 의복 한 벌, 중백의(中白衣) 한 벌은 빼놓았습니다. 그는 또한 은제 그릇들도 돌려주었는데, 향로와 성유가 들어 있던 병은 없어졌습니다. 그것들은 모두 사르탁과 함께 있는 사제들의 수중에 있었습니다. 그는 여왕 폐하의 시편을 제외한 책들은 돌려주었습니다. 그것은 그가 가져도 좋다고 제가 허락한 것인데, 왜냐하면 사르탁이 그것을 가지기를 매우 원한다고 그가 말했고 저는 그것을 제지할 처지에 있지 않았기 때문입니다.

11. 그는 또한 제게 요청하기를, 만약 제가 그곳의 지방을 다시 찾을 기회가 온다면, 양피지를 만들 줄 아는 사람을 데리고 와달라고 했습니다. 왜냐하면 그 자신이 사르탁의 명령을 받아 강의 서쪽 기슭에 하나의 커다란 교회와 새로운 촌락을 하나 세우려고 하고 있는데, 그는 사르탁이 사용할 책들을 만들기를 원했기 때문입니다. 적어도 그의 주장은 그러했습니다. 그렇지만 저 자신은 사르탁이 그런 일에 정신을 쏟을 시간이 없다는 사실을 알고 있습니다.

12. 바투의 궁정과 사라이는 강의 동쪽 기슭에 있습니다. 강의 지류들이 벌어지는 계곡은 폭이 7리그 이상이고 그곳에는 고기들이 많이 살고 있습니다.

13. 저는 운문으로 된 성경, 30베잔트의 가치가 있는 아랍어로 된 책한 권, 그리고 그밖에 수많은 다른 것들을 되찾지 못했습니다.

14. 그래서 우리는 만성절 축일[11월 1일]에 출발했고, 줄곧 남쪽을 향해 가서 마침내 성 마르티노 축일[11월 11일]에 알란인들이 사는 산지에 도착했습니다.

15. 바투가 있는 곳에서 사라이까지 보름 동안 우리는 그의 아들 한 사람을 제외하고는 아무도 만나지 못했습니다. 그는 [바투에 앞서서] 매들과 수많은 매잡이들 그리고 조그만 거처를 가지고 이동하고 있었습니다.

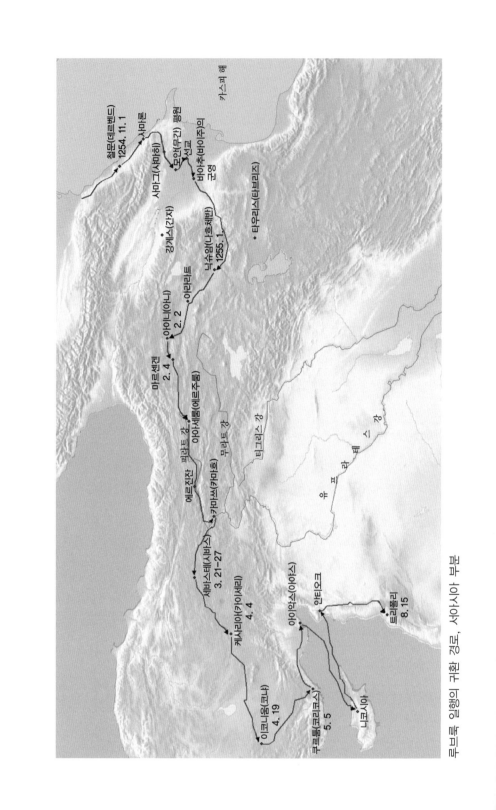

루브룩 일행의 귀환 경로, 서아시아 북부

카스피 해

철문(데르벤드)
1254. 11. 1
사마룬
사마그(사마히)
모간(무간) 평원
바이추(바이주)의
군영
강케스(간자)
닉슈앙(나흐제반)
1255. 1
타우리스(타브리즈)
아라라트
아이나(아니)
2. 2
마르셀겐
2. 4
아이세룸(에르주룸)
피라트 강
무라트 강
에르진잔
카마쓰(카마흐)
티그리스 강
유프라테스 강
제바스테(시바스)
3. 21-27
케사리아(카이세리)
4. 4
이코니움(코냐)
안티오크
아이악소(아야스)
트리폴리
8.15
쿠르톰(코리쿠스)
5. 5
나코시아

그리고 만성절 축일에서부터 닷새 동안 우리는 아무노 마주치지 못했으며, 하루 낮과 밤 동안 우리는 갈증으로 인해서 거의 목숨을 포기했고, 그다음 날 아침 제3시[9시]경이 되어서야 비로소 물을 찾을 수 있었습니다.

16. 알란인들은 이들 산지에서 여전히 저항하고 있었고 그 결과 사르탁 휘하의 사람들 10명 가운데 2명이 협곡의 입구들을 지키기 위해서 [이곳에] 왔습니다.8) 그들이 산지에서 나타나 평원에 있는 가축들을 훔쳐가는 것을 막기 위해서 그런 것입니다. 이들 알란인이 있는 곳에서부터 철문까지는 이틀 거리인데, 그 지점이 되면 평원은 바다와 산맥 사이에 끼여 좁아지기 시작합니다.

17. 그곳에는 레스기9)라고 불리는 사라센인들이 살고 있고 험준한 산들 사이에 살고 있습니다. 그들도 마찬가지로 저항하고 있으며 따라서 타타르인들은 알란인들이 있는 산지의 발치에서 우리를 호위하여 철문10) 너머로 데려가기 위해서 20명을 붙여주었습니다. 나는 예의주시하여 관찰을 했음에도 불구하고 [이제까지] 그들의 무기들을 볼 기회가 없었고, 그들이 무장한 것을 보기를 희망했는데, [그때 비로소 무장 병사들을 보게 되어] 기뻤습니다. 우리가 위험한 지점에 이르렀을 때, 저는 그 20명 가운데 2명이 흉갑을 한 것을 보고는, 그들에게 그것을 어디서 구했느냐고 물었습니다. 그들은 이 알란인들에게서 뺏은 것이라고 말했습니다. 알란인들은 이러한 것들을 만드는 데에 능숙했고 최고의 대장장이들입니다. 그래서 저는 그들[몽골인]이 활과 화살과 피혁을 제외하고는 별다른 무기가 없다고 믿기에 이르렀습니다. 저는 그들이 페르시아에서 쇠로 된 판들과 투구를 상납받는

---

8) 루브룩은 사르탁에 소속된 부민들 중 10명에 2명이 차출되어 캅카스 산간의 협곡인 데르벤드를 공략하기 위해서 파견되었던 사실을 말하고 있다.
9) 레스기에 대해서는 앞의 제14장 3절 주석 참조.
10) 원문은 portam ferream('iron gate'). 라시드 앗 딘은 이 철문을 '하자르의 데르벤드(Derbend-i Khazar)'라고 부르며, 당시 몽골인들은 그 뜻을 몽골어로 직역하여 '테무르 카할카(Temür Qahalqa)'라고 부른다고 했다(라시드 앗 딘/김호동, 2005, 165).

데르벤드

것을 보았으며, 또한 뭉게의 앞에 나타난 두 사람이 뻣뻣하고 볼록하게 생긴 가죽조각들로 이어서 만든 갑옷을 입고 있었는데, 몸에 영 맞지도 않을 뿐만 아니라 거동하기도 어렵다는 것을 목격한 바 있습니다.[11] 우리가 철문에 도착하기 전에 어떤 알란인의 성채를 보았는데, 그것은 뭉게 칸의 소유였습니다. 왜냐하면 이 지역을 복속시킨 것이 바로 그였기 때문입니다. 그곳에서 우리는 처음으로 포도원을 보았고 포도주를 마셨습니다.

18. 그다음 날 우리는 철문에 도착했습니다. 그것은 마케도니아의 왕 알렉산드로스의 작품이었습니다. 그것은 한 도시인데 동쪽 끝은 해안을 따라서 놓여 있었고, 바다와 산맥 사이에 조그만 평원이 있으며, 도시는 거기에서 서쪽에 있는 산의 꼭대기까지 뻗어 있습니다. 산맥이 험준하기 때문에 거기서 더 높은 곳을 지나는 길은 없었고 또 바다를 통해서 가는 더 낮은 곳도 있을 수 없습니다. 오로지 도시의 중심부를 경유하여 곧바로 가로질러 가는 길만이 존재하며, 거기에 철문이 두어져 있고 [도시는] 그것을 따서 이름이 지어진 것입니다. 도시는 남북으로 1마일 남짓 뻗어 있고 산꼭대기에는 견고한 성채가 하나 있습니다. 그러나 동서로는 겨우 돌 하나 던질 거리밖에 되지 않습니다. 비록 해자는 없지만 매우 강력한 성벽이 세워져 있고, 망루들은 반짝이는 커다란 돌로 만들어졌습니다. 그러나 타타르인들은 망루의 윗부분과 지지대를 부셔서 망루들을 성벽과 같은 높이로 만들어버렸습니다.

19. 이 도시 아래에는 한때 천국과 흡사한 지방이 있었습니다. 여기서 이틀 거리 떨어진 곳에서 우리는 사마론[12]이라는 도시와 마주쳤는데, 그곳에는 다수의 유대인들이 있었습니다. 그곳을 지나서 우리는 산지에서부터 곧바로 바다로 내려뻗은 성벽을 보았습니다. 이 성벽을 지나면서 우리

---

11) 몽골인들이 착용하던 갑옷에 대한 자세한 묘사는 카르피니의 글 제6장에서 볼 수 있다.

12) Samaron. 쿠바(Kuba)에서 동남쪽으로 15마일 떨어진 곳에 위치한 Shābarān(Shābrān)에 해당된다.

는 해안길에서 벗어나 동쪽을 향해 방향을 틀었고 남쪽으로 이동하며 산지로 들어갔습니다.

20. 그다음 날 우리는 어느 계곡을 지나게 되었는데 그곳에는 산 하나에서 다른 산까지 이어지는 성벽의 기초 부분이 보였고, [산] 꼭대기를 따라서는 길이 없었습니다. 그곳에는 한때 알렉산드로스의 방벽이 있었고, 야만인들, 즉 황야의 목축민들이 경작지와 도시들을 습격하지 못하도록 그들을 막는 역할을 했습니다. 이밖에 유대인들을 막는 방벽들이 있는데, 페르시아의 모든 도시에는 엄청나게 많은 수의 유대인이 있다는 사실을 제외하고는, 그것에 관해서 아무것도 확실한 것을 알아내지 못했습니다.

21. 그다음 날 우리는 사마그13)라는 큰 도시에 도착했고, 그다음 날에는 모안14)이라는 거대한 평원으로 들어갔습니다. 그곳에는 쿠르라는 강이 흐르고 있고, 쿠르기인 ― 우리는 조르지아인이라고 부릅니다 ― 들은 자신들의 이름을 여기서 땄습니다.15) 그 강은 조르지아인들의 수도인 테필리스16)의 중앙을 가로질러 흐르며 아주 훌륭한 연어들이 있는데, 서쪽에서 곧바로 동쪽으로 흘러서 앞에서 말한 바다로 흘러갑니다. 이 평원에서 우리는 타타르인들을 다시 한번 만났습니다. 아락세스17) 강도 마찬가지로 평원을 가로질러 흐르는데 대아르메니아 [지방]의 서남방에서 흘러나옵니다. 아르메니아, 즉 아라라트 지방의 이름도 거기서 연유했습니다. 「열왕기」에는 산헤립의 아들들이 그 아버지가 도륙된 뒤 아르메니아 땅으로 도망쳤다는 기록이 있는데, 「이사야서」에서 그들이 아라라트의 땅으로 도망쳤다고 묘사되어 있는 것도 이 때문입니다.18)

---

13) Samag. 시르반 지방의 주요 도시인 샤마히(Shamākhī).
14) Moan. 아르다빌과 쿠르 강 하구 사이에 위치한 무간(Mughan) 평원.
15) Cur, Curgi, Georgia. '쿠르기'의 어원을 쿠르(Kur) 강의 이름에서 찾는 루브룩의 설명은 물론 오류이다. 쿠르기는 페르시아인들이 조르지아를 가리켜 '쿠르지(Kurji)' 혹은 '구르지(Gurji)'라고 부른 데에서 비롯된 것이다.
16) Tefilis. 현재 티플리스(Tiflis).
17) Araxes. 무슬림들의 글에 이 강은 Aras라고도 표기되었다.

22. 그래서 바로 이 멋진 평원의 서쪽에 쿠르기아[19]가 놓여 있습니다. 과거에는 크로스미니[20] 사람들이 이 평원에 살고 있었는데, 산지의 입구에는 강게스[21]라고 불리는 커다란 도시가 하나 있습니다. 그것은 그들의 수도였으며 조르지아인들이 평원으로 진입해 내려오는 것을 막는 역할을 했었습니다.

그래서 우리는 선교(船橋)를 하나 마주치게 되었는데, 그것은 쿠르 강과 아락세스 강의 합류점에 있는 강을 가로지르는 거대한 쇠사슬에 묶여 고정되어 있습니다.

23. 그곳에서부터 우리는 아락세스(이 강에 관해서는 "아락세스는 다리를 꿈도 꾸지 않는다"는 말이 있습니다)를 따라서 계속 오르막을 따라 올라갔고, 우리의 왼쪽, 즉 남쪽에는 페르시아와 카스피 산맥을 남겨두고, 또 우리의 오른쪽, 즉 서쪽으로는 구르기아[22]와 바다를 남겨둔 채, 아프리카 방향으로 서남쪽을 향해 나아갔습니다. 우리는 아락세스 강가에 주둔하고 있는 군대의 사령관이자 조르지아인, 튀르크인, 페르시아인들을 복속시킨 바아추의 군영을 통과했습니다. 페르시아에 있는 타우리스[23]에는 아르곤[24]이라는 이름을 가진 또다른 [몽골] 사람이 있으며 그는 조공물을 관장합니다. 뭉케 칸은 자신의 형제에게 길을 만들어주기 위해서 그들 두 사

---

18) 「열왕기하」 제19장 37절에 "아드람멜렉과 사레셀이 저를 칼로 쳐 죽이고 아라랏 땅으로 도망하매 그 아들 에살핫돈이 대신하여 왕이 되니라." 같은 구절이 「이사야서」 제37장 38절에도 보인다.
19) Curgia. 즉 조르지아(조지아).
20) Crosmini. 호레즘 사람들을 뜻하는 호레즈미(Khorezmi)를 옮긴 말이다. 호레즘 왕국이 칭기스 칸의 공격으로 붕괴된 뒤, 술탄 무함마드의 아들 잘랄 앗 딘이 나중에 이 지역을 근거로 재건운동을 폈지만 역시 실패로 끝나고 말았다.
21) Ganges. 현재 아제르바이잔에 속하는 도시 간자(Ganja).
22) Gurgia. 앞에서는 Curgia라고 했다.
23) Taurinum. 즉 이란 서북부의 주요 도시 타브리즈(Tabriz).
24) Argon. 오이라트부 출신의 아르군 아카(Arghun Aqa)를 지칭한다. 그는 1243년에 서아시아에 파견되어 그곳에서 징세와 민정을 담당하다가 훌레구가 온 뒤에는 그와 그의 아들인 아바카를 위해서 봉사했다.

람을 소환했고, 그는 이쪽 지방으로 진군해오고 있습니다. 제가 전하께 묘사하고 있는 지방은 본래의 페르시아가 아니라 히르카니아25)라는 이름으로 알려진 곳입니다. 저는 바아추의 거처를 방문했고 그는 우리에게 포도주를 주었습니다. 그 자신은 쿠미즈를 마셨는데, 그가 만약 그것을 제게 주었더라면 더 좋았을 뻔했습니다. 포도주는 분명히 새로 만든 것이고 탁월한 품질이었지만, 쿠미즈는 배고픈 사람에게 더 많은 포만감을 줍니다.

24. 우리는 성 클레멘트 축일[1254년 11월 23일]부터 사순절 두 번째 일요일[1255년 2월 21일]까지 아락세스를 거슬러올라가 마침내 그 원류에 도달했습니다. 산의 건너편에는 아아세룸26)이라는 훌륭한 도시가 하나 서 있는데, 투르키아의 술탄에게 속한 것입니다. 그 부근에서 북쪽으로, 즉 조르지아 산맥의 발치에서 유프라테스 강이 발원합니다. 저는 그 원류를 찾아보고자 했지만 너무 많은 눈으로 인해서 사람이 다니는 길 밖으로 벗어난다는 것은 불가능했습니다. 캅카스 산맥의 다른 편, 즉 남쪽에는 티그리스 강의 원류가 있습니다.

---

25) Hircania. 히르카니아는 원래 카스피 해 동남쪽 해안 지역에 위치한 구르간(Gurgān) 지방을 가리키는 말로서, 여기서 루브룩이 묘사하고 있는 캅카스 지방과는 거리가 먼 곳이다. 아마 그의 주장은 이시도루스의 기록에 의거한 것으로 보이는데, 거기서 그는 히르카니아를 카스피 해 서쪽, 아르메니아의 남쪽, 알바니아의 남쪽, 이베리아의 동쪽에 위치한다고 기록했다. Rubruck/Jackson(1990), 263, note 6 참조.

26) Aaserum. 아나톨리아 서북방의 에르주룸(Erzurum).

제38장

히르카니아에서 트리폴리까지의 여정

1. 우리가 바아추에게서 떠날 때 저의 길안내는 저의 통역인을 데리고 아르군과 이야기하기 위해서 타우리스로 갔습니다. 그러나 바아추는 저를 낙슈암[1])이라고 불리는 도시로 데리고 갔습니다. 그곳은 과거에는 규모가 상당했던 왕국의 수도였고 아름다운 도시였지만, 지금은 타타르인들에 의해서 파괴되어 거의 황무지나 다름없었습니다. 그곳에는 한때 800곳을 헤아리는 아르메니아 교회가 있었지만 지금은 아주 작은 2곳밖에 남아 있지 않습니다. 사라센인들이 허물어버렸기 때문입니다. 저는 그중 한 곳에서 우리의 서기와 함께 성심을 다해서 성탄절 축일을 보냈습니다.

2. 그다음 날 이 교회의 사제가 죽었고, 어떤 주교가 12명의 수도승들과 함께 산에서 내려와 그의 장례를 주관했습니다. 모든 아르메니아 주교들은 수도승이었고, 그것은 그리스 주교들 대부분이 그러한 것과 비슷합니다. 이 주교는 그곳에서 얼마 떨어지지 않은 곳에 성 바돌로메우스가 순교당한 교회가 있다는 사실을 제게 일러주었습니다만, 눈 때문에 그곳으로 갈 방도가 없었습니다.

3-1. 그는 또한 그들에게 두 사람의 예언자가 있다고 제게 말했습니다. 한 사람은 순교자 메토디우스[2])인데 그들 종족에 속했고, 이스마엘족이 사

---

1) Naxuam. 현재 아제르바이잔에 속하는 나흐체반(Nakhchevan).
2) Methodius. 리키아(터키 남부)와 튀레(지중해 연안)에서 주교를 했던 인물로 311년경에 순교했다. 그는 오리게네스(Origenes, 184~253)의 주장을 체계적으로 비판했다.

라센인으로 발전하리라는 것을 정확하게 예언했던 인물입니다. 또다른 예
언자의 이름은 아카크론3)인데 그는 임종 시에 북방에서 내려올 한 궁수
(弓手) 민족4)에 대해서 예언을 하면서, 그들이 동방의 세계 전체를 정복하
겠지만 동방 왕국만은 남겨둘 것이며, [그 동방 왕국을 이용하여] 서방 왕
국을 장악하게 될 것이라고 말했다고 합니다. 그는 이렇게 말했습니다.
"우리의 형제들, 즉 가톨릭 프랑크인들은 그들[궁수 민족]에 관해서 믿지
않을 것입니다. 그들은 북쪽에서 남쪽에 이르는 지방들을 점령했고 콘스
탄티노플까지 진군하여 그 항구를 장악할 것입니다. 그들 가운데 '현자'라
고 알려지게 될 한 사람이 그 도시에 들어가, 프랑크인들의 교회와 그 의식
을 보고는 그 자신이 세례를 받을 것입니다. 그는 프랑크인들에게 어떻게
하면 타타르인들의 군주를 죽여서 그들 사이에 혼란을 일으킬 수 있을지
에 대해서 가르쳐줄 것입니다. 이 말을 듣고 프랑크인들은 세계의 중심,
즉 예루살렘에서 시작하여 타타르인들을 그 변경에서부터 공격하고 우리
민족, 즉 아르메니아인들의 지원을 받아 그들을 추격할 것이며, 그 결과
프랑크의 왕은 페르시아의 타우리스에 자신의 보좌를 세우게 될 것입니다.
그리고 나서 동방의 모든 민족들과 모든 불신자들이 기독교 신앙으로 개
종하는 일이 벌어질 것이고, 산 자가 죽은 자들에게 '아깝도다, 이러한 시
대를 보지 못하고 죽은 당신들이여!'라고 말할 정도의 평화가 지배할 것입
니다."

3-2. 저는 콘스탄티노플에서 그곳에 살고 있던 아르메니아인들이 전해
준 이 예언에 대해서 일찍이 들은 적이 있었지만 그것에 주의를 기울이지
않았었습니다. 그러나 제가 그 주교와 이야기를 나누었을 때 그 일이 다시
떠올랐고 저는 좀더 주의를 기울이게 된 것입니다. 아르메니아 전 지역에

---

3) Acacron. 이 인물의 실체에 대해서는 논란이 분분하다(Rubruck/Jackson, 1990, 266, note 2).
4) 아르메니아인들은 몽골인들에 대해서 '궁수 민족(Nation of Archers)'이라는 표현을 자주
   사용했다. 아칸츠 출신의 그리고리는 자신의 연대기의 제목을 "궁수 민족의 역사"라고 지었
   다. Cleaves(1949) 참조.

서 이 예언은 마치 복음과 마찬가지로 확고하게 믿어지고 있었습니다. 그는 우리에게 또다른 이야기를 해주었습니다. "연옥에 있는 영혼들이 그리스도가 오셔서 자신들을 자유롭게 풀어줄 것을 기다리고 있는 것처럼, 우리도 그토록 오랫동안 계속된 이 노예생활에서 구원을 받기 위해서 당신네들이 올 것을 기다리고 있습니다."

4. 제가 묘사한 이 도시 근방에 산들이 있는데 그들은 노아의 방주가 거기에 놓여 있다고 주장합니다. 두 개[의 산]이 있는데 하나는 다른 것보다 더 크다고 합니다. 이 산지의 아래 기슭은 아락세스 강이 적시고 있습니다. 여기에는 세마니움[5]이라고 불리는 도회가 하나 있습니다. 그것은 '여덟'이라고 번역될 수 있는데, 그 이유는 방주에서 나온 여덟 사람이 높은 산지에 그 [도시]를 건설했고 그래서 그런 이름이 붙여졌기 때문이라고 말합니다. 많은 사람들이 그곳을 오르려고 했지만 성공하지 못했습니다. 그 주교는 정말로 오르기를 열망했던 한 수도사에 대한 이야기를 들려주었습니다. 즉 천사가 그에게 나타나 방주에서 나온 나무를 주면서 그에게 더 이상 그렇게 올라가려고 애쓰지 말라고 말했다는 것인데, 사람들은 그 나무를 자기네 교회 안에 안치했었다는 것입니다. 그 산은 겉모양을 볼 때에는 사람들이 제대로 오르지도 못할 정도로 높아 보이지 않았습니다. 어떤 노인이 제게 왜 아무도 그 비탈을 올라가지 못하는지 그럴듯한 이유를 말해주었습니다. 그 산은 맛시스[6]라는 이름으로도 알려져 있는데, 그들의 언어에서 그 말은 여성명사입니다. 그래서 그는 "맛시스는 세계의 어머니이기 때문에 아무도 그곳에 올라서는 안 된다"라고 말했습니다.

5. 이 도시에서 도미니크파에 속하는 카탈루냐 출신의 수도사 베르나르드가 저를 발견했습니다. 그는 조르지아에 커다란 영지를 소유하고 있으

---

5) Cemanium. 이 도시의 정확인 이름은 싸마닌(Thamānīn). 루브룩의 설명과는 달리 아랍어로 이 지명은 80을 뜻한다. 8을 뜻하는 아랍어는 thamān이다.
6) Massis. 맛시스는 아라라트 산봉우리를 가리키는 이름이며, 현재는 그 부근의 한 도시의 명칭이 되기도 했다.

며 [예루살렘의] 성묘 교회의 부원장과 함께 조르지아에 머물렀었는데, 타타르에 대해서 어설픈 지식을 가지고 있었습니다. 그는 사르탁에게 갈 수 있는 통행증을 아르군에게 요청하러, 헝가리에서 온 수도사와 함께 타우리스로 가려던 참이었습니다. 그러나 그들이 그곳에 도착했을 때 그에게 접근할 방도를 찾지 못했고, 헝가리 수도사는 하인 한 명과 함께 테필리스를 경유하여 돌아가버렸습니다. 그래서 수도사 베르나르드는 게르만의 한 평신도 형제와 함께 타우리스에 머무르고 있었는데, [수도사는] 그가 하는 언어를 이해하지 못했습니다.

6. 공현축일 여드레 되는 날[1255년 1월 13일] 우리는 이 도시를 떠났습니다. 우리는 눈으로 인해서 그곳에 오랫동안 머물렀기 때문입니다. 우리는 사헨사[7]의 영토에 도달하는 데에 적어도 나흘이 걸렸습니다. 그는 조르지아인으로서 한때 정말 엄청난 세력을 가지고 있었지만 지금은 타타르인들에게 조공을 바치는 처지가 되었고, 그의 모든 성채는 파괴되었습니다. [처음에] 이 영토를 차지한 것은 자카리아스[8]라는 이름의 그의 부친이었으며, 그는 사라센들의 수중에서 아르메니아 사람들을 빼내어 [자신의 왕국을 세운 것입니다]. 그곳에는 전적으로 기독교도들만이 거주하는 아주 멋진 마을들이 있고, 그곳의 교회들은 프랑크의 방식으로 제대로 운영되고 있습니다. 모든 아르메니아인들은 집 안의 가장 존귀한 장소에다가 십자가를 들고 있는 나무로 깎은 손을 하나 모셔놓고, 그 앞에 불을 지핀 등불을 하나 놓습니다. 그리고 우리가 악령을 쫓기 위해서 성수를 뿌리는 것과 동일한 방식으로 향을 [피워] 뿌립니다. 매일 저녁이 되면 그들은 향을 태우고 온갖 종류의 악을 없애기 위해서 그것을 집안 구석구석으로 가져갑니다.

---

7) Sahensa. 페르시아어 샤한샤(shāhanshāh, '왕 중의 왕')를 옮긴 말. 샨세(shanshé)라는 칭호로 불리던 아니(Ani)의 통치자를 가리키며, 그는 1239년 몽골에 복속했다가 1261년 아들이 처형되자 비통에 빠져 사망하고 말았다.
8) Zacharias. 1211년 사망한 Zakaré.

7. 저는 사헨사와 함께 식사를 했고 그와 그의 부인 및 아들에게 상당히 후한 대접을 받았습니다. 자카리아스[9]라고 불리는 그의 아들은 아주 잘 생기고 지각이 있는 젊은이였는데, 그는 제게 전하께서 그를 받아줄 용의가 있으신지 물었고, 만약 그러하시다면 전하와 함께 지내겠다고 말했습니다. 왜냐하면 타타르인들의 종주권 행사가 너무 심해서 그를 분노하게 했고, 비록 그는 모든 것을 넘치도록 가지고 있지만 그들의 지배를 감내하느니 차라리 이국의 땅에서 순례자가 되기를 원하기 때문입니다. 이에 덧붙여 그들은 자기들이 로마 교회의 자식이며 만약 교황 성하께서 그들에게 약간의 지원을 해주신다면, 그들이 직접 주위의 모든 민족들을 이끌고 교회에 복속하겠다고 했습니다.

8. 사헨사의 영역에서 나온 지 보름째 되던 날, 즉 사순절 첫 번째 일요일[2월 4일] 우리는 투르키아의 술탄의 영역에 들어갔는데, 우리가 발견한 첫 번째 성채는 마르센겐[10]이라는 곳이었습니다. 도회의 주민들은 모두 기독교도로서 아르메니아인, 조르지아인, 그리스인들이었습니다. 사라센은 단지 그들의 지배자일 뿐이었습니다. 그곳의 성주는 프랑크인이나 혹은 아르메니아 국왕과 바스타키우스의 사신들에게는 식량을 주지 말라는 명령을 최근에 받았다고 말했습니다. 이것은 곧 우리가 사순절 첫 일요일에 도착한 바로 그 지점에서부터 성 세례 요한의 축일이 오기 여드레 전에 제가 상륙한 키프로스에 이르기까지 우리가 스스로 식량을 구입해야 한다는 것을 의미했습니다. 저를 안내하던 남자는 저를 위해서 말들을 확보했지만, 식량을 구하기 위해서는 돈을 받았고 그것을 자기 지갑에 챙겼습니

---

9) 자카리아스 2세. 그는 몽골에 복속하여 훌레구와 함께 1258년 바그다드 공략전에도 참가했지만 1261년 처형되고 말았다.

10) Marsengen. 이 지점의 위치에 대해서 록힐은 카르스와 에르주룸 사이의 Merdschingert로 비정했지만, 리슈는 Malazgerd로 보았다. 잭슨은 리슈의 주장은 설득력이 없다고 비판하면서 Arzinjān과 다른 지명이 뒤섞인 것이 아닐까 추정했다. 다만 확실한 결론은 유보한 채 에르주룸과 아니(Ani) 사이에 아락세스 강가의 어떤 지명일 것으로 보았다. Rubruck/Jackson(1990), 270, note 1 참조.

다. 그리고 그가 어딘가 평원에 가게 되면 양떼들을 살피다가 그중 한 마리를 강제로 탈취해서 자신의 부하들에게 먹으라고 주었습니다. 그는 자신이 약탈한 것을 제가 같이 나누기를 거부하자 놀랐습니다.

9. 정화 축일[2월 2일]에 저는 사헨사에게 속해 있는 아이니[11]라고 불리는 도시에 있었습니다. 그 위치는 극도로 견고하며 안에는 1,000개의 아르메니아 교회와 2군데의 사라센 회당이 있었고, 타타르인들은 그곳에 감독관[12] 한 사람을 주재시켰습니다.

10. 여기서 저는 다섯 명의 도미니크 수도사들을 만났는데, 그들 가운데 네 명은 프랑스 지방에서 왔고 다섯 번째 사람과는 시리아에서 합류한 것이었습니다. 그들에게는 건강이 좋지 않은 사환 아이 하나밖에 없었는데, 그는 튀르크어를 알았고 프랑스어는 몇 마디 했으며, 교황 성하께서 사르탁, 뭉케 칸, 부리에게 보내는 편지들을 소지하고 있었고, [그 편지에는] 전하가 제게 하신 것과 똑같은 내용으로, 이 [수도사]들이 그들의 영역에 머물러 하느님의 말씀을 가르치는 등등의 일을 할 수 있도록 해달라는 요청이 들어 있었습니다. 그러나 제가 그들에게 제가 무엇을 보았으며 어떻게 다시 돌아오게 되었는지 말해주자, 그들은 방향을 바꾸어 그들의 형제가 있는 테필리스로 향했는데, 이는 그들이 어떻게 해야 할지를 상의하기 위해서 그렇게 한 것입니다. 저는 그들에게, 만약 그들이 희망한다면 그 편지들을 가지고 [타타르가 있는 곳까지] 통과해서 갈 수는 있을 것이지만, 고난을 감내하고 그들의 방문의 목적을 설명할 준비가 되어 있어야 하며, 그들의 유일한 목적이 선교하는 것이므로 [타타르인들은] 그들에게 아무런 주의도 기울이지 않을 것이며, 특히 통역인이 없기 때문에 더욱 그러할 것이라고 말해주었습니다. 그들이 그 뒤에 어떻게 했는지에 대해서는

---

11) Aini. 즉 아니(Ani).
12) 원문은 ballivum. 이 직책은 몽골인들이 정복지에 파견하여 주재시키던 다루가치(darughachi)를 가리키는 것으로 보인다. 이슬람권이나 러시아 측 자료에서 이 관리는 다루가(darugha), 바스칵(basqaq)이라는 명칭으로 불렸다.

저는 아는 바가 없습니다.

11. 사순절 두 번째 주일[2월 21일]에 우리는 아락세스 강의 원류가 있는 곳에 도착했습니다. 산의 능선을 넘은 뒤에 우리는 유프라테스 강에 도달했고 그것을 따라 여드레 동안 내려갔습니다. 줄곧 서쪽으로 향해서 갔는데 마침내 카마쓰13)라는 성채에 도착했습니다. 여기서 유프라테스 강은 남쪽으로 방향을 틀어서 할라피아14) 방향으로 향합니다. 우리는 강을 건너서 서쪽으로 향했는데 매우 높은 봉우리들과 엄청나게 많은 눈을 통과해서 갔습니다. 그해에 아르센겐15)이라고 불리는 한 도시에서 격심한 지진이 일어났고 거기서 [사망한 사람들 가운데] 이름을 확인할 수 있는 이들만 해도 1만 명이었고, 아무런 기록이 없는 가난한 사람들은 헤아리지도 않은 것이 그러합니다. 우리가 사흘 동안 말을 타고 가면서 땅에 갈라진 단층을 보았는데, 그것은 지진으로 갈라진 바로 그 모습 그대로였으며, 산에서 쓸려 내려온 흙더미가 계곡들을 메우고 있었습니다. 만약 진동이 조금만 더 격렬했다면, 「이사야서」에 쓰어 있는 말이 문자 그대로 실현되었을 것입니다. "골짜기마다 돋우어지며 산마다, 언덕마다 낮아지며."16)

12. 우리는 투르키아의 술탄이 타타르인들에게 패배를 당한 계곡을 지나갔습니다. 그가 어떻게 패배를 당했는지를 쓰려면 너무 길어지겠지만, 저의 안내인의 하인들 가운데 한 사람이 [그때] 타타르인들과 함께 있었는데, 그가 말하기를 타타르인들은 모두 합해서 1만 명도 되지 않았다고 합니다. 그런데 술탄의 휘하에 있던 어떤 조르지아인 하인은 20만 명이 술탄과 함께 있었으며 그것도 모두 기병들이었다고 말했습니다. 이 전투— 아니 패배 —가 벌어진 평원에는 커다란 호수가 하나 있었는데 지진으로 인해서 호수의 물이 넘쳐흘렀다고 합니다. 그래서 저는 저 자신에게 이렇게

---

13) Camath. 유프라테스의 북방 지류인 카라수(Kara-su) 강변에 위치한 카마흐(Kamākh).
14) Halapia. 시리아의 알레포(Aleppo).
15) Arsengen. 카라수 강변의 아르진잔(Arzinjan). 현재의 터키식 지명은 에르진잔(Erzincan).
16) 「이사야서」 제40장 4절.

말했습니다. [평원] 전체가 "입을 벌려"[17) 사라센들의 피를 삼켜버렸다고.

13. 우리는 수난주간[3월 21-27일] 동안 소아르메니아의 세바스테[18)에 있었고, 그곳에서 40인 순교자[19)의 무덤을 방문했습니다. 성 블라시우스 (St. Blasius)의 교회가 거기에 있는데, 교회는 성채 안의 높은 곳에 있어서 가보지 못했습니다. 부활절에서 여드레 되는 날[4월 4일] 우리는 카파도키아의 케사리아[20)에 도착했고, 그곳에는 위대한 성 바실의 교회가 있었습니다.

14. 보름 후에 우리는 이코니움[21)에 도착했습니다. 우리는 짧은 거리의 구간들을 자주 쉬면서 여행을 했는데, 그것은 우리가 신속하게 말들을 구할 수 없었기 때문입니다. 저의 안내인은 의도적으로 그렇게 했고, 그러면서 각각의 읍에서 사흘간 자신이 원하는 물자를 징발했습니다. 이로 인해서 저는 극도로 화가 났지만, 감히 입을 열어 말을 할 수는 없었습니다. 왜냐하면 그가 저와 우리 하인들을 팔아넘기거나 아니면 살해할지도 모를 일이었고, 그것에 대해서 반대할 사람은 아무도 없었기 때문입니다.

15. 이코니움에서 나는 여러 명의 프랑크인과 아크레 출신의 제노아인 니콜라스 데 산토 시로(Nicolas de Santo Siro)를 만났습니다. 그는 자신의 동업자인 베네치아 출신의 보니파체 데 몰렌디노(Boniface de Molendino)라는 사람과 함께 있었으며, 투르키아에서 산출되는 모든 명반(alum)을 수출했습니다. 그 결과 술탄은 그것을 이 두 사람이 아닌 다른 사람에게는

---

17) 「민수기」 제26장 10절.
18) Sebaste. 시바스(Sivas)에 해당되며 마르코 폴로의 글에는 Sevasta로 표기되었다. 몽골군은 이 도시를 1243년에 함락했다. 일반적으로 '소아르메니아'는 지중해 동북방 연안의 킬리키아(Cilicia) 지방을 뜻하지만, 여기서는 유프라테스 서쪽에 위치한 대아르메니아 지방을 가리킨다.
19) 4세기 초 리키니우스(Licinius) 황제 치세에 기독교를 신봉하는 군인들이 세바스테아 부근의 얼어붙은 호수에서 발가벗겨진 채 처형당했는데, 이들을 가리킨다.
20) Caesarea. 현재의 카이세리(Kaiseri).
21) Yconium. 현재의 코냐(Konya).

팔 수 없었고, 그들은 그 가격을 어찌나 높이 매겼는지 15베잔트이던 것이 지금은 50베잔트에 팔리고 있습니다.

16. 저의 안내인은 저를 술탄에게 소개했고, 그는 저를 아르메니아 바다 혹은 킬리키아 바다까지 기꺼이 호송해주겠다고 말했습니다. 그러자 제가 언급했던 상인은 사라센 사람들이 제게 주의를 기울이지 않으리라는 것과, 저의 안내인이 매일 같이 제게 어떤 선물을 달라고 요구하며 못살게 해서 제가 엄청나게 분노하고 있다는 사실을 깨닫고는, 저를 아르메니아 국왕에게 속한 항구인 쿠르툼[22]까지 데려다주었습니다. 저는 그곳에 승천 축일 하루 전날[5월 5일] 도착했고, 오순절 다음 날[5월 17일]까지 머물렀습니다.

17. 그리고 나서 [제가 카라코룸을 떠난 직후에 그곳을 찾은 아르메니아] 국왕이 자신의 아버지에게 보내는 사절들이 도착했다는 말을 들었습니다. 저는 소지품을 아크레로 수송하기 위해서 한 배에 싣고, 짐이 훨씬 더 가벼워진 저 자신은 국왕의 아버지가 있는 곳으로 향했습니다. 그가 혹시 자기 아들에 관해서 들은 소식이 있는지 확인해보기 위해서였습니다. 저는 그가 자신의 다른 아들들과 함께 아시이[23]에 있는 것을 발견했는데, 그때 단 한 사람, 즉 우신 남작(Baron Usin)이라는 이름을 가진 아들만은 없었고 그는 어떤 성채를 건축하고 있었습니다. 그리고 그는 자기 아들이 보낸 사신들을 맞이했는데, 그들은 그 [아들]이 귀환하는 중이라는 것과 뭉케 칸이 그가 바쳐야 할 공납을 상당히 줄여주었다는 것, 그리고 어떤 사신들도 그의 영토 안에 발을 들여놓지 못하도록 하는 특권을 그에게 부여했다는 것 등의 소식을 전해주었습니다. 이 소식을 들은 그 노인은 자신의 모든 아들들과 모든 백성들과 함께 성대한 축연을 열었습니다.

18. 그는 저를 해안에 자리한 아이악스[24]라는 항구까지 호송해주도록

---

22) Curtum. 아나톨리아 남부 해안의 코리코스(Korikos).
23) Asii(D: Assisii). 소아르메니아(킬리키아)의 시스(Sis)를 지칭한다.

했습니다. 그리고 그곳에서 저는 키프로스로 건너갔습니다. 니코시아에서 저는 우리들의 교구장을 만났고, 그는 저를 바로 그날 안티오크로 데려갔는데, 그곳은 심각할 정도로 취약해진 상황이었습니다. 우리는 사도 베드로와 사도 바울의 축일에 거기에 있었고, 그 뒤 트리폴리25)로 가서 거기서 열린 성모승천 축일[8월 15일]의 총회에 참석했습니다.

---

24) Aiiax. 소아르메니아 지방의 가장 큰 항구도시인 아야스(Ayas). 라이아스(Laias) 혹은 라야조(Laiazzo)라고도 불렸다.
25) Tripoli. 지중해 동부 요르단의 항구 도시.

후기

1. 교구장은 제게 아크레에서 독경사의 직분을 맡기기로 결정하고 제가 전하와 합류하는 것을 허락하지 않았습니다. 그리고 제가 전하께 하고 싶은 말이 있으면 글로 써서 [이 글의] 소지자를 통해서 전달하라고 했습니다. 저는 감히 그의 뜻을 거스르지 못했습니다. 왜냐하면 그렇게 한다면 그것은 복종[의 서약]과 상반되는 일이기 때문입니다. 이제까지 저는 능력과 재능이 허락하는 한 최선을 다해 지키려고 노력해왔습니다. 저는 [이 글에서] 장황하거나 불완전하거나 혹은 지각없이 — 무능한 것은 두말 할 것도 없지만— 표현된 부분들에 대해서는 전하께서 무한한 인내심으로 눈 감아주시기를 청하는 바입니다. 왜냐하면 그러한 부분들은 지혜도 거의 없고 이처럼 긴 내용의 글을 쓰는 데에 익숙하지 않은 한 사람의 손에서 나온 것이기 때문입니다. "그리하면 모든 지각에 뛰어난 하느님의 평강이 [그리스도 예수 안에서] 너희 마음과 생각을 지키시리라."[1] 저는 진정으로 전하와 전하의 왕국 안에 있는 영적인 동지들을 만나기를 원합니다. 그리하여 그것이 만약 전하의 의지에 반하는 것이 아니라면, 부디 전하께 청원컨대 교구장에게 편지를 써서 저를 놓아주어 전하와 합류하게 하고 짧은 기간 안에 성지로 돌아갈 수 있도록 해주십시오.

2. 투르키아에 관해서 말하자면 그곳에 있는 10명 가운데 한 사람도 사라센이 아니라는 사실을 아셔야 합니다. 오히려 그와는 반대로 그들은 모두 아르메니아인과 그리스인입니다. 그들은 나이 어린 사람들의 통치를

---

1) 「필립보서」 제4장 7절.

받고 있습니다. 타타르에게 패배한 술탄은 자신의 합법적인 부인으로 이베리아 출신의 한 여인을 데리고 있는데, 그녀가 낳은 아들은 불구자입니다. [그럼에도 불구하고 그는] 그 [아들이 자기 뒤를 이어] 술탄이 되어야 한다고 명령했습니다. 그는 그리스인 첩에게서 또다른 아들을 낳았지만, 그녀를 어떤 강력한 아미르에게 주어버렸습니다. 그리고 튀르크 여인에게서 세 번째 아들을 낳았는데 엄청나게 많은 수의 튀르크인들과 투르코만인들은 기독교도 어머니에게서 출생한 아들들을 죽이려는 의도를 품고 그의 주위에 모여들었습니다.

3. 게다가 제가 알게 된 바에 의하면, 그들의 계획이 일단 성공을 거두게 될 경우 모든 교회를 파괴하고, 사라센이 되기를 거부한 많은 사람들을 죽이는 것이었습니다. 그러나 그는 패망했고 그의 휘하에 있던 여러 명도 죽임을 당했습니다. 두 번째로 그는 자기 병사들을 끌어모았지만, 이번에는 포로가 되었고 아직도 사슬에 묶여 있는 상태입니다. 그리스 여자가 낳은 아들의 의부[즉 강력한 아미르]는 자신의 의붓아들을 술탄으로 만들기 위해서 음모를 꾸몄습니다. 왜냐하면 다른 아들은 불구이고 타타르인들에게로 [인질로] 보내졌기 때문입니다. 그래서 그의 모계 친족들, 즉 이베리아인과 조르지아인들은 매우 분개하고 있습니다. 따라서 투르키아는 아무런 재산도 없고 전사들도 거의 없이 적들만 많은 한 소년의 통치하에 있는 것입니다. 바스타키우스의 아들은 병약하고, 마찬가지로 어린아이에 불과하며 타타르의 속박에 의해서 세력이 약해진 앗산[2]의 아들과 전쟁을 벌이고 있습니다.

4. 따라서 만약 [로마] 교회의 군대가 성지로 진군한다면, 그 모든 나라들을 정복하거나 혹은 그 지역을 통과하는 일은 매우 용이할 것입니다. 헝가리 국왕은 기껏해야 3만 명 이상의 군대를 가지고 있지 않습니다. 콜로뉴에서 콘스탄티노플까지는 수레로 겨우 40일거리에 불과하며, 콘스탄티

---

2) Assan. 불가리아의 군주 미카엘 아센(Michael Asên, 재위 1246-1257)을 가리킨다.

누플에서 아르메니아 국왕의 영도에 도달하는 데에는 그보다 더 적게 걸립니다. 옛날에 이들 지역은 용맹한 사람들이 지나간 적이 있고,3) 그들은 가장 강력한 적들의 저항에 부딪쳤지만 성공을 거두었고 하느님께서 그 [적]들을 오늘날 지상에서 제거해버리셨습니다. [이 길로 간다면] 그들은 바다의 위험을 견뎌야 할 필요도 없고 또 배의 선원들의 휘둘림을 받을 필요도 없으며, 운임으로 치러야 할 액수라면 육상으로 진군하는 데에 필요한 경비를 감당하기에 충분합니다. 제가 전하께 자신 있게 말씀드리건대 만약 우리의 농민들 — 왕들과 기사들은 두말 할 것도 없고 — 이 이 길을 따라서 타타르의 왕자들이 이동하는 방식대로 진군할 의지가 있다면, 그리고 [타타르인들과] 비슷한 식사에 만족할 수만 있다면, 그들은 아마 전 세계를 정복할 수 있을 것입니다.

5. 저는 저 자신이 했던 것처럼 혹은 도미니크 수도사들이 지금 하고 있는 것처럼, 어떤 수도사라도 다시금 타타르인들이 있는 곳으로 여행하는 것은 권할 만한 것이 아니라고 생각합니다. 그러나 만약 모든 기독교권의 머리되시는 교황 성하께서 어떤 방식으로든 주교 한 명을 파견하시고, 그래서 그들이 세 차례에 걸쳐서(한 번은 행복한 기억 속에 계시는 교황 인노켄티우스 4세에게, 두 번은 전하께 — 첫 번째는 전하를 기망했던 다비드를 통해서, 그리고 지금은 저 자신을 통해서) 프랑크인들에게 편지를 써서 보냈던 그 망동에 대해서 대답을 하기 원하신다면, [교황 성하는] 본인이 원하는 어떤 것이든 이야기할 수 있어야 하고 또 그들로 하여금 반드시 글로써 [답장을] 쓰도록 해야 합니다. 왜냐하면 그들은 대사가 말하는 것은 경청하며 그가 더 무슨 할 말이 있는지 항상 묻기 때문입니다. 그렇지만 그는 좋은 통역인 — 사실은 여러 명의 통역인 — 과 풍부한 보급품도 필요할 것입니다.

---

3) 제1차 십자군 원정군(1096-1098)을 가리키는 듯하다.

참고 자료 1

『타타르의 역사』[1]

드 브리디아 수도사

여기서『타타르의 역사』가 시작된다

§1.　보헤미아와 폴란드에 거주하는 '작은 형제단' 수도사들의 교구장이자, 대단히 존경받는 신부인 보구슬라우스 수도사(Friar Boguslaus)께, '작은 형제단'에서도 가장 낮은 드 브리디아 수도사(Friar C. de Bridia)가 헌신적이고 충성스러운 복종을 드립니다. 그리고 그의 과업을 순종적으로 성취한 만큼, 누구라도 이 주제에 대해서 탐구하기를 희망하는 사람이 있다면, 그것이 쉬운 것이건 어려운 것이건, 상급자의 희망에 부응하여 기꺼운 마음으로 접근해주기를 기대하는 바입니다. 당신의 부모와 같은 권위에 복종하여, 비록 임무가 나의 재능의 힘을 벗어나는 것이었지만, 우리 형제단의 존경하는 수도사들 — 즉 기독교권 바깥의 모든 민족들, 특히 타타르인들을 관리하는 가톨릭 교회의 특사인 요한 수도사(Friar John)와 그의 동료인 폴란드인 베네딕트 수도사(Friar Benedict)와 보헤미아인 수도사 체슬라우스(Friar Ceslaus) — 과 함께 타타르인들에 대해서 내가 이해했던 것을 짧게나마 글로 썼고, 독자를 지루하지 않게 하려고 애를 썼습니다. 그래서 나의 이야기를 듣고 또 전능하신 신의 경이롭고 가려진 심판 — 성자들의 구속(救贖)이 가까워오는 세기의 마지막인 지금 점점 더 분명해지고 있습

---

1) 드 브리디아의 글의 원제목은 "Hystoria Tartarorum", 즉 '타타르의 역사'이다. 그러나 조지 D. 페인터는 이것에 "Tartar Relation(타타르 이야기)"라는 편의적인 제목을 붙였다(*The Vinland Map*, p. 22). 여기서는 '타타르의 역사'라는 원전의 제목을 존중하여 그대로 썼다.

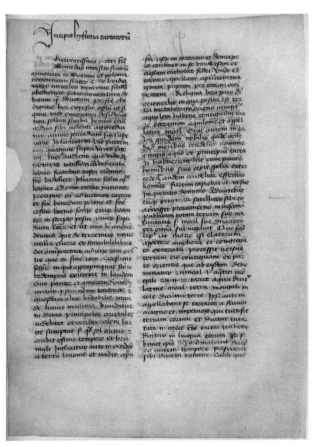

베네딕트 수도사의 『타타르인의 역사』(예일 대학교 사본)

니다 — 에서 세속적인 일들에 관한 유용한 지식들을 어떻게 추출해낼지를 아시는 당신의 헌신이 주님의 칭찬과 사랑을 받게 되기를 바랍니다.

§2. (5-2)[2] 타타르인들과 일부 다른 [민족들]에 따르면, 이 세상에서 거주 가능한 지역은 기본적으로 두 부분, 즉 동방과 서방으로 나누어져 있으며, 그것은 여름과 겨울에 일출과 일몰의 지점에 이르기까지의 폭으로 펼쳐져 있다는 사실을 알아두어야 할 것입니다. 서방은 리보니아(Livonia)[3]

---

2) 괄호 안의 숫자는 카르피니의 글 가운데 해당되는 부분의 장과 절을 의미한다.
3) 리보니아는 발트 해 연안의 라트비아 및 에스토니아 인근 지방을 지칭한다.

에서 시작하여, 프러시아에서 그리스 그리고 더 너머에 이르기까지 계속해서 뻗어 있고, 가톨릭 신앙의 보편 교회를 포함하고 있습니다. 따라서 심지어 타타르인들도 서방 전역에서 교황의 사도적 권위를 인정하고 있습니다. 그러나 나머지 [다른] 부분은 동방이라고 불리며 거기에 타타르인들의 지방이 위치해 있고, 그곳은 동방이 극지대와 접하는 지점, 즉 북극해와 인접하는 곳이며 몽골[4]이라고 불립니다.

§3. (5-3) 이 나라에는 출신은 고귀하지만 성격은 잔인한 칭기스[5]라는 이름을 가진 한 사람이 살았는데, 타타르인들의 기원은 그 사람에게서 시작됩니다. 소수의 추종자들의 도움을 받아 그는 약탈자의 생활을 시작했는데, 시간이 흐르면서 전보다 더욱 잔인해졌고, 도적질을 통해서 다른 사람들을 포획하여 그들을 자신의 불법의 굴레에 묶어두었습니다. 그가 서른 명의 심복을 거느리게 되자 드러내놓고 광분하기 시작했고, 그가 태어난 고장인 몽골을 완전히 자신의 명령에 복종시켰습니다. 그리고 나서 오만한 사람들이 그러하듯이 그는 더 많은 것을 갈망했고 군대를 모아서 동쪽으로 타타르인들과 인접한 지방으로 진군했습니다. 그곳은 주모알(Zumoal)이라고 불렸으며 '물의 몽골'이라는 뜻을 가지고 있습니다. 왜냐하면 타타르어의 zu와 라틴어의 aqua는 '물'을 뜻하며, moal은 '땅'을 뜻하고, mongali는 '땅에서 태어난 사람'을 뜻하기 때문입니다. 그러나 주민들은 자신들의 나라를 가로질러 흐르는 타타르(Tartar)라는 격렬하고 커다란 강의 이름을 따서 스스로를 '타타르'라고 부릅니다. 그들의 언어에서 Tata와 Tartar는 라틴어의 trahere와 trahens에 상응하는데, '데리고 간다'는 의미를 가집니다. 그들은 자신들을 통치할 지도자를 선출하는 관습이 있었는데, 그때 그들은 카울리[6]라는 이름을 가진 사람을 선출했습니다. 칭기스는 그를 정복하고,

---

4) Moal. 이하 각주에서 표기한 고유명사는 전문 학자들의 참고를 위해서 예일 대학교 사본 (HT: Historia Tartarorum)에 기록된 것을 옮겼음을 밝혀둔다.

5) Cingis.

6) Cauli.

패배한 그의 추종자들을 자기 군대 안으로 편입시켰습니다. 그는 정복된 군대의 병사들을 징발하여 자신의 군대로 편입시키는 변하지 않는 습관을 가지고 있었는데, 그것은 그렇게 해서 증강된 세력에 힘입어 다른 나라들을 복속시키려는 목적을 가졌기 때문입니다. 이는 그의 사악한 계략을 모방하는 후계자들을 통해서도 분명하게 입증됩니다.

§4. (5-3) 그 다음에 그는 전군을 이끌고 타타르와 서남쪽으로 인접해 있는 메르키트7)라고 불리는 고장으로 서둘러 가서 힘으로 복속시켜 자신의 지배 아래에 두었습니다. 그리고 그 병력을 자신의 군대에 편입시킨 뒤에 메르키트와 인접한 메크리트8)라고 불리는 나라로 들어갔고 즉각적으로 정복했습니다. 이 네 나라들, 즉 모알, 주모알, 메르키트, 메크리트는 동일한 언어를 가지고 있지만, 방언에서 서로 조금씩 차이가 있습니다. 마치 보헤미아인, 폴란드인, 러시아인, 혹은 로마와 롬바르디와 프리울리 사람들, 혹은 오스트리아와 투링기아와 스와비아 사람들, 혹은 작센과 플랑드르와 베스트팔리아 사람들이 그러한 것과 비슷합니다. 이들 나라의 원주민들은 외모상으로 서로 상당히 닮았습니다.

§5. (5-8) 그 다음에 칭기스는 군대를 모아 위구르9)라고 불리는 나라로 진군했습니다. 그곳의 주민들은 네스토리우스파 기독교도들이었습니다. 그들을 정복한 뒤 몽골인들은 그들의 문자를 채용하여 글을 썼습니다. 왜냐하면 그 전에는 [자신들의] 문자가 없었기 때문입니다. 그렇게 해서 그들은 자기 나라로 돌아갔습니다.

§6. (5-7) 곧이어 칭기스는 더 많은 강력한 군대를 모아서 에수르스카키타10)라고 불리는 동쪽 나라로 들어갔습니다. 그곳의 원주민은 스스로를 키타이11)라고 불렀는데, 몽골과 그들의 언어를 사용하는 다른 세 성(省)의

---

7) Merkit.
8) Mecrit.
9) Uihur.
10) Esurscakita.

주민들은 과거에 그들에게 조공을 바쳤습니다. 이 지방은 크고 매우 넓으며 그 당시에는 대단히 부유했습니다. 그곳에는 강력하고 활기찬 황제가 있었는데, 소식을 듣고 격렬하게 분노하며 수많은 무리를 이끌고 어느 넓은 황야에서 칭기스와 그의 군대를 마주했습니다. 그가 몽골인들을 얼마나 살육했는지 겨우 일곱 명만이 살아남았습니다. 물론 다른 민족에 속하는 많은 수의 사람들은 도망치는 데에 성공했습니다. 상술한 황제는 이를 보고 살해된 사람들에게서 전리품을 거두는 것조차 경멸했습니다. 그렇지만 칭기스는 눈에 띄지 않게 자기 고장으로 도망쳤고 잠시 동안 그의 사악함이 누그러졌습니다.

§7. (5-4, 5) 그러나 타타르 다음에 그 서쪽으로는 나이만[2]이라고 불리는 지방이 있는데, 산지가 아주 많고 엄청나게 춥습니다. 그 당시 타타르인들과 인근의 모든 지방은 군주에게 바치는 조공을 그들 [나이만]의 왕에게 보냈습니다. 칭기스가 전쟁에서 휴식을 취하던 시기에 그 왕이 죽었는데, 그는 왕위 계승자로 세 명의 어린 아들들을 남겼습니다. 이를 들은 칭기스는 그 소년들의 왕국을 탐내어, 군대를 모아서 나이만인들의 영역을 침공하기 시작했습니다. 그의 세력을 본 그들은 후퇴했고, 카라 키타이[13] 혹은 '검은 키타이'— 타타르어로 kara는 '검다'는 뜻입니다 —와 연합하여 두 개의 높은 산 사이에 있는 어느 계곡에서 몽골인들을 공격했습니다. 그리고 그쪽 방향에서 이 나라로 들어오는 유일한 통로가 있는 길을 장악한 상태에서 그들은 매우 오랫동안 저항했습니다. 우리 형제단의 수도사들은 타타르인들에게 여행할 때 이 계곡과 지방을 통과해서 갔습니다. 마침내 일부 몽골인들은 군대가 있는 곳에서 멀리 떨어져서 어떤 낮은 지점을 통해서 산들을 넘어갔습니다. 또다른 사람들은 산염소들만 길을 찾을 수 있는 협

---

11) Kitai.
12) Naiman.
13) Karakitai.

곡을 타고 올라갔습니다. 수도사 베네딕트는 말을 타고 이 길로 가려고 시도했지만, 타타르인들은 그가 목숨과 말을 모두 잃을지도 모른다고 하면서 그것을 허락하지 않았습니다. 나머지 사람들은 군대의 가장 선두의 대열을 향해서 진군했습니다. 이렇게 해서 엄청나게 큰 전투가 벌어졌고 거기서 나이만인들은 온 사방에서 공격을 받았습니다. 그들 대부분이 절멸했고 생존자들은 칭기스의 통치에 복속했습니다. 그는 왕의 세 아들을 처형한 뒤에 증강된 군대를 데리고 집으로 돌아갔습니다.

§8. (5-8) 그 다음에 그는 전쟁을 하러 동남쪽으로 떠나서 네 지방을 장악했는데, 즉 오이라트,[14] 사릭 위구르,[15] 카라니트,[16] 카시미르[17]였습니다. 그리고 그는 다시 자기 집으로 갔습니다.

§9. (5-9) 권력에 대한 그의 탐욕이 그를 쉬도록 내버려두지 않았기 때문에 그는 자신이 모을 수 있는 강력한 군대를 모두 데리고 키타이 황제를 향해서 진군했습니다. 오랜 전쟁 끝에 마침내 그는 황제의 군대를 패주시켰고, 매우 견고한 수도 안에 들어간 황제를 포위했습니다. 마침내 포위하던 사람들은 극심한 굶주림으로 인해서, 각각의 십인대마다 한 명씩 잡아먹을 수밖에 없게 되었습니다. 그러나 칭기스 자신은 예외였습니다. 화살과 돌 세례를 받으며 고생을 하던 포위된 사람들은 은(銀), 대부분 녹인 은을 적에게 투척했습니다. 그 도시에는 이런 종류의 재화가 풍부했기 때문입니다. 마침내 포위자들은 도시의 중심으로 연결되는 지하 통로를 파서, 밤중에 갑자기 들어가서 황제와 그의 관리들을 죽이고 그 안에 있는 모든 것들을 차지해버렸습니다. 그래서 칭기스는 그가 일부를 정복한 그 나라에 질서를 세우고 — 왜냐하면 이 나라에서 해변가에 있는 부분은 지금까지도 정복하지 못했습니다 — 기뻐하며 집으로 돌아갔습니다. 그 이후로 칭기스는 황제

---

14) Voyrat.
15) Sarihuiur.
16) Karanitae.
17) Kosmir.

를 뜻하는 '칸(qan)'[18]이라고 자신을 부르라고 명령했습니다.

§10. (5-10) 상술한 키타이는 비록 이교도들이기는 하지만 구약과 신약을 가지고 있으며, 아울러 자신들 고유의 글로 쓰인 많은 교부들과 은자들의 전기가 있고, 정해진 시간에 기도를 올리는 교회와 같은 건물도 가지고 있습니다. 그들은 나름의 특별한 성자들을 가지고 있다고 주장합니다. 그들은 유일한 신을 숭배하고 우리 주 예수 그리스도와 영생을 믿습니다. 그들은 비록 세례를 행하지는 않으나 너그러우며 기독교도를 존경합니다. 그들은 수염을 기르지 않으며 몽골인들처럼 얼굴이 넓지 않고 고유의 언어를 말합니다.

§11. (5-11) 칭기스는 칸이라는 칭호를 취한 뒤 1년 동안 아무런 전쟁도 하지 않은 채 조용히 있었습니다. 그러고 나서 그는 세 개의 군대를 준비했는데, 그 각각이 지구상의 세 지역을 향한 것으로서 지상에 사는 모든 사람들을 정복하려는 의도를 가졌습니다. 그는 아들인 주치[19] —그 자신처럼 그 역시 '칸'이라고 불렸습니다 — 를 아즈(Az)인들의 위에 거주하고 있는 코만인들을 치러 서쪽으로 보냈습니다. 그리고 또다른 군대는 다른 아들과 함께 대인도를 치러 동북쪽으로 보냈습니다.

§12. (5-11) 그 자신은 세 번째 군대를 데리고 카스피 산맥을 향해서 출정했습니다. 그 당시 그가 정복을 꺼리고 있던 솔랑기아[20]라는 지방을 지나서, 석 달 동안 아무도 살지 않는 사막을 통과하여 꾸준히 전진했습니다. 그는 카스피 산맥 가까이에 이르렀는데 그곳에는 유대인들—그 부근의 지역민들에게는 곡과 마곡이라고 불렸으며 알렉산드로스에 의해서 갇혀 있었다고 합니다— 이 살고 있습니다. [칭기스가 그곳에 도착했을 때] 놀랍

---

18) can.

19) Tossuc.

20) Solangia. 솔랑기아, 즉 솔랑가는 원래 한반도 북부와 만주 남부 일대를 가리키는 지명으로 여기서는 분명히 잘못 기재된 것이다. 페인터 교수는 이것을 셀렝게(selenge)의 오류로 보았다.

게도, 활통 안의 화살, 칼집 안의 칼과 검, 안장에 달린 등자, 고삐에 달린 재갈, 말발굽에 박힌 편자, 몸에 걸친 흉갑, 머리에 쓴 투구 등 쇠로 만들어진 모든 것들이 격렬하게 날아올라 엄청난 소음을 내며 그 산으로 향했습니다. 타타르인들은 우리의 수도사 베네딕트에게 이 이야기를 하면서 농담처럼 말하기를, 흉갑이나 투구와 같이 쇠로 만들어진 무거운 것들은 산을 향하여 땅바닥 위를 질주했고, 엄청나게 큰 먼지구름과 절그럭거리는 소리를 냈다고 합니다. 그래서 그들은 정신을 차리지 못할 정도의 공포에 사로잡히게 되었습니다. 그 산들은 자석으로 되어 있다고 생각됩니다.

§13. (5-16) 칭기스는 공포에 질려 군대와 함께 도망쳤고, 그 산들을 오른쪽에 두고 동북쪽으로 떠나갔습니다. 마침내 다시 석 달 동안 계속해서 고생을 하며 사막을 지나갔는데, 식량이 떨어졌기 때문에 그는 열 사람에한 사람씩 잡아먹으라고 명령했습니다. 이 석 달이 지난 뒤에 그는 나라이르겐21) — 즉 '태양의 사람'이라는 뜻인데, 타타르어로 nara는 태양이고 irgen은 사람을 뜻합니다 — 이라고 불리는 어느 지방에 있는 커다란 산지에 왔습니다. 사람의 흔적이 있는 길을 찾았는데 주민이 아무도 없는 것을 발견하고 그와 그의 부하들은 매우 경이롭게 생각했습니다. 곧 그가 부인과 함께 있는 한 원주민을 찾아낸 뒤 그에게 수많은 통역을 거쳐서 그 지방 사람들이 어디에 있느냐고 물어보았습니다. 그는 그들이 산 밑에 있는 지하의 집에서 살고 있다는 사실을 알고는, 여자는 계속 포로로 잡아둔 채붙잡힌 그 사람을 보내서 그들이 밖으로 나와 싸울 의향이 있는지 물어보도록 했습니다. 그 사람이 돌아가는 사이에 동이 텄고, 타타르인들은 떠오르는 태양의 소음으로 인해서 땅바닥에 얼굴을 대고 엎드렸습니다. 그들 중 많은 사람들이 그 즉시로 죽었습니다. 이 고장의 원주민들은 적을 보고 밤중에 공격을 감행하여 많은 수의 타타르인들을 죽이고, 칭기스 칸이 생존자들과 함께 도망치는 것을 보았습니다. 그렇지만 그는 포로가 된 부인

---

21) Narayrgen.

을 데리고 갔습니다.

§14. (5-16) 타타르인들이 수도사들에게 말했듯이 그녀는 그 후로 오랫동안 그들과 함께 머물렀습니다. 그들은 한 점의 의심도 없이 단언하여 말하기를 상술한 지방은 세상의 가장 끝에 위치해 있으며 그 너머로는 어떠한 땅도 없고 오직 바다만 있을 뿐이라고 했습니다. 따라서 그곳은 태양과 지나치게 근접한 곳이어서 여름에 일출하는 지점에서 해가 바다 위로 올라오면, 태양과 하늘이 맞서기 때문에 그러한 특성과 크기의 소음이 우당탕거리고 으르렁거리며 들리는 것입니다. 따라서 태양이 황도(黃道)를 따라 남쪽으로 갈 때까지는, 마치 번개에 맞은 것처럼 즉사하거나 상해를 입을까 겁을 내어 아무도 감히 지상에서 바깥에 살지 못합니다. 바로 이런 이유로 인해서 원주민들은 산 속의 동굴 안에서 커다란 북이나 다른 기구들을 두드리며, 자신들의 북소리로 태양의 소음을 막아보려고 합니다. 이 지방은 산지를 지나면 평평하고 비옥하지만 크지는 않습니다.

§15. (5-15) 칭기스 칸은 패배를 당한 뒤에 이 지방에서 서둘러 집으로 가고 있을 때, 도중에 카스피 산맥을 보았지만 그 전에 놀란 적이 있었기 때문에 거기에 가까이 가지 않았습니다. 그러나 그는 전에 타타르인들이 가지고 있던 쇠로 된 물건들이 그곳으로 날아가면서 난 소음으로 인해서 사람들이 그 산지에서 밖으로 나오는 것을 보고는 자신의 힘을 그들에게 시험해보기를 희망했습니다. 양측이 서로 가까이 접근했을 때, 놀랍게도, 그들 사이에 구름이 하나 들어와 마치 오래 전에 이집트인들과 이스라엘의 자손들 사이에 그러했던 것처럼 그들을 서로 갈라놓았습니다. 이것은 충분히 믿을 만한데 그 까닭은 이 사람들이 바로 주님께서 보호하시고 또 그들의 선조들에게 징표를 통해서 경고를 주었던 유대인들이기 때문이었습니다. 타타르인들이 구름을 향해서 전진하려고 할 때마다 눈이 멀게 되었고, 어떤 이들은 맞아서 죽기도 했습니다. 그렇지만 그들[양측 사람들]은 구름 사이로 서로를 어느 정도 볼 수는 있었습니다. 아무튼 그들은 이틀

거리를 갔지만 구름의 어느 쪽으로도 통과하지 못한 채 여전히 그 중간에 있다는 사실을 깨달았고, 자신들의 여정을 계속하기 시작했습니다.

§16. (5-17, 19) 도보로 행군하며 굶주림에 굴복하는 가운데 그들은 어떤 동물의 위와 내장 전부가 반은 썩은 상태로 있는 것을 발견했습니다. 타타르인들은 그것이 자신들이 출정하러 떠나면서 먹었던 것이 남은 것이라고 믿었습니다. 이 내장을 칭기스 칸에게 가져가자, 그는 내장을 가르거나 흠집을 내지 않고 다만 손으로 커다란 배설물을 눌러서 밀어낸 뒤에 그것을 요리하라고 명령했습니다. 칭기스 칸과 배고픔으로 거의 죽어가던 그의 부하들은 [명령대로] 그렇게 요리한 것을 먹었습니다. 칭기스 칸은 선포하기를 앞으로 내장 안에 들어 있는 커다란 배설물을 제외하고는 내장의 그 어떠한 것도 버려서는 안 된다고 했습니다. 그러나 이 주제에 관해서는 내가 타타르인들이 대대로 지키는 관습을 논할 때에 더 이야기될 것입니다. 그 후에 그는 집으로 돌아갔고 하느님의 심판에 의해서 번개에 맞았습니다.

§17. 칭기스 칸의 둘째 아들과 함께 인도로 파견된 두 번째 군대는 소인도, 즉 에티오피아를 정복했습니다. 그 주민들은 피부가 검은 이교도들입니다. 그들은 사도 토마스(Thomas)가 개종시킨 대인도에 도착했는데, 그 지방의 왕은 항상 프레스터 요한이라고 불렸습니다. 그는 비록 준비를 잘 갖추지는 못했지만 즉시 군대를 보냈는데, 그들은 이제까지 들어보지 못한 새로운 장비를 타타르인들에게 사용했습니다. 그들은 3,000명으로 구성된 특별한 부대를 조직하여, 그들의 안장 앞에 쇠나 청동으로 만들어진 인형들을 세우고 그 안쪽에 텅 빈 곳에 타오르는 불을 두었습니다. 타타르인들의 화살이 이르기 전에 그들은 허벅지 아래에 있는 안장 양쪽 가운데 어느 한쪽에 가지고 있던 풀무를 불어서 [적을 향하여] 화염을 쏘아댔습니다. 화염 다음에는 화살을 쏘았고, 이런 식으로 해서 타타르 군대는 혼란에 빠지게 되었습니다. 어떤 이는 불에 타고 다른 이는 부상을 입었습니다. 그들은

도망쳤고 추격하는 인도인들은 많은 사람들을 쓰러뜨렸고, 나머지는 자기 나라에서 쫓아내어 타타르인들이 다시는 인도로 돌아오지 못하게 했습니다. 이 모든 것은 타타르인들이 우리 수도사들에게 이야기한 것이며, 그들의 말에 의하면 인도인들은 공격을 감행할 때 말의 등자를 밟고 말에서 몸을 세워서 정연한 대열을 만들었다고 합니다. 이어서 그들은 이렇게 말했습니다. "과연 이것이 무엇인가 하고 우리가 궁금해하고 있을 때 갑자기 그들이 안장에 다시 앉았고 즉각적으로 화염이 우리를 향해 발사되었고, 뒤이어 화살도 발사되었으며, 그렇게 해서 우리 군대는 패배했다." 타타르인들이 자기 고장으로 귀환한 뒤 인도인들은 18년 혹은 그 이상 그들에 관해서 아무것도 [듣지도] 보지도 않았는데, 최근 그들은 타타르인들에게 전령들을 보내어 [이렇게 말했다고 합니다.] "너희들은 싸우는 전사가 아니라 강도처럼 우리 나라를 침략했다. 그러나 이제는 우리가 [너희를] 침략하기 위해서 매일같이 준비하고 있으니 경계하도록 하라. 따라서 너희가 우리에게 오지 않는다고 해도, 우리가 너희에게 갈 것이니 기대하고 있으라."

§18. (5-13) 그러나 타타르인들은 칭기스 칸이 그들을 사형에 처하지 않을까 두려워하여 정해진 시간이 되기 전에는 자기 고향으로 감히 돌아가려고 하지 않았습니다. 그래서 그들은 서남쪽으로 가서 한 달 이상 사막을 행군하여 타타르인들이 노호이 카자르22)라고 부르는 '개들의 땅'에 도착했습니다. 타타르어로 노호이는 개를, 카자르는 땅을 뜻하기 때문입니다.23) 거기서 그들은 남자가 아니라 여자들만 볼 수 있었고, 그중 두 명을 포로로 잡아서 그 지방 가운데를 통과해서 흐르는 강가에서 기다렸습니다. 그들은 남자들은 어디에 있고 어떤 사람들인가 하고 여자들에게 물었더니, 그들은 본디 개였는데 적이 접근해오는 소리를 듣고 강을 건너가버렸다고 대답했습니다. 셋째 날에 그 지방의 모든 개들이 모여드는 것이 보였습니

---

22) Nochoy Kadzar.
23) 몽골어에서 nogai는 '개'를, ghazar는 '땅'을 의미한다.

다. 타타르인들이 그들을 조롱하자 그들은 강을 건너와 모래에 몸을 뒹굴렸는데, 기후가 너무 추웠기 때문에 [몸에 묻은 모래가] 얼어붙었습니다. 개들이 두세 번 같은 식으로 행동하자, 얼음과 모래가 뒤섞이면서 손바닥 두께만큼의 [얼음으로] 덮여 더부룩한 모습이 되었습니다. 이렇게 되자 그들은 타타르인들을 공격하기 시작했다. [타타르인들은] 비웃으며 활을 쏘기 시작했지만 거의 아무도 죽이지 못했습니다. 왜냐하면 입이나 눈을 제외하고는 [다른 부분에 활을 쏘아] 그들에게 상처를 입힌다는 것은 불가능했기 때문이었습니다. 그러나 개들은 신속하게 뛰어올라 첫 번째 물어뜯음으로 말을 땅바닥에 쓰러뜨리고 두 번째 물어뜯음으로 [말의] 목을 눌러버렸습니다. 타타르인들은 화살이나 칼 어느 것으로도 개들을 물리칠 수 없다는 사실을 깨닫고 도망치기 시작했습니다. 개들은 사흘 동안 추격을 하여 아주 많은 사람들을 죽이고 그들을 자기 나라에서 쫓아냈습니다. 그래서 그 뒤 그들은 [타타르로부터] 영원히 평화를 얻게 되었습니다. 한 타타르인은 수도사 베네딕트에게 그 당시에 자기 아버지가 개에게 죽음을 당했다고 말했습니다. 수도사 베네딕트는 자신이 그 개의 부인들 가운데 한 명이 타타르인들과 함께 있는 것을 보았다는 사실을 추호의 의심도 없이 믿고 있으며, 또한 그녀가 남자 아이들을 낳았는데 그 소년들은 괴물이었다고 말합니다. 상술한 개들은 기이할 정도로 털이 많고 여자들이 하는 모든 말을 이해하지만, 여자들은 개들이 몸짓으로 하는 표현만 이해합니다. 만약 여자 아이가 태어나면 그 아이는 어머니처럼 사람의 모습이지만, 남자 아이가 태어날 경우 그는 아버지와 같이 개의 형상을 하게 됩니다.

§19. (5-14) 타타르인들은 이 지방에서 고향으로 돌아가는 도중에 부리티베트[24]라는 이름으로 알려진 지방을 정복했습니다. Burith는 늑대를 뜻하는데,[25] 이 이름은 그 원주민들에게 아주 잘 어울립니다. 왜냐하면 아버

---

24) Burithebet.
25) 튀르크어에서 böri는 '늑대'를 의미한다.

지가 사망하면, 전 가족이 모여서 마치 게걸스러운 늑대들처럼 그의 시신을 먹는 것이 그들의 관습이기 때문입니다. 그들의 턱에는 터럭이 하나도 없지만, 만약 털이 자라면 그런 때 쓰려고 만든 쇠로 된 족집게로 그것을 뽑아냅니다. 나아가 그들은 굉장히 추하게 생겼습니다.

§20. 그러나 칭기스 칸의 아들 주치 칸과 함께 서쪽으로 진군한 세 번째 군대는 먼저 투르코만[26]이라고 불리는 지방을 정복했고, 두 번째로는 무슬림,[27] 그 다음에는 캉기트[28]인, 그리고 마지막으로 쿠스프카[29]의 땅, 즉 코마니아를 정복했습니다. 그러나 코만인들은 모든 러시아 민족과 군대를 연합하여, 하나는 칼카[30]라고 불리고 다른 하나는 코니우주[31] — 즉 '양의 물'이라는 뜻인데 coni는 타타르어로 양(羊)을 뜻하고, uzzu는 물을 뜻하기 때문입니다[32] — 라고 불리는 두 개의 조그만 강가에서 타타르인들과 싸웠는데 타타르인들에게 패했습니다. 이 전쟁에 참전했던 사람들에 따르면 양측에서 흘린 피가 말의 굴레까지 차올랐다고 합니다. 이 승리 후에 타타르인들은 자기 고장으로 돌아가는 귀로에 올랐고, 도중에 북방의 몇몇 지방을 정복했으니, 예를 들어 북극해에 접하고 있는 바스타르코,[33] 즉 대형 가리가 그러합니다.

§21. (5-30, 31) 이 지방을 떠나 그들은 파로시타[34]인들에게 왔는데, 그들은 키는 크지만 여위고 약했으며, 마치 작은 컵처럼 생긴 조그맣고 둥근 배꼽을 가졌습니다. 이 사람들은 아무것도 먹지 않고, 증기만으로 살아가는데 그 까닭은 입이 있는 자리에 조그만 관(管)이 하나 나 있기 때문입니

---

26) Terkemen.
27) Bisermin.
28) Kangit.
29) Cuspca.
30) Kalka.
31) Coniuzzu.
32) 몽골어에서 goni는 '양'을, usu는 '물'을 의미한다.
33) Bastarcho, 즉 바시키르(Bashkir)를 의미한다.
34) Paroscita.

다. 그래서 고기를 끓인 냄비에 조그만 구멍을 뚫어 거기서 나오는 증기를 흡입함으로써 영양분을 획득합니다. 살코기에 대해서는 아무런 관심이 없으므로 그것은 개들에게 던져줍니다. 타타르인들은 모든 괴물 같은 것들을 철저하게 경멸하기 때문에 이 사람들에게 주의를 기울이지 않았습니다. 그 다음에 그들은 사모예드35)라고 불리는 사람들에게 왔지만, 그들에게도 아무런 주의를 기울이지 않았습니다. 왜냐하면 그들은 숲속에 살며 가난에 찌들어 있고 오로지 사냥을 통해서만 생계를 유지하는 사람들이기 때문입니다. 마지막으로 그들은 우코르콜론,36) 즉 '소의 발'— 타타르어로 ucor는 소이고 colon은 발을 뜻합니다37) — 이라고 불리는 사람, 혹은 노코이테림,38) 즉 '개의 머리'— 타타르어로 nochoy는 개이고, terim은 머리를 뜻합니다39) — 라고 불리는 사람들에게 왔습니다. 그들의 다리는 복사뼈에서부터 아래로는 소처럼 생겼고 머리 뒤쪽에서부터 귀에 이르는 부분은 사람의 머리를 가졌으나, 얼굴은 어느 모로 보나 개의 얼굴입니다. 그런 까닭에 괴물과 같은 형상인 그들의 [몸의] 부분들을 따라서 이름이 지어진 것입니다. 그들은 두 마디 말을 하고 나서 세 번째는 [개처럼] 짖습니다. 바로 이런 이유에서도 개라고 불릴 수 있는 것입니다. 그들 역시 숲속에서 살며 달릴 때는 상당히 민첩합니다. 타타르인들은 다른 사람들에 대해서 그러는 것처럼 그들에 대해서도 경멸합니다.

§22. (5-33) 타타르인들은 우리 수도사들에게 그들이 손과 발이 하나인 사람들의 나라에 있었다고 말하기도 했습니다. 그러나 그들이 활을 쏠 때 어찌나 신속하고 강력한지 [다른 사람들은 그들에게] 상해를 가할 수 없었다고 합니다. 왜냐하면 한 사람이 활을 들면 다른 사람이 화살을 쏘는데,

---

35) Zamogedi. 즉 Samoyed를 가리킨다.
36) Ucorcolon.
37) 몽골어에서 üker는 '소'를, köl은 '발'을 뜻한다.
38) Nochoyterim.
39) 몽골어에서 tergün은 '머리'를 뜻한다.

어떤 민족보다도 더 강력하게 쏘기 때문입니다. 그들은 신속함에서는 다른 어느 지방에 사는 사람들을 능가할 뿐만 아니라 세상에서 네 발을 가진 어떤 동물들보다도 더 빠릅니다. 우리 수도사들이 타타르인들이 있는 곳에 도착하기 전에 상술한 사람들 두 명, 즉 아버지와 아들이 타타르 황제의 궁정에 와서 다음과 같이 말했다고 합니다. "무슨 까닭으로 당신들은 우리를 전쟁으로 괴롭히는가? 활을 쏘는 것이나 빨리 달리는 것에서 우리가 당신들을 능가하지 않는가?" 그들과의 경주를 위해서 특출하게 빠른 말한 마리를 정해서 타타르인들은 그 말을 풀어서 전속력으로 달리게 했습니다. 그 두 사람은 기상천외한 방식으로 마치 하나의 바퀴처럼 신속하게 회전하기 시작하더니, 돌연 그 말을 추격하기 시작했습니다. 마침내 그들은 말과 타타르인들에게 등을 돌리고는 자신들의 고장으로 달려가버렸습니다. 그것을 보고 타타르인들은 다시는 그들을 침략하지 않기로 결정했습니다.

§23. (5-20, 21, 25) 바로 이 시점에 칭기스는 그의 아들 우구데이[40])에 의해서 계승되었는데, 그것은 여러 사람들의 선출에 의해서 이루어진 것이었습니다. 왜냐하면 칭기스 칸은 네 명의 아들을 두었으니, 즉 그를 계승한 우구데이, 그리고 주치, 차가다이[41])와 넷째 아들입니다. 나는 [넷째 아들의] 이름을 수도사들이나 일행의 나머지 다른 사람들로부터도 알아낼 수 없었습니다. 우구데이에게는 세 명의 아들이 있었으니, 최근에 칸, 즉 황제가 된 구육[42])이 있고, [그밖에] 쿠텐,[43]) 시레문[44])이 있습니다. 칭기스의 둘째 아들 주치의 아들로는 바투 — 칸 다음으로 가장 강력한 인물 — 와 오르다[45]) — 연장자이고 현재까지 장군들 가운데 명예에서는 가장 최상

---

40) Occodaay.
41) Shahaday.
42) Cuiuc.
43) Cocten.
44) Cyrenen.

의 인물―가 있습니다. 주치는 또다른 부인에게서 다른 두 아들을 두었는데, 바로 시반46)과 탕구트47)입니다. 칭기스의 셋째 아들인 차가다이의 아들들은 카단48)과 부리49)입니다. 내가 이름을 알아내지 못한 넷째 아들의 아들들은 뭉케50) ― 연장자이며 그의 모친인 소르칵타니51)는 타타르인들 가운데 순번으로 황제의 모친 다음이며, [뭉케] 자신은 권력에서 바투 다음 가는 인물입니다 ― 와 부체크52)와 또 한 명이 있는데, 나는 그의 이름을 알지 못합니다. 다음은 장군들의 이름입니다. 폴란드를 통과하여 헝가리로 진군했던 오르다, 바투, 부리, 카단, 시반, 헝가리에 있는 부체크,53) 아직도 다마스쿠스의 술탄과 전투 중인 초르마군.54) 한편 뭉케55)와 쿠텐56)과 시레문57)과 이름을 알 수 없는 다른 많은 사람들은 타타르인들의 고장에 남아 있었습니다.

§24. (5-26) 그러나 우구데이는 수적으로 매우 강력하여 자기 아버지의 군대에서 세 부대를 조직했습니다. 그는 자기 형제의 아들인 바투를 첫 번째 부대의 지휘관으로 삼아 서방으로 파견하여 하느님의 교회와 서방의 모든 고장들을 치도록 했습니다. 바투는 자신의 원정에서 알티 술탄58)의 고장과, 사라센이며 코만인들의 언어를 말하는 비세르민인들의 땅을 정복

---

45) Ordu.
46) Syban.
47) Chauth.
48) Cadan.
49) Buri.
50) Mengu.
51) Serectam.
52) Bechac.
53) Bugiec.
54) Cyrbodan.
55) Mengu.
56) Cocten.
57) Syrenen.
58) Alti Soldan.

했습니다. 그는 또한 바로 그 지방에서 비록 오랜 전쟁을 치르기는 했지만, 바르친59)이라는 매우 강력한 도시를 획득했습니다. 얀킨트60)라고 불리는 또다른 도시는 자발적으로 항복했고 이로 인해서 그는 그곳을 파괴하지 않고, 타타르 관습에 따라 다만 전리품을 취하고 귀족들을 처형시켰습니다. 그리고 주민들을 이주시킨 뒤 그 도시를 다른 사람들에게 대여했습니다. 그리고 나서 그는 하자르61)와 알란62)과 같은 기독교도들로 가득 차 있고 그밖에 여러 지방에서 온 사라센들이 살고 있는 매우 큰 도시 오르나스63)를 향해 진군했습니다. 그곳은 상당 부분의 바다를 둘러싸고 있는 어느 강가에 위치했으며, 그 강은 도시 가운데를 관통하고 있었습니다. 타타르인들은 그 강의 상류를 막았다가 그 물을 격렬하게 아래로 흘려보내서 도시와 그 안에 있는 모든 것을 물에 잠기게 했습니다.

§25. (5-27) 동시에 바투는 투르코만,64) 캉기트,65) 대코마니아, 러시아 등의 지방을 정복하고 러시아의 대도시이자 매우 크고 유명한 도시인 키예프를 함락하고 그 주민들을 대량 학살했습니다. [바투가 수행한] 많은 원정들에 대해서는 여기서 생략하고자 하는데 그 까닭은 이 주제는 특별한 저자를 필요로 하기 때문입니다.

§26. 우구데이의 아들 ― 즉 바투의 사촌이자 현재의 칸 ― 은 자기 아버지의 죽음을 비밀리에 알고 귀환했는데, 돌아오는 길에 그는 하자르인과 알란인의 땅을, 그리고 나서는 테트의 땅을, 마지막으로 타타르인의 땅을 정복했습니다.66) 기독교도들이 거주하는 지방들이 있는데 그들은 [서

---

59) Barchin.

60) Iankint.

61) Gazar.

62) Alan.

63) Ornas. 호레즘의 수도 우르겐치를 가리키는 것으로 보인다.

64) Terkomen.

65) Kangit.

66) Th'et와 Tartar는 잘못 필사된 것으로 보이며, 페인터(HT, 80)는 이를 Cathi와 Circassian으로 교정했다.

로] 다른 언어를 사용하며, 바다와 가까운 남쪽에 위치해 있습니다. 그는 이러한 정복을 마친 뒤에 집으로 돌아갔습니다.

§27. (5-28, 29) 그러나 바투는 러시아에서 빌레르,[67] 즉 대불가리아에 대해서 원정을 하고, 모르도바[68]인들을 공격하여 그들을 포로로 잡아서 자기 군대에 편입시켰습니다. 그 후에 그는 폴란드와 헝가리로 진군하여, 이들 나라의 변경에서 자신의 군대를 분할하여 1만 명의 군인들을 자기 형제인 오르다의 지휘 아래 폴란드로 파견했습니다. 이들 가운데 많은 사람들은 변경의 전투에서 크라쿠프와 산도미르의 폴란드인 공작들에게 패배했고 사망했습니다. 그러나 질투야말로 사악함을 부추기는 가장 최악의 선동자인지라 그들이 거둔 [승리의] 축복을 상호간의 단합으로 보존하지 못했고, 폴란드 사람들은 거만한 자존심을 세우며 서로를 질시하다가 타타르인들에게 처참하게 격파되고 말았습니다.

§28. 타타르인들은 실레시아[69]로 계속 전진했고, 당시 그 지방에서 가장 유능한 기독교도 공작이었던 헨리[70]와 전투를 벌였습니다. 그리고 타타르인들이 수도사 베네딕트에게 이야기했듯이 그들이 기독교도의 전열들과 전투를 막 벌이려던 순간 예상치도 않게 [기독교도들이] 돌아서서 도망쳤다고 합니다. 그러자 타타르인들은 헨리 공을 포로로 붙잡고 그를 완전히 발가벗긴 뒤, 산도미르에서 전사한 그들의 장군의 시신 앞에 무릎을 꿇게 했습니다. 그리고 그들은 그의 머리를 마치 양의 머리인 것처럼 [잘라서] 가지고 모라비아와 헝가리를 거쳐 바투에게로 가져간 뒤, 죽음을 당해 [잘려진] 다른 머리들 속에 던져버렸습니다.

§29. 한편 바투는 그 자신이 헝가리 영토의 반 이상을 누비고 다니고

---

67) Biler.
68) Mordua.
69) Silesia. 현재 폴란드 남부 지방을 가리키며, 이곳의 레그니차(Legnica)라는 곳에서 1241년 4월에 유명한 전투가 벌어졌다. 여기서 서술되는 내용도 바로 이 전투를 묘사한 것이다.
70) 슐레지엔 공이자 폴란드의 대공(1238-1241)이기도 했던 헨리 2세를 지칭한다.

있을 때, 어느 강가에서 한 어머니에게서 대어난 두 형세 국왕이 지휘하는 많은 수의 군대와 마주쳤습니다. 그들은 현재 통치하고 있는 벨라[71]와 고인이 된 콜로만[72]이었습니다. 그 [즉 콜로만]은 첫 번째 공격에서 자기 손으로 타타르의 중요 장수를 그의 말과 무기와 함께 그 강 위의 다리에서 죽음의 심연으로 던져버렸습니다. 그리고 그는 이런 식으로 두세 번 공격을 하며 저항했고 마침내 타타르인들은 도망치기 시작했습니다. 한편 바투는 부대 하나를 하루나 이틀 거리의 상류로 보내서 강을 건너도록 했는데, 다리에서 전투가 벌어지고 있을 때, 몰래 후방에서 적을 공격하려는 의도였습니다. 그들은 그렇게 했고 이 전략의 결과는 놀라울 정도로 성공적이었습니다. 헝가리인들은 콜로만 왕의 경고를 소홀히 했고, 타타르인들은 다리를 건넜습니다. 타타르인들 자신이 이야기한 바에 따르면, 바투는 [타타르인들이] 헝가리인들 앞에서 도망치자 자기 칼을 뽑아서 전투로 돌아가라고 강요했습니다. 한편 헝가리인들은 타타르인들을 깔보았기 때문에 아무런 주의도 기울이지 않고 한가하게 있었고, 폴란드인들이 질투로 그랬던 것처럼 이번에는 건방진 자만심 때문에 동일한 실수를 저지르고 말았습니다. 타타르인들은 그들을 향해서 돌격했고 수많은 사람들을 죽였으며, 헝가리의 국왕을 바다까지 추격했습니다.

§30. 그러나 바투가 헝가리에 있을 때 그는 우구데이 칸의 사망 — 그는 자기 누이에게 독살당했고[73] 부유한 사람들과 함께 지옥에 묻혔다 — 에 대해서 알게 되었고, 즉시 코마니아로 돌아갔습니다. 수도사는 타타르인들로부터 우리의 교황 성하에게로 돌아가는 길에 거기서 바투를 보았는데, 그는 지금 자신이 다스리는 영역에서 구육 칸에게로 돌아가는 중이라고 진술했습니다. 뿐만 아니라 그들 사이에는 커다란 분쟁이 일어났는데, 만

---

71) 헝가리 국왕 벨라 4세(Bela IV, 재위 1235-1270).
72) 벨라 4세의 동생인 Coloman.
73) 우구데이 카안의 사망에 대해서 카르피니 역시 우구데이의 여동생에 의한 독살의 의혹을 기록한 바 있다.

약 이 [분쟁]이 더욱 진행된다면 기독교도들은 여러 해 동안 타타르인들로부터 숨쉴 틈을 얻을지도 모릅니다.

§31. (5-32, 33, 34, 35) 초르마군[74]의 지휘를 받는 두 번째 부대는 남쪽으로 진군하여 키르기즈[75]라고 불리는 지방을 정복했습니다. 이 땅의 주민은 이교도이고 얼굴에는 털이 하나도 자라지 않습니다. 자신의 아버지가 죽으면, 그는 아버지의 죽음에 대한 비애와 슬픔을 표시하기 위해서 자기 뺨을 한 쪽 귀에서 다른 쪽 귀에 이르기까지 살을 길게 잘라냅니다. [초르마군은] 아르메니아와 조르지아, 누비아,[76] 투르키아,[77] 바그다드[78] 및 사라센의 술탄들과 다른 많은 사람들도 정복했으며, 아직도 다마스쿠스의 술탄과 전쟁 중에 있다고 합니다.

§32. 세 번째 부대는 타타르의 지배에 아직 완전히 복속하지 않은 동방의 어느 민족들과 싸우는 중입니다.[79]

§33. 우구데이 칸이 사망한 뒤 타타르인들은 7년 동안 칸이 없었고,[80] 따라서 서쪽 방향으로 아무런 공격도 하지 않았습니다. 그러나 우리 수도사들이 그들에게 있었을 때, 우구데이의 아들인 구육이 한 표를 더 많이 [획득하여] 칸으로 선출했습니다.[81] 칸에 선출되자마자 그는 하느님의 교회와

---

74) Cyrpodan.
75) Kirgiz. 우구데이 카안이 파견한 장군 초르마군은 키르기즈를 원정한 적이 없고 오히려 서아시아에서 재기를 시도하던 호레즘 국왕의 아들 잘랄 앗 딘을 정벌하러 보냈다. 따라서 여기서 'Kirgiz'는 'Cherkes'의 오류로 보는 것이 타당할 것이다. 초르마군은 잘랄 앗 딘을 치기 위해서 캅카스 지방에서 작전을 했고, 그 과정에서 체르케스인들을 복속시켰던 사실이 확인되기 때문이다.
76) Nubia. 누비아는 물론 아프리카에 있는 지명이기 때문에 여기에 언급되는 것은 타당하지 않다. 카르피니의 글에서 이 구절에 해당되는 부분에는 '누비아'라는 단어가 빠져 있다.
77) Turchia. 아나톨리아 지방에 근거를 두고 있던 룸 셀주크 세력을 지칭한다.
78) Baldac.
79) 이는 남송과의 전쟁을 가리킨다.
80) 우구데이가 사망한 것은 1241년 말이고 그의 아들 구육이 즉위한 것은 1246년 8월이기 때문에, "7년 동안 칸이 없었"다는 기록은 정확하다고 할 수 없다.
81) 당시 몽골의 왕공들이 실제로 '투표'를 해서 구육이 1표 더 많이 얻어서 선출되었는지 단언할 수는 없지만, 선제(選帝) 쿠릴타이에서 상이한 후보자를 추대하며 경합을 벌이는 경

기독교도의 강역과 서방의 모든 앙국들에 대해서 승리의 깃발을 올렸고, 전쟁에 자신의 모든 군대의 3분의 1을 배당했습니다.[82] 타타르인들은 18년 동안이나 연속적으로 와서 싸웠고 [서방에] 군주와 황제와 국왕이 한 사람도 남지 않을 때까지 떠나지 않을 것입니다. 다만 그들은 기독교도들에게 자신들이 죽임을 당하리라는 것을 알고 있지만, 단지 하느님께서 그것이 성취되도록 정해주신 날이 언제이고 어느 고장에서 그렇게 될지에 대해서는 알지 못합니다.

§34. (7-8) 타타르인들이 정복한 지방들의 이름은 다음과 같습니다. 키타이,[83] 솔랑기, 에티오피아, 오이라트, 케라니트, 부리 티베트, 위구르,[84] 키르기즈, 사릭 위구르,[85] 메르키트, 메크리트, 나이만, 카라 키타이, 투르키아, 누비아, 바그다드, 우룸솔단,[86] 비세르미니,[87] 캉기트,[88] 아르메니아, 조르지아, 스스로를 아즈[89]라고 부르는 알란, 시르카스,[90] 하자르, 스스로를 쿠스카르[91]라고 부르는 코만, 모르드바, 바스카르트[92] 즉 대헝가리, 빌레리,[93] 코롤라,[94] 카시디,[95] 파로시티,[96] 카니나,[97] 사모예드, 네스토리안,

---

우는 실제로 적지 않았다. 구육이 카안으로 선출되는 과정에서 적지 않은 이견과 반대가 있었던 것은 사실이며, 여기서 서술된 내용은 당시의 그러한 상황을 잘 전해주고 있는 것으로 볼 수 있다.

82) 본 역자가 일찍이 논문(김호동, 1998)을 통해서 지적한 바와 같이, 구육의 서방원정의 목표가 바투를 치기 위한 것이 아니라, 부친 우구데이가 시작했으나 완수하지 못한 원정, 즉 유럽과 이슬람권을 정복하는 것임을 잘 보여주는 대목이다.

83) Kytai.

84) Uihur.

85) Saruihur.

86) Urumsoldan.

87) Bisermini.

88) Cangite.

89) Azz.

90) Circas.

91) Kusscar.

92) Bascart.

93) Billeri.

94) Corola.

누시아,[98] 스스로를 모두 사라센이라고 부르는 페르시아인들의 술탄들.

§35. (1-5) 타타르인들의 기원과 전쟁에 대해서 묘사했으니, 나는 이제 그들이 사는 고장의 위치에 대해서 설명하겠습니다. 그 일부는 기후가 매우 혹독한데 아마 그 이유는 산지와 평원이 번갈아 있기 때문일 것입니다. 격렬한 바람이 자주 불고, 벼락과 천둥과 철에 맞지 않는 폭풍도 있습니다. 그들은 우리 수도사들에게 말하기를, 지난 몇 년 동안 그들의 기후에 현격한 변화가 일어나서, 땅 표면 가까운 곳에서 구름들이 서로 다투는 듯한 모양이 자주 나타났다고 합니다. 그들은 덧붙여서 말하기를 수도사들이 도착하기 바로 얼마 전에 하늘에서 불이 내려와 수천 마리의 말과 소 그리고 극소수를 제외한 목자들을 모두 태워버렸다고 합니다. 수도사들이 칸, 즉 황제의 선출식에 참가하는 동안 우박이 얼마나 많이 왔는지 그것이 갑자기 녹으면서 160명 이상이 익사했고 그들의 재산과 막사들이 떠내려갔다고 합니다.[99] 그러나 그 근처에 있던 수도사들의 거처는 아무런 해도 입지 않았습니다. 수도사들이 다른 사람들과 함께 바로 그와 똑같은 재앙을 보고 또 당하고 있을 때, 격렬한 바람이 솟구쳐 일어나 얼마나 큰 먼지구름이 일었는지 아무도 말을 타거나 심지어 서 있지도 못할 정도였습니다.

§36. (2-2) 이 타타르인들은 전반적으로 키는 조금 작고 약간 말랐는데, 이는 사람을 호리호리하게 만드는 말 젖을 마시는 식습관과 그들의 힘든 생활 때문입니다. 그들은 돌출된 광대뼈에 넓은 얼굴을 가지고 있으며, 우리 사제들처럼 머리 위는 삭발을 하는데 거기서부터 손가락 세 개의 넓이로 [한 쪽] 귀에서 [다른 쪽] 귀까지 털을 밉니다. 그러나 머리 앞쪽은 머리

---

95) Cassidi.

96) Parossiti.

97) Canina.

98) Nusia.

99) 이에 관해서는 카르피니도 동일한 보고를 했는데, 8월 15일에 구육의 즉위식이 열리기로 되었으나 갑자기 우박이 쏟아지는 바람에 즉위식은 8월 24일로 연기되었다고 한다.

카락을 길러 마치 초승달 모양으로 눈썹까지 닿게 합니다. 그 나머지 머리 털은 묶어서 마치 사라센들처럼 배열해서 땋습니다.

§37. (2-4) 그들의 의복에 대해서 말하자면, 남자나 여자나 모두 같은 종류의 옷을 입기 때문에 상호 구별해서 말하기가 쉽지 않다는 사실을 알아야 합니다. 그리고 이러한 것들은 유용하다기보다는 차라리 신기한 것에 속하므로, 나는 그들의 의복과 장식에 대해서 구태여 더 쓰지 않겠습니다.

§38. (1-4, 5; 2-6) 그들의 집은 숙소[100])라고 불리며, 버드나무와 막대기로 만들어진 둥근 형태입니다. 그 꼭대기에는 연기를 내보내고 낮의 햇빛을 받아들이기 위해서 둥그런 창이 하나 있습니다. 지붕과 문은 모포로 되어 있습니다. [천막의] 크기는 각기 다르며, 운반이 가능한 크기라면 휴대하여 이동합니다. 칸과 왕자들의 '숙소'는 오르다[101])라고 불립니다. 그들에게 도시는 없으나 여러 지점에 [잠깐씩 머무르는] 정류지들이 있을 뿐입니다. 그들은 카라코룸[102])이라고 불리는 도시를 가지고 있습니다. 우리 수도사들은 황제의 시라 오르다,[103]) 즉 최고 궁정이라는 곳에 있었는데 거기서 반나절 거리 떨어진 곳이었습니다. 나무가 부족해서 귀족이건 평민이건 소똥이나 말똥을 제외하고는 다른 연료는 찾을 수 없습니다. 일부 사람들이 전하는 바에 의하면, 칭기스 칸이 타타르의 창시자라고 하는데, 그들과 오랫동안 머물렀던 수도사들은 그들의 기원에 대해서 더 많은 사실을 찾아낼 수 없었습니다.

§39. (3-2, 3) 그들은 보이는 것과 보이지 않는 것들의 창조자이자 이 세상에 선과 악을 모두 주신 분, 즉 유일한 신을 믿습니다. 그러나 그들은 응당 그렇게 해야 함에도 불구하고 그분을 경배하지 않는데, 그 이유는 그들이 많은 우상들을 가지고 있기 때문입니다. 그들은 펠트로 사람 모양의

---

100) stationes.
101) ordea. orda가 정확하다.
102) Caracaron.
103) Syra ordea.

형상을 만들어 자기들 숙소의 문 어느 한쪽에 걸어놓고, 또한 그것을 펠트로 만든 젖통 위에 걸어놓기도 합니다. 그들은 이런 것들이 가축의 수호자라고 확신하며, 거기에 젖과 고기를 바칩니다. 그러나 수령들은 비단으로 만든 어떤 우상들에는 더 큰 경의를 표시하며, 그것들을 수레나 숙소의 지붕 혹은 문에 걸어놓습니다. 만약 어느 누구라도 거기에 있는 것을 훔치면 그는 즉시 죽임을 당합니다. 그러나 천부장과 백부장은 그들 숙소 한가운데에 건초나 짚으로 채워진 염소 가죽을 가져다놓고 온갖 종류의 젖을 거기다 바칩니다. 그들이 먹거나 마시기 시작할 때에는 수레에 걸린 우상에게 동물의 심장을 접시에 담아서 바치고 그다음 날 아침에 그것을 걷어서 먹습니다. 그들은 모든 칸의 숙소 앞에 처음에는 칭기스 칸의 형상을 본떠서 만든 우상을 가져다놓고 거기에 선물을 바칩니다. 거기에 바쳐진 말은 절대로 다시 타지 않습니다. 그들은 식용으로 쓰려고 도살한 동물을 처음에 바치고 뼈를 부러뜨리지는 않습니다. 그들은 남쪽을 향해서 동일한 우상에 마치 신에게 하듯이 절을 하고 많은 포로들, 특히 그 귀족들에게도 똑같이 할 것을 요구합니다.

§40. (3-4) 최근 러시아의 대공인 미카엘은 그들의 지배에 복속하기는 했지만 상술한 우상에게 절을 하기를 거부했습니다. 그는 기독교도로서 그런 것은 금지되어 있다고 하면서 그리스도에 대한 믿음에 끝까지 충실할 것을 고집했습니다. 그러자 그들은 발끝으로 그의 심장 오른쪽을 가격하라고 명령했고, 그를 모시고 있던 기사가 순교를 당하더라도 인내하라고 격려하자, 칼로 그의 목을 베어버렸고 그를 부추기던 기사의 머리를 잘랐습니다. 그들은 또한 해와 달, 물과 땅에 대해서도 보통 아침에 제물을 바칩니다.

§41. (5-18; 6-2) 그들은 칭기스 칸이 만든 몇몇 전통적인 법을 지킵니다. 위에서 기록했듯이 그는 동물의 뱃속에 들어 있는 배설물에 관해서, 그것을 빼낼 때 내장을 [칼로] 열지 말고 손으로 짜내라고 한 바 있습니다.

그리고 내장을 이런 식으로 깨끗하게 만든 뒤 먹을 수 있게 준비하도록 했습니다. 또한 어떤 사람이 자만심이 발동하여 자신의 개인적인 영향력을 발휘하여 칸이 되려고 한다면, 그는 즉시 처형되어야 합니다. 따라서 구육이 선출되기 전, 칭기스 칸의 조카가 황제가 되기를 희망했기 때문에 죽임을 당했습니다. 그는 또한 타타르인들이 세상의 모든 나라를 정복해야 하며, 그들이 무조건적으로 항복하지 않으면 평화를 맺지도 말고 조약을 체결하지도 말라고 명령했습니다. 심지어 그는 보다 고귀한 지위에 있는 사람들은 모두 죽여야 하고 오직 평민들만 살려두어야 한다고 명령했습니다. 그러나 그들은 종국에 가서 기독교도의 땅에서 모두 죽임을 당할 것이며, 자신의 조상들이 여러 가지 방식으로 죽음을 맞게 될 그 지방에서 그곳의 법을 받아들이는 소수의 생존자들만 남게 될 것이라고 예언되었습니다. 나아가 그는 십부장, 백부장, 천부장, 만부장 — 즉 만 명을 지휘하는 사람인데 러시아인들은 그것을 '툼바스'[104]라고 부릅니다 — 이 군대를 지휘해야 한다고 명령했습니다.

§42. (3-5, 6, 7, 9, 10) 더구나 조상들로부터 내려온 두려움으로 인해서 그들은 어떤 행위들을 커다란 죄악이라고 생각합니다. 이런 것들 가운데 불을 [꼬챙이로] 찌른다든지 아니면 칼을 가지고 어떤 방식으로든 건드리는 것, 혹은 냄비에서 칼로 고기를 끄집어내는 것, 혹은 불 가까이에서 도끼로 나무를 패는 것 — 이로 인해서 불의 머리가 잘리게 된다고 확신합니다 —, 말을 [달릴 때] 후려치는 채찍에 몸을 기대는 것(왜냐하면 그들은 박차를 사용하지 않기 때문입니다) 혹은 채찍으로 화살을 건드리는 것, 어린 새를 둥지에서 꺼내는 것, 고삐로 말을 치는 것, 천막 안에서 방뇨하는 것 등이 있습니다. 만약 이 마지막 행동을 고의적으로 했을 경우 죄인은 죽임을 당합니다. 그러나 고의적이지 않을 경우 그는 주술사에게 돈을 주

---

104) tumbas. 이는 원래 '만(萬)'을 뜻하는 몽골어 tümen을 잘못 옮긴 것이다. 카르피니는 이를 tenebre라고 옮기고 '어두움'이라는 뜻이라고 잘못된 설명을 붙인 바 있다.

어야 하는데, 주술사는 사람들로 하여금 천막과 [그 안에 있던] 물건들을 들어서 두 불 사이를 통과하게 함으로써 정화의 의식을 행합니다. 이렇게 하기 전까지는 어느 누구도 천막 안의 물건은 무엇이든 감히 손을 대지 않습니다. 만약 누군가 일단 음식을 입에 넣었다가 그것을 삼키지 못하고 약간의 음식이라도 뱉어내면(혹은 한 입 다 뱉는다고 해도 마찬가지입니다), 천막 밑에 구멍을 하나 파서 그를 밖으로 끌고 나온 뒤 즉각 처형합니다. 수령의 천막의 문지방을 밟은 사람은 가차 없이 처형되며, 따라서 우리 수도사들도 그렇게 하지 않도록 지시를 받았습니다. 그들은 또한 말 젖을 고의적으로 땅바닥에 붓는 것을 죄악으로 생각합니다. 수도사들이 그들에게 사람의 피를 흘리게 하는 것이나 술에 취하는 것 혹은 남의 물건을 훔치는 것이야말로 죄라고 말하자, 그들은 이 말에 웃으며 하등의 신경을 쓰지도 않았습니다. 그들은 축복받은 사람들의 영원한 생명이나 끝이 없는 천벌을 믿지 않았고, 다만 죽은 다음에 다시 살아나며 그래서 자기 가축을 늘리고 [그것을] 잡아먹으리라고 생각합니다. 그들은 환각제를 [먹고] 주문을 [외우는데], 그들은 유가[105]라고 부르고 코만인들은 코다르[106]라고 부르는 신에게서 악마의 대답이 나온다고 믿습니다. 그들은 누구라도 그들의 명령에 모든 방식으로 복종하는 한 그의 신앙을 포기하라고 강요하지 않습니다. 그렇지 않는다면 그들은 그에게 강제로 [복종을] 요구하거나 그를 죽입니다. 마치 그들이 러시아의 안드레이(Andrei) 공에 대해서 부당한 판결을 내려 처형한 뒤에 그의 동생에게 형의 미망인을 부인으로 맞아들이라고 강요했고, 심지어 그들을 공개적으로 다른 사람들이 보는 앞에서 같은 침대에서 자게 했던 사례가 그러합니다.

§43. (3-10) 그들은 초승달이 뜰 때나 보름일 때 어떤 임무를 시작하는

---

105) iuga. 카르피니의 글에는 이 단어가 utoga/itoga라고 표기되었다. 그 설명은 카르피니의 해당 부분을 참조하시오.

106) codar. 페인터 교수는 이 말이 페르시아어에서 '주님'을 뜻하는 khudā(i)에서 기원한 것으로 추정하면서, 키르기즈나 알타이 타타르인들이 kudai라는 단어를 쓴다는 사실을 지적했다.

데에 익숙합니다. 그들은 달이 위대한 황제라고 믿으며 무릎을 꿇고 그것을 향해서 경배합니다. 또한 해는 달의 어머니라고 생각하는데, 그 이유는 달이 거기서 그 빛을 받으며 또한 [해는] 그들이 무엇보다도 숭배하는 화염— 그들은 모든 것이 불에 의해서 정화될 수 있다고 믿습니다—의 특성을 가지고 있기 때문입니다. 이런 이유로 그들에게 오는 모든 전령과 선물들은 그들의 주군 앞에 가져와서 두 개의 불 사이를 통과하도록 해서, 그들이 지니고 왔을지도 모를 어떤 해독이나 주문들이 정화되도록 합니다. 이에 따라서 심지어 우리 수도사들도 불 사이를 통과했습니다.

§44. (3-11) 그들 가운데 누군가 위중하게 아플 경우 9큐빗 길이의 창 하나를 검은색 펠트에 쌓아 그의 집 근처에 세우고, 그렇게 해서 그의 가족 이외에는 누구도 그 천막의 경계 안으로 들어가지 않도록 합니다. 그의 죽음의 고통이 시작될 때 누군가가 그와 함께 머무는 것은 매우 드문 일입니다. 왜냐하면 그가 죽을 때 현장에 있던 사람은 누구건 간에 아홉 번째 달이 뜰 때까지는[107] 수령이나 황제의 무리에 들어갈 수 없기 때문입니다.

§45. (3-12) 부유한 자가 죽으면 그는 비밀리에 탁 트인 지역에 매장되며, [시신은] 한 바구니의 고기와 한 단지의 말 젖과 함께 자기 거처 안에 앉혀집니다. 그와 함께 암말과 망아지, 그리고 재갈과 안장이 채워진 말 한 마리, 활통과 화살과 활을 묻습니다. 그의 친구들은 말 한 마리의 고기를 먹고 그 거죽 [안에] 건초를 채워서 나무로 된 장대 위에 걸어놓습니다. 그들은 저승에서 이 모든 것들, 즉 젖을 짜기 위한 암말, 타고 다니기 위한 말 등등이 필요하다고 믿습니다. 그리고 같은 방식으로 금과 은도 그와 함께 놓아둡니다.

§46. (3-13) 좀더 중요한 사람들은 다음과 같은 방식으로 매장합니다.

---

107) 카르피니의 글에서 이에 해당되는 구절에는 "새 달이 뜰 때까지는"이라고 되어 있다. 라틴어로 '새 달'은 nova lunacio, '아홉 번째 달'은 nona lunacio이기 때문에 혼동하기 쉽다. 죽은 자의 사악한 기운이 정화되는 기간이 필요하다는 점을 생각하면 '아홉 번째 달'이 더 타당할 것으로 보인다.

그들은 탁 트인 지역에 비밀 구덩이를 하나 파고, 조그만 사각형 입구를 내는데 내부에는 양쪽으로 모두 넓게 되어 있습니다. 그리고 또다른 [구덩이를] 그의 천막 가까운 곳에 공개적으로 드러내놓고 파서 거기에 죽은 사람을 묻는 척합니다. 그들은 생전에 그가 아끼던 노예를 아직도 열려 있는 무덤 안에 죽은 사람의 시신 아래에 눕힙니다. 만약 그 노예가 시체 밑에서 사흘 동안 누워 있으며 고통을 받은 뒤에도 살아나면, 그는 자유의 몸이 되고 죽은 사람의 가족에게 존경을 받고 영향력을 얻게 됩니다. 그런 뒤에 그들은 무덤을 덮고 암말이나 가축을 그 장소 위로 밤새도록 몰고 다니는데, 그래서 그것이 평평하게 다져져서 그와 함께 매장된 보물들이 낯선 사람들에게 발견되지 않도록 하는 것입니다. 때로 그들은 [과거에] 그 지점에서 떼어낸 뗏장을 덮어두기도 합니다.

§47. (3-14) 그들은 자신들의 땅에 두 개의 묘역을 두는데, 하나는 평민을 위한 것이고, 다른 하나는 황제, 수령, 귀족을 위한 것입니다. 사망한 귀족은 죽임을 당한 곳이 어디든 가능하기만 하다면 그곳으로 모셔오며, 헝가리에서 전사한 사람들에 대해서도 그렇게 했습니다. 만약 경비인들을 제외하고, 이 묘역에 들어가는 사람은 누구나 갖가지 괴롭힘을 당합니다. 우리 수도사들이 의식하지도 못하는 사이에 그곳에 들어갔는데, 만약 그들이 위대한 교황 — 타타르인들은 그를 율 보바[108]라고 부르는데, 이는 '위대한 교황'이라는 뜻입니다 —의 전령이 아니었다면, 위중한 범법행위로 여겨졌을 것입니다.

§48. (3-15) 만약 누군가 사망하게 되면, 그의 거처에 속하는 모든 것들이 정화되어야 합니다. 따라서 두 개의 불이 준비되고 그 근처에 두 개의

---

108) Yul Boba. Boba는 '아버지', '교황'을 뜻하는 Baba를 나타내는 것이 분명하지만 Yul이 무엇을 옮긴 것인지 확실하지 않다. 몽골어로 '크다'는 말은 yeke, 튀르크어로는 ulugh이며, 이 두 단어 모두 yul과는 발음상에 차이가 있기 때문이다. 그러나 구육 칸이 교황 인노켄티우스 4세에게 보낸 편지에서 그를 가리켜 'papa-i kalan'이라고 불렀는데 이는 '커다란(위대한) 교황'이라는 뜻이다.

창이 곧게 세위지며, 그 꼭대기에는 부크람[109] 조각들이 붉여 있는 끈이 달립니다. 이 끈 아래로 그리고 [두 개의] 창과 불 사이로 모든 사람, 동물, 심지어 천막까지 통과해야 합니다. 그리고 양쪽 옆에는 두 명의 무녀들이 서서 물을 뿌리고 주문을 외웁니다. 만약 수레가 통과하다가 창을 건드리거나 거기서 무엇인가가 떨어지면, 그것은 무녀의 합법적인 소유물이 됩니다. 이와 비슷하게 누군가가 벼락에 맞아 죽으면, 그의 모든 소유는 위에서 말한 방식으로 정화되기 전까지는 모든 사람이 기피하는 대상입니다.

§49. (4-9, 10) 그들은 사정이 허락하는 한 많은 부인을 얻습니다. 일반적으로 [부인을] 사들이기 때문에 고귀한 가문의 여자들을 제외한 나머지는 노비들에 불과합니다. 그들은 마음에 내키는 누구와도 혼인하지만, 어머니와 딸 그리고 같은 어머니에게서 나온 자매들은 예외입니다. 그들은 자신들의 아버지가 사망하면 그 계모와 혼인하며, 동생이나 사촌은 자기 형제의 미망인과 혼인합니다. 부인들이 온갖 일을 하며, 신발과 가죽옷 등을 만드는 반면, 남자들은 화살을 만들고 활쏘는 연습을 하는 것 이외에는 아무 일도 하지 않습니다. 그들은 서너 살짜리 소년들에게도 동일한 훈련을 강요하며, 심지어 일부 여자들 특히 처녀들도 흔히 남자들처럼 활쏘기와 말타기를 연습합니다. 만약 사람들이 음행이나 간통을 하다가 붙잡히면 남녀 모두 죽임을 당합니다.

§50. (4-2; 5-22) 그들은 어떤 민족들보다 자기 주군에게 순종적이며, [우리가] 심지어 사제나 주교에 대해서 그러는 것보다 더 순종합니다. [주군의 명령을] 어기는 자에게는 어떠한 자비도 없기 때문에 더욱 그러하며, 따라서 황제는 그들을 모든 면에서 지배하에 둡니다. 그래서 그들이 죽을 곳으로 보내지건 아니면 살 곳으로 보내지건, 자신의 임무를 가장 빠른 속도로 수행해야만 합니다. 황제는 자기가 원하기만 한다면 누구의 딸이건 부인이건 자매건 취할 수 있으며, 그들을 데리고 즐긴 뒤에 만약 데리고

---

109) 면포를 가리키며 어원상으로 '부하라'에서 나왔다고 한다.

있기를 원하지 않는다면 자기가 좋다고 생각하는 사람 누구에게든 줄 수도 있습니다.

§51. (5-23) 그가 파견하거나 혹은 그에게 파견되어오는 사신들은 필요한 보급물을 역마와 함께 공짜로 받습니다. 그러나 외국에서 온 사신들은 아주 근소한 보급품만을 받아, 두세 사람이 먹을 것이 다섯 사람에게 분배됩니다. 따라서 나는 우리 수도사들이 겪어야 했던 고난들을 묘사하거나 열거하기가 몸서리쳐집니다. 왜냐하면 그런 것들을 감내해낸 그들 자신이 인간의 본성과 상반[되는 극한의 상황 속에서도] 예수 그리스도의 은혜가 그들을 어떻게 지탱해주셨는가 경이롭게 생각하기 때문입니다. 오, 그들은 얼마나 자주 하루 낮 동안 타타르의 역마를 타고 30보헤미안 마일[110]을 달렸으며, 빵도 물도 맛보지 못한 채, 한낮이나 한밤중에 오직 끓인 기장이 얇게 깔린 국을 겨우 얻어먹었습니다. 그들이 그렇게 장거리를 달렸다는 것도 놀라운 일이 아니니, 그들의 말이 지치면 그들이 채 휴식을 시작하기도 전에 타타르인들은 새롭고 강한 말을 가지고 왔던 것입니다.

§52. 모든 가호들은 하영(下營)과 출발을 할 때 칸의 명령에 복종합니다. 왜냐하면 그는 수령들의 숙소를 정해주고, 수령들은 다시 천부장들에게 지점들을 할당해주며, 이들은 백부장들에게, 다시 십부장들에게 할당해주기 때문입니다. 귀족이나 천민 할 것 없이 모두 지나칠 정도로 욕심이 많아서 선물을 뜯어내는 데에는 타의 추종을 불허합니다. 만약 그들이 즉각적인 선물을 받지 못하면 사신들을 굶주림과 협잡으로 괴롭히는데, 그래서 자신의 자유로운 의지에 따라서 [선물을] 주기를 소홀히 하는 사람은 나중에 자신의 의지에 반해서 그렇게 할 수밖에 없도록 만드는 것입니다. 이런 이유로 우리 수도사들도 여행 도중에 받은 자선품들을 대부분 선물로 쓸 수밖에 없었습니다. 왜냐하면 그렇지 않았다면 그들은 보편 교회의 사무를

---

110) 1보헤미안 마일은 약 7킬로미터에 해당된다. 따라서 하루 낮 동안 210킬로미터를 달렸다는 것은 아무래도 믿기 힘든 일이다. 아마 XXX(=30)은 필사 과정에서 발생한 오류인 듯하다.

수행하는 데에 신가한 방해를 받거나 멸시를 받았을 것이기 때문입니다.

§53. (4-4, 5, 6) 그들은 다른 민족을 멸시하는 것이 어떤 사람들보다도 심합니다. 따라서 타타르 통역인들은 비천한 출신이라고 할지라도 걸어가거나 앉을 때에 자신들이 보살피도록 위탁된 사신들—그들이 교황청이나 국왕의 특사건 사신이건 불문하고—보다 우위에 서려고 합니다. 더구나 그들은 외국인들을 상대할 때에 정직함을 결여하고 있습니다. 왜냐하면 처음에는 많은 좋은 것들을 약속하지만 종국에는 끊임없이 냉혹한 행동을 하는 것이 그들의 비인간적인 방식이기 때문입니다. 그들의 약속은 마치 전갈과도 같아서 비록 얼굴로는 알랑거리는 것처럼 하다가도 그 꼬리로 갑자기 독침을 쏩니다.

§54. (4-7, 8) 그들은 지상의 어떤 다른 민족보다도 술 마시는 것을 좋아합니다. 그들이 너무 많이 마셨다고 할지라도 뱃속에 있는 것을 다 토해내고 나면 즉시 그 자리에서 다시 마시기 시작합니다. 그런 것을 하루에도 몇 번씩 하는 것이 그들의 관습입니다. 또한 그들은 여러 종류의 젖을 마시는 것에 익숙해져 있습니다. 온갖 종류의 깨끗하지 못한 음식, 늑대, 여우, 개, 시체, 동물이 산후에 내놓는 찌꺼기, 쥐 등을 가리지 않고 먹어대며 심지어 필요하다면 인육도 먹습니다. 마찬가지로 그들은 날짐승을 먹는 것도 마다하지 않으며 깨끗한 것이건 더러운 것이건 가리지 않고 먹어치웁니다. 그들은 식사할 때 냅킨이나 식탁보를 쓰지 않으며 극도로 불결한 상태로 먹습니다. 그릇을 씻는 경우도 드물고 씻는다고 해도 형편없이 하며, 숟가락에 대해서도 마찬가지입니다.

§55. (4-2, 3) 그러나 자기들끼리는 평화적이고 간음과 음행은 매우 적으며, 그들의 부인들은 정숙함에서 다른 민족보다 훨씬 더 낫지만, 단지 농담을 할 때는 후안무치한 말들을 자주 합니다. 절도는 그들 가운데 드물고 따라서 그들의 집과 모든 재산은 자물쇠를 채워두지 않습니다. 만약 말이나 소 혹은 다른 짐승들이 길을 헤매다가 발견되면, 그것들을 자기 마음

대로 가도록 내버려두거나 아니면 자기 주인들에게 되돌려 보냅니다. 그들은 지상의 어느 누구보다도 수말과 암말, 암소와 수소, 양 등을 가장 많이 소유하고 있습니다. 그들은 자기들끼리는 친절하고 자기 재산을 상호 간의 양보를 통해서 기꺼이 나누어줍니다. 그들은 매우 강인해서 심지어 하루나 이틀 동안 먹지 않았을지라도 마치 정말로 아주 잘 먹은 것처럼 노래하며 농담을 합니다. 그들은 서로 상대방이 영예의 자리를 차지하도록 도와줍니다. 반란은 그들 사이에서 거의 일어나지 않는데, 그들이 이런 방식으로 살아간다는 것도 전혀 놀라운 일은 아니다. 왜냐하면 위에서 내가 말했듯이 법을 어기는 자는 가차 없이 처벌되기 때문입니다.

§56. (6-1) 이제 나는 그들의 전쟁과 그들을 막아낼 방법에 대해서 잠깐 이야기해야겠습니다. 타타르인들이 어느 나라든 침공을 계획할 때면 항상 그러하듯이 정복을 수행하려는 군대는 빠른 속도로 진군합니다. 그러나 매우 조심스럽게 수레나 기마를 이용하여, 부인과 아이들과 하인들 그리고 자기들의 천막과 노비들, 가축과 양떼, 엄청난 양의 무기, 활, 활통, 화살 등을 싣고 전 가족을 데리고 갑니다. 타타르인들은 [목표에] 근접하면, 공포를 확산시키기 위해서 불시에 기동타격대를 보내서 살육을 가함으로써, [적의] 군대가 자신들에 대항하여 신속하게 동원되지 않도록 합니다. 그러나 만약 아무런 저항도 받지 않을 경우 그 [기동타격대]는 계속해서 전진하고 수많은 사람들이 자기 가족과 함께 아무것도 숨기지 않고 그 뒤를 따릅니다.

§57. 만약 적의 수가 패배시키기에 너무 많다고 판단하면, 그들은 즉각 본대로 철수하고 다음과 같은 방식으로 군대를 정렬합니다. 그들은 군대의 주력군의 수를 충분히 증강시켜서 중앙의 승전 깃발 주변에 배치하고, [양쪽] 날개에는 두 개의 보다 적은 군대를 [좌우] 각각 하나씩 약간의 거리를 두되 앞으로 길게 뻗는 방식으로 배치합니다. 그들은 같이 데리고 온 여자, 병자, 소년들, 노비들을 지키기 위해서 소수의 사람들을 [후방에] 남

겨둡니다.

§58. 적과 접전하려는 시점이 되면 그들 중 다수는 화살이 가득 찬 몇 개의 활통을 가지고, 적의 화살이 그들에게 미치기 전에 활을 쏘기 시작합니다. 때로는 사정거리 안에 들어오기도 전에 미리 발사하기도 합니다. 그들의 화살이 방해받지 않고 목표에 도달하게 되면, 그 사격이 얼마나 격렬한지 화살을 쏘는 것이 아니라 비를 퍼붓는 것이라고 말할 정도입니다. 만약 적이 준비되지 않은 것을 발견하면 그들은 적을 돌연 포위하고 도망갈 단 하나의 길만 남겨둡니다. 그리고 투창을 격렬하게 퍼부으며 공격하기 때문에, 그 중간에서 저항하지 않는 사람은 누구라도 도망치다가 죽음을 당하고 맙니다. 따라서 나는 비겁하게 도망치며 피난을 하느니 차라리 용감하게 싸우다가 죽는 편이 더 낫다고 생각합니다.

§59. 그리고 더 주의해야 할 점은 그들이 성공을 거두게 되면 더욱더 전진을 계속한다는 것입니다. 후방 기지에는 천인대나 백인대를 남겨놓는데, [거기서] 활용할 수 있는 사람이나 가축의 숫자를 감안하여 배치하며, 가까운 곳에 보다 더 강하고 많은 인력을 배치합니다.

§60. 만약 그들이 정복한 지방에 도시나 성채로 된 지점들이 남아 있다면, 이 도시는 그들에 대항해서 매우 잘 버틸 수 있을 것이며, 그 위치를 활용하여 [적을 향해] 화살을 조준하거나 전쟁장비를 써서 투척물을 발사할 수도 있습니다. 식량, 음료수, 나무와 같은 물자가 떨어지면 적군에 맞서려는 용맹함과 대담함이 그 어려운 상황을 이겨내도록 도울 것입니다. 옛 삭신인[111])들의 지방에서 그런 일이 일어났습니다. 그들은 자기네 도시를 근거로 소규모 인원으로 거듭된 반격을 가해서 많은 수의 타타르인들을 죽였습니다. 여자들이 화염에 싸인 도시의 불을 끄는 동안 남자들은 타타르인들에 대항하여 성벽을 방어했습니다. 타타르인들이 도시 중앙의 지

---

111) Old Saxon. 여기서 Saxon은 색슨족이 아니라 볼가 강 하류에 있던 삭신(Saksin)인들을 지칭한다.

하 통로 속에서 밖으로 나오자, 그들은 다수를 죽였고 나머지는 도망치게 만들었습니다. 그들을 피해서 여름이나 겨울에 접근이 가능한 어느 숲속으로 숨는 것은 불가능합니다. 왜냐하면 그들은 마치 야생 동물을 기다리듯이 숨어서 사람들을 기다리기 때문입니다. 그렇지만 바다에서 그리고 위에서 말한 장소에서는 그들로부터 안전을 확보할 수 있습니다.

§61. 타타르인들에게 대항하는 적절한 방법은 마카비(Macabee)[112] 왕들에 관한 다양한 이야기를 보면 충분히 쉽게 이해할 수 있습니다. 즉 본군에 앞서서 궁수들을 미리 보내거나, 적에 대해서 다양한 종류의 매복을 설치하는 방법들이 묘사되어 있습니다. 그러나 나의 견해로는 우리 [서구의] 지배자들 사이에 평화가 절대적으로 필요한데, 병사들의 질적인 수준을 향상시키기 위해서 서로 연합하고 나아가 적에 대항하여 셋이나 그 이상의 많은 군대들을 규합해야 하기 때문입니다. 또한 최상의 말들을 갖추고 [좌우] 날개에 매복을 두는 것도 빠뜨려서는 안 됩니다. 군대의 선두에는 최소한 3열로 석궁병들이 배치되어야 하며, 그들은 타타르인들의 선두가 [사정거리 안에] 들어오기 전부터라도 적합한 방식으로 또 적절한 시기에 활을 쏘아야 합니다. 그래서 아군의 선두 대열이 도망치고 혼란에 빠지지 않도록 해야 합니다. 그러나 만약 적이 도주하기 시작하면 석궁병은 궁사들과 매복병들과 함께 그들을 추격해야 하며, [주력] 군대는 약간 뒤처져서 따라가야 합니다. 그러나 만약 필요한 석궁병이 없다면, 갑옷을 입은 기마병들이 선봉에 배치되어야 하지만, 말머리에 강력한 방패를 두어 하나의 벽을 만들어 엄호를 받아서 타타르인들의 화살을 즉시 무력화시켜야 합니다. 전쟁에 관한 다른 자세한 내용들은 책으로 배운 것이 아니라 경험을 통해서 배워서 알고 있는 사람들에게 맡기도록 하겠습니다.

§62. 나는 [이렇게] 글로써 기록한 사항들 속에 어떤 무질서가 있을지라

---

112) 고대 이스라엘의 유대 왕족의 이름. 기원전 168년 우상숭배를 강요하는 셀레우코스 왕조에 대항한 반란을 주도했다.

도 그것은 나의 의도라기보다는 나의 무지에서 비롯되있다는 점을 당신의 자비로운 권위에 기대어 이해를 구하고자 합니다. 우리 주가 육화하신 뒤 1247년 7월 30일에 완성되었습니다. 이렇게 타타르인들의 생활과 역사가 끝납니다.

수도사 베네딕트의 기록[1)

1. 주후 1245년 '작은 형제단'에 속하는 수도사 요한 — 플라노 카르피니라고 불린다 — 은 교황 성하의 지시로 타타르인들에게 파견되었습니다. [그때] 그는 같은 교단에 속하는 또다른 형제와 함께 있었습니다. 교황이 계시는 갈리아 지방의 리옹을 떠난 그는 폴란드로 갔는데, 브라티슬라비아[2)에서 같은 교단에 속하는 폴란드 태생의 베네딕트라는 세 번째 형제를 자신의 통역이자 또한 고난의 동역자로 맞아들였습니다. 폴란드의 공작인 콘라트 공의 도움을 받아 그들은 러시아의 도시인 키예프에 도착했습니다. 그곳은 현재 타타르의 속박 아래에 있는데, 그 도시의 지배자들은 우리가 쿠만 지방의 경계 지역에 주둔해 있는 타타르 변경 경비대에 도착할 때까지 60일간의 여정에 필요한 안내를 제공했습니다.

2. 이 변경 경비대의 대장은 그들이 교황의 사절이라는 말을 듣고 선물을 달라고 요구했고 받아갔습니다. 요한과 베네딕트 이 두 사람의 수도사는 병에 걸린 동료 한 사람과 데리고 갔던 하인들과 말들까지 그곳에 남겨두고, 타타르인들이 제공한 말을 타고 자기의 짐들을 가지고 두 번째 둔영으로 이동했습니다. 그들은 이렇게 해서 여러 둔영들을 지나고 많은 말들을 갈아탔습니다.

3. 그들은 셋째 날에 8,000명의 병사들을 지휘하는 군대의 장군이 있는

---

1) 이 번역은 *Mission to Asia*, pp. 79-84에 기초한 것이며, SF, pp. 135-143에 있는 라틴어 텍스트를 참고했다.
2) Wratislavia. 즉 현재 폴란드의 브로츠와프.

곳에 도착했습니다. 그의 하인들이 선물을 요구하고 받아간 뒤, 그들을 자기 지휘관인 코렌자[3])에게 데리고 갔습니다. 그는 그들의 여행의 목적과 용건의 내용에 대해서 물었고, 그것을 확인하자 자기 휘하에 있던 세 명의 타타르인에게 그들을 데리고 가도록 했습니다. 그리고 그들이 군대가 있는 곳들을 거쳐서 바투[4] —그는 타타르인들 가운데 매우 강력한 왕공이자 동시에 헝가리를 폐허로 만든 인물이기도 합니다—가 있는 곳에 이를 때까지 말과 식량을 제공받을 수 있도록 했습니다.

4. 그들은 가는 도중에 네페레[5]) 강과 돈 강을 건넜고, [바투가 있는 곳까지 가는] 여행에 다섯 주일 이상의 기간이 소요되었습니다. 즉 사순절 첫 일요일(2월 26일)에 시작해서 재의 목요일(4월 4일)에야 비로소 에틸[6]) 강가의 바투에게 도착했습니다. 러시아인들은 그 강을 볼가라고 부르는데, [고대의 서적에 보이는] 타나이스[7])와 같은 것으로 추정됩니다.

5. 바투의 시종들은 요구한 선물, 즉 40장의 해리(海狸) 가죽과 80장의 오소리 가죽을 받은 뒤 그것을 두 개의 성스러운 불 사이로 통과시켰고, 수도사들도 마찬가지로 그렇게 해야 했습니다. 왜냐하면 사신과 선물을 불로 정화하는 것이 타타르인들의 관습이었기 때문입니다. 불 너머에는 황제의 황금상을 싣고 있는 마차가 하나 있는데, 그 [상]에 대해서 경배를 드리는 것도 그들의 관습입니다. 그러나 수도사들은 [거기에 경배하는 것을] 극구 거부했기 때문에 [무릎을 꿇지는 않았지만] 머리를 조아리는 것만은 할 수 없이 했습니다. 바투는 교황의 편지들에 관해서 이야기를 듣고 거기에 적힌 단어 하나 하나를 살펴보았습니다. 그리고 닷새가 지난 뒤 즉 부활절 다음 화요일에 앞서 말한 타타르인 안내인들을 시켜서 수도사들을

---

3) Corenza.
4) Bati.
5) Nepere, 즉 드네프르 강.
6) Ethil, 즉 볼가 강.
7) Thanais.

자기의 물건들과 함께 타타르인들의 고향에 있는 위대한 황제의 아들 구육 칸[8])에게로 보냈습니다.

6. 이렇게 해서 그들은 바투 왕자와 작별했습니다. 또한 계속해서 말을 타고 가는 고통을 견디기 위해서 다리에 붕대를 감아야 했습니다. 그들은 두 주일 후에 쿠만인들의 땅을 떠났는데, 그곳은 과거에 폰투스라는 이름으로 불렸던 곳이며, 일찍이 오비디우스[9])가 자신의 서한에서 "쓰디쓴 쑥이 끝도 없는 평원 위에 일렁거린다"라고 썼던 것처럼 많은 양의 쑥이 자라는 곳입니다. 수도사들이 쿠마니아 지방을 가로지를 때 그들의 오른쪽으로는 삭시[10]) — 우리는 그들이 고트족이라고 생각하며 기독교도입니다 — 인들의 땅이 있었고, 그 너머에는 기독교도인 알란인이 있었으며, 그리고는 마찬가지로 기독교도인 하자르[11])인들이 있었습니다. 그들의 지방에 오르나스[12])라는 부유한 도시가 있는데, 그곳은 타타르인들이 강물을 범람시켜서 정복한 곳입니다. 그 너머에는 기독교도 시르카스인이 있었고, 마지막에는 역시 기독교도인 조르지아인이 있었습니다.

7. 그런데 그에 앞서 러시아에는 모르드바인들이 있습니다. 그들은 이교도이며 머리의 뒤쪽은 대부분 삭발을 하고 있습니다. 그 다음에는 이교도인 빌레르[13])인들, 그 다음에는 고대 헝가리인인 바쉬키르[14])인이 있고, 그 다음에는 개의 머리를 가진 견인(犬人)[15])이 있습니다. 그 너머에는 파로시트[16])인이 있는데, 입이 어찌나 작고 좁은지 딱딱한 것은 아무것도 씹을 수 없고 그래서 액체만 마시고, 고기나 과일의 증기만 들이마십니다.

---

8) Cuy[u]cchan.

9) Ovidius(기원전 43-기원후 17). 로마 제국 시대의 시인.

10) Saxi.

11) Gazar.

12) Ornas. 우르겐치를 지칭한다.

13) Byler.

14) Bascar.

15) Cynocephali.

16) Parosita.

8. 쿠마니아 변경에서 그들은 야익[17]이라는 강을 건넜는데, 그곳에서부터 캉기트[18]인들의 지방이 시작됩니다. 이 지방을 가로질러 그들은 20일간 말을 타고 갔는데 사람들은 거의 만날 수 없었고, 오직 수많은 늪과 소금밭과 소금기가 많은 강들만 보았습니다. 그것은 메오티드[19] 늪일 것이라고 생각됩니다. 거기서 그들은 여드레에 걸쳐서 가뭄으로 갈라진 모래가 많은 사막지대를 통과했습니다. 캉기트 지방 너머로 그들은 투르키아에 도착했는데, 거기서 처음으로 얀킨트[20]라는 커다란 도시를 보게 되었습니다. 그들은 투르키아[21]를 열흘 정도 여행을 했습니다. 현재 투르키아는 마호메트의 법을 추종하고 있습니다. 투르키아 다음에 그들은 카라키타이[22] — 즉 검은 키타이 — 라고 불리는 지방으로 들어갔습니다. 그곳의 주민들은 이교도이며 아무런 도시도 없었습니다. 다만 그들 왼쪽 편으로 바다가 하나 있었는데, 우리는 그것이 카스피 해[23]라고 믿습니다. 그 다음에 그들은 나이만의 땅으로 들어갔습니다. 그들은 한때 타타르인들의 주군이었습니다. 이곳에서도 역시 도시나 촌락은 어디에도 찾을 수 없었습니다. 마지막으로 그들은 마리아 막달레나 축일[7월 22일]에 타타르인들의 땅에 들어갔습니다. 그날 그들은 황제가 시라 오르다라고 불리는 거대한 둔영에 머물고 있는 것을 보았습니다. 그들은 거기서 넉 달 동안 머물렀고, [타타르인들이] 구육 칸을 자신들의 황제로 선출하는 자리에도 참석했습니다.

9. 폴란드 출신의 수도사 베네딕트는 바로 자기 자신의 입으로, [타타르인들이] 거기서 왕을 선출하기 위해서 모인 첫날 모두 황금 옷을 입은 약

---

17) Iarach. 우랄 강을 지칭한다.

18) Kangit

19) Meotide. 도슨(Dawson)은 이곳이 투르가이 호수와 키질 쿰 사막을 가리키는 것이 아닐까 추정했다.

20) Turkya. 현재의 터키가 아니라 중앙 아시아의 투르키스탄을 가리킨다.

21) Yankint.

22) Karakytai.

23) 사실은 발하시 호였을 것이다.

5,000명가량의 왕공과 귀족들을 보았다고 말했습니다. 그러나 그날도, 또 흰색의 비단 옷을 입고 모인 그다음 날에도 그들은 합의에 이르지 못했습니다. 그러나 붉은색의 비단 옷을 입고 모인 셋째 날에 그들은 마침내 합의에 도달했고 [황제를] 선출했습니다. 더구나 바로 이 [베네딕트] 수도사가 분명히 말하기를 세계 각지에서 3,000명 정도의 사신들이 편지와 온갖 조공품과 선물을 가지고 그곳 궁정에 모였다고 했습니다. 그리고 이들 가운데 상술한 수도사들도 옷 위에 비단을 걸치고 참석했는데, 그 까닭은 어떠한 사신도 격식에 맞게 의복을 갖추어 입지 않으면 선출되고 추대된 왕을 알현할 수 없었기 때문입니다.

10. 그렇게 해서 그들은 황제의 거처인 시라 오르다에 입장이 허락되었고, 그가 왕관을 쓰고 화려한 옷을 입고 눈부시게 있는 모습을 보았습니다. 그는 천막의 한가운데에 금과 은으로 화려하게 장식된 탁상 위에 앉아 있었고 그 위에는 천개(天蓋)가 드리워져 있었습니다. 그 탁상으로 올라가는 네 개의 계단이 있었습니다. 그 가운데 세 개는 [탁상의] 전면에 두어졌는데, 중간의 것은 오로지 황제만이 오르내릴 수 있고, 그 옆에 있는 두 개는 귀족이나 지위가 더 낮은 사람들이 사용하는 것이었습니다. 네 번째 계단은 뒤편에 두어졌는데, 그것은 그의 어머니와 부인과 가족들이 오르는 데 사용하는 것이었습니다. 마찬가지로 시라 오르다 역시 세 개의 입구가 있습니다. 가운데 있는 것은 다른 것들과 확연히 달랐고 가장 컸는데, 그것은 항상 열려 있고 경비도 없었습니다. 오로지 왕만이 거기를 통해서 출입할 수 있었고, 만일 누군가 다른 사람이 그리로 들어가면 그는 가차 없이 처형되고 맙니다. 그러나 다른 두 개의 옆문은 막대기로 닫혀 있으며, 극도로 엄중한 경호인들이 무기를 들고 지키고 있습니다. 그래서 사람들이 그곳으로 들어갈 때는 [규정을 어기면] 처벌될지도 모른다는 두려움을 가지고 통과합니다.

11. 셋째 날에 교황 성하의 교시가 전달되었고, 관리와 통역들을 거쳐

서 토론과 협의가 이루어진 뒤에, 수도사들은 황제의 이미니에게로 보내졌습니다. 그녀는 다른 곳에 머물고 있었고, 역시 매우 크고 멋지게 생긴 천막 안에 앉아 있었습니다. 그녀는 그들을 매우 정중하고 친절하게 대접한 뒤에 다시 자기 아들에게 보냈습니다. 그들이 그곳에 머무르는 동안 타타르인들 사이에 살고 있던 조르지아인들을 자주 만났는데, 이들은 용맹하고 전투를 잘하기 때문에 아주 좋은 대우를 받고 있었습니다. 이들이 조르지아인이라고 불리는 까닭은 그들이 전쟁할 때 성 조르지의 이름을 외치고 다른 어떤 성자들보다 그를 자신들의 수호자로 여기며 공경하기 때문입니다. 그들은 그리스어로 된 성경을 사용하며 자기네 천막과 수레에 십자가를 걸고 다닙니다. 그들은 타타르인들과 살면서도 하느님을 예배할 때는 그리스식으로 행합니다.

12. 그래서 그들이 그곳에 파견된 사무를 다 마쳤을 때 황제는 이 수도사들을 다시 돌려보냈고, 자신의 인장이 찍힌 교황 성하에게 보내는 편지를 가지고 가도록 했습니다. 그들은 바빌론의 술탄이 보낸 사신들과 함께 서쪽으로 향했고, 보름동안 함께 여행했는데 그러다가 그 사신들은 남쪽으로 방향을 돌려 그들과 헤어졌습니다. 그러나 수도사들은 서쪽으로 여행을 계속해서 퀼른에서 라인 강을 건넌 뒤, 리옹에 계신 교황 성하께로 돌아갔고 거기서 타타르의 황제가 그에게 보내는 편지를 드렸습니다. 라틴어 번역에 따르면 그 내용은 아래와 같습니다.

13. 신의 힘[에 기대어] 모든 사람의 황제가 대교황에게 보내는 확실하고 진실된 서한.

그대 교황과 모든 기독교도들은 짐과 평화를 맺기 위하여 협의를 한 뒤에 우리에게 사신을 보냈다. 이 같은 사실은 그 사신과 그대의 편지들을 통해서 짐이 알게 된 것이다. 따라서 만약 그대가 우리와 평화를 맺기 원한다면, 그대 교황과 모든 국왕들과 귀족들은 조금이라도 지체하지 말고 내게 와서 평화를 맺어야 할 것이다. 그렇게 한다면 그대는 우리의 답변과 의지를 듣게 될 것이다.

　그대의 편지들은 우리가 세례를 받고 기독교도가 되어야 한다고 적고 있는데, 이에 대한 우리의 대답은 간단하다. 즉 우리는 무엇 때문에 그렇게 해야 하는지 이해하지 못한다. 그대의 편지에 담긴 그밖에 다른 내용들, 즉 많은 사람들의 학살 특히 기독교도, 무엇보다도 폴란드인과 모라비아인과 헝가리인들의 죽음에 대해서 그대는 의아해했는데, 이에 대한 우리의 대답도 동일하니, 즉 이해할 수 없다는 것이다. 그러나 그것이 아주 침묵 속에 잊혀지지 않도록 하기 위해서 우리는 아래와 같은 대답을 해주겠다. 그들은 신의 말씀과 칭기스 칸과 칸(Chan)의 명령에 복종하지 않았고 우리의 사신들을 죽이려고 모의했기 때문에, 그래서 신은 우리에게 그들을 파멸시키라고 명령했고 그들을 우리 손에 부친 것이다. 만약 신이 이렇게 하지 않았다면, 과연 인간이 다른 인간에 무엇을 할 수 있다는 말인가. 그러나 그대들 서방 사람들은 그대들만이 기독교도라고 생각하며 다른 사람들을 업신여긴다. 그대들은 신이 자기의 은총을 누구에게 내리는지 어떻게 아는가. 그러나 우리는 신을 숭배하며 신의 힘에 의지하여 동쪽에서 서쪽까지 지상의 모든 것을 파멸시켰다. 만약 이것이 신의 힘에 의한 것이 아니라면 어떻게 인간이 그렇게 할 수 있겠는가. 따라서 그대가 평화를 받아들이고 그대들의 성채를 우리에게 바칠 의향이 있다면, 그대 교황과 기독교 왕자들은 조금도 지체하지 않고 내게로 와서 평화를 맺으라. 그리하면 우리는 그대들이 우리와 평화를 맺기를 희망한다는 것을 알게 되리라. 그러나 만약 그대가 우리의 편지들과 신의 명령을 믿지 않고 우리의 충고를 듣지 않는다면, 우리는 그대들이 전쟁을 희망한다고 알리라. 그렇게 되면 그 후에 어떤 일이 벌어질지 우리는 알지 못하노라. 오직 신만이 아시리라.

　　　　　초대 황제인 칭기스 칸, 2대 우구데이 칸,[24] 3대 구육 칸.

---

24) Ochoday Chan.

참고 자료 3

카르피니를 통해서 구육 칸이
교황 인노켄티우스 4세에게 보낸 친서[1]

1) 영원한 하늘의 힘에 기대어

2) [지상의] 모든 위대한 울루스[를 지배하는] 사해의

3) 군주의 칙령.

4) 이것은 대(大)파파(Pāpā-i kalān)[2]에게 보낸 명령이다.

5) 알고 깨달을지어다. 짐은 협의한 연후에(?)

6) 캐랠(Kärāl)[3]의 지방들에 복속의 요청을

7) 보냈노라. 너희의 사신들로부터 들었노라(?)

8) 만약 짐의 말이 도달하거든 대(大)파파인 너는 캐랠들과 모두 함께, 너 스스로

9) 짐의 어전에 와야 할 것이다. 야사(yāsā)[4]의 모든 명령을 그때 네게 들려줄 것이다.

10) 또 한 가지. 그대는 내가 세례를 받으면 좋겠다고 하면서 너희들 자신을

11) 알리고 요청을 보냈다. 이러한 너의 요청을 짐을 이해하지 못하겠노라.

12) 또 한 가지. 그대는 전갈을 내게 보내기를 "마자르(Mājar)와 키리스탄 (Kiristān?) 지방들을

---

1) 페르시아어로 된 이 서한은 현재 로마 교황청 비밀서고에 보관되어 있다. 본 역자는 2000년 여름 이 서한을 직접 실견할 수 있는 기회를 가진 바 있다. 이 서한의 프랑스어 번역과 연구로는 Pelliot(1923), 15-21이 있다.

2) '파파'는 교황을 지칭한다.

3) '캐랠'은 원래 Karl > Karol > Kiral에서 나온 말로서 국왕을 뜻하며, 특히 헝가리의 왕을 지칭할 때 자주 사용되었다.

4) '야사'는 몽골어 자삭(jasaq)의 튀르크어 형태로서 '법령'을 뜻한다.

13) 정복했다. 나는 경악했다. 당신에게 우리가 무슨 죄를 지었습니까"라고 했다. 이러한

14) 너의 말도 짐은 이해하지 못하겠다. 주의 명령(farmān-i khudā)[5]을

15) 칭기스 칸과 카안(Qa'an)[6]은 두 [지방]에게 모두 듣도록 보냈다.

16) 주의 명령을 그들은 믿지 않았다. 네가 말하건대 그들은

17) 자만심을 품고 복종하지 않으면서

18) 우리의 사신들과 일치(īlchī)[7]들을 죽였다. 그 지방들과 주민들을

19) 오랜 주(khudā-i qadīm)는 죽이고 절멸시킨 것이다. 주의 명령이 아니라면 누가

20) 자신의 힘만으로 어떻게 죽이고 어떻게 정복할 수 있다는 말인가. 마찬가지로

21) 네가 말하기를 "나는 기독교도(tarsā)이다. 주를 숭배하고 눈물을 흘린다.

22) ?"라고 한다면, 주께서 누구를 징계하고,

23) 진실로 누구에게 은총을 내리실지, 네가 어찌 아느냐

24) 네가 말하는 것이 [그대로 되리라고]. 주의 힘으로, 해가 뜨는 곳에서부터 지는 곳까지 모든

25) 지방들을 짐에게 복종케 하였노라. 짐이 생각건대

26) 주의 명령이 아니라면 누가 어떻게 그것을 할 수 있

바티칸에 보관된 구육의 서한

---

5) 여기서 '주(主)'는 몽골의 경우 '하늘(tängri)'과 동의어로 이해해도 무방하다.
6) '카안'은 칭기스 칸의 계승자인 우구데이를 가리킨다.
7) 일치는 몽골어로 "사신, 정령"을 의미한다.

겠는가. 지금 너희들이 옳은 마음으로

27) "복속(īl)하겠습니다. 힘을 다 바치겠습니다"라고 말하고, 너 스스로 캐랠들을 지휘하여

28) 모두 다 함께 복속하며 짐의 어전으로 오도록 하라. 너의 복속은 그 때

29) 짐이 알리라. 만약 주의 명령을 듣지 않고 짐의 명령을 어긴다면, 너희들을 짐은 반역자(yāghī)로

30) 알 것이고 또한 [그러하다는 것을] 너희들에게도 알려주리라. 만약 [너희들이 이 명령을] 어긴다면 짐이 어찌 알겠는가

31) 주께서 아시는 것을. 644년 주마디 알 아발월 말(1246년 11월 3-11일).

구육의 인장8)

1) 영원한 하늘의   möngke tngri-yin

2) 힘에 기대어, 대몽골   küčün-dür Yeke Mongγol

3) 울루스의 사해의   Ulus-un Dalai-in

4) 칸의 칙령. 복속하거나 반역한   Khan-u jrliγ il bulγa

5) 사람들에게 도달하면   irgen-dür kürbesü

6) 경외하라 두려워하라   büsiretügei ayutuγai

---

8) 구육의 인장은 붉은 인주를 사용하여 찍혀졌고, 위구르 문자로 되어 있으며 모두 6행이다. 구육의 인장에 관한 연구로는 Pelliot(1923), 22-25와 Rachewiltz(1983a)가 참고할 만하다.

참고 문헌

江上波夫(1948). 江上波夫. 『ユウラシア古代北方文化: 匈奴文化論考』. 東京: 全國書房.

고병익 (1988). 『東亞交涉史의 研究』. 서울: 서울대학교 출판부.

宮紀子(2010). 「Tansūq nāmahの『脈訣』原本を尋ねて」. 『ユーラシア中央域の歴史構圖—13-15世紀の東西—』. 東京: 綜合地球環境學研究所.

宮紀子(2011). 宮紀子. 「ブラルグチ再考」. 『東方學報』, 86, 693-740.

內藤みどり(1988). 內藤みどり, 『西突厥史の研究』. 東京: 早稻田大學出版部.

그루쎄(1998). 그루쎄(R. Grousset). 『유라시아 유목제국사』. 김호동, 유원수, 정재훈 역. 사계절.

김용문 & Erdenebat(2011). 金容文 & Erdenebat, U. 「복탁의 기원과 변천에 관한 연구」, 『중앙아시아연구』16, 151-178.

김장구(2015). 「대몽골국 초기 異文化와 宮廷의 外交典禮」, 『한국과 동부 유라시아 교류사』. 서울: 학연문화사, 305-344.

김호동(1998). 「구육(정종)과 그의 시대」. 『근세 동아시아의 국가와 사회』. 서울: 지식산업사.

_____(2002). 『동방기독교와 동서문명』. 서울: 까치.

_____(2004). 「칭기스 칸의 子弟分封에 대한 再檢討: 『集史』「千戶一覽」의 分析을 중심으로」, 『중앙아시아연구』9: 29-66.

_____(2010). 「몽골帝國期 文化의 交流와 統合: '命令文'의 特徵과 起源을 중심으로」. 『文化: 受容과 發展』. 서울: 새미.

_____(2002). 『동방기독교와 동서문명』. 까치글방.

党寶海(2006). 『蒙元驛站交通研究』. 北京: 崑崙出版社.

라시드 앗 딘(2002). 『라시드 앗 딘의 집사 1: 부족지』. 김호동 역. 서울: 사계절.

_____(2003). 『라시드 앗 딘의 집사2: 칭기스 칸기』. 김호동 역주, 사계절.

_____(2005). 『라시드 앗 딘의 집사 3: 칸의 후예들』. 김호동 역. 서울: 사계절.

라츠네프스키(1991). 『칭기스 칸』. 김호동 역. 서울: 지식산업사.

마르코 폴로(2000). 『마르코 폴로의 동방견문록』. 김호동 역. 서울: 사계절.

『蒙韃備錄』(2009). 王國維全集 卷11, 孟珙 撰, 王國維 校注. 杭州: 浙江教育出版社.

박용운(1988). 『고려시대사』. 서울: 일지사.

『史記 外國傳 譯註』. 譯註 中國 正史 外國傳 1. 서울: 동북아역사재단.

舩田善之(2007). 「蒙文直訳体の成立をめぐって―モンゴル政権における公文書翻訳システム
　　の端緒―」. 『語学教育フォーラム』, 13.

심호성(2012). 「몽골 제국기 동부 중앙아시아 역참 교통로의 변천」, 『東洋史學研究』, 118:
　　87-152.

『耶律文正公年譜』(2009). 王國維全集 卷11, 耶律楚材 著, 王國維 校注. 杭州:
　　浙江教育出版社.

여치호(2012). 「元代 아스人(Asud)의 대두와 정치적 역할」, 『東洋史學研究』 120: 181-222.

蓮見節(1982). 「元朝秘史に見えるalginčiとmanglaiについて」. 『モンゴル研究』, 13.

오도릭(2012). 『오도릭의 동방기행』. 정수일 역. 서울: 문학동네.

劉莉亞(2004). 『元代手工業研究』. 河北大學 博士學位論文.

『元史』宋濂 撰. 北京: 中華書局(標點本).

陸峻嶺, 何高濟(1982). 「元代的阿速·欽察·康里人」, 『文史』 16.

史衛民(1996). 『元代社會生活史』. 北京: 中國社會科學出版社.

森安孝夫(1977). 「ウィグルの西遷について」, 『東洋學報』, 59-1/2, 105-130.

岩村忍(1968). 『モンゴル社會經濟史の研究』. 京都: 京都大學人文科學研究所.

葉新民(1983). 「元代的欽察·康里·阿速·唐兀衛軍」, 『內蒙古社會科學』 6.

＿＿＿＿(1996). 『元代城市生活長卷』. 長沙: 湖南出版社, 1996.

王國維(2009). 『王國維全集』 第11卷. 杭州: 浙江教育出版社, 2009.

宇野伸浩(1988). 「モンゴル帝國のオルド」, 『東方學』 76.

牛汝極(2008). 『十字蓮花: 中國元代敘利亞文景教碑銘文獻研究』. 上海: 上海古籍出版社.

羽田亨一(1995). 「ペルシア語訳『王叔和脈訣』の中国語原本について」, 『アジア・アフリカ言
　　語文化研究』, 48-49: 719-26.

『元史辭典』(2002). 邱樹森 主編. 濟南: 山東教育出版社.

劉迎勝(1985). 「至元初年的察合台汗國」, 『元史及北方民族史研究集刊』 9: 45-56.

＿＿＿＿(2006). 『察合台汗國史研究』. 上海: 上海古籍出版社.

율(2002). 헨리 율, 앙리 꼬르디에. 『중국으로 가는 길』. 정수일 역. 서울: 사계절.

이븐 바투타(2001). 『이븐 바투타의 여행기』, 2권. 정수일 역. 서울: 창작과 비평사.

李治安(2003). 『元代政治制度研究』. 北京: 人民出版社, 2003.

前田直典(1973). 『元朝史の研究』. 東京: 東京大學出版會.

箭内亙(1930). 『蒙古史研究』. 東京: 刀江書院.

趙華富(1958). 「元代的‘不蘭奚’」, 『文史哲』, 1958-1.

『中國通史·元代(上册)』. 『中國通史』, 第8卷 元代·上册. 白壽彝 主編, 上海: 人民出版社,
　　1989.

陳得芝(2005). 『蒙元史研究叢稿』, 北京: 人民出版社, 2005.

海老澤哲雄, 宇野伸浩(1995-96). "C. de BridiaによるIIystoria Tartarorum譯・注(1)(2)." 『內陸アジア言語の研究』, 10(1995), 11(1996).

華濤(1987). 「賈瑪爾・喀爾施和他的『蘇拉赫詞典補編』(下)」, 『元史及北方民族史研究集刊』, 11(1987).

Aigle, Denise(2005). "The Letters of Eljigidei, Hülegü, and Abaqa: Mongol Overtures or Christian Ventriloquism?" *Inner Asia* 7, no. 2: 143-162.

_____(2007). "The Mongol Invasions of Bilād al-Shām by Ghāzān Khān and Ibn Taymīyah's Three 'Anti-Mongol' Fatwas." *Mamluk Studies Review*, 11-2: 89-120.

Allsen, T. T.(1985). "The Princes of the Left Hand: An Introduction to the History of Ulus of Orda in the Thirteenth and Early Fourteenth Centuries." *Archivum Eurasiae Medii Aevi*, 5: 5-39.

_____(1996). "Spiritual Geography and Political Legitimacy in the Eastern Steppe." H. J. M. Claessen & J. G. Oosten ed., *Ideology and the Formation of Early States*. Leiden: E. J. Brill, 118-121.

_____(2001). *Culture and Conquest in Mongol Eurasia*. Cambridge, UK: Cambridge University Press.

_____(2002). "The Circulation of Military Technology in the Mongolian Empire," *Warfare in Inner Asian History (500-1800)*. Ed. Nicola Di Cosmo, Boston: Brill Academic Pub., 263-291.

_____(2006). *The Royal Hunt in Eurasian History*. Philadelphia: University of Pennsylvania Press.

Andrews, Peter Alford(1999). *Felt Tents and Pavillions: The Nomadic Tradition and its Interaction with Princely Tentage*. 2 vols. London: Melisende.

Atwood, Christopher Pratt(1996). "Buddhism and Popular Ritual in Mongolian Religion: A Reexamination of the Fire Cult." *History of Religions*, 36-2: 112-139

_____(2004). *Encyclopedia of Mongolia and the Mongol Empire*. New York: Facts On File.

_____(2004). "Validation by Holiness or Sovereignty: Religious Toleration as Political Theology in the Mongol World Empire of the Thirteenth Century." *The International Histoy Review* 26, no. 2: 237-472.

Ayalon, D.(1971a). "The Great Yāsa of Chingiz Khān: A Reexamination (Part A)," *Studia Islamica*, 33, 97-140.

_____(1971b). "The Great Yāsa of Chingiz Khān: A Reexamination (Part B)." *Studia*

Islamica 34: 151-180.

_____(1972). "The Great Yāsa of Chingiz Khān: A Reexamination (Part C1)." *Studia Islamica* 36: 113-58.

_____(1973). "The Great Yāsa of Chingiz Khān: A Reexamination (Part C2)." *Studia Islamica* 38: 107-156.

Bartol'd, V. V.(1968). *Sochinenie.* Vol. 5, Moskva: Izdatel'stvo "Nauka".

_____(1968). *Turkestan down to the Mongol Invasion.* Tr. T. Minorsky, 3rd ed., London: Luzac.

_____(1970). "The burial rites of the Turks and the Mongols." *Central Asiatic Journal* 14: 195-227.

Bazin, Louis(1950). "Recherches sur les parlers T'o-pa." *T'oung Pao,* second series, 39-4/5.

Bemmann(2010). Bemmann, Jan, Ulambayar Erdenebat and Ernst Pohl ed. *Mongolian-German Karakorum-Expedition.* Vol. 1: Excavations in the Craftsmen-Quarter at the Main Road. Wiesbaden: Reichert.

Biran, Michal(2005). *The Empire of the Qara Khitai in Eurasian History: Between China and the Islamic World.* Cambridge: Cambridge University Press.

Birge, Bettine(1999). *Women and Property in China, 960-1949.* Stanford: Stanford University Press.

Blake & Frye(1949). Blake, R. P. & R. N. Frye tr., "History of the Nations of the Archers (the Mongols) by Grigor of Akac." *Harvard Journal of Asiatic Studies,* 12-3/4.

Bold, Bat-Ochir(2000). "The Death and Burial of Chinggis Khan." *Central Asian Survey,* 19-1: 95-115.

Boodberg, Peter A.(1936). "The Language of the T'o-Pa Wei." *Harvard Journal of Asiatic Studies,* 1-2.

Boyle, J. A.(1954). "Iru and Maru in The Secret History of The Mongols." *Harvard Journal of Asiatic Studies,* 17-3/4.

_____(1956). "On the Titles Given in Juvainī to Certain Mongolian Princes." *Harvard Journal of Asiatic Studies,* 19-1/2: 146-154.

_____(1972). "Turkish and Mongol Shamanism in the Middle Ages." *Folklore,* 83-3.

_____(1974). "The Alexander Legend in Centrai Asia." *Folklore,* 85: 221-222;

_____(1976). "Narayrgen or the People of the Sun." *Altaica Collecta,* ed. W. Heissig, Wiesbaden, 131-136.

_____(1980). "Alexander and the Mongols," *Central Asiatic Journal,* 24-1/2 (1980): 18-35.

Bretschneider, E.(1888). *Medieval Researches from Eastern Asiatic Sources.* 2 vols., New York: Barnes and Nobles; 1967 repr.

Buell, Paul D.(2003). *Historical Dictionary of the Mongol World Empire.* Lanham, Md: Scarecrow Press.

Burns, R. I.(1972). "The medieval crossbow as surgical instrument: an illustrated case history." *Bulletin of the New York Academy of Medicine,* 48-8.

Cahen, Claude(2001). *The Formation of Turkey. The Seljukid Sultanate of Rūm: Eleventh to Fourteenth Century.* Tr. P. M. Holt, London: Longman.

Chavannes, E.(1900). *Documents sur les Tou-Kiue (Turcs) occidentaux.* Paris: Librairie d'Ame'rique et d'Orient,.

_____(1905). "Inscriptions et pièce de chancellerie chinoises de l'époque mongole." *T'oung Pao* (série 2) 6, 1-42.

Chen, Paul Heng-chao(1979). *Chinese Legal Tradition under the Mongols: The Code of 1291 as Reconstructed.* Princeton, NJ: Princeton University Press.

Chültemsüren, R.(2011). 「몽골 문학에 언급된 "솔롱거스(한국)"라는 명칭에 관하여」, *Mongol Aman Bilig* (Ulaanbaatar), 199-214.

Clauson, G.(1972). *An Etymological Dictionary of Pre-Thirteenth-Century Turkish.* Oxford: Oxford Univeristy Press.

Clark, Larry V.(1973). "The Turkic and Mongol Words in William of Rubruck's Journey(1253-1255)." *Journal of the American Oriental Society,* 93-2.

Clavijo, Gonzalez de(1859). *Narrative of the Embassy of Ruy Gonzalez de Clavijo to the Court of Timour at Samarcand A.D. 1403-6.* Ed. by Clements Markham. London: The Hakluyt Society.

Cleaves, F. W.(1949a). "The Mongolian Names and Terms in The History of The Nation of The Archers by Grigor of Akanc." *Harvard Journal of Asiatic Studies* 12-3/4: 400-443.

_____(1949b). "The Sino-Mongolian Inscription of 1362 in Memory of Prince Hindu." *Harvard Journal of Asiatic Studies,* 12-1/2: 29-130.

_____(1952). "Trois documents mongols des Archives secrètes vaticanes." *Harvard Journal of Asiatic Studies,* 15-3/4: 419-506.

_____(1956). "Qabqanas-Qamqanas." *Harvard Journal of Asiatic Studies,* 19-3/4.

_____(1959). "An Early Mongolian Version of the Alexander Romance." *Harvard Journal of Asiatic Studies,* 22.

DeWeese, Devin(1994). *Islamization and native religion in the Golden Horde: Baba Tükles*

and conversion to Islam in historical and epic tradition. University Park, PA.:
Pennsylvania State University Press.

Dimnik, Martin(1981). *Mikhail, Prince of Chernigov and Grand Prince of Kiev, 1224-1246*.
Toronto.

_____(2003). *The Dynasty of Chernigov, 1146-1246*. Cambridge: Cambridge University
Press.

Doerfer, G.(1963a). *Türkische und mongolische Elemente im Neupersischen*. Vol. 1,
Wiesbaden: Franz Steiner.

_____(1963b). *Türkische und mongolische Elemente im Neupersischen*. Vol. 2, Wiesbaden:
Franz Steiner.

_____(1967). *Türkische und mongolische Elemente im Neupersischen*. Vol. 3, Wiesbaden:
Franz Steiner.

Duda, Herbert W. tr.(1959) *Die Seltschukengeschichte des Ibn Bībī*. Kopenhagen:
Munksgaard.

Dunlop, D. M.(1954). *The History of the Jewish Khazars*. Princeton, N.J.: Princeton
University Press.

Franke, Herbert(1978). "From Tribal Chieftain to Universal Emperor and God: The
Legitimation of the Yüan Dynasty", *Sitzungsberichte: Bayerische Akademie der
Wissenschaften. Philosophisch-historische Klasse* (München), 1978-2.

Golden, P. B.(1992). *An Introduction to the History of the Turkic Peoples*. Wiesbaden:
Otto Harrassowitz.

_____ed. (1980). *Khazar Studies. An Historico-Philological Inquiry into the Origins of
the Khazars*. Vol. 1, Budapest: Akademiai Kiado.

_____ed. (2000). *The King's Dictionary: The Rasûlid Hexaglot. Fourteenth Century
Vocabularies in Arabic, Persian, Turkic, Greek, Armenian and Mongol*. Leiden: Brill.

_____(2010). *Turks and Khazars: Origins, Institutions, and Interactions in Pre-Mongol
Eurasia*. Farnham, Surrey: Ashgate Publishing Company.

Gordon, C. D.(1972). *The Age of Attila: Fifth-Century Byzantium and the Barbarians*. Ann
Arbor: The University of Michigan Press.

Guzman, Gregory G.(1991). "Reports of Mongol cannibalism in the thirteenth-century Latin
sources: oriental fact or western fiction?", *Discovering new worlds. Essays on medieval
exploration and imagination*. Ed. Scott D. Westrem, New York, 31–68.

_____(2006). "The Vinland Map controversy and the discovery of a second version of
the Tartar Relation: The authenticity of the 1339 text," *Terrae Incognitae* 38: 19-25.

Halperin, Charles J.(2009). *The Tatar Yoke: The Image of the Mongols in Medieval Russia. Corrected Edition.* Bloomington, Indiana: Slavica Publishers.

Hambis, Louis tr.(1965). *Histoire des Mongols.* Traduit et annoté par Dom Jean Becquet et par Louis Hambis. Paris: Adriene Maisonneuve.

Heissig, W.(1980). *The Religion of Mongolia.* Tr. by G. Samuel, Berkeley: University of California Press.

Hudūd al-'Ālam: "The regions of the world": a Persian geography, 372 A.H.-982 A.D. (1970). Tr. by Vladimir Minorsky. London: Luzac.

Jackson, Peter(2005). *The Mongols and the West, 1221-1410.* London: Longman.

Juvayni, Ata Malik(1958). *The History of the World-Conqueror.* Tr. by John Andrew Boyle. 2 vols., Cambridge, Mass.: Harvard University Press.

Klopsteg, P. E.(1947). *Turkish Archery and the Composite Bow.* Evanston, Illinois.

Lajos, Bese(1988). "On Some Ethnic Names in 13th Century Inner-Asia." *Acta Orientalia,* 42-1: 17-42

Lambton, A. K. S.(1986). "Mongol Fiscal Administration in Persia." *Studia Islamica,* 64: 79-99.

Lane, George(2006). *Daily Life in the Mongol Empire.* Westport, Connecticut: Greenwood Press, 2006.

Lang, David M.(1955). *Studies in the Numismatic History of Georgia in Transcaucasia.* New York: The American Numismatic Society.

Lattimore, Owen(1962). *Nomads and Commissar: Mongolia Revisited.* New York: Oxford University Press.

Laufer, Berthold(1919). *Sino-Iranica: Chinese Contributions to the History of Civilization in Ancient Iran.* Chicago: Field Museum of Natural History.

Lewis, Bernard(1967). *The Assassins.* London: Weidenfeld and Nicolson.

Marco Polo(1903). *The Book of Ser Marco Polo: The Venetian Concerning the Kingdoms and Marvels of the East.* Tr. by Henry Yule, Henri Cordier. 2 vols., London: John Murray.

_____(1938). *The Description of the World.* Tr. by A. C. Moule, Paul Pelliot. London: G. Routledge.

Martin, Janet(1978). "The Land of Darkness and the Golden Horde." *Cahiers du monde russe et soviétique,* 19-4.

Matsui Dai(2004). "Unification of Weights and Measures by the Mongol Empire as Seen in the Uigur and Mongol Documents." In *Turfan Revisited: The First Century of Research into the Arts and Cultures of the Silk Road*, ed. by Desmond Durkin-Meisterernst et al. Berlin: Dietlich Reimer Verlag.

May, Timothy(2006). "The Training of an Inner Asian Nomad Army in the Pre-Modern Period." *The Journal of Military History* 70, no. 3: 617-635.

McLeod, Wallace(1965). "The Range of the Ancient Bow." *Phoenix*, 19-1: 1-14.

Meyvaert, Paul(1980). "An Unknown Letter of Hulagu, Il-khan of Persia, to King Louis IX of France." *Viator: Medieval and Renaissance Studies*, 11.

Minorsky, V. tr.(1937). *Ḥudūd al-Ālam. The Regions of the World: a Persian Geography, 372 A.H.-982 A.D.* London: Luzac.

_____(1957). "Mongol Place-Names in Mukri Kurdistan (Mongolica, 4)." *Bulletin of the School of Oriental and African Studies*, 19-1: 58-81.

Mission to Asia(1950). Tr. by A nun of Stanbrook Abbey. Ed. by Christopher Dawson. New York: Sheed and Ward.

Morgan, David O.(1986a). *The Mongols.* London: Basil Blackwell.

_____(1986b). "The 'Great "yāsā" of Chingiz Khān' and Mongol Law in the Īlkhānate." *Bulletin of the School of Oriental and African Studies* 49, no. 1: 163-176.

_____(2005). "The 'Great Yasa of Chinggis Khan' Revisited." *Mongols, Turks, and others: Eurasian nomads and the sedentary world.* Leiden: Brill, 291-308.

Mostaert, Antoine(1957). "Le mot Natigay/Nacigay chez Marco Polo," *Oriente Poliano* (Roma): 95-101.

Olschki, Leonardo(1946). *Guillaume Boucher; a French artist at the court of the Khans.* Baltimore: The Johns Hopkins Press.

Ostrowski, Donald(1990). "The Mongol Origins of Muscovite Political Institutions." *Slavic Review*, 49-4, 525-42.

Pamiatniki(1981). *Pamiatniki literaturyi drevnei Rusi: XIII veka.* Moskva: Khudozhestvennaia Literatura, 172-173.

Pelliot, Paul(1920). "A propos des Comans." *Journal Asiatique* 15: 125-185.

_____(1923). *Les Mongols et la Papauté.* Paris: Librairie Auguste Picard.

_____(1930). "Le prétendu mot 'iascot' chez Guillaume de Rubrouck." *T'oung Pao* 27: 190-192.

_____(1949). *Notes sur l'histoire de la Horde d'Or.* Paris: Adrien-Maisonneuve.

_____(1959). *Notes on Marco Polo.* 3 vols. Paris: Librairie Adrien-Maisonneuve.

_____(1973). *Recherches sur les Chrétiens d'Asie centrale et d'extrême-orient.* Paris: Imprimerie nationale.

456

Peng Daya(1980). *Meng-Ta pei-lu und Hei-Ta shih-lüeh : chinesische Gesandtenberichte über die frühen Mongolen 1221 und 1237*. Tr. by Peter Olbricht. Wiesbaden: O. Harrassowitz.

Poppe, Nicholas(1967). "On Some Mongolian Words in the 'Tartar Relation'." *Journal de la Société Finno-Ougrienne* 68: 3-14.

Pritsak, Omeljan(1978). "The Khazar Kingdom's Conversion to Judaism." *Harvard Ukranian Studies* 2-3: 261-281.

Rachewiltz, Igor de(1971). *Papal Envoys to the Great Khans*. London: Faber and Faber Ltd.

_____(1976). "Some Remarks on the Stele of Yisüngge." *Tractata Altaica*, ed. W. Heissig et al. Wiesbaden: Otto Harrassowitz, 487-508.

_____(1983a). "Qan, Qa'an and the Seal of Güyüg." In *Documenta Barbarorum: Festschrift für Walther Heissig zum 70. Geburstag*, Wiesbaden: Otto Harrassowitz: 272-281.

_____(1983b). "Turks in China under the Mongols: A Preliminary Investigation of Turco-Mongol Relations in the 13th and 14th Centuries." *China among Equals*. Morris Rossabi ed, Berkeley: University of Califronia Press: 281-310.

_____(1993). "Some Reflections on Činggis Qan's jasaɣ." *East Asian History* 6: 91-104.

_____(1997). Rachewiltz, Igor de. "Searching for Činggis Qan: Notes and Comments on Historic Sites in Xentii Aimag, Northern Mongolia." *Revista degli Studi Orientali*, 71-1/4: 239-56.

_____tr. (2004). *The Secret History of the Mongols: A Mongolian Epic Chronicle of the Thirteenth Century*. 2 vols. Leiden: Brill.

Radlov, V. V.(1893). *Aus Sibirien: Lose Blätter aus meinem Tagebuche*. 2 vols. Leipzig: T.O.Weigel.

Rashid al-Din(1971). *The Successors of Genghis Khan*. Tr. by J. A. Boyle. New York: Columbia University Press.

_____(1998). *Jami'u't-Tawarikh: Compendium of Chronicles*. Tr. by W. M. Thackston. 3 vols. Harvard University, Dept. of Near Eastern Languages and Civilizations.

Ratchnevsky, P.(1968). "The Levirate in the Legislation of the Yuan Dynasty." *Asiatic Studies in Honour of Dr. Jitsuzō Tamura* (Kyoto): 45-62.

_____(1970). "Über den mongolische Kult am Hofe der Grosskhane in China." In *Mongolian Studies*. Amsterdam: Grüner: 417-443.

Raudzens, G.(1990). "War-Winning Weapons: The Measurement of Technological

Determinism in Military History." *The Journal of Military History*, 54-4: 403-434.

Reid, R. W.(1992). "Mongolian Weaponry in *The Secret History of the Mongols*." *Mongolian Studies*, 15: 85-95.

Riasanovsky, A.(1965). *Fundamental Principles of Mongol Law*. Bloomington: Indiana University Publications.

Richard, Jean(1967). "La conversion de Berke et les débuts de l'islamisation de la horde d'or." *Revue de études islamiques* 35.

_____(1998). *La Papauté et les missions d'Orient au moyen age (XIIIe-XVe siecles)*. Rome: École Française de Rome.

Ross, E. D. tr.(1895). *The Tarikh-i-Rashidi (A History of the Moghuls of Central Asia)*. London: Curzon.

Rubruck, William (1900). *The journey of William of Rubruck to the eastern parts of the world, 1253-55*. Tr. by W. W. Rockhill. London: The Hakluyt Society.

_____(1934). *Wilhelm von Rubruk: Reise zu den Mongolen 1253-1255*. Tr. by Frederich Risch. Leipzig: A. Deichertsche Verlagsbuchhandlung D. Werner Scholl.

_____(1983). 『出使蒙古記』. 呂浦(周良霄 注) 譯. 北京: 中國社會科學出版社.

_____(1990). *The Mission of Friar William of Rubruck: His journey to the court of the Great Khan Möngke 1253-1255*. Tr. by Peter Jackson. London: The Hakluyt Society.

Ruotsala, Antti(2001). *Europeans and Mongols in the Middle of the Thirteenth Century Encountering the Other*. Helsinki: Academia Scientiarum Fennica.

Serruys, Henry(1974). "Mongol 'Qorigh': Reservation." *Mongolian Studies*, 1.

Shahid & Bosworth(1997). Shahid, I. & C. E. Bosworth, "Saracen," *Encyclopaedia of Islam* (II), vol. 9. Leiden: Brill, 28-29.

Simon de Saint-Quentin(1965). *Histoire des Tartares*. Tr. by Jean Richard. Paris: P. Geuthner.

Sinica Franiscana, vol. 1(1929). P. Anastasius van den Wyngaert ed. Ad Claras Aquas: Apud Collegium S. Bonaventurae.

Sinor, D.(1961). "On Water-Transport in Central Eurasia." *Ural-Altaische Jahrbücher*, 33.

_____(1970). "Mongolian and Turkic Words in the Latin Version of John of Plano Carpini's Journey to the Mongols." *Mongolian Studies*, ed. Louis Ligeti, Budapest.

_____(1990). *The Cambridge History of Early Inner Asia*. Ed. D. Sinor, Cambridge: Cambridge University Press.

Skelton, R. A., Marston, T. E. & Painter, G. D. ed. & tr.(1965). *The Vinland Map and the Tartar Relation*, New Haven: Yale University Press.

Smith, J. M. Jr.(1975). "Mongol Manpower and Persian Population." *Journal of the Economic and Social History of the Orient*, 18-3.

_____(2000). "Dietary Decadence and Dynastic Decline in the Mongol Empire." *Journal of Asian History*, 34-1: 35-52.

Spuler, B.(1986). "Bālish." *Encyclopaedia Islam (New Edition)* 1: 996.

Storia dei Mongoli(SM 1989). Spoleto: Centro Italiano di Studi Sull'alto Medioevo.

The Vinland Map and the Tartar Relation(1965). R. A. Skelton et. al. ed. New Haven: Yale University Press.

Togan, Z. V. tr.(1939). *Ibn Faḍlān's Reisebericht*. Leipzig, Kommissionsverlag F. A Brockhaus.

Vásáry, István(1976). "The Golden Horde Term Daruga and Its Survival in Russia." *Acta Orientalia*, 30-2: 187-197.

_____(1978). "The Origin of the Institution of Basqaqs." *Acta Orientalia*, 32-2: 201-206.

_____(1990). "History and Legend in Berke Khan's Conversion to Islam." In *Aspects of Altaic Civilization III: Proceedings of the 30th Meeting of PIAC Conference Indiana University*, ed. by Denis Sinor. Bloomington, IN: Indiana University Press: 230-252.

_____(1995). "Mongolian Impact on the Terminology of the Documents of the Golden Horde." *Acta Orientalia* 48-3: 479-485.

Vernadsky, G.(1953). *The Mongols and Russia*. New Haven: Yale University Press.

Voegelin, E.(1940-41). "The Mongol Order of Submission to European Powers, 1245-1255." *Byzantion*, 15.

_____(1962). "World Empire and the Unity of Mankind." *International Affairs*, 38-2: 170-188.

White, Lynn Jr.(1962). *Medieval Technology and Social Change*. Oxford: Oxford University Press.

Yule, Henry(1866). *Cathay and the way thither : being a collection of medieval notices of China*. Vol. 1, London: Printed for the Hakluyt Society.

_____tr.(1903). *The Book of Ser Marco Polo*. 2 vols., London: John Murray.

역자 후기

내가 13세기 유럽의 선교사들이 유라시아 대륙을 횡단하여 몽골 제국의 수도였던 카라코룸을 다녀간 뒤에 쓴 여행기를 번역해야겠다고 마음을 먹은 것은 꽤 여러 해 전의 일이다. 아마 마르코 폴로의『동방견문록』을 번역한 직후인 2000년경이 아닐까 싶다. 그때 내가 카르피니와 루브룩이라는 두 사람의 기독교 수도사의 글을 번역하려는 생각을 했던 이유는 두 가지였다.

하나는 이들의 글이 역사적 기록으로서 지니는 진귀한 가치 때문이다. 당시에 머나먼 동방의 세계를 다녀간 유럽인들 가운데 마르코 폴로를 모르는 사람은 거의 없었지만, 그보다 수십 년 앞서서 몽골 제국을 찾아서 힘든 여행을 했고 대칸을 직접 만난 뒤 돌아가서 자세하고 흥미로운 여행기를 남긴 카르피니와 루브룩의 이름을 아는 사람은 거의 없을 것이다. 따라서 이 두 사람의 여행기는 마르코 폴로보다 한 세대 앞선 1240-1250년대에 몽골리아를 다녀와서 새로운 제국을 탄생시킨 몽골인과 그들의 세계를 예리하게 관찰한 결과라는 점에서 몽골 제국의 역사를 이해하기 위해서는 필수불가결한 자료라고 할 수 있다.

또 하나의 이유는 나 자신 기독교도로서 가진 개인적인 소명 때문이었다. 지금부터 거의 800년 전에 동방의 세계를 찾아 복음을 전하려고 했던 선교사들의 생생한 체험과 기록을 여러 사람들과 나누고 싶었던 것이다. 2002년에『동방기독교와 동서문명』이라는 책을 쓰게 된 이유 역시 나의 종교적인 동기와 무관한 것이 아닌데, 거기서는 무려 1400년 전에 중국에 와서 기독교를 전하려고 했던 시리아 계통의 네스토리우스파 선교사들의 이야기를 썼다. 13세기 유럽 선교사들의 기록은 그때 이후 끊어졌던 동방 선교의 맥을 이은 것이니 그것을 번역하여 소개하고 싶은 마음이 들었던 것이다.

이처럼 카르피니와 루브룩의 여행기는 몽골 제국사 연구자이자 기독교 도인 나에게는 나름대로 큰 의미를 가지는 글이라고 할 수 있다. 그러나 2000년 마르코 폴로의『동방견문록』을 번역한 뒤 나는 여러 가지 다른 일에 쫓겨서 막상 그 뜻을 실행에 옮기지 못했다. 앞에서 언급했듯이 네스토리우스파 기독교의 활동에 관심이 끌렸고, 그리고 서아시아의 역사가 라시드 앗 딘이 쓴『집사』를 역주하는 작업에 매달렸다. 이런 여러 일들에다가 나의 게으름까지 한 몫을 하여 15년이나 지나서야 겨우 일을 끝냈으니, 성취의 뿌듯함보다는 오랜 빚을 갚은 후련함이 앞선다.

카르피니와 루브룩의 여행기를 번역하고 주석을 준비하면서 가장 마음에 부담을 느꼈던 것은 라틴어를 내가 모른다는 점이었다 — 이 여행기들의 원문은 라틴어로 되어 있다. 그러나 라틴어를 알면서 몽골 제국에 조예가 깊은 사람이 언제 나올지 모르니 더 늦기 전에 지금이라도 번역을 해서 국내 독자들에게 소개하는 것이 옳지 않겠느냐 하는 생각을 하게 되었다. 다만 가능하면 라틴어 텍스트를 옆에 두고 대조하려고 노력했는데, 그것은 인명이나 지명과 같은 고유명사의 정확한 표기가 일반 독자들에게는 흥미로운 문제가 아니지만 연구자들에게는 매우 중요하기 때문이다.

이러한 '사료'를 번역할 때에는 원문의 표현과 구조를 얼마나 정확하게 옮기느냐 하는 것은 항상 딜레마로 부딪치는 문제이다. 물론 가장 이상적인 것은 원문의 모습을 잘 전하면서 읽기 편한 글로 옮기는 것이지만 그것이 그리 용이한 일은 아니다. 이 점에서는 나의 능력의 부족함을 절감할 수밖에 없었다. 어색한 표현이나 부자연스러운 문장들이 독자들에게 줄 부담을 생각하니 마음이 어두워지지만, 부디 관대하게 받아주시기를 희망한다.

이 번역이 나오기까지 도움을 준 분들께 고마움을 표시하고 싶다. 특히 루브룩의 여행기 영역본을 같이 강독했던 서울대학교 동양사학과 대학원생들, 번역된 초고를 읽고 코멘트를 해준 제자들에게 감사의 뜻을 전한다. 또한 출판을 위해서 격려와 성원을 아끼지 않은 까치글방의 박종만 대표님, 번쇄하기 짝이 없는 내용을 꼼꼼하게 읽고 교정을 보아준 편집부에도 깊은 사의를 표하고 싶다. 마지막으로 카르피니의 여행기 번역은 서울대학교 인문학연구원 HK문명연구 사업단과의 공동연구의 일환으로 수행된 것임을 밝혀둔다.

영하 30도를 오르내리는 혹한의 겨울, 루브룩이 대칸 뭉케를 만나러 갈 때 프란체스코 수도사들의 관습에 따라 맨 발로 가서 그의 천막 앞에 서자 많은 사람들이 모여들어 그를 마치 괴물처럼 바라보았다는 장면(제28장 4절)을 읽으면서, 순간 나는 시공의 벽을 넘어 마치 내가 그 장면을 보고 있는 듯한 느낌을 받았다. 그리고 사도 바울이 했던 말이 떠올랐다.

"보내심을 받지 아니하였으면 어찌 전파하리요
기록된 바 아름답도다 좋은 소식을 전하는 자들의 발이여"
(「로마서」 제10장 15절)

2015년 7월 1일
김호동